U0142509

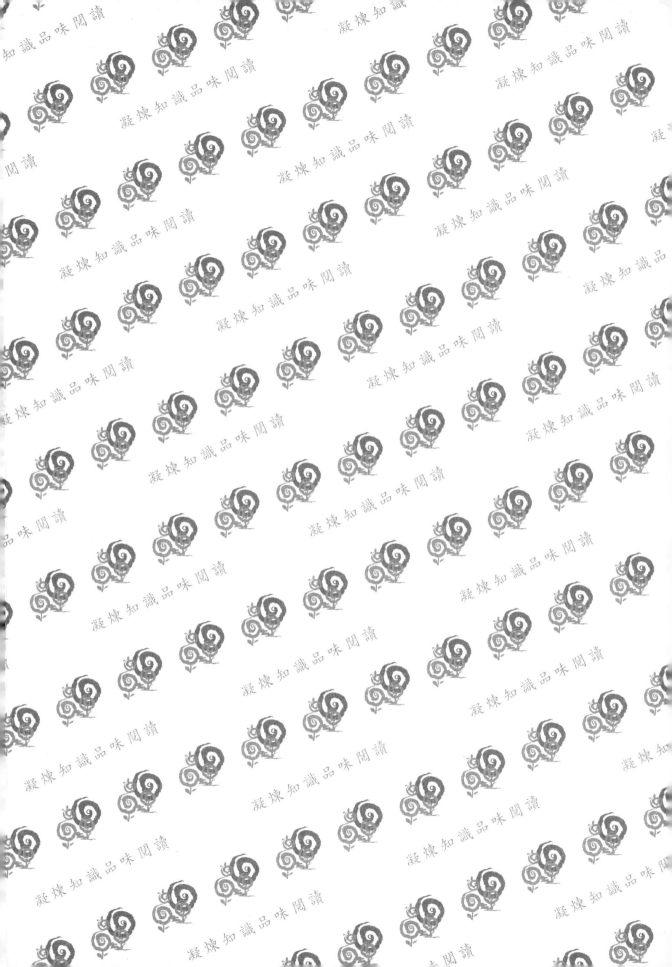

消防叢書系列　設備師士

水與化學系統
消防安全設備

Water and Chemical Fire Fighting Equipment

盧守謙、陳永隆　編著

吳鳳科技大學消防研究所

五南圖書出版公司 印行

水與化學系統
消防安全設備

Water and Chemical Fire Fighting Equipment

盧守謙・陳永隆　編著

吳鳳科技大學消防研究所

五南圖書出版公司

推薦序

　　「風」、「火」、「水」、「電」向來與人類生活息息相關，如在不可控制狀況下，往往容易導致人員傷亡與財產損失。而消防正是關係到社會民生及人民安全，一直是政府施政上極為重要的一環，也為國家長治久安之根本。在消防工作更應具備科技化、現代化及效率化之整合能力，以專業化教育訓練，來因應現今多元發展的社會環境，以提供民眾一個可靠的平安生活環境。

　　為培育出消防安全專業人力，本校於2002年首創消防系（所）（除警察大學外），建置了火災虛擬實驗室、火災鑑識實驗室、低氧實驗室、水系統消防實驗室、電氣系統消防實驗室、氣體消防實驗室、消防設備器材展示室及消防檢修實驗室等軟硬體工程；也設置了氣體燃料導管配管、工業配管等兩間乙級技術士考場；也擁有全方位師資團隊，跨消防、機械、理化、電機、電子及土木等完整博士群組成，每年設日間部四技3班、進修部四技1班、進修學院二技1班、碩士在職專班1班，目前也刻正申請博士在職專班，為未來消防人力注入所需的充分能量。

　　本書作者盧守謙博士在消防領域學有專精，盧博士與消防系陳永隆主任共同執筆，完成一系列完整消防書籍著作，每一本能進行專業精闢求解及有條不紊地說明，不僅內容涵蓋範圍呈現外在廣度也具內在深度，本人極為樂意將其推薦給所有有志研修消防安全暨參加國家考試的讀者們。

蘇銘宏

吳鳳科技大學校長

序

筆者（本書第一作者）於1986年消防工作伊始，歷近30年，在國內外報章期刊發表數百篇的專業文章。從早期警察大學閃燃碩士論文到整個火行為之博士研究，已深深迷戀消防科學領域。

2015年承蒙蘇校長延聘，從公務轉換學術跑道，得能專研沐浴在知識氛圍。在此參酌國外文獻，結合救災長期實務經驗，撰寫一序列消防書籍，也感謝學校提供極佳軟硬體平台，能進行有效率寫作教學。

對國家考試，筆者算是非常有經驗，應付考試之讀書方法，一些心得及重要技巧，已臚列於書內「如何考榜首」一文，學習與瞭解它們，將會使您在將來考場上更加無往不利及遊刃有餘。而準備過程中，詳讀歷屆考古題是必要的旅程，能指引讀者明確的閱讀方向與知悉考題難易度之一項關鍵指標。

在消防各科歷屆考題解答上，筆者累積無數第一線救災與現場指揮經驗，也曾擔任火災預防課長職，從事消防會審會勘工作。在此以豐富消防實務背景，闡述問題本質，以較專業且嚴謹態度來進行求解。

最後，準備國家考試是一種時間過程，過程中無論您以何種態度面對，記得每日一點一滴耕耘播種後，自然會有苦盡甘來的甜美果實。這成功的目標雖很可貴，但追求的過程卻更值得回味。

盧守謙

吳鳳科技大學消防系

花明樓研究室

消防設備師命題大綱

中華民國101年9月24日考選部選專五字第1013302056號公告修正

專門職業及技術人員高等考試消防設備師考試各應試科目命題大綱		
應試科目數	共計6科目	
業務範圍及核心能力	有關各類場所消防安全設備之設計、監造、裝置、檢修業務	
編號	科目名稱	命題大綱內容
一	消防法規	一、消防法規總論 (一)消防法。 (二)消防法施行細則。 (三)消防設備師及消防設備士管理辦法。 (四)消防安全設備檢修專業機構管理辦法。 (五)消防機具器材及設備認可作業要點。 (六)消防安全設備審核認可須知。 (七)防焰性能認證實施要點。 (八)防焰性能試驗基準。 (九)公共危險物品及可燃性高壓氣體設置標準暨安全管理辦法。 (十)公共危險物品試驗方法及判定基準。 (十一)防火牆及防火水幕設置基準。 (十二)可燃性高壓氣體儲存場所防爆牆（防護牆）設置基準。 二、消防安全設備相關法規 (一)各類場所消防安全設備設置標準。 (二)消防機關辦理建築物消防安全設備審查及查驗作業基準。 (三)各類場所消防安全設備檢修及申報作業基準。 (四)複合用途建築物判斷基準。 (五)二氧化碳及乾粉滅火設備各種標示規格。 (六)消防幫浦加壓送水裝置等及配管摩擦損失計算基準。 (七)緊急電源容量計算基準。 (八)避難器具支固器具及固定部之結構、強度計算及施工方法。 (九)各項消防安全設備認可基準。 三、建築相關消防法規 (一)建築法。 (二)建築技術規則：包括建築設計施工篇第一章、第三章、第四章（第一、四、五、六節）、第十一章（第一、三節）、第十二章（第一、三、四節）。 (三)原有合法建築物防火避難設施及消防設備改善辦法。 (四)工程倫理。

二	火災學	一、火災燃燒基本理論
		(一)燃燒理論：包括可燃物、氧氣、熱源、連鎖反應及滅火原理等。
		(二)熱傳理論：包括熱傳導、對流、輻射等。
		(三)火災理論：包括火災概念特性等。
		(四)火災分類：包括A、B、C、D類等火災之介紹。
		(五)火災化學特性。
		(六)爆炸工學：包括高壓氣體爆炸、分解爆炸、粉塵爆炸、蒸氣爆炸等。
		二、火災類型
		(一)建築物火災。
		(二)電氣火災。
		(三)化學火災。
		(四)儲槽火災。
		(五)工業火災分析。
		(六)特殊場所火災。
		三、預防與搶救
		(一)防火及滅火：包括火災防阻與搶救等理論之論述。
		(二)滅火劑與滅火效果：包括各種滅火藥劑及效果之介紹與評析。
		(三)火災生成物（煙、熱、火焰）之分析與處理。
		四、火災工學
		(一)可燃物的燃燒種類、特性和過程。
		(二)火災過程中之熱傳導、熱對流、熱輻射。
		(三)浮升火羽（柱）的結構及其在火災發展過程中的熱流變化。
		(四)影響火災煙氣的產生、蔓延和控制的相關因素。
		(五)區劃空間火災特性。
三	避難系統消防安全設備	一、設備之構造與機能
		(一)包括基本原理、設備系統構造機能
		(二)構件元件之檢定、認可、檢驗測試原理
		二、設備法規
		國內相關法規及解釋令：包括各類場所消防安全設備設置標準、審勘作業規定、各類場所消防安全設備檢修及申報作業基準及相關實務
		三、設計實務
		包括設計步驟、設計公式、繪圖及其實務應用
		四、設備竣工測試
		含審勘作業規定
		五、設備檢修要領（含檢修作業規定）
		(一)設備機能之檢測
		(二)檢測儀器之操作使用

四	水系統消防安全設備	一、設備之構造與機能（含消防專用蓄水池等消防安全設備） 　　(一)包括基本原理、設備系統構造機能 　　(二)構件元件之檢定、認可、檢驗測試原理 二、設備法規 　　國內相關法規及解釋令：包括各類場所消防安全設備設置標準、審勘作業規定、各類場所消防安全設備檢修及申報作業基準及相關實務 三、設計實務 　　包括設計步驟、設計公式、繪圖及其實務應用 四、設備竣工測試 　　含審勘作業規定 五、設備檢修要領（含檢修作業規定） 　　(一)設備機能之檢測 　　(二)檢測儀器之操作使用
五	化學系統消防安全設備	一、設備之構造與機能（含海龍替代品等滅火設備） 　　(一)包括基本原理、設備系統構造機能 　　(二)構件元件之檢定、認可、檢驗測試原理 二、設備法規 　　國內相關法規及解釋令：包括各類場所消防安全設備設置標準、審勘作業規定、各類場所消防安全設備檢修及申報作業基準及相關實務 三、設計實務 　　包括設計步驟、設計公式、繪圖及其實務應用 四、設備竣工測試 　　含審勘作業規定 五、設備檢修要領（含檢修作業規定） 　　(一)設備機能之檢測 　　(二)檢測儀器之操作使用
六	警報系統消防安全設備	一、設備之構造與機能 　　(一)包括基本原理、設備系統構造機能 　　(二)構件元件之檢定、認可、檢驗測試原理 二、設備法規 　　國內相關法規及解釋令：包括各類場所消防安全設備設置標準、審勘作業規定、各類場所消防安全設備檢修及申報作業基準及相關實務 三、設計實務 　　包括設計步驟、設計公式、繪圖及其實務應用 四、設備竣工測試 　　含審勘作業規定 五、設備檢修要領（含檢修作業規定） 　　(一)設備機能之檢測 　　(二)檢測儀器之操作使用
備　註		表列各應試科目命題大綱為考試命題範圍之例示，惟實際試題並不完全以此為限，仍可命擬相關之綜合性試題。

消防設備士命題大綱

中華民國101年9月24日考選部選專五字第1013302056號公告修正

專門職業及技術人員普通考試消防設備士考試各應試科目命題大綱	
應試科目數	共計4科目
業務範圍及核心能力	有關各類場所消防安全設備之裝置、檢修業務

編號	科目名稱	命題大綱內容
一	消防法規	一、消防法規總論 (一) 消防法。 (二) 消防法施行細則。 (三) 消防設備師及消防設備士管理辦法。 (四) 消防安全設備檢修專業機構管理辦法。 (五) 公共危險物品及可燃性高壓氣體設置標準暨安全管理辦法。 (六) 防火牆及防火水幕設置基準。 (七) 可燃性高壓氣體儲存場所防爆牆（防護牆）設置基準。 二、消防安全設備相關法規 (一) 各類場所消防安全設備設置標準。 (二) 消防機關辦理建築物消防安全設備審查及查驗作業基準。 (三) 各類場所消防安全設備檢修及申報作業基準。 (四) 二氧化碳及乾粉滅火設備各種標示規格。 (五) 消防幫浦加壓送水裝置等及配管摩擦損失計算基準。 (六) 避難器具支固器具及固定部之結構、強度計算及施工方法。 三、建築相關消防法規 (一) 建築技術規則：建築設計施工篇第一章。 (二) 工程倫理。
二	火災學概要	一、火災燃燒基本理論 (一) 燃燒理論：包括可燃物、氧氣、熱源、連鎖反應及滅火原理等。 (二) 熱傳理論：包括熱傳導、對流、輻射等。 (三) 火災理論：包括火災概念特性等。 (四) 火災分類：包括A、B、C、D類等火災之介紹。 二、火災類型 (一) 建築物火災 (二) 電氣火災 (三) 化學火災 (四) 儲槽火災 (五) 工業火災分析 (六) 特殊場所火災

		三、預防與搶救 (一)防火及滅火：包括火災防阻與搶救等理論之論述。 (二)滅火劑與滅火效果：包括各種滅火藥劑及效果之介紹與評析。 (三)火災生成物（煙、熱、火焰）之分析與處理。
三	水與化學系統消防安全設備概要	一、設備設置標準 　　包括相關法令規定及解釋令 二、設備之構造與機能 　　包括基本原理、設備系統構造機能 三、設備竣工測試 　　含審勘作業規定 四、設備檢修要領（含檢修作業規定） 　　(一)設備機能之檢修 　　(二)檢測儀器之操作使用
四	警報與避難系統消防安全設備概要	一、設備設置標準 　　包括相關法令規定及解釋令 二、設備之構造與機能 　　包括基本原理、設備系統構造機能 三、設備竣工測試 　　含審勘作業規定 四、設備檢修要領（含檢修作業規定） 　　(一)設備機能之檢修 　　(二)檢測儀器之操作使用
備　註		表列各應試科目命題大綱為考試命題範圍之例示，惟實際試題並不完全以此為限，仍可命擬相關之綜合性試題。

目　錄

第2章　檢修及申報作業基準

第3章　認可基準

第4章 消防安全設備測試報告書測試方法及判定要領

第5章 消防設備其他應考法規

第6章 歷屆考題

第 1 章

各類場所消防安全設備設置標準

1.1 消防設計（8～27）

第 8 條　滅火設備種類如下：
一、滅火器、消防砂。
二、室內消防栓設備。
三、室外消防栓設備。
四、自動撒水設備。
五、水霧滅火設備。
六、泡沫滅火設備。
七、二氧化碳滅火設備。
八、乾粉滅火設備。
九、簡易自動滅火設備。

第 9 條　警報設備種類如下：
一、火警自動警報設備。
二、手動報警設備。
三、緊急廣播設備。
四、瓦斯漏氣火警自動警報設備。

第 11 條　消防搶救上之必要設備種類如下：
一、連結送水管。
二、消防專用蓄水池。
三、排煙設備（緊急升降機間、特別安全梯間排煙設備、室內排煙設備）。
四、緊急電源插座。
五、無線電通信輔助設備。

第 12 條　各類場所按用途分類如下：
一、甲類場所：
（一）電影片映演場所（戲院、電影院）、歌廳、舞廳、夜總會、俱樂部、理容院（觀光理髮、視聽理容等）、指壓按摩場所、錄影節目帶播映場所（MTV等）、視聽歌唱場所（KTV等）、酒家、酒吧、酒店（廊）。

（二）保齡球館、撞球場、集會堂、健身休閒中心（含提供指壓、三溫暖等設施之美容瘦身場所）、室內螢幕式高爾夫練習場、遊藝場所、電子遊戲場、資訊休閒場所。

（三）觀光旅館、飯店、旅館、招待所（限有寢室客房者）。

（四）商場、市場、百貨商場、超級市場、零售市場、展覽場。

（五）餐廳、飲食店、咖啡廳、茶藝館。

（六）醫院、療養院、長期照顧機構（長期照護型、養護型、失智照顧型）、安養機構、老人服務機構（限供日間照顧、臨時照顧、短期保護及安置者）、托嬰中心、早期療育機構、安置及教養機構（限收容未滿二歲兒童者）、護理之家機構、產後護理機構、身心障礙福利機構（限供住宿養護、日間服務、臨時及短期照顧者）、身心障礙者職業訓練機構（限提供住宿或使用特殊機具者）、啟明、啟智、啟聰等特殊學校。

（七）三溫暖、公共浴室。

二、乙類場所：

（一）車站、飛機場大廈、候船室。

（二）期貨經紀業、證券交易所、金融機構。

（三）學校教室、兒童課後照顧服務中心、補習班、訓練班、K書中心、前款第六目以外之安置及教養機構及身心障礙者職業訓練機構。

（四）圖書館、博物館、美術館、陳列館、史蹟資料館、紀念館及其他類似場所。

（五）寺廟、宗祠、教堂、供存放骨灰（骸）之納骨堂（塔）及其他類似場所。

（六）辦公室、靶場、診所、日間型精神復健機構、兒童及少年心理輔導或家庭諮詢機構、身心障礙者就業服務機構、老人文康機構、前款第六目以外之老人服務機構及身心障礙福利機構。

（七）集合住宅、寄宿舍、住宿型精神復健機構。

（八）體育館、活動中心。

　　　　　　（九）室內溜冰場、室內游泳池。

　　　　　　（十）電影攝影場、電視播送場。

　　　　　　（十一）倉庫、傢俱展示販售場。

　　　　　　（十二）幼兒園。

　　三、丙類場所：

　　　　　　（一）電信機器室。

　　　　　　（二）汽車修護廠、飛機修理廠、飛機庫。

　　　　　　（三）室內停車場、建築物依法附設之室內停車空間。

　　四、丁類場所：

　　　　　　（一）高度危險工作場所。

　　　　　　（二）中度危險工作場所。

　　　　　　（三）低度危險工作場所。

　　五、戊類場所：

　　　　　　（一）複合用途建築物中，有供第一款用途者。

　　　　　　（二）前目以外供第二款至前款用途之複合用途建築物。

　　　　　　（三）地下建築物。

　　六、己類場所：大眾運輸工具。

　　七、其他經中央主管機關公告之場所。

第 13 條　各類場所於增建、改建或變更用途時，其消防安全設備之設置，適用增建、改建或用途變更前之標準。但有下列情形之一者，適用增建、改建或變更用途後之標準：

　　一、其消防安全設備為滅火器、火警自動警報設備、手動報警設備、緊急廣播設備、標示設備、避難器具及緊急照明設備者。

　　二、增建或改建部分，以本標準中華民國八十五年七月一日修正條文施行日起，樓地板面積合計逾一千平方公尺或占原建築物總樓地板面積二分之一以上時，該建築物之消防安全設備。

　　三、用途變更為甲類場所使用時，該變更後用途之消防安全設備。

　　四、用途變更前，未符合變更前規定之消防安全設備。

第 14 條　下列場所應設置滅火器：

　　一、甲類場所、地下建築物、幼兒園。

　　二、總樓地板面積在一百五十平方公尺以上之乙、丙、丁類場所。

三、設於地下層或無開口樓層，且樓地板面積在五十平方公尺以上之各類場所。

四、設有放映室或變壓器、配電盤及其他類似電氣設備之各類場所。

五、設有鍋爐房、廚房等大量使用火源之各類場所。

六、大眾運輸工具。

第 15 條　下列場所應設置室內消防栓設備：

一、五層以下建築物，供第十二條第一款第一目所列場所使用，任何一層樓地板面積在三百平方公尺以上者；供第一款其他各目及第二款至第四款所列場所使用，任何一層樓地板面積在五百平方公尺以上者；或為學校教室任何一層樓地板面積在一千四百平方公尺以上者。

二、六層以上建築物，供第十二條第一款至第四款所列場所使用，任何一層之樓地板面積在一百五十平方公尺以上者。

三、總樓地板面積在一百五十平方公尺以上之地下建築物。

四、地下層或無開口之樓層，供第十二條第一款第一目所列場所使用，樓地板面積在一百平方公尺以上者；供第一款其他各目及第二款至第四款所列場所使用，樓地板面積在一百五十平方公尺以上者。

前項應設室內消防栓設備之場所，依本標準設有自動撒水（含補助撒水栓）、水霧、泡沫、二氧化碳、乾粉或室外消防栓等滅火設備者，在該有效範圍內，得免設室內消防栓設備。但設有室外消防栓設備時，在第一層水平距離四十公尺以下、第二層步行距離四十公尺以下有效滅火範圍內，室內消防栓設備限於第一層、第二層免設。

第 16 條　下列場所應設置室外消防栓設備：

一、高度危險工作場所，其建築物及儲存面積在三千平方公尺以上者。

二、中度危險工作場所，其建築物及儲存面積在五千平方公尺以上者。

三、低度危險工作場所，其建築物及儲存面積在一萬平方公尺以上者。

四、如有不同危險程度工作場所未達前三款規定標準，而以各款場所

之實際面積為分子，各款規定之面積為分母，分別計算，其比例之總合大於一者。

五、同一建築基地內有二棟以上木造或其他易燃構造建築物時，建築物間外牆與中心線水平距離第一層在三公尺以下，第二層在五公尺以下，且合計各棟第一層及第二層樓地板面積在三千平方公尺以上者。

前項應設室外消防栓設備之工作場所，依本標準設有自動撒水、水霧、泡沫、二氧化碳、乾粉等滅火設備者，在該有效範圍內，得免設室外消防栓設備。

第 17 條　下列場所或樓層應設置自動撒水設備：

一、十層以下建築物之樓層，供第十二條第一款第一目所列場所使用，樓地板面積合計在三百平方公尺以上者；供同款其他各目及第二款第一目所列場所使用，樓地板面積在一千五百平方公尺以上者。

二、建築物在十一層以上之樓層，樓地板面積在一百平方公尺以上者。

三、地下層或無開口樓層，供第十二條第一款所列場所使用，樓地板面積在一千平方公尺以上者。

四、十一層以上建築物供第十二條第一款所列場所或第五款第一目使用者。

五、供第十二條第五款第一目使用之建築物中，甲類場所樓地板面積合計達三千平方公尺以上時，供甲類場所使用之樓層。

六、供第十二條第二款第十一目使用之場所，樓層高度超過十公尺且樓地板面積在七百平方公尺以上之高架儲存倉庫。

七、總樓地板面積在一千平方公尺以上之地下建築物。

八、高層建築物。

九、供第十二條第一款第六目所定長期照顧機構（長期照護型、養護型、失智照顧型）、身心障礙福利機構（限照顧植物人、失智症、重癱、長期臥床或身心功能退化者）、護理之家機構使用之場所，樓地板面積在三百平方公尺以上者。

前項應設自動撒水設備之場所，依本標準設有水霧、泡沫、二氧化

碳、乾粉等滅火設備者，在該有效範圍內，得免設自動撒水設備。

第 18 條　下表所列之場所，應就水霧、泡沫、乾粉、二氧化碳滅火設備等選擇設置之。但外牆開口面積（常時開放部分）達該層樓地板面積百分之十五以上者，上列滅火設備得採移動式設置。

樓地板面積在三百平方公尺以上之餐廳，其廚房排油煙管及煙罩應設簡易自動滅火設備。但已依前項規定設有滅火設備者，得免設簡易自動滅火設備。

項目	應設場所	水霧	泡沫	二氧化碳	乾粉
一	屋頂直升機停機場（坪）。		○		○
二	飛機修理廠、飛機庫樓地板面積在二百平方公尺以上者。		○		○
三	汽車修理廠、室內停車空間在第一層樓地板面積五百平方公尺以上者；在地下層或第二層以上樓地板面積在二百平方公尺以上者；在屋頂設有停車場樓地板面積在三百平方公尺以上者。	○	○	○	○
四	升降機械式停車場可容納十輛以上者。	○	○	○	○
五	發電機室、變壓器室及其他類似之電器設備場所，樓地板面積在二百平方公尺以上者。	○		○	○
六	鍋爐房、廚房等大量使用火源之場所，樓地板面積在二百平方公尺以上者。			○	○
七	電信機械室、電腦室或總機室及其他類似場所，樓地板面積在二百平方公尺以上者。			○	○
八	引擎試驗室、石油試驗室、印刷機房及其他類似危險工作場所，樓地板面積在二百平方公尺以上者。		○	○	○

註：
一、大量使用火源場所，指最大消費熱量合計在每小時三十萬千卡以上者。
二、廚房如設有自動撒水設備，且排油煙管及煙罩設簡易自動滅火裝置時，得不受本表限制。
三、停車空間內車輛採一列停放，並能同時通往室外者，得不受本表限制。
四、本表第七項所列應設場所得使用預動式自動撒水設備。
五、平時有特定或不特定人員使用之中央管理室、防災中心等類似處所，不得設置二氧化碳滅火設備。

第 19 條　下列場所應設置火警自動警報設備：

一、五層以下之建築物，供第十二條第一款及第二款第十二目所列場所使用，任何一層之樓地板面積在三百平方公尺以上者；或供同條第二款（第十二目除外）至第四款所列場所使用，任何一層樓地板面積在五百平方公尺以上者。

二、六層以上十層以下之建築物任何一層樓地板面積在三百平方公尺以上者。

三、十一層以上建築物。

四、地下層或無開口樓層，供第十二條第一款第一目、第五目及第五款（限其中供第一款第一目或第五目使用者）使用之場所，樓地板面積在一百平方公尺以上者；供同條第一款其他各目及其他各款所列場所使用，樓地板面積在三百平方公尺以上者。

五、供第十二條第五款第一目使用之建築物，總樓地板面積在五百平方公尺以上，且其中甲類場所樓地板面積合計在三百平方公尺以上者。

六、供第十二條第一款及第五款第三目所列場所使用，總樓地板面積在三百平方公尺以上者。

七、供第十二條第一款第六目所定長期照顧機構（長期照護型、養護型、失智照顧型）及身心障礙福利機構（限照顧植物人、失智症、重癱、長期臥床或身心功能退化者）、護理之家機構場所使用者。

前項應設火警自動警報設備之場所，除供甲類場所、地下建築物、高層建築物或應設置偵煙式探測器之場所外，如已依本標準設置自動撒水、水霧或泡沫滅火設備（限使用標示攝氏溫度七十五度以下，動作時間六十秒以內之密閉型撒水頭）者，在該有效範圍內，得免設火警自動警報設備。

第 20 條　下列場所應設置手動報警設備：

一、三層以上建築物，任何一層樓地板面積在二百平方公尺以上者。

二、第十二條第一款第三目之場所。

第 21 條　下列使用瓦斯之場所應設置瓦斯漏氣火警自動警報設備：

一、地下層供第十二條第一款所列場所使用，樓地板面積合計一千平方公尺以上者。

二、供第十二條第五款第一目使用之地下層，樓地板面積合計一千平
　　方公尺以上，且其中甲類場所樓地板面積合計五百平方公尺以上
　　者。

三、總樓地板面積在一千平方公尺以上之地下建築物。

第 22 條　依第十九條或前條規定設有火警自動警報或瓦斯漏氣火警自動警報設
　　　　　備之建築物，應設置緊急廣播設備。

第 26 條　下列場所應設置連結送水管：

一、五層或六層建築物總樓地板面積在六千平方公尺以上者及七層以
　　上建築物。

二、總樓地板面積在一千平方公尺以上之地下建築物。

第 27 條　下列場所應設置消防專用蓄水池：

一、各類場所其建築基地面積在二萬平方公尺以上，且任何一層樓地
　　板面積在一千五百平方公尺以上者。

二、各類場所其高度超過三十一公尺，且總樓地板面積在二萬五千平
　　方公尺以上者。

三、同一建築基地內有二棟以上建築物時，建築物間外牆與中心線水
　　平距離第一層在三公尺以下，第二層在五公尺以下，且合計各棟該
　　第一層及第二層樓地板面積在一萬平方公尺以上者。

1.2　滅火器及室內消防栓設備（31～38）

第 31 條　滅火器應依下列規定設置：

一、視各類場所潛在火災性質設置，並依下列規定核算其最低滅火效
　　能值：

(一) 供第十二條第一款及第五款使用之場所，各層樓地板面積每
　　　一百平方公尺（含未滿）有一滅火效能值。

(二) 供第十二條第二款至第四款使用之場所，各層樓地板面積每
　　　二百平方公尺（含未滿）有一滅火效能值。

(三) 鍋爐房、廚房等大量使用火源之處所，以樓地板面積每

二十五平方公尺（含未滿）有一滅火效能值。

二、電影片映演場所放映室及電氣設備使用之處所，每一百平方公尺（含未滿）另設一滅火器。

三、設有滅火器之樓層，自樓面居室任一點至滅火器之步行距離在二十公尺以下。

四、固定放置於取用方便之明顯處所，並設有長邊二十四公分以上，短邊八公分以上，以紅底白字標明滅火器字樣之標識。

五、懸掛於牆上或放置滅火器箱中之滅火器，其上端與樓地板面之距離，十八公斤以上者在一公尺以下，未滿十八公斤者在一點五公尺以下。

六、大眾運輸工具每輛（節）配置一具。

第 32 條　室內消防栓設備之配管、配件及屋頂水箱，依下列規定設置：

一、配管部分：

(一) 應為專用。但與室外消防栓、自動撒水設備及連結送水管等滅火系統共用，無礙其功能者，不在此限。

(二) 符合下列規定之一：

1.國家標準（以下簡稱CNS）六四四五配管用碳鋼鋼管、四六二六壓力配管用碳鋼鋼管、六三三一配管用不鏽鋼鋼管或具同等以上強度、耐腐蝕性及耐熱性者。

2.經中央主管機關認可具氣密性、強度、耐腐蝕性、耐候性及耐熱性等性能之合成樹脂管。

(三) 管徑，依水力計算配置。但立管與連結送水管共用時，其管徑在一百毫米以上。

(四) 立管管徑，第一種消防栓在六十三毫米以上；第二種消防栓在五十毫米以上。

(五) 立管裝置於不受外來損傷及火災不易殃及之位置。

(六) 立管連接屋頂水箱、重力水箱或壓力水箱，使配管平時充滿水。

(七) 採取有效之防震措施。

二、止水閥以明顯之方式標示開關之狀態，逆止閥標示水流之方向，並符合CNS規定。

　　三、屋頂水箱部分：

　　　　(一) 水箱之水量，第一種消防栓有零點五立方公尺以上；第二種消防栓有零點三立方公尺以上。但與其他滅火設備並用時，水量應取其最大值。

　　　　(二) 採取有效之防震措施。

　　　　(三) 斜屋頂建築物得免設。

第 33 條　室內消防栓設備之消防立管管系竣工時，應做加壓試驗，試驗壓力不得小於加壓送水裝置全閉揚程一點五倍以上之水壓。試驗壓力以繼續維持二小時無漏水現象為合格。

第 34 條　除第十二條第二款第十一目或第四款之場所，應設置第一種消防栓外，其他場所應就下列二種消防栓選擇設置之：

　　一、第一種消防栓，依下列規定設置：

　　　　(一) 各層任一點至消防栓接頭之水平距離在二十五公尺以下。

　　　　(二) 任一樓層內，全部消防栓同時使用時，各消防栓瞄子放水壓力在每平方公分一點七公斤以上或0.17MPa以上，放水量在每分鐘一百三十公升以上。但全部消防栓數量超過二支時，以同時使用二支計算之。

　　　　(三) 消防栓箱內，配置口徑三十八毫米或五十毫米之消防栓一個，口徑三十八毫米或五十毫米、長十五公尺並附快式接頭之水帶二條，水帶架一組及口徑十三毫米以上之直線水霧兩用瞄子一具。但消防栓接頭至建築物任一點之水平距離在十五公尺以下時，水帶部分得設十公尺水帶二條。

　　二、第二種消防栓，依下列規定設置：

　　　　(一) 各層任一點至消防栓接頭之水平距離在十五公尺以下。

　　　　(二) 任一樓層內，全部消防栓同時使用時，各消防栓瞄子放水壓力在每平方公分二點五公斤以上或0.25MPa以上，放水量在每分鐘六十公升以上。但全部消防栓數量超過二支時，以同時使用二支計算之。

　　　　(三) 消防栓箱內，配置口徑二十五毫米消防栓連同管盤長二十公尺之皮管及直線水霧兩用瞄子一具，且瞄子設有容易開關之裝置。

前項消防栓，應符合下列規定：

一、消防栓開關距離樓地板之高度，在零點三公尺以上一點五公尺以下。

二、設在走廊或防火構造樓梯間附近便於取用處。

三、供集會或娛樂處所，設於舞臺二側、觀眾席後二側、包廂後側之位置。

四、在屋頂上適當位置至少設置一個測試用出水口，並標明測試出水口字樣。但斜屋頂設置測試用出水口有困難時，得免設。

第 35 條　室內消防栓箱，應符合下列規定：

一、箱身為厚度在一點六毫米以上之鋼板或具同等性能以上之不燃材料者。

二、具有足夠裝設消防栓、水帶及瞄子等裝備之深度，其箱面表面積在零點七平方公尺以上。

三、箱面有明顯而不易脫落之消防栓字樣，每字在二十平方公分以上。

第 36 條　室內消防栓設備之水源容量，應在裝置室內消防栓最多樓層之全部消防栓繼續放水二十分鐘之水量以上。但該樓層內，全部消防栓數量超過二支時，以二支計算之。

消防用水與普通用水合併使用者，應採取必要措施，確保前項水源容量在有效水量範圍內。

第一項水源得與本章所列其他滅火設備水源併設。但其總容量應在各滅火設備應設水量之合計以上。

第 37 條　依前條設置之水源，應連結加壓送水裝置，並依下列各款擇一設置：

一、重力水箱，應符合下列規定：

(一) 有水位計、排水管、溢水用排水管、補給水管及人孔之裝置。

(二) 第一種消防栓水箱必要落差在下列計算值以上：

必要落差 = 消防水帶摩擦損失水頭 + 配管摩擦損失水頭 + 17

（計算單位：公尺）

$H = h1 + h2 + 17\ m$

(三) 第二種消防栓水箱必要落差在下列計算值以上：

必要落差 = 消防水帶摩擦損失水頭 + 配管摩擦損失水頭 + 25（計算單位：公尺）

$$H = h1 + h2 + 25 \text{ m}$$

二、壓力水箱，應符合下列規定：

(一) 有壓力表、水位計、排水管、補給水管、給氣管、空氣壓縮機及人孔之裝置。

(二) 水箱內空氣占水箱容積之三分之一以上，壓力在使用建築物最遠處之消防栓維持規定放水水壓所需壓力以上。當水箱內壓力及液面減低時，能自動補充加壓。空氣壓縮機及加壓幫浦與緊急電源相連接。

(三) 第一種消防栓水箱必要壓力在下列計算值以上：

必要壓力 = 消防水帶摩擦損失水頭 + 配管摩擦損失水頭 + 落差 + 1.7（計算單位：公斤／平方公分）

$$P = P1 + P2 + P3 + 1.7 \text{ kgf/cm}^2$$

(四) 第二種消防栓水箱必要壓力在下列計算值以上：

必要壓力 = 消防水帶摩擦損失水頭 + 配管摩擦損失水頭 + 落差 + 2.5（計算單位：公斤／平方公分）

$$P = P1 + P2 + P3 + 2.5 \text{ kgf/cm}^2$$

三、消防幫浦，應符合下列規定：

(一) 幫浦出水量，第一種消防栓每支每分鐘之水量在一百五十公升以上；第二種消防栓每支每分鐘之水量在七十公升以上。但全部消防栓數量超過二支時，以二支計算之。

(二) 第一種消防栓幫浦全揚程在下列計算值以上：

幫浦全揚程 = 消防水帶摩擦損失水頭 + 配管摩擦損失水頭 + 落差 + 17（計算單位：公尺）

$$H = h1 + h2 + h3 + 17 \text{ m}$$

(三) 第二種消防栓幫浦全揚程在下列計算值以上：

幫浦全揚程 = 消防水帶摩擦損失水頭 + 配管摩擦損失水頭 + 落差 + 25（計算單位：公尺）

$$H = h1 + h2 + h3 + 25 \text{ m}$$

(四) 應為專用。但與其他滅火設備並用，無妨礙各設備之性能

時，不在此限。

(五) 連接緊急電源。

前項加壓送水裝置除重力水箱外，依下列規定設置：

一、設在便於檢修，且無受火災等災害損害之處所。

二、使用消防幫浦之加壓送水裝置，以具一小時以上防火時效之牆壁、樓地板及防火門窗等防火設備區劃分隔。但設於屋頂或屋外時，設有不受積水及雨水侵襲之防水措施者，不在此限。

三、設自動或手動啓動裝置，其停止僅限於手動操作。手動啓動裝置應設於每一室內消防栓箱內，室內消防栓箱上方有紅色啓動表示燈。

四、室內消防栓瞄子放水壓力超過每平方公分七公斤時，應採取有效之減壓措施。

五、採取有效之防震措施。

第 38 條　室內消防栓設備之緊急電源，應使用發電機設備或蓄電池設備，其供電容量應供其有效動作三十分鐘以上。

前項緊急電源在供第十二條第四款使用之場所，得使用具有相同效果之引擎動力系統。

1.3　室外消防栓設備（39～42）

第 39 條　室外消防栓設備之配管、試壓及緊急電源，準用第三十二條第一款第一目至第五目、第七目、第二款、第三十三條及第三十八條規定設置。

配管除符合前項規定外，水平主幹管外露部分，應於每二十公尺內，以明顯方式標示水流方向及配管名稱。

第 40 條　室外消防栓，依下列規定設置：

一、口徑在六十三毫米以上，與建築物一樓外牆各部分之水平距離在四十公尺以下。

二、瞄子出水壓力在每平方公分二點五公斤以上或0.25MPa以上，出水量在每分鐘三百五十公升以上。

三、室外消防栓開關位置，不得高於地面一點五公尺，並不得低於地面零點六公尺。設於地面下者，其水帶接頭位置不得低於地面零點三公尺。

四、於其五公尺範圍內附設水帶箱，並符合下列規定：

(一) 水帶箱具有足夠裝置水帶及瞄子之深度，箱底二側設排水孔，其箱面表面積在零點八平方公尺以上。

(二) 箱面有明顯而不易脫落之水帶箱字樣，每字在二十平方公分以上。

(三) 箱內配置口徑六十三毫米及長二十公尺水帶二條、口徑十九毫米以上直線噴霧兩用型瞄子一具及消防栓閥型開關一把。

五、室外消防栓三公尺以內，保持空曠，不得堆放物品或種植花木，並在其附近明顯易見處，標明消防栓字樣。

第 41 條　室外消防栓設備之水源容量，應在二具室外消防栓同時放水三十分鐘之水量以上。

消防用水與普通用水合併使用者，應採取必要措施，確保前項水源容量，在有效水量範圍內。

第一項水源得與其他滅火設備併設。但其總容量應在各滅火設備應設水量之合計以上。

第 42 條　依前條設置之水源，應連結加壓送水裝置，並依下列各款擇一設置：

一、重力水箱，應符合下列規定：

(一) 有水位計、排水管、溢水用排水管、補給水管及人孔之裝置。

(二) 水箱必要落差在下列計算值以上：

必要落差 = 消防水帶摩擦損失水頭 + 配管摩擦損失水頭 + 25（計算單位：公尺）

$$H = h1 + h2 + 25 \ m$$

二、壓力水箱，應符合下列規定：

(一) 有壓力表、水位計、排水管、補給水管、給氣管、空氣壓縮機及人孔之裝置。

(二) 水箱內空氣占水箱容積之三分之一以上，壓力在使用建築物最高處之消防栓維持規定放水水壓所需壓力以上。當水箱內

壓力及液面減低時，能自動補充加壓。空氣壓縮機及加壓幫浦與緊急電源相連接。

(三) 水箱必要壓力在下列計算值以上：

必要壓力 = 消防水帶摩擦損失水頭 + 配管摩擦損失水頭 + 落差 + 2.5（計算單位：公斤／平方公分）

$P = P1 + P2 + P3 + 2.5 \ kgf/cm^2$

三、消防幫浦，應符合下列規定：

(一) 幫浦出水量，一支消防栓在每分鐘四百公升以上。但全部消防栓數量超過二支時，以二支計算之。

(二) 幫浦全揚程在下列計算值以上：

幫浦全揚程 = 消防水帶摩擦損失水頭 + 配管摩擦損失水頭 + 落差 + 25（計算單位：公尺）

$H = h1 + h2 + h3 + 25 \ m$

(三) 應為專用。但與其他滅火設備並用，無妨礙各設備之性能時，不在此限。

(四) 連接緊急電源。

前項加壓送水裝置除採重力水箱外，準用第三十七條第二項第一款至第三款、第五款規定，室外消防栓瞄子放水壓力超過每平方公分六公斤或0.6Mpa時，應採取有效之減壓措施。

1.4　自動撒水設備（43～60）

第 43 條　自動撒水設備，得依實際情況需要就下列各款擇一設置。但供第十二條第一款第一目所列場所及第二目之集會堂使用之舞臺，應設開放式：

一、密閉濕式：平時管內貯滿高壓水，撒水頭動作時即撒水。

二、密閉乾式：平時管內貯滿高壓空氣，撒水頭動作時先排空氣，繼而撒水。

三、開放式：平時管內無水，啟動一齊開放閥，使水流入管系撒水。

四、預動式：平時管內貯滿低壓空氣，以感知裝置啓動流水檢知裝置，且撒水頭動作時即撒水。

五、其他經中央主管機關認可者。

第 44 條　自動撒水設備之配管、配件及屋頂水箱，除準用第三十二條第一款、第二款規定外，依下列規定設置：

一、密閉乾式或預動式之流水檢知裝置二次側配管，施予鍍鋅等防腐蝕處理。一齊開放閥二次側配管，亦同。

二、密閉乾式或預動式之流水檢知裝置二次側配管，爲有效排水，依下列規定裝置：

(一) 支管每十公尺傾斜四公分，主管每十公尺傾斜二公分。

(二) 於明顯易見處設排水閥，並標明排水閥字樣。

三、立管連接屋頂水箱時，屋頂水箱之容量在一立方公尺以上。

第 45 條　自動撒水設備竣工時，應做加壓試驗，其測試方法準用第三十三條規定。但密閉乾式管系應併行空氣壓試驗，試驗時，應使空氣壓力達到每平方公分二點八公斤或0.28MPa之標準，其壓力持續二十四小時，漏氣減壓量應在每平方公分零點一公斤以下或0.01MPa以下爲合格。

第 46 條　撒水頭，依下列規定配置：

一、戲院、舞廳、夜總會、歌廳、集會堂等表演場所之舞臺及道具室、電影院之放映室或儲存易燃物品之倉庫，任一點至撒水頭之水平距離，在一點七公尺以下。

二、前款以外之建築物依下列規定配置：

(一) 一般反應型撒水頭（第二種感度），各層任一點至撒水頭之水平距離在二點一公尺以下。但防火構造建築物，其水平距離，得增加爲二點三公尺以下。

(二) 快速反應型撒水頭（第一種感度），各層任一點至撒水頭之水平距離在二點三公尺以下。但設於防火構造建築物，其水平距離，得增加爲二點六公尺以下；撒水頭有效撒水半徑經中央主管機關認可者，其水平距離，得超過二點六公尺。

三、第十二條第一款第三目、第六目、第二款第七目、第五款第一目等場所之住宿居室、病房及其他類似處所，得採用小區劃型撒水頭（以第一種感度爲限），任一點至撒水頭之水平距離在二點六公尺

以下，且任一撒水頭之防護面積在十三平方公尺以下。

四、前款所列場所之住宿居室等及其走廊、通道與其類似場所，得採用側壁型撒水頭（以第一種感度為限），牆面二側至撒水頭之水平距離在一點八公尺以下，牆壁前方至撒水頭之水平距離在三點六公尺以下。

五、中央主管機關認定儲存大量可燃物之場所天花板高度超過六公尺，或其他場所天花板高度超過十公尺者，應採用放水型撒水頭。

六、地下建築物天花板與樓板間之高度，在五十公分以上時，天花板與樓板均應配置撒水頭，且任一點至撒水頭之水平距離在二點一公尺以下。但天花板以不燃性材料裝修者，其樓板得免設撒水頭。

第十七條第一項第六款之高架儲存倉庫，其撒水頭依下列規定配置：

一、設在貨架之撒水頭，應符合下列規定：

　(一) 任一點至撒水頭之水平距離，在二點五公尺以下，並以交錯方式設置。

　(二) 儲存棉花類、塑膠類、木製品、紙製品或紡織製品等易燃物品時，每四公尺高度至少設置一個；儲存其他物品時，每六公尺高度至少設置一個。

　(三) 儲存之物品會產生撒水障礙時，該物品下方亦應設置。

　(四) 設置符合第四十七條第二項規定之集熱板。但使用經中央主管機關認可之貨架撒水頭者，不在此限。

二、前款以外，設在天花板或樓板之撒水頭，任一點至撒水頭之水平距離在二點一公尺以下。

第 47 條　撒水頭之位置，依下列規定裝置：

一、撒水頭軸心與裝置面成垂直裝置。

二、撒水頭迴水板下方四十五公分內及水平方向三十公分內，應保持淨空間，不得有障礙物。

三、密閉式撒水頭之迴水板裝設於裝置面（指樓板或天花板）下方，其間距在三十公分以下。

四、密閉式撒水頭裝置於樑下時，迴水板與樑底之間距在十公分以下，且與樓板或天花板之間距在五十公分以下。

五、密閉式撒水頭裝置面，四周以淨高四十公分以上之樑或類似構

造體區劃包圍時，按各區劃裝置。但該樑或類似構造體之間距在一百八十公分以下者，不在此限。

六、使用密閉式撒水頭，且風管等障礙物之寬度超過一百二十公分時，該風管等障礙物下方，亦應設置。

七、側壁型撒水頭應符合下列規定：

(一) 撒水頭與裝置面（牆壁）之間距，在十五公分以下。

(二) 撒水頭迴水板與天花板或樓板之間距，在十五公分以下。

(三) 撒水頭迴水板下方及水平方向四十五公分內，保持淨空間，不得有障礙物。

八、密閉式撒水頭側面有樑時，依下表裝置。

撒水頭與樑側面淨距離（公分）	74以下	75以上99以下	100以上149以下	150以上
迴水板高出樑底面尺寸（公分）	0	9以下	14以下	29

前項第八款之撒水頭，其迴水板與天花板或樓板之距離超過三十公分時，依下列規定設置集熱板。

一、集熱板應使用金屬材料，且直徑在三十公分以上。

二、集熱板與迴水板之距離，在三十公分以下。

第 48 條　密閉式撒水頭，應就裝置場所平時最高周圍溫度，依下表選擇一定標示溫度之撒水頭。

最高周圍溫度	標示溫度
三十九度未滿	七十五度未滿
三十九度以上六十四度未滿	七十五度以上一百二十一度未滿
六十四度以上一百零六度未滿	一百二十一度以上一百六十二度未滿
一百零六度以上	一百六十二度以上

第 49 條　下列處所得免裝撒水頭：

一、洗手間、浴室或廁所。

二、室內安全梯間、特別安全梯間或緊急升降機間之排煙室。

三、防火構造之升降機升降路或管道間。

四、升降機機械室或通風換氣設備機械室。

五、電信機械室或電腦室。

六、發電機、變壓器等電氣設備室。

七、外氣流通無法有效探測火災之走廊。

八、手術室、產房、X光（放射線）室、加護病房或麻醉室等其他類似處所。

九、第十二條第一款第一目所列場所及第二目之集會堂使用之觀眾席，設有固定座椅部分，且撒水頭裝置面高度在八公尺以上者。

十、室內游泳池之水面或溜冰場之冰面上方。

十一、主要構造為防火構造，且開口設有具一小時以上防火時效之防火門之金庫。

十二、儲存鋁粉、碳化鈣、磷化鈣、鈉、生石灰、鎂粉、鉀、過氧化鈉等禁水性物質或其他遇水時將發生危險之化學品倉庫或房間。

十三、第十七條第一項第五款之建築物（地下層、無開口樓層及第十一層以上之樓層除外）中，供第十二條第二款至第四款所列場所使用，與其他部分間以具一小時以上防火時效之牆壁、樓地板區劃分隔，並符合下列規定者：

(一) 區劃分隔之牆壁及樓地板開口面積合計在八平方公尺以下，且任一開口面積在四平方公尺以下。

(二) 前目開口部設具一小時以上防火時效之防火門窗等防火設備，且開口部與走廊、樓梯間不得使用防火鐵捲門。但開口面積在四平方公尺以下，且該區劃分隔部分能二方向避難者，得使用具半小時以上防火時效之防火門窗等防火設備。

十四、第十七條第一項第四款之建築物（地下層、無開口樓層及第十一層以上之樓層除外）中，供第十二條第二款至第四款所列場所使用，與其他部分間以具一小時以上防火時效之牆壁、樓地板區劃分隔，並符合下列規定者：

(一) 區劃分隔部分，樓地板面積在二百平方公尺以下。

(二) 內部裝修符合建築技術規則建築設計施工編第八十八條規定。

　　　　　(三) 開口部設具一小時以上防火時效之防火門窗等防火設備，且
　　　　　　　開口部與走廊、樓梯間不得使用防火鐵捲門。但開口面積在
　　　　　　　四平方公尺以下，且該區劃分隔部分能二方向避難者，得使
　　　　　　　用具半小時以上防火時效之防火門窗等防火設備。

　　十五、其他經中央主管機關指定之場所。

第 50 條　　撒水頭之放水量，每分鐘應在八十公升（設於高架倉庫者，應為
　　　　　一百十四公升）以上，且放水壓力應在每平方公分一公斤以上或
　　　　　0.1Mpa以上。但小區劃型撒水頭之放水量，每分鐘應在五十公升以
　　　　　上。

　　　　　放水型撒水頭之放水量，應達防護區域每平方公尺每分鐘五公升以
　　　　　上。但儲存可燃物場所，應達每平方公尺每分鐘十公升以上。

第 51 條　　自動撒水設備應裝置適當之流水檢知裝置，並符合下列規定：

　　一、各樓層之樓地板面積在三千平方公尺以下者，裝設一套，超過
　　　　三千平方公尺者，裝設二套。但上下二層，各層撒水頭數量在十個
　　　　以下，且設有火警自動警報設備者，得二層共用。

　　二、無隔間之樓層內，前款三千平方公尺得增為一萬平方公尺。

　　三、撒水頭或一齊開放閥開啟放水時，即發出警報。

　　四、附設制水閥，其高度距離樓地板面在一點五公尺以下零點八公尺
　　　　以上，並於制水閥附近明顯易見處，設置標明制水閥字樣之標識。

第 52 條　　開放式自動撒水設備之自動及手動啟動裝置，依下列規定設置。但受
　　　　　信總機設在平時有人處，且火災時，能立即操作啟動裝置者，得免設
　　　　　自動啟動裝置：

　　一、自動啟動裝置，應符合下列規定：

　　　　(一) 感知撒水頭或探測器動作後，能啟動一齊開放閥及加壓送水
　　　　　　裝置。

　　　　(二) 感知撒水頭使用標示溫度在七十九度以下者，且每二十平
　　　　　　方公尺設置一個；探測器使用定溫式一種或二種，並依第
　　　　　　一百二十條規定設置，每一放水區域至少一個。

　　　　(三) 感知撒水頭設在裝置面距樓地板面高度五公尺以下，且能有
　　　　　　效探測火災處。

　　二、手動啟動裝置，應符合下列規定：

(一) 每一放水區域設置一個手動啓動開關，其高度距樓地板面在零點八公尺以上一點五公尺以下，並標明手動啓動開關字樣。

(二) 手動啓動開關動作後，能啓動一齊開放閥及加壓送水裝置。

第 53 條　開放式自動撒水設備之一齊開放閥應依下列規定設置：

一、每一放水區域設置一個。

二、一齊開放閥二次側配管裝設試驗用裝置，在該放水區域不放水情形下，能測試一齊開放閥之動作。

三、一齊開放閥所承受之壓力，在其最高使用壓力以下。

第 54 條　開放式自動撒水設備之放水區域，依下列規定：

一、每一舞臺之放水區域在四個以下。

二、放水區域在二個以上時，每一放水區域樓地板面積在一百平方公尺以上，且鄰接之放水區域相互重疊，使有效滅火。

第 55 條　密閉乾式或預動式自動撒水設備，依下列規定設置：

一、密閉乾式或預動式流水檢知裝置二次側之加壓空氣，其空氣壓縮機爲專用，並能在三十分鐘內，加壓達流水檢知裝置二次側配管之設定壓力值。

二、流水檢知裝置二次側之減壓警報設於平時有人處。

三、撒水頭動作後，流水檢知裝置應在一分鐘內，使撒水頭放水。

四、撒水頭使用向上型。但配管能採取有效措施者，不在此限。

第 56 條　使用密閉式撒水頭之自動撒水設備末端之查驗閥，依下列規定配置：

一、管徑在二十五毫米以上。

二、查驗閥依各流水檢知裝置配管系統配置，並接裝在建築物各層放水壓力最低之最遠支管末端。

三、查驗閥之一次側設壓力表，二次側設有與撒水頭同等放水性能之限流孔。

四、距離地板面之高度在二點一公尺以下，並附有排水管裝置，並標明末端查驗閥字樣。

第 57 條　自動撒水設備之水源容量，依下列規定設置：

一、使用密閉式一般反應型、快速反應型撒水頭時，應符合下表規定個數繼續放水二十分鐘之水量。但各類場所實設撒水頭數，較應設

水源容量之撒水頭數少時，其水源容量得依實際撒水頭數計算之。

各類場所		撒水頭個數	
		快速反應型	一般反應型
十一樓以上建築物、地下建築物		十二	十五
十樓以下建築物	供第十二條第一款第四目使用及複合用途建築物中供第十二條第一款第四目使用者	十二	十五
	地下層	十二	十五
	其他	八	十
高架儲存倉庫	儲存棉花、塑膠、木製品、紡織品等易燃物品	二十四	三十
	儲存其他物品	十六	二十

二、使用開放式撒水頭時，應符合下列規定：

　　(一) 供第十二條第一款第一目使用場所及第二目集會堂之舞臺，在十層以下建築物之樓層時，應在最大放水區域全部撒水頭，繼續放水二十分鐘之水量以上。

　　(二) 供第十二條第一款第一目使用場所及第二目集會堂之舞臺，在十一層以上建築物之樓層，應在最大樓層全部撒水頭，繼續放水二十分鐘之水量以上。

三、使用側壁型或小區劃型撒水頭時，十層以下樓層在八個撒水頭、十一層以上樓層在十二個撒水頭繼續放水二十分鐘之水量以上。

四、使用放水型撒水頭時，應在實設撒水頭數繼續放射二十分鐘之水量以上。

前項撒水頭數量之規定，在使用乾式或預動式流水檢知裝置時，應追加百分之五十。

免設撒水頭處所，除第四十九條第七款及第十二款外，得設置補助撒水栓，並應符合下列規定：

一、各層任一點至水帶接頭之水平距離在十五公尺以下。但設有自動撒水設備撒水頭之部分，不在此限。

二、設有補助撒水栓之任一層，以同時使用該層所有補助撒水栓時，

各瞄子放水壓力在每平方公分二點五公斤以上或0.25MPa以上，放水量在每分鐘六十公升以上。但全部補助撒水栓數量超過二支時（鄰接補助撒水栓水帶接頭之水平距離超過三十公尺時，為一個），以同時使用二支計算之。

三、補助撒水栓箱表面標示補助撒水栓字樣，箱體上方設置紅色標示燈。

四、瞄子具有容易開關之裝置。

五、開關閥設在距地板面一點五公尺以下。

六、水帶能便於操作延伸。

七、配管從各層流水檢知裝置二次側配置。

第 58 條　依前條設置之水源應連結加壓送水裝置，並依下列各款擇一設置：

一、重力水箱，應符合下列規定：

(一) 有水位計、排水管、溢水用排水管、補給水管及人孔之裝置。

(二) 水箱必要落差在下列計算值以上：

必要落差 ＝ 配管摩擦損失水頭 ＋ 10（計算單位：公尺）

$$H = h1 + 10 \ m$$

二、壓力水箱，應符合下列規定：

(一) 有壓力表、水位計、排水管、補給水管、給氣管、空氣壓縮機及人孔之裝置。

(二) 水箱內空氣占水箱容積之三分之一以上，壓力在使用建築物最高處之撒水頭維持規定放水水壓所需壓力以上。當水箱內壓力及液面減低時，能自動補充加壓。空氣壓縮機及加壓幫浦與緊急電源相連接。

(三) 水箱必要壓力在下列計算值以上：

必要壓力 ＝ 配管摩擦損失水頭 ＋ 落差 ＋ 1（計算單位：公斤／平方公分）

$$P = P1 + P2 + 1 \ kgf/cm^2$$

三、消防幫浦，應符合下列規定：

(一) 幫浦出水量，依前條規定核算之撒水頭數量，乘以每分鐘九十公升（設於高架儲存倉庫者，為一百三十公升）。但使

用小區劃型撒水頭者，應乘以每分鐘六十公升。另放水型撒水頭依中央消防機關認可者計算之。

(二) 幫浦全揚程在下列計算值以上：

幫浦全揚程 ＝ 配管摩擦損失水頭 ＋ 落差 ＋ 10 （計算單位：公尺）

$$H = h1 + h2 + 10 \ m$$

(三) 應為專用。但與其他滅火設備並用，無妨礙各設備之性能時，不在此限。

(四) 連接緊急電源。

前項加壓送水裝置除應準用第三十七條第二項第一款、第二款及第五款規定外，撒水頭放水壓力應在每平方公分十公斤以下或1MPa以下。

第 59 條　裝置自動撒水之建築物，應於地面層室外臨建築線，消防車容易接近處，設置口徑六十三毫米之送水口，並符合下列規定：

一、應為專用。

二、裝置自動撒水設備之樓層，樓地板面積在三千平方公尺以下，至少設置雙口形送水口一個，並裝接陰式快速接頭，每超過三千平方公尺，增設一個。但應設數量超過三個時，以三個計。

三、設在無送水障礙處，且其高度距基地地面在一公尺以下零點五公尺以上。

四、與立管管系連通，其管徑在立管管徑以上，並在其附近便於檢修確認處，裝置逆止閥及止水閥。

五、送水口附近明顯易見處，標明自動撒水送水口字樣及送水壓力範圍。

第 60 條　自動撒水設備之緊急電源，依第三十八條規定設置。

1.5　水霧滅火設備（61〜68）

第 61 條　水霧噴頭，依下列規定配置：

一、防護對象之總面積在各水霧噴頭放水之有效防護範圍內。

二、每一水霧噴頭之有效半徑在二點一公尺以下。

三、水霧噴頭之配置數量，依其裝設之放水角度、放水量及防護區域面積核算，其每平方公尺放水量，供第十八條附表第三項、第四項所列場所使用，在每分鐘二十公升以上；供同條附表其他場所使用，在每分鐘十公升以上。

第 62 條　水霧滅火設備之緊急電源、配管、配件、屋頂水箱、竣工時之加壓送水試驗、流水檢知裝置、啓動裝置及一齊開放閥準用第三十八條、第四十四條、第四十五條、第五十一條至第五十三條規定設置。

第 63 條　放射區域，指一只一齊開放閥啓動放射之區域，每一區域以五十平方公尺為原則。

前項放射區域有二區域以上者，其主管管徑應在一百毫米以上。

第 64 條　水霧滅火設備之水源容量，應保持二十立方公尺以上。但放射區域在二區域以上者，應保持四十立方公尺以上。

第 65 條　依前條設置之水源，應連結加壓送水裝置。

加壓送水裝置使用消防幫浦時，其出水量及出水壓力，依下列規定，並連接緊急電源：

一、出水量：每分鐘一千二百公升以上，其放射區域二個以上時為每分鐘二千公升以上。

二、出水壓力：核算管系最末端一個放射區域全部水霧噴頭放水壓力均能達每平方公分二點七公斤以上或0.27MPa以上。但用於防護電氣設備者，應達每平方公分三點五公斤以上或0.35MPa以上。

第 66 條　水霧噴頭及配管與高壓電器設備應保持之距離，依下表規定：

離開距離（mm）		電壓（kV）
最低	標準	
150	250	7以下
200	300	10以下
300	400	20以下
400	500	30以下
700	1000	60以下
800	1100	70以下

離開距離（mm）		電壓（kV）
最低	標準	
1100	1500	100以下
1500	1900	140以下
2100	2600	200以下

第 67 條　水霧送水口，依第五十九條第一款至第四款規定設置，並標明水霧送水口字樣及送水壓力範圍。

第 68 條　裝置水霧滅火設備之室內停車空間，其排水設備應符合下列規定：

一、車輛停駐場所地面作百分之二以上之坡度。

二、車輛停駐場所，除面臨車道部分外，應設高十公分以上之地區境界堤，或深十公分寬十公分以上之地區境界溝，並與排水溝連通。

三、滅火坑具備油水分離裝置，並設於火災不易殃及之處所。

四、車道之中央或二側設置排水溝，排水溝設置集水管，並與滅火坑相連接。

五、排水溝及集水管之大小及坡度，應具備能將加壓送水裝置之最大能力水量有效排出。

1.6　泡沫滅火設備（69〜81）

第 69 條　泡沫滅火設備之放射方式，依實際狀況需要，就下列各款擇一設置：

一、固定式：視防護對象之形狀、構造、數量及性質配置泡沫放出口，其設置數量、位置及放射量，應能有效滅火。

二、移動式：水帶接頭至防護對象任一點之水平距離在十五公尺以下。

第 70 條　固定式泡沫滅火設備之泡沫放出口，依泡沫膨脹比，就下表選擇設置之：

膨脹比種類	泡沫放出口種類
膨脹比二十以下（低發泡）	泡沫噴頭或泡水噴頭
膨脹比八十以上一千以下（高發泡）	高發泡放出口

前項膨脹比，指泡沫發泡體積與發泡所需泡沫水溶液體積之比值。

第 71 條　泡沫頭，依下列規定配置：

一、飛機庫等場所，使用泡水噴頭，並樓地板面積每八平方公尺設置一個，使防護對象在其有效防護範圍內。

二、室內停車空間或汽車修理廠等場所，使用泡沫噴頭，並樓地板面積每九平方公尺設置一個，使防護對象在其有效防護範圍內。

三、放射區域內任一點至泡沫噴頭之水平距離在二點一公尺以下。

四、泡沫噴頭側面有樑時，其裝置依第四十七條第一項第八款規定。

五、室內停車空間有複層式停車設施者，其最上層上方之裝置面設泡沫噴頭，並延伸配管至車輛間，使能對下層停車平臺放射泡沫。但感知撒水頭之設置，得免延伸配管。

六、前款複層式停車設施之泡沫噴頭，礙於構造，無法在最上層以外之停車平臺配置時，其配管之延伸應就停車構造成一單元部分，在其四周設置泡沫噴頭，使能對四周全體放射泡沫。

第 72 條　泡沫頭之放射量，依下列規定：

一、泡水噴頭放射量在每分鐘七十五公升以上。

二、泡沫噴頭放射量，依下表規定：

泡沫原液種類	樓地板面積每平方公尺之放射量（公升／分鐘）
蛋白質泡沫液	六點五以上
合成界面活性泡沫液	八以上
水成膜泡沫液	三點七以上

第 73 條　高發泡放出口，依下列規定配置：

一、全區放射時，應符合下列規定，且其防護區域開口部能在泡沫水溶液放射前自動關閉。但能有效補充開口部洩漏者，得免設自動關閉裝置。

(一) 高發泡放出口之泡沫水溶液放射量依下表核算：

防護對象	膨脹比種類	每分鐘每立方公尺冠泡體積之泡沫水溶液放射量（公升）
飛機庫	八十以上二百五十未滿（以下簡稱第一種）	二
	二百五十以上五百未滿（以下簡稱第二種）	零點五
	五百以上一千未滿（以下簡稱第三種）	零點二九
室內停車空間或汽車修護廠	第一種	一點一一
	第二種	零點二八
	第三種	零點一六
第十八條表第八項之場所	第一種	一點二五
	第二種	零點三一
	第三種	零點一八

(二) 前目之冠泡體積，指防護區域自樓地板面至高出防護對象最高點零點五公尺所圍體積。

(三) 高發泡放出口在防護區域內，樓地板面積每五百平方公尺至少設置一個，且能有效放射至該區域，並附設泡沫放出停止裝置。

(四) 高發泡放出口位置高於防護對象物最高點。

(五) 防護對象位置距離樓地板面高度，超過五公尺，且使用高發泡放出口時，應為全區放射方式。

二、局部放射時，應符合下列規定：

(一) 防護對象物相互鄰接，且鄰接處有延燒之虞時，防護對象與該有延燒之虞範圍內之對象，視為單一防護對象，設置高發泡放出口。但該鄰接處以具有一小時以上防火時效之牆壁區劃或相距三公尺以上者，得免視為單一防護對象。

(二) 高發泡放出口之泡沫水溶液放射量，防護面積每一平方公尺在每分鐘二公升以上。

(三) 前目之防護面積，指防護對象外周線以高出防護對象物高度三倍數值所包圍之面積。但高出防護對象物高度三倍數值，小於一公尺時，以一公尺計。

第 74 條　泡沫滅火設備之緊急電源、配管、配件、屋頂水箱、竣工時之加壓試驗、流水檢知裝置、啓動裝置及一齊開放閥準用第三十八條、第四十四條、第四十五條、第五十一條至第五十三條規定設置。

第 75 條　泡沫滅火設備之放射區域，依下列規定：

一、使用泡沫噴頭時，每一放射區域在樓地板面積五十平方公尺以上一百平方公尺以下。

二、使用泡水噴頭時，放射區域占其樓地板面積三分之一以上，且至少二百平方公尺。但樓地板面積未達二百平方公尺者，放射區域依其實際樓地板面積計。

第 76 條　泡沫滅火設備之水源，依下列規定：

一、使用泡沫頭時，依第七十二條核算之最低放射量在最大一個泡沫放射區域，能繼續放射二十分鐘以上。

二、使用高發泡放出口時，應符合下列規定：

(一) 全區放射時，以最大樓地板面積之防護區域，除依下表核算外，防護區域開口部未設閉鎖裝置者，加算開口洩漏泡沫水溶液量。

膨脹比種類	冠泡體積每一立方公尺之泡沫水溶液量（立方公尺）
第一種	零點零四
第二種	零點零一三
第三種	零點零零八

(二) 局部放射時，依第七十三條核算之泡沫水溶液放射量，在樓地板面積最大區域，能繼續放射二十分鐘以上。

三、移動式泡沫滅火設備之水源容量，在二具泡沫瞄子同時放水十五分鐘之水量以上。

前項各款計算之水溶液量，應加算充滿配管所需之泡沫水溶液量，且應加算總泡沫水溶液量之百分之二十。

第 77 條　依前條設置之水源，應連結加壓送水裝置。

前條第一項第一款及第二款之加壓送水裝置使用消防幫浦時，其出水

量及出水壓力，依下列規定：

一、出水量：泡沫放射區域有二區域以上時，以最大一個泡沫放射區域之最低出水量加倍計算。

二、出水壓力：核算最末端一個泡沫放射區域全部泡沫噴頭放射壓力均能達每平方公分一公斤以上或0.1MPa以上。

三、連接緊急電源。

前條第一項第三款之加壓送水裝置使用消防幫浦時，其出水量及出水壓力，依下列規定：

一、出水量：同一樓層設一個泡沫消防栓箱時，應在每分鐘一百三十公升以上；同一樓層設二個以上泡沫消防栓箱時，應在每分鐘二百六十公升以上。

二、出水壓力：核算最末端一個泡沫消防栓放射壓力能達每平方公分三點五公斤以上或035MPa以上。

三、連接緊急電源。

同一棟建築物內，採用低發泡原液，分層配置固定式及移動式放射方式泡沫滅火設備時，得共用配管及消防幫浦，而幫浦之出水量、揚程與泡沫原液儲存量應採其放射方式中較大者。

第 78 條　泡沫原液儲存量，依第七十六條規定核算之水量與使用之泡沫原液濃度比核算之。

第 79 條　泡沫原液與水混合使用之濃度，依下列規定：

一、蛋白質泡沫液百分之三或百分之六。

二、合成界面活性泡沫液百分之一或百分之三。

三、水成膜泡沫液百分之三或百分之六。

第 80 條　移動式泡沫滅火設備，依下列規定設置：

一、同一樓層各泡沫瞄子放射量，應在每分鐘一百公升以上。但全部泡沫消防栓箱數量超過二個時，以同時使用二支泡沫瞄子計算之。

二、泡沫瞄子放射壓力應在每平方公分三點五公斤以上或0.35MPa、以上。

三、移動式泡沫滅火設備之泡沫原液，應使用低發泡。

四、在水帶接頭三公尺範圍內，設置泡沫消防栓箱，箱內配置長二十公尺以上水帶及泡沫瞄子乙具，其箱面表面積應在零點八平方公尺

以上，且標明移動式泡沫滅火設備字樣，並在泡沫消防栓箱上方設置紅色幫浦啓動表示燈。

第 81 條　泡沫原液儲槽，依下列規定設置：

一、設有便於確認藥劑量之液面計或計量棒。

二、平時在加壓狀態者，應附設壓力表。

三、設置於溫度攝氏四十度以下，且無日光曝曬之處。

四、採取有效防震措施。

1.7　二氧化碳滅火設備（82～97）

第 82 條　二氧化碳滅火設備之放射方式依實際狀況需要就下列各款擇一裝置：

一、全區放射方式：用不燃材料建造之牆、柱、樓地板或天花板等區劃間隔，且開口部設有自動關閉裝置之區域，其噴頭設置數量、位置及放射量應視該部分容積及防護對象之性質作有效之滅火。但能有效補充開口部洩漏量者，得免設自動關閉裝置。

二、局部放射方式：視防護對象之形狀、構造、數量及性質，配置噴頭，其設置數量、位置及放射量，應能有效滅火。

三、移動放射方式：皮管接頭至防護對象任一部分之水平距離在十五公尺以下。

第 83 條　二氧化碳滅火藥劑量，依下列規定設置：

一、全區放射方式所需滅火藥劑量依下表計算：

設置場所	電信機械室、總機室	其他			
		五十立方公尺未滿	五十立方公尺以上一百五十立方公尺未滿	一百五十方公尺以上一千五百立方公尺未滿	一千五百立方公尺以上
每立方公尺防護區域所需藥劑量（kg/m²）	1.2	1.0	0.9	0.8	0.75

設置場所	電信機械室、總機室	其他			
		五十立方公尺未滿	五十立方公尺以上一百五十立方公尺未滿	一百五十立方公尺以上一千五百立方公尺未滿	一千五百立方公尺以上
每平方公尺開口部所需追加藥劑量（kg/m²）	10	5	5	5	5
滅火藥劑之基本需要量（kg）			50	135	1200

二、局部放射方式所需滅火藥劑量應符合下列規定：

　　(一) 可燃性固體或易燃性液體存放於上方開放式容器，火災發生時，燃燒限於一面且可燃物無向外飛散之虞者，所需之滅火藥劑量，依該防護對象表面積每一平方公尺以十三公斤比例核算，其表面積之核算，在防護對象邊長小於零點六公尺時，以零點六公尺計。但追加倍數，高壓式為一點四，低壓式為一點一。

　　(二) 前目以外防護對象依下列公式計算假想防護空間（指距防護對象任一點零點六公尺範圍空間）單位體積滅火藥劑量，再乘以假想防護空間體積來計算所需滅火藥劑量：

$$Q = 8 - 6 \times \frac{a}{A}$$

　　Q：假想防護空間單位體積滅火藥劑量（公斤／立方公尺），所需追加倍數比照前目規定。

　　a：防護對象周圍實存牆壁面積之合計（平方公尺）。

　　A：假想防護空間牆壁面積之合計（平方公尺）。

三、移動放射方式每一具噴射瞄子所需滅火藥劑量在九十公斤以上。

四、全區及局部放射方式在同一建築物內有二個以上防護區域或防護對象時，所需滅火藥劑量應取其最大量者。

第 84 條　全區及局部放射方式之噴頭，依下列規定設置：

一、全區放射方式所設之噴頭能使放射藥劑迅速均勻地擴散至整個防護區域。

二、二氧化碳噴頭之放射壓力，其滅火藥劑以常溫儲存者之高壓式
　　為每平方公分十四公斤以上或1.4MPa以上；其滅火藥劑儲存於
　　溫度攝氏零下十八度以下者之低壓式為每平方公分九公斤以上或
　　0.9MPa以上。

三、全區放射方式依前條第一款所核算之滅火藥劑量，依下表所列場
　　所，於規定時間內全部放射完畢。

設置場所	電信機械室、總機室	其他
時間（分）	3.5	1

四、局部放射方式所設噴頭之有效射程內，應涵蓋防護對象所有表
　　面，且所設位置不得因藥劑之放射使可燃物有飛散之虞。

五、局部放射方式依前條第二款所核算之滅火藥劑量應於三十秒內全
　　部放射完畢。

第 85 條　全區或局部放射方式防護區域內之通風換氣裝置，應在滅火藥劑放射
　　　　　前停止運轉。

第 86 條　全區放射方式防護區域之開口部，依下列規定設置：

一、不得設於面對安全梯間、特別安全梯間、緊急升降機間或其他類
　　似場所。

二、開口部位於距樓地板面高度三分之二以下部分，應在滅火藥劑放
　　射前自動關閉。

三、不設自動關閉裝置之開口部總面積，供電信機械室使用時，應在
　　圍壁面積百分之一以下，其他處所則應在防護區域體積值或圍壁面
　　積值二者中之較小數值百分之十以下。

前項第三款圍壁面積，指防護區域內牆壁、樓地板及天花板等面積之
合計。

第 87 條　滅火藥劑儲存容器，依下列規定設置：

一、充填比在高壓式為一點五以上一點九以下；低壓式為一點一以上
　　一點四以下。

二、儲存場所應符合下列規定：

　　(一) 置於防護區域外。

(二) 置於溫度攝氏四十度以下，溫度變化較少處。

(三) 不得置於有日光曝曬或雨水淋濕之處。

三、儲存容器之安全裝置符合CNS一一一七六之規定。

四、高壓式儲存容器之容器閥符合CNS一〇八四八及一〇八四九之規定。

五、低壓式儲存容器，應設有液面計、壓力表及壓力警報裝置，壓力在每平方公分二十三公斤以上或2.3MPa以上或每平方公分十九公斤以下或1.9MPa以下時發出警報。

六、低壓式儲存容器應設置使容器內部溫度維持於攝氏零下二十度以上，攝氏零下十八度以下之自動冷凍機。

七、儲存容器之容器閥開放裝置，依下列規定：

(一) 容器閥之開放裝置，具有以手動方式可開啓之構造。

(二) 容器閥使用電磁閥直接開啓時，同時開啓之儲存容器數在七支以上者，該儲存容器應設二個以上之電磁閥。

八、採取有效防震措施。

前項第一款充填比，指容器內容積（公升）與液化氣體重量（公斤）之比值。

第 88 條　二氧化碳滅火設備使用氣體啓動者，依下列規定設置：

一、啓動用氣體容器能耐每平方公分二百五十公斤或25MPa、之壓力。

二、啓動用氣體容器之內容積應有一公升以上，其所儲存之二氧化碳重量在零點六公斤以上，且其充填比在一點五以上。

三、啓動用氣體容器之安全裝置及容器閥符合CNS一一一七六規定。

四、啓動用氣體容器不得兼供防護區域之自動關閉裝置使用。

第 89 條　二氧化碳滅火設備配管，依下列規定設置：

一、應為專用，其管徑依噴頭流量計算配置。

二、使用符合CNS四六二六規定之無縫鋼管，其中高壓式為管號Sch80以上，低壓式為管號Sch40以上厚度或具有同等以上強度，且施予鍍鋅等防蝕處理。

三、採用銅管配管時，應使用符合CNS五一二七規定之銅及銅合金無縫管或具有同等以上強度者，其中高壓式能耐壓每平方公分

一百六十五公斤以上或16.5MPa以上，低壓式能耐壓每平方公分三十七點五公斤以上或3.75MPa以上。

四、配管接頭及閥類之耐壓，高壓式為每平方公分一百六十五公斤以上或16.5MPa以上，低壓式為每平方公分三十七點五公斤以上或3.75MPa以上，並予適當之防蝕處理。

五、最低配管與最高配管間，落差在五十公尺以下。

第 90 條　選擇閥，依下列規定設置：

一、同一建築物內有二個以上防護區域或防護對象，共用儲存容器時，每一防護區域或防護對象均應設置。

二、設於防護區域外。

三、標明選擇閥字樣及所屬防護區域或防護對象。

四、儲存容器與噴頭設有選擇閥時，儲存容器與選擇閥間之配管依CNS一一一七六之規定設置安全裝置或破壞板。

第 91 條　啟動裝置，依下列規定，設置手動及自動啟動裝置：

一、手動啟動裝置應符合下列規定：

(一) 設於能看清區域內部且操作後能容易退避之防護區域外。

(二) 每一防護區域或防護對象裝設一套。

(三) 其操作部設在距樓地板面高度零點八公尺以上一點五公尺以下。

(四) 其外殼漆紅色。

(五) 以電力啟動者，裝置電源表示燈。

(六) 操作開關或拉桿，操作時同時發出警報音響，且設有透明塑膠製之有效保護裝置。

(七) 在其近旁標示所防護區域名稱、操作方法及安全上應注意事項。

二、自動啟動裝置與火警探測器感應連動啟動。

前項啟動裝置，依下列規定設置自動及手動切換裝置：

一、設於易於操作之處所。

二、設自動及手動之表示燈。

三、自動、手動切換必須以鑰匙或拉桿操作，始能切換。

四、切換裝置近旁標明操作方法。

第 92 條　音響警報裝置，依下列規定設置：

一、手動或自動裝置動作後，應自動發出警報，且藥劑未全部放射前不得中斷。

二、音響警報應有效報知防護區域或防護對象內所有人員。

三、設於全區放射方式之音響警報裝置採用人語發音。但平時無人駐守者，不在此限。

第 93 條　全區放射方式之安全裝置，依下列規定設置：

一、啓動裝置開關或拉桿開始動作至儲存容器之容器閥開啓，設有二十秒以上之遲延裝置。

二、於防護區域出入口等易於辨認處所設置放射表示燈。

第 94 條　全區放射或局部放射方式防護區域，對放射之滅火藥劑，依下列規定將其排放至安全地方：

一、排放方式應就下列方式擇一設置，並於一小時內將藥劑排出：

(一) 採機械排放時，排風機爲專用，且具有每小時五次之換氣量。但與其他設備之排氣裝置共用，無排放障礙者，得共用之。

(二) 採自然排放時，設有能開啓之開口部，其面向外氣部分（限防護區域自樓地板面起高度三分之二以下部分）之大小，占防護區域樓地板面積百分之十以上，且容易擴散滅火藥劑。

二、排放裝置之操作開關須設於防護區域外便於操作處，且在其附近設有標示。

三、排放至室外之滅火藥劑不得有局部滯留之現象。

第 95 條　全區及局部放射方式之緊急電源，應採用自用發電設備或蓄電池設備，其容量應能使該設備有效動作一小時以上。

第 96 條　移動式放射方式，除依第八十七條第一項第一款、第二款第二目、第三目、第三款及第四款規定辦理外，並依下列規定設置：

一、儲存容器之容器閥能在皮管出口處以手動開關者。

二、儲存容器分設於各皮管設置處。

三、儲存容器近旁設紅色標示燈及標明移動式二氧化碳滅火設備字樣。

四、設於火災時濃煙不易籠罩之處所。

五、每一具瞄子之藥劑放射量在溫度攝氏二十度時，應在每分鐘六十公斤以上。

六、移動式二氧化碳滅火設備之皮管、噴嘴及管盤符合ＣＮＳ一一一七七之規定。

第 97 條　二氧化碳滅火設備使用之各種標示規格，由中央消防機關另定之。

1.8　乾粉滅火設備及簡易自動滅火設備（98～111.1）

第 98 條　乾粉滅火設備之放射方式、通風換氣裝置、防護區域之開口部、選擇閥、啟動裝置、音響警報裝置、安全裝置、緊急電源及各種標示規格，準用第八十二條、第八十五條、第八十六條、第九十條至第九十三條、第九十五條及第九十七條規定設置。

第 99 條　乾粉滅火藥劑量，依下列規定設置：

一、全區放射方式所需滅火藥劑量，依下表計算：

滅火藥劑種類	第一種乾粉（主成分碳酸氫鈉）	第二種乾粉（主成分碳酸氫鉀）	第三種乾粉（主成分磷酸二氫銨）	第四種乾粉（主成分碳酸氫鉀及尿素化合物）
每立方公尺防護區域所需藥劑量（kg/m²）	0.6	0.36	0.36	0.24
每平方公尺開口部所需追加藥劑量（kg/m²）	4.5	2.7	2.7	1.8

二、局部放射方式所需滅火藥劑量應符合下列規定：

(一) 可燃性固體或易燃性液體存放於上方開放式容器，火災發生時，燃燒限於一面且可燃物無向外飛散之虞者，所需之滅火藥劑量，依下表計算：

滅火藥劑種類	第一種乾粉	第二種乾粉或第三種乾粉	第四種乾粉
防護對象每平方公尺表面積所需滅火藥劑量（kg/m²）	8.8	5.2	3.6
追加倍數	1.1	1.1	1.1
備考	防護對象物之邊長在零點六公尺以下時，以零點六公尺計。		

(二) 前目以外設置場所，依下列公式計算假想防護空間單位體積滅火藥劑量，再乘假想防護空間體積來計算所需滅火藥劑量。但供電信機器室使用者，所核算出之滅火藥劑量，須乘以零點七。

$$Q = X - Y \times \frac{a}{A}$$

Q：假想防護空間單位體積滅火藥劑量（公斤／立方公尺）所需追加倍數比照前目規定。

a：防護對象周圍實存牆壁面積之合計（平方公尺）。

A：假想防護空間牆壁面積之合計（平方公尺）。

X及Y值，依下表規定為準：

滅火藥劑種類	第一種乾粉	第二種乾粉或第三種乾粉	第四種乾粉
X 值	5.2	3.2	2.0
Y 值	3.9	2.4	1.5

三、移動放射方式每一具噴射瞄子所需滅火藥劑量在下表之規定以上：

滅火藥劑種類	第一種乾粉	第二種乾粉或第三種乾粉	第四種乾粉
滅火藥劑量（kg）	50	30	20

四、全區及局部放射方式在同一建築物內有二個以上防護區域或防護對象時，所需滅火藥劑量取其最大量者。

第 100 條　全區及局部放射方式之噴頭，依下列規定設置：

一、全區放射方式所設之噴頭能使放射藥劑迅速均勻地擴散至整個防護區域。

二、乾粉噴頭之放射壓力在每平方公分一公斤以上或 0.1MPa 以上。

三、依前條第一款或第二款所核算之滅火藥劑量須於三十秒內全部放射完畢。

四、局部放射方式所設噴頭之有效射程內，應涵蓋防護對象所有表面，且所設位置不得因藥劑之放射使可燃物有飛散之虞。

第 101 條　供室內停車空間使用之滅火藥劑，以第三種乾粉為限。

第 102 條　滅火藥劑儲存容器，依下列規定設置：

一、充填比應符合下列規定：

滅火藥劑種類	第一種乾粉	第二種乾粉或第三種乾粉	第四種乾粉
充填比	零點八五以上、一點四五以下	一點零五以上、一點七五以下	一點五以上、二點五以下

二、儲存場所應符合下列規定：

(一) 置於防護區域外。

(二) 置於溫度攝氏四十度以下，溫度變化較少處。

(三) 不得置於有日光曝曬或雨水淋濕之處。

三、儲存容器於明顯處所標示：充填藥劑量、滅火藥劑種類、最高使用壓力（限於加壓式）、製造年限及製造廠商等。

四、儲存容器設置符合CNS一一一七六規定之安全裝置。

五、蓄壓式儲存容器，內壓在每平方公分十公斤以上或1MPa以上者，設符合CNS一〇八四八及一〇八四九規定之容器閥。

六、為排除儲存容器之殘留氣體應設置排出裝置，為處理配管之殘留藥劑則應設置清洗裝置。

七、採取有效之防震措施。

第 103 條　加壓用氣體容器應設於儲存容器近旁，且須確實接連，並應設置符合CNS一一一七六規定之容器閥及安全裝置。

第 104 條　加壓或蓄壓用氣體容器，依下列規定設置：

一、加壓或蓄壓用氣體應使用氮氣或二氧化碳。

二、加壓用氣體使用氮氣時，在溫度攝氏三十五度，大氣壓力（表壓力）每平方公分零公斤或0MPa狀態下，每一公斤乾粉藥劑需氮氣四十公升以上；使用二氧化碳時，每一公斤乾粉藥劑需二氧化碳二十公克並加算清洗配管所需要量以上。

三、蓄壓用氣體使用氮氣時，在溫度攝氏三十五度，大氣壓力（表壓力）每平方公分零公斤或0MPa狀態下，每一公斤乾粉藥劑需氮氣十公升並加算清洗配管所需要量以上；使用二氧化碳時，每一公斤乾粉藥劑需二氧化碳二十公克並加算清洗配管所需要量以上。

四、清洗配管用氣體，另以容器儲存。

五、採取有效之防震措施。

第 105 條　乾粉滅火設備配管及閥類，依下列規定設置：

一、配管部分：

(一) 應為專用，其管徑依噴頭流量計算配置。

(二) 使用符合CNS六四四五規定，並施予鍍鋅等防蝕處理或具同等以上強度及耐蝕性之鋼管。但蓄壓式中，壓力在每平方公分二十五公斤以上或2.5MPa以上，每平方公分四十二公斤以下或4.2MPa以下時，應使用符合CNS四六二六之無縫鋼管管號Sch40以上厚度並施予防蝕處理，或具有同等以上強度及耐蝕性之鋼管。

(三) 採用銅管配管時，應使用符合CNS五一二七規定或具有同等以上強度及耐蝕性者，並能承受調整壓力或最高使用壓力的一點五倍以上之壓力。

(四) 最低配管與最高配管間，落差在五十公尺以下。

(五) 配管採均分為原則，使噴頭同時放射時，放射壓力為均等。

(六) 採取有效之防震措施。

二、閥類部分：

(一) 使用符合CNS之規定且施予防蝕處理或具有同等以上強度、耐蝕性及耐熱性者。

(二) 標示開閉位置及方向。

　　　　　　　　(三) 放出閥及加壓用氣體容器閥之手動操作部分設於火災時易於
　　　　　　　　　　接近且安全之處。

第 106 條　　乾粉滅火設備自儲存容器起，其配管任一部分與彎曲部分之距離應為
　　　　　　　管徑二十倍以上。但能採取乾粉藥劑與加壓或蓄壓用氣體不會分離措
　　　　　　　施者，不在此限。

第 107 條　　加壓式乾粉滅火設備應設壓力調整裝置，可調整壓力至每平方公分
　　　　　　　二十五公斤以下或2.5Mpa以下。

第 108 條　　加壓式乾粉滅火設備，依下列規定設置定壓動作裝置：

　　　　　　　一、啓動裝置動作後，儲存容器壓力達設定壓力時，應使放出閥開
　　　　　　　　　啓。

　　　　　　　二、定壓動作裝置設於各儲存容器。

第 109 條　　蓄壓式乾粉滅火設備應設置以綠色表示使用壓力範圍之指示壓力表。

第 110 條　　若使用氣體啓動者，依下列規定設置：

　　　　　　　一、啓動用氣體容器能耐每平方公分二百五十公斤或25MPa之壓力。

　　　　　　　二、啓動用氣體容器之內容積有零點二七公升以上，其所儲存之氣體
　　　　　　　　　量在一百四十五公克以上，且其充填比在一點五以上。

　　　　　　　三、啓動用氣體容器之安全裝置及容器閥符合CNS一一一七六之規
　　　　　　　　　定。

　　　　　　　四、啓動用氣體容器不得兼供防護區域之自動關閉裝置使用。

第 111 條　　移動式放射方式，除依第一百零二條第一款、第二款第二目、第三
　　　　　　　目、第三款、第四款規定辦理外，並依下列規定設置：

　　　　　　　一、儲存容器之容器閥能在皮管出口處以手動開關者。

　　　　　　　二、儲存容器分設於各皮管設置處。

　　　　　　　三、儲存容器近旁設紅色標示燈及標明移動式乾粉滅火設備字樣。

　　　　　　　四、設於火災時濃煙不易籠罩之場所。

　　　　　　　五、每一具噴射瞄子之每分鐘藥劑放射量符合下表規定。

滅火藥劑種類	第一種乾粉	第二種乾粉或第三種乾粉	第四種乾粉
每分鐘放射量（kg/min）	45	27	18

六、移動式乾粉滅火設備之皮管、噴嘴及管盤符合CNS一一一七七之
　　規定。

第 111-1 條　簡易自動滅火設備，應依下列規定設置：

一、視排油煙管之斷面積、警戒長度及風速，配置感知元件及噴頭，
　　其設置數量、位置及放射量，應能有效滅火。

二、排油煙管內風速超過每秒五公尺，應在警戒長度外側設置放出藥
　　劑之啟動裝置及連動閉鎖閘門。但不設置閘門能有效滅火時，不在
　　此限。

三、噴頭之有效射程內，應涵蓋煙罩及排油煙管，且所設位置不得因
　　藥劑之放射使可燃物有飛散之虞。

四、防護範圍內之噴頭，應一齊放射。

五、儲存鋼瓶及加壓氣體鋼瓶設置於攝氏四十度以下之位置。

前項第二款之警戒長度，指煙罩與排油煙管接合處往內五公尺。

1.9　連結送水管（180～184）

第 180 條　出水口及送水口，依下列規定設置：

一、出水口設於地下建築物各層或建築物第三層以上各層樓梯間或緊
　　急升降機間等（含該處五公尺以內之處所）消防人員易於施行救火
　　之位置，且各層任一點至出水口之水平距離在五十公尺以下。

二、出水口為雙口形，接裝口徑六十三毫米快速接頭，距樓地板面之
　　高度在零點五公尺以上一點五公尺以下，並設於厚度在一點六毫米
　　以上之鋼板或同等性能以上之不燃材料製箱內，其箱面短邊在四十
　　公分以上，長邊在五十公分以上，並標明出水口字樣，每字在二十
　　平方公分以上。但設於第十層以下之樓層，得用單口形。

三、在屋頂上適當位置至少設置一個測試用出水口。

四、送水口設於消防車易於接近，且無送水障礙處，其數量在立管數
　　以上。

五、送水口為雙口形，接裝口徑六十三毫米陰式快速接頭，距基地地

面之高度在一公尺以下零點五公尺以上，且標明連結送水管送水口字樣。

六、送水口在其附近便於檢查確認處，裝設逆止閥及止水閥。

第181條　配管，依下列規定設置：

一、應為專用，其立管管徑在一百毫米以上。但建築物高度在五十公尺以下時，得與室內消防栓共用立管，其管徑在一百毫米以上，支管管徑在六十五毫米以上。

二、符合CNS六四四五、四六二六規定或具有同等以上強度、耐腐蝕性及耐熱性者。但其送水設計壓力逾每平方公分十公斤時，應使用符合CNS四六二六管號Sch40以上或具有同等以上強度、耐腐蝕性及耐熱性之配管。

三、同一建築物內裝置二支以上立管時，立管間以橫管連通。

四、管徑依水力計算配置之。

五、能承受送水設計壓力一點五倍以上之水壓，且持續三十分鐘。但設有中繼幫浦時，幫浦二次側配管，應能承受幫浦全閉揚程一點五倍以上之水壓。

第182條　十一層以上之樓層，各層應於距出水口五公尺範圍內設置水帶箱，箱內備有直線水霧兩用瞄子一具，長二十公尺水帶二條以上，且具有足夠裝置水帶及瞄子之深度，其箱面表面積應在零點八平方公尺以上，並標明水帶箱字樣，每字應在二十平方公分以上。

前項水帶箱之材質應為厚度在一點六毫米以上之鋼板或同等性能以上之不燃材料。

第183條　建築物高度超過六十公尺者，連結送水管應採用濕式，其中繼幫浦，依下列規定設置：

一、中繼幫浦全揚程在下列計算值以上：

全揚程＝消防水帶摩擦損失水頭＋配管摩擦損失水頭＋落差＋放水壓力

$$H = h1 + h2 + h3 + 60\ m$$

二、中繼幫浦出水量在每分鐘二千四百公升以上。

三、於送水口附近設手動啟動裝置及紅色啟動表示燈。但設有能由防災中心遙控啟動，且送水口與防災中心間設有通話裝置者，得免

設。

四、中繼幫浦一次側設出水口、止水閥及壓力調整閥，並附設旁通管，二次側設逆止閥、止水閥及送水口或出水口。

五、屋頂水箱有零點五立方公尺以上容量，中繼水箱有二點五立方公尺以上。

六、進水側配管及出水側配管間設旁通管，並於旁通管設逆止閥。

七、全閉揚程與押入揚程合計在一百七十公尺以上時，增設幫浦使串聯運轉。

八、設置中繼幫浦之機械室及連結送水管送水口處，設有能與防災中心通話之裝置。

九、中繼幫浦放水測試時，應從送水口以送水設計壓力送水，並以口徑二十一毫米瞄子在最頂層測試，其放水壓力在每平方公分六公斤以上或0.6MPa以上，且放水量在每分鐘六百公升以上，送水設計壓力，依下圖標明於送水口附近明顯易見處。

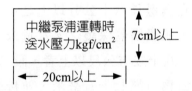

第 184 條　送水設計壓力，依下列規定計算：

一、送水設計壓力在下列計算值以上：

送水設計壓力 = 配管摩擦損失水頭 + 消防水帶摩擦損失水頭 + 落差 + 放水壓力

$H = h1 + h2 + h3 + 60$ m

二、消防水帶摩擦損失水頭為四公尺。

三、立管水量，最上層與其直下層間為每分鐘一千二百公升，其他樓層為每分鐘二千四百公升。

四、每一線瞄子支管之水量為每分鐘六百公升。

1.10　消防專用蓄水池（185～187）

第 185 條　消防專用蓄水池，依下列規定設置：

一、蓄水池有效水量應符合下列規定設置：

(一) 依第二十七條第一款及第三款設置者，其第一層及第二層樓地板面積合計後，每七千五百平方公尺（包括未滿）設置二十立方公尺以上。

(二) 依第二十七條第二款設置者，其總樓地板面積每一萬二千五百平方公尺（包括未滿）設置二十立方公尺以上。

二、任一消防專用蓄水池至建築物各部分之水平距離在一百公尺以下，且其有效水量在二十立方公尺以上。

三、設於消防車能接近至其二公尺範圍內，易於抽取處。

四、有進水管投入後，能有效抽取所需水量之構造。

五、依下列規定設置投入孔或採水口。

(一) 投入孔為邊長六十公分以上之正方形或直徑六十公分以上之圓孔，並設鐵蓋保護之。水量未滿八十立方公尺者，設一個以上；八十立方公尺以上者，設二個以上。

(二) 採水口為口徑七十五毫米，並接裝陰式螺牙。水量二十立方公尺以上，設一個以上；四十立方公尺以上至一百二十立方公尺未滿，設二個以上；一百二十立方公尺以上，設三個以上。採水口配管口徑至少八十毫米以上，距離基地地面之高度在一公尺以下零點五公尺以上。

前項有效水量，指蓄水池深度在基地地面下四點五公尺範圍內之水量。但採機械方式引水時，不在此限。

第 186 條　消防專用蓄水池採機械方式引水時，除依前條第一項第一款及第二款後段規定外，任一採水口至建築物各部分之水平距離在一百公尺以下，並依下列規定設置加壓送水裝置及採水口：

一、加壓送水裝置出水量及採水口數，符合下表之規定。

水量（m³）	出水量（L/min）	採水口數（個）
四十	一千一百	一
四十以上一百二十未滿	二千二百	二
一百二十以上	三千三百	三

二、加壓送水裝置幫浦全揚程在下列計算方式之計算值以上：

全揚程 = 落差 + 配管摩擦損失水頭 + 15 m

$H = h1 + h2 + 15\ m$

三、加壓送水裝置應於採水口附近設啓動裝置及紅色啓動表示燈。但設有能由防災中心遙控啓動，且採水口與防災中心間設有通話連絡裝置者，不在此限。

四、採水口接裝六十三毫米陽式快接頭，距離基地地面之高度在一公尺以下零點五公尺以上。

第 187 條　消防專用蓄水池之標示，依下列規定設置：

一、進水管投入孔標明消防專用蓄水池字樣。

二、採水口標明採水口或消防專用蓄水池採水口字樣。

1.11　公共危險物品等場所消防設計（193～208）

第 193 條　適用本編規定之場所（以下簡稱公共危險物品等場所）如下：

一、公共危險物品及可燃性高壓氣體設置標準暨安全管理辦法規定之場所。

二、加油站。

三、加氣站。

四、天然氣儲槽及可燃性高壓氣體儲槽。

五、爆竹煙火製造、儲存及販賣場所。

第 194 條　顯著滅火困難場所，指公共危險物品等場所符合下列規定之一者：

一、公共危險物品製造場所或一般處理場所符合下列規定之一：

(一) 總樓地板面積在一千平方公尺以上。

(二) 公共危險物品數量達管制量一百倍以上。但第一類公共危險

物品之氯酸鹽類、過氯酸鹽類、硝酸鹽類、第二類公共危險物品之硫磺、鐵粉、金屬粉、鎂、第五類公共危險物品之硝酸酯類、硝基化合物或高閃火點物品其操作溫度未滿攝氏一百度者,不在此限。

(三) 製造或處理設備高於地面六公尺以上。但高閃火點物品其操作溫度未滿攝氏一百度者,不在此限。

(四) 建築物除供一般處理場所使用以外,尚有其他用途。但以無開口且具一小時以上防火時效之牆壁、樓地板區劃分隔者,或處理高閃火點物品其操作溫度未滿攝氏一百度者,不在此限。

二、室內儲存場所符合下列規定之一:

(一) 儲存公共危險物品達管制量一百五十倍以上。但第一類公共危險物品之氯酸鹽類、過氯酸鹽類、硝酸鹽類、第二類公共危險物品之硫磺、鐵粉、金屬粉、鎂、第五類公共危險物品之硝酸酯類、硝基化合物或高閃火點物品者,不在此限。

(二) 儲存第一類、第三類、第五類或第六類公共危險物品,其總樓地板面積在一百五十平方公尺以上。但每一百五十平方公尺內,以無開口且具半小時以上防火時效之牆壁、樓地板區劃分隔者,不在此限。

(三) 儲存第二類公共危險物品之易燃性固體或第四類公共危險物品閃火點未滿攝氏七十度,其總樓地板面積在一百五十平方公尺以上。但每一百五十平方公尺內,以無開口且具一小時以上防火時效之牆壁、樓地板區劃分隔者,不在此限。

(四) 儲存第一類、第三類、第五類或第六類公共危險物品,其建築物除供室內儲存場所使用以外,尚有其他用途。但以無開口且具一小時以上防火時效之牆壁、樓地板區劃分隔者,不在此限。

(五) 儲存第二類公共危險物品之易燃性固體或第四類公共危險物品閃火點未滿攝氏七十度,其建築物除供室內儲存場所使用以外,尚有其他用途。但以無開口且具一小時以上防火時效之牆壁、樓地板區劃分隔者,不在此限。

(六) 高度在六公尺以上之一層建築物。

三、室外儲存場所儲存塊狀硫磺，其面積在一百平方公尺以上。

四、室內儲槽場所符合下列規定之一。但儲存高閃火點物品或第六類公共危險物品，其操作溫度未滿攝氏一百度者，不在此限：

(一) 儲槽儲存液體表面積在四十平方公尺以上。

(二) 儲槽高度在六公尺以上。

(三) 儲存閃火點在攝氏四十度以上未滿攝氏七十度之公共危險物品，其儲槽專用室設於一層以外之建築物。但以無開口且具一小時以上防火時效之牆壁、樓地板區劃分隔者，不在此限。

五、室外儲槽場所符合下列規定之一。但儲存高閃火點物品或第六類公共危險物品，其操作溫度未滿攝氏一百度者，不在此限：

(一) 儲槽儲存液體表面積在四十平方公尺以上。

(二) 儲槽高度在六公尺以上。

(三) 儲存固體公共危險物品，其儲存數量達管制量一百倍以上。

六、室內加油站一面開放且其上方樓層供其他用途使用。

第 195 條　一般滅火困難場所，指公共危險物品等場所符合下列規定之一者：

一、公共危險物品製造場所或一般處理場所符合下列規定之一：

(一) 總樓地板面積在六百平方公尺以上未滿一千平方公尺。

(二) 公共危險物品數量達管制量十倍以上未滿一百倍。但處理第一類公共危險物品之氯酸鹽類、過氯酸鹽類、硝酸鹽類、第二類公共危險物品之硫磺、鐵粉、金屬粉、鎂、第五類公共危險物品之硝酸酯類、硝基化合物或高閃火點物品，其操作溫度未達攝氏一百度者，不在此限。

(三) 未達前條第一款規定，而供作噴漆塗裝、淬火、鍋爐或油壓裝置作業場所。但儲存高閃火點物品或第六類公共危險物品，其操作溫度未滿攝氏一百度者，不在此限。

二、室內儲存場所符合下列規定之一：

(一) 一層建築物以外。

(二) 儲存公共危險物品數量達管制量十倍以上未滿一百五十倍。但儲存第一類公共危險物品之氯酸鹽類、過氯酸鹽類、硝酸鹽類、第二類公共危險物品之硫磺、鐵粉、金屬粉、鎂、第五類

公共危險物品之硝酸酯類、硝基化合物或高閃火點物品者，不在此限。

(三) 總樓地板面積在一百五十平方公尺以上。

三、室外儲存場所符合下列規定之一：

(一) 儲存塊狀硫磺，其面積在五平方公尺以上，未滿一百平方公尺。

(二) 儲存公共危險物品管制量在一百倍以上。但其為塊狀硫磺或高閃火點物品者，不在此限。

四、室內儲槽場所或室外儲槽場所未達顯著滅火困難場所規定。但儲存第六類公共危險物品或高閃火點物品者，不在此限。

五、第二種販賣場所。

六、室內加油站未達顯著滅火困難場所。

第 196 條　其他滅火困難場所，指室外加油站、未達顯著滅火困難場所或一般滅火困難場所者。

第 197 條　公共危險物品等場所之滅火設備分類如下：

一、第一種滅火設備：指室內或室外消防栓設備。

二、第二種滅火設備：指自動撒水設備。

三、第三種滅火設備：指水霧、泡沫、二氧化碳或乾粉滅火設備。

四、第四種滅火設備：指大型滅火器。

五、第五種滅火設備：指滅火器、水桶、水槽、乾燥砂、膨脹蛭石或膨脹珍珠岩。

可燃性高壓氣體製造場所、加氣站、天然氣儲槽及可燃性高壓氣體儲槽之防護設備分類如下：

一、冷卻撒水設備。

二、射水設備：指固定式射水槍、移動式射水槍或室外消防栓。

第 198 條　公共危險物品製造、儲存或處理場所，應依下表選擇適當之滅火設備。

滅火設備 ＼ 防護對象	建築物及附屬設施	電氣設備	第一類 鹼金屬過氧化物	第一類 其他	第二類 鐵粉、金屬粉、鎂	第二類 硫化磷、赤磷、硫磺	第二類 其他	第三類 禁水性	第三類 其他	第四類	第五類	第六類	爆竹煙火
第一種 室內或室外消防栓	○			○		○	○		○		○	○	○
第二種 自動撒水設備	○			○		○	○		○		○	○	○
第三種 水霧滅火設備	○	○		○		○	○		○	○	○	○	○
第三種 泡沫滅火設備	○			○		○	○		○	○	○	○	○
第三種 二氧化碳滅火設備		○					○			○			
第三種 乾粉滅火設備 磷酸鹽類等	○	○		○		○	○		○	○		○	○
第三種 乾粉滅火設備 碳酸鹽類等		○	○		○		○	○		○			
第三種 乾粉滅火設備 其他			○		○			○					
第四種 大型滅火器 柱狀水滅火器	○			○		○	○		○		○	○	○
第四種 大型滅火器 霧狀水滅火器	○	○		○		○	○		○		○	○	○
第四種 大型滅火器 柱狀強化液滅火器	○			○		○	○		○		○	○	○
第四種 大型滅火器 霧狀強化液滅火器	○	○		○		○	○		○	○	○	○	○
第四種 大型滅火器 泡沫滅火器	○			○		○	○		○	○	○	○	○
第四種 大型滅火器 二氧化碳滅火器		○					○			○			
第四種 大型滅火器 乾粉滅火器 磷酸鹽類等	○	○		○		○	○		○	○		○	○
第四種 大型滅火器 乾粉滅火器 碳酸鹽類等		○	○		○		○	○		○			
第四種 大型滅火器 乾粉滅火器 其他			○		○			○					
第五種 滅火器 柱狀水滅火器	○			○		○	○		○		○	○	○
第五種 滅火器 霧狀水滅火器	○	○		○		○	○		○		○	○	○
第五種 滅火器 柱狀強化液滅火器	○			○		○	○		○		○	○	○
第五種 滅火器 霧狀強化液滅火器	○	○		○		○	○		○	○	○	○	○
第五種 滅火器 泡沫滅火器	○			○		○	○		○	○	○	○	○
第五種 滅火器 二氧化碳滅火器		○					○			○			
第五種 滅火器 乾粉滅火器 磷酸鹽類等	○	○		○		○	○		○	○		○	○
第五種 滅火器 乾粉滅火器 碳酸鹽類等		○	○		○		○	○		○			
第五種 滅火器 乾粉滅火器 其他			○		○			○					
第五種 水桶或水槽	○			○		○	○		○		○	○	○
第五種 乾燥砂			○	○	○	○	○	○	○	○	○	○	○
第五種 膨脹蛭石或膨脹珍珠岩			○	○	○	○	○	○	○	○	○	○	○

備註：
一、本表中「○」標示代表可選設該項滅火設備。
二、大型滅火器之藥劑數量應符合CNS一三八七之規定。
三、磷酸鹽類等為磷酸鹽類、硫酸鹽類及其他含有防焰性藥劑。
四、碳酸鹽類等為碳酸鹽類及碳酸鹽類與尿素反應生成物。

第 199 條　設置第五種滅火設備者，應依下列規定核算其最低滅火效能值：

一、公共危險物品製造或處理場所之建築物，外牆為防火構造者，總樓地板面積每一百平方公尺（含未滿）有一滅火效能值；外牆為非防火構造者，總樓地板面積每五十平方公尺（含未滿）有一滅火效能值。

二、公共危險物品儲存場所之建築物，外牆為防火構造者，總樓地板面積每一百五十平方公尺（含未滿）有一滅火效能值；外牆為非防火構造者，總樓地板面積每七十五平方公尺（含未滿）有一滅火效能值。

三、位於公共危險物品製造、儲存或處理場所之室外具有連帶使用關係之附屬設施，以該設施水平最大面積為其樓地板面積，準用前二款外牆為防火構造者，核算其滅火效能值。

四、公共危險物品每達管制量之十倍（含未滿）應有一滅火效能值。

第 200 條　第五種滅火設備除滅火器外之其他設備，依下列規定核算滅火效能值：

一、八公升之消防專用水桶，每三個為一滅火效能值。

二、水槽每八十公升為一點五滅火效能值。

三、乾燥砂每五十公升為零點五滅火效能值。

四、膨脹蛭石或膨脹珍珠岩每一百六十公升為一滅火效能值。

第 201 條　顯著滅火困難場所應依下表設置第一種、第二種或第三種滅火設備：

場所類別		滅火設備
公共危險物品製造場所及一般處理場所		設置第一種、第二種或第三種滅火設備。但火災時有充滿濃煙之虞者，不得使用第一種或第三種之移動式滅火設備。
室內儲存場所	高度六公尺以上之一層建築物	第二種或移動式以外之第三種滅火設備
	其他	第一種滅火設備之室外消防栓設備、第二種滅火設備、第三種移動式泡沫設備（限設置室外泡沫消防栓者）或移動式以外之第三種滅火設備
室外儲存場所		設置第一種、第二種或第三種滅火設備。但火災時有充滿濃煙之虞者，不得使用第一種或第三種之移動式滅火設備

場所類別		滅火設備
室內儲槽場所	儲存硫磺	第三種滅火設備之水霧滅火設備
	儲存閃火點攝氏七十度以上之第四類	第三種滅火設備之水霧滅火設備、固定式泡沫滅火設備或移動式以外二氧化碳（或乾粉）滅火設備
	其他	第三種滅火設備之固定式泡沫滅火設備、移動式以外二氧化碳（或乾粉）滅火設備
室外儲槽場所	儲存硫磺	第三種滅火設備之水霧滅火設備
	儲存閃火點攝氏七十度以上之第四類	第三種滅火設備之水霧滅火設備或固定泡沫滅火設備
	其他	第三種滅火設備之固定式泡沫滅火設備
室內加油站		第三種滅火設備之固定式泡沫滅火設備

前項場所除下列情形外，並應設置第四種及第五種滅火設備：

一、製造及一般處理場所儲存或處理高閃火點物品之操作溫度未滿攝氏一百度者，其設置之第一種、第二種或第三種滅火設備之有效範圍內，得免設第四種滅火設備。

二、儲存第四類公共危險物品之室外儲槽場所或室內儲槽場所，設置第五種滅火設備二具以上。

三、室內加油站應設置第五種滅火設備。

第 202 條　一般滅火困難場所，依下列設置滅火設備：

一、公共危險物品製造場所及一般處理場所、室內儲存場所、室外儲存場所、第二種販賣場所及室內加油站設置第四種及第五種滅火設備，其第五種滅火設備之滅火效能值，在該場所儲存或處理公共危險物品數量所核算之最低滅火效能值五分之一以上。

二、室內及室外儲槽場所，設置第四種及第五種滅火設備各一具以上。

前項設第四種滅火設備之場所，設有第一種、第二種或第三種滅火設備時，在該設備有效防護範圍內，得免設。

第 203 條　其他滅火困難場所，應設置第五種滅火設備，其滅火效能值應在該場所建築物與其附屬設施及其所儲存或處理公共危險物品數量所核算之

最低滅火效能值以上。

但該場所已設置第一種至第四種滅火設備之一時，在該設備有效防護範圍內，其滅火效能值得減至五分之一以上。

地下儲槽場所，應設置第五種滅火設備二具以上。

第 204 條　電氣設備使用之處所，每一百平方公尺（含未滿）應設置第五種滅火設備一具以上。

第 205 條　下列場所應設置火警自動警報設備：

一、公共危險物品製造場所及一般處理場所符合下列規定之一者：

　　(一) 總樓地板面積在五百平方公尺以上者。

　　(二) 室內儲存或處理公共危險物品數量達管制量一百倍以上者。但處理操作溫度未滿攝氏一百度之高閃火點物品者，不在此限。

　　(三) 建築物除供一般處理場所使用外，尚供其他用途者。但以無開口且具一小時以上防火時效之牆壁、樓地板區劃分隔者，不在此限。

二、室內儲存場所符合下列規定之一者：

　　(一) 儲存或處理公共危險物品數量達管制量一百倍以上者。但儲存或處理高閃火點物品，不在此限。

　　(二) 總樓地板面積在一百五十平方公尺以上者。但每一百五十平方公尺內以無開口且具一小時以上防火時效之牆壁、樓地板區劃分隔，或儲存、處理易燃性固體以外之第二類公共危險物品或閃火點在攝氏七十度以上之第四類公共危險物品之場所，其總樓地板面積在五百平方公尺以下者，不在此限。

　　(三) 建築物之一部分供作室內儲存場所使用者。但以無開口且具一小時以上防火時效之牆壁、樓地板區劃分隔者，或儲存、處理易燃性固體以外之第二類公共危險物品或閃火點在攝氏七十度以上之第四類公共危險物品，不在此限。

　　(四) 高度在六公尺以上之一層建築物。

三、室內儲槽場所達顯著滅火困難者。

四、一面開放或上方有其他用途樓層之室內加油站。

前項以外之公共危險物品製造、儲存或處理場所儲存、處理公共危險

　　　　　　　物品數量達管制量十倍以上者，應設置手動報警設備或具同等功能之緊急通報裝置。但平日無作業人員者，不在此限。

第 206 條　　加油站所在建築物，其二樓以上供其他用途使用者，應設置標示設備。

第 206-1 條　下列爆竹煙火場所應設置第五種滅火設備：

一、爆竹煙火製造場所有火藥區之作業區或庫儲區。

二、達中央主管機關所定管制量以上之爆竹煙火儲存、販賣場所。

建築物供前項場所使用之樓地板面積合計在一百五十平方公尺以上者，應設置第一種滅火設備之室外消防栓。但前項第二款規定之販賣場所，不在此限。

第 207 條　　可燃性高壓氣體製造、儲存或處理場所及加氣站、天然氣儲槽、可燃性高壓氣體儲槽，應設置滅火器。

第 208 條　　下列場所應設置防護設備。但已設置水噴霧裝置者，得免設：

一、可燃性高壓氣體製造場所。

二、儲存可燃性高壓氣體或天然氣儲槽在三千公斤以上者。

三、氣槽車之卸收區。

四、加氣站之加氣車位、儲氣槽人孔、壓縮機、幫浦。

1.12　公共危險物品等場所消防安全設備（209～233）

第 209 條　　室內消防栓設備，應符合下列規定：

一、設置第一種消防栓。

二、配管、試壓、室內消防栓箱、有效水量及加壓送水裝置之設置，準用第三十二條、第三十三條、第三十四條第一項第一款第三目、第二項、第三十五條、第三十六條第二項、第三項及第三十七條之規定。

三、所在建築物其各層任一點至消防栓接頭之水平距離在二十五公尺以下，且各層之出入口附近設置一支以上之室內消防栓。

四、任一樓層內，全部室內消防栓同時使用時，各消防栓瞄子放水壓

力在每平方公分三點五公斤以上或0.35MPa以上；放水量在每分鐘二百六十公升以上。但全部消防栓數量超過五支時，以同時使用五支計算之。

五、水源容量在裝置室內消防栓最多樓層之全部消防栓繼續放水三十分鐘之水量以上。但該樓層內，全部消防栓數量超過五支時，以五支計算之。

室內消防栓設備之緊急電源除準用第三十八條規定外，其供電容量應供其有效動作四十五分鐘以上。

第 210 條　室外消防栓設備應符合下列規定：

一、配管、試壓、室外消防栓箱及有效水量之設置，準用第三十九條、第四十條第三款至第五款、第四十一條第二項、第三項之規定。

二、加壓送水裝置，除室外消防栓瞄子放水壓力超過每平方公分七公斤或0.7MPa時，應採取有效之減壓措施外，其設置準用第四十二條之規定。

三、口徑在六十三毫米以上，與防護對象外圍或外牆各部分之水平距離在四十公尺以下，且設置二支以上。

四、採用鑄鐵管配管時，使用符合CNS八三二規定之壓力管路鑄鐵管或具同等以上強度者，其標稱壓力在每平方公分十六公斤以上或1.6MPa以上。

五、配管埋設於地下時，應採取有效防腐蝕措施。但使用鑄鐵管，不在此限。

六、全部室外消防栓同時使用時，各瞄子出水壓力在每平方公分三點五公斤以上或0.35MPa以上；放水量在每分鐘四百五十公升以上。但全部室外消防栓數量超過四支時，以四支計算之。

七、水源容量在全部室外消防栓繼續放水三十分鐘之水量以上。但設置個數超過四支時，以四支計算之。

室外消防栓設備之緊急電源除準用第三十八條規定外，其供電容量應供其有效動作四十五分鐘以上。

第 211 條　自動撒水設備，應符合下列規定：

一、配管、配件、屋頂水箱、試壓、撒水頭、放水量、流水檢知裝

　　置、啓動裝置、一齊開放閥、末端查驗閥、加壓送水裝置及送水口之設置，準用第四十三條至第四十五條、第四十八條至第五十三條、第五十五條、第五十六條、第五十八條及第五十九條規定。

二、防護對象任一點至撒水頭之水平距離在一點七公尺以下。

三、開放式撒水設備，每一放水區域樓地板面積在一百五十平方公尺以上。但防護對象樓地板面積未滿一百五十平方公尺時，以實際樓地板面積計算。

四、水源容量，依下列規定設置：

(一) 使用密閉式撒水頭時，應在設置三十個撒水頭繼續放水三十分鐘之水量以上。但設置撒水頭數在三十個以下者，以實際撒水頭數計算。

(二) 使用開放式撒水頭時，應在最大放水區域全部撒水頭，繼續放水三十分鐘之水量以上。

(三) 前二目撒水頭數量，在使用密閉乾式或預動式流水檢知裝置時，應追加十個。

五、撒水頭位置之裝置，準用第四十七條規定。但存放易燃性物質處所，撒水頭迴水板下方九十公分及水平方向三十公分以內，應保持淨空間，不得有障礙物。

自動撒水設備之緊急電源除準用第三十八條規定外，其供電容量應供其有效動作四十五分鐘以上。

第212條　水霧滅火設備，應符合下列規定：

一、水霧噴頭、配管、試壓、流水檢知裝置、啓動裝置、一齊開放閥及送水口設置規定，準用第六十一條、第六十二條、第六十六條及第六十七條規定。

二、放射區域，每一區域在一百五十平方公尺以上，其防護對象之面積未滿一百五十平方公尺者，以其實際面積計算之。

三、水源容量在最大放射區域，全部水霧噴頭繼續放水三十分鐘之水量以上。其放射區域每平方公尺每分鐘放水量在二十公升以上。

四、最大放射區域水霧噴頭同時放水時，各水霧噴頭之放射壓力在每平方公分三點五公斤以上或0.35MPa以上。

水霧滅火設備之緊急電源除準用第三十八條規定外，其供電容量應供

其有效動作四十五分鐘以上。

第 213 條　設於儲槽之固定式泡沫滅火設備,依下列規定設置:

一、泡沫放出口,依下表之規定設置,且以等間隔裝設在不因火災或
　　地震可能造成損害之儲槽側板外圍上。

建築構造及泡沫放出口　　儲槽直徑	泡沫放出口應設數量		內浮頂儲槽	外浮頂儲槽
	固定頂儲槽			
	I 或 II 型	III 或 IV 型	II 型	特殊型
未達十三公尺	一	一	二	二
十三公尺以上未達十九公尺			三	三
十九公尺以上未達二十四公尺			四	四
二十四公尺以上未達三十五公尺	二	二	五	五
三十五公尺以上未達四十二公尺	三	三	六	六
四十二公尺以上未達四十六公尺	四	四	七	七
四十六公尺以上未達五十三公尺	五	六	七	七
五十三公尺以上未達六十公尺	六	八	八	八
六十公尺以上未達六十七公尺	八	十		九
六十七公尺以上未達七十三公尺	九	十二		十
七十三公尺以上未達七十九公尺	十一	十四		十一
七十九公尺以上未達八十五公尺	十三	十六		十二
八十五公尺以上未達九十公尺	十四	十八		十二
九十公尺以上未達九十五公尺	十六	二十		十三

建築構造及泡沫放出口	泡沫放出口應設數量			
	固定頂儲槽		內浮頂儲槽	外浮頂儲槽
儲槽直徑	Ⅰ或Ⅱ型	Ⅲ或Ⅳ型	Ⅱ型	特殊型
九十五公尺以上未達九十九公尺	十七	二十二		十三
九十九公尺以上	十九	二十四		十四

註：
一、各型泡沫放出口定義如左：
　(一) Ⅰ型泡沫放出口：指由固定頂儲槽上部注入泡沫之放出口。該泡沫放出口設於儲槽側板上方，具有泡沫導管或滑道等附屬裝置，不使泡沫沉入液面下或攪動液面，而使泡沫在液面展開有效滅火，並且具有可以阻止儲槽內公共危險物品逆流之構造。
　(二) Ⅱ型泡沫放出口：指由固定頂或儲槽之上部注入泡沫之放出口。在泡沫放出口上附設泡沫反射板可以使放出之泡沫能沿著儲槽之側板內面流下，又不使泡沫沉入液面下或攪動液面，可在液面展開有效滅火，並且具有可以阻止槽內公共危險物品逆流之構造。
　(三) 特殊型泡沫放出口：指供外浮頂儲槽上部注入泡沫之放出口，於該泡沫放出口附設有泡沫反射板，可以將泡沫注入於儲槽側板與泡沫隔板所形成之環狀部分。該泡沫隔板係指在浮頂之上方設有高度在零點三公尺以上，且距離儲槽內側在零點三公尺以上鋼製隔板，具可以阻止放出之泡沫外流，且視該儲槽設置地區預期之最大降雨量，設有可充分排水之排水口之構造者為限。
　(四) Ⅲ型泡沫放出口：指供固定頂儲槽槽底注入泡沫法之放出口，該泡沫放出口由泡沫輸送管（具有可以阻止儲槽內之公共危險物品由該配管逆流之構造或機械），將發泡器或泡沫發生機所發生之泡沫予以輸送注入儲槽內，並由泡沫放出口放出泡沫。
　(五) Ⅳ型泡沫放出口：指供固定頂儲槽槽底注入泡沫法之放出口，將泡沫輸送管末端與平時設在儲槽液面下底部之存放筒（包括具有在送入泡沫時可以很容易脫開之蓋者）所存放之特殊軟管等相連接，於送入泡沫時可使特殊軟管等伸直，使特殊軟管等之前端到達液面而放出泡沫。
二、特殊型泡沫放出口使用安裝在浮頂上方者，得免附設泡沫反射板。
三、本表之Ⅲ型泡沫放出口，限於處理或儲存在攝氏二十度時一百公克中水中溶解量未達一公克之公共危險物品（以下稱「不溶性物質」），及儲存溫度在攝氏五十度以下或動粘度在100cst以下之公共危險物品儲槽使用。
四、內浮頂儲槽浮頂採用鋼製雙層甲板（Double deck）或鋼製浮筒式（Pantoon）甲板，其泡沫系統之泡沫放出口種類及數量，得比照外浮頂儲槽設置。

二、儲槽儲存不溶性之第四類公共危險物品時，依前款所設之泡沫放出口，並就下表所列公共危險物品及泡沫放出口種類，以泡沫水溶液量乘以該儲槽液面積所得之量，能有效放射，且在同表所規定之放出率以上。

泡沫放出口種類／儲存公共危險物品種類	I 型		II 型		特殊型		III 型		IV 型	
	泡沫水溶液量	放出率	泡沫水溶液量	放出率	泡沫水溶液量	放出率	泡沫水溶液量	放出率	泡沫水溶液量	放出率
閃火點未達21℃之第四類公共危險物品	120	4	220	4	240	8	220	4	220	4
閃火點在21℃以上未達70℃之第四類公共危險物品	80	4	120	4	160	8	120	4	120	4
閃火點在70℃以上之第四類公共危險物品	60	4	100	4	120	8	100	4	100	4

註：泡沫水溶液量單位L/m^2，放出率單位$L/min\ m^2$。

三、儲槽儲存非不溶性之第四類公共危險物品時，應使用耐酒精型泡沫，其泡沫放出口之泡沫水溶液量及放出率，依下表規定：

I 型		II 型		特殊型		III 型		IV 型	
泡沫水溶液量	放出率	泡沫水溶液量	放出率	泡沫水溶液量	放出率	泡沫水溶液量	放出率	泡沫水溶液量	放出率
160	8	240	8	1	1	1	1	240	8

註：一、使用耐酒精型泡沫能有效滅火時，其泡沫放出口之泡沫水溶液量及放出率，得依廠商提示值核計。
　　二、泡沫水溶液量單位L/m^2，放出率單位$L/min\ m^2$。

四、前款並依下表公共危險物品種類乘以所規定的係數值。但未表列之物質，依中央主管機關認可之試驗方法求其係數。

第四類公共危險物品種類		係數
類別	詳細分類	
醇類	甲醇、3-甲基-2-丁醇、乙醇、烯丙醇、1-戊醇、2-戊醇、第三戊醇（2-甲基-2-丁醇）、異戊醇、1-己醇、環己醇、糠醇、苯甲醇、丙二醇、乙二醇（甘醇）、二甘醇、二丙二醇、甘油	1.0
	2-丙醇、1-丙醇、異丁醇、1-丁醇、2-丁醇	1.25
	第三丁醇	2.0

第四類公共危險物品種類		係數
類別	詳細分類	
醚類	異丙醚、乙二醇乙醚（2-羥基乙醚）、乙二醇甲醚、二甘醇乙醚、二甲醇甲醚	1.25
	1,4二氧雜環己烷	1.5
	乙醚、乙縮醛（1,1-雙乙氧基乙烷）、乙基丙基醚、四氫呋喃、異丁基乙烯醚、乙基丁基醚	2.0
酯類	乙酸乙脂、甲酸乙酯、甲酸甲酯、乙酸甲酯、乙酸乙烯酯、甲酸丙酯、丙烯酸甲酯、丙烯酸乙酯、異丁烯酸甲酯、異丁烯酸乙酯、乙酸丙酯、甲酸丁酯、乙酸-2-乙氧基乙酯、乙酸-2-甲氧基乙酯	1.0
酮類	丙酮、丁酮、甲基異丁基酮、2,4-戊雙酮、環己酮	1.0
醛類	丙烯醛、丁烯醛（巴豆醛）、三聚乙醛	1.25
	乙醛	2.0
胺類	乙二胺、環己胺、苯胺、乙醇胺、二乙醇胺、三乙醇胺	1.0
	乙胺、丙胺、烯丙胺、二乙胺、丁胺、異丁胺、三乙胺、戊胺、第三丁胺	1.25
	異丙胺	2.0
類	丙烯腈、乙烯、丁烯	1.25
有機酸	醋酸、醋酸酐、丙烯酸、丙酸、甲酸	1.25
其他非不溶性者	氧化丙烯	2.0

前項第二款之儲槽如設置特殊型泡沫放出口，其儲槽液面積爲浮頂式儲槽環狀部分之表面積。

第 214 條　儲槽除依前條設置固定式泡沫放出口外，並依下列規定設置補助泡沫消防栓及連結送液口：

一、補助泡沫消防栓，應符合下列規定：

　　(一) 設在儲槽防液堤外圍，距離槽壁十五公尺以上，便於消防救災處，且至任一泡沫消防栓之步行距離在七十五公尺以下，泡沫瞄子放射量在每分鐘四百公升以上，放射壓力在每平方公分三點五公斤以上或0.35Mpa以上。但全部泡沫消防栓數量超過三支時，以同時使用三支計算之。

　　　　(二) 補助泡沫消防栓之附設水帶箱之設置，準用第四十條第四款之規定。

二、連結送液口所需數量，依下列公式計算：

N = Aq/C

N：連結送液口應設數量

A：儲槽最大水平斷面積。但浮頂儲槽得以環狀面積核算（m^2）。

q：固定式泡沫放出口每平方公尺放射量（L/min m^2）

C：每一個連結送液口之標準送液量（800L/min）

第215條 以室外儲槽儲存閃火點在攝氏四十度以下之第四類公共危險物品之顯著滅火困難場所者，且設於岸壁、碼頭或其他類似之地區，並連接輸送設備者，除設置固定式泡沫滅火設備外，並依下列規定設置泡沫射水槍滅火設備：

一、室外儲槽之幫浦設備等設於岸壁、碼頭或其他類似之地區時，泡沫射水槍應能防護該場所位於海面上前端之水平距離十五公尺以內之海面，而距離注入口及其附屬之公共危險物品處理設備各部分之水平距離在三十公尺以內，其設置個數在二具以上。

二、泡沫射水槍為固定式，並設於無礙滅火活動及可啟動、操作之位置。

三、泡沫射水槍同時放射時，射水槍泡沫放射量為每分鐘一千九百公升以上，且其有效水平放射距離在三十公尺以上。

第216條 以室內、室外儲槽儲存閃火點在攝氏七十度以下之第四類公共危險物品之顯著滅火困難場所，除設置固定式泡沫滅火設備外，並依下列規定設置冷卻撒水設備：

一、撒水噴孔符合CNS一二八五四之規定，孔徑在四毫米以上。

二、撒水管設於槽壁頂部，撒水噴頭之配置數量，依其裝設之放水角度及撒水量核算；儲槽設有風樑或補強環等阻礙水路徑者，於風樑或補強環等下方增設撒水管及撒水噴孔。

三、撒水量按槽壁總防護面積每平方公尺每分鐘二公升以上計算之，其管徑依水力計算配置。

四、加壓送水裝置為專用，其幫浦出水量在前款撒水量乘以所防護之面積以上。

五、水源容量在最大一座儲槽連續放水四小時之水量以上。

六、選擇閥（未設選擇閥者為開關閥）設於防液堤外，火災不易殃及且容易接近之處所，其操作位置距離地面之高度在零點八公尺以上一點五公尺以下。

七、加壓送水裝置設置符合下列規定之手動啟動裝置及遠隔啟動裝置。但送水區域距加壓送水裝置在三百公尺以內者，得免設遠隔啟動裝置：

　(一) 手動啟動裝置之操作部設於加壓送水裝置設置之場所。

　(二) 遠隔啟動裝置由下列方式之一啟動加壓送水裝置：

　　　1.開啟選擇閥，使啟動用水壓開關裝置或流水檢知裝置連動啟動。

　　　2.設於監控室等平常有人駐守處所，直接啟動。

八、加壓送水裝置啟動後五分鐘以內，能有效撒水，且加壓送水裝置距撒水區域在五百公尺以下。但設有保壓措施者，不在此限。

九、加壓送水裝置連接緊急電源。

前項緊急電源除準用第三十八條規定外，其供電容量應在其連續放水時間以上。

第217條　採泡沫噴頭方式者，應符合下列規定：

一、防護對象在其有效防護範圍內。

二、防護對象之表面積（為建築物時，為樓地板面積），每九平方公尺設置一個泡沫噴頭。

三、每一放射區域在一百平方公尺以上。其防護對象之表面積未滿一百平方公尺時，依其實際表面積計算。

第218條　泡沫滅火設備之泡沫放出口、放射量、配管、試壓、流水檢知裝置、啟動裝置、一齊開放閥、泡沫原液儲存量、濃度及泡沫原液槽設置規定，準用第六十九條、第七十條、第七十二條至第七十四條、第七十八條、第七十九條及第八十一條之規定。

儲槽用之泡沫放出口，依第二百十三條之規定設置。

第219條　移動式泡沫滅火設備，依下列規定設置：

一、泡沫瞄子放射壓力在每平方公分三點五公斤以上或0.35MPa以上。

二、泡沫消防栓設於室內者，準用第三十四條第一項第一款第一目及

第三十五條規定；設於室外者，準用第四十條第一款及第四款規定。

第220條　泡沫滅火設備之水源容量需達下列規定水溶液所需之水量以上，並加計配管內所需之水溶液量：

一、使用泡沫頭放射時，以最大泡沫放射區域，繼續射水十分鐘以上之水量。

二、使用移動式泡沫滅火設備時，應在四具瞄子同時放水三十分鐘之水量以上。但瞄子個數未滿四個時，以實際設置個數計算。設於室內者，放水量在每分鐘二百公升以上；設於室外者，在每分鐘四百公升以上。

三、使用泡沫射水槍時，在二具射水槍連續放射三十分鐘之水量以上。

四、設置於儲槽之固定式泡沫滅火設備之水量，為下列之合計：

(一) 固定式泡沫放出口依第二百十三條第二款、第三款表列之泡沫水溶液量，乘以其液體表面積所能放射之量。

(二) 補助泡沫消防栓依第二百十四條規定之放射量，放射二十分鐘之水量。

第221條　依前條設置之水源，應連結加壓送水裝置，並依下列各款擇一設置：

一、重力水箱，應符合下列規定：

(一) 有水位計、排水管、溢水用排水管、補給水管及人孔之裝置。

(二) 水箱必要落差在下列計算值以上：

必要落差＝移動式泡沫滅火設備消防水帶摩擦損失水頭＋配管摩擦損失水頭＋泡沫放出口、泡沫瞄子或泡沫射水槍之放射壓力，並換算成水頭（計算單位：公尺）

$$H = h1 + h2 + h3$$

二、壓力水箱，應符合下列規定：

(一) 有壓力表、水位計、排水管、補給水管、給氣管、空氣壓縮機及人孔之裝置。

(二) 水箱內空氣占水箱容積三分之一以上，壓力在使用建築物最高處之消防栓維持規定放水水壓所需壓力以上。當水箱內壓

力及液面減低時，能自動補充加壓。空氣壓縮機及加壓幫
浦，與緊急電源相連接。

(三) 必要壓力在下列計算值以上：

必要壓力 = 消防水帶摩擦損失壓力 + 配管摩擦損失壓力 + 落
差 + 泡沫放出口、泡沫瞄子或泡沫射水槍之放射壓力（計算
單位：公斤 / 平方公分，MPa）

P = P1 + P2 + P3 + P4

三、消防幫浦，應符合下列規定：

(一) 幫浦全揚程在下列計算值以上：

幫浦全揚程 = 消防水帶摩擦損失水頭 + 配管摩擦損失水頭 +
落差 + 泡沫放出口、泡沫瞄子或射水槍之放射壓力，並換算
成水頭（計算單位：公尺）

H = h1 + h2 + h3 + h4

(二) 連結之泡沫滅火設備採泡沫噴頭方式者，其出水壓力，準用
第七十七條之規定

(三) 應為專用。但與其他滅火設備並用，無妨礙各設備之性能
時，不在此限。

(四) 連接緊急電源。

前項緊急電源除準用第三十八條規定外，其供電容量應在所需放
射時間之一點五倍以上。

第 222 條　二氧化碳滅火設備準用第八十二條至九十七條規定。但全區放射方式
之二氧化碳滅火設備，依下列規定計算其所需滅火藥劑量：

一、以下表所列防護區域體積及其所列每立方公尺防護區域體積所需
之滅火藥劑量，核算其所需之量。但實際量未達所列之量時，以該
滅火藥劑之總量所列最低限度之基本量計算。

防護區域體積 （立方公尺）	每立方公尺防護區域體積所需之滅火藥劑量 （kg/m³）	滅火藥劑之基本需要量 （公斤）
未達五	一點二	－
五以上未達十五	一點一	六

防護區域體積 （立方公尺）	每立方公尺防護區域體積所需之滅火藥劑量 （kg/m³）	滅火藥劑之基本需要量 （公斤）
十五以上未達五十	—	十七
五十以上未達一百五十	零點九	五〇
一百五十以上未達一千五百	零點八	一三五
一千五百以上	零點七五	一二〇〇

二、防護區域之開口部未設置自動開閉裝置時，除依前款計算劑量外，另加算該開口部面積每平方公尺五公斤之量。

於防護區域內或防護對象係為儲存、處理之公共危險物品，依下表之係數，乘以前項第一款或第二款所算出之量。未表列之公共危險物品，依中央主管機關認可之試驗方式求其係數。

滅火劑種類 公共危險物品	二氧化碳	乾粉			
		第一種	第二種	第三種	第四種
丙烯腈	1.2	1.2	1.2	1.2	1.2
乙醛		—	—	—	—
氰甲烷	1.0	1.0	1.0	1.0	1.0
丙酮	1.0	1.0	1.0	1.0	1.0
苯氨		1.0	1.0	1.0	1.0
異辛烷	1.0	—	—	—	—
異戊二烯	1.0				
異丙胺	1.0				
異丙醚	1.0				
異己烷	1.0				
異庚烷	1.0				
異戊烷	1.0				
乙醇	1.2	1.2	1.2	1.2	1.2
乙胺	1.0				
氯乙烯		—	—	1.0	—

滅火劑種類 公共危險物品	二氧化碳	乾粉			
		第一種	第二種	第三種	第四種
辛烷	1.2				
汽油	1.0	1.0	1.0	1.0	1.0
甲酸乙酯	1.0				
甲酸丙酯	1.0				
甲酸甲脂	1.0				
輕油	1.0	1.0	1.0	1.0	1.0
原油	1.0	1.0	1.0	1.0	1.0
醋酸		1.0	1.0	1.0	1.0
醋酸乙酯	1.0	1.0	1.0	1.0	1.0
醋酸甲酯	1.0				
氧化丙烯	1.8	—	—	—	—
環己烷	1.0				
二乙胺	1.0				
乙醚	1.2	—	—	—	—
二𗉯烷	1.6	1.2	1.2	1.2	1.2
重油	1.0	1.0	1.0	1.0	1.0
潤滑油	1.0	1.0	1.0	1.0	1.0
四氫呋喃	1.0	1.2	1.2	1.2	1.2
煤油	1.0	1.0	1.0	1.0	1.0
三乙胺	1.0				
甲苯	1.0	1.0	1.0	1.0	1.0
石腦油	1.0	1.0	1.0	1.0	1.0
菜仔油		1.0	1.0	1.0	1.0
二硫化碳	3.0	—	—	—	—
乙烯基乙烯醚	1.2				
砒碇		1.0	1.0	1.0	1.0
丁醇		1.0	1.0	1.0	1.0
丙醇	1.0	1.0	1.0	1.0	1.0
2-丙醇（異丙醇）	1.0				

滅火劑種類 公共危險物品	二氧 化碳	乾粉			
		第一種	第二種	第三種	第四種
丙胺	1.0				
己烷	1.0	1.2	1.2	1.2	1.2
庚烷	1.0	1.0	1.0	1.0	1.0
苯	1.0	1.2	1.2	1.2	1.2
戊烷	1.0	1.4	1.4	1.4	1.4
清油		1.0	1.0	1.0	1.0
甲醛	1.6	1.2	1.2	1.2	1.2
丁酮（甲基乙基酮）	1.0	1.0	1.0	1.2	1.0
氯苯	－	－		1.0	－
註：標有－者不可用爲該公共危險物品之滅火劑。					

第 223 條　乾粉滅火設備，準用第九十八條至第一百十一條之規定。但全區放射
　　　　　方式之乾粉滅火設備，於防護區域內儲存、處理之公共危險物品，依
　　　　　前條第三款表列滅火劑之係數乘以第九十九條所算出之量。前條第三
　　　　　款未表列出之公共危險物品，依中央主管機關認可之試驗求其係數。

第 224 條　第四種滅火設備距防護對象任一點之步行距離，應在三十公尺以下。
　　　　　但與第一種、第二種或第三種滅火設備併設者，不在此限。

第 225 條　第五種滅火設備應設於能有效滅火之處所，且至防護對象任一點之步
　　　　　行距離應在二十公尺以下。但與第一種、第二種、第三種或第四種滅
　　　　　火設備併設者，不在此限。
　　　　　前項選設水槽應備有三個一公升之消防專用水桶，乾燥砂、膨脹蛭石
　　　　　及膨脹珍珠岩應備有鏟子。

第 226 條　警報設備之設置，依第一百十二條至第一百三十二條之規定。

第 227 條　標示設備之設置，依第一百四十六條至第一百五十六條之規定。

第 228 條　可燃性高壓氣體場所、加氣站、天然氣儲槽及可燃性高壓氣體儲槽之
　　　　　滅火器，依下列規定設置：
　　　　　一、製造、儲存或處理場所設置二具。但樓地板面積二百平方公尺以
　　　　　　　上者，每五十平方公尺（含未滿）應增設一具。
　　　　　二、儲槽設置三具以上。

三、加氣站，依下列規定設置：

(一) 儲氣槽區四具以上。

(二) 加氣機每臺一具以上。

(三) 用火設備處所一具以上。

(四) 建築物每層樓地板面積在一百平方公尺以下設置二具，超過一百平方公尺時，每增加（含未滿）一百平方公尺增設一具。

四、儲存場所任一點至滅火器之步行距離在十五公尺以下，並不得妨礙出入作業。

五、設於屋外者，滅火器置於箱內或有不受雨水侵襲之措施。

六、每具滅火器對普通火災具有四個以上之滅火效能值，對油類火災具有十個以上之滅火效能值。

七、滅火器之放置及標示依第三十一條第四款之規定。

第229條　可燃性高壓氣體場所、加氣站、天然氣儲槽及可燃性高壓氣體儲槽之冷卻撒水設備，依下列規定設置：

一、撒水管使用撒水噴頭或配管穿孔方式，對防護對象均勻撒水。

二、使用配管穿孔方式者，符合CNS一二八五四之規定，孔徑在四毫米以上。

三、撒水量為防護面積每平方公尺每分鐘五公升以上。但以厚度二十五毫米以上之岩棉或同等以上防火性能之隔熱材被覆，外側以厚度零點三五毫米以上符合CNS一二四四規定之鋅鐵板或具有同等以上強度及防火性能之材料被覆者，得將其撒水量減半。

四、水源容量在加壓送水裝置連續撒水三十分鐘之水量以上。

五、構造及手動啟動裝置準用第二百十六條之規定。

第230條　前條防護面積計算方式，依下列規定：

一、儲槽為儲槽本體之外表面積（圓筒形者含端板部分）及附屬於儲槽之液面計及閥類之露出表面積。

二、前款以外設備為露出之表面積。但製造設備離地面高度超過五公尺者，以五公尺之間隔作水平面切割所得之露出表面積作為應予防護之範圍。

三、加氣站防護面積，依下列規定：

(一) 加氣機每臺三點五平方公尺。

(二) 加氣車位每處二平方公尺。

(三) 儲氣槽人孔每座三處共三平方公尺。

(四) 壓縮機每臺三平方公尺。

(五) 幫浦每臺二平方公尺。

(六) 氣槽車卸收區每處三十平方公尺。

第 231 條　可燃性高壓氣體場所、加氣站、天然氣儲槽及可燃性高壓氣體儲槽之射水設備，依下列規定：

一、室外消防栓應設置於屋外，且具備消防水帶箱。

二、室外消防栓箱內配置瞄子、開關把手及口徑六十三毫米、長度二十公尺消防水帶二條。

三、全部射水設備同時使用時，各射水設備放水壓力在每平方公分三點五公斤以上或0.35MPa以上，放水量在每分鐘四百五十公升以上。但全部射水設備數量超過二支時，以同時使用二支計算之。

四、射水設備之水源容量，在二具射水設備同時放水三十分鐘之水量以上。

第 232 條　射水設備設置之位置及數量應依下列規定：

一、設置個數在二支以上，且設於距防護對象外圍四十公尺以內，能自任何方向對儲槽放射之位置。

二、依儲槽之表面積，每五十平方公尺（含未滿）設置一具射水設備。但依第二百二十九條第三款但書規定設置隔熱措施者，每一百平方公尺（含未滿）設置一具。

第 233 條　射水設備之配管、試壓、加壓送水裝置及緊急電源準用第三十九條及第四十二條之規定。

第**2**章

檢修及申報作業基準

2.1　滅火器檢修及申報作業基準

一、一般注意事項

(一) 應無性能上之障礙，如有汙垢，應以撢子或其他適當工具清理。

(二) 合成樹脂製容器或構件，不得以辛那（二甲苯）或汽油等有機溶劑加以清理。

(三) 開啓護蓋或栓塞時，應注意容器內殘壓，須排出容器內殘壓後，始得開啓。

(四) 護蓋之開關，應使用適當之拆卸扳手（如圖2-1），不得以鐵鎚或以鑿刀敲擊。

(五) 乾粉藥劑極易因受潮而影響滅火之動作及效能，滅火器本體容器內壁及構件之清理及保養時，應充分注意。

(六) 各類型滅火器藥劑更換充塡、加壓用氣體容器之氣體充塡，應由專業廠商爲之。

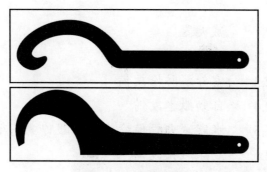

圖2-1　拆卸扳手

(七) 進行檢查保養，滅火器自原設置位置移開時，應暫時以其他滅火器替代之。

(八) 性能檢查完成或重新更換藥劑及充塡後之滅火器，應張貼標示，並於滅火器瓶頸加裝檢修環，檢修環材質以一體成型之硬質無縫塑膠、壓克力或鐵環製作，且內徑不得大於滅火器瓶口1mm。並能以顏色區別前一次更換藥劑及充塡裝設之檢修環，檢修環顏色以黃色、藍色交替更換。

二、外觀檢查

(一)設置狀況

1.設置數量（核算最低滅火效能值）

(1)檢查方法

以目視確認之。

(2)判定方法

應依規定核算其最低滅火效能值。

2.設置場所

(1)檢查方法

以目視或簡易之測定方法確認之。

(2)判定方法

A.應無造成通行或避難上之障礙。

B.應固定放置於取用方便之明顯處所。

C.滅火器本體上端與樓地板面之距離，十八公斤以上者不得超過一公尺，未滿十八公斤者不得超過一‧五公尺。

D.應設置於滅火器上標示使用溫度範圍內之處所，如設置於使用溫度範圍外之處所時，應採取適當之保溫措施。

E.容易對本體容器或其構件造成腐蝕之設置場所（如化工廠、電鍍廠、溫泉區）、濕氣較重之處所（如廚房等）或易遭海風、雨水侵襲之設置場所，應採取適當之保護措施。

3.設置間距

(1)檢查方法

以目視或簡易之測定方法確認之。

(2)判定方法

A.設有滅火器之樓層或場所，自樓面居室任一點或防護對象任一點至滅火器之步行距離不得超過二十公尺。但公共危險物品等場所與第一種、第二種、第三種或第四種滅火設備併設者，不在此限。

B.公共危險物品等場所達顯著滅火困難、一般滅火困難者設置之第四

種滅火設備（大型滅火器），距防護對象任一點之步行距離，應在三十公尺以下。但與第一種、第二種或第三種滅火設備併設者，不在此限。

C. 設有滅火器之可燃性高壓氣體儲存場所，任一點至滅火器之步行距離應在十五公尺以下，並不得妨礙出入作業。

4. 適用性

(1) 檢查方法

以目視確認滅火器設置種類是否適當。

(2) 判定方法

設置之滅火器應符合現場需求。

(二) 標示

1. 標示

(1) 檢查方法

以目視確認之。

(2) 判定方法

A. 應無超過有效使用期限。

B. 應依規定張貼標示名牌。

(3) 注意事項

A. 已超過有效使用期限或未附名牌者，得不須再施以性能檢查，即可予更換新品。

B. 滅火器應於其設置場所之明顯處所，標明「滅火器」之字樣。

(三) 滅火器

1. 本體容器

(1) 檢查方法

以目視確認有無變形、腐蝕之情形。

(2) 判定方法

應無滅火藥劑洩漏、顯著之變形、損傷及腐蝕等情形。

(3) 注意事項

A. 如發現熔接部位受損或容器顯著變形時，因恐對滅火器之性能造成障礙，應即予汰換。

B. 如發現有顯著之腐蝕情形時，應即予汰換。

C. 如發現鐵鏽似有剝離現象者，應即予汰換。

D. 如有A至C之情形時，得不須再施以性能檢查，即可予汰換。

2. 安全插梢

(1) 檢查方法

以目視確認有無變形、損傷之情形。

(2) 判定方法

A. 安全裝置應無脫落。

B. 應無妨礙操作之變形或損傷。

(3) 注意事項

如發現該裝置有產生妨礙操作之變形或損傷時，應加以修復或更新。

3. 壓把（壓板）

(1) 檢查方法

以目視確認有無變形、損傷之情形。

(2) 判定方法

應無變形、損傷，且確實裝置於容器上。

(3) 注意事項

如發現該裝置有產生妨礙操作之變形、損傷時，應加以修理或更新。

4. 護蓋

(1) 檢查方法

以目視及用手旋緊之動作，確認有無變形、鬆動之現象。

(2) 判定方法

A. 應無強度上障礙之變形、損傷。

B. 應與本體容器緊密接合。

(3) 注意事項

A. 如發現有強度上障礙之變形、損傷者，應即加以更新。

B. 護蓋有鬆動者，應即重新予以旋緊。

5. 皮管

(1) **檢查方法**

以目視及用手旋緊之動作，確認有無變形或鬆動之現象。

(2) **判定方法**

A.應無變形、損傷或老化之現象，且內部應無阻塞。

B.應與本體容器緊密接合。

(3) **注意事項**

A.如發現有顯著之變形、損傷或老化者，應即予以更新。

B.如有阻塞者，應即實施性能檢查。

C.皮管裝接部位如有鬆動，應即重新旋緊。

6. **噴嘴、喇叭噴管及噴嘴栓**

(1) **檢查方法**

以目視及用手旋緊之動作，確認有無變形、鬆動之現象。

(2) **判定方法**

A.應無變形、損傷或老化之現象，且內部應無阻塞。

B.應與噴射皮管緊密接合。

C.噴嘴栓應無脫落之現象。

D.喇叭噴管握把（僅限二氧化碳滅火器）應無脫落之現象。

(3) **注意事項**

A.如發現有顯著之變形、損傷或老化者，應即予以更新。

B.螺牙接頭鬆動時，應即予旋緊；噴嘴栓脫落者，應重新加以裝配。

C.喇叭噴管握把脫落者，應即予以修復。

7. 壓力指示計

(1) **檢查方法**

以目視確認有無變形、損傷之現象。

(2) **判定方法**

A.應無變形、損傷之現象。

B.壓力指示值應依圖2-2，定在綠色範圍內。

(3) **注意事項**

如發現有性能上障礙之變形、損傷者，應即加以更新。

圖2-2　蓄壓式滅火器之壓力表

8. 壓力調整器（限大型加壓式滅火器）

(1) 檢查方法

以目視確認有無變形、損傷之現象。

(2) 判定方法

應無變形、損傷之現象。

(3) 注意事項

如發現有變形、損傷者，應即加以修復或更新。

9. 安全閥

(1) 檢查方法

以目視及用手旋緊之動作，確認有無變形、鬆動之現象。

(2) 判定方法

A. 應無變形、損傷之現象。

B. 應緊密裝接在滅火器上。

(3) 注意事項

如發現有顯著之變形、損傷者，應即予以更新。

10. 保持裝置

(1) 檢查方法

A. 以目視確認有無變形、腐蝕之現象。

B. 確認是否可輕易取用。

(2) 判定方法

A. 應無變形、損傷或顯著腐蝕之現象。

B. 可方便取用。

(3) 注意事項

如發現有變形、損傷或顯著腐蝕現象者，應即加以修復或更新。

11. 車輪（限大型滅火器）

(1) 檢查方法

A. 以目視確認其是否有變形、損傷之現象。

B. 以手實地操作，確認是否可圓滑轉動。

(2) 判定方法

A. 應無變形、損傷之現象。

B. 應可圓滑轉動。

(3) 注意事項

A. 如發現有變形、損傷或無法圓滑轉動者，應即加以修復。

B. 檢查時，應先加黃油（或潤滑油），以使其能圓滑滾動。

12. 氣體導入管（限大型滅火器）

(1) 檢查方法

以目視及用手旋緊之動作，確認有無變形、鬆動之現象。

(2) 判定方法

A. 應無變形、損傷之現象。

B. 應緊密裝接在滅火器上。

(3) 注意事項

A. 如發現有彎折、壓扁等之變形、損傷者，應即予以更新。

B. 裝接部位如有鬆動者，應即重新裝配。

三、性能檢查

(一) 檢查抽樣

1. 檢查頻率

依滅火器種類，化學泡沫滅火器應每年實施一次性能檢查，其餘類型滅火器應每三年實施一次性能檢查，並依表2-1之規定進行。

2. 檢查結果之判定

(1) 未發現缺點時

　　滅火器視為良好。

(2) 發現有缺點時

　　依據性能檢查各項規定，發現有缺點之滅火器應即進行檢修或更新。泡沫滅火藥劑因經較長時間後會產生變化，應依滅火器銘板上所標示之時間或依製造商之使用規範，定期加以更換。其餘類型滅火器之滅火藥劑若無固化結塊、異物、沉澱物、變色、汙濁或異臭者等情形，滅火藥劑可繼續使用。

表2-1　檢查試樣個數表

滅火器之區分			性能檢查項目	
種類	加壓方式	對象	除放射能力外之項目	放射能力
水	手動泵浦式	自製造年份起超過三年以上者	全數	全數之5%以上
	加壓式			
	蓄壓式			全數之50%以上
化學泡	反應式	設置達一年以上者	全數	全數之5%以上
機械泡	加壓式	自製造年份起超過三年以上者		
	蓄壓式			全數之50%以上
鹵化物			如重量及指示壓力值無異常時，其他項目可予省略	
二氧化碳		自製造年份起超過三年以上者	如重量及指示壓力值無異常時，其他項目可予省略	
乾粉	加壓式		全數	全數之50%以上
	蓄壓式			
全部之滅火器			如經外觀檢查有缺點者，須進行性能檢查	全數

備註：製造日期超過十年或無法辨識製造日期之水滅火器、機械泡沫滅火器或乾粉滅火器，應予報廢，非經水壓測試合格，不得再行更換及充填藥劑。

(二)各加壓方式檢查之順序

1.化學反應式滅火器

(1)檢查順序

A.打開護蓋,取出內筒、支撐架及活動蓋。

B.確認滅火藥劑量是否達到液面標示之定量位置。

C.將滅火藥劑取出,移置到另一容器內。

D.本體容器內外、護蓋、噴射皮管、噴嘴、虹吸管、內筒及支撐架等用清水洗滌。

E.確認各部構件。

(2)注意事項

進行實際放射之試樣,應於進行至前項B之步驟確認後進行放射。

2.加壓式滅火器

(1)檢查順序

A.滅火藥劑量以重量表示者,應以磅秤確認滅火藥劑之總重量。

B.有排氣閥者,應先將其打開,使容器內壓完全排出。

C.卸下護蓋,取出加壓用氣體容器之支撐裝置及加壓用氣體容器。

D.滅火藥劑量以容量表示者,確認藥劑量是否達到液面標示之定量位置。

E.將滅火藥劑取出,移置到另一容器內。

F. 清理

(A) 水系的滅火器,本體容器內外、護蓋、噴射皮管、噴嘴、虹吸管等應使用清水洗滌。

(B) 鹵化物滅火器或乾粉滅火器,屬嚴禁水分之物質,應以乾燥之壓縮空氣,對本體容器內外、護蓋、噴射皮管、噴嘴、虹吸管進行清理。

G.確認各構件。

(2)注意事項

進行實際放射之試樣,應於進行前項A步驟確認後進行放射。

3. 蓄壓式滅火器

　(1) 檢查順序

　　A. 秤重以確認其滅火藥劑量。

　　B. 確認壓力指示計之指針位置。

　　C. 有排氣閥者，應先將其打開，無排氣閥者，應將其倒置，按下壓把，使容器內壓完全排出（二氧化碳滅火器及海龍滅火器除外）。

　　D. 自容器本體將護蓋或栓塞取下。

　　E. 將滅火藥劑取出，移置到另一容器內。

　　F. 依前項加壓式之清理要領，對本體容器內外、護蓋、噴射皮管、噴嘴、虹吸管進行清理。

　　G. 確認各構件。

　(2) 注意事項

　　A. 進行實際放射之試樣，應於進行至前項B步驟確認後進行放射。

　　B. 對二氧化碳滅火器及海龍滅火器進行重量檢查時，如失重超過10%以上或壓力表示值在綠色範圍外時，應予以更新。

(三) 本體容器及內筒

　1. 檢查方法

　　(1) 本體容器

　　　將內部檢視用照明器具如（圖2-3）插入本體容器內部，並對內部角落不易檢視之部位，使用反射鏡（圖2-4）檢查，以確認其有無腐蝕之情形。

圖2-3　內部檢查用照明器具

圖2-4　反射鏡

 (2) 內筒及活動板

　　以目視確認化學泡沫滅火器之內筒、內筒蓋板,有無變形。

 (3) 液面標示

　　以目視確認有無因腐蝕致標示不明確。

2. 判定方法

 (1) 應無顯著之腐蝕或內壁塗膜剝離之情形。

 (2) 應無變形、損傷之情形。

 (3) 液面表示應明確。

3. 注意事項

　　如發現本體容器內壁有顯著腐蝕或內壁塗膜剝離者,應即汰換。

(四) 滅火藥劑

1. 檢查方法

 (1) 性狀

　　A. 乾粉滅火藥劑應個別放入塑膠袋內,以確認有無固化之情形。

　　B. 泡沫滅火藥劑,應個別取出至塑膠桶,以確認有無異常之情形。

 (2) 滅火藥劑量

　　以液面標示表示藥劑量者,在取出藥劑前,應先確認有無達液面水平
　　線;如以重量表示者,應秤其重量,以確認有無達定量。

2. 判定方法

 (1) 應無固化之現象

 (2) 應無變色、腐敗、沉澱或汙損之現象。

 (3) 重量應在規定量(如表2-2)之容許範圍內。

3. 注意事項

 (1) 有固化結塊者應予更換。

(2) 有異物、沉澱物、變色、汙濁或異臭者應予更換。

(3) 與液面標示明顯不符者，如爲化學泡沫滅火藥劑，應予全部更換。

(4) 供補充或更換之滅火藥劑應使用銘板上所標示之滅火藥劑。

(5) 泡沫滅火藥劑因經較長時間後會產生變化，故應依滅火器銘板上所標示之時間或依製造商之指示，定期加以更換。

(6) 二氧化碳滅火器及海龍滅火器，經依前述(二)檢查發現無任何異常現象者，其滅火藥劑之試驗可予省略。

表2-2　總重量容許範圍

藥劑標示重量	總重量容許範圍
1kg未滿	＋80g～－40g
1kg以上2kg未滿	＋100g～－80g
2kg以上5kg未滿	＋200g～－100g
5kg以上8kg未滿	＋300g～－200g
8kg以上10kg未滿	＋400g～－300g
10kg以上20kg未滿	＋600g～－400g
20kg以上40kg未滿	＋1,000g～－600g
40kg以上100kg未滿	＋1,600g～－800g
100kg以上	＋2,400g～－1,000g

(五)加壓用氣體容器

1. 檢查方法

(1) 以目視確認有無變形、腐蝕，及其封板有無損傷。

(2) 如爲二氧化碳，應以磅秤測定其總重量，如爲氮氣，應測定其內壓，以確認有無異常之情形。

2. 判定方法

(1) 應無變形、損傷或顯著之腐蝕現象。

(2) 封板應無損傷之情形。

(3) 二氧化碳應在表2-3所示之容許範圍，氮氣應在圖2-5壓力之容許範圍內。

表2-3 重量容許範圍

充填量	容許範圍
5g以上10g未滿	＋0.6g～－1.0g
10g以上20g未滿	±3g
20g以上50g未滿	±5g
50g以上200g未滿	±10g
200g以上500g未滿	±20g
500g以上	±30g

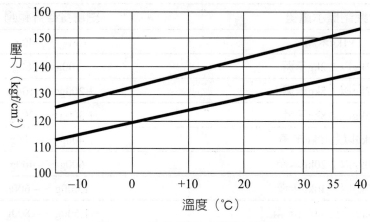

圖2-5 氮氣壓力之容許範圍

3. 注意事項

(1) 二氧化碳之重量如超過容許範圍者，應以同型之加壓用氣體容器予以更換。

(2) 氮氣氣體如超過規定壓力之容許範圍者，應加以調整或再行充填。

(3) 裝接螺牙接頭計有順時針及逆時針兩種方式，裝配時應注意。

(六) 壓把（壓板）

1. 檢查方法

確認加壓用氣體容器已取下後，經由壓板及握把之操作，以確認動作狀況是否正常。

2. 判定方法

　(1) 應無變形、損傷。

　(2) 應能順暢、確實地正常動作。

3. 注意事項

　(1) 如發現有變形、損傷者，應即修復或予以更換。

　(2) 無法順暢確實動作者，應予修復或更換。

(七) 皮管

1. 檢查方法

將噴射皮管取下，確認其有無阻塞之情形。

2. 判定方法

皮管與皮管接頭應無阻塞之情形。

3. 注意事項

如發現有阻塞時，應即加以清除。

(八) 開閉式噴嘴及切換式噴嘴

1. 檢查方法

操作握把以確認噴嘴之開、關及切換是否可輕易操作。

2. 判定方法

應能順暢、確實動作。

3. 注意事項

無法順暢、確實動作者，應予修復或更換。

(九) 壓力指示計

1. 檢查方法

排出容器內壓時，壓力指針是否能正常動作。

2. 判定方法

壓力指針之動作應正常。

3. **注意事項**

壓力指針無法正常動作者，應予更換。

(十)壓力調整器

1. **檢查方法**

應依下列規定加以確認：

(1) 關閉滅火器本體容器連接閥門。

(2) 打開加壓用氣體容氣閥，確認壓力計之指度及指針之動作情形。

(3) 關閉加壓用氣體容器閥，確認高壓側（一次測）之壓力表指度是否下降，如有下降，應確認其氣體洩漏之部位。

(4) 鬆開調整器之排氣閥或氣體導入管之結合部，將氣體放出，再恢復為原來狀態。

2. **判定方法**

(1) 壓力指針之動作應正常。

(2) 調整壓力值應在綠色範圍內。

3. **注意事項**

壓力指針無法正常動作或調整壓力值在綠色範圍外者，應予修復或更換。

(十一) 安全閥

1. **檢查方法**

(1) 以目視確認安全閥有無變形、阻塞之情形。

(2) 有排氣閥者，確認操作排氣閥後，動作有無障礙。

(3) 彈簧式安全閥，應依圖2-6所示，將皮管裝接於水壓試驗機，加水壓後，確認其動作壓力是否正常。

2. **判定方法**

(1) 應無變形、損傷或阻塞之情形。

(2) 應能確實動作。

(3) 動作壓力應為規定值。

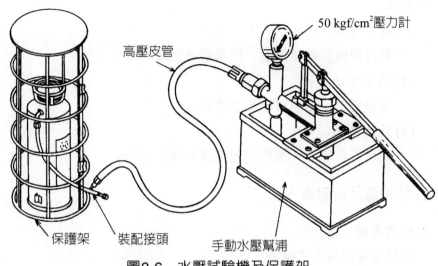

圖2-6 水壓試驗機及保護架

3. 注意事項

(1) 有顯著之變形、損傷者,應予更換。

(2) 有阻塞者,應加以清除。

(3) 未確實動作或未依銘板所標示之動作壓力範圍內動作者,應予以修復。

(十二) 封板及墊圈

1. 防止乾粉上升封板

(1) 檢查方法

以目視確認有無變形、損傷,及是否確實裝設於滅火器上。

(2) 判定方法

A. 應無變形、損傷之情形。

B. 應確實裝設於滅火器上。

(3) 注意事項

A. 如發現有變形或損傷者,應予更換。

B. 裝置不確實者,應再確實安裝。

2. 墊圈

(1) 檢查方法

以目視確認有無變形、損傷或老化之現象。

(2) 判定方法

應無變形、損傷或老化之情形。

(3) 注意事項

如發現有變形、損傷或老化者，應予更換。

(十三) 虹吸管及氣體導入管

1. 檢查方法

以目視或通氣方式確認。

2. 判定方法

(1) 應無變形、損傷或阻塞之情形。

(2) 裝接部位應無鬆動之情形。

3. 注意事項

(1) 如發現有變形、損傷者，應即修復或予以更換。

(2) 如發現有阻塞者，應加以清除。

(3) 裝接部位之螺牙如有鬆動者，應即加以旋緊。但如為銲接或接著劑鬆動，及其他裝接不良者，應予更換。

(十四) 過濾網

1. 檢查方法

以目視確認有無損傷、腐蝕或阻塞之情形。

2. 判定方法

應無損傷、腐蝕或阻塞之情形。

3. 注意事項

(1) 如發現有損傷或腐蝕者，應予更換。

(2) 如發現有阻塞者，應予以清除。

(十五) 放射能力

1. 檢查方法

依面板所標示之使用方法進行操作，確認其放射狀態有無異常。

2. 判定方法

放射狀態應正常。

3. 注意事項

無法放射或有顯著異常者，應依上述各項進行性能檢查。

滅火器檢查表

檢修項目		檢修結果							處置措施
		滅火器的種別					判定	不良狀況	
		A	B	C	D	E			
外觀檢查									
設置狀況	設置數量								
	設置場所								
	設置間隔								
	適用性								
	標示								
滅火器	本體容器								
	安全插梢								
	壓把（加壓式）								
	皮管								
	噴嘴等								
	壓力指示計								
	壓力調整器（輪架型）								
	安全閥								
	保持裝置（掛勾或放置箱）								

檢修項目		檢修結果							處置措施
		滅火器的種別					判定	不良狀況	
		A	B	C	D	E			
	車輪（輪架型）								
	氣體導入管（輪架型）								
性能檢查									
本體容器內筒	本體容器								
	內筒								
	液面指示								
滅火藥劑	性狀								
	滅火藥劑量								
加壓用氣體容器									
壓把（壓板）									
皮管									
開閉式噴嘴等									
壓力指示計									
壓力調整器（輪架型）									
安全閥									
封板									
墊圈									
虹吸管及所體導入管									
過濾網									
放射能力									
備註									

檢查器材	機器名稱	型式	校正年月日	製造廠商	機器名稱	型式	校正年月日	製造廠商

檢查日期	自民國　　年　　月　　日　至民國　　年　　月　　日			
檢修人員	姓名		消防設備師（士）	證書字號		簽章	
	姓名		消防設備師（士）	證書字號		簽章	
	姓名		消防設備師（士）	證書字號		簽章	
	姓名		消防設備師（士）	證書字號		簽章	

備註：A：乾粉滅火器、B：泡沫滅火器。C：二氧化碳滅火器、D：海龍滅火器、E：水滅火器。

1. 應於「種別・容量等情形」欄內填入適當之項目。
2. 檢查合格者於判定欄內打「○」；有不良情形時於判定欄內打「×」，並將不良情形填載於「不良狀況」欄。
3. 將不良狀況所採取之處置情形應填載於「處置措施」欄。
4. 欄內有選擇項目時應以「○」圈選之。

	樓層	場所	器具種類名稱	設置數量	檢修數量	合格數量	放射能力測試數量	要修理數目	廢棄數量

2.2　室內消防栓設備檢修及申報作業基準

一、外觀檢查

(一)水源

1.檢查方法

(1)水箱、蓄水池

由外部以目視確認有無變形、漏水、腐蝕等。

(2)水量

由水位計確認或打開人孔蓋用檢尺測量。

(3)水位計及壓力表

以目視確認有無變形、損傷，指示值是否正確。

(4)閥類

以目視確認排水管、補給水管、給氣管等之閥類，有無洩漏、變形、損傷等，及其開、關位置是否正常。

2.判定方法

(1)水箱、蓄水池

應無變形、損傷、漏水、漏氣及顯著腐蝕等痕跡。

(2)水量

應確保在規定量以上。

(3)水位計及壓力表

應無變形、損傷，且指示值應正常。

(4)閥類

A.應無洩漏、變形、損傷等。

B.「常時開」或「常時關」之標示及開關位置應保持正常。

(二) 電動機之控制裝置

1. 檢查方法

(1) 控制盤

A. 周圍狀況

確認周圍有無檢查及使用上之障礙。

B. 外形

以目視確認有無變形、腐蝕等。

(2) 電壓表

A. 以目視確認有無變形、損傷等。

B. 確認電源、電壓是否正常。

(3) 各開關

以目視確認有無變形、損傷及開關位置是否正常。

(4) 標示

確認是否正確標示。

(5) 預備品

確認是否備有保險絲、燈泡、回路圖及說明書等。

2. 判定方法

(1) 控制盤

A. 周圍狀況

應設置於火災不易波及之位置，且周圍應無檢查及使用上之障礙。

B. 外形

應無變形、損傷或顯著腐蝕等。

(2) 電壓表

A. 應無變形、損傷等。

B. 電壓表之指示值應在所定之範圍內。

C. 無電壓表者，電源表示燈應亮著。

(3) 各開關

應無變形、損傷、脫落等，且開、關位置應正常。

(4) 標示

A. 各開關之名稱標示應無汙損及不明顯部分。

　　　　B.標示銘板應無剝落。

　　(5)預備品

　　　　A.應備有保險絲、燈泡等預備品。

　　　　B.應備有回路圖及操作說明書等。

(三)啓動裝置

1.直接操作部

　　(1)檢查方法

　　　　A.周圍狀況

　　　　　以目視確認周圍有無檢查及使用上之障礙，及標示是否適當。

　　　　B.外形

　　　　　以目視確認直接操作部有無變形、損傷。

　　(2)判定方法

　　　　A.周圍狀況

　　　　　(A)應無檢查及使用上之障礙。

　　　　　(B)標示應無汙損及不明顯部分。

　　　　B.外形

　　　　　開關部分應無變形、損傷之情形。

2.遠隔操作部

　　(1)檢查方法

　　　　A.周圍狀況

　　　　　以目視確認周圍有無檢查及使用上之障礙，設於消防栓箱附近之手
　　　　　動啓動裝置，標示是否適當正常。

　　　　B.外形

　　　　　以目視確認遠隔操作部有無變形、損傷等情形。

　　(2)判定方法

　　　　A.周圍狀況

　　　　　(A)應無檢查上及使用上之障礙。

　　　　　(B)標示應無汙損或不明顯部分。

B. 外形

按鈕、開關應無損傷、變形。

(四) 啟動用水壓開關裝置

1. 檢查方法

(1) 壓力開關

以目視確認如圖2-7之圖例所示壓力開關，有無變形、損傷等。

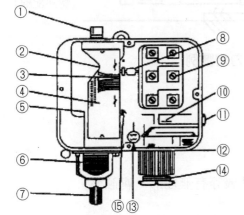

①設定壓力調整用螺栓　　⑨微動開關
②設定壓力調整用彈簧　　⑩壓力差調整彈簧
③指針　　　　　　　　　⑪壓力差調整螺栓
④刻度板　　　　　　　　⑫連結桿（操作開關）
⑤動作用主桿　　　　　　⑬本體推桿
⑥動作接點箱　　　　　　⑭配接接線部
⑦配管用螺絲　　　　　　⑮動作用推桿
⑧調整螺絲

圖2-7　壓力開關圖例

(2) 啟動用壓力槽

以目視確認如圖2-8之圖例所示啟動用壓力槽有無變形、漏水、腐蝕等，及壓力表之指示值是否適當正常。

2. 判定方法

(1) 壓力開關

應無變形、損傷等。

(2) 啟動用壓力槽

應無變形、腐蝕、漏水、漏氣及顯著腐蝕等，且壓力表之指示值應正常。

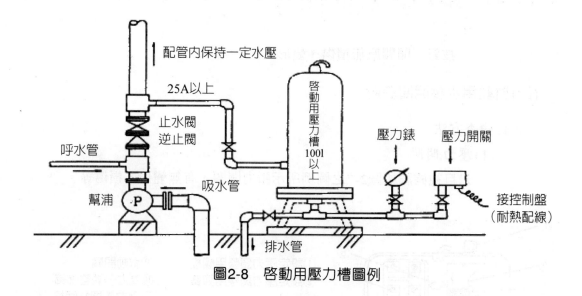

圖2-8　啓動用壓力槽圖例

(五)加壓送水裝置

1.檢查方法

以目視確認圖2-9所示之幫浦及電動機等有無變形、腐蝕等。

2.判定方法

應無變形、損傷、顯著腐蝕及銘板剝落等。

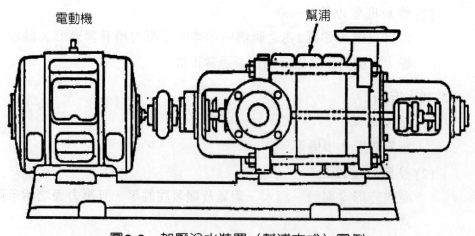

圖2-9　加壓送水裝置（幫浦方式）圖例

(六)呼水裝置

1. 檢查方法

(1) 呼水槽

以目視確認如圖2-10之呼水槽,有無變形、漏水、腐蝕,及水量是否在規定量以上。

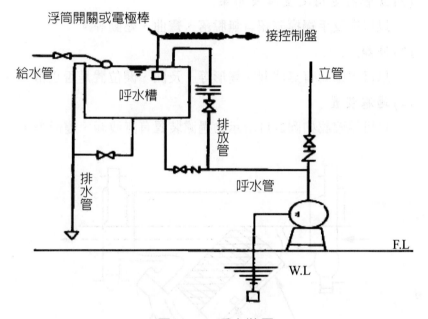

圖2-10 呼水裝置

(2) 閥類

以目視確認給水管之閥類有無洩漏、變形等,及其開關位置是否正常。

2. 判定方法

(1) 呼水槽

應無變形、損傷、漏水、顯著腐蝕等,及水量應在規定量以上。

(2) 閥類

A. 應無洩漏、變形、損傷等。

B. 「常時開」或「常時關」之標示及開關位置應正常。

(七)配管

1.檢查方法

(1)立管及接頭

以目視確認有無洩漏、變形等及被利用做為其他東西之支撐、吊架等。

(2)立管固定用之支撐及吊架

以目視及手觸摸確認有無脫落、彎曲、鬆動等。

(3)閥類

以目視確認有無洩漏、變形等，及開、關位置是否正常。

(4)過濾裝置

以目視確認如圖2-11所示之過濾裝置有無洩漏、變形等。

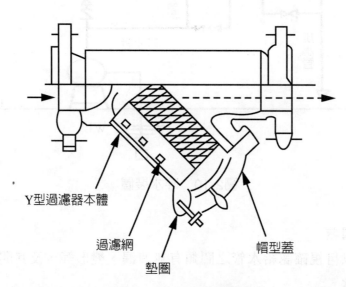

Y型過濾器本體

過濾網

墊圈

帽型蓋

圖2-11　過濾裝置圖例

2.判定方法

(1)立管及接頭

A.應無洩漏、變形、損傷等。

B.應無被利用做為其他東西之支撐及吊架等。

(2)立管固定用之支撐及吊架

應無脫落、彎曲、鬆動等。

(3) 閥類

　A.應無洩漏、變形、損傷等。

　B.「常時開」或「常時關」之表示及開、關位置應正常。

(4) 過濾裝置

　應無洩漏、變形、損傷等。

(八) 消防栓箱等

1. 消防栓箱

(1) 檢查方法

　A.周圍狀況

　　確認周圍有無檢查及使用上之障礙，及「消防栓」之標示字樣是否適當正常。

　B.外形

　　以目視及開、關操作，確認有無變形、損傷等，及箱門是否能確實開關。

(2) 判定方法

　A.周圍狀況

　　(A) 應無檢查及使用上之障礙。

　　(B) 標示字樣應無汙損及不明顯部分。

　B.外形

　　(A) 應無變形、損傷等。

　　(B) 箱面之開關狀況應良好。

2. 水帶及瞄子

(1) 檢查方法

　A.第一種消防栓

　　以目視確認置於箱內之瞄子及水帶有無變形、損傷等，及有無法規規定之數量、型式。

　B.第二種消防栓

　　以目視確認皮管、瞄子及瞄子之開關裝置有無變形、損傷，及能否正常收入箱內。

(2) 判定方法

　　A. 第一種消防栓

　　　(A) 應無變形、損傷等。

　　　(B) 設置數目及型式應依法規規定。

　　　(C) 應能正常收置於消防栓箱內。

　　B. 第二種消防栓

　　　(A) 應無變形、損傷等。

　　　(B) 應能正常收置於消防栓箱內。

3. 消防栓及測試出水口

(1) 檢查方法

　　以目視確認有無洩漏、變形等。

(2) 判定方法

　　應無洩漏、變形、損傷等。

4. 幫浦啟動表示燈

(1) 檢查方法

　　以目視確認有無變形、損傷及是否亮燈等。

(2) 判定方法

　　A. 應無變形、損傷、脫落、燈泡損壞等。

　　B. 每一消防栓箱上均應設有紅色幫浦表示燈。

二、性能檢查

(一)水源

1. 檢查方法

(1) 水質

　　打開人孔蓋以目視及水桶採水，確認有無腐敗、浮游物、沉澱物等。

(2) 給水裝置

　　A. 確認有無變形、腐蝕等，及操作排水閥確認給水功能是否正常。

　　B. 如不便用操作排水閥檢查給水功能時，可使用下列方法：

(A) 使用水位電極控制給水者，拆掉其電極回路之配線，形成減水狀態，確認其是否能自動給水；其後再將拆掉之電極回路配線接上復原，形成滿水狀態，確認其給水能否自動停止。

(B) 使用浮球水栓控制給水者，以手動操作將浮球沒入水中，形成減水狀態，使其自動給水；其後使浮球復原，形成滿水狀態，使給水自動停止。

(3) 水位計及壓力表

A. 水位計之量測係打開人孔蓋，用檢尺測量水位，並確認水位計之指示值。

B. 壓力表之量測係關閉壓力表開關及閥類，並放出壓力表之水，使指針歸零後，再打開壓力表開關及閥類，並確認指針之指示值。

(4) 閥類

以手操作確認開、關動作是否容易進行。

2. 判定方法

(1) 水質

應無顯著腐蝕、浮游物、沉澱物等。

(2) 給水裝置

A. 應無變形、損傷、顯著腐蝕。

B. 於減水狀態能自動給水，於滿水狀態能自動停止供水。

(3) 水位計及壓力表

A. 水位計之指示值應正常。

B. 在壓力表歸零的位置、指針的動作狀況及指示值應正常。

(4) 閥類

開、關操作應能容易進行。

(二) 電動機之控制裝置

1. 檢查方法

(1) 各開關

以螺絲起子及開、關操作，確認端子有無鬆動及開關性能是否正常。

(2) 保險絲

確認有無損傷、熔斷及是否為所規定之種類及容量。

(3) 繼電器

確認有無脫落、端子鬆動、接點燒損、灰塵附著,並操作各開關使繼電器動作,確認性能。

(4) 表示燈

操作各開關確認有無亮燈。

(5) 結線接續

以目視及螺絲起子確認有無斷線、端子鬆動等。

(6) 接地

以目視或回路計確認有無腐蝕、斷線等。

2. 判定方法

(1) 各開關

A. 端子應無鬆動、發熱。

B. 開、關性能應正常。

(2) 保險絲

A. 應無損傷、熔斷。

B. 應依回路圖所規定種類及容量設置。

(3) 繼電器

A. 應無脫落、端子鬆動、接點燒損、灰塵附著等。

B. 動作應正常。

(4) 表示燈

應無顯著劣化,且應能正常亮燈。

(5) 結線接續

應無斷線、端子鬆動、脫落、損傷等。

(6) 接地

應無顯著腐蝕、斷線等。

(三)啓動裝置

1.檢查方法

(1)啓動操作部

操作直接操作部及遠隔操作部之開關,確認加壓送水裝置是否能啓動。

(2)啓動用水壓開關裝置

A.以目視及螺絲起子,確認壓力開關之端子有無鬆動。

B.確認設定壓力值是否恰當,且由操作排水閥使加壓送水裝置啓動,確認動作壓力值是否適當。

2.判定方法

(1)啓動操作部

加壓送水裝置應能確實啓動。

(2)啓動用水壓開關裝置

A.壓力開關之端子應無鬆動。

B.設定壓力值應適當,且加壓送水裝置應依設定壓力正常啓動。

(四)加壓送水裝置

1.幫浦方式

(1)電動機

A.檢查方法

(A) 回轉軸

用手轉動,確認是否能圓滑地回轉。

(B) 軸承部

確認潤滑油有無汙損、變質及是否達必要量。

(C) 軸接頭

以板手確認有無鬆動及性能是否正常。

(D) 本體

操作啓動裝置使其啓動,確認性能是否正常。

B.判定方法

(A) 回轉軸

應能圓滑地回轉。

(B) 軸承部

潤滑油應無汙損、變質，且達必要量。

(C) 軸接頭

應無脫落、鬆動，且接合狀態牢固。

(D) 本體

應無顯著發熱、異常振動、不規則或不連續之雜音，且回轉方向正確。

C. 注意事項

除需操作啓動檢查性能外，其餘均需先切斷電源。

(2) 幫浦

A. 檢查方法

(A) 回轉軸

用手轉動確認是否能圓滑地轉動。

(B) 軸承部

確認潤滑油有無汙損、變質及是否達必要量。

(C) 底部

確認有無顯著的漏水。

(D) 連成表及壓力表

關掉表計之控制水閥將水排出，確認指針是否指在0之位置，再打開表計之控制水閥，操作啓動裝置確認指針是否正常動作。

(E) 性能

先將幫浦吐出側之制水閥關閉之後，使幫浦啓動，然後緩緩的打開性能測試用配管之制水閥，由流量計及壓力表確認額定負荷運轉及全開點時之性能。

B. 判定方法

(A) 回轉軸

應能圓滑地轉動。

(B) 軸承部

潤滑油應無汙損、變質、混入異物等，且達必要量。

(C) 底座

應無顯著漏水。

(D) 連成表及壓力表

位置及指針之動作應正常。

(E) 性能

應無異常振動、不規則或不連續的雜音，且於額定負荷運轉及全開點時之吐出壓力及吐出水量均達規定值以上。

C. 注意事項

除需操作啓動檢查性能外，其餘均需先行切斷電源。

2. 重力水箱方式

(1) 檢查方法

以壓力表測試重力水箱最近及最遠的消防栓開關閥之靜水壓力，確認是否爲所定之壓力。

(2) 判定方法

應爲設計上之壓力值。

3. 壓力水箱方式

(1) 檢查方法

打開排氣閥，確認是否能自動啓動加壓。

(2) 判定方法

壓力降低應能自動啓動，壓力達到時應能自動停止。

(3) 注意事項

在打開排氣閥時，爲防止高壓所造成的危害，閥類應慢慢開啓。

4. 減壓措施

(1) 檢查方法

A. 以目視確認減壓閥等有無洩漏、變形。

B. 打開距加壓送水裝置最近及最遠的消防栓開關閥，確認壓力是否在規定之範圍。

(2) 判定方法

A. 應無洩漏、變形、損傷等。

B. 放水壓力第一種消防栓應在 $1.7\mathrm{kgf/cm^2}$ 以上 $7\mathrm{kgf/cm^2}$ 以下，第二種

消防栓應在2.5kgf/cm²以上7kgf/cm²以下。但公共危險物品等場所達顯著滅火困難者設置之第一種滅火設備之消防栓，其放水壓力應在3.5kgf/cm²以上7kgf/cm²以下。

(五)呼水裝置

1. 檢查方法

(1) 閥類

用手操作確認開、關動作是否容易進行。

(2) 自動給水裝置

A.確認有無變形、腐蝕等。

B.打開排水閥，確認自動給水性能是否正常。

(3) 減水警報裝置

A.確認有無變形、腐蝕等

B.關閉補給水閥，再打開排水閥，確認減水警報功能是否正常。

(4) 底閥

A.拉上吸水管或檢查用鍊條，確認有無異物附著或阻塞。

B.打開幫浦本體上呼水漏斗之制水閥，確認有無從漏斗連續溢水出來。

C.打開幫浦本體上呼水漏斗之制水閥，然後關閉呼水管之制水閥，確認底閥之逆止效果是否正常。

2. 判定方法

(1) 閥類

開、關動作應能容易進行。

(2) 自動給水裝置

A.應無變形、損傷、顯著腐蝕等。

B.當呼水槽之水量減少時，應能自動給水。

(3) 減水警報裝置

A.應無變形、損傷、顯著腐蝕等。

B.當水量減少至一半前應發出警報。

(4) 底閥

　　A. 應無異物附著、阻塞等吸水障礙。

　　B. 呼水漏斗應能連續溢水出來。

　　C. 呼水漏斗的水應無減少。

(六) 配管

1. 檢查方法

(1) 閥類

　　用手操作確認開、關動作是否容易進行。

(2) 過濾裝置

　　分解打開確認過濾網有無變形、異物堆積。

(3) 排放管（防止水溫上升裝置）

　　使加壓送水裝置啓動呈關閉運轉狀態，確認排放管排水是否正常。

2. 判定方法

(1) 閥類

　　開、關操作應能容易進行。

(2) 過濾裝置

　　過濾網應無變形、損傷、異物堆積等。

(3) 排放管

　　排放水量應在下列公式求出量以上。

$$q = \frac{Ls \times C}{60 \times \Delta t}$$

　　q：排放水量（L/min）

　　Ls：幫浦關閉運轉時之出力。（kw）

　　C：860 kcal（1kw-hr時水之發熱量）

　　Δt：30℃（幫浦內部之水溫上升限度）

(4) 注意事項

　　排放管之排放水量與設置時之排水量比較應無太大之差異。

(七)消防栓箱等

1.水帶及瞄子

(1)檢查方法

A.第一種消防栓檢查方法

以目視確認有無腐蝕、損傷及用手操作確認是否容易拆接。

B.第二種消防栓檢查方法

以目視確認有無腐蝕、損傷及瞄子開閉裝置操作是否容易。

(2)判定方法

A.應無損傷及腐蝕。

B.第一種消防栓應能容易拆接。

C.第二種消防栓開關裝置應能容易操作。

2.消防栓及測試出水口

(1)檢查方法

用手操作確認是否容易開、關。

(2)判定方法

開、關操作應能容易進行。

(八)耐震措施

1.檢查方法

(1)牆壁或地板上貫通部分有無變形、損傷等，並確認防震軟管接頭有無變形、損傷、顯著腐蝕等。

(2)以目視及板手確認加壓送水裝置等之裝配固定是否有異常。

2.判定方法

(1)防震軟管應無變形、損傷、顯著腐蝕等，且牆壁或地板上貫通部分的間隙、充填部分均保持原來施工時之狀態。

(2)加壓送水裝置的安裝部分所使用之基礎螺絲、螺絲帽，應無變形、損傷、鬆動、顯著腐蝕等，且安裝固定部分應無損傷。

三、綜合檢查

(一)檢查方法

切換成緊急電源供電之狀態，操作直接操作部或遠隔操作啓動裝置，確認各項性能。而有關放水壓力及放水量之檢查方法如下：

1. 於裝置消防栓最多之最高樓層做放水試驗，以該樓層全部消防栓放水爲準，但消防栓超過二支時，以二支同時放水。另公共危險物品等場所達顯著滅火困難者設置消防栓之數量超過五支時，以五支同時放水。

2. 測量瞄子直線放水之壓力時，如圖2-12所示將壓力表之進水口，放置於瞄子前端瞄子口徑的二分之一距離處，或採圖2-13所示方式讀取壓力表的指示值。

3. 放水量依下列計算式計算

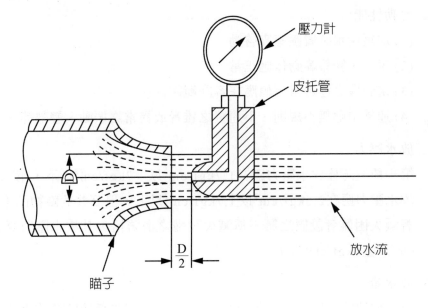

$$Q = 0.653D^2\sqrt{P}$$

Q：瞄子放水量（L/min）
D：瞄子口徑（mm）
P：瞄子壓力（kgf/cm^2）

圖2-12

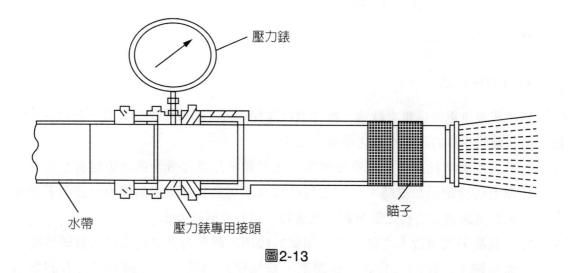

圖2-13

(二)判定方法

1.啟動性能

(1)加壓送水裝置應確實啟動。

(2)表示、警報等動作應正常。

(3)電動機之運轉電流值應在容許範圍內。

(4)運轉中應無不規則、不連續之雜音或異常之振動、發熱等。

2.放水壓力

第一種消防栓放水壓力應在1.7kgf/cm²以上7kgf/cm²以下，第二種消防栓放水壓力應在2.5kgf/cm²以上7kgf/cm²以下。但公共危險物品等場所達顯著滅火困難者設置之第一種滅火設備之消防栓，其放水壓力應在3.5kgf/cm²以上7kgf/cm²以下。

3.放水量

第一種消防栓放水量應在130 L/min以上，第二種消防栓放水量應在60 L/min以上。但公共危險物品等場所達顯著滅火困難者設置之第一種滅火設備之消防栓，其放水量應在260 L/min以上。

(三)注意事項

於檢查類似醫院之場所，因切換成緊急電源可能會產生困擾時，得使用常用電源檢查。

室內消防栓檢查表

檢修設備名稱	幫浦	製造商： 型　號：			電動機	製造商： 型　號：	

檢修項目		檢修結果			處置措施
		種別、容量等內容	判定	不良狀況	
外觀檢查					
水源	蓄水池	類別			
	水量	m³			
	水位計、壓力計				
	閥類				
電動機	控制盤 周圍狀況				
	控制盤 外形				
	電壓表	V			
	各開關				
	標示				
	預備品等				
啟動裝置	直接操作部 周圍狀況				
	直接操作部 外形				
	遠隔操作部 周圍狀況				
	遠隔操作部 外形				
啟動用水壓開關裝置	壓力開關	kgf/cm²			
	壓力槽	L　　　kgf/cm²			
加壓送水裝置					
呼水裝置	呼水槽				
	閥類				
配管					
消防栓箱等	消防栓箱 周圍狀況				
	消防栓箱 外形				
	水帶瞄子 第一種消防栓				
	水帶瞄子 第二種消防栓				
	消防栓開關閥				
	啟動表示燈	□專用　□兼用			
	屋頂測試出水口				
性能檢查					
水源	水質				
	給水裝置				
	閥類				

	水位計、壓力表					
電動機控制裝置	各開關					
	保險絲		A			
	繼電器					
	表示燈					
	結線接續					
	接地					
啓動裝置	啓動操作部					
	水壓開關裝置		設定壓力　　　kgf/cm^2 動作壓力　　　kgf/cm^2			
加壓送水裝置	幫浦方式	電動機	回轉軸			
			軸承部			
			軸接頭			
			本體			
		幫浦	回轉軸			
			軸承部			
			底部			
			連成表、壓力表			
			性能	kgf/cm^2　　　L/min		
	重力水箱方式			kgf/cm^2		
	壓力水箱方式			kgf/cm^2		
	減壓措施					
呼水裝置	閥類					
	自動給水裝置					
	減水警報裝置					
	底閥					
配管	閥類					
	過濾裝置					
	排放管					
消防栓箱等	水帶瞄子	第一種消防栓				
		第二種消防栓				
	消防栓開關閥					
	屋頂測試出水口					
	耐震措施					

綜合檢查					
幫浦方式	啓動性能	加壓送水裝置			
		表示、警報等			
		運轉電流	A		
		運轉狀況			
	放大壓力		kgf/cm^2		
	放水量		L/min		
重力水箱等	放大壓力		kgf/cm^2	/	
	放水量		L/min	/	
備註					

檢查器材	機器名稱	型式	校正年月日	製造廠商	機器名稱	型式	校正年月日	製造廠商

檢查日期	自民國　　　年　　　月　　　日　至民國　　　年　　　月　　　日				
檢修人員	姓名		消防設備師（士）	證書字號	簽章	（簽章）
	姓名		消防設備師（士）	證書字號	簽章	
	姓名		消防設備師（士）	證書字號	簽章	
	姓名		消防設備師（士）	證書字號	簽章	

1. 應於「種別·容量等情形」欄內填入適當之項目。
2. 檢查合格者於判定欄內打「○」；有不良情形時於判定欄內打「×」，並將不良情況填載於「不良狀況」欄。
3. 對不良狀況所採取之處置情形應填載於「處置措施」欄。
4. 欄內有選擇項目時應以「○」圈選之。

2.3　室外消防栓設備檢修及申報作業基準

一、外觀檢查

(一)水源

1.檢查方法

(1)水箱、蓄水池

由外部以目視確認有無變形、漏水、腐蝕等。

(2)水量

由水位計確認或打開人孔蓋用檢尺測量。

(3)水位計及壓力表

以目視確認有無變形、損傷,指示值是否正確。

(4)閥類

以目視確認排水管、補給水管、給氣管等之閥類,有無洩漏、變形、損傷等,及其開關位置是否正常。

2.判定方法

(1)水箱、蓄水池

應無變形、損傷、漏水、漏氣及顯著腐蝕等痕跡。

(2)水量

應確保在規定量以上。

(3)水位計及壓力表

應無變形、損傷,且指示值應正常。

(4)閥類

A.應無洩漏、變形、損傷等。

B.「常時開」或「常時關」之標示及開、關位置應保持正常。

(二)電動機之控制裝置

1.檢查方法

(1) 控制盤

A.周圍狀況

確認周圍有無檢查及使用上之障礙。

B.外形

以目視確認有無變形、腐蝕等。

(2) 電壓表

A.以目視確認有無變形、腐蝕。

B.確認電源、電壓是否正常。

(3) 各開關

以目視確認有無變形、損傷及開關位置是否正常。

(4) 標示

確認是否正確標示。

(5) 預備品等

確認是否備有保險絲、燈泡、回路圖及說明書等。

2.判定方法

(1) 控制盤

A.周圍狀況

應設置於火災不易波及之位置,且周圍應無檢查及使用上之障礙。

B.外形

應無變形、損傷、顯著腐蝕等。

(2) 電壓表

A.應無變形、損傷等。

B.電壓表之指示值應在所定之範圍內。

C.無電壓表者,電源表示燈應亮著。

(3) 各開關

應無變形、損傷、脫落等,且開、關位置應正常。

(4) 標示

A.各開關之名稱標示應無汙損及不明顯部分。

B. 標示銘板應無剝落。

(5) 預備品等

A. 應備有保險絲、燈泡等預備品。

B. 應備有回路圖及操作說明書等。

(三) 啟動裝置

1. 啟動操作部

(1) 檢查方法

A. 周圍狀況

以目視確認周圍有無檢查及使用上之障礙及標示是否適當。

B. 外形

以目視確認直接操作部及遠隔操作部,有無變形、損傷等。

(2) 判定方法

A. 周圍狀況

(A) 應無檢查及使用上之障礙。

(B) 標示應無汙損及不明顯部分。

B. 外形

閥類各開關應無損傷、變形等。

2. 啟動用水壓開關裝置

(1) 檢查方法

A. 壓力開關

以目視確認有無變形、損傷等。

B. 啟動用壓力槽

以目視確認有無變形、漏水、腐蝕等,及壓力表之指示值是否適當正常。

(2) 判定方法

A. 壓力開關

應無變形、損傷等。

B. 啟動用壓力水槽

應無變形、腐蝕、漏水、漏氣、顯著腐蝕等,且壓力表之指示值應

正常。

(四) 加壓送水裝置

1. 檢查方法

以目視確認幫浦及電動機等有無變形、腐蝕等。

2. 判定方法

應無變形、損傷、顯著腐蝕及銘板剝落等。

(五) 呼水裝置

1. 檢查方法

(1) 呼水槽

以目視確認呼水槽，有無變形、漏水、腐蝕等，及水量是否在規定量以上。

(2) 閥類

以目視確認給水管之閥類有無洩漏、變形等，及其開、關位置是否正常。

2. 判定方法

(1) 呼水槽

應無變形、損傷、漏水、顯著腐蝕等，及水量應在規定量以上。

(2) 閥類

A. 應無洩漏、變形、損傷等。

B.「常時開」或「常時關」之標示及開關位置應正常。

(六) 配管

1. 檢查方法

(1) 立管及接頭

以目視確認有無洩漏、變形等及被利用做為其他東西之支撐、吊架等。

(2) 立管固定用之支撐及吊架

以目視及手觸摸確認有無脫落、彎曲、鬆動等。

(3) 閥類

以目視確認有無洩漏、變形等，及開、關位置是否正常。

(4) 過濾裝置

以目視確認過濾裝置有無洩漏、變形等。

2. 判定方法

(1) 立管及接頭

A. 應無洩漏、變形、損傷等。

B. 應無被利用做為其他東西之支撐及吊架等。

(2) 立管固定用之支撐及吊架

應無脫落、彎曲、鬆動等。

(3) 閥類

A. 應無洩漏、變形、損傷等。

B. 「常時開」或「常時關」之標示及開關位置應正常。

(4) 過濾裝置

應無洩漏、變形、損傷等。

(七) 水帶箱等

1. 水帶箱

(1) 檢查方法

A. 周圍狀況

以目視確認周圍有無檢查及使用上之障礙，及「水帶箱」之標示字樣是否適當正常。

B. 外形

以目視及開、關操作，確認有無變形、損傷等，及箱門是否能確實開、關。

(2) 判定方法

A. 周圍狀況

(A) 應無檢查及使用上之障礙。

(B) 標示字樣應無汙損及不明顯部分。

B. 外形

(A) 應無變形、損傷等。

(B) 箱門之開、關狀況應良好。

2. 水帶及瞄子

(1) 檢查方法

以目視確認置於箱內之瞄子及水帶有無變形、損傷及水帶數量是否足夠。

(2) 判定方法

A. 應無變形、損傷。

B. 應配置口徑六十三公厘及長二十公尺水帶二條、口徑十九公厘以上直線噴霧兩用型瞄子一具及消防栓閥型開關一把。

3. 室外消防栓

(1) 檢查方法

A. 周圍的狀況

以目視確認周圍有無檢查及使用上之障礙，及消防栓之標示是否正常。

B. 外形

以目視及開、關操作，確認有無變形、損傷等，及地下式箱蓋是否能確實開、關。

(2) 判定方法

A. 周圍狀況

(A) 應無檢查及使用上之障礙。

(B) 標示字樣應無汙損及不明顯部分。

B. 外形

(A) 應無變形、洩漏、損傷等。

(B) 地下式之箱蓋應能確實開關。

二、性能檢查

(一)水源

1.檢查方法

(1)水質

打開人孔蓋以目視及水桶採水，確認有無腐敗、浮游物、沉澱物等。

(2)給水裝置

A.確認有無變形、腐蝕等，及操作排水閥確認給水功能是否正常。

B.如不便用操作排水閥檢查給水功能時，可使用下列方法：

(A) 使用水位電極控制給水者，拆除其電極回路之配線，形成減水狀態，確認其是否能自動給水；其後再將拆掉之電極回路線接上復原，形成滿水狀態，確認其給水能否自動停止。

(B) 使用浮球水栓控制給水者，以手動操作將浮球沒入水中，形成減水狀態，使其自動給水；其後使浮球復原，形成滿水狀態，使給水自動停止。

(3)水位計及壓力表

A.水位計之量測係打開人孔蓋，用檢尺測量水位，並確認水位計之指示值。

B.壓力表之量測係關閉壓力表開關及閥類，並放出壓力表之水，使指針歸零後，再打開壓力表開關及閥類，並確認指針之指示值。

(4)閥類

用手操作確認開、關動作是否能容易進行。

2.判定方法

(1)水質

應無腐臭、浮游物、沉澱物之堆積等。

(2)給水裝置

A.應無變形、損傷、顯著腐蝕。

B.於減水狀態能自動給水，於滿水狀態能自動停止供水。

(3)水位計及壓力表

A.水位計之指示值應正常。

B. 在壓力表歸零的位置、指針的動作狀況及指示值應正常。

(4) 閥類

開、關操作應能容易地進行。

(二) 電動機之控制裝置

1. 檢查方法

(1) 各開關

以螺絲起子及開、關操作，確認端子有無鬆動及開關性能是否正常。

(2) 保險絲

確認有無損傷、熔斷及是否為所規定之種類及容量。

(3) 繼電器

確認有無脫落、端子鬆動、接點燒損、灰塵附著，並操作各開關使繼電器動作，確認機能。

(4) 表示燈

操作各開關確認有無亮燈。

(5) 結線接續

以目視及螺絲起子確認有無斷線、端子鬆動等。

(6) 接地

以目視或回路計確認有無腐蝕、斷線等。

2. 判定方法

(1) 各開關

A. 端子應無鬆動、發熱。

B. 開、關性能應正常。

(2) 保險絲

A. 應無損傷、熔斷。

B. 應依回路圖所規定種類及容量設置。

(3) 繼電器

A. 應無脫落、端子鬆動、接點燒損、灰塵附著等。

B. 動作應正常。

(4) 表示燈

應無顯著劣化，且能正常點燈。

(5) 結線接續

應無斷線、端子鬆動、脫落、損傷等。

(6) 接地

應無顯著腐蝕、斷線等。

(三)啟動裝置

1.檢查方法

(1) 啟動操作部

操作直接操作部及遠隔操作部之開關，確認加壓送水裝置能否啟動。

(2) 啟動用水壓開關裝置

A.以目視及螺絲起子，確認壓力開關之端子有無鬆動。

B.確認設定壓力值是否恰當，且由操作排水閥使加壓送水裝置啟動，確認動作壓力值是否適當。

2.判定方法

(1) 啟動操作部

加壓送水裝置應能確實啟動。

(2) 啟動用水壓開關裝置

A.壓力開關之端子應無鬆動。

B.設定壓力值適當，且加壓送水裝置依設定壓力正常啟動。

(四)加壓送水裝置（限幫浦方式）

1.電動機

(1) 檢查方法

A.回轉軸

用手轉動，確認是否能圓滑地回轉。

B.軸承部

確認潤滑油有無汙損、變質及是否達必要量。

C.軸接頭

以扳手確認有無鬆動、性能是否正常。

D. 本體

操作啟動裝置使其啟動，確認性能是否正常。

(2) 判定方法

A. 回轉軸

應能圓滑的回轉。

B. 軸承部

潤滑油應無汙損、變質且達必要量。

C. 軸接頭

應無脫落、鬆動，且接合狀態牢固。

D. 本體

應無顯著發熱、異常振動、不規則或不連續之雜音，且回轉方向正確。

(3) 注意事項

除需操作啟動檢查性能外，其餘均需先切斷電源。

2. 幫浦

(1) 檢查方法

A. 回轉軸

用手轉動確認是否能圓滑地回轉。

B. 軸承部

確認潤滑油有無汙損、變質及是否達必要量。

C. 底座

確認有無顯著漏水。

D. 連成表及壓力表

關掉表計之控制水閥將水排出，確認指針是否指在0之位置，再打開表計之控制水閥，操作啟動裝置確認指針是否正常動作。

E. 性能

先將幫浦吐出側之制水閥關閉之後，使幫浦啟動，然後緩緩的打開性能測試用配管之制水閥，由流量計及壓力表確認額定負荷運轉及全開點時之性能。

(2) 判定方法

  A. 回轉軸

    應能圓滑地轉動。

  B. 軸承部

    潤滑油應無汙損、變質,且達必要量。

  C. 底座

    應無顯著漏水。

  D. 連成表及壓力表

    位置及指針動作應正常。

  E. 性能

    應無異常振動、不規則或不連續之雜音,且於額定負荷運轉及全開點時之吐出壓力及吐出水量均達規定值以上。

(3) 注意事項

  除需操作啓動檢查性能外,其餘均需先行切斷電源。

3. 減壓措施

(1) 檢查方法

  以目視確認減壓閥等有無變形、洩漏等。

(2) 判定方法

  A. 應無洩漏、變形、損傷等。

  B. 放水壓力應在$2.5kgf/cm^2$以上$6kgf/cm^2$以下。但公共危險物品等場所達顯著滅火困難者、爆竹煙火製造場所有火藥區之作業區或庫存區及爆竹煙火儲存場所設置第一種滅火設備之室外消防栓,其放水壓力應在$3.5kgf/cm^2$以上。

(五) 呼水裝置

1. 檢查方法

(1) 閥類

用手操作確認開關動作是否容易進行。

(2) 自動給水裝置

  A. 確認有無變形、腐蝕等。

B. 打開排水閥，檢查自動給水功能是否正常。

(3) 減水警報裝置

A. 確認有無變形、腐蝕等。

B. 關閉補給水閥，再打開排水閥，確認減水警報功能是否正常。

(4) 底閥

A. 拉上吸水管或檢查用鍊條，確認有無異物附著或阻塞。

B. 打開幫浦本體上呼水漏斗之制水閥，確認有無從漏斗連續溢水出來。

C. 打開幫浦本體上呼水漏斗之制水閥，然後關閉呼水管之制水閥，確認底閥之逆止效果是否正常。

2. 判定方法

(1) 閥類

開、關動作應能容易地進行。

(2) 自動給水裝置

A. 應無變形、損傷、顯著腐蝕等。

B. 當呼水槽之水量減少時，應能自動給水。

(3) 減水警報裝置

A. 應無變形、損傷、顯著腐蝕等。

B. 當水量減少到二分之一時應發出警報。

(4) 底閥

A. 應無異物附著、阻塞等吸水障礙。

B. 呼水漏斗應能連續溢水出來。

C. 呼水漏斗的水應無減少。

(六) 配管

1. 檢查方法

(1) 閥類

用手操作確認開、關動作是否容易進行。

(2) 過濾裝置

分解打開確認過濾網有無變形、異物堆積。

(3) 排放管（防止水溫上升裝置）

　　使加壓送水裝置啟動呈關閉運轉狀態，確認排放管排水是否正常。

2.判定方法

(1) 閥類

　　開、關操作應能容易進行。

(2) 過濾裝置

　　過濾網應無變形、損傷、異物堆積等。

(3) 排放管

　　排放水量應在下列公式求得量以上。

$$q = \frac{Ls \times C}{60 \times \Delta t}$$

q：排放水量（L/min）

Ls：幫浦關閉運轉時之出力。（kw）

C：860 kcal（1kw-hr時水之發熱量）

Δt：30℃（幫浦內部之水溫上升限度）

(七)室外消防栓箱等

1.檢查方法

(1) 水帶及瞄子

　　以目視確認有無損傷、腐蝕，及用手操作確認是否容易拆接。

(2) 室外消防栓

　　用手操作確認開、關操作是否容易。

2.判定方法

(1)水帶及瞄子

　　A.應無損傷、腐蝕。

　　B.應能容易拆、接。

(2)室外消防栓

　　開、關操作應能容易進行。

(八)耐震措施

1.檢查方法

(1) 牆壁或地板上貫通部分有無變形、損傷等，並確認防震軟管接頭有無變形、損傷、顯著腐蝕等。

(2) 以目視及扳手確認加壓送水裝置等之裝配固定是否有異常。

2.判定方法

(1) 防震軟管應無變形、損傷、顯著腐蝕等，且牆壁或地板上貫通部分的間隙、充填部分均保持原來施工時之狀態。

(2) 加壓送水裝置的安裝部分所使用之基礎螺絲、螺絲帽，應無變形、損傷、鬆動、顯著腐蝕等，且安裝固定部分應無損傷。

三、綜合檢查

(一)檢查方法

切換成緊急電源供電狀態，操作直接操作部及遠隔操作部啓動裝置，確認各項性能。其放水壓力及放水量之檢查方法如下：

1. 選擇配管上最遠最高處之二具室外消防栓做放水試驗。但公共危險物品等場所達顯著滅火困難者、爆竹煙火製造場所有火藥區之作業區或庫存區及爆竹煙火儲存場所超過四具時，選擇配管上最遠最高處之四具室外消防栓做放水試驗。

2. 測量瞄子直線放水之壓力時，將壓力表之進水口，放置於瞄子前端瞄子口徑的二分之一距離處，讀取壓力表的指示值。

3. 放水量依下列計算式計算

$$Q = 0.653D^2\sqrt{P}$$

Q：瞄子放水量（L/min）

D：瞄子口徑（mm）

P：瞄子壓力（kgf/cm^2）

(二)判定方法

1. 啓動性能

(1) 加壓送水裝置應確實啓動。

(2) 表示、警報等應正常。

(3) 電動機之運轉電流值應在容許範圍內。

(4) 運轉中應無不規則、不連續之雜音或異常之振動、發熱等。

2. 放水壓力

應在2.5kgf/cm²以上6kgf/cm²以下。但公共危險物品等場所達顯著滅火困難者、爆竹煙火製造場所有火藥區之作業區或庫存區及爆竹煙火儲存場所，其放水壓力應在3.5kgf/cm²以上。

3. 放水量

應在350 L/min以上。但公共危險物品等場所達顯著滅火困難者、爆竹煙火製造場所有火藥區之作業區或庫存區及爆竹煙火儲存場所，應在450 L/min以上。

(三)注意事項

於檢查類似醫院之場所，因切換成緊急電源可能會產生困擾時，得使用常用電源檢查。

室外消防栓檢查表

檢修設備名稱	幫浦	製造商：			電動機	製造商：	
		型　號：				型　號：	
檢修項目		檢修結果					處置措施
		種別、容量等內容	判定	不良狀況			
外觀檢查							
水源	蓄水池	類別					
	水量	m³					
	水位計、壓力計						
	閥類						

電動機	控制盤	周圍狀況				
		外形				
	電壓表		V			
	各開關					
	標示					
	預備品等					
啟動裝置	直接操作部	周圍狀況				
		外形				
	水壓開關裝置	周圍狀況				
		壓力槽	L kgf/cm^2			
加壓送水裝置						
呼水裝置	呼水槽		L			
	閥類					
配管						
水帶箱等	水帶箱	周圍狀況				
		外形				
	水帶					
	瞄子					
	室外消防栓	周圍狀況				
		外形				
性能檢查						
水源	水質					
	給水裝置					
	閥類					
	水位計、壓力表					
電動機控制裝置	各開關					
	保險絲		A			
	繼電器					
	表示燈					
	結線接續					
	接地					

啟動 裝置			啟動操作部	□專用　　□兼用			
			水壓開關裝置	設定壓力　　　kgf/cm^2 動作壓力　　　kgf/cm^2			
加壓送水裝置	幫浦方式	電動機	回轉軸				
			軸承部				
			軸接頭				
			本體				
		幫浦	回轉軸				
			軸承部				
			底部				
			連成表、 壓力表				
			性能	kgf/cm^2　　　L/min			
	重力水箱方式			kgf/cm^2			
	壓力水箱方式			kgf/cm^2			
	減壓措施						
呼水裝置	閥類						
	自動給水裝置						
	減水警報裝置						
	底閥						
配管	閥類						
	過濾裝置						
	排放管						
室外消防 栓箱等	水帶、瞄子						
	室外消防栓						
耐震措施							
綜合檢查							
幫浦方式	啟動性能	加壓送水裝置					
		表示、警報等					
		運轉電流		A			
		運轉狀況					
	放大壓力			kgf/cm^2			
	放水量			L/min			

重力水箱等	放大壓力		kgf/cm^2	/		
	放水量		L/min	/		

備註									

檢查器材	機器名稱	型式	校正年月日	製造廠商	機器名稱	型式	校正年月日	製造廠商

檢查日期	

檢修人員	姓名		消防設備師（士）	證書字號		簽章	（簽章）
	姓名		消防設備師（士）	證書字號		簽章	
	姓名		消防設備師（士）	證書字號		簽章	
	姓名		消防設備師（士）	證書字號		簽章	

1. 應於「種別‧容量等情形」欄內填入適當之項目。

2. 檢查合格者於判定欄內打「○」；有不良情形時於判定欄內打「×」，並將不良情形填載於「不良狀況」欄。

3. 對不良狀況所採取之處置情形應填載於「處置措施」欄。

4. 欄內有選擇項目時應以「○」圈選之。

2.4   自動撒水設備檢修及申報作業基準

一、外觀檢查

(一)水源

1.檢查方法

(1) 水箱、蓄水池

由外部以目視確認有無變形、漏水、腐蝕等。

(2) 水量

由水位計確認或打開人孔蓋用檢尺測量。

(3) 水位計及壓力表

用目視確認有無變形、損傷,指示值是否正常。

(4) 閥類

以目視確認排水管、補給水管、給氣管等之閥類,有無漏水、變形、損傷等,及其開、關位置是否正常。

2.判定方法

(1) 水箱、蓄水池

應無變形、損傷、漏水、漏氣及顯著腐蝕等痕跡。

(2) 水量

應確保在規定量以上。

(3) 水位計及壓力表

應無變形、損傷,且指示值應正常。

(4) 閥類

A.應無漏水、變形、損傷等。

B.「常時開」或「常時關」之標示及開、關位置應保持正常。

(二) 電動機之控制裝置

1. 檢查方法

(1) 控制盤

A. 周圍狀況

確認周圍有無檢查及使用上之障礙。

B. 外形

以目視確認有無變形、腐蝕。

(2) 電壓計

A. 以目視確認有無變形、損傷。

B. 確認電源、電壓是否正常。

(3) 各開關

以目視確認有無變形、損傷及開、關位置是否正常。

(4) 標示

確認是否正確標示。

(5) 預備品

確認是否備有保險絲、燈泡、回路圖及說明書等。

2. 判定方法

(1) 控制盤

A. 周圍狀況

應設置於火災不易波及之位置，且周圍應無檢查及使用上之障礙。

B. 外形

應無變形、損傷、顯著腐蝕等。

(2) 電壓表

A. 應無變形、損傷等。

B. 電壓表之指示值應在所定之範圍內。

C. 無電壓表者，電源指示燈應亮著。

(3) 各開關

應無變形、損傷、脫落等，且開關位置應正常。

(4) 標示

A. 各開關之名稱標示應無汙損及不明顯部分。

B. 標示銘板應無剝落。

(5) 預備品

A. 應備有保險絲、燈泡等預備品。

B. 應備有回路圖及操作說明書等。

(三)啓動裝置

1. 手動啓動裝置

(1) 檢查方法

A. 周圍狀況

以目視確認周圍有無檢查及使用上之障礙，及標示是否適當。

B. 外形

以目視確認有無變形、損傷等。

(2) 判定方法

A. 周圍狀況

(A) 應無檢查及使用上之障礙。

(B) 標示應無汙損及不明顯部分。

B. 外形

開關閥應無損傷、變形。

2. 自動啓動裝置

(1) 檢查方法

A. 啓動用水壓開關裝置

(A) 壓力開關

以目視確認有無變形、損傷等。

(B) 啓動用壓力水槽

以目視確認有無變形、損傷、漏水、腐蝕等，及壓力表指示值是否適當正常。

B. 火警感知裝置

(A) 探測器

a. 外形

以目視確認有無變形、腐蝕等。

　　　　b.感知區域

　　　　　確認探測器範圍設定是否恰當。

　　　　c.適應性

　　　　　確認是否設置適當型式之探測器。

　　　　d.性能障礙

　　　　　以目視確認感知部分有無被塗上油漆，或因裝潢而妨礙熱氣流等。

　　(B) 密閉式撒水頭

　　　　以目視確認有無火警感知障礙，及因裝修油漆、異物附著等動作障礙。

(2) **判定方法**

　　A.啟動用水壓開關裝置

　　　(A) 壓力開關

　　　　　應無變形、損傷等。

　　　(B) 啟動用壓力水槽

　　　　　應無變形、損傷、漏水、漏氣、顯著腐蝕等，且壓力表之指示值應正常。

　　B.火警感知裝置

　　　(A) 探測器

　　　　a.外形

　　　　　應無變形、損傷、脫落、顯著腐蝕等。

　　　　b.感知區域

　　　　　設置的型式、探測範圍面積及裝置高度均符合規定。

　　　　c.適應性

　　　　　應為適合設置場所之探測器。

　　　　d.性能障礙

　　　　　應無被油漆及裝修妨礙熱氣流或煙之流動現象。

　　　(B) 密閉式撒水頭

　　　　a.撒水頭周圍應無感熱障礙。

　　　　b.應無被油漆、異物附著、漏水、變形等。

(四)加壓送水裝置

1.檢查方法

以目視確認幫浦及電動機等有無變形、腐蝕等。

2.判定方法

應無變形、損傷、顯著腐蝕及銘板剝落等。

(五)呼水裝置

1.檢查方法

(1) 呼水槽

以目視確認有無變形、漏水、腐蝕,及水量是否在規定量以上。

(2) 閥類

以目視確認給水管等之閥類有無漏水、變形等,及其開、關位置是否正常。

2.判定方法

(1) 呼水槽

應無變形、損傷、漏水、顯著腐蝕等,及水量應在規定量以上。

(2) 閥類

A.應無漏水、變形、損傷等。

B.「常時開」或「常時關」之標示及開、關位置應正常。

(六)配管

1.檢查方法

(1) 立管及接頭

以目視確認有無洩漏、變形等及被利用為支撐、吊架等。

(2) 立管固定用支架

以目視及手觸摸確認有無脫落、彎曲、鬆動等。

(3) 閥類

以目視確認有無洩漏、變形等,及開、關位置是否正常。

(4) 過濾裝置

以目視確認有無洩漏、變形等。

(5) 標示

確認「制水閥」、「末端查驗閥」等之標示是否適當正常。

2. 判定方法

(1) 立管及接頭

A. 應無洩漏、變形、損傷等。

B. 應無被利用為支撐、吊架等。

(2) 立管固定用之支架

應無脫落、彎曲、鬆動等。

(3) 閥類

A. 應無洩漏、變形、損傷等。

B.「常時開」或「常時關」之標示及開、關位置應正常。

(4) 過濾裝置

應無洩漏、變形、損傷等。

(5) 標示

應無損傷、脫落、汙損等。

(七)送水口

1. 檢查方法

(1) 周圍狀況

A. 確認周圍有無使用上及消防車接近之障礙。

B. 確認「自動撒水送水口」之標示是否正常。

(2) 外形

以目視確認有無漏水、變形、異物阻塞等。

2. 判定方法

(1) 周圍狀況

A. 應無消防車接近及消防活動上之障礙。

B. 標示應無損傷、脫落、汙損等。

(2) 外形

A. 快速接頭應無生鏽。

B. 應無漏水及砂、垃圾等異物阻塞現象。

(八) 撒水頭

1. 檢查方法

(1) 外形

A. 以目視確認有無洩漏、變形等。

B. 以目視確認有無被利用為支撐、吊架使用等。

(2) 感熱及撒水分布障礙

以目視確認周圍有無感熱及撒水分布之障礙。

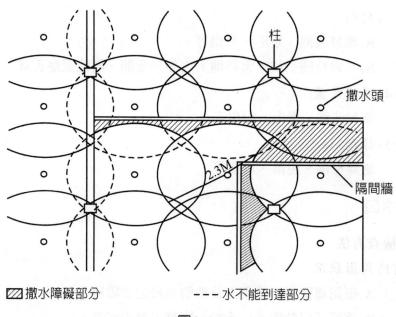

圖2-14

(3) 未警戒部分

確認有無如圖2-15所示,因隔間變更應無設置撒水頭,而造成未警戒之部分。

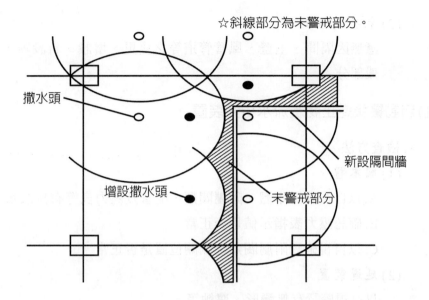

☆斜線部分為未警戒部分。

撒水頭

增設撒水頭

新設隔間牆

未警戒部分

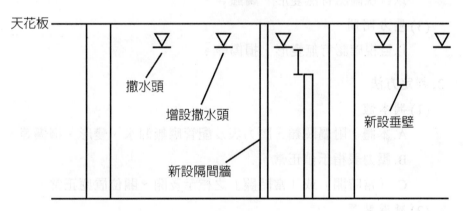

天花板

撒水頭

增設撒水頭

新設隔間牆

新設垂壁

圖2-15

2. 判定方法

(1) 外形

　A. 應無洩漏、變形等。

　B. 應無被利用為支撐、吊架使用。

(2) 感熱及撒水分布障礙

　A. 撒水頭周圍應無感熱、撒水分布之障礙。

　B. 撒水頭應無被油漆、異物附著等。

　C. 於設有撒水頭防護蓋之場所，其防護蓋應無損傷、脫落等。

(3) 未警戒部分

應無因隔間、垂壁、風管管道等之變更、增設、新設等，而造成未警戒部分。

(九)自動警報逆止閥及流水檢知裝置

1.檢查方法

(1) 閥本體

A.以目視確認本體、附屬閥類、配管及壓力表等有無漏水、變形等。

B.確認壓力表指示值是否正常。

C.以目視確認附屬閥類之開關位置是否正常。

(2) 延遲裝置

以目視確認有無變形、腐蝕等。

(3) 壓力開關

以目視確認有無變形、損傷等。

2.判定方法

(1) 閥本體

A.本體、附屬閥類、壓力表及配管應無漏水、變形、損傷等。

B.壓力表指示值正常。

C.「常時開」或「常時關」之標示及開、關位置應正常。

(2) 延遲裝置

應無變形、損傷、顯著腐蝕等。

(3) 壓力開關

應無變形、損傷等。

(十)一齊開放閥（含電磁閥）

1.檢查方法

以目視確認有無洩漏、變形、腐蝕等。

2.判定方法

應無洩漏、變形、顯著腐蝕等。

(十一) 補助撒水栓箱等

1. 補助撒水栓箱

(1) 檢查方法

A. 周圍狀況

以目視確認周圍有無檢查及使用上之障礙，又「補助撒水栓」之標示是否正常。

B. 外形

以目視及開、關操作確認有無變形、損傷，及箱門是否能確實開、關。

(2) 判定方法

A. 周圍狀況

(A) 應無檢查及使用上之障礙。

(B) 標示應無汙損或不明顯部分。

B. 外形

(A) 應無變形、損傷。

(B) 箱門開、關狀況應良好。

2. 皮管及瞄子

(1) 檢查方法

以目視確認有無變形、損傷。

(2) 判定方法

A. 應無變形、損傷。

B. 應有長二十公尺皮管及直線水霧兩用瞄子一具。

3. 消防栓開關閥

(1) 檢查方法

以目視確認有無洩漏、變形等。

(2) 判定方法

應無洩漏、變形等。

4. 標示燈

(1) 檢查方法

以目視確認有無變形、損傷及亮燈。

(2) 判定方法

A. 應無變形、損傷、脫落等。

B. 在距離十公尺十五度角處亦能容易辨識。

5. 使用標示

(1) 檢查方法

確認標示是否適當及明顯。

(2) 判定方法

應無汙損、不明顯部分。

二、性能檢查

(一) 水源

1. 檢查方法

(1) 水質

打開人孔蓋以目視及水桶採水，確認有無腐敗、浮游物、沉澱物等。

(2) 給水裝置

A. 確認有無變形、腐蝕等，及操作排水閥確認給水功能是否正常。

B. 如不使用操作排水閥檢查給水功能時，可使用下列方法：

(A) 使用水位電極控制給水者，拆除其電極回路之配線，形成減水狀態，確認其是否能自動給水；其後再將拆掉之電極回路配線接上復原，形成滿水狀態，確認其給水能否自動停止。

(B) 使用浮球水栓控制給水者，以手動操作將浮球沒入水中，形成減水狀態，使其自動給水；其後使浮球復原，形成滿水狀態，使給水自動停止。

(3) 水位計及壓力表

A. 水位計之量測係打開人孔蓋，用檢尺測量水位，並確認水位計之指示值。

B.壓力表之量測係關閉壓力表開關及閥類，並放出壓力表之水，使指針歸零後，再打開壓力表開關及閥類，並確認指針之指示值。

(4) 閥類

用手操作確認開、關動作是否容易進行。

2.判定方法

(1) 水質

應無顯著腐蝕、浮游物、沉澱物等。

(2) 給水裝置

A.應無變形、損傷、顯著腐蝕。

B.於減水狀態應能自動給水，於滿水狀態應能自動停止供水。

(3) 水位計及壓力表

A.水位計之指示值應正常。

B.在壓力表歸零的位置、指針的動作狀況及指示值應正常。

(4) 閥類

開、關操作應能容易進行。

(二) 電動機之控制裝置

1.檢查方法

(1) 各開關

以螺絲起子及開、關操作，確認端子有無鬆動及開、關性能是否正常。

(2) 保險絲

確認有無損傷、熔斷及是否為所規定之種類及容量。

(3) 繼電器

確認有無脫落、端子鬆動、接點燒損、灰塵附著，並操作各開關使繼電器動作，確認其性能。

(4) 表示燈

操作各開關確認有無亮燈。

(5) 結線接續

以目視及螺絲起子確認有無斷線、端子鬆動等。

(6) 接地

以目視或回路計確認有無腐蝕、斷線等。

2. 判定方法

(1) 各開關

A. 端子應無鬆動、發熱。

B. 開、關性能應正常。

(2) 保險絲

A. 應無損傷、熔斷。

B. 應依回路圖所規定種類及容量設置。

(3) 繼電器

A. 應無脫落、端子鬆動、接點燒損、灰塵附著等。

B. 動作應正常。

(4) 標示燈

應無顯著劣化，且應能正常亮燈。

(5) 結線接續

應無斷線、端子鬆動、脫落、損傷等。

(6) 接地

應無顯著腐蝕、斷線等。

(三) 啟動裝置

1. 手動啟動裝置

(1) 檢查方法

A. 使用開放式撒水頭者。

將一齊開放閥二次側之止水閥關閉，再打開測試用排水閥然後操作手動啟動開關，確認加壓送水裝置是否啟動。

B. 使用密閉式撒水頭者

直接操作控制盤上啟動按鈕，確認加壓送水裝置是否啟動。

(2) 判定方法

閥的操作應容易進行，且加壓送水裝置應能確實啟動。

2. 自動啓動裝置

　(1) 檢查方法

　　A. 啓動用水壓開關裝置

　　　(A) 以目視及螺絲起子，確認壓力開關之端子有無鬆動。

　　　(B) 確認設定壓力值是否恰當，且由操作排水閥使加壓送水裝置啓動，確認動作壓力值是否適當。

　　B. 火警感知裝置

　　　使用加熱試驗器把探測器加熱，使探測器動作，確認加壓送水裝置是否啓動。

　(2) 判定方法

　　A. 啓動用水壓開關裝置

　　　(A) 壓力開關之端子應無鬆動。

　　　(B) 設定壓力值應適當，且加壓送水裝置應能依設定壓力正常啓動。

　　B. 火警探測器

　　　(A) 依火警自動警報設備之檢查要領判定。

　　　(B) 加壓送水裝置應能確實啓動。

(四) 加壓送水裝置

1. 幫浦方式

　(1) 電動機

　　A. 檢查方法

　　　(A) 回轉軸

　　　　用手轉動，確認是否能圓滑地回轉。

　　　(B) 軸承部

　　　　確認潤滑油有無汙損、變質及是否達必要量。

　　　(C) 軸接頭

　　　　以扳手確認有無鬆動及性能是否正常。

　　　(D) 本體

　　　　操作啓動裝置使其啓動，確認性能是否正常。

B. 判定方法

(A) 回轉軸

應能圓滑地回轉。

(B) 軸承部

潤滑油應無汙損、變質等，且達必要量。

(C) 軸接頭

應無脫落、鬆動，且接合狀態牢固。

(D) 本體

應無顯著發熱、異常振動、不規則或不連續之雜音，且回轉方向正確。

C. 注意事項

除需操作啓動檢查性能外，其餘均需先切斷電源。

(2) 幫浦

A. 檢查方法

(A) 回轉軸

用手轉動確認是否能圓滑的轉動。

(B) 軸承部

確認潤滑油有無汙損、變質及是否達必要量。

(C) 底部

確認有無顯著的漏水。

(D) 連成表及壓力表

關掉表計之控制水閥將水排出，確認指針是否指在0之位置，再打開表計之控制水閥，操作啓動裝置確認指針是否正常動作。

(E) 性能

先將幫浦吐出側之制水閥關閉之後，使幫浦啓動，然後緩緩的打開性能測試用配管之制水閥，由流量計及壓力表確認額定負荷運轉及全開點時之性能。

B. 判定方法

(A) 回轉軸

應能圓滑轉動。

(B) 軸承部

潤滑油應無汙損、變質、混入異物等，且達必要量。

(C) 底座

應無顯著的漏水。

(D) 連成表及壓力表

位置及指針之動作應正常。

(E) 性能

應無異常振動、不規則或不連續的雜音，且於額定負荷運轉及全開點時之吐出壓力及吐出水量均達規定值以上。

C. 注意事項

除需操作啓動檢查性能外，其餘均需先行切斷電源。

2. 重力水箱方式

(1) 檢查方法

打開末端查驗閥測定最高點及最低點的壓力，確認其壓力值。

(2) 判定方法

應為設計上之壓力值。

3. 壓力水箱方式

(1) 檢查方法

在打開排氣閥的狀況下，確認能否自動啓動加壓。

(2) 判定方法

壓力降低自動啓動裝置應能自動啓動及停止。

(3) 注意事項

排氣閥打開的狀況下，為防止高壓造成危害，閥類需慢慢開啓。

4. 減壓措施

(1) 檢查方法

A. 以目視確認減壓閥有無洩漏、變形。

B. 使用密閉式撒水頭者，應打開距加壓送水裝置最近及最遠端的末端查驗閥，確認壓力是否在規定之範圍內。

C. 使用補助撒水栓，打開加壓送水裝置最近及最遠開關閥，確認是否在規定之範圍內。

(2) 判定方法

    A.應無洩漏、變形、損傷等。

    B.撒水頭放水壓力應在1kgf/cm^{2}以上10kgf/cm^{2}以下。

    C.補助撒水栓放水壓力應在2.5kgf/cm^{2}以上10kgf/cm^{2}以下。

(五)呼水裝置

1.檢查方法

(1) 閥類

    用手操作確認開、關動作是否容易進行。

(2) 自動給水裝置

    A.確認有無變形、腐蝕等。

    B.打開排水閥,確認其性能是否正常。

(3) 減水警報裝置

    A.確認有無變形、腐蝕等。

    B.關閉補給水閥,再打開排水閥,確認減水警報功能是否正常。

(4) 底閥

    A.拉上吸水管或檢查用鍊條,確認有異物附著或阻塞。

    B.打開幫浦本體上呼水漏斗之制水閥,確認有無從漏斗連續溢水出來。

    C.打開幫浦本體上呼水漏斗之制水閥,然後關閉呼水管之制水閥,確認底閥之閥止效果是否正常。

2.判定方法

(1) 閥類

    開、關動作應容易進行。

(2) 自動給水裝置

    A.應無變形、損傷、顯著腐蝕等。

    B.當呼水槽之水量減少到一半時,應能自動給水。

(3) 減水警報裝置

    A.應無變形、損傷、顯著腐蝕等。

    B.當水量減少到一半時應發出警報。

(4) 底閥

　A.應無異物附著、阻塞等吸水障礙。

　B.呼水漏斗應能連續溢水出來。

　C.呼水漏斗的水應無減少。

(六)配管

1.檢查方法

(1) 閥類

　用手操作確認開、關動作是否容易進行。

(2) 過濾裝置

　分解打開確認過濾網有無變形、異物堆積。

(3) 排放管（防止水溫上升裝置）

　使加壓送水裝置啟動呈關閉運轉狀態，確認排放管排水是否正常。

(4) 流水檢知裝置之二次側配管

　關閉乾式或預動式一次側之制水閥後，打開二次側配管之排水閥，確認是否能適當之排水。

2.判定方法

(1) 閥類

　開、關操作能容易進行。

(2) 過濾裝置

　過濾網應無變形、損傷、異物堆積等。

(3) 排放管

　排放水量應在下列公式求得量以上

$$q = \frac{Ls \times C}{60 \times \Delta t}$$

　q：排放水量

　Ls：幫浦關閉運轉時之出力。（kw）

　C：860 cal（1kw時水之發熱量）

　Δt：30℃（幫浦內部之水溫上升限度）

(4) 流水檢知裝置之二次側配管

配管之二次側應無積水。

(七) 送水口

1. 檢查方法

(1) 檢查襯墊有無老化等。

(2) 確認快速接頭及水帶是否容易接上及分開。

2. 判定方法

(1) 襯墊應無老化、損傷等。

(2) 與水帶之接合及分開應容易進行。

(八) 自動警報逆止閥（或流水檢知裝置）

1. 檢查方法

(1) 閥本體

操作警報逆止閥（或檢知裝置）之試驗閥或末端查驗閥，確認閥本體、附屬閥類及壓力表等之性能是否正常。

對於二次側需要預備水者，需確認預備水之補給水源需達到必要之水位。

(2) 延遲裝置

確認延遲作用及自動排水裝置是否能有效排水。

(3) 壓力開關

A. 以螺絲起子確認端子有無鬆動。

B. 確認壓力值是否適當及動作壓力是否適當正常。

(4) 音響警報裝置及表示裝置

A. 操作排水閥確認警報裝置之警鈴、蜂鳴器或水鐘等是否確實鳴動。

B. 檢查表示裝置之表示燈等有無損傷，並確認標示是否確實。

(5) 減壓警報裝置

關閉制水閥及加壓閥後，打開排氣閥減壓，確認達到設定壓力後能否發出警報。

2. 判定方法

(1) 閥本體

性能應保持正常。

(2) 延遲裝置

A. 延遲作用應正常。

B. 自動排水裝置應能有效排水。

(3) 壓力開關

A. 端子應無鬆動。

B. 設定壓力值應適當。

C. 應依設定壓力值正常動作。

(4) 音響警報裝置及表示裝置

應能確實鳴動及正常表示。

(5) 減壓警報裝置

A. 動作壓力應正常。

B. 應能確實發出警報。

(九) 一齊開放閥

1. 檢查方法

(1) 以螺絲起子確認電磁閥之端子是否鬆動。

(2) 關閉一齊閥放閥二次側之止水閥，再打開測試用排水閥，然後操作手動啟動開關，檢查其性能是否正常。

2. 判定方法

(1) 端子應無鬆動脫落。

(2) 一齊開放閥應能確實開啟放水。

(十) 補助撒水栓箱

1. 檢查方法

(1) 皮管及瞄子

以目視及手操作確認有無損傷、腐蝕，及瞄子的手動開關裝置是否能容易操作。

(2) 消防栓開關閥

用手操作確認消防栓開關閥是否容易進行。

2. 判定方法

(1) 皮管及瞄子

A.應無損傷及顯著腐蝕等。

B.開、關操作應能容易進行。

(2) 消防栓開關閥

開、關操作應能容易進行。

3. 注意事項

檢查後，關閉消防栓開關閥，並排出皮管內之水，關閉瞄子開關，並將水帶及瞄子收置於補助撒水栓箱內。

(十一) 耐震措施

1. 檢查方法

(1) 牆壁或地板上貫通部分有無變形、損傷等，並確認防震軟管接頭有無變形、損傷、顯著腐蝕等。

(2) 以目視及扳手確認儲水槽及加壓送水裝置等之裝配固定有無異常。

2. 判定方法

(1) 防震軟管應無變形、損傷、顯著腐蝕等，且牆壁或地板上貫通部分的間隙、充填部分均保持原來施工時之狀態。

(2) 儲水槽及加壓送水裝置安裝部分所使用之基礎螺絲、螺絲帽，應無變形、損傷、鬆動、顯著腐蝕等，且安裝固定部分應無損傷。

三、綜合檢查

(一) 密閉式撒水設備

1. 檢查方法

切換成緊急電源供電狀態，然後於最遠支管末端，打開查驗閥，確認系統性能是否正常。並由下列步驟確認放水壓力。

(1) 應設有與撒水頭同等放水性能之限流孔（如圖2-16）。

(2) 打開末端查驗閥，啟動加壓送水裝置後，確認壓力表之指示值。

(3) 對加壓送水裝置最近及最遠的末端查驗閥進行放水試驗。

2.判定方法

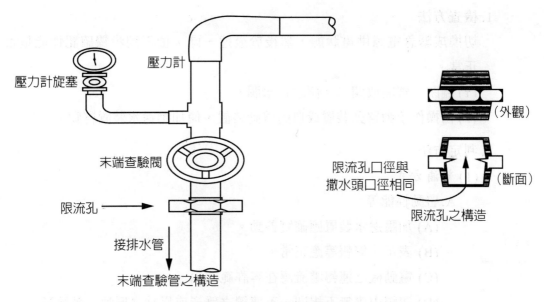

壓力計

壓力計旋塞

末端查驗閥

限流孔→

接排水管

末端查驗管之構造

（外觀）

限流孔口徑與
撒水頭口徑相同

（斷面）

限流孔之構造

圖2-16　末端查驗閥

(1) 幫浦方式

A.啓動性能

(A) 加壓送水裝置應能確實啓動。

(B) 表示、警報等正常。

(C) 電動機之運轉電流值應在容許範圍內。

(D) 運轉中應無不規則、不連續及異常發熱及振動。

B.放水壓力。

末端查驗管之放水壓力應在1kgf/cm^{2}以上10 kgf/cm^{2}以下。

(2) 重力水箱及壓力水箱方式

A.表示、警報等

表示、警報等應正常。

B.放水壓力

末端查驗管之放水壓力應在1kgf/cm^{2}以上10 kgf/cm^{2}以下。

3.注意事項

於檢查類似醫院之場所時，因切換成緊急電源可能會造成困擾時，得使
用常用電源檢查。

(二)開放式撒水設備

1.檢查方法

切換成緊急電源供電狀態，然後於最遠一區，依下列步驟確認性能是否正常。

(1) 關閉一齊開放閥二次側之止水閥。

(2) 由操作手動啓動裝置或自動啓動裝置，使加壓送水裝置啓動。

2.判定方法

(1) 幫浦方式

　　A.啓動性能等

　　　(A) 加壓送水裝置應確實啓動。

　　　(B) 表示、警報等應正常。

　　　(C) 電動機之運轉電流應在容許範圍內。

　　　(D) 運轉中應無不規則、不連續之雜音或異常之振動、發熱等。

　　B.一齊開放閥

　　　一齊開放閥動作應正常。

(2) 重力水箱及壓力水箱方式

　　A.表示、警報等

　　　表示及警報等應正常。

　　B.一齊開放閥

　　　一齊開放閥應正常動作。

　　C.注意事項

　　　於檢查類似醫院之場所，因切換成緊急電源可能會造成困擾時，得使用常用電源檢查。

(三)補助撒水栓

1.檢查方法

(1) 切換成緊急電源狀況，用任一補助撒水栓確認其操作性能是否正常。

(2) 放水試驗依下列程序確認

　　A.打開補助撒水栓，確認加壓送水裝置是否能啓動。

　　B.放水壓力用下列方法測試；

(A) 測量瞄子直線放水壓力時，將壓力表之進水口，放置於瞄子前端瞄子口徑的二分之一距離處，讀取壓力表的指示值。

(B) 放水量依下列計算式計算：

$$Q=0.653D^2\sqrt{P}$$

Q=瞄子放水量（L/min）
D=瞄子口徑（mm）
P=瞄子壓力（kgf/cm^2）

(3) 操作性

確認皮管之延長及收納是否能容易進行。

2. 判定方法

(1) 幫浦方式

A. 啓動性能

(A) 加壓送水裝置應能確實啓動。

(B) 表示、警報等應正常。

(C) 電動機之運轉電流值應在容許的範圍內。

(D) 運轉中應無不連續、不規則之雜音及異常之振動、發熱現象。

B. 放水壓力

應在2.5kgf/cm^{2}以上10kgf/cm^{2}以下。

C. 放水量

應在60 L/min以上。

(2) 重力水箱方式及壓力水箱方式

A. 表示、警報等

表示、警報應正常。

B. 放水壓力

應在2.5 kgf/cm^{2}以上10kgf/cm^{2}以下。

C. 放水量

應在60 L/min以上。

(3) 操作性

應能容易延長及收納。

自動撒水設備檢查表

<table>
<tr>
<td rowspan="2" colspan="2">檢修設備名稱</td>
<td rowspan="2">幫浦</td>
<td colspan="2">製造商：</td>
<td rowspan="2">電動機</td>
<td colspan="2">製造商：</td>
</tr>
<tr>
<td colspan="2">型　號：</td>
<td colspan="2">型　號：</td>
</tr>
<tr>
<td rowspan="2" colspan="3">檢修項目</td>
<td colspan="3">檢修結果</td>
<td rowspan="2">處置措施</td>
</tr>
<tr>
<td>種別、容量等內容</td>
<td>判定</td>
<td>不良狀況</td>
</tr>
<tr>
<td colspan="7" align="center">外觀檢查</td>
</tr>
<tr>
<td rowspan="4">水源</td>
<td colspan="2">蓄水池</td>
<td>類別</td>
<td></td>
<td></td>
<td></td>
</tr>
<tr>
<td colspan="2">水量</td>
<td align="center">m^3</td>
<td></td>
<td></td>
<td></td>
</tr>
<tr>
<td colspan="2">水位計、壓力計</td>
<td></td>
<td></td>
<td></td>
<td></td>
</tr>
<tr>
<td colspan="2">閥類</td>
<td></td>
<td></td>
<td></td>
<td></td>
</tr>
<tr>
<td rowspan="6">電動機</td>
<td rowspan="2">控制盤</td>
<td>周圍狀況</td>
<td></td>
<td></td>
<td></td>
<td></td>
</tr>
<tr>
<td>外形</td>
<td></td>
<td></td>
<td></td>
<td></td>
</tr>
<tr>
<td colspan="2">電壓表</td>
<td align="center">V</td>
<td></td>
<td></td>
<td></td>
</tr>
<tr>
<td colspan="2">各開關</td>
<td></td>
<td></td>
<td></td>
<td></td>
</tr>
<tr>
<td colspan="2">標示</td>
<td></td>
<td></td>
<td></td>
<td></td>
</tr>
<tr>
<td colspan="2">預備品等</td>
<td></td>
<td></td>
<td></td>
<td></td>
</tr>
<tr>
<td rowspan="7">啟動裝置</td>
<td colspan="2">手動啟動</td>
<td>周圍狀況</td>
<td></td>
<td></td>
<td></td>
</tr>
<tr>
<td colspan="2"></td>
<td>外形</td>
<td></td>
<td></td>
<td></td>
</tr>
<tr>
<td rowspan="5">自動啟動</td>
<td rowspan="2">水壓開關裝置</td>
<td>壓力開關</td>
<td>設定壓力　　kgf/cm^2</td>
<td></td>
<td></td>
<td></td>
</tr>
<tr>
<td>壓力水槽</td>
<td>L　　kgf/cm^2</td>
<td></td>
<td></td>
<td></td>
</tr>
<tr>
<td rowspan="2">火警感知裝置</td>
<td>探測器</td>
<td></td>
<td></td>
<td></td>
<td></td>
</tr>
<tr>
<td>密閉式撒水頭</td>
<td></td>
<td></td>
<td></td>
<td></td>
</tr>
<tr>
<td colspan="2">加壓送水裝置</td>
<td></td>
<td></td>
<td></td>
<td></td>
</tr>
<tr>
<td rowspan="2">呼水裝置</td>
<td colspan="2">呼水槽</td>
<td align="center">L</td>
<td></td>
<td></td>
<td></td>
</tr>
<tr>
<td colspan="2">閥類</td>
<td></td>
<td></td>
<td></td>
<td></td>
</tr>
<tr>
<td rowspan="2">配管</td>
<td colspan="2">外形</td>
<td></td>
<td></td>
<td></td>
<td></td>
</tr>
<tr>
<td colspan="2">標示</td>
<td></td>
<td></td>
<td></td>
<td></td>
</tr>
<tr>
<td rowspan="2">送水口</td>
<td colspan="2">周圍狀況</td>
<td></td>
<td></td>
<td></td>
<td></td>
</tr>
<tr>
<td colspan="2">外形</td>
<td></td>
<td></td>
<td></td>
<td></td>
</tr>
<tr>
<td rowspan="3">撒水頭</td>
<td colspan="2">外形</td>
<td></td>
<td></td>
<td></td>
<td></td>
</tr>
<tr>
<td colspan="2">感熱及撒水分佈障礙</td>
<td></td>
<td></td>
<td></td>
<td></td>
</tr>
<tr>
<td colspan="2">未警戒部分</td>
<td></td>
<td></td>
<td></td>
<td></td>
</tr>
<tr>
<td rowspan="2">自動警報</td>
<td colspan="2">閥本體</td>
<td>個　　kgf/cm^2</td>
<td></td>
<td></td>
<td></td>
</tr>
<tr>
<td colspan="2">延遲裝置</td>
<td></td>
<td></td>
<td></td>
<td></td>
</tr>
</table>

逆止閥	壓力開關					
一齊開放閥（含電磁閥）						
輔助撒水栓箱等	輔助撒水栓箱	周圍狀況				
		外形				
	皮管、瞄子					
	消防栓開關閥					
	標示燈					
	使用標示					
性能檢查						
水源	水質					
	給水裝置					
	閥類					
	水位計、壓力計					
電動機控制裝置	各開關					
	保險絲		A			
	繼電器					
	表示燈					
	結線接續					
	接地					
啓動裝置	手動啓動裝置					
	自動啓動裝置	水壓開關裝置	設定壓力　kgf/cm^2 動作壓力　kgf/cm^2			
		火警感知裝置	□專用　□兼用			
加壓送水裝置	幫浦方式	電動機	回轉軸			
			軸承部			
			軸接頭			
			本體			
		幫浦	回轉軸			
			軸承部			
			底部			
			連成表、壓力表			
			性能	kgf/cm^2　L/min		
	重力水箱方式		kgf/cm^2			
	壓力水箱方式		kgf/cm^2			
	減壓措施					

呼水裝置		閥類				
		自動給水裝置				
		減水警報裝置				
		底閥				
配管		閥類				
		過濾裝置				
		排放管				
		流水檢知裝置 二次側配管				
送水口						
自動警報逆止閥等		閥本體				
		延遲裝置				
		壓力開關	設定壓力　　　kgf/cm^2 動作壓力　　　kgf/cm^2			
		音響警報裝置				
		減壓警報裝置				
一齊開放閥 （含電磁閥）						
輔助撒水栓箱等		皮管及瞄子				
		消防栓開關閥				
耐震措施						
綜合檢查						
密閉式撒水設備	幫浦方式	啓動性能	加壓送水裝置			
			表示、警報等			
			運轉電流	A		
			運轉狀況			
		放水壓力		kgf/cm^2		
	重力水箱方式	表示警報等				
		放水壓力		kgf/cm^2		
開放式撒水設備	幫浦方式	啓動性能	加壓送水裝置			
			表示、警報等			
			運轉電流	A		
			運轉狀況			
		一齊開放閥				
	重力水箱方式	表示警報等				
		一齊開放閥				

輔助撒水栓	幫浦方式	啓動性能	加壓送水裝置			
			表示、警報等			
			運轉電流	A		
			運轉狀況			
		放水壓力	kgf/cm^2			
		放水量	L/min			
	重力水箱方式	表示警報等				
		放水壓力	kgf/cm^2			
		放水量	L/min			
	操作性					

備註	

	機器名稱	型式	校正年月日	製造廠商	機器名稱	型式	校正年月日	製造廠商
檢查器材								

檢查日期		自民國 年 月 日 至民國 年 月 日				
檢修人員	姓名		消防設備師（士）	證書字號	簽章	（簽章）
	姓名		消防設備師（士）	證書字號	簽章	
	姓名		消防設備師（士）	證書字號	簽章	
	姓名		消防設備師（士）	證書字號	簽章	

1. 應於「種別・容量等情形」欄內填入適當之項目。

2. 檢查合格者於判定欄內打「○」；有不良情形時於判定欄內打「×」，並將不良情形填載於「不良狀況」欄。

3. 對不良狀況所採取之處置情形應填載於「處置措施」欄。

4. 欄內有選擇項目時應以「○」圈選之。

2.5　水霧滅火設備檢修及申報作業基準

一、外觀檢查

(一)水源

1.檢查方法

(1)水箱、蓄水池

由外部以目視確認有無變形、漏水、腐蝕等。

(2)水量

由水位計確認；無水位計時打開人孔蓋用檢尺測量。

(3)水位計及壓力表

以目視確認有無變形、損傷及指示值是否正常。

(4)閥類

以目視確認排水管、補給水管、給氣管等之閥類，有無漏水、變形、損傷等，及其開、關位置是否正常。

2.判定方法

(1)水箱、蓄水池

應無變形、損傷、漏水、漏氣及顯著腐蝕等痕跡。

(2)水量

應保持在規定量以上。

(3)水位計及壓力表

應無變形、損傷及指示值應正常。

(4)閥類

A.應無洩漏、變形、損傷等。

B.「常時開」或「常時關」之標示及開、關位置應正常。

(二)電動機之控制裝置

1.檢查方法

(1) 控制盤

A.周圍狀況

確認周圍有無檢查上及使用上之障礙。

B.外形

以目視確認有無變形、腐蝕等。

(2) 電壓計

A.以目視確認有無變形、損傷等。

B.確認電源、電壓是否適當正常。

(3) 各開關

以目視確認有無變形、損傷及開、關位置是否正常。

(4) 標示

確認標示是否適當正常。

(5) 預備品

確認是否備有保險絲、燈泡等預備品及回路圖等。

2.判定方法

(1) 控制盤

A.周圍狀況

應設置於火災不易波及之位置，且周圍應無檢查上及使用上之障礙。

B.外形

應無變形、損傷、顯著腐蝕等。

(2) 電壓表

A.應無變形、損傷等。

B.電壓表的指示值應在所定之範圍內。

C.無電壓表者，其電源指示燈應亮著。

(3) 各開關

應無變形、損傷、脫落等，且開、關位置應正常。

(4) 標示

A.各開關之名稱標示應無汙損、不明顯部分。

B.標示銘板應無剝落。

(5) 預備品

A.應備有保險絲、燈泡等預備品。

B.應備有回路圖及操作說明書等。

(三) 啟動裝置

1. 手動啟動裝置

(1) 檢查方法

A.周圍狀況

以目視確認周圍有無檢查上及使用上之障礙，及「手動啟動開關」之標示是否正常。

B.外形

以目視確認直接操作部及手動啟動開關有無變形、損傷等。

(2) 判定方法

A.周圍狀況

(A) 應無檢查上及使用上之障礙。

(B) 標示應無損傷、脫落、汙損等。

B.外形

按鈕、開關應無損傷、變形等。

2. 自動啟動裝置

(1) 檢查方法

A.啟動用水壓開關裝置

(A) 壓力開關

以目視確認壓力開關，有無變形或損傷等。

(B) 啟動用壓力槽

以目視確認啟動用壓力槽，有無變形、漏水、腐蝕等，及其壓力表之指示值是否正常。

B.火警感知裝置

(A) 探測器

依據火警自動警報設備之檢修基準加以確認。

(B) 密閉式撒水頭

以目視確認有無火警感知障礙，及因裝修油漆、異物附著等產生之動作障礙。

(2) 判定方法

A.啟動用水壓開關裝置

(A) 壓力開關

應無變形、損傷等。

(B) 啟動用壓力槽

應無變形、損傷、漏水、漏氣、顯著腐蝕等，且壓力表之指示值應正常。

B.火警感知裝置

(A) 探測器

依據火警自動警報設備之檢修基準判定。

(B) 密閉式撒水頭

a.撒水頭周圍應無感熱之障礙物。

b.應無被油漆、異物附著、變形、損傷等。

(四)加壓送水裝置

1.檢查方法

以目視確認幫浦及電動機等，有無變形、腐蝕等。

2.判定方法

應無變形、損傷、顯著腐蝕及銘板剝落等。

(五)呼水裝置

1.檢查方法

(1) 呼水槽

以目視確認呼水槽，有無變形、漏水、腐蝕等，及水量是否在規定量以上。

(2) 閥類

以目視確認給水管之閥類有無洩漏、變形等，及其開、關位置是否正常。

2. 判定方法

(1) 呼水槽

應無變形、損傷、漏水、顯著腐蝕等，及水量應在規定量以上。

(2) 閥類

A. 應無洩漏、變形、損傷等。

B. 「常時開」或「常時關」之標示及開、關位置應正常。

(六) 配管

1. 檢查方法

(1) 立管及接頭

以目視確認有無洩漏、變形等及被利用做為其他東西之支撐、吊架等。

(2) 立管固定用之支撐及吊架

以目視及手觸摸確認有無脫落、彎曲、鬆動等。

(3) 閥類

以目視確認有無洩漏、變形等，及開、關位置是否正確。

(4) 過濾裝置

以目視確認過濾裝置有無洩漏、變形等。

(5) 標示

確認「制水閥」之標示是否適當正常。

2. 判定方法

(1) 立管及接頭

A. 應無洩漏、變形、損傷等。

B. 應無被利用做為其它東西之支撐及吊架等。

(2) 立管固定用之支撐及吊架

應無脫落、彎曲、鬆動等。

(3) 閥類

A.應無洩漏、變形、損傷等。

B.「常時開」或「常時關」之標示及開、關位置應正確。

(4) 過濾裝置

應無洩漏、變形、損傷等。

(5) 標示

應無損傷、脫落、汙損等。

(七) 送水口

1. 檢查方法

(1) 周圍狀況

A.以目視確認周圍有無使用上及消防車接近之障礙。

B.確認「水霧送水口」之標示是否適當正常。

(2) 外形

以目視確認有無漏水、變形及異物阻塞等。

2. 判定方法

(1) 周圍狀況

A.應無消防車接近及送水活動上之障礙。

B.標示應無損傷、脫落、汙損等。

(2) 外形

A.快速接頭應無生鏽。

B.應無漏水及砂、垃圾等異物阻塞現象。

(八) 水霧噴頭

1. 檢查方法

(1) 外形

A.以目視確認有無變形、損傷等。

B.以目視確認有無被利用支撐、吊架使用等。

(2) 撒水分布障礙

以目視確認水霧噴頭周圍應無撒水分布之障礙物等。

(3) 未警戒部分

以目視確認有無因隔間變更而未加設水霧噴頭，造成未警戒之部分。

2. 判定方法

(1) 外形

A. 應無變形、損傷等。

B. 應無被利用為支撐、吊架使用。

(2) 撒水分布障礙

水霧噴頭周圍應無撒水分布之障礙物。

(3) 未警戒部分

應無因隔間、垂壁、風管、棚架等之變更、增設，而造成未警戒之部分。

(九) 自動警報逆止閥

1. 檢查方法

(1) 閥本體

A. 以目視確認本體、附屬閥類、配管及壓力表等有無漏水、變形等。

B. 確認閥本體上之壓力表指示值是否正常。

(2) 延遲裝置

以目視確認有無變形、腐蝕等。

(3) 壓力開關

以目視確認有無變形、損傷等

2. 判定方法

(1) 閥本體

A. 本體、附屬閥類、配管及壓力表等應無漏水、變形、損傷等。

B. 自動警報逆止閥壓力表指示值應正常。

(2) 延遲裝置

應無變形、損傷、顯著腐蝕等。

(3) 壓力開關

應無變形、損傷等。

(十)一齊開放閥（含電磁閥）

1.檢查方法

以目視確認有無洩漏、變形、腐蝕等。

2.判定方法

應無洩漏、變形、損傷、顯著腐蝕等。

(十一) 排水設備

1.檢查方法

(1) 排水溝

以目視確認有無損傷、阻塞等。

(2) 地區境界堤

以目視確認停車區劃之境界堤有無損傷。

2.判定方法

(1) 排水溝

應無損傷、阻塞等。

(2) 地區境界堤

應無損傷。

二、性能檢查

(一)水源

1.檢查方法

(1) 水質

打開人孔蓋以目視及水桶採水，確認有無腐敗、浮游物、沉澱物等。

(2) 給水裝置

A.確認有無變形、腐蝕等，及操作排水閥確認給水功能是否正常。

B.如不使用操作排水閥檢查給水功能時，可使用下列方法：

(A) 使用水位電極控制給水者，拆除其電極回路之配線，形成減水
狀態，確認其是否能自動給水；其後再將拆掉之電極回路配線

接上復原，形成滿水狀態，確認其給水能否自動停止。

(B) 使用浮球水栓控制給水者，由手動操作將浮球沒入水中，形成減水狀態，確認能否自動給水；其後使浮球復原，形成滿水狀態，確認給水能否自動停止。

(3) 水位計及壓力表

A.水位計之量測係打開人孔蓋，用檢尺測量水位，並確認水位計之指示值。

B.壓力表之量測係關閉壓力表開關及閥類，並放出壓力表之水，使指針歸零後，再打開壓力表開關及閥類，並確認指針之指示值。

(4) 閥類

用手操作確認開、關動作能否容易進行。

2.判定方法

(1) 水質

應無顯著腐蝕、浮游物、沉澱物等。

(2) 給水裝置

A.應無變形、損傷、顯著腐蝕等。

B.於減水狀態應能自動給水，於滿水狀態應能自動停止供水。

(3) 水位計及壓力表

A.水位計之指示值應正常。

B.壓力表歸零之位置、指針之動作狀況及指示值應正常。

(4) 閥類

開、關操作應能容易地進行。

(二)電動機之控制裝置

1.檢查方法

(1) 各開關

以螺絲起子及開、關操作，確認端子有無鬆動及開、關性能是否正常。

(2) 保險絲

確認有無損傷、熔斷及是否為所規定之種類及容量。

(3) 繼電器

確認有無脫落、端子鬆動、接點燒損、灰塵附著，並操作各開關使繼電器動作，確認其性能。

(4) 表示燈

操作各開關確認有無亮燈。

(5) 結線接續

以目視及螺絲起子確認有無斷線、端子鬆動等。

(6) 接地

以目視或三用電表確認有無腐蝕、斷線等。

2. 判定方法

(1) 各開關

A. 應無端子鬆動及發熱之情形。

B. 開、關性能應正常。

(2) 保險絲

A. 應無損傷、熔斷。

B. 應依回路圖所規定之種類及容量設置。

(3) 繼電器

A. 應無脫落、端子鬆動、接點燒損、灰塵附著等。

B. 動作應正常。

(4) 表示燈

應無顯著劣化，且能正常點燈。

(5) 結線接續

應無斷線、端子鬆動、脫落、損傷等。

(6) 接地

應無顯著腐蝕、斷線等之損傷。

(三)啟動裝置

1. 手動啟動裝置

(1) 檢查方法

將一齊開放閥二次側之止水閥關閉，再打開測試用排水閥，然後操作手動啟動開關，確認加壓送水裝置是否啟動。

(2) 判定方法

　閥之操作應容易進行，且加壓送水裝置應能確實啓動。

2. 自動啓動裝置

(1) 檢查方法

A. 啓動用水壓開關裝置

(A) 以目視及螺絲起子確認壓力開關之端子有無鬆動。

(B) 確認設定壓力值是否恰當，且由操作排水閥使加壓送水裝置啓動，確認動作壓力值是否適當正常。

B. 火警感知裝置

探測器之性能依據火警自動警報設備之檢修基準進行確認，再使探測器動作，確認加壓送水裝置是否啓動。

(2) 判定方法

A. 啓動用水壓開關裝置

(A) 壓力開關之端子應無鬆動。

(B) 設定壓力值適當，且加壓送水裝置應能依設定之壓力正常啓動。

B. 火警感知裝置

(A) 依火警自動警報設備之檢修基準判定。

(B) 加壓送水裝置應能確實啓動。

(四) 加壓送水裝置

1. 幫浦方式

(1) 電動機

A. 檢查方法

(A) 回轉軸

用手轉動，確認是否能圓滑地回轉。

(B) 軸承部

確認潤滑油有無汙損、變質及是否達必要量。

(C) 軸接頭

以扳手確認有無鬆動及性能是否正常。

(D) 本體

操作啓動裝置使其啓動，確認性能是否正常。

B. 判定方法

(A) 回轉軸

應能圓滑地回轉。

(B) 軸承部

潤滑油應無汙損、變質且達必要量。

(C) 軸接頭

應無脫落、鬆動，且接合狀態牢固。

(D) 本體

應無顯著發熱、異常振動、不規則或不連續之雜音，且回轉方向應正確。

C. 注意事項

除需操作啓動檢查性能外，其餘均需先切斷電源。

(2) 幫浦

A. 檢查方法

(A) 回轉軸

用手轉動確認是否能圓滑地轉動。

(B) 軸承部

確認潤滑油有無汙損、變質及是否達必要量。

(C) 底部

確認有無顯著漏水。

(D) 連成表及壓力表

關掉表計之控制水閥將水排出，檢視指針是否指在0之位置，再打開 表計之控制水閥，操作啓動裝置確認指針是否正常地動作。

(E) 性能

先將幫浦吐出側之制水閥關閉之後，使幫浦啓動，然後緩緩地打開性能測試用配管之制水閥，由流量計及壓力表確認額定負荷運轉及全開點時之性能。

B.判定方法

(A) 回轉軸

應能圓滑地轉動。

(B) 軸承部

潤滑油應無汙損、變質、混入異物等，且達必要量。

(C) 底座

應無顯著的漏水。

(D) 連成表及壓力表

位置及指針之動作應正常。

(E) 性能

應無異常振動、不規則或不連續之雜音，且於額定負荷運轉及全開點時之吐出壓力及吐出水量均達規定值以上。

C.注意事項

除需操作啓動檢查性能外，其餘均需先行切斷電源。

2.重力水箱方式

(1)檢查方法

由最近及最遠之試驗閥，以壓力表測定其靜水壓力，確認是否為所定之壓力。

(2)判定方法

應為設計上之壓力值。

3.壓力水箱方式

(1)檢查方法

打開排氣閥確認能否自動啓動加壓。

(2)判定方法

壓力降低自動啓動裝置應能自動啓動及停止。

(3)注意事項

打開排氣閥時，為防止高壓造成之危害，閥類應慢慢地開啓。

4.減壓措施

(1)檢查方法

以目視確認減壓閥等有無洩漏、變形等。

(2) 判定方法

應無洩漏、變形、損傷等。

(五)呼水裝置

1. 檢查方法

(1) 閥類

用手實地操作確認開、關動作是否容易進行。

(2) 自動給水裝置

A. 確認有無變形、腐蝕等。

B. 打開排水閥，確認其性能是否正常。

(3) 減水警報裝置

A. 確認有無變形、腐蝕等。

B. 關閉補給水閥，再打開排水閥，確認減水警報功能是否正常。

(4) 底閥

A. 拉上吸水管或檢查用鍊條，確認有無異物附著或阻塞等。

B. 打開幫浦本體上呼水漏斗之制水閥，確認有無從漏斗連續溢水出來。

C. 打開幫浦本體上呼水漏斗之制水閥，然後關閉呼水管之制水閥，確認底閥之逆止效果是否正常。

2. 判定方法

(1) 閥類

開、關操作應容易進行。

(2) 自動給水裝置

A. 應無變形、損傷、顯著腐蝕等。

B. 當呼水槽水量減少時，應能自動給水。

(3) 減水警報裝置

A. 應無變形、損傷、顯著腐蝕等。

B. 當呼水槽水量減少到一半時，應發出警報。

(4) 底閥

A. 應無異物附著、阻塞等吸水障礙。

B. 應能由呼水漏斗連續溢水出來。

C.呼水漏斗的水應無減少。

(六)配管

1.檢查方法

(1) 閥類

用手操作確認開、關動作是否容易。

(2) 過濾裝置

分解打開過濾網確認有無變形、異物堆積等。

(3) 排放管（防止水溫上升裝置）

使加壓送水裝置啟動呈關閉運轉狀態，確認排放管排水是否正常。

2.判定方法

(1) 閥類

開、關操作應能容易進行。

(2) 過濾裝置

過濾網應無變形、損傷、異物堆積等。

(3) 排放管（防止水溫上升裝置）

排放水量應在下列公式求得量以上。

$$q = \frac{Ls \times C}{60 \times \triangle t}$$

q＝排放水量（L/min）

Ls＝幫浦關閉運轉時之出力（kw）

C＝860 cal（1kw時水之發熱量）

$\triangle$t＝30℃（幫浦內部之水溫上升限度）

(七)送水口

1.檢查方法

(1) 確認襯墊有無老化等。

(2) 確認水帶是否容易接上及分開。

2. 判定方法

(1) 襯墊應無老化、損傷等。

(2) 與水帶之接合及分開應容易進行。

(八) 自動警報逆止閥

1. 檢查方法

(1) 閥本體

操作本體之試驗閥,確認閥本體、附屬閥類及壓力表等之性能是否正常。

(2) 延遲裝置

確認延遲作用及自動排水裝置之排水能否有效地進行。

(3) 壓力開關

A. 以螺絲起子確認端子有無鬆動。

B. 確認壓力值是否適當,及動作壓力值是否適當正常。

(4) 音響警報裝置及表示裝置

A. 操作排水閥確認警報裝置之警鈴、蜂鳴器或水鐘等是否確實鳴動。

B. 確認表示裝置之標示燈等有無損傷,及是否能確實表示。

2. 判定方法

(1) 閥本體

性能應正常。

(2) 延遲裝置

A. 延遲作用應正常。

B. 自動排水裝置應能有效排水。

(3) 壓力開關

A. 端子應無鬆動。

B. 設定壓力值應適當正常。

C. 於設定壓力值應能動作。

(4) 音響警報裝置及標示裝置

應能確實鳴動及正常表示。

(九)一齊開放閥（含電磁閥）

1.檢查方法

(1) 以螺絲起子確認電磁閥之端子有無鬆動。

(2) 關閉一齊閥放閥二次側的止水閥，再打開測試用排水閥，然後操作手動啟動開關，確認其性能是否正常。

2.判定方法

(1) 端子應無鬆動脫落等。

(2) 一齊開放閥應能確實開放放水。

(十)排水設備

1.檢查方法

(1) 集水管

確認有無損傷、阻塞等。

(2) 滅火坑

確認有無損傷、阻塞及油水分離裝置性能是否正常。

2.判定方法

(1) 集水管

應無損傷、阻塞等。

(2) 滅火坑

A.應無損傷、阻塞等。

B.油水分離裝置之性能應正常。

(十一) 耐震措施

1.檢查方法

(1) 牆壁或地板上貫通部分有無變形、損傷等，並確認防震軟管接頭有無變形、 損傷、顯著腐蝕等。

(2) 以目視及扳手確認蓄水池及加壓送水裝置等之裝配固定是否有異常。

2.判定方法

(1) 防震軟管應無變形、損傷、顯著腐蝕等，且牆壁或地板上貫通部分的

間隙、充填部分均保持原來施工時之狀態。

(2) 蓄水池及加壓送水裝置的安裝部分所使用之基礎螺絲、螺絲帽，應無變形、損傷、鬆動、顯著腐蝕等，且安裝固定部分應無損傷。

三、綜合檢查

(一) 檢查方法

切換成緊急電源供電狀態，依下列步驟確認系統性能是否正常。

1. 選擇任一區作放水試驗。

2. 由操作手動啓動裝置或自動啓動裝置，啓動加壓送水裝置。

3. 在一齊開放閥最遠處之水霧噴頭附近裝上測試用壓力表。

4. 放射量依下式計算

$$Q = K\sqrt{P}$$

Q = 放射量（L/min）

K = 常數

P = 放射壓力（kgf/cm^2）

(二) 判定方法

1. 幫浦方式

(1) **啓動性能**

A. 加壓送水裝置應能確實啓動。

B. 表示、警報等應正常。

C. 電動機之運轉電流值應在容許範圍內。

D. 運轉中應無不規則、不連續之雜音或異常之發熱、振動。

(2) **一齊開放閥**

一齊開放閥應正常動作。

(3) **放射壓力等**

A. 放射壓力

應可得到在設計上之壓力。

B.放射量

水霧噴頭之放射量應符合放射壓力之放射曲線上之值。

C.放射狀態

放射狀態應正常。

2.重力水箱及壓力水箱方式

(1)表示、警報等

表示、警報等應正常。

(2)一齊開放閥

一齊開放閥應正常動作。

(3)放射量等

A.放射壓力

應可得到設計上之壓力。

B.放射量

水霧噴頭之放射量應符合放射壓力之放射曲線上之值。

C.放射狀態

放射狀態應正常。

3.注意事項

於檢查類似醫院之場所時，因切換成緊急電源可能會造成困擾時，得使用常用電源檢查。

水霧滅火設備檢查表

檢修設備名稱		幫浦	製造商： 型　號：			電動機	製造商： 型　號：	
檢修項目			檢修結果					處置措施
			種別、容量等內容	判定	不良狀況			
外觀檢查								
水源		蓄水池	類別					
		水量	m^3					
		水位計、壓力計						
		閥類						
電動機	控制盤	周圍狀況						
		外形						
		電壓表	V					
		各開關						
		標示						
	預備品等							
啟動裝置	手動啟動	周圍狀況						
		外形						
	自動啟動	水壓開關裝置	壓力開關	設定壓力　kgf/cm^2				
			壓力水槽	L　kgf/cm^2				
		火警感知裝置	探測器					
			密閉式撒水頭					
	加壓送水裝置							
呼水裝置		呼水槽	L					
		閥類						
配管		外形						
		標示						
送水口		周圍狀況						
		外形						
水霧噴頭		外形						
		撒水分布障礙						
		未警戒部分						
自動警報逆止閥		閥本體	kgf/cm^2					
		延遲裝置						
		壓力開關	kgf/cm^2					

一齊開放閥（含電磁閥）			kgf/cm^2			
排水設備		排水溝				
		地區境界堤				
性能檢查						
水源		水質				
		給水裝置				
		閥類				
		水位計、壓力計				
電動機控制裝置		各開關				
		保險絲	A			
		繼電器				
		表示燈				
		結線接續				
		接地				
啓動裝置		手動啓動裝置				
	自動啓動裝置	水壓開關裝置	設定壓力　kgf/cm^2 動作壓力　kgf/cm^2			
		火警感知裝置	□專用　　□兼用			
加壓送水裝置	幫浦方式	電動機	回轉軸			
			軸承部			
			軸接頭			
			本體			
		幫浦	回轉軸			
			軸承部			
			底部			
			連成表壓力表			
			性能	kgf/cm^2　　L/min		
	重力水箱方式		kgf/cm^2			
	壓力水箱方式		kgf/cm^2			
呼水裝置		閥類				
		自動給水裝置				
		減水警報裝置				
		底閥				
配管		閥類				
		過濾裝置				
		排放管				
		送水口				

自動警報逆止閥等	閥本體					
	延遲裝置					
	壓力開關	設定壓力　　　kgf/cm^2 動作壓力　　　kgf/cm^2				
	音響警報裝置	蜂鳴器				
一齊開放閥 （含電磁閥）						
排水設備	集水管					
	滅火坑					
耐震措施						
綜合檢查						
幫浦方式	啓動性能	加壓送水裝置				
		表示、警報等				
		運轉電流				
		運轉狀況				
	一齊開放閥					
	放水壓力					
重力水箱等	表示、警報等					
	一齊開放閥					
	放水壓力					
備註						

檢查器材	機器名稱	型式	校正年月日	製造廠商	機器名稱	型式	校正年月日	製造廠商

檢修人員	檢查日期	自民國　　　年　　　月　　　日　至民國　　　年　　　月　　　日				
	姓名		消防設備師（士）	證書字號	簽章	（簽章）
	姓名		消防設備師（士）	證書字號	簽章	
	姓名		消防設備師（士）	證書字號	簽章	
	姓名		消防設備師（士）	證書字號	簽章	

1. 應於「種別·容量等情形」欄內填入適當之項目。
2. 檢查合格者於判定欄內打「○」；有不良情形時於判定欄內打「×」，並將不良情形填載於「不良狀況」欄。
3. 對不良狀況所採取之處置情形應填載於「處置措施」欄。
4. 欄內有選擇項目時應以「○」圈選之。

2.6 泡沫滅火設備檢修及申報作業基準

一、外觀檢查

(一)水源

1. 檢查方法

(1) 水箱、蓄水池

由外部以目視確認有無變形、漏水、腐蝕等。

(2) 水量

由水位計確認,無水位計時打開人孔蓋用檢尺測量。

(3) 水位計及壓力表

以目視確認有無變形、損傷及指示值是否正常。

(4) 閥類

以目視確認排水管、補給水管、給氣管等之閥類,有無漏水、變形、損傷等,及其開、關位置是否正常。

2. 判定方法

(1) 水箱、蓄水池

應無變形、損傷、漏水、漏氣及顯著腐蝕等痕跡。

(2) 水量

應確保在規定量以上。

(3) 水位計及壓力表

應無變形、損傷及指示值應正常。

(4) 閥類

A. 應無洩漏、變形、損傷等。

B. 「常時開」或「常時關」之標示及開、關位置應正常。

(二)電動機之控制裝置

1.檢查方法

(1)控制盤

A.周圍狀況

確認周圍有無檢查上及使用上之障礙。

B.外形

以目視確認有無變形、腐蝕等。

(2)電壓表

A.以目視確認有無變形、損傷等。

B.確認電源、電壓是否適當正常。

(3)各開關

以目視確認有無變形、損傷及開、關位置是否正常。

(4)標示

確認標示是否適當正常。

(5)預備品

確認是否備有保險絲、燈泡等預備品及回路圖等。

2.判定方法

(1)控制盤

A.周圍狀況

應設置於火災不易波及之位置，且周圍沒有檢查及使用上之障礙。

B.外形

應無變形、損傷、顯著腐蝕等。

(2)電壓表

A.應無變形、損傷等。

B.電壓表的指示值應在所定之範圍內。

C.無電壓表者，其電源指示燈應亮著。

(3)各開關

應無變形、損傷、脫落等，且開、關位置應正常。

(4)標示

A.各開關之名稱標示應無汙損、不明顯部分。

B.標示銘板應無剝落。

(5)預備品

A.應備有保險絲、燈泡等預備品。

B.應備有回路圖及操作說明書等。

(三)啓動裝置

1.手動啓動裝置

(1)檢查方法

A.周圍狀況

以目視確認周圍有無檢查上及使用上之障礙，及「手動啓動開關」之標示是否正常。

B.外形

以目視確認直接操作部及手動啓動開關有無變形、損傷等。

(2)判定方法

A.周圍狀況

(A) 應無檢查上及使用上之障礙。

(B) 標示應無損傷、脫落、汙損等。

B.外形

按鈕、開關類應無損傷、變形等。

2.自動啓動裝置

(1)檢查方法

A.啓動用水壓開關裝置

(A) 壓力開關

以目視確認壓力開關，有無變形、損傷等。

(B) 啓動用壓力槽

以目視確認啓動用壓力槽，有無變形、漏水、腐蝕等，及其壓力表之指示值是否正常。

B.火警感知裝置

(A) 探測器

依據火警自動警報設備之檢修基準加以確認。

(B) 密閉式撒水頭

以目視確認有無火警感知障礙，及因裝修油漆、異物附著等產生之動作障礙。

(2) **判定方法**

A.啓動用水壓開關裝置

(A) 壓力開關

應無變形、損傷等。

(B) 啓動用壓力槽

應無變形、損傷、漏水、漏氣、顯著腐蝕等，且壓力表之指示值應正常。

B.火警感知裝置

(A) 探測器

依據火警自動警報設備之檢修基準判定。

(B) 密閉式撒水頭

a.撒水頭周圍應無感熱之障礙物。

b.應無因裝修油漆、異物附著、變形、損傷等。

(四)加壓送水裝置

1. **檢查方法**

以目視幫浦及電動機等，有無變形、腐蝕等。

2. **判定方法**

應無變形、損傷、顯著腐蝕及銘板剝落等。

(五)呼水裝置

1. **檢查方法**

(1) **呼水槽**

以目視確認呼水槽，有無變形、漏水、腐蝕等，及水量是否在規定量以上。

(2) **閥類**

以目視確認給水管之閥類有無洩漏、變形等，及其開、關位置是否正常。

2.判定方法

(1) 呼水槽

應無變形、損傷、漏水、顯著腐蝕等,及水量應在規定量以上。

(2) 閥類

A.應無洩漏、變形、損傷等。

B.「常時開」或「常時關」之標示及開、關位置應正常。

(六)配管

1.檢查方法

(1) 立管及接頭

以目視確認有無洩漏、變形等及被利用做為其他東西之支撐、吊架等。

(2) 立管固定用之支撐及吊架

以目視及手觸摸確認有無脫落、彎曲、鬆動等。

(3) 閥類

以目視確認有無洩漏、變形等,及開、關位置是否正確。

(4) 過濾裝置

以目視確認過濾裝置有無洩漏、變形等。

(5) 標示

確認「制水閥」之標示是否適當正常。

2.判定方法

(1) 立管及接頭

A.應無洩漏、變形、損傷等。

B.應無被利用做為其他東西之支撐及吊架等。

(2) 立管固定用之支撐及吊架

應無脫落、彎曲、鬆動等。

(3) 閥類

A.應無洩漏、變形、損傷等。

B.「常時開」或「常時關」之標示及開、關位置應正確。

(4) 過濾裝置

應無洩漏、變形、損傷等。

(5) 標示

應無損傷、脫落、汙損等。

(七)泡沫原液槽

1.檢查方法

(1) 原液槽

以目視確認有無變形、漏液、腐蝕等。

(2) 原液量

以液面計等確認。

(3) 壓力表

A.以目視確認有無變形、損傷等。

B.以目視確認指示值是否正常。

(4) 閥類

以目視確認有無變形、洩漏等，並確認其開、關位置是否正常。

2.判定方法

(1) 原液槽

應無變形、損傷、漏液、漏氣、顯著腐蝕等。

(2) 原液量

應在規定量以上。

(3) 壓力表

A.應無變形、損傷等。

B.壓力指示值應正常。

(4) 閥類

A.應無洩漏、變形、損傷等。

B.「常時開」或「常時關」之標示及開、關位置應正常。

(八) 混合裝置及加壓送液裝置

1. 檢查方法
以目視確認有無變形、漏水等。

2. 判定方法
應無變形、損傷、漏水、漏液等。

(九) 泡沫放出口

1. 檢查方法

(1) 外形
A. 以目視確認有無變形、腐蝕、阻塞等。

B. 以目視確認有無被利用為支撐、吊架使用。

(2) 分布障礙
A. 以目視確認泡沫頭周圍有無妨礙泡沫分布之障礙。

B. 以目視確認高發泡放出口周圍，有無妨礙泡沫流動之障礙。

(3) 未警戒部分
確認有無因隔間變更而未加設泡沫頭，造成未警戒之部分。

2. 判定方法

(1) 外形
A. 應無洩漏、變形、損傷、顯著腐蝕、阻塞等。

B. 應無被利用為支撐、吊架使用。

(2) 分布障礙
A. 泡沫頭周圍應無妨礙泡沫分布之障礙物。

B. 高發泡放出口周圍，應無妨礙泡沫流動之障礙物。

(3) 未警戒部分
應無因隔間、垂壁、風管、棚架等之變更、增設，造成未警戒之部分。

(十)泡沫消防栓箱等

1.泡沫消防栓箱等

(1)檢查方法

A.周圍狀況

確認周圍有無檢查上及使用上之障礙，並確認「移動式泡沫滅火設備」之標示是否正常。

B.外形

以目視及開、關操作確認有無變形、損傷等，及箱門是否能確實開、關。

(2)判定方法

A.周圍狀況

(A) 應無檢查上及使用上之障礙。

(B) 標示應無汙損、不鮮明部分。

B.外形

(A) 應無變形、損傷等。

(B) 箱門應能確實地開、關。

2.水帶及瞄子

(1)檢查方法

以目視確認有無變形、損傷等，並確認是否設有規定之數量。

(2)判定方法

A.應無變形、損傷等。

B.應設有規定之數量。

3.水帶接頭

(1)檢查方法

以目視確認有無變形、損傷等。

(2)判定方法

應無變形、損傷等。

4. 開關閥（泡沫消防栓）

(1) 檢查方法

以目視確認有無洩漏、變形等。

(2) 判定方法

應無洩漏、變形、損傷等。

5. 啓動表示燈

(1) 檢查方法

以目視檢查有無變形、損傷等，及是否亮燈。

(2) 判定方法

應無變形、損傷，脫落、燈泡損壞等。

(十一) 自動警報逆止閥

1. 檢查方法

(1) 閥本體

A. 以目視確認本體、附屬閥類、配管及壓力表等有無漏水、變形等。

B. 確認本體上之壓力表指示值是否正常。

(2) 延遲裝置

以目視確認有無變形、腐蝕等。

(3) 壓力開關

以目視確認有無變形、損傷等。

2. 判定方法

(1) 閥本體

A. 本體、附屬閥類、配管及壓力表等應無漏水、變形、損傷等。

B. 自動警報逆止閥壓力表指示值應正常。

(2) 延遲裝置

應無變形、損傷、顯著腐蝕等。

(3) 壓力開關

應無變形、損傷等。

(十二) 一齊開放閥（含電磁閥）

1. **檢查方法**

   以目視確認有無洩漏、變形、腐蝕等。

2. **判定方法**

   應無洩漏、變形、損傷、顯著腐蝕等。

(十三) 防護區劃（限使用高發泡之設備）

1. **檢查方法**

   (1) **區域變更**

   以目視確認防護區域及開口部面積有無變更。

   (2) **開口部之自動關閉裝置**

   以目視確認有無變形、損傷等。

2. **判定方法**

   (1) **區域變更**

   防護區域及開口部面積應無變更。

   (2) **開口部之自動關閉裝置**

   應無變形、損傷等。

(十四) 連結送液口

1. **檢查方法**

   (1) **周圍狀況**

   A. 確認周圍有無使用上及消防車接近之障礙。

   B. 確認「連結送液口」之標示是否正常。

   (2) **外形**

   以目視確認有無漏水、變形、異物阻塞等。

2. **判定方法**

   (1) **周圍狀況**

   A. 應無消防車接近及消防活動上之障礙。

   B. 標示應無損傷、脫落、汙損等。

(2) 外形

A.快速接頭應無生鏽。

B.應無漏水及砂、垃圾等異物阻塞現象。

(十五) 泡沫射水槍

1. 檢查方法

(1) 周圍的狀況

以目視確認周圍有無檢查及使用上之障礙。

(2) 外形

以目視及開、關操作,確認有無變形、洩漏、損傷等。

2. 判定方法

(1) 周圍狀況

應無檢查及使用上之障礙。

(2) 外形

應無變形、洩漏、損傷等。

二、性能檢查

(一)水源

1. 檢查方法

(1) 水質

打開人孔蓋以目視及水桶採水,確認有無腐敗、浮游物、沉澱物等。

(2) 給水裝置

A.確認有無變形、腐蝕等,及操作排水閥確認給水功能是否正常。

B.如不使用操作排水閥檢查給水功能時,可使用下列方法:

(A) 使用水位電極控制給水者,拆除其電極迴路之配線,形成減水狀態,確認其是否能自動給水;其後再將拆掉之電極迴路配線接上復原,形成滿水狀態,確認其給水能否自動停止。

(B) 使用浮球水栓控制給水者,由手動操作將浮球沒入水中,形成減水狀態,確認能否自動給水;其後使浮球復原,形成滿水狀

態，確認給水能否自動停止。

(3) 水位計及壓力表

　A.水位計之量測係打開人孔蓋，用檢尺測量水位，並確認水位計之指示值。

　B.壓力表之量測係關閉壓力表開關及閥類，並放出壓力表之水，使指針歸零後，再打開壓力表開關及閥類，並認確指針之指示值。

(4) 閥類

　用手操作確認開、關動作能否容易進行。

2. 判定方法

(1) 水質

　應無顯著腐蝕、浮游物、沉澱物等。

(2) 給水裝置

　A.應無變形、損傷、顯著腐蝕等。

　B.於減水狀態應能自動給水，於滿水狀態應能自動停止供水。

(3) 水位計及壓力表

　A.水位計之指示值應正常。

　B.壓力表歸零之位置、指針之動作狀況及指示值應正常。

(4) 閥類

　開、關操作應能容易地進行。

(二)電動機之控制裝置

1. 檢查方法

(1) 各開關

　以螺絲起子及開、關操作，檢查端子有無鬆動及開、關性能是否正常。

(2) 保險絲

　確認有無損傷、熔斷及是否為所規定之種類、容量。

(3) 繼電器

　確認有無脫落、端子鬆動、接點燒損、灰塵附著，並操作各開關使繼電器動作，確認其性能。

(4) 表示燈

操作各開關確認有無亮燈。

(5) 結線接續

以目視及螺絲起子確認有無斷線、端子鬆動等。

(6) 接地

以目視或三用電表確認有無腐蝕、斷線等。

2. 判定方法

(1) 各開關

A. 應無端子鬆動及發熱之情形。

B. 開、關性能應正常。

(2) 保險絲

A. 應無損傷、熔斷。

B. 應依回路圖所規定之種類及容量設置。

(3) 繼電器

A. 應無脫落、端子鬆動、接點燒損、灰塵附著等。

B. 動作應正常。

(4) 表示燈

應無顯著劣化，且能正常亮燈。

(5) 結線接續

應無斷線、端子鬆動、脫落、損傷等。

(6) 接地

應無顯著腐蝕、斷線等之損傷。

(三) 啓動裝置

1. 手動啓動裝置

(1) 檢查方法

操作直接操作部及手動啓動開關，確認加壓送水裝置能否啓動。

(2) 判定方法

加壓送水裝置應能確實啓動。

2. 自動啓動裝置

(1) 檢查方法

A. 啓動用水壓開關裝置

(A) 以目視及螺絲起子確認壓力開關之端子有無鬆動。

(B) 確認設定壓力值是否恰當，且由操作排水閥使加壓送水裝置啓動，確認動作壓力值是否適當正常。

B. 火警感知裝置

探測器之性能依據火警自動警報設備之檢修基準進行確認，再使探測器動作，確認加壓送水裝置是否啓動。

(2) 判定方法

A. 啓動用水壓開關裝置

(A) 壓力開關之端子應無鬆動。

(B) 設定壓力值適當，且加壓送水裝置應能依設定之壓力正常啓動。

B. 火警感知裝置

(A) 依火警自動警報設備檢修基準判定。

(B) 加壓送水裝置應能確實啓動。

(四) 加壓送水裝置

1. 幫浦方式

(1) 電動機

A. 檢查方法

(A) 回轉軸

用手轉動，確認是否能圓滑地回轉。

(B) 軸承部

確認潤滑油有無汙損、變質及是否達必要量。

(C) 軸接頭

以扳手確認有無鬆動及性能是否正常。

(D) 本體

操作啓動裝置使其啓動，確認性能是否正常。

B. 判定方法

(A) 回轉軸

應能圓滑地回轉。

(B) 軸承部

潤滑油應無汙損、變質且達必要量。

(C) 軸接頭

應無脫落、鬆動,且接合狀態牢固。

(D) 本體

應無顯著發熱、異常振動、不規則或不連續之雜音,且回轉方向應正確。

C. 注意事項

除需操作啓動檢查性能外,其餘均需先切斷電源。

(2) 幫浦

A. 檢查方法

(A) 回轉軸

用手轉動確認是否能圓滑地轉動。

(B) 軸承部

確認潤滑油有無汙損、變質及是否達必要量。

(C) 底部

確認有無顯著漏水。

(D) 連成表及壓力表

關掉表計之控制水閥將水排出,檢視指針是否指在0之位置,再打開表計之控制水閥,操作啓動裝置確認指針是否正常地動作。

(E) 性能

先將幫浦吐出側之制水閥關閉之後,使幫浦啓動,然後緩緩地打開性能測試用配管之制水閥,由流量計及壓力表確認額定負荷運轉及全開點運轉時之性能。

B. 判定方法

(A) 回轉軸

應能圓滑地轉動。

(B) 軸承部

潤滑油應無汙損、變質、混入異物等,且達必要量。

(C) 底座

應無顯著的漏水。

(D) 連成表及壓力表

位置及指針之動作應正常。

(E) 性能

應無異常振動、不規則或不連續之雜音,且於額定負荷運轉及全開點時之吐出壓力及吐出水量均達規定值以上。

C. 注意事項

除需操作啓動檢查性能外,其餘均需先行切斷電源。

2. 重力水箱方式

(1) 檢查方法

由最近及最遠之試驗閥,以壓方表測定其靜水壓力,確認是否爲所定之壓力值。

(2) 判定方法

應爲設計上之壓力值。

3. 壓力水箱方式

(1) 檢查方法

打開排氣閥確認能否自動啓動加壓。

(2) 判定方法

壓力降低自動啓動裝置應能自動啓動及停止。

(3) 注意事項

打開排氣閥時,爲防止高壓造成之危害,關類應慢慢地開啓。

(五) 呼水裝置

1. 檢查方法

(1) 閥類

用手實地操作確認開、關動作是否容易進行。

(2) 自動給水裝置

　　A.確認有無變形、腐蝕等。

　　B.打開排水閥，檢查自動給水功能是否正常。

(3) 減水警報裝置

　　A.確認有無變形、腐蝕等

　　B.關閉補給水閥，再打開排水閥，確認減水警報功能是否正常。

(4) 底閥

　　A.拉上吸水管或檢查用鍊條，確認有無異物附著或阻塞等。

　　B.打開幫浦本體上之呼水漏斗的制水閥，確認有無從漏斗連續溢水出來。

　　C.打開幫浦本體上之呼水漏斗的制水閥，然後關閉呼水管之制水閥，確認底閥之逆止效果是否正常。

2. 判定方法

(1) 閥類

　　開、關操作應容易進行。

(2) 自動給水裝置

　　A.應無變形、損傷、顯著腐蝕等。

　　B.當呼水槽水量減少時，應能自動給水。

(3) 減水警報裝置

　　A.應無變形、損傷、顯著腐蝕等。

　　B.當呼水槽水量減少到一半時，應發出警報。

(4) 底閥

　　A.應無異物附著、阻塞等吸水障礙。

　　B.應能由呼水漏斗連續溢水出來。

　　C.呼水漏斗的水應無減少。

(六) 配管

1. 檢查方法

(1) 閥類

　　用手操作確認開、關動作是否容易。

(2) 過濾裝置

分解打開過濾網確認有無變形、異物堆積等。

(3) 排放管（防止水溫上升裝置）

使加壓送水裝置啟動呈關閉運轉狀態，確認排放管排水是否正常。

2. 判定方法

(1) 閥類

開、關操作應能容易進行。

(2) 過濾裝置

過濾網應無變形、損傷、異物堆積等。

(3) 排放管（防止水溫上升裝置）

排放水量應在下列公式求得量以上。

$$q = \frac{Ls \times C}{60 \times \triangle t}$$

q = 排放水量（L/min）

Ls = 幫浦關閉運轉時之出力（kw）

C = 860 kcal（1kw-hr時水之發熱量）

$\triangle t$ = 30℃（幫浦內部之水溫上升限度）

(七) 泡沫原液槽等

1. 檢查方法

(1) 泡沫原液

打開原液槽之排液口制水閥，用燒杯或量筒採取泡沫原液（最好能由上、中、下三個位置採液），以目視確認有無變質、汙損。

(2) 壓力表

關掉表計之控制水閥將水排出，確認指針是否在0之位置；再打開表針控制水閥，操作啟動裝置確認指針是否正常動作。

(3) 閥類

用手操作確認開、關動作是否容易進行。

2.判定方法

(1) 泡沫原液

應無變質、明顯汙損等。

(2) 壓力表

歸零之位置，指針之動作狀況及指示值應正常。

(3) 閥類

應能容易開、關操作。

(八)混合裝置及加壓送液裝置

1.檢查方法

(1) 泡沫混合裝置

因有數種混合方式，且各廠牌性能不一，所以應參照原廠所附之相關資料，確認其性能是否正常。

(2) 加壓送液裝置

A.確認有無漏液。

B.使用幫浦加壓者，依加壓送水裝置之檢查方法確認。

2.判定方法

(1) 泡沫混合裝置

配置及性能應與設置時相同。

(2) 加壓送液裝置

A.運轉中應無明顯漏液。

B.使用幫浦加壓者，依加壓送水裝置之判定方法判定之。

3.注意事項

(1) 要操作設於混合配管之閥類時，應依相關資料熟知其各裝置後再動手。

(2) 由加壓送液裝置之運轉，造成原液還流原液槽時，應注意在原液槽內之起泡及溢出現象。

(九)泡沫消防栓箱等

1.檢查方法

(1)水帶、瞄子及水帶接頭

以手操作及目視確認有無損傷、腐蝕及是否容易拆接。

(2)開關閥

確認開關是否容易操作。

2.判定方法

(1)水帶、瞄子及水帶接頭

A.應無損傷、腐蝕等。

B.應能容易拆接。

(2)開關閥

開關應能容易操作。

(十)自動警報逆止閥

1.檢查方法

(1)閥本體

操作試驗閥，確認閥本體、附屬閥類及壓力表等之性能是否正常。

(2)延遲裝置

確認延遲作用及自動排水裝置之排水能否有效地進行。

(3)壓力開關

A.以螺絲起子確認端子有無鬆動。

B.確認壓力值是否適當，及動作壓力值是否適當正常。

(4)音響警報裝置及表示裝置

A.操作排水閥確認警報裝置之警鈴、蜂鳴器或水鐘等是否確實鳴動。

B.確認表示裝置之標示燈等有無損傷，及是否能確實表示。

2.判定方法

(1)閥本體

性能應正常。

(2)延遲裝置

A.延遲作用應正常。

B.自動排水裝置應能有效排水。

(3) **壓力開關**

A.端子應無鬆動。

B.設定壓力值應適當正常。

C.於設定壓力值應能動作。

(4) **音響警報裝置及標示裝置**

應能確實鳴動及正常表示。

(十一) 一齊開放閥（含電磁閥）

1. 檢查方法

(1) 以螺絲起子確認電磁閥之端子有無鬆動。

(2) 關閉一齊開放閥二次側的止水閥，再打開測試用排水閥，然後操作手動啓動開關，確認其性能是否正常。

2. 判定方法

(1) 端子應無鬆動、脫落等。

(2) 一齊開放閥應能確實開放放水。

(十二) 緊急停止裝置（限於用高發泡之設備）

1. 檢查方法

以手操作及目視確認有無變形、損傷及性能是否正常。

2. 判定方法

(1) 操作部、傳達部及啓動部應無變形、損傷等。

(2) 用電動機驅動風扇方式發泡之發泡機，該停止電動機運轉及停止泡沫水溶液輸送之裝置應能正常動作。

(3) 用水流驅動風扇方式發泡之發泡機，該停止泡沫水溶液輸送裝置應能正常動作。

(4) 用其它裝置發泡時，該停止發泡之裝置應能正常動作。

(十三) 防護區域（限於用高發泡之設備）

1. 檢查方法

操作啓動裝置確認開口部之自動關閉裝置能否正常動作。

2. 判定方法

應能正常動作。

(十四) 耐震措施

1. 檢查方法

(1) 牆壁或地板上貫通部分有無變形、損傷等，並確認防震軟管接頭有無變形、損傷、顯著腐蝕等。

(2) 以目視及扳手確認蓄水池及加壓送水裝置等之裝配固定是否有異常。

2. 判定方法

(1) 防震軟管應無變形、損傷、顯著腐蝕等，且牆壁或地板上貫通部分的間隙、充塡部分均保持原來施工時之狀態。

(2) 蓄水池及加壓送水裝置的安裝部分所使用之基礎螺絲、螺絲帽，應無變形、損傷、鬆動、顯著腐蝕等，且安裝固定部分應無損傷。

(十五) 連結送液口

1. 檢查方法

(1) 檢查襯墊有無老化等。

(2) 確認快速接頭及水帶是否容易接上及分開。

2. 判定方法

(1) 襯墊應無老化、損傷等。

(2) 與水帶之接合及分開應容易進行。

(十六) 泡沫射水槍

1. 檢查方法

以目視確認有無損傷、腐蝕，及用手操作確認開、關操作是否容易。

2. 判定方法

(1) 應無損傷、腐蝕。

(2) 開、關操作應能容易進行。

三、綜合檢查

(一) 固定式泡沫滅火設備（低發泡）

1. 檢查方法

切換成緊急電源供電狀態，藉由手動啟動裝置之操作或自動啟動裝置之動作，確認系統之性能是否正常。另外，放射分布、發泡倍率、放射壓力及混合比率依下列方法確認。

(1) 設置泡沫頭者，每次選擇全部放射區域數之20%以上之放射區域，進行逐區放水試驗，測其放射分布及放射壓力。

(2) 在上述之放射區域中，於距加壓送水裝置最遠之放射區域進行泡沫放射，再依附表之發泡倍率及25%還原時間測定方法，測其發泡倍率及25%還原時間。並在測定發泡倍率時，使用其所採取之泡水溶液，利用糖度計法或比色計法，測其混合比率。

2. 判定方法

(1) 幫浦方式

A. 啟動性能

(A) 加壓送水裝置應能確實啟動。

(B) 表示、警報等性能應正常。

(C) 電動機之運轉電流應在容許範圍內。

(D) 運轉中應無不規則、不連續之雜音或異常之震動、發熱等。

B. 一齊開放閥

一齊開放閥應正常動作。

C. 放射分布等

(A) 在進行泡沫頭放水試驗時，其放射分布及放射壓力應符合設計圖說。

(B) 在進行泡沫放射檢查時，其發泡倍率應在5倍以上，其混合比

率應為設計時之稀釋容量濃度。

(2) 重力水箱及壓力水箱

A. 表示、警報等

表示、警報等應正常。

B. 一齊開放閥

一齊開放閥應正常動作。

C. 分布

(A) 在進行泡沫頭放水試驗時，其放射分布及放射壓力應符合設計圖說。

(B) 在進行泡沫放射檢查時，其發泡倍率應在5倍以上，其混合比率應為設計時之稀釋容量濃度。

3. 注意事項

於檢查類似醫院之場所，因切換緊急電源可能造成因擾時，得使用常用電源檢查。

(二)移動式泡沫滅火設備

1. 檢查方法

切換成緊急電源供電狀態，藉由直接操作啟動裝置或遠隔啟動裝置使幫浦啟動，確認系統之性能是否正常。另外，發泡倍率、放射壓力及混合比率依下列方法確認。

(1) 由任一泡沫消防栓進行放射試驗。

(2) 依附表之發泡倍率及25%還原時間測定方法，測其發泡倍率及25%還原時間。並在測定發泡倍率時，使用其所採取之泡水溶液，利用糖度計法或比色計法，測其混合比率（稀釋容量濃度）。

2. 判定方法

(1) 幫浦方式

A. 啟動性能

(A) 加壓送水裝置能確實啟動。

(B) 表示、警報等性能應正常。

(C) 電動機之運轉電流應在容許範圍內。

　　　　　(D) 運轉中應無不規則、不連續之雜音或異常之震動、發熱等。

　　B. 發泡倍率等

　　　放射壓力應符合設計圖說；發泡倍率應在5倍以上，其混合比率應為設計時之稀釋容量濃度。

　(2) **重力水箱及壓力水箱**

　　A. 表示、警報等

　　　表示、警報應正常。

　　B. 發泡率等

　　　放射壓力應符合設計圖說；發泡倍率應在5倍以上，其混合比率應為設計時之稀釋容量濃度。

3. **注意事項**

　　於檢查類似醫院之場所，因切換緊急電源可能造成困擾時，得使用常用電源檢查。

泡沫滅火設備發泡倍率及25%還原時間測定方法

項目		測定基準	備註
	適用範圍	本測定方法適用於使用蛋白泡沫滅火藥劑或合成界面活性劑中之低發泡者。	
必要器具	發泡倍率測定器具	1. 1400ml容量之泡沫試料容器（container）……2個（如備註欄） 2. 泡沫試料採集器（collector）1個（參照備註欄） 3. 量秤……1個	收集器之材質應為鋁板或具同等以上之耐蝕性材質
	25%還原時間測定器具	1. 碼錶（stop watch）……2個 2. 泡沫試料容器臺……1個（如備註欄） 3. 100ml容量之透明容器……4個。	泡沫試料採集器

項目	測定基準	備註
泡沫試料採取方法 / 泡沫噴頭之場合	在發泡面積內之指定位置，將二個內容積1400mL之泡沫試料容器置於泡沫試料採集器之位置，在該容器未盛滿泡沫前持續置於收集器上，泡沫盛滿後即按下碼錶讀秒，同時將採集自泡沫頭撒下之泡沫試料移至外部，以直棒將容器表面推平，清除過多泡沫及附著在容器外側與底部之泡沫，對該試料進行分析。	 187φ　鋁板 容器材質不限為鋁質，但應依下列條件：1容量應正確；2底部無凹凸情形。 閉止閥 泡沫試料容器（尺寸表示內徑） 註：接近內壁之底部設置6.4mm徑之排液口，安裝橡皮管及閉止閥。
泡沫試料採取方法 / 泡沫瞄子之場合	於發泡落下地點之大約中央處放置配有1400mL泡沫試料容器2個之泡沫試料採集器，直至於該容器泡沫完全被試料採集器，直到於該容器完全被充滿為止，而將容器置於採集器上，如充滿時按下碼錶開始讀秒，並將由泡沫瞄子發泡落下中之泡沫所採取之試料移至外部，以直尺劃平容器上面，除去多餘泡沫以及附著容器外側或底面之泡沫而分析該試料。	
測定方法 / 發泡倍率	發泡倍率係測量在未混入空氣前之泡沫水溶液量與最終發泡量之比率。故應預先測出泡沫試料容器重量，並將泡沫試料測量至公克單位，再以下列公式計算之： 1400mL÷扣除容器得量後之淨量（g）＝發泡倍率	 (406) (200)　5° (305) 泡沫試料容器台 容器臺應把傾斜角度作為重點，其他尺寸可改為能易於正確檢查之形狀。
測定方法 / 25%還原時間	泡沫之25%還原時間，係指自所採集之泡沫消泡為泡水溶液量，還原至全部泡沫溶液量之25%止所需之時間。因其特別著重水之保持能力及泡沫之流性，故以下列方法測定。 測定還原時間係以測量發泡倍率時所用之試料進行，如將泡沫試料之淨重分為四等分，即可	

項目	測定基準	備註
	得所含泡水溶液量之25%（單位mL），為測得還原至此量所需時間，應先將試料容器置於容器臺上，在一定時間內以100mL透明容器承接還原於容器底部之水溶液。 茲舉一例如下： 假設泡沫試料之淨重為180g，25%容量值為180÷4＝45（mL）而其排液量之數值如下記錄： 時間（分）　　還原量（mL） 0　　　　　　0 0.5　　　　　10 1.0　　　　　20 1.5　　　　　30 2.0　　　　　40 2.5　　　　　50 3.0　　　　　60 由此記錄可知25%容量之45mL位於2至2.5分鐘之間，即由（45mL（25%容量值）－40mL（經過2分鐘還原量值））÷（50mL（經過2.5分鐘時之排液還原量值）－40mL（經過2分鐘排液量值））＝$\frac{1}{2}$ 可得2.25分鐘之時間，由此判定性能。	

泡沫滅火設備發泡倍率及25%還原時間測定方法

項目	測定基準	備註
適用範圍	本測定方法適用於使用水成膜泡沫滅火藥劑發泡者。	

項目		測定基準	備註
必要器具	發泡倍率測定器具	1. 內容積1000mL具刻度之量筒–2個。 2. 泡沫試料採集器–1個（如備註欄） 3. 1000g計量器（或與此接近者）–1個。	 ○量筒上方應距地板50cm以下。 ○採集器之材質應為鋁板或具同等以上耐腐蝕性能者。 註：尺寸之（）係為參考尺寸。
	25%還原時間測定器具	1. 碼錶（stop watch）–1個 2. 內容積1000mL具刻度之量筒–2個。	
泡沫試料採集方法	泡沫噴頭之場合	將1000mL附刻度之量筒2個之泡沫試料採集器置於發泡面積指定位置，至量筒充滿泡沫為止。採集試料，如泡沫盛滿後即按下碼錶讀秒，同時將採集自泡沫撒下之泡沫義烏料移至外部，清除多餘之泡沫及附著在量筒外側與底部之泡沫，對該試料進行分析。	
	泡沫瞄子之場合	於發泡落下點之大約中央處放置刻有1000mL之量筒2個泡沫試料採集器，使量筒充滿泡沫為止。採集試料，如充滿時按下碼錶開始讀秒，並將採集之試料移至外部，除去多餘泡沫以及附著量筒外側或底面之泡沫，而分析該試料。	
測定方法	發泡倍率	發泡倍率係測量在未混入空氣前之泡沫水溶液量與最終發泡量之比率，故應預先測出刻度1000mL量筒之容器重量，次將泡沫試料測量至公克（g）單位，再利用下列公式計算之。 1000mL÷減掉量筒重量之泡沫重量（g）=發泡倍率	

項目	測定基準	備註
25%還原時間	泡沫之25%還原時間，係指自所採集之泡沫消泡為泡水溶液量，還原至全部泡沫水溶液量之25%所需時間。因其特別著重水之保持能力及泡沫之流動性，故以下列方法測定。 測定還原時間係以測量發泡倍率時所用之試料進行，如將泡沫試料淨重分為四等份，即可得所含泡水溶液量之25%（單位mL），為側得還原至此量所需時間，應先將量筒置於平面上，利用量筒上之刻度觀察泡水溶液還原至25%之所需時間。 茲舉一例如下： 假設泡沫試料之淨重為200g，1g換算為1mL，25%容量值為200mL÷4=50（mL）。故測定還原至50ml所需時間，以判定其性能。 茲舉測定之實例如下： 還原之數值記錄如下：	

時間（分）	還原量（mL）
0	0
1.0	20
2.0	40
3.0	60

由此記錄可知25%容量（50mL）位於2至3分鐘之間。即由（50mL（25%容量值）－40mL（經過2分鐘還原量值））÷（60mL（經過3分鐘時之還原量值）－40mL（經過2分鐘時還原量值））＝0.5
可得2.5分鐘之時間，由此判定性能。

泡沫滅火設備檢查表（設備方式：□固定式、□移動式）

檢修設備名稱		幫浦	製造商：		電動機	製造商：	
			型　號：			型　號：	
檢修項目			檢修結果				處置措施
			種別、容量等內容	判定	不良狀況		
外觀檢查							
水源		蓄水池	類別				
		水量	m³				
		水位計、壓力計					
		閥類					
電動機	控制盤	周圍狀況					
		外形					
		電壓表	V				
		各開關					
		標示					
		預備品等					
啟動裝置	手動啟動	周圍狀況					
		外形					
	自動啟動	水壓開關裝置	壓力開關	設定壓力　kgf/cm²			
			壓力槽	L　　　kgf/cm²			
		火警感知裝置	探測器				
			密閉式撒水頭				
	加壓送水裝置						
呼水裝置		呼水槽	L				
		閥類					
配管							
泡沫原液槽		原液槽	L				
		原液量	L				
		壓力表	kgf/cm²				
		閥類					
混合裝置及加壓送液裝置							
泡沫放出口		外形					
		分布障礙					
		未警戒部份					
泡沫	泡沫消防栓箱	周圍狀況					
		外形					

消防栓箱等	水帶、瞄子				
	水帶接頭				
	開關閥				
	啓動表示燈				
自動警報逆止閥	閥本體	kgf/cm^2			
	延遲裝置				
	壓力開關	kgf/cm^2			
一齊開放閥（含電磁閥）		kgf/cm^2			
防護區劃（高發泡）	區域變更				
	開口部自動關閉裝置				
連結送液口	周圍狀況				
	外形				
泡沫射水槍	周圍狀況				
	外形				
性能檢查					
水源	水質				
	給水裝置				
	閥類				
	水位計、壓力表				
電動機控制裝置	各開關				
	保險絲	A			
	繼電器				
	表示燈				
	結線接續				
	接地				
啓動裝置	手動啓動裝置				
	自動啓動裝置 水壓開關裝置	設定壓力　kgf/cm^2 動作壓力　kgf/cm^2			
	自動啓動裝置 火警探測器	□專用　□兼用			
加壓送水	幫浦方式 電動機 回轉軸				
	幫浦方式 電動機 軸承部				
	幫浦方式 電動機 軸接頭				
	幫浦方式 電動機 本體				

裝置	幫浦		回轉軸				
			軸承部				
			底部				
			連成表、壓力表				
			性能	kgf/cm²	L/min		
	重力水箱方式			kgf/cm²			
	壓力水箱方式			kgf/cm²			
呼水裝置	閥類						
	自動給水裝置						
	減水警報裝置						
	底閥						
配管	閥類						
	過濾裝置						
	排放管						
泡沫原液體	泡沫原液						
	壓力計						
	閥類						
混合裝置及加壓送液裝置	泡沫混合裝置						
	加壓送水裝置						
泡沫消防栓箱	水帶瞄子						
	開關閥						
自動警報逆止閥等	閥本體						
	延遲裝置						
	壓力開關		設定壓力　　kgf/cm² 動作壓力　　kgf/cm²				
	音響警報裝置						
一齊開放閥（含電磁閥）							
緊急停止裝置（高發泡）							
防護區劃法高泡							
耐震措施							
連結送液口							
泡沫射水槍							
綜合檢查							
固定式	幫浦方式	啓動性能	加壓送水裝置				
			表示、警報等				
			運轉電流	A			
			運轉狀況				

		一齊開放閥						
		放射分佈	倍　　kgf/cm² 　%					
	重力水箱方式	表示警報等						
		一齊開放閥						
		放射分布等	倍　　kgf/cm² 　%					
移動式	幫浦方式	啓動性能 加壓送水裝置						
		表示、警報等						
		運轉電流						
		運轉狀況						
		發泡倍率等						
	重力水箱方式	表示警報等						
		發泡倍率等	倍　　kgf/cm² 　%					

備註	

檢查器材	機器名稱	型式	校正年月日	製造廠商	機器名稱	型式	校正年月日	製造廠商

檢查日期	自民國　　年　　月　　日　至民國　　年　　月　　日

檢修人員	姓名		消防設備師（士）	證書字號		簽章	（簽章）
	姓名		消防設備師（士）	證書字號		簽章	
	姓名		消防設備師（士）	證書字號		簽章	
	姓名		消防設備師（士）	證書字號		簽章	

1. 應於「種別‧容量等情形」欄內填入適當之項目。

2. 檢查合格者於判定欄內打「○」；有不良情形時於判定欄內打「×」，並將不良狀況填載於「不良狀況」欄。

3. 對不良狀況所採取之處置情形應填載於「處置措施」欄。

4. 欄內有選擇項目時應以「○」圈選之。

2.7　連結送水管檢修及申報作業基準

一、外觀檢查

(一)送水口

1.檢查方法

(1)周圍狀況

A.確認周圍有無使用上及消防車接近之障礙。

B.確認連結送水管送水口之標示是否適當。

(2)外形

以目視確認送水口有無漏水、變形、異物阻塞等。

2.判定方法

(1)周圍狀況

A.應無消防車接近及送水作業上之障礙。

B.標示應無損傷、脫落、汙損等。

(2)外形

A.快速接頭應無生鏽之情形。

B.應無漏水及砂、小石等異物阻塞現象。

C.設有保護裝置者,該保護裝置應無變形、損傷。

(二)水帶箱等

1.水帶箱

(1)檢查方法

A.周圍狀況

確認周圍有無檢查上及使用上之障礙,及「水帶箱」之標示設置是否適當。

B.外形

以目視及開關操作確認有無變形、損傷,及箱門能否確實開關。

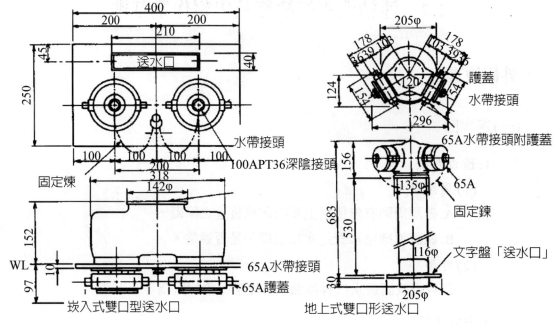

圖2-17　送水口

(2) 判定方法

    A.周圍狀況

        (A) 應無檢查上及使用上之障礙。

        (B) 標示應無汙損、模糊不清部分。

    B.外形

        (A) 應無變形、損傷等。

        (B) 箱門應能確實開關。

2. 水帶及瞄子

    (1) 檢查方法

        以目視確認存放狀態之水帶及瞄子有無變形、損傷等，及有無依所需之數量設置於規定位置。

    (2) 判定方法

        A.應無變形、損傷等。

        B.應將所需之數量設置於規定位置。

3. 出水口

  (1) 檢查方法

    A. 周圍狀況

      (A) 確認周圍有無檢查上及使用上之障礙。

      (B) 確認「出水口」之標示是否正常。

    B. 外形

      以目視確認圖2-18所示之出水口有無漏水、變形等情形，及無異物阻塞。

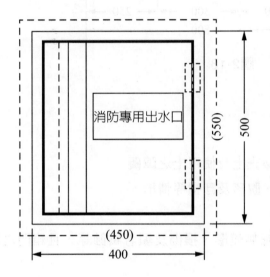

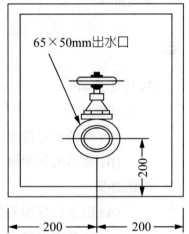

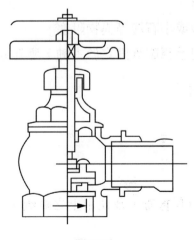

雙口型

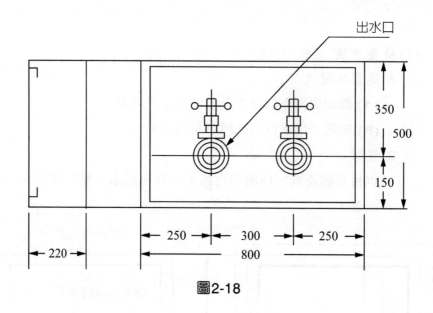

圖2-18

(2) 判定方法

A. 周圍狀況

(A) 周圍應無造成檢查上及使用上之障礙。

(B) 標示應無損傷、脫落及汙損等情形。

B. 外形

(A) 出水口保護箱應無變形、損傷及顯著腐蝕等，且箱門之開關應無異常現象。

(B) 出水口應無導致漏水及水帶連接障礙之變形、損傷及顯著腐蝕等情形。

(C) 應無砂或小石塊等異物阻塞。

(D) 回轉把手應確實固定於主軸，應無鬆動、脫落等情形。

(三) 電動機之控制裝置

1. 檢查方法

(1) 控制盤

A. 周圍狀況

確認周圍有無檢查上及使用上之障礙。

B. 外形

以目測確認有無變形、腐蝕等。

(2) 電壓表

A. 以目視確認有無變形、損傷等。

B. 確認電源電壓是否正常。

(3) 各開關

以目視確認有無變形、損傷等，及開關位置是否正確。

(4) 標示

確認標示是否適當正常。

(5) 備用品等

確認是否備有保險絲、電燈泡等備用品及電氣回路圖等。

2. 判定方法

(1) 控制盤

A. 周圍狀況

應設置於火災不易波及之處所，且周圍應無造成檢查上及使用上之障礙。

B. 外形

應無變形、損傷及顯著腐蝕等。

(2) 電壓計

A. 應無變形、損傷等。

B. 電壓表之指示值應在規定範圍內。

C. 無電壓計者，電源表示燈應處於亮燈狀態。

(3) 各開關

應無變形、損傷及脫落等，且開關位置正常。

(4) 標示

A. 各開關名稱標示應無汙損、模糊不清之情形。

B. 標示銘板應無脫落。

(5) 備用品

A. 應備有保險絲、電燈泡等備用品。

B. 應備有電氣回路圖及操作說明書等。

(四)啟動裝置

1.檢查方法

(1)周圍狀況

確認操作部周圍有無造成檢查上及使用上之障礙，及其標示是否適當。

(2)外形

以目視確認直接操作部及遠隔操作部有無變形、損傷等。

2.判定方法

(1)周圍狀況

A.周圍應無檢查上及使用上之障礙。

B.標示部分應無汙損、模糊不清之情形。

(2)外形

各開關應無變形、損傷之情形。

(五)加壓送水裝置

1.檢查方法

以目視確認幫浦及電動機等有無變形、腐蝕等。

2.判定方法

應無變形、損傷、顯著腐蝕及銘板剝落等。

(六)呼水裝置

1.檢查方法

(1)呼水槽

以目視確認呼水槽有無變形、漏水或腐蝕等，及其水量是否在規定量以上。

(2)閥類

以目視確認給水管等之閥類有無漏水、變形等，及其開、關之位置是否正常。

2.判定方法

(1) 呼水槽

應無變形、損傷、漏水或顯著腐蝕等，且其水量在規定量以上。

(2) 閥類

A.應無漏水、變形、損傷等。

B.「常時開」或「常時關」之標示及開、關位置應正常。

(七)中繼水箱等

1.檢查方法

(1) 中繼水箱

由外部以目視確認有無變形、漏水、腐蝕等情形。

(2) 水位計

以目視確認有無變形、損傷等情形，及其指示值是否正常。

(3) 閥類

以目視確認排水管、補給水管等之閥類有無漏洩、變形等，及其開關位置是否正常。

2.判定方法

(1) 中繼水箱

應無變形、損傷、漏水、顯著腐蝕等。

(2) 水位計

應無變形、損傷等，且其指示值應正常。

(3) 閥類

A.應無漏洩、變形、損傷等。

B.「常時開」或「常時關」之標示及開、關位置應正常。

(八)配管

1.檢查方法

(1) 配管及接頭

以目視確認有無漏洩、變形等，及有無被利用為其它物品之支撐、吊掛之用。

(2) 配管固定支架

以目視確認有無脫落、彎曲、鬆動等。

(3) 閥類

以目視確認有無漏洩、變形等，及其開、關位置是否正常。

2. 判定方法

(1) 配管及接頭

A. 應無漏洩、變形、損傷等。

B. 應無被利用為其他物品之支撐及吊掛之用。

(2) 配管固定支架

應無脫落、彎曲及鬆動等。

(3) 閥類

A. 應無漏洩、變形、損傷等。

B. 「常時開」及「常時關」之標示及開、關位置應正常。

二、性能檢查

(一) 送水口

1. 檢查方法

(1) 確認墊圈有無老化等。

(2) 確認快速接頭與水帶是否容易接合及分開。

2. 判定方法

(1) 墊圈應無老化、損傷等。

(2) 與水帶之接合及分開應能容易進行。

(二) 水帶箱等

1. 檢查方法

(1) 水帶及瞄子

以目視及手操作確認有無損傷、腐蝕及是否容易接合、分開。

(2) 出水口之開關閥

以手操作確認是否容易開、關。

2. 判定方法

(1) 水帶及瞄子

A. 應無損傷、顯著腐蝕等。

B. 接合、分開應能容易進行。

(2) 出水口之開關閥

開、關操作應能容易進行。

(三) 電動機之控制裝置

1. 檢查方法

(1) 各開關

以螺絲起子及開、關操作，檢查端子有無鬆動及開關性能是否正常。

(2) 保險絲

確認有無損傷、熔斷及是否為所規定之種類、容量。

(3) 繼電器

確認有無脫落、端子鬆動、接點燒損、灰塵附著等，並操作各開關使繼電器動作，確認其性能。

(4) 表示燈

操作各開關確認有無正常亮燈。

(5) 結線接續

以目視及螺絲起子，確認有無斷線、端子鬆動等。

(6) 接地

以目視或三用電表確認有無腐蝕、斷線等。

2. 判定方法

(1) 各開關

A. 端子應無鬆動、發熱等。

B. 開、關性能應正常。

(2) 保險絲

A. 應無損傷、熔斷等。

B. 應依電氣回路圖所定之種類、容量設置。

(3) 繼電器

A. 應無脫落、端子鬆動、接點燒損、灰塵附著等。

B. 動作應正常。

(4) 表示燈

應無顯著劣化等，且能正常亮燈。

(5) 結線接續

應無斷線、端子鬆動、脫落、損傷等。

(6) 接地

應無顯著腐蝕、斷線等之損傷。

(四)啓動裝置

1. 檢查方法

操作直接操作部及遠隔操作部之開關，確認加壓送水裝置是否啓動。

2. 判定方法

加壓送水裝置應確實啓動。

(五)加壓送水裝置

1. 電動機

(1) 檢查方法

A. 回轉軸

以手轉動確認是否順暢回轉。

B. 軸承部

確認潤滑油有無顯著汙濁、變質及是否達必要量。

C. 軸接頭

以扳手確認有無鬆動，及其性能是否正常。

D. 本體

操作啓動裝置使其啓動，確認性能是否正常。

(2) 判定方法

A. 回轉軸

應能順暢回轉。

B. 軸承部

潤滑油應無顯著汙濁、變質且充滿必要量。

C. 軸接頭

應無鬆動、脫落，且接合狀態牢固。

D. 本體

應無顯著發熱、異常振動、不規則或間斷之雜音，且回轉方向正確。

(3) 注意事項

除需操作啟動檢查性能外，其餘均需先切斷電源再進行檢查。

2. 幫浦

(1) 檢查方法

A. 回轉軸

以手轉動確認是否順暢回轉。

B. 軸承部

確認潤滑油有無顯著汙濁、變質及是否達必要量。

C. 填料部

確認有無顯著之漏水。

D. 連成表及壓力表

關閉表計之控制閥將水排出，確認指針有無歸零。然後再打開表計之控制閥，操作啟動裝置後，確認指針是否正常動作。

E. 性能

先將幫浦吐出側之制水閥關閉之後，使幫浦啟動，然後緩緩的打開性能測試用配管之制水閥，由流量計及壓力表確認額定負荷運轉及全開點時之性能。

(2) 判定方法

A. 回轉軸

應能順暢回轉。

B. 軸承部

潤滑油應無汙濁、變質或異物侵入等情形，且充滿必要量。

C. 填料部

應無顯著漏水之情形。

D. 連成計及壓力計

歸零之位置及指針動作應正常。

E. 性能

應無異常振動、不規則或不連續的雜音，且於額定負荷運轉及全開點時之吐出壓力及吐出水量均達規定值以上。

(3) 注意事項

除需操作啟動檢查外，其餘均需先切斷電源再進行檢查。

(六) 呼水裝置

1. 檢查方法

(1) 閥類

以手操作確認開、關動作是否能容易進行。

(2) 自動給水裝置

A. 確認有無變形、腐蝕等。

B. 打開排水閥，確認自動給水功能是否正常。

(3) 減水警報裝置

A. 確認有無變形、腐蝕等。

B. 關閉補給水閥，再打開排水閥，確認其功能是否正常。

2. 判定方法

(1) 閥類

開、關動作應能容易進行。

(2) 自動給水裝置

A. 應無變形、損傷、顯著腐蝕等。

B. 當呼水槽之水量減少時，應能自動給水。

(3) 減水警報裝置

A. 應無變形、損傷、顯著腐蝕等。

B. 當水量減少到二分之一時應發出警報。

(七) 中繼水箱等

1. 檢查方法

(1) 水質

打開人孔蓋，以目視及水桶採水，確認有無腐敗、浮游物、沉澱物等。

(2) 給水裝置

以目視確認有無變形、腐蝕等，並操作排水閥，確認其功能是否正常。

(3) 水位計

打開人孔蓋，用檢尺測量水位，確認水位計之指示值。

(4) 閥類

以手操作確認開、關操作是否容易進行。

2. 判定方法

(1) 水質

應無腐敗、浮游物、沉澱物等。

(2) 給水裝置

A.應無變形、損傷、顯著腐蝕等。

B.在減水狀態時應能供水，在滿水狀態下即停止供水。

(3) 水位計

指示值應正常。

(4) 閥類

開、關操作應能容易進行。

(八) 配管

1. 檢查方法

(1) 閥類

以手操作確認開、關操作是否能容易進行。

(2) 排放管

使加壓送水裝置處於關閉運轉之狀態，確認其排水是否正常。

2. 判定方法

(1) 閥類

開關操作應能容易進行。

(2) 排放管

排放水量應大於下列公式所求得之計算值。

$$q = \frac{Ls \times C}{60 \times \triangle t}$$

q：排放水量（L/min）

Ls：幫浦關閉運轉時之出力（kw）

C：860 kcal（1kw時水之發熱量）

△t：30℃（幫浦內水溫之上升限度）

3. 注意事項

排放管之排放水量與設計時之量相比較，應無顯著之差異。

三、綜合檢查

(一)檢查方法

1. 有中繼幫浦者，將其切換至緊急電源狀態下，操作遠隔啓動裝置，確認該幫浦有無啓動。
2. 由該幫浦電動機控制盤之電流表，確認運轉電流是否正常。
3. 由該幫浦之壓力表，確認全閉壓力是否正常。
4. 於幫浦及電動機運轉中，確認有無不規則之間斷聲音或異常振動之情形。

(二)判定方法

1. 由遠隔啓動裝置之操作，應能確實啓動加壓送水裝置。
2. 電動機之運轉電流值應在容許範圍內。
3. 幫浦之全閉壓力應滿足該幫浦性能曲線之全閉壓力。
4. 電動機及幫浦運轉中應無不規則之間斷聲音或異常振動之情形。

(三)注意事項

檢查醫院等場所，因切換成緊急電源可能會造成困擾時，得使用常用電源進行檢查。

連結送水管檢查表

檢查設備名稱		電動機	製造廠：			幫浦	製造廠：	
			型 式：				型 式：	
檢修項目			檢修結果					處置措施
			種別、容量等內容	判定	不良狀況			
外觀檢查								
送水口		周圍狀況						
		外形						
水帶箱等	水帶箱	周圍狀況						
		外形						
	水帶及瞄子							
	出水口	周圍狀況						
		外形						
電動機之控制裝置	控制盤	周圍狀況						
		外形						
	電壓表		V					
	各開關							
	標示							
	備用品等							
啟動裝置								
加壓送水裝置								
呼水裝置	呼水槽							
	閥類							
中繼水箱等	中繼水箱							
	水位計							
	閥類							
配管								
性能檢查								
送水口								
水帶箱等	水帶瞄子							
	開關閥							
電動機之控制裝置	各開關							
	保險絲		A					
	繼電器							
	表示燈							
	結線接續							
	接地							
啟動裝置								

加壓送水裝置	電動機	回轉軸				
		軸承部				
		軸接頭				
		本體				
	幫浦	回轉軸				
		軸承部				
		底部				
		速成表及壓力表				
		性能	kgf/cm² L/min			
呼水裝置		閥類				
		自動給水裝置				
		減水警報裝置				
中繼水箱		水質				
		給水裝置				
		水位計				
		閥類				
配管						
綜合檢查						
加壓送水裝置						
運轉電流			A			
全閉壓力			kgf/cm²			
運轉狀況						
備註						

檢查器材	機器名稱	型式	校正年月日	製造廠商	機器名稱	型式	校正年月日	製造廠商

檢查日期	自民國	年	月	日 至民國	年	月	日

檢修人員	姓名		消防設備師（士）	證書字號		簽章	（簽章）
	姓名		消防設備師（士）	證書字號		簽章	
	姓名		消防設備師（士）	證書字號		簽章	
	姓名		消防設備師（士）	證書字號		簽章	

1. 應於「種別、容量等情形」欄內填入適當之項目。

2. 檢查合格者於判定欄內打「○」；有不良情形時於判定欄內打「×」，並將不良情形填載於「不良狀況」欄。

3. 對不良狀況所採取之處置情形應填載於「處置措施」欄。

4. 欄內有選擇項目時應以「○」圈選之。

2.8　消防專用蓄水池檢修及申報作業基準

一、外觀檢查

(一)水源

1.檢查方法

(1)蓄水池

由外部以目視確認有無變形、漏水、腐蝕等。

(2)水量

以水位計確認。無水位計者，應打開人孔蓋，以檢尺測定之。

2.判定方法

(1)蓄水池

應無變形、損傷、漏水、顯著腐蝕等。

(2)水量

應維持規定水量以上。

(二)進水管投入孔及採水口

1.檢查方法

(1)周圍狀況

A.確認周圍有無使用上及消防車接近之障礙。

B.確認進水管投入孔標示「消防專用蓄水池」或採水口標示「消防專用蓄水池採水口」或「採水口」是否正常。

(2)外形

以目視及開關操作確認有無變形、漏水、阻塞等，及進水管投入孔蓋或採水口護蓋能否確實開關。

2.判定方法

(1)周圍狀況

A.消防車能到達二公尺以內，且使用上應無障礙。

B.標示應無損傷、脫落、汙損等。

(2) 外形

A. 進水管投入孔或採水口護蓋應無變形、損傷，且投入孔蓋或採水口護蓋能確實開關。

B. 採水口應無變形、損傷、顯著腐蝕、異物阻塞等。

3. 注意事項

設有採水幫浦組者，應比照室內消防栓設備檢查要領，進行檢修。

(三) 電動機之控制裝置

1. 檢查方法

(1) 控制盤

A. 周圍狀況

確認周圍有無檢查及使用上之障礙。

B. 外形

以目視確認有無變形、腐蝕等。

(2) 電壓表

A. 以目視確認有無變形、損傷等。

B. 確認電源、電壓是否正常。

(3) 各開關

以目視確認有無變形、損傷及開關位置是否正常。

(4) 標示

確認是否正確標示。

(5) 預備品

確認是否備有保險絲、燈泡、回路圖及說明書等。

2. 判定方法

(1) 控制盤

A. 周圍狀況

應設置於火災不易波及之位置，且周圍應無檢查及使用上之障礙。

B. 外形

應無變形、損傷或顯著腐蝕等。

(2) 電壓表

　　A.應無變形、損傷等。

　　B.電壓表之指示值應在所定之範圍內。

　　C.無電壓表者，電源表示燈應亮著。

(3) 各開關

　　應無變形、損傷、脫落等，且開、關位置應正常。

(4) 標示

　　A.各開關之名稱標示應無汙損及不明顯部分。

　　B.標示銘板應無剝落。

(5) 預備品

　　A.應備有保險絲、燈泡等預備品。

　　B.應備有線路圖及操作說明書等。

(四) 啟動裝置

1. 直接操作部

(1) 檢查方法

　　A.周圍狀況

　　　以目視確認周圍有無檢查及使用上之障礙，及標示是否適當。

　　B.外形

　　　以目視確認直接操作部有無變形、損傷。

(2) 判定方法

　　A.周圍狀況

　　　(A) 應無檢查及使用上之障礙。

　　　(B) 標示應無汙損及不明顯部分。

　　B.外形

　　　開關部分應無變形、損傷之情形。

2. 遠隔操作部

(1) 檢查方法

　　A.周圍狀況

　　　以目視確認周圍有無檢查及使用上之障礙，設於消採水口附近之手動啟動裝置，標示是否適當正常。

B.外形

以目視確認遠隔操作部有無變形、損傷等情形。

(2)判定方法

A.周圍狀況

(A) 應無檢查上及使用上之障礙。

(B) 標示應無汙損或不明顯部分。

B.外形

按鈕、開關應無損傷、變形。

(五)加壓送水裝置

1.檢查方法

以目視確認圖2-19所示之幫浦及電動機等有無變形、腐蝕等。

2.判定方法

應無變形、損傷、顯著腐蝕及銘板剝落等。

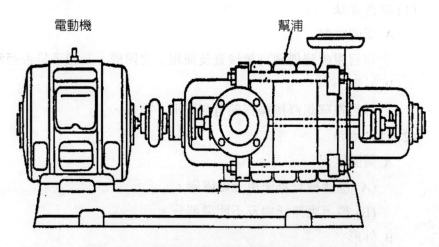

圖2-19　加壓送水裝置（幫浦方式）圖例

(六) 呼水裝置

1. 檢查方法

(1) 呼水槽

以目視確認如圖2-20之呼水槽，有無變形、漏水、腐蝕，及水量是否在規定量以上。

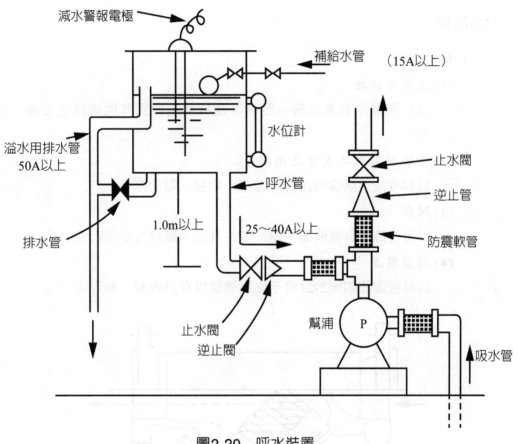

圖2-20　呼水裝置

減水警報電極

補給水管　（15A以上）

水位計

溢水用排水管 50A以上

呼水管

止水閥

逆止管

防震軟管

排水管

1.0m以上

25〜40A以上

止水閥

逆止閥

幫浦　P

吸水管

(2) 閥類

以目視確認給水管之閥類有無洩漏、變形等，及其開關位置是否正常。

2. 判定方法

(1) 呼水槽

應無變形、損傷、漏水、顯著腐蝕等，及水量應在規定量以上。

(2) 閥類

A. 應無洩漏、變形、損傷等。

B. 「常時開」或「常時關」之標示及開關位置應正常。

(七)配管

1. 檢查方法

(1) 立管及接頭

以目視確認有無洩漏、變形等及被利用做為其他東西之支撐、吊架等。

(2) 立管固定用之支撐及吊架

以目視及手觸摸確認有無脫落、彎曲、鬆動等。

(3) 閥類

以目視確認有無洩漏、變形等，及開、關位置是否正常。

(4) 過濾裝置

以目視確認如圖2-21所示之過濾裝置有無洩漏、變形等。

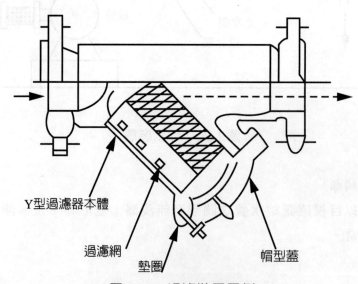

Y型過濾器本體

過濾網

墊圈

帽型蓋

圖2-21　過濾裝置圖例

2.判定方法

　(1)立管及接頭

　　A.應無洩漏、變形、損傷等。

　　B.應無被利用做為其他東西之支撐及吊架等。

　(2)立管固定用之支撐及吊架

　　應無脫落、彎曲、鬆動等。

　(3)閥類

　　A.應無洩漏、變形、損傷等。

　　B.「常時開」或「常時關」之表示及開、關位置應正常。

　(4)過濾裝置

　　應無洩漏、變形、損傷等。

(八)採水口

1.檢查方法

　(1)周圍狀況

　　確認周圍有無檢查及使用上之障礙。

　(2)外形

　　以目視及開、關操作，確認有無變形、損傷等，設有保護箱者確認箱門是否能確實開關。

　(3)標示

　　以目視是否標示「採水口」或「消防專用蓄水池採水口」及字是否適當明顯適當。

　(4)幫浦啟動表示燈

　　以目視確認有無變形、汙損等。

2.判定方法

　(1)周圍狀況

　　應無檢查及使用上之障礙。

　(2)外形

　　A.應無變形、損傷等。

　　B.保護箱面之開關狀況應良好。

(3) 標示

應清晰易於辨識,無汙損變形等缺失。

(4) 幫浦啟動表示燈

A. 應無變形、損傷、脫落、燈泡損壞等。

B. 每一採水口附近應設有紅色啟動表示燈;但設由防災中心遙控啟動,且採水口與防災中心間設有通話聯絡裝置者,不在此限。

二、性能檢查

(一) 水源

1. 檢查方法

(1) 水質

打開人孔蓋以目視及水桶採水確認有無腐敗、浮游物、沉澱物等情形。

(2) 給水裝置

用目視確認有無變形、腐蝕,及操作排水閥確認性能是否正常。

而在排水量非常大的狀況下,採用下列方法確認:

A. 使用水位電極者,折掉其電極回路之配線形成減水狀態,確認其是否能自動給水,其後,再接上回路配線形成滿水狀態,確認能否自動停止給水。

B. 使用浮球時,用手將浮球沒入水中,形成減水狀態確認能否自動給水,其後將浮球還原,形成滿水狀態,確認能否自動停止給水。

2. 判定方法

(1) 水質

應無顯著腐蝕、浮游物、沉澱物等。

(2) 給水裝置

A. 應無變形、損傷、顯著腐蝕等。

B. 於減水狀態時能自動給水,於滿水狀態時能自動停止給水。

3. 注意事項

設有採水幫浦者,應比照室內消防栓設備檢查要領,進行檢修。

(二) 採水口

1. 檢查方法

(1) 本體

確認採水口口徑與型式，襯墊有無老化及進水管之裝接、拆卸是否容易。

(2) 開關閥

用手操作確認開關操作是否能容易進行。

2. 判定方法

(1) 本體

襯墊應無老化及進水管之裝接、拆卸應容易操作。

(2) 開關閥

開關操作應能容易進行。

(三) 電動機之控制裝置

1. 檢查方法

(1) 各開關

以螺絲起子及開、關操作，確認端子有無鬆動及開關性能是否正常。

(2) 保險絲

確認有無損傷、熔斷及是否為所規定之種類及容量。

(3) 繼電器

確認有無脫落、端子鬆動、接點燒損、灰塵附著，並操作各開關使繼電器動作，確認性能。

(4) 表示燈

操作各開關確認有無亮燈。

(5) 結線接續

以目視及螺絲起子確認有無斷線、端子鬆動等。

(6) 接地

以目視或回路計確認有無腐蝕、斷線等。

2. 判定方法

　(1) 各開關

　　　A. 端子應無鬆動、發熱。

　　　B. 開、關性能應正常。

　(2) 保險絲

　　　A. 應無損傷、熔斷。

　　　B. 應依回路圖所規定種類及容量設置。

　(3) 繼電器

　　　A. 應無脫落、端子鬆動、接點燒損、灰塵附著等。

　　　B. 動作應正常。

　(4) 表示燈

　　　應無顯著劣化，且應能正常亮燈。

　(5) 結線接續

　　　應無斷線、端子鬆動、脫落、損傷等。

　(6) 接地

　　　應無顯著腐蝕、斷線等。

(四) 啓動裝置

1. 檢查方法

　(1) 啓動操作部

　　　操作直接操作部及遠隔操作部之開關，確認加壓送水裝置是否能啓動。

　(2) 啓動表示燈

　　　啓動後以目視確認紅色啓動表示燈是否亮燈。

2. 判定方法

　(1) 啓動操作部

　　　加壓送水裝置應能確實啓動。

　(2) 啓動用水壓開關裝置

　　　A. 壓力開關之端子應無鬆動。

　　　B. 設定壓力值應適當，且加壓送水裝置應依設定壓力正常啓動。

(五)加壓送水裝置

1.幫浦方式

(1) 電動機

A.檢查方法

(A) 回轉軸

用手轉動，確認是否能圓滑地回轉。

(B) 軸承部

確認潤滑油有無汙損、變質及是否達必要量。

(C) 軸接頭

以板手確認有無鬆動及性能是否正常。

(D) 本體

操作啓動裝置使其啓動，確認性能是否正常。

B.判定方法

(A) 回轉軸

應能圓滑地回轉。

(B) 軸承部

潤滑油應無汙損、變質，且達必要量。

(C) 軸接頭

應無脫落、鬆動，且接合狀態牢固。

(D) 本體

應無顯著發熱、異常振動、不規則或不連續之雜音，且回轉方向正確。

C.注意事項

除需操作啓動檢查性能外，其餘均需先切斷電源。

(2) 幫浦

A.檢查方法

(A) 回轉軸

用手轉動確認是否能圓滑地轉動。

(B) 軸承部

確認潤滑油有無汙損、變質及是否達必要量。

(C) 底部

確認有無顯著的漏水。

(D) 連成表及壓力表

關掉表計之控制水閥將水排出，確認指針是否指在0之位置，再打開表計之控制水閥，操作啓動裝置確認指針是否正常動作。

(E) 性能

先將幫浦吐出側之制水閥關閉之後，使幫浦啓動，然後緩緩的打開性能測試用配管之制水閥，由流量計及壓力表確認額定負荷運轉及全開點時之性能。

B. 判定方法

(A) 回轉軸

應能圓滑地轉動。

(B) 軸承部

潤滑油應無汙損、變質、混入異物等，且達必要量。

(C) 底座

應無顯著漏水。

(D) 連成表及壓力表

位置及指針之動作應正常。

(E) 性能

應無異常振動、不規則或不連續的雜音，且於額定負荷運轉及全開點時之吐出壓力及吐出水量均達規定值以上。

C. 注意事項

除需操作啓動檢查性能外，其餘均需先行切斷電源。

(六)呼水裝置

1. 檢查方法

(1) 閥類

用手操作確認開、關動作是否容易進行。

(2) 自動給水裝置

A. 確認有無變形、腐蝕等。

B.打開排水閥，確認自動給水性能是否正常。

(3) 減水警報裝置

A.確認有無變形、腐蝕等

B.關閉補給水閥，再打開排水閥，確認減水警報功能是否正常。

(4) 底閥

A.拉上吸水管或檢查用鍊條，確認有無異物附著或阻塞。

B.打開幫浦本體上呼水漏斗之制水閥，確認有無從漏斗連續溢水出來。

C.打開幫浦本體上呼水漏斗之制水閥，然後關閉呼水管之制水閥，確認底閥之逆止效果是否正常。

2. 判定方法

(1) 閥類

開、關動作應能容易進行。

(2) 自動給水裝置

A.應無變形、損傷、顯著腐蝕等。

B.當呼水槽之水量減少時，應能自動給水。

(3) 減水警報裝置

A.應無變形、損傷、顯著腐蝕等。

B.當水量減少至一半前應發出警報。

(4) 底閥

A.應無異物附著、阻塞等吸水障礙。

B.呼水漏斗應能連續溢水出來。

C.呼水漏斗的水應無減少。

(七) 配管

1. 檢查方法

(1) 閥類

用手操作確認開、關動作是否容易進行。

(2) 過濾裝置

分解打開確認過濾網有無變形、異物堆積。

(3) 排放管（防止水溫上升裝置）

使加壓送水裝置啓動呈關閉運轉狀態，確認排放管排水是否正常。

2. 判定方法

(1) 閥類

開、關操作應能容易進行。

(2) 過濾裝置

過濾網應無變形、損傷、異物堆積等。

(3) 排放管

排放水量應在下列公式求出量以上。

$$q = \frac{Ls \times C}{60 \times \triangle t}$$

q：排放水量（L/min）

Ls：幫浦關閉運轉時之出力（kw）

C：860 kcal（1kw時水之發熱量）

△t：30℃（幫浦內部之水溫上升限度）

(4) 注意事項

排放管之排放水量與設置時之排水量比較應無太大之差異。

(八) 耐震措施

1. 檢查方法

(1) 牆壁或地板上貫通部分有無變形、損傷等，並確認防震軟管接頭有無變形、損傷、顯著腐蝕等。

(2) 以目視及板手確認加壓送水裝置等之裝配固定是否有異常。

2. 判定方法

(1) 防震軟管應無變形、損傷、顯著腐蝕等，且牆壁或地板上貫通部分的間隙、充填部分均保持原來施工時之狀態。

(2) 加壓送水裝置的安裝部分所使用之基礎螺絲、螺絲帽，應無變形、損傷、鬆動、顯著腐蝕等，且安裝固定部分應無損傷。

三、綜合檢查

(一)檢查方法

操作直接操作部或遠隔操作啟動裝置，再切換成緊急電源供電之狀態，確認各項性能，於該建築物全部採水口實施放水試驗。

(二)判定方法

1.啟動性能

(1) 加壓送水裝置應確實啟動。

(2) 表示、警報等動作應正常。

(3) 電動機之運轉電流值應在容許範圍內。

(4) 運轉中應無不規則、不連續之雜音或異常之振動、發熱等。

2.出水量

由採水口數及採水幫浦組運轉時之流量計及壓力表確認額定負荷運轉及全開點時之性能是否符合建築物設計採水出水量。

消防專用蓄水池檢查表

檢修設備名稱		幫浦	製造廠： 型　號：			電動機	製造廠： 型　號：
檢修項目			檢修結果				處置措施
			種別、容量等內容	判定	不良狀況		
外觀檢查							
水源		蓄水池	類別				
		水量	m³				
投入孔採水口		周圍狀況					
		外形					
		標示					
		啟動表示燈					
電動機	控制盤	周圍狀況					
		外形					
		電壓表	V				
		各開關					
		標示					
		預備品等					

啓動裝置	直接操作部	周圍狀況				
		外形				
	遠隔操作部	周圍狀況				
		外形				
	加壓送水裝置					
呼水裝置	呼水槽		L			
	閥類					
	配管					
性能檢查						
水源	水質					
	給水裝置					
	本體					
	開關閥					
電動機控制裝置	各開關					
	保險絲		A			
	繼電器					
	表示燈					
	結線接續					
	接地					
啓動裝置	啓動操作部					
	啓動表示燈					
加壓送水裝置	幫浦方式	電動機	回轉軸			
			軸承部			
			軸接頭			
			本體			
		幫浦	回轉軸			
			軸承部			
			底部			
			連成表壓力表			
			性能	kgf/cm² L/min		
	減壓措施					
呼水裝置	閥類					
	自動給水裝置					
	減水警報裝置					
	底閥					

配管	開關閥				
	過濾裝置				
	排放管				
耐震措施					
綜合檢查					
幫浦	啟動性能	加壓送水裝置			
		表示、警報等			
		運轉電流	A		
		運轉狀況			
	出水量		L/min		
備註					

檢查器材	機器名稱	型式	校正年月日	製造廠商	機器名稱	型式	校正年月日	製造廠商

檢查日期	自民國　　　年　　　月　　　日　至民國　　　年　　　月　　　日

檢修人員	姓名		消防設備師（士）	證書字號		簽章	（簽章）
	姓名		消防設備師（士）	證書字號		簽章	
	姓名		消防設備師（士）	證書字號		簽章	
	姓名		消防設備師（士）	證書字號		簽章	

1. 應於「種別、容量等情形」欄內填入適當之項目。

2. 檢查合格者於判定欄內打「○」；有不良情形時於判定欄內打「×」，並將不良狀況填載於「不良狀況」欄。

3. 對不良狀況所採取之處置情形應填載於「處置措施」欄。

4. 欄內有選擇項目時應以「○」圈選之。

2.9 二氧化碳滅火設備檢修及申報作業基準

一、外觀檢查

(一)二氧化碳滅火藥劑儲存容器等

1. 滅火藥劑儲存容器

(1) 檢查方法

A. 外形

(A) 以目視確認儲存容器、固定架、各種計量儀器有無變形、腐蝕等情形。

(B) 以目視確認容器本體是否確實固定於固定架上。

(C) 對照設計圖面,確認設置之鋼瓶數。

B. 設置狀況

(A) 確認是否設在防護區域外,且不需經由防護區劃即可進出之場所。

(B) 確認設置場所是否設有照明設備、明亮窗口,及周圍有無障礙物。並確認是否確保供操作及檢查之空間。

(C) 確認周圍濕度有無過高,及周圍溫度是否在40℃以下,有無日光直射(但低壓式除外)。

(D) 確認有無遭日光曝曬、雨水淋濕之虞。

(2) 判定方法

A. 外形

(A) 應無變形、損傷、明顯腐蝕、生鏽或塗裝剝離等情形。

(B) 以推押容器之方式,確認容器本體應確實固定在固定架或底座上。

(C) 容器瓶數依規定數量設置。

B. 設置狀況

(A) 應設於防護區域外之處所,且為不經防護區劃即可進出之場所。

(B) 具適當採光，且應無檢查及使用上之障礙。

(C) 濕度未過高，無日光直射且溫度在40℃以下。

2. 容器閥等

(1) 檢查方法

以目視確認容器閥有無變形、腐蝕等情形。

(2) 判定方法

無變形、破損、明顯腐蝕等情形。

3. 容器閥開放裝置

(1) 檢查方法

以目視確認容器閥開放裝置有無變形、脫落等情形。

(2) 判定方法

A. 容器閥開放裝置應確實裝接於容器閥本體上，如為電氣式者，導線應無劣化或斷裂，如為氣壓式者，操作管及其連接部分應無鬆弛或脫落之情形。

B. 具有手動啟動裝置之開放裝置，其操作部應無明顯之鏽蝕情形。

C. 應裝設有安全栓或安全插梢，並加封條。

(3) 注意事項

檢查時，為防止產生誤放事故，請勿予以強烈之衝擊。

4. 警報裝置及安全裝置等（限低壓式者）

(1) 檢查方法

A. 設於低壓式儲存容器之警報用接點壓力表、壓力開關等，以目視確認其不得有變形、損傷等情形。

B. 應以目視確認安全裝置、破壞板等不得有損傷等情形。

(2) 判定方法

A. 壓力警報裝置沒有變形、損傷或脫落等情形。

B. 安全裝置等沒有損傷、異物阻塞等情形。

5. 自動冷凍機（限低壓式者）

(1) 檢查方法

A. 以目視確認各種配管及本體有無變形、腐蝕等情形。

B.以目視確認冷凍機之底架有無鬆弛情形，且是否確實固定。

C.設於安全閥、洩放閥及壓力表等裝置之閥類，應確認其是否處於「開」之狀態。

D.確認其有無漏油之情形。

(2) 判定方法

A.各種配管及本體應無變形、損傷、龜裂、塗裝剝離或明顯腐蝕等情形。

B.冷凍機之底架應確實固定。

C.安全閥等閥體應處於「開」之位置。

D.應無漏油之情形。

6.連結管及集合管

(1) 檢查方法

以目視確認有無變形、腐蝕等情形，及是否確實連接。

(2) 判定方法

應無變形、損傷、明顯腐蝕等情形，並應確實連接。

(二)啟動用氣體容器等

1.啟動用氣體容器

(1) 檢查方法

A.外形

(A) 以目視確認有無變形、腐蝕等情形，及是否裝設有容器收存箱。

(B) 確認收存箱之箱門或類似開閉裝置之開關狀態是否良好。

B.標示

確認收存箱之表面是否設有記載該防護區劃名稱或防護對象物名稱及操作方法。

(2) 判定方法

A.外形

(A) 應無變形、損傷、塗裝剝離或明顯腐蝕等情形，且收存箱及容器應確實固定。

(B) 收存箱之箱門開關狀態應良好。

B. 標示

應無損傷、脫落、汙損等情形。

2. 容器閥

(1) 檢查方法

以目視確認容器閥有無變形、腐蝕等情形。

(2) 判定方法

應無變形、損傷、明顯腐蝕等情形。

3. 容器閥開放裝置

(1) 檢查方法

以目視確認容器閥開放裝置有無變形、脫落等情形。

(2) 判定方法

A. 容器閥開放裝置應確實裝接在容器閥本體上，如為電氣式者，導線應無劣化或斷裂，如為氣壓式者，操作管及其連接部分應無鬆弛或脫落之情形。

B. 具有手動啓動裝置之開放裝置，其操作部應無明顯之鏽蝕情形。

C. 應裝設有安全栓或安全插梢。

(3) 注意事項

檢查時，為防止產生誤放事故，請勿予以強烈之衝擊。

(三) 選擇閥

1. 本體

(1) 檢查方法

A. 外形

以目視確認選擇閥有無變形、腐蝕等情形，且是否設於防護區域以外之處所。

B. 標示

應確認其附近是否標明選擇閥之字樣及所屬防護區域或防護對象名稱，且是否設有記載操作方法之標示。

(2) 判定方法

　A. 外形

　　應無變形、損傷、明顯腐蝕等情形，且應設於防護區域以外之處所。

　B. 標示

　　應無損傷、脫落、汙損等情形。

2. 開放裝置

(1) 檢查方法

　以目視確認有無變形、脫落等情形，及是否確實裝設在選擇閥上。

(2) 判定方法

　應無變形、損傷、脫落等情形，且確實裝接在選擇閥上。

(四) 操作管及逆止閥

1. 檢查方法

(1) 以目視確認有無變形、損傷等情形，及是否確實連接。

(2) 核對設計圖面，確認逆止閥裝設位置、方向及操作管之連接路徑是否正常。

2. 判定方法

(1) 應無變形、損傷、明顯腐蝕等情形，且已確認連接。

(2) 依設計圖面裝設配置。

(五) 啟動裝置

1. 手動啟動裝置

(1) 檢查方法

　A. 周圍狀況

　　(A) 確認操作箱周圍有無檢查及使用上之障礙，及設置位置是否適當。

　　(B) 確認啟動裝置及其附近有無標示所屬防護區域名稱或防護對象名稱與標示操作方法、及其保安上之注意事項是否適當。

　　(C) 確認啟動裝置附近有無「手動啟動裝置」標示。

B.外形

(A) 以目視確認操作箱有無變形、脫落等現象。

(B) 確認箱面紅色之塗裝有無剝離、汙損等現象。

C.電源表示燈

確認有無亮燈及其標示是否正常。

(2) 判定方法

A.周圍狀況

(A) 其周圍應無檢查及使用上之障礙，並應設於能看清區域內部且操作後能容易退避之防護區域附近。

(B) 標示應無損傷、脫落、汙損等現象。

B.外形

(A) 操作箱應無變形、損傷、脫落等現象。

(B) 紅色塗裝應無剝離、汙損等現象

C.電源標示燈

保持亮燈，且該標示應有所屬防護區域名稱、防護對象物名稱。

2. 自動啓動裝置

(1) 檢查方法

A.火災探測裝置

準用火警自動警報設備之檢查基準確認之。

B.自動、手動切換裝置

(A) 以目視確認有無變形、脫落等情形，及其切換位置是否正常。

(B) 確認自動、手動及操作方法之標示是否正常。

(2) 判定方法

A.火災探測裝置

準用火警自動警報設備之檢查基準確認之。

B.自動、手動切換裝置

(A) 應無變形、損傷、脫落等情形，且切換位置須處於定位。

(B) 標示應無汙損、模糊不清之情形。

(六)警報裝置

1.檢查方法

(1)以目視確認語音（揚聲器）、蜂鳴器、警鈴等警報裝置有無變形、脫落等現象。

(2)除平時無人駐守者之處所以外，確認設於全區域放射方式之音響警報裝置是否採用人語發音。

(3)確認有無設有音響警報裝置之標示。

2.判定方法

(1)警報裝置應無變形、損傷、脫落等情形。

(2)除平時無人駐守之處所以外，設於全區域放射方式之音響警報裝置應採用人語發音。

(3)警報裝置之標示正常並應設於必要之處所，且無損傷、脫落、汙損等情形。

(七)控制裝置

1.檢查方法

(1)控制盤

A.周圍狀況

確認周圍有無檢查及使用上之障礙。

B.外形

以目視確認有無變形、腐蝕等現象。

(2)電壓計

A.以目視確認有無變形、破損等情形。

B.確認電源電壓是否正常。

(3)開關類

以目視確認有無變形、損傷等情形，及開關位置是否正常。

(4)標示

確認標示是否正常。

(5)備用品等

確認是否備有保險絲、燈泡等備用品及回路圖、操作說明書等。

2. 判定方法

(1) 控制盤

A. 周圍狀況

應設於不易受火災波及之位置，且其周圍應無檢查及使用上之障礙。

B. 外形

應無變形、損傷、明顯腐蝕等現象。

(2) 電壓計

A. 應無變形、損傷等情形。

B. 電壓計之指示值在規定範圍內。

C. 無電壓計者，其電源表示燈應亮燈。

(3) 開關類

應無變形、損傷、脫落等情形，且開關位置正常。

(4) 標示

A. 開關等之名稱應無汙損、模糊不清等情形。

B. 面板不得剝落。

(5) 備用品等

A. 應備有保險絲、燈泡等備用品。

B. 應備有回路圖、操作說明書等。

(八) 配管

1. 檢查方法

(1) 管及接頭

以目視確認有無損傷、腐蝕等情形，且有無供作其他物品之支撐或懸掛吊具等。

(2) 金屬支撐吊架

以目視及手觸摸等方式，確認有無脫落、彎曲、鬆弛等情形。

2. 判定方法

(1) 管及管接頭

A. 應無損傷、明顯腐蝕等情形。

B. 應無作為其他物品之支撐或懸掛吊具。

(2) 金屬支撐吊架

應無脫落、彎曲、鬆弛等情形。

(九) 放射表示燈

1. 檢查方法

以目視確認防護區劃出入口處，設置之放射表示燈有無變形、腐蝕等情形。

2. 判定方法

放射表示燈之設置場所正常，且應無變形、損傷、明顯腐蝕、文字模糊不清等情形。

(十) 噴頭

1. 外形

(1) 檢查方法

以目視確認有無變形、腐蝕等現象。

(2) 判定方法

應無變形、損傷、明顯腐蝕、阻塞等情形。

2. 放射障礙

(1) 檢查方法

以目視確認周圍有無造成放射障礙之物品，及裝設角度是否正常。

(2) 判定方法

A. 周圍應無造成放射障礙之物品。

B. 噴頭之裝設應能將藥劑擴散至整個防護區域或防護對象物，且裝設角度應無明顯偏移之情形。

(十一) 防護區劃

1. 區劃變更

(1) 檢查方法

A. 滅火設備設置後，有無因增建、改建、變更等情形，造成防護區劃

之容積及開口部增減之情形，應核對設計圖面確認之。

B.局部放射方式者，其防護對象物之形狀、數量、位置等有無變更，應核對設計圖面確認之。

C.附門鎖之開口部，應以手動方式確認其開關狀況。

(2) 判定方法

A.開口部不得設於面對安全梯間、特別安全梯間或緊急升降機間。

B.位於樓地板高度三分之二以下之開口部，因有降低滅火效果之虞或造成保安上之危險，應設有自動關閉裝置。

C.未設自動關閉裝置之開口部總面積，供電信機械室使用時，應在圍壁面積百分之一以下，其他處所則應在防護區域體積值或圍壁面積值兩者中之較小數值百分之十以下。

D.設有自動門鎖者，應符合下列規定。

(A) 應裝置完整，且門之關閉確實順暢。

(B) 應無門檔、障礙物等物品，且平時保持關閉狀態。

2.開口部之自動關閉裝置

(1) 檢查方法

以目視確認有無變形、損傷等情形。

(2) 判定方法

應無變形、損傷、明顯腐蝕等情形。

(十二) 緊急電源（限內藏型者）

1.外形

(1) 檢查方法

以目視確認蓄電池本體周圍之狀況，有無變形‧損傷、洩漏、腐蝕等現象。

(2) 判定方法

A.設置位置之通風換氣應良好，且無灰塵、腐蝕性氣體之滯留及明顯之溫度變化等情形。

B.蓄電池組支撐架應堅固。

C.應無明顯變形、損傷、龜裂等情形。

D.電解液應無洩漏，且導線連接部應無腐蝕之情形。

2.標示

(1)檢查方法

確認是否正常設置。

(2)判定方法

應標示額定電壓值及容量。

(3)注意事項

符合標準之蓄電池設備，應確認其有合格標示。

(十三) 皮管、管盤、瞄子及瞄子開關閥

1.周圍狀況

(1)檢查方法

確認設置場所是否容易接近，且周圍有無妨礙操作之障礙物。

(2)判定方法

周圍應無檢查及使用上之障礙。

2.外形

(1)檢查方法

以目視確認收捲狀態之皮管有無變形、腐蝕等現象。

(2)判定方法

A.皮管應整齊收捲於管盤上，且皮管應無變形、明顯龜裂等老化現象。

B.皮管、管盤、瞄子及瞄子開關閥應無變形、損傷、顯著腐蝕等情形，且瞄子開關閥應在「關」之位置。

(十四) 標示燈及標示（限移動式）

1.檢查方法

確認標示燈「移動式二氧化碳滅火設備」之標示，是否正常設置。

2.判定方法

(1) 標示燈應無變形、損傷等情形，且正常亮燈。

(2) 標示應無損傷、脫落、汙損等情形。

二、性能檢查

(一)二氧化碳滅火藥劑儲存容器等

1. 高壓式

(1) 滅火藥劑量

A. 檢查方法

依下列方法確認之。

(A) 使用台秤測定計之方法。

a. 將裝設在容器閥之容器閥開放裝置、連接管、操作管及容器固定器具取下。

b. 將容器置於台秤上，測定其重量計算至小數點第一位。

c. 藥劑量則為測定值扣除容器閥及容器重量後所得之值。

(B) 使用水平液面計之方法

a. 插入水平液面計電源開關，檢查其電壓值。

b. 使容器維持平常之狀態，將容器置於液面計探針與放射源之間。

c. 緩緩使液面計檢出部上下方向移動，當發現儀表指針振動差異較大時，由該位置即可求出自容器底部起之藥劑存量高度。

d. 液面高度與藥劑量之換算，應使用專用之換算尺為之。

B. 判定方法

將藥劑量之測定結果與重量表或圖面明細表核對，其差值應在充填值10%以下。

C. 注意事項

(A) 以水平液面計測定時

a. 不得任意卸取放射線源（鈷60），萬一有異常時，應即時連絡專業處理單位。

b. 鈷60有效使用年限約為3年，如已超過時，應即時連絡專業單位處理或更換。

c. 使用具放射源者，應經行政院原子能源委員會許可登記。

(B) 共同事項

　　a.因容器重量頗重，有傾倒或操作時應加以注意。

　　b.測量後，應將容器號碼、充填量記載於重量表、檢查表上。

　　c.二氧化碳之充填比應在1.5以上。

(2) **容器閥開放裝置**

　A.電氣式容器閥之開放裝置

　　(A) 檢查方法

　　　a.將裝設在容器閥之容器閥開放裝置取下，確認撞針有無彎曲、斷裂或短缺等情形。

　　　b.操作手動啟動裝置，確認電氣動作是否正常。

　　　c.拔下安全栓或安全插銷，以手動操作，確認動作是否正常。

　　　d.動作後之復歸，應確認於切斷通電或復舊操作時，是否可正常復歸定位。

　　　e.取下端子部之護蓋，以螺絲起子確認端子有無鬆動現象。

　　(B) 判定方法

　　　a.撞針應無彎曲、斷裂或短缺等情形。

　　　b.以規定之電壓可正常動作，並可確實以手動操作。

　　　c.應無端子鬆動、導線損傷、斷線等情形。

　　(C) 注意事項

　　　操作手動啟動裝置時，應將所有電氣式容器閥開放裝置取下。

　B.氣壓式容器閥之開放裝置

　　(A) 檢查方法

　　　a.將裝設在容器閥之容器閥開放裝置取下，確認活塞桿或撞針有無彎曲、斷裂或短缺等情形。

　　　b.具有手動操作功能者，將安全栓拔下，以手動方式使其動作，確認撞針之動作，彈簧之復歸動作是否正常。

　　(B) 判定方法

　　　a.活塞桿、撞針應無彎曲、斷裂或短缺等情形。

　　　b.動作及復歸動作應正常。

2. 低壓式

(1) 滅火藥劑量

A. 檢查方法

以液面計確認藥劑是否依規定量充填。

B. 判定方法

藥劑儲存量應在規定量以上。

(2) 液面計及壓力表

A. 檢查方法

(A) 確認有無變形、損傷等情形，並以肥皂水測試連接部分是否有洩漏等現象。

(B) 確認各種壓力表是否指示在規定之壓力值。

B. 判定方法

(A) 應無變形、損傷、洩漏等情形。

(B) 指示值應正常。

(3) 警報裝置及安全裝置等

A. 檢查方法

暫時將開關閥關閉，取下附接點之壓力表、壓力開關及安全閥等，使用試驗用氮氣確認其動作有無異常。

B. 判定方法

警報裝置等應在下列動作壓力範圍內動作，且功能正常。

$$\left.\begin{array}{l} 37 \text{ kgf/cm}^2 \\ 30 \text{ kgf/cm}^2 \end{array}\right\} 破壞板動作壓力$$

25 kgf/cm^2　安全閥起噴壓力

23 kgf/cm^2　壓力上升警報

$$\left.\begin{array}{l} 22 \text{ kgf/cm}^2 \quad 冷凍機啓動 \\ 21 \text{ kgf/cm}^2 \quad 冷凍機停止 \end{array}\right\} 常用壓力範圍$$

19 kgf/cm^2　壓力下降警報

C. 注意事項

(A) 關閉安全閥、壓力表之開關時，最好會同高壓氣體作業人員共同進行。

(B) 檢查後，務必將安全閥、壓力表之開關置於「開」之位置。

(4) 自動冷凍機

   A.檢查方法

     (A) 冷凍機啓動‧停止功能之檢查，應依前項(3)之規定，使接點壓力表動作，確認其運轉狀況是否正常。

     (B) 冷媒管路系統，應以肥皂水測試，確認其有無洩漏之情形。

     (C) 冷媒管路系統中裝設有液態氨者，須確認運轉中液態氨白色泡沫之發生狀態。

   B.判定方法

     (A) 冷凍機應正常運轉。

     (B) 冷凍機運轉中，不得發現白色泡沫持續發生1～2分鐘以上。

3. 連結管及集合管

  (1) 檢查方法

    以扳手確認連接部分有無鬆動之情形。

  (2) 判定方法

    連接部分應無鬆動現象。

(二)啓動用氣體容器等

1. 氣體量

  (1) 檢查方法

    依下列規定確認之。

    A.將裝在容器閥之容器閥開放裝置、操作管卸下，自容器收存箱中取出。

    B.使用可測定達20kg之彈簧秤或秤重計，測量容器之重量。

    C.核對裝設在容器上之面板或重量表所記載之重量。

  (2) 判定方法

    二氧化碳之重量，其記載重量與測得重量之差值，應在充填量10%以下。

2. 容器閥開放裝置

  (1) 檢查方法

    A.電氣式者，準依前(一)之1之(1)之A規定確認之。

B.手動式者，應將容器閥開放裝置取下，以確認活塞桿或撞針有無彎曲、斷裂或短缺等情形，及手動操作部之安全栓或封條是否能迅速脫離。

(2) 判定方法

A.活塞桿、撞針等應無彎曲、斷裂或短缺等情形。

B.應可確實動作。

(三) 選擇閥

1. 閥本體

(1) 檢查方法

A.以扳手確認連接部分有無鬆動等現象。

B.以試驗用氣體確認其功能是否正常。

(2) 判定方法

連接部分不得有鬆弛等情形，且性能應正常。

2. 開放裝置

(1) 電氣式選擇閥開放裝置

A.檢查方法

(A) 取下端子部之護蓋，確認末端處理、結線接續之狀況是否正常。

(B) 操作供該選擇閥使用之啟動裝置，使開放裝置動作。

(C) 啟動裝置復歸後，在控制盤上切斷電源，以拉桿復歸方式，使開放裝置復歸。

(D) 以手動操作開放裝置，使其動作後，依前(C)之同樣方式使其復歸。

B.判定方法

(A) 以端子盤連接者，應無端子螺絲鬆動，及端子護蓋脫落等現象。

(B) 以電氣操作或手動操作均可使其確實動作。

(C) 選擇閥於「開」狀態時，拉桿等之扣環應成解除狀態。

C.注意事項

與儲存容器之電氣式開放裝置連動者，應先將開放裝置自容器閥取

下。

(2) 氣壓式選擇閥開放裝置

A. 檢查方法

(A) 使用試驗用二氧化碳容器（內容積1公升以上，二氧化碳藥劑量0.6kg以上），自操作管連接部加壓，確認其動作是否正常。

(B) 移除加壓源時，選擇閥由彈簧之動作或操作拉桿，確認其有無復歸。

B. 判定方法

(A) 活塞桿應無變形、損傷之情形，且動作確實。

(B) 選擇閥於「開」狀態時，確認插梢應呈突出狀態，且拉桿等之扣環應成解除狀態。

C. 注意事項

實施加壓試驗時，操作管連接於儲存容器開放裝置者，應先將開放裝置自容器閥取下

(四) 操作管及逆止閥

1. 檢查方法

(1) 以扳手確認連接部分有無鬆弛等現象。

(2) 取下逆止閥，以試驗用氣體確認其功能有無正常。

2. 判定方法

(1) 連接部分應無鬆動等現象。

(2) 逆止閥之功能應正常。

(五) 啟動裝置

1. 手動啟動裝置

(1) 操作箱

A. 檢查方法

由開、關操作確認箱門是否能確實開關。

B. 判定方法

箱門應能確實開、關。

(2) 警報用開關

  A. 檢查方法

    打開箱門，確認警報用開關不得有變形、損傷等情形，及警報裝置有無正常鳴響。

  B. 判定方法

    (A) 操作箱之箱門打開時，該系統之警報裝置應能正常鳴響。

    (B) 應無變形、損傷、脫落、端子鬆動、導線損傷、斷線等現象。

  C. 注意事項

    警報用開關與操作箱之箱門間未設有微動開關者，當操作警報用按鈕時，警報裝置應能正常鳴響。

(3) 按鈕等

  A. 檢查方法

    (A) 將藥劑儲存容器或啓動用氣體容器之容器閥開放裝置自容器閥取下，打開操作箱箱門，確認按鈕等有無變形、損傷等情形。

    (B) 操作該操作箱之放射用啓動按鈕或放射用開關，以確認其動作狀況。

    (C) 再進行上述試驗，於遲延裝置之時間範圍內，當操作緊急停止按鈕或緊急停止裝置時，確認容器閥開放裝置是否動作。

  B. 判定方法

    (A) 應無變形、損傷、端子鬆動等情形。

    (B) 放射用啓動按鈕應於警報音響動作後始可操作。

    (C) 操作放射用啓動按鈕後，遲延裝置開始動作，電氣式容器閥開放裝置應正常動作。

    (D) 緊急停止功能應正常。

(4) 標示燈

  A. 檢查方法

    操作開關，以確認有無亮燈。

  B. 判定方法

    應無明顯之劣化情形，且應正常亮燈。

2. 自動啟動裝置

(1) 火災探測裝置

A. 檢查方法及判定方法

有關其檢查，準用火警自動警報設備之檢查要領確認之。

B. 注意事項

受信總機或專用控制盤上之自動、手動切換裝置，應置於「手動」之位置。

(2) 自動、手動切換裝置

A. 檢查方法

(A) 將儲存容器用或啟動氣體容器用之容器閥開放裝置自容器閥取下。

(B) 如為「自動」時，將切換裝置切換至「自動」之位置，使探測器或受信總機內探測器回路之端子短路。

(C) 如為「手動」時，將切換裝置切換至「手動」之位置，使探測器或受信總機內探測器回路之端子短路。

(D) 應依每一防護區域或防護對象物分別確認其功能。

B. 判定方法

下列功能應正常。

(A) 如為「自動」時

a. 警報裝置鳴動。

b. 火警表示燈亮燈。

c. 遲延裝置動作。

d. 通風換氣裝置停止。

e. 容器閥開放裝置動作。

(B) 如為「手動」時

a. 警報裝置鳴動。

b. 火警表示燈亮燈。

C. 注意事項

(A) 檢查時應一併進行警報裝置、控制裝置之性能檢查。

(B) 使裝置動作時，應先將容器閥開放裝置取下才進行。

(3) 自動、手動切換表示燈

　　A.檢查方法

　　　確認是否能正常亮燈。

　　B.判定方法

　　　應無明顯劣化之情形，且應正常亮燈。

(六)警報裝置

1.音響警報

(1) 檢查方法

　　A.每一防護區域或防護對象物，應進行探測器或手動啓動裝置之警報操作，以確認有無正常鳴動。

　　B.音量應使用噪音計測定之。

(2) 判定方法

　　每一防護區域或防護對象物之警報系統應正確，且距警報裝置一公尺處之音量應在九十分貝以上。

2.音聲警報（語音警告）

(1) 檢查方法

　　依前項檢查要領，連續進行兩次以上，在發出正常之警鈴等警告音響後，確認有無發出語音警報。

(2) 判定方法

　　A.警報系統動作區域正確，且距揚聲器一公尺處之音量應在九十分貝以上。

　　B.語音警報啓動後，須先發出警鈴等警告音響，再播放退避之語音內容。

(七)控制裝置

1.開關類

(1) 檢查方法

　　以螺絲起子及開關操作確認端子有無鬆動，及開關功能是否正常。

(2) 判定方法

　　A. 端子應無鬆動，且無發熱之情形。

　　B. 應可正常開、關。

2. 遲延裝置

(1) 檢查方法

　　遲延裝置之動作時限，應依前(五)之啟動裝置檢查方法進行檢查，操作啟動按鈕後，測定至容器閥開放裝置動作所需時間。

(2) 判定方法

　　動作時限應在20秒以上，且在設計時之設定值範圍內。

(3) 注意事項

　　使裝置動作時，應先將容器閥開放裝置取下才進行。

3. 保險絲類

(1) 檢查方法

　　A. 確認有無損傷、熔斷之情形及是否為規定之種類及容量。

(2) 判定方法

　　A. 應無損傷、熔斷之情形。

　　B. 應依回路圖上所示之種類及容量設置。

4. 繼電器

(1) 檢查方法

　　確認有無脫落、端子鬆動、接點燒損、灰塵附著等情形，並藉由開關之操作，使繼電器動作，以確認其功能。

(2) 判定方法

　　A. 應無脫落、端子鬆動、接點燒損、灰塵附著等情形。

　　B. 應正常動作。

5. 標示燈

(1) 檢查方法

　　由開關操作，以確認有無亮燈。

(2) 判定方法

　　應無明顯之劣化情形，且應正常亮燈。

6.結線接續

(1) 檢查方法

以目視及螺絲起子確認有無斷線、端子鬆動等情形。

(2) 判定方法

應無斷線、端子鬆動、脫落、損傷等情形。

7.接地

(1) 檢查方法

以目視或三用電表，確認有無腐蝕、斷線等情形。

(2) 判定方法

應無顯著腐蝕、斷線等之損傷現象。

(八) 放射表示燈

1.檢查方法

以手動方式使壓力開關動作，或使控制盤內之表示回路端子短路，以確認有無亮燈。

2.判定方法

應正常亮燈。

(九) 防護區劃

1.自動關閉裝置

(1) 以電氣動作者（鐵捲門、馬達、閘板）

A.檢查方法

操作手動啟動裝置，確認自動關閉裝置之關閉狀態有無異常。

B.判定方法

(A) 各自動關閉裝置均應確實動作，且於遲延裝置之動作時限內達到關閉狀態。

(B) 對於設在出入口之鐵捲門，或無其他出入口可退避者，應設有當操作啟動按鈕後，於延遲時間內可完全關閉之遲延裝置，及鐵捲門關閉後，滅火藥劑方能放射出之構造。

C.注意事項

操作手動啓動裝置時，應先將容器閥開放裝置取下後再進行。

(2) 以氣壓動作者（閘板等）

A.檢查方法

(A) 使用試驗用氣體（試驗用啓動氣體、氮氣或空氣），連接通往自動關閉裝置之操作管。

(B) 釋放試驗用氣體，確認自動關閉裝置之關閉狀態有無異常。

(C) 確認有無氣體自操作管、自動關閉裝置洩漏，自動關閉裝置於釋放加壓壓力後有無自動復歸，及其復歸狀態是否異常。

B.判定方法

(A) 所有自動關閉裝置均應能確實動作。

(B) 如為復歸型者，應能確實復歸。

C.注意事項

使用氮氣或空氣時，應加壓至大約30kgf/cm^2。

2.換氣裝置

(1) 檢查方法

操作手動啓動裝置，確認換氣裝置於停止狀態時有無異常。

(2) 判定方法

所有換氣裝置，應於遲延裝置之動作時限範圍內確實保持停止狀態。

(3) 注意事項

A.操作手動啓動裝置時，應先將容器閥開放裝置取下後再進行。

B.換氣裝置如與滅火後之滅火藥劑排出裝置共用時，應自防護區域外進行復歸運轉。

(十)緊急電源（限內藏型者）

1.端子電壓

(1) 檢查方法

A.以電壓計測定確認充電狀態通往蓄電池充電回路之端子電壓。

B.操作電池試驗用開關，由電壓計確認其容量是否正常。

(2) 判定方法

A. 應於充電裝置之指示範圍內。

B. 操作電池試驗用開關約三秒，該電壓計安定時之容量，應在電壓計之規定電壓值範圍內。

(3) 注意事項

進行容量試驗時，約三秒後，俟電壓計之指示值穩定，再讀取數值。

2. 切換裝置

(1) 檢查方法

切斷常用電源，以電壓計或由電源監視用表示燈確認電源之切換狀況。

(2) 判定方法

A. 緊急電源之切換可自動執行。

B. 復舊狀況正常。

3. 充電裝置

(1) 檢查方法

以三用電表確認變壓器、整流器等之功能。

(2) 判定方法

A. 變壓器、整流器等應無異常聲音、異臭、異常發熱、顯著灰塵或損傷等情形。

B. 電流計或電壓計應指示在規定值以上。

C. 具有充電電源監視燈者，應正常亮燈。

4. 結線接續

(1) 檢查方法

以目視及螺絲起子確認有無斷線、端子鬆動等情形。

(2) 判定方法

應無斷線、端子鬆動、脫落、損傷等情形。

(十一) 皮管、管盤、噴嘴及噴嘴開關閥

1. 皮管

(1) **檢查方法**

A. 自管盤將皮管取出，旋轉皮管與金屬接頭部分，確認其有無鬆動現象。

B. 確認整條皮管有無因老化產生割裂或明顯龜裂等現象。

C. 自皮管接頭至噴嘴之長度，應確認是否維持設置時之狀態。

(2) **判定方法**

皮管連接部應無鬆動，皮管損傷、老化等情形，且皮管長度應在二十公尺以上。

2. 管盤

(1) **檢查方法**

取出皮管，確認其是否可容易收捲。

(2) **判定方法**

皮管之拉取、收捲應保持順暢。

3. 噴嘴

(1) **檢查方法**

A. 確認皮管、握把、噴嘴之連接部應無鬆動之情形，噴嘴有無因灰塵、塵垢而造成阻塞現象。

B. 手持噴嘴握把部分，確認其有無適當之危害防止措施。

(2) **判定方法**

噴嘴應無堵塞、顯著腐蝕等情形，握把部分應有為防止凍傷而設置之木製或合成樹脂製把手，且應無損傷、脫落之現象。

4. 噴嘴開關閥

(1) **檢查方法**

以手動操作噴嘴開關閥，確認其動作是否適當。

(2) **判定方法**

開關閥之開關應能容易操作。

(十二) 耐震措施

1. 檢查方法

(1) 應確認設於容許變位量較大部分之可撓式管接頭及貫穿牆、樓地板部分，有無變形、損傷等情形，及耐震措施是否恰當。

(2) 以目視及螺絲起子確認儲存容器等之支撐固定架有無異常。

2. 判定方法

(1) 可撓式管接頭等應無變形、損傷、明顯腐蝕等情形，且貫穿牆、樓地板部分之間隙、充填部，應維持設置施工時之狀態。

(2) 使用在儲存容器等之支撐固定架之錨定螺栓、螺帽，應無變形、損傷、鬆動、明顯腐蝕等情形，且支撐固定架應無損傷。

三、綜合檢查

(一) 全區放射方式及局部放射方式

將電源切換為緊急電源狀態，依下列各點進行檢查。當放射區域在2區以上時，每次檢查應避免選擇同一區域內重複檢查，應依序進行檢查。

1. 全區放射方式

(1) 檢查方法

A. 高壓式者依下列規定

(A) 應進行放射試驗其放射試驗所需之藥劑量，為該放射區域所設儲存容器瓶數之10%以上（小數點以下有尾數時進一）。

(B) 檢查時應注意下列事項。

a. 檢查後，對藥劑再充填期間所使用之儲存容器，應準備與放射儲存容器同一產品之同樣瓶數。

b. 使用啟動用氣體容器之設備者，應準備與a相同之數量。

c. 應準備必要數量供塞住集合管部分或容器閥部及操作管部之帽蓋或塞子。

(C) 檢查前，應就儲存容器部分事先備好下列事項。

a. 暫時切斷控制盤等電源設備。

b.供放射用之儲存容器，應與容器閥開放裝置及操作管連接。

c.除放射用儲存容器外，應取下連接管，用帽蓋等塞住集合管。

d.應塞住放射用以外之操作管。

e.確認除儲存容器部外，其他部分是否處於平常設置狀態。

f.控制盤等之設備電源，應在「開」之位置。

(D) 檢查時，啟動操作應就下列方式擇一進行。

a.手動式，應操作手動啟動裝置使其啟動。

b.自動式，應將自動、手動切換裝置切換至「自動」位置，以探測器動作、或使受信機、控制盤探測器回路端子短路使其啟動。

B.低壓式，應依下列事項。

(A) 應進行放射試驗，其放射試驗所需之藥劑量，為該放射區域所設滅火藥劑量之10%以上，或使用四十公升氮氣五瓶以上作為替代藥劑放射。

(B) 檢查應依下列事項進行。

a.啟動裝置、警報裝置、遲延裝置、換氣裝置、自動關閉裝置（以氣壓動作者除外）等，應依前述性能檢查之要領個別實施，以確認其動作是否確實。

b.放射檢查，應依下列任一方式確認其動作是否確實。

(a)以手動操作儲存容器之放出閥或閉止閥及選擇閥，藉液面計確認其藥劑量，並放射至防護區域或防護對象物，以確認其放射系統、氣壓動作之自動關閉裝置及放射表示燈之動作狀況。

(b)使用氮氣進行時，將氮氣減壓至規定壓力值作為壓力源，連接於放射區域之選擇閥等，以手動操作選擇閥使其放射，確認氣壓動作之自動關閉裝置及放射表示燈之動作狀況。

(2) 判定方法

A.警報裝置應確實鳴響。

B.遲延裝置應確實動作。

C.開口部等之自動關閉裝置應能正常動作，換氣裝置應確實停止。

D.指定防護區劃之啓動裝置及選擇閥能確實動作，可放射試驗用氣體。

E.配管內之試驗用氣體應無洩漏情形。

F.放射表示燈應確實亮燈。

(3) 注意事項

A.完成檢查後，如爲高壓式者，應將檢查時使用之儲存容器等換爲替代容器，進行再充塡。

B.在未完成完全換氣前，不得進入放射區域。遇不得已之情形非進入時，應著空氣呼吸器。

C.檢查結束後，應將所有回復定位。

2.局部放射方式

(1) 檢查方法

準依前1.(1)之規定進行確認。

(2) 判定方法

A.警報裝置應確實鳴響。

B.指定系統之啓動裝置及選擇閥應能確實動作，且可放射二氧化碳。

C.配管內之二氧化碳應無洩漏情形。

(3) 注意事項

準依前1.(3)之規定。

(二)移動式

1.檢查方法

(1) 進行放射試驗，其所需試驗用氣體量爲五支噴射瞄子內以該設備一具儲存容器量爲之。

(2) 檢查後，供藥劑再充塡期間所使用之儲存容器替代設備，應準備與放射儲存容器同一型式之產品一支。

(3) 放射用之儲存容器應處於正常狀態，其它容器，應採取適當塞住其容器閥之措施。

(4) 以手動操作拉出皮管，確認放射狀態是否正常。

2.判定方法

(1) 指定之容器閥開放裝置動作，皮管拉出及瞄子開關閥應無異常之情形，可正常放射二氧化碳。

(2) 皮管及皮管連接部分應無二氧化碳之洩漏。

3.注意事項

(1) 完成檢查後，高壓式者，應將檢查時使用之儲藏容器等換為替代容器，進行再充填。

(2) 完成檢查後，應將所有裝置回復定位。

二氧化碳滅火設備檢查表

區劃名稱：　　設備方式：□全區□局部□移動

檢修項目			檢修結果			處置措施
			種別、容量等內容	判定	不良狀況	
外觀檢查						
二氧化碳滅火藥劑儲存容器等	滅火藥劑儲存容器	外形				
		設置狀況				
	容器閥等					
	容器閥開放裝置					
	警報裝置等					
	自動冷凍機					
	連結管、集合管					
啟動用氣體容器等	啟動用氣體容器	外形				
		標示				
	容器閥等					
	容器閥開放裝置					
選擇閥	本體	外形				
		標示				
	開放裝置					
	操作管、逆止閥					

啓動裝置	手動啓動裝置	周圍狀況				
		外形				
		電源表示燈	V			
	自動啓動裝置	火災探測裝置				
		自動手動切換裝置				
警報裝置						
控制裝置	控制盤	周圍狀況				
		外形				
	電壓計		V			
	開關類					
	標示					
	備用品等					
配管						
放射表示燈						
噴頭	外形					
	放射障礙					
防護區劃	區劃變更					
	開口部自動關閉裝置					
緊急電源	外形					
	標示					
皮管等	周圍狀況					
	外形					
標示燈及標示						
性能檢查						
二氧化碳滅火藥劑儲存容器	高壓式	滅火藥劑量		L× 支		
		容器閥開放裝置	電氣式			
			氣壓式			
	低壓式	滅火藥劑量		kg		
		液面計及壓力表				
		警報裝置等				

		自動冷凍機			
		連結管及集合管			
啓動用氣體容器		氣體量	公升×　　支		
		容氣閥開放裝置			
選擇閥		閥本體			
	開放裝置	電氣式			
		氣壓式			
	操作管及逆止閥				
啓動裝置	手動啓動裝置	操作箱			
		警報用開關			
		按鈕等			
		標示燈			
	自動啓動裝置	火災探測裝置	□專用　□兼用		
		切換裝置			
		切換表示燈			
警報裝置		音響裝置			
		音聲警報	dB		
控制裝置		開關類	秒		
		遲延裝置			
		保險絲類	A		
		繼電器			
		標示燈			
		結線接續			
		接地			
放射表示燈			V		
防護區劃					
緊急電源		端子電壓	V		
		切換裝置			
		充電裝置			
		結線接續			

	皮管	m			
皮管等	管盤				
	噴嘴				
	噴嘴開關閥				
耐震措施					
綜合檢查					
全區放射方式	警報裝置				
	遲延裝置	秒			
	開口部自動關閉裝置				
	啓動裝置、選擇閥				
	二氧化碳無洩漏				
	放射表示燈				
局部放出方式	警報裝置				
	啓動裝置、選擇閥				
	二氧化碳無洩漏				
移動式	瞄子開關閥				
	二氧化碳無洩漏				
備註					

檢查器材	機器名稱	型式	校正年月日	製造廠商	機器名稱	型式	校正年月日	製造廠商

檢查日期	自民國　　　年　　　月　　　日　至民國　　　年　　　月　　　日					
檢修人員	姓名		消防設備師（士）	證書字號	簽章	（簽章）
	姓名		消防設備師（士）	證書字號	簽章	
	姓名		消防設備師（士）	證書字號	簽章	
	姓名		消防設備師（士）	證書字號	簽章	

1. 應於「種別、容量等情形」欄內填入適當之項目。
2. 檢查合格者於判定欄內打「○」；有不良情形時於判定欄內打「×」，並將不良情形填載於「不良狀況」欄。
3. 對不良狀況所採取之處置情形應填載於「處置措施」欄。
4. 欄內有選擇項目時應以「○」圈選之。

2.10　乾粉滅火設備檢修及申報作業基準

一、外觀檢查

(一)蓄壓式乾粉滅火藥劑儲存容器等

1.滅火藥劑儲存容器

(1)檢查方法

A.外形

(A) 以目視確認儲存容器、固定架、各種計量儀器有無變形、腐蝕等情形。

(B) 以目視確認容器本體是否確實固定於固定架上。

B.設置狀況

(A) 確認是否設在防護區域外,且不需經由防護區劃即可進出之場所。

(B) 確認設置場所是否設有照明設備、明亮窗口,及周圍有無障礙物。並確認是否確保供操作及檢查之空間。

(C) 確認周圍濕度有無過高,及周圍溫度是否在40℃以下。

(D) 確認有無遭日光曝曬、雨水淋濕之虞。

(2)判定方法

A.外形

(A) 應無變形、損傷、明顯腐蝕、生鏽或塗裝剝離等情形。

(B) 以推押容器之方式,確認容器本體應確實固定在固定架或底座上。

B.設置狀況

(A) 應設在防護區域外之處所,且為不經防護區劃即可進出之場所。

(B) 具適當採光,且應無檢查及使用上之障礙。

(C) 濕度未過高,且溫度在40℃以下。

(D) 應無遭日光曝曬、雨水淋濕之虞。

C.標示

應無損傷、脫落、汙損等情形。

2.容器閥等

(1)檢查方法

以目視確認容器閥有無變形、腐蝕等情形。

(2)判定方法

應無變形、損傷、明顯腐蝕等情形。

3.壓力表

(1)檢查方法

以目視確認有無變形、損傷等情形，且壓力指示值適當正常。

(2)判定方法

A.應無變形、損傷等情形。

B.指針應在綠色指示範圍內。

4.閥類

(1)檢查方法

以目視確認有無變形、損傷之情形，且開、關位置應正常。

(2)判定方法

A.應無變形、損傷、明顯腐蝕等情形。

B.開、關位置應正常。

(二)加壓式乾粉滅火藥劑儲存容器等

1.滅火藥劑儲存容器

(1)檢查方法

A.外形

(A) 以目視確認儲存容器、固定架、各種計量儀器有無變形、腐蝕等情形。

(B) 以目視確認容器本體是否確實固定於固定架上。

B.設置狀況

(A) 確認是否設在防護區域外，且不需經由防護區劃即可進出之場所。

(B) 確認設置場所是否設有照明設備、明亮窗口，及周圍有無障礙物。並確認是否確保有供操作及檢查之空間。

(C) 確認周圍濕度有無過高，及周圍溫度是否在40℃以下。

(D) 確認有無遭日光曝曬、雨水淋濕之虞。

C. 標示

確認儲存容器之設置處所，是否設有「乾粉滅火藥劑儲存容器設置場所」標示。

D. 安全裝置

以目視確認放出口有無阻塞之情形。

(2) **判定方法**

A. 外形

(A) 應無變形、損傷、明顯腐蝕、生鏽或塗裝剝離等情形。

(B) 容器本體應確實固定在固定架或底座上。

B. 設置狀況

(A) 應設在防護區域外之處所，且為不經防護區劃即可進出之場所。

(B) 具適當採光，且應無檢查及使用上之障礙。

(C) 濕度未過高，且溫度在40℃以下。

(D) 應無遭日光直射、雨水淋濕之虞的處所。

C. 標示

應無損傷、脫落、汙損等情形。

D. 安全裝置

放出口應無阻塞之情形。

2. **放出閥**

(1) **檢查方法**

以目視確認有無變形、損傷等情形。

(2) **判定方法**

應無變形、損傷等情形。

3.閥類
　(1)檢查方法
　　　以目視確認有無變形、損傷之情形，且開、關位置應正常。
　(2)判定方法
　　　A.應無變形、損傷、明顯腐蝕等情形。
　　　B.開、關位置應正常。

4.加壓氣體容器
　(1)加壓用氣體容器
　　　A.檢查方法
　　　　(A) 外形
　　　　　　a.以目視確認儲存容器、固定框架、各種測量計等有無變形或
　　　　　　　腐蝕等情形。
　　　　　　b.以目視確認容器本體有無確實固定在固定框架上。
　　　　　　c.核對設計圖面，確認設置之鋼瓶數。
　　　　(B) 設置狀況
　　　　　　a.確認是否設在防護區域外，且不需經由防護區劃即可進出之
　　　　　　　場所。
　　　　　　b.確認設置場所是否設有照明設備、明亮窗口，及周圍有無障
　　　　　　　礙物。並確認是否確保供操作及檢查之空間。
　　　　　　c.確認周圍濕度有無過高，及周圍溫度是否在40℃以下。
　　　　　　d.確認有無遭日光曝曬、雨水淋濕之虞。
　　　　(C) 標示
　　　　　　確認儲存容器之設置處所，是否設有「乾粉滅火藥劑儲存容器
　　　　　　設置場所」之標示。
　　　B.判定方法
　　　　(A) 外形
　　　　　　a.應無變形、損傷、明顯腐蝕、生鏽或塗裝剝離等情形。
　　　　　　b.推押容器之方式，確認容器本體應確實固定在固定架或底座
　　　　　　　上。
　　　　　　c.容器瓶數依規定數量設置。

(B) 設置狀況

　　a.應設在防護區域外之處所,且爲不經防護區劃即可進出之場所。

　　b.具適當採光,且應無檢查及使用上之障礙。

　　c.濕度沒有過高,且溫度在40℃以下。

　　d.應無遭日光曝曬、雨水淋濕之虞。

(C) 標示

　　應無損傷、脫落、汙損等情形。

(2) **容器閥**

　A.檢查方法

　　以目視確認容器閥有無變形、腐蝕等情形。

　B.判定方法

　　應無變形、損傷、明顯腐蝕等情形。

(3) **容器閥開放裝置**

　A.檢查方法

　　以目視確認容器閥開放裝置有無變形、脫落等情形。

　B.判定方法

　　(A) 容器閥開放裝置應確實裝接於容器閥本體上,如爲電氣式者,導線應無劣化或斷裂,如爲氣壓式者,操作管及其連接部分應無鬆動或脫落之情形。

　　(B) 具有手動啓動裝置之開放裝置,其操作部應無明顯之鏽蝕情形。

　　(C) 應裝設有安全栓或安全插梢。

　C.注意事項

　　檢查時,爲防止產生誤放事故,請勿予強烈之衝擊。

(4) **壓力調整器**

　A.檢查方法

　　以目視確認壓力調整器有無變形、損傷等情形,及有無確實固定於容器閥上。

　B.判定方法

　　應無變形、損傷等情形,且應確實固定。

4. 連結管及集合管

(1) 檢查方法

以目視確認有無變形、腐蝕等情形，及是否有確實連接。

(2) 判定方法

應無變形、損傷、明顯腐蝕等情形，並應確實連接。

5. 定壓動作裝置

(1) 檢查方法

以目視確認定壓動作裝置有無變形、損傷等情形。

(2) 判定方法

應無變形、腐蝕等情形。

(三) 啓動用氣體容器等

1. 啓動用氣體容器

(1) 檢查方法

A. 外形

(A) 以目視確認有無變形、腐蝕等情形，及是否裝設有容器收存箱。

(B) 確認收存箱之箱門或類似開關裝置之開關狀態是否良好。

B. 標示

確認收存箱之表面是否設有記載該防護區劃名稱或防護對象物名稱及操作方法。

(2) 判定方法

A. 外形

(A) 應無變形、損傷、塗裝剝離或明顯腐蝕等情形，且收存箱及容器應確實固定。

(B) 收存箱之箱門開關狀態應良好。

B. 標示

應無損傷、脫落、汙損等情形。

2. 容器閥

(1) 檢查方法

以目視確認容器閥有無變形、腐蝕等情形。

(2) 判定方法

應無變形、損傷、明顯腐蝕等情形。

3. 容器閥開放裝置

(1) 檢查方法

以目視確認容器閥開放裝置有無變形、脫落等情形。

(2) 判定方法

A. 容器閥開放裝置應確實裝接在容器閥本體上，如為電氣式者，導線應無劣化或斷裂，如為氣壓式者，操作管及其連接部分應無鬆弛或脫落之情形。

B. 具有手動啓動裝置之開放裝置，其操作部應無明顯之鏽蝕情形。

C. 應裝設有安全栓或安全插梢，並加封條。

(3) 注意事項

檢查時，為防止產生誤放事故，請勿予強烈之衝擊。

(四) 選擇閥

1. 本體

(1) 檢查方法

A. 外形

以目視確認選擇閥有無變形、腐蝕等情形，且是否設於防護區域以外之處所。

B. 標示

應確認其附近是否標明選擇閥之字樣及所屬防護區域或防護對象物名稱，且是否設有記載操作方法之標示。

(2) 判定方法

A. 外形

應無變形、損傷、明顯腐蝕等情形，且應設於防護區域以外之處所。

B. 標示

應無損傷、脫落、汙損等情形。

2. 開放裝置

(1) 檢查方法

以目視確認有無變形、脫落等情形,及是否確實裝設在選擇閥上。

(2) 判定方法

應無變形、損傷、脫落等情形,且確實裝在選擇閥上。

(五) 操作管及逆止閥

1. 檢查方法

(1) 以目視確認有無變形、損傷等情形,及是否確實連接。

(2) 核對設計圖面,確認逆止閥裝設位置、方向及操作管之連接路徑是否正常。

2. 判定方法

(1) 應無變形、損傷、明顯腐蝕等情形,且已確實連接。

(2) 應依設計圖面裝設配置。

(六) 啟動裝置

1. 手動啟動裝置

(1) 檢查方法

A. 周圍狀況

(A) 確認操作箱周圍有無檢查及使用上之障礙,及其設置位置是否適當。

(B) 確認啟動裝置及其附近有無標示所屬防護區域名稱或防護對象名稱與標示操作方法、及其保安上之注意事項是否適當。

(C) 確認啟動裝置附近有無「手動啟動裝置」之標示。

B. 外形

(A) 以目視確認操作箱有無變形、脫落等現象。

(B) 確認箱面之紅色塗裝有無剝離、汙損等現象。

C. 電源表示燈

　　確認有無亮燈及其標示是否正常。

(2) 判定方法

A. 周圍狀況

(A) 周圍應無檢查及使用上之障礙，並應設於能看清區域內部且操作後能容易退避之防護區域附近。

(B) 標示應無損傷、脫落、汙損等現象。

B. 外形

(A) 操作箱應無變形、損傷、脫落等現象。

(B) 紅色塗裝應無剝離、汙損等現象

C. 電源標示燈

　　保持亮燈，且該標示有所屬防護區域名稱、防護對象物名稱。

2. 自動啓動裝置

(1) 檢查方法

A. 火災探測裝置

　　準用火警自動警報設備之檢查要領確認之。

B. 自動、手動切換裝置

(A) 以目視確認有無變形、脫落等情形，及其切換位置是否正常。

(B) 確認自動、手動及操作方法之標示是否正常。

(2) 判定方法

A. 火災探測裝置

　　準用火警自動警報設備之檢查要領確認之。

B. 自動、手動切換裝置

(A) 應無變形、損傷、脫落等情形，且切換位置處於定位。

(B) 標示應無汙損、模糊不清之情形。

(七) 警報裝置

1. 檢查方法

(1) 以目視確認語音（揚聲器）、蜂鳴器、警鈴等警報裝置有無變形、脫落等現象。

(2) 無人變電所等平常無人駐守之防火對象物或局部放射方式以外之處所，應確認是否設有音聲警報裝置。

(3) 確認有無適當設有音響警報裝置之標示。

2. 判定方法

(1) 警報裝置應無變形、損傷、脫落等情形。

(2) 平常無人駐守之防火對象物或局部放射方式以外之處所，應以語音為警報裝置。

(3) 警報裝置之標示應正常並設於必要之處所，且應無損傷、脫落、汙損等情形。

(八) 控制裝置

1. 檢查方法

(1) 控制盤

A. 周圍狀況

確認周圍有無檢查及使用上之障礙。

B. 外形

以目視確認有無變形、腐蝕等現象。

(2) 電壓計

A. 以目視確認有無變形、損傷等情形。

B. 確認電源電壓是否正常。

(3) 開關類

以目視確認有無變形、損傷等情形，及開關位置是否正常。

(4) 標示

確認標示是否正常。

(5) 備用品等

確認是否備有保險絲、燈泡等備用品、回路圖及操作說明書等。

2. 判定方法

(1) 控制盤

A. 周圍狀況

應設於不易受火災波及之位置，且周圍應無檢查及使用上之障礙。

B. 外形

應無變形、損傷、明顯腐蝕等現象。

(2) 電壓計

A. 應無變形、損傷等情形。

B. 電壓計之指示值應在規定範圍內。

C. 無電壓計者，其電源標示燈應亮燈。

(3) 開關類

應無變形、損傷、脫落等情形，且開關位置正常。

(4) 標示

A. 開關等之名稱應無汙損、模糊不清等情形。

B. 面板不得剝落。

(5) 備用品等

A. 應備有保險絲、燈泡等備用品。

B. 應備有回路圖、操作說明書等。

(九) 配管

1. 檢查方法

(1) 管及接頭

以目視確認有無損傷、腐蝕等情形，及有無供作其他物品之支撐或懸掛吊具。

(2) 金屬支撐吊架

以目視及手觸摸等方式，確認有無脫落、彎曲、鬆動等情形。

2. 判定方法

(1) 管及接頭

A. 應無損傷、明顯腐蝕等情形。

B. 應無供作其他物品之支撐或懸掛吊具。

(2) 金屬支撐吊架

應無脫落、彎曲、鬆動等情形。

(十) 放射表示燈

1. 檢查方法

以目視確認防護區劃出入口處，設置之放射表示燈有無變形、腐蝕等情形。

2. 判定方法

放射表示燈之設置場所正常，且應無變形、損傷、明顯腐蝕、文字模糊不清等情形。

(十一) 噴頭

1. 外形

(1) 檢查方法

以目視確認有無變形、腐蝕等現象。

(2) 判定方法

應無變形、損傷、明顯腐蝕、阻塞等情形。

2. 放射障礙

(1) 檢查方法

以目視確認周圍有無造成放射障礙之物品，及裝設角度是否正常。

(2) 判定方法

A. 周圍應無造成放射障礙之物品。

B. 噴頭之裝設應能將藥劑擴散至整個防護區域或防護對象物，且裝設角度應無明顯偏移之情形。

(十二) 防護區劃

1. 區劃變更

(1) 檢查方法

A. 滅火設備設置後，有無因增建、改建、變更等情形，造成防護區劃之容積及開口部產生增減之情形，應核對設計圖面確認之。

B. 局部放射方式者，其防護對象物之形狀、數量、位置等有無變更，應核對設計圖面確認之。

C. 附門鎖之開口部，應以手動方式確認其開關狀況。

(2) 判定方法

A. 開口部不得設於面對安全梯間、特別安全梯間、緊急升降機間。

B. 位於樓地板高度三分之二以下之開口部，因有降低滅火效果之虞或造成保安上之危險，應設有自動關閉裝置。

C. 未設自動關閉裝置之開口部（含通風換氣管道）者，其防護體積與開口部面積之比率，應在法令規定範圍內，且其滅火藥劑量足夠。

D. 設有自動門鎖者，應符合下列規定。

(A) 應裝置完整，且門之關閉確實順暢。

(B) 應無門檔、障礙物等，且平時保持關閉狀態。

2. 開口部之自動關閉裝置

(1) 檢查方法

以目視確認有無變形、損傷等情形。

(2) 判定方法

應無變形、損傷、明顯腐蝕等情形。

(十三) 緊急電源（限內藏型者）

1. 外形

(1) 檢查方法

以目視確認蓄電池本體周圍之狀況，有無變形、損傷、洩漏、腐蝕等現象。

(2) 判定方法

A. 設置位置之通風換氣應良好，且無灰塵、腐蝕性氣體之滯留及明顯之溫度變化等情形。

B. 蓄電池組支撐架應堅固。

C. 應無明顯之變形、損傷、龜裂等情形。

D. 電解液沒有洩漏，且導線連接部應無腐蝕之情形。

2. 標示

(1) 檢查方法

確認是否正常設置。

(2) 判定方法

應標示額定電壓值及容量。

(3) 注意事項

符合標準之蓄電池設備，應確認其貼有檢驗合格標示。

(十四) 皮管、管盤、噴嘴及噴嘴開關閥

1. 周圍狀況

(1) 檢查方法

確認設置場所是否容易接近，且周圍有無妨礙操作之障礙物。

(2) 判定方法

周圍應無檢查及使用上之障礙。

2. 外形

(1) 檢查方法

以目視確認收存狀態之皮管有無變形、腐蝕等現象。

(2) 判定方法

A. 皮管應整齊收捲於管盤上，且皮管應無變形、明顯龜裂等老化現象。

B. 皮管、管盤、噴嘴及噴嘴開關閥應無變形、損傷、顯著腐蝕等情形，且噴嘴開關閥應在「關」之位置。

(十五) 標示燈及標示（限移動式）

1. 檢查方法

確認標示燈「移動式乾粉滅火設備」之標示，是否正常設置。

2. 判定方法

(1) 標示燈應無變形、損傷等情形，且正常亮燈。

(2) 標示應無損傷、脫落、汙損等情形。

二、性能檢查

(一)蓄壓式乾粉滅火藥劑儲存容器等

1.檢查方法

(1)滅火藥劑量

依下列方法確認之。

A.以釋壓閥將壓力洩放出，確認不得有殘壓。

B.取下滅火藥劑充填蓋，自充填口測量滅火藥劑之高度，或將容器置於台秤上，測定其重量。

C.取少量（約300cc）之樣品，確認有無變色或結塊，並以手輕握之，檢視其有無異常。

(2)壓力表

以釋壓閥將壓力洩放出，確認壓力表指針有無歸零。

2.判定方法

(1)滅火藥劑量

A.儲存所定之滅火藥劑應達規定量以上（灰色為第四種乾粉；粉紅色為第三種乾粉；紫色系為第二種乾粉；白色或淡藍色為第一種乾粉）。

B.不得有雜質、變質、固化等情形，且以手輕握搓揉，並自地面上高度五十公分處使其落下，應呈粉狀。

(2)壓力表

歸零點之位置及指針之動作應適當正常。

3.注意事項

溫度超過40℃以上，濕度超過60%以上時，應暫停檢查。

(二)加壓式乾粉滅火藥劑儲存容器

1.滅火藥劑量

(1)檢查方法

以下列方法確認之。

A.取下滅火藥劑充填蓋，自充填口測量滅火藥劑之高度，或將容器置於台秤上，測定其重量。

B.取少量（約300cc）之樣品，確認有無變色或結塊，並以手輕握之，檢視其有無異常。

(2) 判定方法

A.儲存所定之滅火藥劑應達規定量以上（灰色為第四種乾粉；粉紅色為第三種乾粉；紫色系為第二種乾粉；白色或淡藍色為第一種乾粉）。

B.不得有雜質、變質、固化等情形，且以手輕握搓揉，並自地面上高度五十公分處使其落下，應呈粉狀。

(3) 注意事項

溫度超過40℃以上，濕度超過60%以上時，應暫停檢查。

2. 放出閥

(1) 檢查方法

A.以扳手確認安裝部位有無鬆動之情形。

B.以試驗用氣體確認放出閥之開關功能是否正常。

C.以試驗用氣體自操作管連接部分加壓，確認氣體有無洩漏。

(2) 判定方法

A.應無鬆動之情形。

B.開關功能應正常。

C.應無洩漏之情形。

3. 閥類

(1) 檢查方法

以手操作，確認開關功能是否可輕易操作。

(2) 判定方法

可輕易進行開關之操作。

(3) 注意事項

完成檢查後，應回復至原來之開關狀態。

4.加壓用氣體容器等

(1) 氣體量

A.檢查方法

(A) 使用氮氣者,依下列方法確認之。

a.設有壓力調整器者,應先關閉裝設於二次側之檢查開關或替代閥,以手動操作或以氣壓式、電氣式容器開放裝置使其動作而開放。

b.讀取壓力調整器一次側壓力表或設在容器閥之壓力表指針。

(B) 使用二氧化碳者,依下列方法確認之。

a.以扳手等工具,將連結管、固定用押條取下,再將加壓用氣體容器取出。

b.分別將各容器置於計量器上,測定其總重量。

c.由總重量扣除容器重量及開放裝置重量。

B.判定方法

(A) 使用氮氣者,在溫度35℃、0kgf/cm^{2}狀態下,每一公斤乾粉滅火藥劑,需氮氣四十公升以上。

(B) 使用二氧化碳者,每一公斤滅火藥劑需二氧化碳二十公克以上,並加算清洗配管所需要量(20g/1kg)以上,且應以另外之容器儲存。

(2) 容器閥開放裝置

A.電氣式容器閥之開放裝置

(A) 檢查方法

a.將設在容器閥之容器閥開放裝置取下,確認撞針有無彎曲、斷裂或短缺等情形。

b.操作手動啟動裝置,確認電氣動作是否正常。

c.拔下安全栓或安全插梢,以手動操作,確認動作是否正常。

d.動作後之復歸,確認於切斷通電或復舊操作時,是否可正常復歸定位。

e.取下端子部之護蓋,以螺絲起子確認端子有無鬆動現象。

(B) 判定方法

a.撞針應無彎曲、斷裂或短缺等情形。

　　　　　　b.以規定之電壓可正常動作，並可確實以手動操作。

　　　　　　c.應無端子鬆動、導線損傷、斷線等情形。

　　　　(C) 注意事項

　　　　　　操作手動啓動裝置時，應先將所有電氣式容器閥開放裝置取下後再進行。

　　　B.氣壓式容器閥之開放裝置

　　　　(A) 檢查方法

　　　　　　a.將設在容器閥之容器閥開放裝置取下，確認活塞桿及撞針有無彎曲、斷裂或短缺等情形。

　　　　　　b.具有手動操作功能者，將安全栓拔下，以手動方式使其動作，確認撞針之動作，彈簧之復歸動作是否正常。

　　　　(B) 判定方法

　　　　　　a.活塞桿、撞針應無彎曲、斷裂或短缺等情形。

　　　　　　b.動作及復歸動作應正常。

　　(3) 壓力調整器

　　　A.檢查方法

　　　　依下列方法確認之。

　　　　(A) 關閉設置於壓力調整器二次側之檢查用開關或替代閥。

　　　　(B) 以手動操作或以氣壓、電氣方式之容器閥開放裝置使加壓用氣體容器之容器閥動作開放，確認一、二次側壓力表之指度及指針之動作。

　　　B.判定方法

　　　　(A) 指針之動作應順暢。

　　　　(B) 應標示設定壓力值。

　　　　(C) 不得有漏氣之情形。

5.連結管及集合管

　(1)檢查方法

　　以扳手確認連接部位有無鬆動之情形。

　(2)判定方法

　　連接部位應無鬆動之情形。

6. 定壓動作裝置

(1) 檢查方法

A. 封板式

確認封板有無變形、損傷等情形。

B. 彈簧式

依下列方法確認之

(A) 依圖2-22裝設。

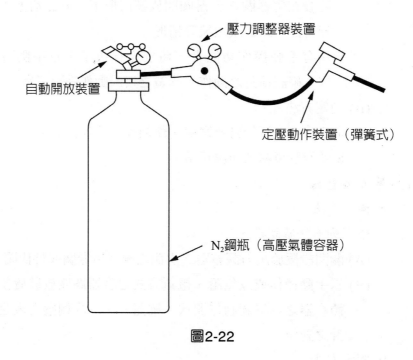

圖2-22

(B) 打開試驗用氣體容器閥。

(C) 旋轉壓力調整器之調整把手，自0kgf/cm^{2}起，緩緩調整壓力使其上升，而使遊動子動作。

C. 壓力開關式

(A) 依規定裝設。

(B) 打開試驗用氣體容器閥。

(C) 旋轉壓力調整器之調整把手，自0kgf/cm^{2}起，緩緩調整壓力使其上升，至接點閉合時，讀取其壓力值。

D.機械式

(A) 依規定裝設。

(B) 打開試驗用氣體容器閥。

(C) 旋轉壓力調整器之調整把手，自0kgf/cm^{2}起，緩緩調整壓力使其上升，當閥之關閉解除時，讀取其壓力值。

E.定時器式

以手動方式使定時器動作，測定其時間。

(2) 判定方法

A.封板式

封板應無變形、損傷等情形。

B.彈簧式

遊動子依設定壓力值動作。

C.壓力開關式

接點依設定壓力值閉合。

D.機械式

閥之關閉依設定壓力值解除。

E.定時器式

依設定時間動作。

(三)啟動用氣體容器等

1.氣體量

(1) 檢查方法

依下列方法確認之。

A.將設在容器閥之容器閥開放裝置、操作管取下，自容器收存箱中取出。

B.使用可測定達20kg之彈簧秤或秤重計，測量容器之重量。

C.與裝設在容器上之面板或重量表所記載之重量相核對。

(2) 判定方法

二氧化碳之重量，其記載重量與測得重量之差值，應在充填量10%以下。

2.容器閥開放裝置

(1)檢查方法

A.電氣式者，準依前(二)之4之(2)之A規定確認之。

B.手動式者，應將容器閥開放裝置取下（閉止閥型者除外），以確認活塞桿及撞針有無彎曲、斷裂或短缺等情形，及手動操作部之安全栓或封條是否能迅速脫離。

(2)判定方法

A.活塞桿、撞針等應無彎曲、斷裂或短缺等情形。

B.應可確實動作。

(四)選擇閥

1.閥本體

(1)檢查方法

A.以扳手確認連接部分有無鬆動現象。

B.以試驗用氣體確認其功能是否正常。

(2)判定方法

連接部分應無鬆動等情形，且性能應正常。

2.開放裝置

(1)電氣式選擇閥開放裝置

A.檢查方法

(A) 取下端子部之護蓋，確認末端處理、結線接續之狀況是否正常。

(B) 操作供該選擇閥使用之啟動裝置，使開放裝置動作。

(C) 啟動裝置復歸後，在控制盤上切斷電源，以拉桿復歸方式，使開放裝置復歸。

(D) 以手動操作開放裝置，使其動作後，依前(C)之同樣方式使其復歸。

B.判定方法

(A) 以端子盤連接者，應無端子螺絲鬆動，及端子護蓋脫落等現象。

(B) 以電氣操作或手動操作均可使其確實動作。

(C) 選擇閥於「開」之狀態時，拉桿等之扣環應成解除狀態。

C. 注意事項

與儲存容器之電氣式開放裝置連動者，應先將開放裝置自容器閥取下。

(2) 氣壓式選擇閥開放裝置

A. 檢查方法

(A) 使用試驗用二氧化碳容器（內容積1公升以上，二氧化碳藥劑量0.6kg以上），自操作管連接部加壓，確認其動作是否正常。

(B) 移除加壓源時，選擇閥由彈簧之動作或操作拉桿，確認其有無復歸。

B. 判定方法

(A) 活塞桿應無變形、損傷之情形，且確實動作。

(B) 選擇閥於「開」狀態時，確認插梢應呈突出狀態，且拉桿等之扣環應成解除狀態。

C. 注意事項

實施加壓試驗時，操作管連接於儲存容器開放裝置者，應先將開放裝置自容器閥取下。

(五) 操作管及逆止閥

1. 檢查方法

(1) 以扳手確認連接部分有無鬆弛等現象。

(2) 取下逆止閥，以試驗用氣體確認其功能有無正常。

2. 判定方法

(1) 連接部分應無鬆動等現象。

(2) 逆止閥之功能應正常。

(六) 啟動裝置

1. 手動啟動裝置

(1) 操作箱

A. 檢查方法

操作開關，確認箱門是否能確實開、關。

B. 判定方法

箱門應能確實開、關。

(2) 警報用開關

A. 檢查方法

打開箱門，確認警報用開關有無變形、損傷等情形，及警報裝置有無正常鳴響。

B. 判定方法

(A) 操作箱之箱門打開時，該系統之警報裝置應能正常鳴響。

(B) 應無變形、損傷、脫落、端子鬆動、導線損傷、斷線等現象。

C. 注意事項

警報用開關與操作箱之箱門間未設有微動開關者，當操作警報用按鈕時，警報裝置應能正常鳴響。

(3) 按鈕等

A. 檢查方法

(A) 將藥劑儲存容器或啟動用氣體容器之容器閥開放裝置自容器閥取下，打開操作箱箱門，確認按鈕等有無變形、損傷等情形。

(B) 操作該操作箱之放射用啟動按鈕或放射用開關，以確認其動作狀況。

(C) 再進行上述試驗，於遲延裝置之時間範圍內，當操作緊急停止按鈕或緊急停止裝置時，確認容器閥開放裝置是否動作。

B. 判定方法

(A) 應無變形、損傷、端子鬆動等情形。

(B) 放射用啟動按鈕應於警報音響動作後始可操作。

(C) 操作放射用啟動按鈕後，遲延裝置開始動作，電氣式容器閥開放裝置應正常動作。

(D) 緊急停止功能應正常。

(4) 標示燈

A. 檢查方法

操作開關，以確認有無亮燈。

B. 判定方法

應無明顯之劣化情形，且正常亮燈。

2. 自動啟動裝置

(1) 火災探測裝置

A. 檢查方法及判定方法

有關其檢查，準用火警自動警報設備之檢查要領確認之。

B. 注意事項

受信總機或專用控制盤上之自動‧手動切換裝置，應置於「手動」之位置。

(2) 自動、手動切換裝置

A. 檢查方法

(A) 將儲存容器用或啟動氣體容器用之容器閥開放裝置自容器閥取下。

(B) 如為「自動」時，將切換裝置切換至「自動」之位置，使探測器或受信總機內探測器回路之端子短路。

(C) 如為「手動」時，將切換裝置切換至「手動」之位置，使探測器或受信總機內探測器回路之端子短路。

(D) 應依每一防護區域或防護對象物分別確認其功能。

B. 判定方法

下列功能應正常。

(A) 如為「自動」時

a. 警報裝置鳴動。

b. 火警表示燈亮燈。

c. 遲延裝置動作。

d. 通風換氣裝置停止。

e. 容器閥開放裝置動作。

(B) 如為「手動」時

　　a.警報裝置鳴動。

　　b.火警表示燈亮燈。

C.注意事項

　(A) 檢查時應一併進行警報裝置、控制裝置之性能檢查。

　(B) 使裝置動作時，應先將容器閥開放裝置取下後再進行。

(3) **自動、手動切換表示燈**

A.檢查方法

確認是否能正常亮燈。

B.判定方法

應無明顯之劣化情形，且應正常亮燈。

(七)警報裝置

1. **音響警報**

(1) **檢查方法**

A.每一防護區域或防護對象物，應進行探測器或手動啟動裝置之警報操作，以確認有無正常鳴動。

B.音量應使用噪音計（A特性）測定之。

(2) **判定方法**

每一防護區域或防護對象物之警報系統正確，且距警報裝置一公尺處之音量應在九十分貝以上。

2. **音聲警報**（語音警告）

(1) **檢查方法**

依前項1檢查要領，連續進行兩次以上，在發出正常之警鈴等警告音響後，確認有無發出語音警報。

(2) **判定方法**

A.警報系統動作區域正確，且距揚聲器一公尺處之音量應在九十分貝以上。

B.語音警報啟動後，須先發出警鈴等警告音響，再播放退避之語音內容。

(八) 控制裝置

1. 開關類

(1) 檢查方法

以螺絲起子及開關操作確認端子有無鬆動，及開關功能是否正常。

(2) 判定方法

A. 端子應無鬆動，且無發熱之情形。

B. 應可正常開、關。

2. 遲延裝置

(1) 檢查方法

遲延裝置之動作時限，應依前(六)之啓動裝置檢查方法進行檢查，操作啓動按鈕後，測定至容器閥開放裝置動作所需時間。

(2) 判定方法

動作時限應在20秒以上，且在設計時之設定值範圍內。

(3) 注意事項

使裝置動作時，應先將容器閥開放裝置取下後再進行。

3. 保險絲類

(1) 檢查方法

確認有無損傷、熔斷之情形，及是否為規定之種類及容量。

(2) 判定方法

A. 應無損傷熔斷之情形。

B. 應依回路圖上所示之種類及容量設置。

4. 繼電器

(1) 檢查方法

確認無脫落、端子鬆動、接點燒損、灰塵附著等情形，並由開關操作，使繼電器動作，以確認其功能。

(2) 判定方法

A. 應無脫落、端子鬆動、接點燒損、灰塵附著等情形。

B. 應正常動作。

5. 標示燈

(1) 檢查方法

由開關操作，以確認有無亮燈。

(2) 判定方法

應無明顯之劣化情形，且應正常亮燈。

6. 結線接續

(1) 檢查方法

以目視及螺絲起子，確認有無斷線、端子鬆動等情形。

(2) 判定方法

應無斷線、端子鬆動、脫落、損傷等情形。

7. 接地

(1) 檢查方法

以目視或三用電表，確認有無腐蝕、斷線等情形。

(2) 判定方法

應無顯著腐蝕、斷線等之損傷現象。

(九) 放射表示燈

1. 檢查方法

以手動方式使壓力開關動作，或使控制盤內之表示回路端子短路，以確認有無亮燈。

2. 判定方法

應正常亮燈。

(十) 防護區劃

1. 自動關閉裝置

(1) 以電氣動作者（鐵捲門、馬達、閘板）

A. 檢查方法

操作手動啟動裝置，確認自動關閉裝置之關閉狀態有無異常。

B. 判定方法

(A) 各自動關閉裝置均應確實動作，且於遲延裝置之動作時限內達

到關閉狀態。

(B) 對於設在出入口之鐵捲門，或無其他出入口可退避者，應設有當操作啓動按鈕後，於遲延時間內可完全關閉之遲延裝置，及鐵捲門關閉後，滅火藥劑才能放射出之構造。

C. 注意事項

操作手動啓動裝置時，應先將容器閥開放裝置取下才進行。

(2) 以氣壓動作者（閘板等）

A. 檢查方法

(A) 使用試驗用氣體（試驗用啓動用氣體、氮氣或空氣），連接通往自動關閉裝置之操作管。

(B) 釋放試驗用氣體，確認自動關閉裝置之關閉狀態有無異常。

(C) 確認有無氣體自操作管、自動關閉裝置洩漏，自動關閉裝置於洩放加壓壓力後有無自動復歸，以確認其復歸狀態是否異常。

B. 判定方法

(A) 所有自動關閉裝置均應能確實動作。

(B) 復歸型者，應能確實復歸。

C. 注意事項

使用氮氣或空氣時，應加壓至大約30kgf/cm^2。

2. 換氣裝置

(1) 檢查方法

操作手動啓動裝置，確認換氣裝置於停止狀態時有無異常。

(2) 判定方法

所有之換氣裝置，於遲延裝置之動作時限範圍內應確實保持停止狀態。

(3) 注意事項

A. 操作手動啓動裝置時，應先將容器閥開放裝置取下後再進行。

B. 換氣裝置如與滅火後之滅火藥劑排出裝置共用時，應自防護區域外進行復歸運轉。

(十一) 緊急電源（限內藏型者）

1.端子電壓

(1) 檢查方法

A.以電壓計測定確認充電狀態通往蓄電池充電回路之端子電壓。

B.操作電池試驗用開關，由電壓計確認其容量是否正常。

(2) 判定方法

A.應於充電裝置之指示範圍內。

B.操作電池試驗用開關約三秒，該電壓計安定時之容量，應在電壓計之規定電壓值範圍內。

(3) 注意事項

進行容量試驗時，約三秒後，俟電壓計之指示值穩定，再讀取數值。

2.切換裝置

(1) 檢查方法

切斷常用電源，以電壓計或由電源監視用表示燈確認電源之切換狀況。

(2) 判定方法

A.緊急電源之切換可自動執行。

B.復舊狀況正常。

3.充電裝置

(1) 檢查方法

以三用電表確認變壓器、整流器等之功能。

(2) 判定方法

A.變壓器、整流器等應無異常聲音、異臭、異常發熱、明顯灰塵或損傷等情形。

B.電流計或電壓計應指示在規定值以上。

C.有充電電源監視燈者，應正常亮燈。

4.結線接續

(1) 檢查方法

應以目視及螺絲起子確認有無斷線、端子鬆動等情形。

(2) 判定方法

應無斷線、端子鬆動、脫落、損傷等情形。

(十二) 皮管、管盤、噴嘴及噴嘴開關閥

1. 皮管

(1) 檢查方法

A. 自管盤將皮管取出，旋轉皮管與金屬接頭部分，確認其有無鬆動現象。

B. 確認整條皮管有無因老化而產生裂痕或明顯龜裂等現象。

C. 自皮管接頭至噴嘴之長度，應確認是否保持設置時之狀態。

(2) 判定方法

皮管連接部應無鬆動，皮管損傷、老化等情形，且皮管長度應在二十公尺以上。

2. 管盤

(1) 檢查方法

取出皮管，確認其是否可容易收捲。

(2) 判定方法

皮管之拉取、收捲應順暢。

3. 噴嘴

(1) 檢查方法

A. 確認皮管、握把、噴嘴之連接部有無鬆動之情形，噴嘴有無因塵垢而造成阻塞現象。

B. 手持噴嘴握把部分，確認其有無適當之危害防止措施。

(2) 判定方法

噴嘴應無堵塞、顯著腐蝕等情形，握把部分應有為防止凍傷，而設置之木製或合成樹脂製把手，且應無損傷、脫落之現象。

4. 噴嘴開關閥

(1) 檢查方法

以手動操作噴嘴開關閥，確認其動作是否正常。

(2) 判定方法

開關閥之開關應能容易操作。

(十三) 耐震措施

1. 檢查方法

(1) 確認設於容許變位量較大部分之可撓式管接頭及貫穿牆、樓地板部分，有無變形、損傷等情形，及耐震措施是否恰當。

(2) 以目視及螺絲起子確認儲存容器等之支撐固定架有無異常。

2. 判定方法

(1) 可撓式管接頭等應無變形、損傷、明顯腐蝕等情形，且貫穿牆、樓地板部分之間隙、充填部，應保持設置施工時之狀態。

(2) 使用在儲存容器等之支撐固定架之錨定螺栓、螺帽，應無變形、損傷、鬆動、明顯腐蝕等情形，且支撐固定架應無損傷。

三、綜合檢查

(一) 全區放射方式及局部放射方式

將電源切換為緊急電源狀態，依下列各點進行檢查。當放射區域在2區以上，於每次檢查時，避免選擇同一區域內重複檢查，應依序進行檢查。

1. 全區放射方式

(1) 檢查方法

A. 加壓式者應依下列規定

(A) 應進行放射試驗，其放射試驗所需試驗用氣體量為該放射區域應設加壓用氣體之10%以上（小數點以下有尾數時，則進一）。

(B) 檢查時應注意下列事項。

a. 檢查後，供加壓用氣體再充填期間，替代設置之加壓用氣體容器，應準備與放射加壓用氣體同一產品之同樣瓶數。

b. 使用啟動用氣體容器之設備者，應準備與a相同數量。

c.應準備必要數量供塞住集合管部或容器閥部及操作管部分之帽蓋或塞子。

(C) 檢查前，應依下列事項事先準備好加壓氣體容器。

　　a.暫時切斷控制盤等電源設備。

　　b.將容器閥開放裝置及操作管連接裝設在放射加壓用氣體容器上。

　　c.除放射用加壓氣體容器外，應取下連接管後，用帽蓋蓋住集合管部。

　　d.應塞住放射用以外之操作管。

　　e.將儲存容器操作盤回路之氮氣切換閥，切換至清洗回路側。

　　f.確認除儲存容器等及加壓用氣體容器外，其餘部分是否處於正常設置狀態。

　　g.控制盤等之設備電源，應處於「開」之位置。

(D) 檢查時，啟動操作應就下列方式擇一進行。

　　a.手動式者，應操作手動啟動裝置使其啟動。

　　b.自動式者，應將自動、手動切換裝置切換至「自動」位置，以探測器動作、或使受信機、控制盤探測器回路之端子短路，使其啟動。

B.蓄壓式者，應依下列規定。

(A) 應進行放射試驗，其放射試驗所需試驗用氣體量，為該放射區域應設之蓄壓用氣體量之10%以上（小數點以下有尾數時進一）。

(B) 檢查應依下列事項進行準備。

　　a.檢查後，應準備與清洗用氣體容器同一產品之同樣瓶數，以替換供清洗用氣體再充填期間，替代設置之清洗用氣體容器。

　　b.使用啟動用氣體容器之設備者，應準備與a同樣個數。

　　c.應準備必要數量供塞住集合管部及操作管部之帽蓋或塞子。

(C) 檢查前，應依下列事項事先準備好啟動裝置及清洗用氣體容器。

　　a.暫時切斷控制盤等電源設備。

　　b.取下連接至放出閥之操作管，並加帽蓋。

c.確認除儲存容器等及啟動裝置外，其餘部分是否處於正常設置狀態。

d.控制盤等之設備電源，應處於「開」之位置。

(D) 檢查時之啟動操作，準依前A的(D)進行。

(E) 依前(D)之規定操作後，確認警報裝置、遲延裝置、換氣裝置及自動關閉裝置之動作，以手動操作打開試驗用氣體容器之容器閥，經壓力調整器減壓之氣體向放射區域放射，確認放射標示燈之動作是否正常。

(2) **判定方法**

A.警報裝置應確實鳴響。

B.遲延裝置應確實動作。

C.開口部等之自動關閉裝置應能正常動作，換氣裝置須確實停止。

D.指定防護區劃之啟動裝置及選擇閥能確實動作，可放射試驗用氣體。

E.配管內之試驗用氣體應無洩漏情形。

F.放射表示燈應確實亮燈。

(3) **注意事項**

A.檢查結束後，應將檢查時使用之加壓用氣體容器或清洗用氣體容器，換裝為替代容器，進行再充填。

B.在未完成完全換氣前，不得進入放射區域。遇不得已之情形非進入時，應著空氣呼吸器。

C.完成檢查後，應將所有回復定位。

2.局部放射方式

(1) **檢查方法**

準依前1.(1)事項進行確認。

(2) **判定方法**

A.警報裝置應確實鳴響。

B.指定系統之啟動裝置及選擇閥應能確實動作，且可放射試驗用氣體。

C.配管內之試驗用氣體應無洩漏情形。

(3) 注意事項

　　準依前1.(3)之規定。

(二)移動式

1. 檢查方法

(1) 應進行放射試驗，其所需試驗用氣體量為每五支噴射瞄子內以該設備一具加壓用氣體容器量或清洗用氣體容器量為之。

(2) 檢查完成後，應準備與放射加壓用氣體容器或清洗用氣體容器相同產品一具，以替換供加壓用氣體容器或清洗用氣體容器於再充填期間，替代設置之加壓用氣體容器或清洗用氣體容器。

(3) 供放射之加壓用氣體容器或清洗用氣體容器，應連接清洗回路。

(4) 以手動操作取出皮管，操作開閉閥，確認放射狀態是否正常。

2. 判定方法

(1) 指定之容器閥開放裝置動作、皮管拉出及瞄子開關閥等應無異常之情形，且試驗用氣體應能正常放射。

(2) 皮管及皮管連接部應無試驗用氣體洩漏之情形。

3. 注意事項

(1) 檢查結束後，應將檢查時使用之加壓用氣體容器或清洗用氣體容器，換裝替代容器，進行再充填。

(2) 完成檢查後，應將所有回復定位。

乾粉滅火設備

區劃名稱：　　　設備方式：□全區□局部□移動

檢修項目			檢修結果			處置措施
			種別、容量等內容	判定	不良狀況	
外觀檢查						
蓄壓式滅火藥劑儲存容器等	滅火藥劑儲存容器	外形				
		設置狀況				
		標示				
	容器閥等					
	壓力計		kgf/cm²			

		閥類				
加壓式滅火藥劑儲存容器等	滅火藥劑儲存容器	外形				
		設置狀況				
		標示				
		安全裝置				
	放出閥					
	閥類					
	加壓氣體容器等	加壓氣體容器	外形			
			設置狀況			
			標示			
		容器閥等				
		容器閥開放裝置				
		壓力調整器				
	連結管、集合管					
	定壓動作裝置					
操作管、逆止閥						
啓動用氣體容器等	啓動用氣體容器	外形				
		標示				
	容器閥等					
	容器閥開放裝置					
選擇閥	本體	外形				
		標示				
	開放裝置					
操作管及逆止閥						
啓動裝置	手動啓動裝置	周圍狀況				
		外形				
		電源表示燈	V			
	自動啓動裝置	火災探測裝置				
		切換裝置				
警報裝置						

控制裝置	控制盤	周圍狀況				
		外形				
	電壓計		V			
	開關類					
	標示					
	備用品等					
配管						
放射表示燈						
噴頭	外形					
	放射障礙					
防護區劃	區劃變更					
	開口部自動關閉裝置					
緊急電源	外形					
	標示					
皮管等	周圍狀況					
	外形					
標示燈、標示						
性能檢查						
蓄壓式滅火設備儲存容器	滅火藥劑量		kg			
	壓力計					
加壓式滅火藥劑儲	滅火藥劑量		kg			
	放出閥					
	閥類等					
存容器等	加壓用氣體容器	氣體量				
		容器閥開放裝置	電氣式			
			氣壓式			
		壓力調整器		kfg/cm^2		
	連結管、集合管					
	定壓動作裝置					

啓動用氣體容器等	氣體量				
	容器閥開放裝置				
選擇閥	閥本體				
	開放裝置	電氣式				
		氣壓式				
操作管・逆止閥					
啓動裝置	手動啓動裝置	操作箱				
		警報用開關				
		按鈕等				
		標示燈				
	自動啓動裝置	火災探測裝置				
		切換裝置	□專用　□兼用			
		切換表示燈				
警報裝置	音響	dB			
	音聲				
控制裝置	開關類				
	遲延裝置	秒			
	保險絲類	A			
	繼電器				
	標示燈				
	結線接續				
	接地				
放射表示燈		V			
防護區劃					
緊急電源	端子電壓	V			
	切換裝置				
	充電裝置				
	結線接續				

皮管等	皮管	m			
	管盤				
	噴嘴				
	噴嘴開關閥				
	耐震措施				
綜合檢查					
全區放射方式	警報裝置				
	遲延裝置	秒			
	開口部自動關閉裝置				
	啓動裝置及選擇閥				
	試驗氣體有無洩漏				
	放射表示燈				
局部放射方式	警報裝置				
	啓動裝置、選擇閥				
	試驗氣體有無洩漏				
	移動式				
備註					

檢查器材	機器名稱	型式	校正年月日	製造廠商	機器名稱	型式	校正年月日	製造廠商

檢查日期	自民國　　年　　　月　　　日　至民國　　年　　　月　　　日					
檢修人員	姓名		消防設備師（士）	證書字號		簽章	（簽章）
	姓名		消防設備師（士）	證書字號		簽章	
	姓名		消防設備師（士）	證書字號		簽章	
	姓名		消防設備師（士）	證書字號		簽章	

1. 應於「種別·容量等情形」欄內填入適當之項目。
2. 檢查合格者於判定欄內打「○」；有不良情形時於判定欄內打「×」，並將不良情形填載於「不良狀況」欄。
3. 對不良狀況所採取之處置情形應填載於「處置措施」欄。
4. 欄內有選擇項目時應以「○」圈選之。

乾粉滅火設備檢查表

號碼	容器號碼	總重量（kg）（含容器閥）	淨重量（kg）	加壓用·啓動用氣體重量（kg）	檢查 年月日					
					檢查時加壓用·啓動用氣體之重量（kg）					
	加壓用氣體容器N_2									耐壓試驗年月
1	PLD-40001	144.3	145	47.3	47.3					
2	PLD-40002	144.0	145	47.3	47.3					
3	PLD-40003	143.9	144	47.1	47.1					
4	PLD-40004	144.5	145	47.5	47.5					
5	PLD-40005	144.0	145	47.2	47.2					
6	PLD-40006	144.0	145	47.1	47.1					
7	PLD-40007	144.0	145	47.3	47.3					
8	PLD-40008	144.2	145	47.0	47.0					
	啓動用氣體容器CO_2									
1	IY-19991	1.855	0.45	1.40	1.40					
2	IY-19992	1.855	0.45	1.40	1.40					
3	IY-19993	1.860	0.45	1.41	1.41					

號碼	容器號碼	總重量（kg）	淨重量（kg）	加壓用・啟動用氣體重量（kg）	檢查年月日					
		（含容器閥）			檢查時加壓用・啟動用氣體之重量（kg）					
4	IY-19994	1.854	0.45	1.40	1.40					
5	IY-19995	1.855	0.45	1.40	1.40					
6	IY-19996	1.848	0.46	1.39	1.39					
7	IY-19997	1.851	0.46	1.39	1.39					

2.11 鹵化烴滅火設備檢修及申報作業基準

一、外觀檢查

(一)蓄壓式鹵化烴滅火藥劑儲存容器等

1.滅火藥劑儲存容器

(1) 檢查方法

A.外形

(A) 以目視確認儲存容器、固定架、各種計量儀器有無變形、腐蝕等情形。

(B) 以目視確認容器本體是否確實固定於固定架上。

(C) 核對設計圖面，確認設置之鋼瓶數。

B.設置狀況

(A) 確認設在專用鋼瓶室之鋼瓶，應有適當之固定措施；設於防護區域內之鋼瓶，應置於不燃性或難燃性材料製成之防護箱內。

(B) 確認設置場所是否設有照明設備、明亮窗口，及周圍有無障礙物。並確認是否確保供操作及檢查之空間。

(C) 確認周圍濕度有無過高，及周圍溫度是否在40℃以下。

(D) 確認有無遭日光曝曬、雨水淋濕之虞。

(2) 判定方法

A.外形

(A) 應無變形、損傷、明顯腐蝕、生鏽或塗裝剝離等情形。

(B) 以推押容器之方式，確認容器本體應確實固定在固定架或底座上。

(C) 容器瓶數應依規定數量設置。

B.設置狀況

(A) 設在專用鋼瓶室之鋼瓶，應有適當之固定措施；但設於防護區域內時，應置於不燃性或難燃性材料製成之防護箱內。

(B) 具適當採光，且應無檢查及使用上之障礙。

(C) 濕度未過高，且溫度在40℃以下。

(D) 應無遭日光曝曬、雨水淋濕之虞。

2. 容器閥

　(1) 檢查方法

　　以目視確認容器閥有無變形、腐蝕等情形。

　(2) 判定方法

　　應無變形、損傷、明顯腐蝕等情形。

3. 容器閥開放裝置

　(1) 檢查方法

　　以目視確認容器閥開放裝置有無變形、脫落等情形。

　(2) 判定方法

　　A. 容器閥開放裝置應確實裝接於容器閥本體上，如為電氣式者，導線應無劣化或斷裂，如為氣壓式者，操作管及其連接部分應無鬆弛或脫落之情形。

　　B. 具有手動啟動裝置之開放裝置，其操作部應無明顯之鏽蝕情形。

　　C. 應裝設有安全栓或安全插梢。

　(3) 注意事項

　　檢查時，為防止產生誤放事故，請勿予以強烈之衝擊。

4. 連結管及集合管

　(1) 檢查方法

　　以目視確認有無變形、損傷、明顯腐蝕等情形，及是否有確實連接。

　(2) 判定方法

　　應無變形、損傷、明顯腐蝕等情形，並應確實連接。

(二) 加壓式鹵化烴滅火藥劑儲存容器等

1. 滅火藥劑儲存容器

　(1) 檢查方法

　　A. 外形

　　　(A) 以目視確認儲存容器、固定架、各種計量儀器有無變形、腐蝕等情形。

　　　(B) 以目視確認容器本體是否確實固定在裝設架上。

B. 設置狀況

(A) 確認設在專用鋼瓶室之鋼瓶，應有適當之固定措施；但設於防護區域內時，應置於不燃性或難燃性材料製成之防護箱內。

(B) 確認設置場所是否設照明設備、明亮窗口，及周圍有無障礙物。並確認是否確保供操作及檢查之空間。

(C) 確認周圍濕度有無過高，及周圍溫度是否在40℃以下。

(D) 確認有無遭日光曝曬、雨水淋濕之虞。

C. 標示

以目視確認標示有無損傷、變形等。

D. 安全裝置

以目視確認放出口有無阻塞之情形。

(2) **判定方法**

A. 外形

(A) 應無變形、損傷、明顯腐蝕、生鏽或塗裝剝離等情形。

(B) 容器本體應確實固定在固定架或底座上。

B. 設置狀況

(A) 設在專用鋼瓶室之鋼瓶，應有適當之防護措施；設於防護區域內之鋼瓶，應置於不燃性或難燃性材料製成之防護箱內。

(B) 具適當採光，且應無檢查及使用上之障礙。

(C) 濕度沒有過高，且溫度在40℃以下。

(D) 應無遭日光直射、雨水淋濕之虞。

C. 標示

應無損傷、脫落、汙損等情形。

D. 安全裝置

放出口應無阻塞之情形。

2. **放出閥**

(1) **檢查方法**

以目視確認有無變形、損傷等情形。

(2) **判定方法**

應無變形、損傷等情形。

3. 閥類

(1) 檢查方法

以目視確認加壓電磁閥、加壓手動閥等閥類有無變形、損傷之情形，及其開、關位置是否正常。

(2) 判定方法

A. 應無變形、損傷、明顯腐蝕等情形。

B. 開、關位置應正常。

4. 加壓用氣體容器等

(1) 加壓用氣體容器

A. 檢查方法

(A) 外形

a. 以目視確認儲存容器、固定架、各種測量計等有無變形或腐蝕等情形。

b. 以目視確認容器本體有無確實固定在固定架上。

c. 核對設計圖面，確認設置之鋼瓶數。

(B) 設置狀況

a. 確認設在專用鋼瓶室之加壓用氣體容器，應有適當之固定措施；設於防護區域內之加壓用氣體容器，應置於不燃性或難燃性材料製成之防護箱內。

b. 確認設置場所是否設有照明設備、明亮窗口，及周圍有無障礙物。並確認是否確保供操作及檢查之空間。

c. 確認周圍濕度有無過高，及周圍溫度是否在40℃以下。

d. 確認有無遭日光曝曬、雨水淋濕之虞。

(C) 標示

以目視確認標示有無損傷、變形等。

B. 判定方法

(A) 外形

a. 應無變形、損傷、明顯腐蝕、生鏽或塗裝剝離等情形。

b. 以推押容器之方式，確認容器本體應確實固定在固定架或底座上。

c.容器瓶數應依規定數量設置。

(B) 設置狀況

a.設在專用鋼瓶室之加壓用氣體容器，應有適當之固定措施；但設於防護區域內時，應置於不燃性或難燃性材料製成之防護箱內。

b.具適當採光，且應無檢查上及使用上之障礙。

c.濕度沒有過高，且溫度在40℃以下。

d.應無遭日光曝曬、雨水淋濕之虞。

(C) 標示

應無損傷、脫落、汙損等情形。

(2) 容器閥

A.檢查方法

以目視確認容器閥有無變形、腐蝕等情形。

B.判定方法

應無變形、損傷、明顯腐蝕等情形。

(3) 容器閥開放裝置

A.檢查方法

以目視確認容器閥開放裝置有無變形、脫落等情形。

B.判定方法

(A) 容器閥開放裝置應確實裝接在容器閥本體上，如為電氣式者，導線應無劣化或斷裂，如為氣壓式者，操作管及其連接部分應無鬆弛或脫落之情形。

(B) 具有手動啓動裝置之開放裝置，其操作部應無明顯之鏽蝕情形。

(C) 應裝設有安全栓或安全插梢，並加封條。

C.注意事項

檢查時，為防止產生誤放事故，請勿予以強烈之衝擊。

(4) 壓力調整器

A.檢查方法

以目視確認壓力調整器有無變形、損傷等情形，及是否確實固定於容器閥上。

B. 判定方法

應無變形、損傷等情形，且應確實固定。

5. 連結管及集合管

(1) 檢查方法

以目視確認有無變形、腐蝕等情形，及是否有確實連接。

(2) 判定方法

應無變形、損傷、明顯腐蝕等情形，並應確實連接。

(三)啟動用氣體容器等

1. 啟動用氣體容器

(1) 檢查方法

A. 外形

(A) 以目視確認有無變形、腐蝕等情形，及是否裝設有容器收存箱。

(B) 確認收存箱之箱門或類似開關裝置之開關狀態是否良好。

B. 標示

確認收存箱之表面是否設有記載該防護區劃名稱或防護對象物名稱及操作方法。

(2) 判定方法

A. 外形

(A) 應無變形、損傷、塗裝剝離或明顯腐蝕等情形，且收存箱及容器應確實固定。

(B) 收存箱之箱門開關狀態應良好。

B. 標示

應無損傷、脫落、汙損等情形。

2. 容器閥

(1) 檢查方法

以目視確認容器閥有無變形、腐蝕等情形。

(2) 判定方法

應無變形、損傷、明顯腐蝕等情形。

3.容器閥開放裝置

(1)檢查方法

以目視確認容器閥開放裝置有無變形、脫落等情形。

(2)判定方法

A.容器閥開放裝置應確實裝接在容器閥本體上,如為電氣式者,導線應無劣化或斷裂,如為氣壓式者,操作管及其連接部分應無鬆弛或脫落之情形。

B.具有手動啟動裝置之開放裝置,其操作部應無明顯之鏽蝕情形。

C.應裝設有安全栓或安全插梢。

(3)注意事項

檢查時,為防止產生誤放事故,請勿予以強烈之衝擊。

(四)選擇閥

1.本體

(1)檢查方法

A.外形

以目視確認選擇閥有無變形、腐蝕等情形,且是否設於防護區域以外之處所。

B.標示

確認其附近是否標明選擇閥之字樣及所屬防護區域或防護對象名稱,且是否設有記載操作方法之標示。

(2)判定方法

A.外形

應無變形、損傷、明顯腐蝕等情形,且應設於防護區域以外之處所。

B.標示

應無損傷、脫落、汙損等情形。

2.開放裝置

(1)檢查方法

以目視確認有無變形、脫落等情形,及是否確實裝設在選擇閥上。

(2) 判定方法

應無變形、損傷、脫落等情形,且確實裝在選擇閥上。

(五)操作管及逆止閥

1.檢查方法

(1) 以目視確認有無變形、損傷等情形,及是否確實連接。

(2) 核對設計圖面,確認逆止閥裝設位置、方向及操作管之連接路徑是否正常。

2.判定方法

(1) 應無變形、損傷、明顯腐蝕等情形,且應已確認連接。

(2) 依設計圖面裝設配置。

(六)啓動裝置

1.手動啓動裝置

(1) 檢查方法

A. 周圍狀況

(A) 確認操作箱周圍有無檢查及使用上之障礙,及設置位置是否適當。

(B) 確認啓動裝置及其附近有無標示所屬防護區域名稱或防護對象名稱與標示操作方法,及其保安上之注意事項是否適當。

(C) 確認啓動裝置附近有無「手動啓動裝置」標示。

B. 外形

(A) 以目視確認操作箱有無變形、脫落等現象。

(B) 確認箱面紅色之塗裝有無剝離、汙損等現象。

C. 電源表示燈

確認有無亮燈及其標示是否正常。

(2) 判定方法

A. 周圍狀況

(A) 其周圍應無檢查及使用上之障礙,並應設於能看清區域內部且操作後能容易退避之防護區域附近。

(B) 標示應無損傷、脫落、汙損等現象。

B. 外形

(A) 操作箱應無變形、損傷、脫落等現象。

(B) 紅色塗裝應無剝離、汙損等現象。

C. 電源表示燈

保持亮燈，且該標示應有所屬防護區域名稱、防護對象物名稱。

2. 自動啟動裝置

(1) 檢查方法

A. 火災探測裝置

準用火警自動警報設備之檢查要領確認之。

B. 自動、手動切換裝置

(A) 以目視確認有無變形、脫落等情形，及其切換位置是否正常。

(B) 確認自動、手動及操作方法之標示是否正常。

(2) 判定方法

A. 火災探測裝置

準用火警自動警報設備之檢查要領確認之。

B. 自動、手動切換裝置

(A) 應無變形、損傷、脫落等情形，且切換位置處於定位。

(B) 標示應無汙損、模糊不清之情形。

(七) 警報裝置

1. 檢查方法

(1) 以目視確認語音（揚聲器）、蜂鳴器、警鈴等警報裝置有無變形、脫落等現象。

(2) 平時無人駐守者之防火對象物等處所，確認是否設有音聲警報裝置。

(3) 確認有無「音響警報裝置」之標示。

2. 判定方法

(1) 警報裝置應無變形、損傷、脫落等情形。

(2) 平常無人駐守之防火對象物等處所，應以語音為警報裝置。

(3) 警報裝置之標示正常並應設於必要之處所，且應無損傷、脫落、汙損

等情形。

(八) 控制裝置

1. 檢查方法

(1) 控制盤

A. 周圍狀況

確認周圍有無檢查及使用上之障礙。

B. 外形

以目視確認有無變形、腐蝕等現象。

(2) 電壓計

A. 以目視確認有無變形、損傷等情形。

B. 確認電源電壓是否正常。

(3) 開關類

以目視確認有無變形、損傷等情形，及開關位置是否正常。

(4) 標示

確認標示是否正常。

(5) 備用品等

確認是否備有保險絲、燈泡等備用品及回路圖、操作說明書等。

2. 判定方法

(1) 控制盤

A. 周圍狀況

應設於不易受火災波及之位置，且周圍應無檢查及使用上之障礙。

B. 外形

應無變形、損傷、明顯腐蝕等現象。

(2) 電壓計

A. 應無變形、損傷等情形。

B. 電壓計之指示值在規定範圍內。

C. 無電壓計者，其電源表示燈應亮燈。

(3) 開關類

應無變形、損傷、脫落等情形，且開關位置正常。

(4) 標示

A. 開關等之名稱應無汙損、模糊不清等情形。

B. 面板不得剝落。

(5) 備用品等

A. 應備有保險絲、燈泡等備用品。

B. 應備有回路圖、操作說明書等。

(九) 配管

1. 檢查方法

(1) 管及接頭

以目視確認有無損傷、腐蝕等情形，及有無供作其他物品之支撐或懸掛吊具。

(2) 金屬支撐吊架

以目視及手觸摸等方式，確認有無脫落、彎曲、鬆動等情形。

2. 判定方法

(1) 管及接頭

A. 應無損傷、明顯腐蝕等情形。

B. 應無作為其他物品之支撐或懸掛吊具。

(2) 金屬支撐吊架

應無脫落、彎曲、鬆動等情形。

(十) 放射表示燈

1. 檢查方法

以目視確認防護區劃出入口處，設置之放射表示燈有無變形、腐蝕等情形。

2. 判定方法

放射表示燈之設置場所正常，且應無變形、損傷、明顯腐蝕、文字模糊不清等情形。

(十一) 噴頭

1. 外形

(1) 檢查方法

以目視確認有無變形、腐蝕等現象。

(2) 判定方法

應無變形、損傷、明顯腐蝕、阻塞等情形。

2. 放射障礙

(1) 檢查方法

以目視確認周圍有無造成放射障礙之物品，及裝設角度是否正常。

(2) 判定方法

A. 周圍應無造成放射障礙之物品。

B. 噴頭之裝設應能將藥劑擴散至整個防護區域或防護對象物，且裝設角度應無明顯偏移之情形。

(十二) 防護區劃

1. 區劃變更及氣密

(1) 檢查方法

A. 滅火設備設置後，有無因增建、改建、變更等情形，造成防護區劃之容積及開口部增減之情形，應核對設計圖面確認之。

B. 附門鎖之開口部，應以手動方式確認其開關狀況。

C. 滅火設備設置後，有無因增設管（道）線造成氣密降低之情形，以目視確認有無明顯漏氣之開口。

(2) 判定方法

A. 防護區劃之開口部，因有降低滅火效果之虞或造成保安上之危險，應設有自動關閉裝置。

B. 設有自動門鎖者，應符合下列規定：

(A) 應裝置完整，且門之關閉確實順暢。

(B) 應無門檔、障礙物等物品，且平時保持關閉狀態。

C. 防護區劃內無因增設管（道）線造成明顯漏氣之開口。

2.開口部之自動關閉裝置
  (1) 檢查方法
      以目視確認有無變形、損傷等情形。
  (2) 判定方法
      應無變形、損傷、明顯腐蝕等情形。

(十三) 緊急電源（限內藏型者）

1.外形
  (1) 檢查方法
      以目視確認蓄電池本體周圍之狀況，有無變形、損傷、洩漏、腐蝕等
      現象。
  (2) 判定方法
      A.設置位置之通風換氣應良好，且無灰塵、腐蝕性氣體之滯留及明顯
        之溫度變化等情形。
      B.蓄電池組支撐架應堅牢。
      C.應無明顯之變形、損傷、龜裂等情形。
      D.電解液沒有洩漏，且導線連接部沒有腐蝕之情形。

2.標示
  (1) 檢查方法
      確認是否正常設置。
  (2) 判定方法
      應標示額定電壓值及容量。
  (3) 注意事項
      符合標準之蓄電池設備，應確認其有無張貼合格標示。

二、性能檢查

(一)蓄壓式鹵化烴滅火藥劑儲存容器等

1. 滅火藥劑量

(1) 檢查方法

依下列方法確認之。

A. 使用台秤測定計之方法

(A) 將裝設在容器閥之容器閥開放裝置、連接管、操作管及容器固定器具取下。

(B) 將容器置於台秤上，測定其重量至小數點第一位。

(C) 藥劑量則為測定值扣除容器閥及容器重量後所得之值。

B. 使用水平液面計之方法

(A) 插入水平液面計電源開關，檢查其電壓值。

(B) 使容器維持平常之狀態，將容器置於液面計探針與放射源之間。

(C) 緩緩使液面計檢出部上下方向移動，當發現儀表指針振動差異較大時，由該位置即可求出自容器底部起之藥劑存量高度。

(D) 液面高度與藥劑量之換算，應使用專用之換算尺為之。

C. 使用鋼瓶液面計之方法

(A) 打開保護蓋緩慢抽出表尺。

(B) 當表尺被鋼瓶內浮球之磁性吸引而停頓時，讀取表尺刻度。

(C) 對照各廠商所提供之專用換算表讀取藥劑重量。

(D) 需考慮溫度變化造成之影響。

D. 以其他原廠技術手冊規範之方式檢測藥劑量。

(2) 判定方法

將藥劑量之測定結果與重量表、圖面明細表或原廠技術手冊規範核對，其差值應在充填值10%以下。

(3) 注意事項

A. 以水平液面計測定時

(A) 不得任意卸取放射線源（鈷60），萬一有異常時，應即時連絡

專業處理單位。

(B) 鈷60有效使用年限約為3年，如已超過時，應即時連絡專業單位處理或更換。

(C) 使用壓力表者，應先確認容器內壓為規定之壓力值。

B. 共同事項

(A) 因容器重量頗重（約150kg），傾倒或操作時應加以注意。

(B) 測量後，應將容器號碼、充填量記載於檢查表上。

(C) 當滅火藥劑量或容器內壓減少時，應迅即進行調查，並採取必要之措施。

(D) 使用具放射源者，應取得行政院原子能源委員會之許可登記。

2. 容器閥開放裝置

(1) 電氣式容器閥之開放裝置

A. 檢查方法

(A) 將裝設在容器閥之容器閥開放裝置取下，確認撞針、切割片或電路板有無彎曲、斷裂或短缺等情形。

(B) 操作手動啟動裝置，確認電氣動作是否正常。

(C) 拔下安全栓或安全插銷，以手動操作，確認動作是否正常。

(D) 動作後之復歸，應確認於切斷通電或復舊操作時，是否可正常復歸定位。

(E) 取下端子部之護蓋，以螺絲起子確認端子有無鬆弛現象。

(F) 將容器閥開放裝置回路從主機板離線，確認其斷線偵測功能是否正常。

B. 判定方法

(A) 撞針、切割片或電路板應無彎曲、斷裂或短缺等情形。

(B) 以規定之電壓可正常動作，並可確實以手動操作。

(C) 動作後應可正常復歸。

(D) 應無端子鬆動、導線損傷、斷線等情形。

(E) 將回路線離線時主機應發出斷線故障訊號。

C. 注意事項

操作手動啟動裝置時，應將所有電氣式容器閥開放裝置取下。

(2) 氣壓式容器閥之開放裝置

  A.檢查方法

    (A) 將裝設在容器閥之容器閥開放裝置卸下，確認活塞桿或撞針有無彎曲、斷裂或短缺等情形。

    (B) 具有手動操作功能者，將安全栓拔下，以手動方式使其動作，確認撞針之動作，彈簧之復歸動作是否正常。

  B.判定方法

    (A) 活塞桿、撞針應無彎曲、斷裂或短缺等情形。

    (B) 動作及復歸動作應正常。

(3) 以電氣啟動藥劑釋放模組啟動器方式啟動容器閥之開放裝置

  A.檢查方法

    (A) 將裝設在容器閥上藥劑釋放模組之啟動器從端子接點上取下，確認啟動器本體及藥劑釋放模組電路板有無彎曲、斷裂或短缺等情形。

    (B) 將原先安裝在藥劑釋放模組之啟動器端子接點上與AG燈泡（鎢絲燈泡）連接，以自動或手動方式使其動作，確認AG燈泡（鎢絲燈泡）是否動作及藥劑釋放模組動作LED燈是否常亮。

  B.判定方法

    (A) 啟動器本體及藥劑釋放模組電路板應無彎曲、斷裂或短缺等情形。

    (B) AG燈泡（鎢絲燈泡）應能動作及藥劑釋放模組動作LED燈為常亮。

3. 連結管及集合管

  (1) 檢查方法

    以板手確認連接部位有無鬆動之情形。

  (2) 判定方法

    連接部位應無鬆動之情形。

(二)加壓式鹵化烴滅火藥劑儲存容器等

1.滅火藥劑量

(1)檢查方法

以目視確認液面計之液面高度。

(2)判定方法

液面之標示應於規定之位置。

2.放出閥

(1)檢查方法

A.以扳手確認安裝部位有無鬆動之情形。

B.以試驗用氣體確認放出閥之開關功能是否正常。

C.以試驗用氣體自操作管連接部分加壓，確認氣體有無洩漏。

(2)判定方法

A.應無鬆動之情形。

B.開關功能應正常。

C.應無洩漏之情形。

3.閥類

(1)檢查方法

以手操作導通試驗閥、洩放閥，確認開關功能是否可輕易操作。

(2)判定方法

可輕易進行開關之操作。

(3)注意事項

完成檢查後，應回復至原來之開關狀態。

4.加壓用氣體容器等

(1)氣體量

A.檢查方法

(A) 氣體量，用前項(一)之1的(1)之規定確認之。

(B) 關閉壓力試驗閥後，打開加壓手動閥，以目視確認壓力調整器之壓力值。

B.判定方法

(A) 氣體量應在規定量以上。

(B) 高壓側之壓力表指針應標示在規定壓力值之範圍內。

C.注意事項

檢查結束，在關閉手動加壓閥之後，應將儲存容器之洩氣閥及壓力試驗閥打開，確認加壓用氣體已放出後，再使其復歸。

(2) 容器閥開放裝置

準用前(一)之2的規定確認之。

(3) 壓力調整器

A.檢查方法

關閉設在壓力調整器二次側之檢查用開關或替代閥，以手動操作或以氣壓、電氣方式之容器閥開放裝置使加壓用氣體容器之容器閥動作開放，確認一、二次側壓力表之指度及指針之動作。

B.判定方法

(A) 各部位應無氣體洩漏情形。

(B) 一次側壓力表之指針應在規定壓力值。

(C) 一次側壓力表之指針應在設定壓力值，且功能正常。

5.連結管及集合管

準用前(一)之3的規定確認之。

(三)啓動用氣體容器等

1.氣體量

(1)檢查方法

依下列規定確認之。

A.將裝在容器閥之容器閥開放裝置、操作管卸下，自容器收存箱中取出。

B.使用可測定達20kg之彈簧秤或秤重計，測量容器之重量。

C.應與裝在容器上之面板或重量表所記載之重量相核對。

(2)判定方法

二氧化碳或氮氣之重量，其記載重量與測得重量之差值，應在充填量

10%以下。

2. 容器閥開放裝置

(1) 檢查方法

A. 電氣式者，準依前(一)之2之(1)的A規定確認之。

B. 手動式者，應將容器閥開放裝置取下，以確認活塞桿或撞針有無彎曲、斷裂或短缺等情形，及手動操作部之安全栓或封條是否能迅速脫離。

(2) 判定方法

A. 活塞桿、撞針應無彎曲、斷裂或短缺等情形。

B. 應可確實動作。

(四) 選擇閥

1. 閥本體

(1) 檢查方法

A. 以扳手確認連接部分有無鬆動等現象。

B. 以試驗用氣體確認其功能是否正常。

(2) 判定方法

連接部分應無鬆動等情形，且性能應正常。

2. 開放裝置

(1) 電氣式選擇閥開放裝置

A. 檢查方法

(A) 取下端子部之護蓋，確認末端處理、結線接續之狀況是否正常。

(B) 操作供該選擇閥使用之啓動裝置，使開放裝置動作。

(C) 啓動裝置復歸後，在控制盤上切斷通電，以拉桿復歸方式，使開放裝置復歸。

(D) 以手動操作開放裝置，使其動作後，依前(C)之同樣方式使其復歸。

B. 判定方法

(A) 以端子盤連接者，應無端子螺絲鬆動，及端子護蓋脫落等現

象。

(B) 以電氣操作或手動操作均可使其確實動作。

(C) 選擇閥於「開」狀態時，拉桿等之扣環應成解除狀態。

C. 注意事項

與儲存容器之電氣式開放裝置連動者，應先將開放裝置自容器閥取下。

(2) 氣壓式選擇閥開放裝置

A. 檢查方法

(A) 使用試驗用二氧化碳或氮氣容器（內容積1公升以上，二氧化碳藥劑量0.6kg以上），自操作管連接部加壓，確認其動作是否正常。

(B) 移除加壓源時，選擇閥由彈簧之動作或操作拉桿，確認其有無復歸。

B. 判定方法

(A) 活塞桿應無變形、損傷之情形，且確實動作。

(B) 選擇閥於「開」狀態時，確認插梢應呈突出狀態，且拉桿等之扣環應成解除狀態。

C. 注意事項

實施加壓試驗時，操作管連接於儲存容器開放裝置者，應先將開放裝置自容器閥取下。

(五) 操作管及逆止閥

1. 檢查方法

(1) 以扳手確認連接部分有無鬆弛等現象。

(2) 取下逆止閥，以試驗用氣體確認逆止閥功能有無正常。

2. 判定方法

(1) 連接部分應無鬆動等現象。

(2) 逆止閥之功能應正常。

(六)啟動裝置

1. 手動啟動裝置

(1) 操作箱

A. 檢查方法

操作開關確認箱門是否能確實開關。

B. 判定方法

箱門應能確實開、關。

(2) 警報用開關

A. 檢查方法

打開箱門,確認警報用開關有無變形、損傷等情形,及警報裝置有無正常鳴響。

B. 判定方法

(A) 操作箱之箱門打開時,該系統之警報裝置應能正常鳴響。

(B) 應無變形、損傷、脫落、端子鬆動、導線損傷、斷線等現象。

C. 注意事項

警報用開關與操作箱之箱門間未設有微動開關者,當操作警報用按鈕時,警報裝置應能正常鳴響。

(3) 按鈕等

A. 檢查方法

(A) 將藥劑儲存容器或啟動用氣體容器之容器閥開放裝置自容器閥取下,確認按鈕等有無變形、損傷等情形。

(B) 操作該操作箱之放射用啟動按鈕或放射用開關,以確認其動作狀況。

(C) 再進行上述試驗,於遲延裝置之時間範圍內,當操作緊急停止按鈕或緊急停止裝置時,確認容器閥開放裝置是否動作。

B. 判定方法

(A) 應無變形、損傷、端子鬆動、斷線等情形。

(B) 放射用啟動按鈕應於警報音響動作後始可操作。

(C) 操作放射用啟動按鈕後,電氣式容器閥開放裝置應正常動作。

(D) 緊急停止功能應正常。

(4) 標示燈

A. 檢查方法

操作開關，以確認有無亮燈。

B. 判定方法

應無明顯之劣化情形，且應正常亮燈。

(5) 斷線偵測

A. 檢查方法

將手動啟動裝置回路線從控制主機板離線。

B. 判定方法

將回路線離線時主機應發出斷線故障訊號。

2. 自動啟動裝置

(1) 火災探測裝置

A. 檢查方法及判定方法

有關其檢查，準用火警自動警報設備之檢查要領確認之。

B. 注意事項

受信總機或專用控制盤上之藥劑釋放迴路，應置於「手動」之位置。

(2) 自動、手動切換裝置

A. 檢查方法

(A) 將儲存容器用或啟動氣體容器用之容器閥開放裝置自容器閥取下。

(B) 如為「自動」時，將切換裝置切換至「自動」之位置，使探測器與受信總機內探測器回路之端子通路。

(C) 如為「手動」時，將切換裝置切換至「手動」之位置，使探測器與受信總機內探測器回路之端子斷路。

(D) 應依每一防護區域或防護對象物分別確認其功能。

B. 判定方法

下列功能應正常。

(A) 如為「自動」時

a. 警報裝置鳴動。

b.火警表示燈亮燈。

c.遲延裝置動作。

d.通風換氣裝置停止。

e.容器閥開放裝置動作。

(B) 如為「手動」時

a.警報裝置鳴動。

b.火警表示燈亮燈。

C.注意事項

(A) 檢查時應一併進行警報裝置、控制裝置之性能檢查。

(B) 使裝置動作時，應先將容器閥開放裝置取下才進行。

(3) 自動、手動切換表示燈

A.檢查方法

確認是否能正常亮燈。

B.判定方法

應無明顯之劣化情形，且應正常亮燈。

(4) 斷線偵測

A.檢查方法

將自動啟動裝置回路線從控制主機板離線。

B.判定方法

將回路線離線時主機應發出斷線故障訊號。

(七)警報裝置

1.音響警報

(1)檢查方法

A.每一防護區域或防護對象物，應進行探測器或手動啟動裝置之警報操作，以確認有無正常鳴動。

B.音量應使用噪音計測定之。

(2)判定方法

每一防護區域或防護對象物之警報系統應正確，且距警報裝置一公尺處之音量應在九十分貝以上。

2.音聲警報（語音警告）

(1)檢查方法

依前項檢查要領，連續進行兩次以上，在發出正常之警鈴等警告音響後，確認有無發出語音警報。

(2)判定方法

A.警報系統動作區域正確，且距揚聲器一公尺處之音量應在九十分貝以上。

B.語音警報啓動後，須先發出警鈴等警告音響，再播放退避之語音內容。

(八)控制裝置

1.開關類

(1)檢查方法

以螺絲起子及開關操作確認有無鬆動及開關功能是否正常。

(2)判定方法

A.端子應無鬆動，且無發熱之情形。

B.應可正常開、關。

2.遲延裝置

(1)檢查方法

遲延裝置之動作時限，應依前(五)之啓動裝置檢查方法進行檢查，操作啓動按鈕後，測定至容器閥開放裝置動作所需時間。

(2)判定方法

動作時限應在二十秒以上，且在設計時之設定值範圍內。

(3)注意事項

使裝置動作時，應先將容器閥開放裝置取下才進行。

3.保險絲類

(1)檢查方法

確認有無損傷、熔斷之情形，及是否爲規定之種類及容量。

(2)判定方法

A.應無損傷、熔斷之情形。

B.應依回路圖上所示之種類及容量設置。

4.繼電器

(1)檢查方法

確認有無脫落、端子鬆動、接點燒損、灰塵附著等情形，並由開關操作，使繼電器動作，以確認其功能。

(2)判定方法

A.應無脫落、端子鬆動、接點燒損、灰塵附著等情形。

B.應正常動作。

5.標示燈

(1)檢查方法

操作系統，以確認有無亮燈。

(2)判定方法

應無明顯之劣化情形，且應正常亮燈。

6.結線接續

(1)檢查方法

以目視及螺絲起子確認有無斷線、端子鬆動等情形。

(2)判定方法

應無斷線、端子鬆動、脫落、損傷等情形。

7.接地

(1)檢查方法

以目視或三用電表，確認有無腐蝕、斷線等情形。

(2)判定方法

應無顯著腐蝕、斷線等之損傷現象。

(九)放射表示燈

1.檢查方法

以手動方式使壓力開關動作，或使控制盤內之表示回路，以確認有無亮燈。

2.判定方法

應正常亮燈。

(十)防護區劃

1.自動關閉裝置

(1)以電氣動作者（鐵捲門、馬達、閘板）

A.檢查方法

操作手動啓動裝置，確認自動關閉裝置之關閉狀態有無異常。

B.判定方法

(A) 各自動關閉裝置均應確實動作，且於遲延裝置之動作時限內達到關閉狀態。

(B) 對於設在出入口之鐵捲門，或無其他出入口可退避者，應設有當操作啓動按鈕後，於延遲時間內可完全關閉之遲延裝置，及鐵捲門關閉後，滅火藥劑方能放射出之構造。

C.注意事項

操作手動啓動裝置時，應先將容器閥開放裝置取下才進行。

(2)以氣壓動作者（閘板等）

A.檢查方法

(A) 使用試驗用氣體（試驗用啓動用氣體、氮氣或空氣），連接通往自動關閉裝置之操作管。

(B) 釋放試驗用氣體，確認自動關閉裝置之關閉狀態有無異常。

(C) 確認有無氣體自操作管、自動關閉裝置洩漏，自動關閉裝置於洩放加壓壓力後有無自動復歸，及其復歸狀態是否異常。

B.判定方法

(A) 所有自動關閉裝置均應能確實動作。

(B) 屬復歸型者，應能確實復歸。

C.注意事項

使用氮氣或空氣時，應加壓至大約$30kgf/cm^2$。

2. 換氣裝置

(1) 檢查方法

操作手動啓動裝置，確認換氣裝置於停止狀態時有無異常。

(2) 判定方法

所有之換氣裝置，於遲延裝置之動作時限範圍內應確實保持停止狀態。

(3) 注意事項

A.操作手動啓動裝置時，應先將容器閥開放裝置取下才進行。

B.換氣裝置如與滅火後之滅火藥劑排出裝置共用時，應自防護區域外進行復歸運轉。

(十一) 緊急電源（限內藏型者）

1. 端子電壓

(1) 檢查方法

A.以電壓計測定確認充電狀態通往蓄電池充電回路之端子電壓。

B.操作電池試驗用開關，由電壓計確認其容量是否正常。

(2) 判定方法

A.應於充電裝置之指示範圍內。

B.操作電池試驗用開關約三秒，該電壓計安定時之容量，應在電壓計之規定電壓值範圍內。

(3) 注意事項

進行容量試驗時，約三秒後，俟電壓計之指示值穩定，再讀取數值。

2. 切換裝置

(1) 檢查方法

切斷常用電源，以電壓計或由電源監視用表示燈確認電源之切換狀況。

(2) 判定方法

A.緊急電源之切換可自動執行。

B.復舊狀況正常。

3.充電裝置

(1)檢查方法

以三用電表確認變壓器、整流器等之功能。

(2)判定方法

A.變壓器、整流器等應無異常聲音、異臭、異常發熱、明顯灰塵或損傷等情形。

B.電流計或電壓計應指示在規定值以上。

C.有充電電源監視燈者，應正常亮燈。

4.結線接續

(1)檢查方法

以目視及螺絲起子確認有無斷線、端子鬆動等情形。

(2)判定方法

應無斷線、端子鬆動、脫落、損傷等情形。

(十二) 耐震措施

1.檢查方法

(1) 應確認設於容許變位量較大部分之可撓式管接頭及貫穿牆、樓地板部分，有無變形、損傷等情形，及耐震措施是否恰當。

(2) 以目視及螺絲起子確認儲存容器等之支撐固定架有無異常。

2.判定方法

(1) 可撓式管接頭等應無變形、損傷、明顯腐蝕等情形，且貫穿牆、樓地板部分之間隙、充填部，應維持設置施工時之狀態。

(2) 使用在儲存容器等之支撐固定架之瞄定螺栓、螺帽，應無變形、損傷、鬆動、明顯腐蝕等情形，且支撐固定架應無損傷。

三、綜合檢查（全區放射方式）

將電源切換為緊急電源狀態，依下列各點規定進行檢查。鹵化烴滅火設備全區放射方式應依設置之系統數量進行抽樣檢查。抽測之系統放射區域在二區以上時，應至少擇一放射區域實施放射試驗；進行放射試驗系統，應於滅火藥劑儲存容器標示放射

日期。

(一)檢查方法

1. 以空氣或氮氣進行放射試驗，所需空氣量或氮氣量，應就放射區域應設滅火藥劑量之10%核算，每公斤以下表所列公升數之比例核算，每次試驗最多放出5支。

表　鹵化烴滅火藥劑每公斤核算空氣量或氮氣量

滅火藥劑	每公斤核算空氣量或氮氣量（公升）
HFC-23	34
HFC-227ea	14

2. 檢查時應注意下列事項：
   (1) 充填空氣或氮氣之試驗用氣體容器壓力，應與該滅火設備之儲存容器之充填壓力大約相等。
   (2) 使用啟動用氣體容器之設備者，應準備與設置數量相同之氣體容器數。
   (3) 應準備必要數量供塞住集合管部或容器閥部及操作管部之帽蓋或塞子。
3. 檢查前，應依下列事項事先準備好儲存容器等：
   (1) 暫時切斷控制盤等電源設備。
   (2) 將自儲存容器取下之容器閥開放裝置及操作管連接裝設在試驗用氣體容器上。
   (3) 除試驗用氣體容器外，應取下連接管後用帽蓋蓋住集合管部。
   (4) 應塞住放射用以外之操作管。
   (5) 確認儲存容器部分外之其餘部分是否處於平時設置狀況。
   (6) 控制盤等設備電源，應在「開」之位置。
4. 檢查時，啟動操作應就下列方式擇一進行：
   (1) 手動式者，應操作手動啟動裝置使其啟動。
   (2) 自動式者，應將自動、手動切換裝置切換至「自動」位置，使探測器動作、或使受信機、控制盤探測器回路之端子短路，使其啟動。

(二) 判定方法

1. 警報裝置應確實鳴響。

2. 遲延裝置應確實動作。

3. 開口部等之自動關閉裝置應能正常動作，換氣裝置須確實停止。

4. 指定防護區劃之啓動裝置及選擇閥能確實動作，可放射試驗用氣體。

5. 配管內之試驗用氣體應無洩漏情形。

6. 放射表示燈應確實亮燈。

(三) 注意事項

1. 檢查結束後，應將檢查時使用之試驗用氣體容器，換裝回復爲原設置之儲存容器。

2. 在未完成完全換氣前，不得進入放射區域。遇不得已之情形非進入時，應著空氣呼吸器。

3. 完成檢查後，應確實將所有裝置回復定位。

鹵化烴滅火設備檢查表

區劃名稱： 　　　（設備方式：□全區）

檢修項目			檢修結果			處置措施
			種別·容量等內容	判定	不良狀況	
外觀檢查						
蓄壓式滅火藥劑儲存容器等	滅火藥劑儲存容器	外形	kg× 支			
		設置狀況	℃			
	容器閥等					
	容器閥開放裝置		個			
	連結管 集合管		A			
加壓式滅火藥劑儲存	滅火藥劑儲存容器	外形				
		設置狀況				
		標示				
		安全裝置				
	放出閥					

容器等			閥類			
	加壓用氣體容器等	加壓氣體容器	外形			
			設置狀況			
			標示			
		容器閥等				
		容器閥開放裝置				
		壓力調整器				
	連結管　集合管					
啓動用氣體容器等	啓動用氣體容器	外形	kg× 支			
		標示				
	容器閥等					
	容器閥開放裝置		個			
選擇閥	本體	外形	個			
		標示				
	開放裝置	電氣式	個			
		氣壓式	個			
操作管及逆止閥						
啓動裝置	手動啓動裝置	周圍狀況				
		外形				
		電源表示燈				
	自動啓動裝置	火災探測裝置				
		切換裝置				
警報裝置						
控制裝置	控制盤	周圍狀況				
		外形	□壁掛型□直立型 □埋入型□專用 □兼用			
	電壓計		DC　V			
	開關類					
	標示					
	備用品等					

配管						
放射表示燈			個			
噴頭	外形		個			
	放射障礙					
防護區劃	區劃變更及氣密					
	開口部自動關閉		式×　個 自動關閉器×　個			
緊急電源	外形					
	標示					
性能檢查						
蓄壓式滅火藥劑儲存容器	滅火藥劑量		L×　支			
	容器閥開放裝置	電氣式				
		氣壓式				
加壓式滅火藥劑儲存容器等	滅火藥劑量			L×　支		
	放出閥					
	閥類等					
	加壓用氣體容器	氣體量				
		容器閥裝置	電氣式			
			氣壓式			
		壓力調整器				
	連結管集合管					
啓動用氣體容器等	氣體量		L×　支			
	容器閥開放裝置					
選擇閥	閥本體					
	開放裝置	電氣式				
		氣壓式				
操作管・逆止閥						
啓動裝置	手動啓動裝置	操作箱				
		警報用開關		個		
		按鈕等				
		標示燈				
		斷線偵測				

		火災探測裝置	□專用　　□兼用			
	自動啟動裝置	切換裝置				
		切換表示燈				
		斷線偵測				
警報裝置		音響				
		音聲	分貝			
控制裝置		開關類				
		遲延裝置	秒			
		保險絲類	A			
		繼電器				
		標示燈				
		結線接續				
		接地				
		放射表示燈	DC　　V			
防護區劃	自動關閉	電氣式				
		氣壓式				
		換氣裝置				
緊急電源		端子電壓	DC　　V			
		切換裝置				
		充電裝置				
		結線接續				
		耐震措施				
綜合檢查						
全區放射方式		警報方式				
		遲延裝置	秒			
		開口部自動關閉裝置				
		啟動裝置撰擇閥				
		試驗用氣體有無洩漏				
		放射表示燈				

<table>
<tr><td rowspan="6">備註</td><td colspan="5">四、各區劃所需滅火藥劑量</td></tr>
<tr><td>區劃名稱</td><td>選擇閥口徑</td><td>容器數</td><td colspan="2">所需氣體量</td></tr>
<tr><td></td><td></td><td></td><td colspan="2"></td></tr>
<tr><td></td><td></td><td></td><td colspan="2"></td></tr>
<tr><td></td><td></td><td></td><td colspan="2"></td></tr>
<tr><td colspan="5">五、進行放射試驗之區劃：
六、使用試驗用氣體名稱：</td></tr>
</table>

檢查器材	機器名稱	型式	校正年月日	製造廠商	機器名稱	型式	校正年月日	製造廠商

檢查日期	自民國　　年　　月　　日　至民國　　年　　月　　日

檢修人員	姓名		消防設備師（士）	證書字號		簽章	（簽章）
	姓名		消防設備師（士）	證書字號		簽章	
	姓名		消防設備師（士）	證書字號		簽章	
	姓名		消防設備師（士）	證書字號		簽章	

1. 應於「種別、容量等情形」欄內填入適當之項目。
2. 檢查合格者於判定欄內打「○」；有不良情形時於判定欄內打「×」，並將不良情形填載於「不良狀況」欄。

鹵化烴滅火設備檢查表

號碼	容器號碼	總重量（kg）	鋼瓶重（kg）	氣體重量（kg）	檢查年月日					
		（含容器閥）			檢查時氣體之重量					
	儲存容器									耐壓試驗年月

	啓動用氣 體容器								

2.12 惰性氣體滅火設備檢修及申報作業基準

一、外觀檢查

(一)惰性氣體滅火藥劑儲存容器等

1.滅火藥劑儲存容器

(1)檢查方法

A.外形

(A) 以目視確認儲存容器、固定架、各種計量儀器有無變形、腐蝕等情形。

(B) 以目視確認容器本體是否確實固定於固定架上。

(C) 核對設計圖面,確認設置之鋼瓶數。

B.設置狀況

(A) 確認設在專用鋼瓶室之鋼瓶,應有適當之固定措施;設於防護區域內之鋼瓶,應置於不燃性或難燃性材料製成之防護箱內。

(B) 確認設置場所是否設有照明設備、明亮窗口,及周圍有無障礙物。並確認是否確保供操作及檢查之空間。

(C) 確認周圍濕度有無過高,及周圍溫度是否在40℃以下。

(D) 確認有無遭日光曝曬、雨水淋濕之虞。

(2)判定方法

A.外形

(A) 應無變形、損傷、明顯腐蝕、生鏽或塗裝剝離等情形。

(B) 以推押容器之方式,確認容器本體應確實固定在固定架或底座上。

(C) 容器瓶數應依規定數量設置。

B.設置狀況

(A) 設在專用鋼瓶室之鋼瓶,應有適當之固定措施;但設於防護區域內時,應置於不燃性或難燃性材料製成之防護箱內。

(B) 具適當採光,且應無檢查及使用上之障礙。

(C) 濕度未過高，且溫度在40℃以下。

(D) 應無遭日光曝曬、雨水淋濕之虞。

2. 容器閥

(1) 檢查方法

以目視確認容器閥有無變形、腐蝕等情形。

(2) 判定方法

應無變形、損傷、明顯腐蝕等情形。

3. 容器閥開放裝置

(1) 檢查方法

以目視確認容器閥開放裝置有無變形、脫落等情形。

(2) 判定方法

A. 容器閥開放裝置應確實裝接於容器閥本體上，如為電氣式者，導線應無劣化或斷裂，如為氣壓式者，操作管及其連接部分應無鬆弛或脫落之情形。

B. 具有手動啟動裝置之開放裝置，其操作部應無明顯之鏽蝕情形。

C. 應裝設有安全栓或安全插梢。

(3) 注意事項

檢查時，為防止產生誤放事故，請勿予以強烈之衝擊。

4. 連結管及集合管

(1) 檢查方法

以目視確認有無變形、損傷、明顯腐蝕等情形，及是否有確實連接。

(2) 判定方法

應無變形、損傷、明顯腐蝕等情形，並應確實連接。

(二) 啟動用氣體容器等

1. 啟動用氣體容器

(1) 檢查方法

A. 外形

(A) 以目視確認有無變形、腐蝕等情形，及是否裝設有容器收存箱。

(B) 確認收存箱之箱門或類似開閉裝置之開關狀態是否良好。

　B. 標示

　　確認收存箱之表面是否設有記載該防護區劃名稱或防護對象物名稱及操作方法。

(2) 判定方法

　A. 外形

　　(A) 應無變形、損傷、塗裝剝離或明顯腐蝕等情形，且收存箱及容器應確實固定。

　　(B) 收存箱之箱門開關狀態應良好。

　B. 標示

　　應無損傷、脫落、汙損等情形。

2. 容器閥

(1) 檢查方法

　以目視確認容器閥有無變形、腐蝕等情形。

(2) 判定方法

　應無變形、損傷、明顯腐蝕等情形。

3. 容器閥開放裝置

(1) 檢查方法

　以目視確認容器閥開放裝置有無變形、脫落等情形。

(2) 判定方法

　A. 容器閥開放裝置應確實裝接在容器閥本體上，如為電氣式者，導線應無劣化或斷裂，如為氣壓式者，操作管及其連接部分應無鬆弛或脫落之情形。

　B. 具有手動啟動裝置之開放裝置，其操作部應無明顯之鏽蝕情形。

　C. 應裝設有安全栓或安全插梢。

(3) 注意事項

　檢查時，為防止產生誤放事故，請勿予以強烈之衝擊。

(三)選擇閥

1.本體

(1)檢查方法

A.外形

以目視確認選擇閥有無變形、腐蝕等情形,且是否設於防護區域以外之處所。

B.標示

應確認其附近是否標明選擇閥之字樣及所屬防護區域或防護對象名稱,且是否設有記載操作方法之標示。

(2)判定方法

A.外形

應無變形、損傷、明顯腐蝕等情形,且應設於防護區域以外之處所。

B.標示

應無損傷、脫落、汙損等情形。

2.開放裝置

(1)檢查方法

以目視確認有無變形、脫落等情形,及是否確實裝設在選擇閥上。

(2)判定方法

應無變形、損傷、脫落等情形,且確實裝接在選擇閥上。

(四)操作管及逆止閥

1.檢查方法

(1)以目視確認有無變形、損傷等情形,及是否確實連接。

(2)核對設計圖面,確認逆止閥裝設位置、方向及操作管之連接路徑是否正常。

2.判定方法

(1)應無變形、損傷、明顯腐蝕等情形,且已確認連接。

(2)依設計圖面裝設配置。

(五)啟動裝置

1. 手動啟動裝置

(1)檢查方法

A.周圍狀況

(A) 確認操作箱周圍有無檢查及使用上之障礙，及設置位置是否適當。

(B) 確認啟動裝置及其附近有無標示所屬防護區域名稱或防護對象名稱與標示操作方法，及其保安上之注意事項是否適當。

(C) 確認啟動裝置附近有無「手動啟動裝置」標示。

B.外形

(A) 以目視確認操作箱有無變形、脫落等現象。

(B) 確認箱面紅色之塗裝有無剝離、汙損等現象。

C.電源表示燈

確認有無亮燈及其標示是否正常。

(2)判定方法

A.周圍狀況

(A) 其周圍應無檢查及使用上之障礙，並應設於能看清區域內部且操作後能容易退避之防護區域附近。

(B) 標示應無損傷、脫落、汙損等現象。

B.外形

(A) 操作箱應無變形、損傷、脫落等現象。

(B) 紅色塗裝應無剝離、汙損等現象。

C.電源表示燈

保持亮燈，且該標示應有所屬防護區域名稱、防護對象物名稱。

2. 自動啟動裝置

(1)檢查方法

A.火災探測裝置

準用火警自動警報設備之檢查基準確認之。

B.自動、手動切換裝置

(A) 以目視確認有無變形、脫落等情形，及其切換位置是否正常。

(B) 確認自動、手動及操作方法之標示是否正常。

(2) 判定方法

　A.火災探測裝置

　　準用火警自動警報設備之檢查基準確認之。

　B.自動、手動切換裝置

　　(A) 應無變形、損傷、脫落等情形，且切換位置處於定位。

　　(B) 標示應無汙損、模糊不清之情形。

(六)警報裝置

1.檢查方法

(1) 以目視確認語音（揚聲器）、蜂鳴器、警鈴等警報裝置有無變形、脫落等現象。

(2) 平時無人駐守者之防火對象物等處所，確認是否設有音聲警報裝置。

(3) 確認有無設有「音響警報裝置」之標示。

2.判定方法

(1) 警報裝置應無變形、損傷、脫落等情形。

(2) 平時無人駐守者之防火對象物等處所，應以語音為警報裝置。

(3) 警報裝置之標示正常並應設於必要之處所，且應無損傷、脫落、汙損等情形。

(七)控制裝置

1.檢查方法

(1) 控制盤

　A.周圍狀況

　　確認周圍有無檢查及使用上之障礙。

　B.外形

　　以目視確認有無變形、腐蝕等現象。

(2) 電壓計

　A.以目視確認有無變形、損傷等情形。

　B.確認電源電壓是否正常。

(3) 開關類

以目視確認有無變形、損傷等情形，及開關位置是否正常。

(4) 標示

確認標示是否正常。

(5) 備用品等

確認是否備有保險絲、燈泡等備用品、回路圖及操作說明書等。

2. 判定方法

(1) 控制盤

A. 周圍狀況

應設於不易受火災波及之位置，且其周圍應無檢查及使用上之障礙。

B. 外形

應無變形、損傷、明顯腐蝕等現象。

(2) 電壓計

A. 應無變形、損傷等情形。

B. 電壓計之指示值在規定範圍內。

C. 無電壓計者，其電源表示燈應亮燈。

(3) 開關類

應無變形、損傷、脫落等情形，且開關位置正常。

(4) 標示

A. 開關等之名稱應無汙損、模糊不清等情形。

B. 面板不得剝落。

(5) 備用品等

A. 應備有保險絲、燈泡等備用品。

B. 應備有回路圖、操作說明書等。

(八) 配管

1. 檢查方法

(1) 管及接頭

以目視確認有無損傷、腐蝕等情形，且有無供作其他物品之支撐或懸

掛吊具。

(2) 金屬支撐吊架

以目視及手觸摸等方式，確認有無脫落、彎曲、鬆弛等情形。

2. 判定方法

(1) 管及接頭

A. 應無損傷、明顯腐蝕等情形。

B. 應無作為其他物品之支撐或懸掛吊具。

(2) 金屬支撐吊架

應無脫落、彎曲、鬆弛等情形。

(九) 放射表示燈

1. 檢查方法

以目視確認防護區劃出入口處，設置之放射表示燈有無變形、腐蝕等情形。

2. 判定方法

放射表示燈之設置場所正常，且應無變形、明顯腐蝕、文字模糊不清等情形。

(十) 壓力上升防止裝置

1. 檢查方法

以目視確認設置之壓力上升防止裝置有無變形、損傷、腐蝕等情形及是否正確設置。

2. 判定方法

壓力上升防止裝置應無變形、損傷、明顯腐蝕等情形及正確設置。

(十一) 噴頭

1. 外形

(1) 檢查方法

以目視確認有無變形、腐蝕等現象。

(2) 判定方法

應無變形、損傷、明顯腐蝕、阻塞等情形。

2. 放射障礙

(1) 檢查方法

以目視確認周圍有無造成放射障礙之物品，及裝設角度是否正常。

(2) 判定方法

A. 周圍應無造成放射障礙之物品。

B. 噴頭之裝設應能將藥劑擴散至整個防護區域或防護對象物，且裝設角度應無明顯偏移之情形。

(十二) 防護區劃

1. 區劃變更及氣密

(1) 檢查方法

A. 滅火設備設置後，有無因增建、改建、變更等情形，造成防護區劃之容積及開口部增減之情形，應核對設計圖面確認之。

B. 附門鎖之開口部，應以手動方式確認其開關狀況。

C. 滅火設備設置後，有無因增設管（道）線造成氣密降低之情形，以目視確認有無明顯漏氣之開口。

(2) 判定方法

A. 防護區劃之開口部，因有降低滅火效果之虞或造成保安上之危險，應設有自動關閉裝置。

B. 設有自動門鎖者，應符合下列規定：

(A) 應裝置完整，且門之關閉確實順暢。

(B) 應無門檔、障礙物等物品，且平時保持關閉狀態。

C. 防護區劃內無因增設管（道）線造成明顯漏氣之開口。

2. 開口部之自動關閉裝置

(1) 檢查方法

以目視確認有無變形、損傷等情形。

(2) 判定方法

應無變形、損傷、明顯腐蝕等情形。

(十三) 緊急電源（限內藏型者）

1. 外形

(1) 檢查方法

以目視確認蓄電池本體周圍之狀況，有無變形‧損傷、洩漏、腐蝕等現象。

(2) 判定方法

A. 設置位置之通風換氣應良好，且無灰塵、腐蝕性氣體之滯留及明顯之溫度變化等情形。

B. 蓄電池組支撐架應堅固。

C. 應無明顯變形、損傷、龜裂等情形。

D. 電解液應無洩漏，且導線連接部應無腐蝕之情形。

2. 標示

(1) 檢查方法

確認是否正常設置。

(2) 判定方法

應標示額定電壓值及容量。

(3) 注意事項

符合標準之蓄電池設備，應確認其有無張貼合格標示。

二、性能檢查

(一) 惰性氣體滅火藥劑儲存容器等

1. 滅火藥劑量

(1) 檢查方法

依下列方法確認之。

A. 使用台秤測定計之方法

(A) 將裝設在容器閥之容器閥開放裝置、連接管、操作管及容器固定器具取下。

(B) 將容器置於台秤上，測定其重量至小數點第一位。

　　　(C) 藥劑量則爲測定值扣除容器閥及容器重量後所得之值。

B. 使用水平液面計之方法

　　　(A) 插入水平液面計電源開關，檢查其電壓值。

　　　(B) 使容器維持平常之狀態，將容器置於液面計探針與放射源之間。

　　　(C) 緩緩使液面計檢出部上下方向移動，當發現儀表指針振動差異較大時，由該位置即可求出自容器底部起之藥劑存量高度。

　　　(D) 液面高度與藥劑量之換算，應使用專用之換算尺爲之。

C. 使用鋼瓶液面計之方法

　　　(A) 打開保護蓋緩慢抽出表尺。

　　　(B) 當表尺被鋼瓶內浮球之磁性吸引而停頓時，讀取表尺刻度。

　　　(C) 對照各廠商所提供之專用換算表讀取藥劑重量。

　　　(D) 需考慮溫度變化造成之影響。

D. 以其他原廠技術手冊規範之藥劑量檢測方式量測。

(2) **判定方法**

將藥劑量之測定結果與重量表、圖面明細表或原廠技術手冊規範核對，其差值應在充塡值10%以下。

(3) **注意事項**

A. 以水平液面計測定時

　　　(A) 不得任意卸取放射線源（鈷60），萬一有異常時，應即時連絡專業處理單位。

　　　(B) 鈷60有效使用年限約爲3年，如已超過時，應即時連絡專業單位處理或更換。

　　　(C) 使用壓力表者，應先確認容器內壓爲規定之壓力值。

B. 共同事項

　　　(A) 因容器重量頗重（約150kg），傾倒或操作時應加以注意。

　　　(B) 測量後，應將容器號碼、充塡量記載於檢查表上。

　　　(C) 當滅火藥劑量或容器內壓減少時，應迅即進行調查，並採取必要之措施。

　　　(D) 使用具放射源者，應取得行政院原子能源委員會之許可登記。

2. 容器閥開放裝置

(1) 電氣式容器閥之開放裝置

A. 檢查方法

(A) 將裝設在容器閥之容器閥開放裝置取下，確認撞針、切割片或電路板有無彎曲、斷裂或短缺等情形。

(B) 操作手動啟動裝置，確認電氣動作是否正常。

(C) 拔下安全栓或安全插銷，以手動操作，確認動作是否正常。

(D) 動作後之復歸，應確認於切斷通電或復舊操作時，是否可正常復歸定位。

(E) 取下端子部之護蓋，以螺絲起子確認端子有無鬆弛現象。

(F) 將容器閥開放裝置回路從主機板離線以確認其斷線偵測功能。

B. 判定方法

(A) 撞針、切割片或電路板應無彎曲、斷裂或短缺等情形。

(B) 以規定之電壓可正常動作，並可確實以手動操作。

(C) 應可正常復歸。

(D) 應無端子鬆動、導線損傷、斷線等情形。

(E) 將回路線離線時主機應發出斷線故障訊號。

C. 注意事項

操作手動啟動裝置時，應將所有電氣式容器閥開放裝置取下。

(2) 氣壓式容器閥之開放裝置

A. 檢查方法

(A) 將裝設在容器閥之容器閥開放裝置取下，確認活塞桿或撞針有無彎曲、斷裂或短缺等情形。

(B) 具有手動操作功能者，將安全栓拔下，以手動方式使其動作，確認撞針之動作，彈簧之復歸動作是否正常。

B. 判定方法

(A) 活塞桿、撞針應無彎曲、斷裂或短缺等情形。

(B) 動作及復歸動作應正常。

3. 連結管及集合管

(1) 檢查方法

以板手確認連接部位有無鬆動之情形。

(2) 判定方法

連接部位應無鬆動之情形。

(二) 啟動用氣體容器等

1. 氣體量

(1) 檢查方法

依下列規定確認之。

A. 將裝在容器閥之容器閥開放裝置、操作管卸下，自容器收存箱中取出。

B. 使用可測定達20kg之彈簧秤或秤重計，測量容器之重量。

C. 核對裝設在容器上之面板或重量表所記載之重量。

(2) 判定方法

二氧化碳或氮氣之重量，其記載重量與測得重量之差值，應在充填量10%以下。

2. 容器閥開放裝置

(1) 檢查方法

A. 電氣式者，準依前(一)之2之(1)的A規定確認之。

B. 手動式者，應將容器閥開放裝置取下，以確認活塞桿或撞針有無彎曲、斷裂或短缺等情形，及手動操作部之安全栓或封條是否能迅速脫離。

(2) 判定方法

A. 活塞桿、撞針等應無彎曲、斷裂或短缺等情形。

B. 應可確實動作。

(三)選擇閥

1. 閥本體

(1)檢查方法

A. 以扳手確認連接部分有無鬆動等現象。

B. 以試驗用氣體確認其功能是否正常。

(2)判定方法

連接部分應無鬆動等情形，且性能應正常。

2. 開放裝置

(1)電氣式選擇閥開放裝置

A. 檢查方法

(A) 取下端子部之護蓋，確認末端處理、結線接續之狀況是否正常。

(B) 操作供該選擇閥使用之啓動裝置，使開放裝置動作。

(C) 啓動裝置復歸後，在控制盤上切斷通電，以拉桿復歸方式，使開放裝置復歸。

(D) 以手動操作開放裝置，使其動作後，依前(C)之同樣方式使其復歸。

B. 判定方法

(A) 以端子盤連接者，應無端子螺絲鬆動，及端子護蓋脫落等現象。

(B) 以電氣操作或手動操作均可使其確實動作。

(C) 選擇閥於「開」狀態時，拉桿等之扣環應成解除狀態。

C. 注意事項

與儲存容器之電氣式開放裝置連動者，應先將開放裝置自容器閥取下。

(2)氣壓式選擇閥開放裝置

A. 檢查方法

(A) 使用試驗用二氧化碳或氮氣容器（內容積1公升以上，二氧化碳藥劑量0.6kg以上），自操作管連接部加壓，確認其動作是否正常。

(B) 移除加壓源時，選擇閥由彈簧之動作或操作拉桿，確認其有無復歸。

　B.判定方法

(A) 活塞桿應無變形、損傷之情形，且確實動作。

(B) 選擇閥於「開」狀態時，確認插梢應呈突出狀態，且拉桿等之扣環應成解除狀態。

　C.注意事項

實施加壓試驗時，操作管連接於儲存容器開放裝置者，應先將開放裝置自容器閥取下。

(四)操作管及逆止閥

1.檢查方法

(1) 以扳手確認連接部分有無鬆弛等現象。

(2) 取下逆止閥，以試驗用氣體確認逆止閥功能有無正常。

2.判定方法

(1) 連接部分應無鬆動等現象。

(2) 逆止閥之功能應正常。

(五)啓動裝置

1.手動啓動裝置

(1)操作箱

　A.檢查方法

操作開關確認箱門是否能確實開關。

　B.判定方法

箱門應能確實開、關。

(2)警報用開關

　A.檢查方法

打開箱門，確認警報用開關不得有變形、損傷等情形，及警報裝置有無正常鳴響。

　B.判定方法

(A) 操作箱之箱門打開時，該系統之警報裝置應能正常鳴響。

(B) 應無變形、損傷、脫落、端子鬆動、導線損傷、斷線等現象。

C.注意事項

警報用開關與操作箱之箱門間未設有微動開關者,當操作警報用按鈕時,警報裝置應能正常鳴響。

(3) 按鈕等

A.檢查方法

(A) 將藥劑儲存容器或啓動用氣體容器之容器閥開放裝置自容器閥取下,打開操作箱箱門,確認按鈕等有無變形、損傷等情形。

(B) 操作該操作箱之放射用啓動按鈕或放射用開關,以確認其動作狀況。

(C) 再進行上述試驗,於遲延裝置之時間範圍內,當操作緊急停止按鈕或緊急停止裝置時,確認容器閥開放裝置是否動作。

B.判定方法

(A) 應無變形、損傷、端子鬆動等情形。

(B) 放射用啓動按鈕應於警報音響動作後始可操作。

(C) 操作放射用啓動按鈕後,遲延裝置開始動作,電氣式容器閥開放裝置應正常動作。

(D) 緊急停止功能應正常。

(4) 標示燈

A.檢查方法

操作開關,以確認有無亮燈。

B.判定方法

應無明顯之劣化情形,且應正常亮燈。

(5) 斷線偵測

A.檢查方法

將手動啓動裝置回路線從控制主機板離線。

B.判定方法

將回路線離線時主機應發出斷線故障訊號。

2. 自動啓動裝置

(1) 火災探測裝置

A. 檢查方法及判定方法

有關其檢查,準用火警自動警報設備之檢查要領確認之。

B. 注意事項

受信總機或專用控制盤上之自動、手動切換裝置,應置於「手動」之位置。

(2) 自動、手動切換裝置

A. 檢查方法

(A) 將儲存容器用或啓動氣體容器用之容器閥開放裝置自容器閥取下。

(B) 如爲「自動」時,將切換裝置切換至「自動」之位置,使探測器或受信總機內探測器回路之端子通路。

(C) 如爲「手動」時,將切換裝置切換至「手動」之位置,使探測器或受信總機內探測器回路之端子斷路。

(D) 應依每一防護區域或防護對象物分別確認其功能。

B. 判定方法

下列功能應正常。

(A) 如爲「自動」時

a. 警報裝置鳴動。

b. 火警表示燈亮燈。

c. 遲延裝置動作。

d. 通風換氣裝置停止。

e. 容器閥開放裝置動作。

(B) 如爲「手動」時

a. 警報裝置鳴動。

b. 火警表示燈亮。

c. 注意事項。

(A) 檢查時應一併進行警報裝置、控制裝置之性能檢查。

(B) 使裝置動作時,應先將容器閥開放裝置取下才進行。

(3) 自動、手動切換表示燈

A. 檢查方法

確認是否能正常亮燈。

B. 判定方法

應無明顯劣化之情形，且應正常亮燈。

(4) 斷線偵測

A. 檢查方法

將自動啓動裝置回路線從控制主機板離線。

B. 判定方法

將回路線離線時主機應發出斷線故障訊號。

(六)警報裝置

1. 音響警報

(1) 檢查方法

A. 每一防護區域或防護對象物，應進行探測器或手動啓動裝置之警報操作，以確認有無正常鳴動。

B. 音量應使用噪音計測定之。

(2) 判定方法

每一防護區域或防護對象物之警報系統應正確，且距警報裝置一公尺處之音量應在九十分貝以上。

2. 音聲警報（語音警告）

(1) 檢查方法

依前項檢查要領，連續進行兩次以上，在發出正常之警鈴等警告音響後，確認有無發出語音警報。

(2) 判定方法

A. 警報系統動作區域正確，且距揚聲器一公尺處之音量應在九十分貝以上。

B. 語音警報啓動後，須先發出警鈴等警告音響，再播放退避之語音內容。

(七) 控制裝置

1. 開關類

(1) 檢查方法

以螺絲起子及開關操作確認端子有無鬆動，及開關功能是否正常。

(2) 判定方法

A. 端子應無鬆動，且無發熱之情形。

B. 應可正常開、關。

2. 遲延裝置

(1) 檢查方法

遲延裝置之動作時限，應依前(五)之啟動裝置檢查方法進行檢查，操作啟動按鈕後，測定至容器閥開放裝置動作所需時間。

(2) 判定方法

動作時限應在二十秒以上，且在設計時之設定值範圍內。

(3) 注意事項

使裝置動作時，應先將容器閥開放裝置取下才進行。

3. 保險絲類

(1) 檢查方法

確認有無損傷、熔斷之情形及是否為規定之種類及容量。

(2) 判定方法

A. 應無損傷、熔斷之情形。

B. 應依回路圖上所示之種類及容量設置。

4. 繼電器

(1) 檢查方法

確認有無脫落、端子鬆動、接點燒損、灰塵附著等情形，並由開關之操作，使繼電器動作，以確認其功能。

(2) 判定方法

A. 應無脫落、端子鬆動、接點燒損、灰塵附著等情形。

B. 應正常動作。

5. 標示燈

(1) 檢查方法

操作開關，以確認有無亮燈。

(2) 判定方法

應無明顯之劣化情形，且應正常亮燈。

6. 結線接續

(1) 檢查方法

以目視及螺絲起子確認有無斷線、端子鬆動等情形。

(2) 判定方法

應無斷線、端子鬆動、脫落、損傷等情形。

7. 接地

(1) 檢查方法

以目視或三用電表，確認有無腐蝕、斷線等情形。

(2) 判定方法

應無顯著腐蝕、斷線等之損傷現象。

(八) 放射表示燈

1. 檢查方法

以手動方式使壓力開關動作，或使控制盤內之表示回路，以確認有無亮燈。

2. 判定方法

應正常亮燈。

(九) 壓力上升防止裝置

1. 檢查方法

施以設計動作壓力，確認壓力上升防止裝置能否正常動作開啟。

2. 判定方法

壓力上升防止裝置應能正常動作開啟。

(十)防護區劃

1. 自動關閉裝置

(1)以電氣動作者（鐵捲門、馬達、閘板）

A. 檢查方法

操作手動啓動裝置，確認自動關閉裝置之關閉狀態有無異常。

B. 判定方法

(A) 各自動關閉裝置均應確實動作，且於遲延裝置之動作時限內達到關閉狀態。

(B) 對於設在出入口之鐵捲門，或無其他出入口可退避者，應設有當操作啓動按鈕後，於延遲時間內可完全關閉之遲延裝置，及鐵捲門關閉後，滅火藥劑方能放射出之構造。

C. 注意事項

操作手動啓動裝置時，應先將容器閥開放裝置取下後再進行。

(2)以氣壓動作者（閘板等）

A. 檢查方法

(A) 使用試驗用氣體（試驗用啓動氣體、氮氣或空氣），連接通往自動關閉裝置之操作管。

(B) 釋放試驗用氣體，確認自動關閉裝置之關閉狀態有無異常。

(C) 確認有無氣體自操作管、自動關閉裝置洩漏，自動關閉裝置於釋放加壓壓力後有無自動復歸，及其復歸狀態是否異常。

B. 判定方法

(A) 所有自動關閉裝置均應能確實動作。

(B) 如爲復歸型者，應能確實復歸。

C. 注意事項

使用氮氣或空氣時，應加壓至大約30kgf/cm^2。

2. 換氣裝置

(1)檢查方法

操作手動啓動裝置，確認換氣裝置於停止狀態時有無異常。

(2)判定方法

所有之換氣裝置，應於遲延裝置之動作時限範圍內確實保持停止狀

態。

(3) 注意事項

A.操作手動啓動裝置時，應先將容器閥開放裝置取下後才進行。

B.換氣裝置如與滅火後之滅火藥劑排出裝置共用時，應自防護區域外進行復歸運轉。

(十一) 緊急電源（限內藏型者）

1. 端子電壓

(1) 檢查方法

A.以電壓計測定確認充電狀態通往蓄電池充電回路之端子電壓。

B.操作電池試驗用開關，由電壓計確認其容量是否正常。

(2) 判定方法

A.應於充電裝置之指示範圍內。

B.操作電池試驗用開關約三秒，該電壓計穩定時之容量，應在電壓計之規定電壓值範圍內。

(3) 注意事項

進行容量試驗時，約三秒後，俟電壓計之指示值穩定，再讀取數值。

2. 切換裝置

(1) 檢查方法

切斷常用電源，以電壓計或由電源監視用表示燈確認電源之切換狀況。

(2) 判定方法

A.緊急電源之切換可自動執行。

B.復舊狀況正常。

3. 充電裝置

(1) 檢查方法

以三用電表確認變壓器、整流器等之功能。

(2) 判定方法

A.變壓器、整流器等應無異常聲音、異臭、異常發熱、顯著灰塵或損傷等情形。

B.電流計或電壓計應指示在規定值以上。

C.具有充電電源監視燈者，應正常亮燈。

4.結線接續

(1) **檢查方法**

以目視及螺絲起子確認有無斷線、端子鬆動等情形。

(2) **判定方法**

應無斷線、端子鬆動、脫落、損傷等情形。

(十二) 耐震措施

1.檢查方法

(1) 應確認設於容許變位量較大部分之可撓式管接頭及貫穿牆、搜地板部分，有無變形、損傷等情形，及耐震措施是否恰當。

(2) 以目視及螺絲起子確認儲存容器等之支撐固定架有無異常。

2.判定方法

(1) 可撓式管接頭等應無變形、損傷、明顯腐蝕等情形，且貫穿牆、搜地板部分之間隙、充填部，應維持設置施工時之狀態。

(2) 使用在儲存容器等之支撐固定架之錨定螺栓、螺帽，應無變形、損傷、鬆動、明顯腐蝕等情形，且支撐固定架應無損傷。

三、綜合檢查（全區放射方式）

將電源切換為緊急電源狀態，依下列各點規定進行檢查。惰性氣體淨滅火設備全區放射方式應依設置之系統數量進行抽樣檢查，其抽樣分配方式如下表例示。抽測之系統放射區域在二區以上時，應至少擇一放射區域實施放射試驗；進行放射試驗系統，應於滅火藥劑儲存容器標示放射日期。

惰性氣體滅火設備全區放射方式之綜合檢查抽樣分配表

抽樣分配 年限 系統設置數量（套）	第1年	第2年	第3年	第4年	第5年	第6年	第7年	第8年	第9年	第10年
1										1
2									1	1
3								1	1	1
4							1	1	1	1
5						1	1	1	1	1
6					1	1	1	1	1	1
7				1	1	1	1	1	1	1
8			1	1	1	1	1	1	1	1
9		1	1	1	1	1	1	1	1	1
10	1	1	1	1	1	1	1	1	1	1
11	1	1	1	1	1	1	1	1	1	2
12	1	1	1	1	1	1	1	1	2	2
13	1	1	1	1	1	1	1	2	2	2
14	1	1	1	1	1	1	2	2	2	2
15	1	1	1	1	1	2	2	2	2	2
16	1	1	1	1	2	2	2	2	2	2
17	1	1	1	2	2	2	2	2	2	2
18	1	1	2	2	2	2	2	2	2	2
19	1	2	2	2	2	2	2	2	2	2
20	2	2	2	2	2	2	2	2	2	2
21	2	2	2	2	2	2	2	2	2	3

備註：系統設置數量超過21套者，依其比例類推分配。

(一)檢查方法

1. 以空氣或氮氣進行放射試驗，所需空氣量或氮氣量，應就放射區域應設滅火藥劑量之10%核算，每公斤以下表所列公升數之比例核算，每次試驗最多放出5支。

表　惰性氣體滅火藥劑每公斤核算空氣量或氮氣量

滅火藥劑	每公斤核算空氣量或氮氣量（公升）
氮氣	86
IG-55	71
IG-541	71

2. 檢查時應注意下列事項：
　(1) 充填空氣或氮氣之試驗用氣體容器壓力，應與該滅火設備之儲存容器之充填壓力大約相等。
　(2) 使用啓動用氣體容器之設備者，應準備與設置數量相同之氣體容器數。
　(3) 應準備必要數量供塞住集合管部或容器閥部及操作管部之帽蓋或塞子。

3. 檢查前，應依下列事項事先準備好儲存容器等：
　(1) 暫時切斷控制盤等電源設備。
　(2) 將自儲存容器取下之容器閥開放裝置及操作管連接裝設在試驗用氣體容器上。
　(3) 除試驗用氣體容器外，應取下連接管後用帽蓋蓋住集合管部。
　(4) 應塞住放射用以外之操作管。
　(5) 確認儲存容器部分外之其餘部分是否處於平時設置狀況。
　(6) 控制盤等設備電源，應在「開」之位置。

4. 檢查時，啓動操作應就下列方式擇一進行：
　(1) 手動式者，應操作手動啓動裝置使其啓動。
　(2) 自動式者，應將自動、手動切換裝置切換至「自動」位置，使探測器動作、或使受信機、控制盤探測器回路之端子短路，使其啓動。

(二)判定方法

1. 警報裝置應確實鳴響。
2. 遲延裝置應確實動作。
3. 開口部等之自動關閉裝置應能正常動作，換氣裝置須確實停止。
4. 指定防護區劃之啓動裝置及選擇閥能確實動作，可放射試驗用氣體。
5. 配管內之試驗用氣體應無洩漏情形。
6. 放射表示燈應確實亮燈。

(三)注意事項

1. 檢查結束後，應將檢查時使用之試驗用氣體容器，換裝回復為原設置之儲存容器。
2. 在未完成完全換氣前，不得進入放射區域。遇不得已之情形非進入時，應著空氣呼吸器。
3. 完成檢查後，應確實將所有裝置回復定位。

惰性氣體滅火設備檢查表

區劃名稱：　　　設備方式：□全區

檢修項目			檢修結果			處置措施
			種別、容量等內容	判定	不良狀況	
外觀檢查						
滅火藥劑儲存容器等	滅火藥劑儲存容器	外形	kg× 支			
		設置狀況	℃			
	容器閥等					
	容器閥開放裝置		個			
	連結管、集合管		A			
啟動用氣體容器等	啟動用氣體容器	外形	kg× 支			
		標示				
	容器閥等					
	容器閥開放裝置		個			
選擇閥	本體	外形	個			
		標示				
	開放裝置	電氣式	個			
		氣壓式	個			
	操作管、逆止閥					
啟動裝置	手動啟動裝置	周圍狀況				
		外形				
		電源表示燈				
	自動啟動裝置	火災探測裝置				
		切換裝置				

	警報裝置					
控制裝置	控制盤	周圍狀況				
		外形	□壁掛型□直立型 □埋入型□專用 □兼用			
	電壓計		DC　V			
	開關類					
	標示					
	備用品等					
	配管					
	放射表示燈		個			
	壓力上升防止裝置		m²×處所			
噴頭	外形		個			
	放射障礙					
防護區劃	區劃變更及氣密					
	開口部自動關閉		式×個　自動關閉器×個			
緊急電源	外形					
	標示		DC　V			
性能檢查						
滅火藥劑儲存容器	滅火藥劑量		L×　支			
	容器閥開放裝置	電氣式				
		氣壓式				
啓動用氣體容器	氣體量		L×　支			
	容氣閥開放裝置					
選擇閥	閥本體					
	開放裝置	電氣式				
		氣壓式				
	操作管及逆止閥					

啓動裝置	手動啓動裝置	操作箱				
		警報用開關	個			
		按鈕等				
		標示燈				
		斷線偵測				
	自動啓動裝置	火災探測裝置	□專用　□兼用			
		切換裝置				
		切換表示燈				
		斷線偵測				
警報裝置		音響				
		音聲	分貝			
控制裝置		開關類				
		遲延裝置	秒			
		保險絲類	A			
		繼電器				
		標示燈				
		結線接續				
		接地				
放射表示燈			DC　　V			
壓力上升防止裝置						
防護區劃	自動關閉	電氣式				
		氣壓式				
	換氣裝置					
緊急電源		端子電壓	DC　　V			
		切換裝置				
		充電裝置				
		結線接續				
耐震措施						
綜合檢查						
全區		警報方式				
		遲延裝置	秒			

放射方式	開口部自動關閉裝置				
	啟動裝置、選擇閥				
	試驗用氣體有無洩漏				
	放射表示燈				

備註	七、各區劃所需滅火藥劑量			
	區劃名稱	選擇閥口徑	容器數	所需氣體量

八、進行放射試驗之區劃：
九、使用試驗用氣體名稱：

檢查器材	機器名稱	型式	校正年月日	製造廠商	機器名稱	型式	校正年月日	製造廠商

檢查日期	自民國　　年　　　月　　　日　至民國　　　年　　　月　　　日							
檢修人員	姓名		消防設備師（士）	證書字號		簽章		（簽章）
	姓名		消防設備師（士）	證書字號		簽章		
	姓名		消防設備師（士）	證書字號		簽章		
	姓名		消防設備師（士）	證書字號		簽章		

1. 應於「種別、容量等情形」欄內填入適當之項目。
2. 檢查合格者於判定欄內打「○」；有不良情形時於判定欄內打「×」，並將不良情形填載於「不良狀況」欄。
3. 對不良狀況所採取之處置情形應填載於「處置措施」欄。
4. 欄內有選擇項目時應以「○」圈選之。

惰性氣體滅火設備檢查表

號碼	容器號碼	液態充填		氣體重量（kg）	氣態充填		檢查年月日及容器表面溫度				
		總重量（kg）	鋼瓶重（kg）		滅火藥劑量（m³）	充填壓力（20℃）（MPa）	年月日	年月日	年月日	年月日	年月日
							℃	℃	℃	℃	℃
		（含容器閥）					檢查時氣體之重量（kg）或容器內壓力（MPa）				
	儲存容器										耐壓試驗年月
	啟動用氣體容器										

2.13 冷卻撒水設備檢修及申報作業基準

一、外觀檢查

(一)水源

1.檢查方法

(1) 水箱、蓄水池

由外部以目視確認有無變形、漏水、腐蝕等。

(2) 水量

由水位計確認；無水位計時打開人孔蓋用檢尺測量。

(3) 水位計及壓力表

以目視確認有無變形、損傷及指示值是否正常。

(4) 閥類

以目視確認排水管、補給水管、給氣管等之閥類，有無漏水、變形、損傷等，及其開、關位置是否正常。

2.判定方法

(1) 水箱、蓄水池

應無變形、損傷、漏水、漏氣及顯著腐蝕等痕跡。

(2) 水量

應保持在規定量以上。

(3) 水位計及壓力表

應無變形、損傷及指示值應正常。

(4) 閥類

A.應無洩漏、變形、損傷等。

B.「常時開」或「常時關」之標示及開、關位置應正常。

(二)電動機之控制裝置

1.檢查方法

(1)控制盤

A.周圍狀況

　　確認周圍有無檢查上及使用上之障礙。

B.外形

　　以目視確認有無變形、腐蝕等。

(2)電壓計

A.以目視確認有無變形、損傷等。

B.確認電源、電壓是否適當正常。

(3)各開關

以目視確認有無變形、損傷及開、關位置是否正常。

(4)標示

確認標示是否適當正常。

(5)預備品

確認是否備有保險絲、燈泡等預備品及回路圖等。

2.判定方法

(1)控制盤

A.周圍狀況

　　應設置於火災不易波及之位置,且周圍應無檢查上及使用上之障礙。

B.外形

　　應無變形、損傷、顯著腐蝕等。

(2)電壓表

A.應無變形、損傷等。

B.電壓表的指示值應在所定之範圍內。

C.無電壓表者,其電源指示燈應亮著。

(3)各開關

應無變形、損傷、脫落等,且開、關位置應正常。

(4) 標示

A.各開關之名稱標示應無汙損、不明顯部分。

B.標示銘板應無剝落。

(5) 預備品

A.應備有保險絲、燈泡等預備品。

B.應備有回路圖及操作說明書等。

(三) 啟動裝置

1.手動啟動裝置

(1) 檢查方法

A.周圍狀況

手動啟動裝置之操作部應設於加壓送水裝置設置之場所，以目視確認周圍有無檢查上及使用上之障礙。

B.外形

以目視確認操作部有無變形、損傷等。

(2) 判定方法

A.周圍狀況

手動啟動裝置之操作部設於加壓送水裝置設置之場所，其位置應無檢查上及使用上之障礙。

B.外形

按鈕、開關應無損傷、變形等。

2.遠隔啟動裝置（限用於儲存閃火點70℃以下公共危險物品之室外儲槽）

(1) 檢查方法

A.周圍狀況

以目視確認周圍有無檢查上及使用上之障礙。

B.外形

以目視確認操作部、選擇閥或開關閥有無變形或損傷等。

(2) 判定方法

　　A. 周圍狀況

　　　應無檢查上及使用上之障礙。

　　B. 外形

　　　操作部、選擇閥或開關閥應無損傷、變形等。

(四)加壓送水裝置

1. 檢查方法

以目視確認幫浦及電動機等，有無變形、腐蝕等。

2. 判定方法

應無變形、損傷、顯著腐蝕及銘板剝落等。

(五)呼水裝置

1. 檢查方法

(1) 呼水槽

以目視確認呼水槽，有無變形、漏水、腐蝕等，及水量是否在規定量以上。

(2) 閥類

以目視確認給水管之閥類有無洩漏、變形等，及其開、關位置是否正常。

2. 判定方法

(1) 呼水槽

應無變形、損傷、漏水、顯著腐蝕等，及水量應在規定量以上。

(2) 閥類

　　A. 應無洩漏、變形、損傷等。

　　B. 「常時開」或「常時關」之標示及開、關位置應正常。

(六) 配管

1. 檢查方法

(1) 立管及接頭

以目視確認有無洩漏、變形等及被利用做為其他東西之支撐、吊架等。

(2) 立管固定用之支撐及吊架

以目視及手觸摸確認有無脫落、彎曲、鬆動等。

(3) 閥類

以目視確認有無洩漏、變形等，及開、關位置是否正確。

(4) 過濾裝置

以目視確認過濾裝置有無洩漏、變形等。

(5) 標示

確認「制水閥」之標示是否適當正常。

2. 判定方法

(1) 立管及接頭

A. 應無洩漏、變形、損傷等。

B. 應無被利用做為其他東西之支撐及吊架等。

(2) 立管固定用之支撐及吊架

應無脫落、彎曲、鬆動等。

(3) 閥類

A. 應無洩漏、變形、損傷等。

B. 「常時開」或「常時關」之標示及開、關位置應正確。

(4) 過濾裝置

應無洩漏、變形、損傷等。

(5) 標示

應無損傷、脫落、汙損等。

(七)冷卻撒水噴頭（噴孔）

1.檢查方法

(1)外形

A.以目視確認有無變形、損傷等。

B.以目視確認有無被利用支撐、吊架使用等。

(2)撒水分布障礙

以目視確認冷卻撒水噴頭（噴孔）周圍應無撒水分布之障礙物等。

(3)未警戒部分

以目視確認冷卻撒水噴頭（噴孔）之設置有無造成未警戒之部分。

2.判定方法

(1)外形

A.應無變形、損傷等。

B.應無被利用為支撐、吊架使用。

(2)撒水分布障礙

冷卻撒水噴頭（噴孔）周圍應無撒水分布之障礙物。

(3)未警戒部分

應無造成未警戒之部分。

(八)流水檢知裝置

1.檢查方法

(1)閥本體

A.以目視確認本體、附屬閥類、配管及壓力表等有無漏水、變形等。

B.確認閥本體上之壓力表指示值是否正常。

(2)延遲裝置

以目視確認有無變形、腐蝕等。

(3)壓力開關

以目視確認有無變形、損傷等

2.判定方法

(1)閥本體

A.本體、附屬閥類、配管及壓力表等應無漏水、變形、損傷等。

B.流水檢知裝置壓力表指示值應正常。

(2) 延遲裝置

應無變形、損傷、顯著腐蝕等。

(3) 壓力開關

應無變形、損傷等。

(九)一齊開放閥（含電磁閥）

1.檢查方法

以目視確認有無洩漏、變形、腐蝕等。

2.判定方法

應無洩漏、變形、損傷、顯著腐蝕等。

二、性能檢查

(一)水源

1.檢查方法

(1) 水質

打開人孔蓋以目視及水桶採水，確認有無腐敗、浮游物、沉澱物等。

(2) 給水裝置

A.確認有無變形、腐蝕等，及操作排水閥確認給水功能是否正常。

B.如不便用操作排水閥檢查給水功能時，可使用下列方法：

(A) 使用水位電極控制給水者，拆除其電極回路之配線，形成減水狀態，確認其是否能自動給水；其後再將拆掉之電極回路配線接上復原，形成滿水狀態，確認其給水能否自動停止。

(B) 使用浮球水栓控制給水者，由手動操作將浮球沒入水中，形成減水狀態，確認能否自動給水；其後使浮球復原，形成滿水狀態，確認給水能否自動停止。

(3) 水位計及壓力表

A.水位計之量測係打開人孔蓋，用檢尺測量水位，並確認水位計之指示值。

B.壓力表之量測係關閉壓力表開關及閥類，並放出壓力表之水，使指針歸零後，再打開壓力表開關及閥類，並確認指針之指示值。

(4) 閥類

用手操作確認開、關動作能否容易進行。

2. 判定方法

(1) 水質

應無顯著腐蝕、浮游物、沉澱物等。

(2) 給水裝置

A.應無變形、損傷、顯著腐蝕等。

B.於減水狀態應能自動給水，於滿水狀態應能自動停止供水。

(3) 水位計及壓力表

A.水位計之指示值應正常。

B.壓力表歸零之位置、指針之動作狀況及指示值應正常。

(4) 閥類

開、關操作應能容易地進行。

(二) 電動機之控制裝置

1. 檢查方法

(1) 各開關

以螺絲起子及開、關操作，確認端子有無鬆動及開、關性能是否正常。

(2) 保險絲

確認有無損傷、熔斷及是否為所規定之種類及容量。

(3) 繼電器

確認有無脫落、端子鬆動、接點燒損、灰塵附著，並操作各開關使繼電器動作，確認其性能。

(4) 表示燈

操作各開關確認有無亮燈。

(5) 結線接續

以目視及螺絲起子確認有無斷線、端子鬆動等。

(6) 接地

以目視或三用電表確認有無腐蝕、斷線等。

2. 判定方法

(1) 各開關

A. 應無端子鬆動及發熱之情形。

B. 開、關性能應正常。

(2) 保險絲

A. 應無損傷、熔斷。

B. 應依回路圖所規定之種類及容量設置。

(3) 繼電器

A. 應無脫落、端子鬆動、接點燒損、灰塵附著等。

B. 動作應正常。

(4) 表示燈

應無顯著劣化，且能正常點燈。

(5) 結線接續

應無斷線、端子鬆動、脫落、損傷等。

(6) 接地

應無顯著腐蝕、斷線等之損傷。

(三) 啟動裝置

1. 手動啟動裝置

(1) 檢查方法

將一齊開放閥二次側之止水閥關閉，再打開測試用排水閥，然後操作手動啟動開關，確認加壓送水裝置是否啟動。

(2) 判定方法

閥之操作應容易進行，且加壓送水裝置應能確實啟動。

2. 遠隔啟動裝置（限用於儲存閃火點70℃以下公共危險物品之室外儲槽）

(1) 檢查方法

將一齊開放閥二次側之止水閥關閉，再打開測試用排水閥，然後操作

選擇閥或開關閥、或監控室等處所之啓動裝置，確認加壓送水裝置是否啓動。

(2) 判定方法

閥之操作應容易進行，且加壓送水裝置應能確實啓動。

(四)加壓送水裝置

1. 幫浦方式

(1) 電動機

A. 檢查方法

(A) 回轉軸

用手轉動，確認是否能圓滑地回轉。

(B) 軸承部

確認潤滑油有無汙損、變質及是否達必要量。

(C) 軸接頭

以扳手確認有無鬆動及性能是否正常。

(D) 本體

操作啓動裝置使其啓動，確認性能是否正常。

B. 判定方法

(A) 回轉軸

應能圓滑地回轉。

(B) 軸承部

潤滑油應無汙損、變質且達必要量。

(C) 軸接頭

應無脫落、鬆動，且接合狀態牢固。

(D) 本體

應無顯著發熱、異常振動、不規則或不連續之雜音，且回轉方向應正確。

C. 注意事項

除需操作啓動檢查性能外，其餘均需先切斷電源。

(2) 幫浦

A. 檢查方法

(A) 回轉軸

用手轉動確認是否能圓滑地轉動。

(B) 軸承部

確認潤滑油有無汙損、變質及是否達必要量。

(C) 底部

確認有無顯著漏水。

(D) 連成表及壓力表

關掉表計之控制水閥將水排出，檢視指針是否指在0之位置，再打開表計之控制水閥，操作啓動裝置確認指針是否正常地動作。

(E) 性能

先將幫浦吐出側之制水閥關閉之後，使幫浦啓動，然後緩緩地打開性能測試用配管之制水閥，由流量計及壓力表確認額定負荷運轉及全開點時之性能。

B. 判定方法

(A) 回轉軸

應能圓滑地轉動。

(B) 軸承部

潤滑油應無汙損、變質、混入異物等，且達必要量。

(C) 底座

應無顯著的漏水。

(D) 連成表及壓力表

位置及指針之動作應正常。

(E) 性能

應無異常振動、不規則或不連續之雜音，且於額定負荷運轉及全開點時之吐出壓力及吐出水量均達規定值以上。

C. 注意事項

除需操作啓動檢查性能外，其餘均需先行切斷電源。

2. 重力水箱方式

(1) 檢查方法

由最近及最遠之試驗閥，以壓力表測定其靜水壓力，確認是否為所定之壓力。

(2) 判定方法

應為設計上之壓力值。

3. 壓力水箱方式

(1) 檢查方法

打開排氣閥確認能否自動啟動加壓。

(2) 判定方法

壓力降低自動啟動裝置應能自動啟動及停止。

(3) 注意事項

打開排氣閥時，為防止高壓造成之危害，閥類應慢慢地開啟。

4. 減壓措施

(1) 檢查方法

以目視確認減壓閥等有無洩漏、變形等。

(2) 判定方法

應無洩漏、變形、損傷等。

(五)呼水裝置

1. 檢查方法

(1) 閥類

用手實地操作確認開、關動作是否容易進行。

(2) 自動給水裝置

A. 確認有無變形、腐蝕等。

B. 打開排水閥，確認其性能是否正常。

(3) 減水警報裝置

A. 確認有無變形、腐蝕等。

B. 關閉補給水閥，再打開排水閥，確認減水警報功能是否正常。

(4) 底閥

A. 拉上吸水管或檢查用鍊條，確認有無異物附著或阻塞等。

B. 打開幫浦本體上呼水漏斗之制水閥，確認有無從漏斗連續溢水出來。

C. 打開幫浦本體上呼水漏斗之制水閥，然後關閉呼水管之制水閥，確認底閥之逆止效果是否正常。

2. 判定方法

(1) 閥類

開、關操作應容易進行。

(2) 自動給水裝置

A. 應無變形、損傷、顯著腐蝕等。

B. 當呼水槽水量減少時，應能自動給水。

(3) 減水警報裝置

A. 應無變形、損傷、顯著腐蝕等。

B. 當呼水槽水量減少到一半時，應發出警報。

(4) 底閥

A. 應無異物附著、阻塞等吸水障礙。

B. 應能由呼水漏斗連續溢水出來。

C. 呼水漏斗的水應無減少。

(六) 配管

1. 檢查方法

(1) 閥類

用手操作確認開、關動作是否容易。

(2) 過濾裝置

分解打開過濾網確認有無變形、異物堆積等。

(3) 排放管（防止水溫上升裝置）

使加壓送水裝置啟動呈關閉運轉狀態，確認排放管排水是否正常。

2. 判定方法

(1) 閥類

開、關操作應能容易進行。

(2) 過濾裝置

過濾網應無變形、損傷、異物堆積等。

(3) 排放管（防止水溫上升裝置）

排放水量應在下列公式求得量以上。

$$q = \frac{Ls \times C}{60 \times \Delta t}$$

q = 排放水量（L/min）

Ls = 幫浦關閉運轉時之出力（kw）

C = 860 kcal（1kw-hr時水之發熱量）

Δt = 30℃（幫浦內部之水溫上升限度）

(七) 流水檢知裝置

1. 檢查方法

(1) 閥本體

操作本體之試驗閥，確認閥本體、附屬閥類及壓力表等之性能是否正常。

(2) 延遲裝置

確認延遲作用及自動排水裝置之排水能否有效地進行。

(3) 壓力開關

A. 以螺絲起子確認端子有無鬆動。

B. 確認壓力值是否適當，及動作壓力值是否適當正常。

(4) 音響警報裝置及表示裝置

A. 操作排水閥確認警報裝置之警鈴、蜂鳴器或水鐘等是否確實鳴動。

B. 確認表示裝置之標示燈等有無損傷，及是否能確實表示。

2. 判定方法

(1) 閥本體

性能應正常。

(2) 延遲裝置

A.延遲作用應正常。

B.自動排水裝置應能有效排水。

(3) 壓力開關

A.端子應無鬆動。

B.設定壓力值應適當正常。

C.於設定壓力值應能動作。

(4) 音響警報裝置及標示裝置

應能確實鳴動及正常表示。

(八)一齊開放閥（含電磁閥）

1.檢查方法

(1) 以螺絲起子確認電磁閥之端子有無鬆動。

(2) 關閉一齊閥放閥二次側的止水閥，再打開測試用排水閥，然後操作手動啓動開關，確認其性能是否正常。

2.判定方法

(1) 端子應無鬆動脫落等。

(2) 一齊開放閥應能確實開放放水。

(九)耐震措施

1.檢查方法

(1) 牆壁或地板上貫通部分有無變形、損傷等，並確認防震軟管接頭有無變形、損傷、顯著腐蝕等。

(2) 以目視及扳手確認蓄水池及加壓送水裝置等之裝配固定是否有異常。

2.判定方法

(1) 防震軟管應無變形、損傷、顯著腐蝕等，且牆壁或地板上貫通部分的間隙、充填部分均保持原來施工時之狀態。

(2) 蓄水池及加壓送水裝置的安裝部分所使用之基礎螺絲、螺絲帽，應無變形、損傷、鬆動、顯著腐蝕等，且安裝固定部分應無損傷。

三、綜合檢查

(一)檢查方法

切換成緊急電源供電狀態,依下列步驟確認系統性能是否正常。

1. 選擇配管上最遠最高之一區作放水試驗。
2. 由操作手動啟動裝置或遠隔啟動裝置,啟動加壓送水裝置。
3. 在一齊開放閥最遠處之冷卻撒水噴頭(噴孔)附近裝上測試用壓力表。
4. 放射量依下式計算

$$Q = K\sqrt{P}$$

Q = 放射量(L/min)

K = 常數

P = 放射壓力(kgf/cm^2)

(二)判定方法

1. 幫浦方式

(1) 啟動性能

A. 加壓送水裝置應能確實啟動。

B. 表示、警報等應正常。

C. 電動機之運轉電流值應在容許範圍內。

D. 運轉中應無不規則、不連續之雜音或異常之發熱、振動。

(2) 一齊開放閥

一齊開放閥應正常動作。

(3) 撒水量等

A. 放射壓力

應可得到設計上之壓力。

B. 放射量

冷卻撒水噴頭(噴孔)之放射量應符合放射壓力之放射曲線上之
值,公共危險物品室外儲槽場所實際測得之放射量除以該冷卻撒水

噴頭（噴孔）所防護儲槽側壁面積應在2 L/min·m²以上；可燃性高壓氣體場所、加氣站、天然氣儲槽及可燃性高壓氣體儲槽場所實際測得之放射量除以該冷卻撒水噴頭（噴孔）之防護面積應在5 L/min·m²以上，但以厚度25mm以上之岩棉或同等以上防火性能之隔熱材被覆，外側以厚度0.35mm以上符合CNS 1244規定之鋅鐵板或具有同等以上強度及防火性能之材料被覆者，應在2.5 L/min·m²以上。

C. 放射狀態

放射狀態應正常。

2. 重力水箱及壓力水箱方式

(1) 表示、警報等

表示、警報等應正常。

(2) 一齊開放閥

一齊開放閥應正常動作。

(3) 放射量等

A. 放射壓力

應可得到設計上之壓力。

B. 放射量

冷卻撒水噴頭（噴孔）之放射量應符合放射壓力之放射曲線上之值，公共危險物品室外儲槽場所實際測得之放射量除以該冷卻撒水噴頭（噴孔）所防護儲槽側壁面積應在2 L/min·m²以上；可燃性高壓氣體場所、加氣站、天然氣儲槽及可燃性高壓氣體儲槽場所實際測得之放射量除以該冷卻撒水噴頭（噴孔）之防護面積應在5 L/min·m²以上，但以厚度25mm以上之岩棉或同等以上防火性能之隔熱材被覆，外側以厚度0.35mm以上符合CNS 1244規定之鋅鐵板或具有同等以上強度及防火性能之材料被覆者，應在2.5 L/min·m²以上。

C. 放射狀態

放射狀態應正常。

3.注意事項

供第四類公共危險物品之顯著滅火困難場所之加壓送水裝置，啓動後五分鐘內應能有效撒水，且加壓送水裝置距撒水區域在五百公尺以下，但設有保壓措施者不在此限。

冷卻撒水設備檢查表

檢修設備名稱		幫浦	製造商： 型　號：			電動機	製造商： 型　號：
檢修項目			檢修結果				處置措施
			種別、容量等內容	判定	不良狀況		
外觀檢查							
水源		蓄水池	類別				
		水量	m³				
		水位計、壓力計					
		閥類					
電動機	控制盤	周圍狀況					
		外形					
		電壓表	V				
		各開關					
		標示					
		預備品等					
啓動裝置	手動啓動	周圍狀況					
		外形					
	遠隔啓動	周圍狀況					
		外形					
		加壓送水裝置					
呼水裝置		呼水槽	L				
		閥類					
配管		外形					
		標示					
冷卻撒水噴頭		外形					
		撒水分布障礙					
		未警戒部分					
自動警報逆止閥		閥本體	kgf/cm²				
		延遲裝置					
		壓力裝置	kgf/cm²				

一齊開放閥（含電磁閥）			kgf/cm^2			
性能檢查						
水源		水質				
		給水裝置				
		閥類				
		水位計、壓力表				
電動機控制裝置		各開關				
		保險絲	A			
		繼電器				
		表示燈				
		結線接續				
		接地				
啓動裝置		手動啓動裝置				
		遠隔啓動裝置				
加壓送水裝置	幫浦方式	電動機	回轉軸			
			軸承部			
			軸接頭			
			本體			
		幫浦	回轉軸			
			軸承部			
			底部			
			連成表壓力表			
			性能 kgf/cm^2 L/min			
	重力水箱方式		kgf/cm^2			
	壓力水箱方式		kgf/cm^2			
呼水裝置		閥類				
		自動給水裝置				
		減水警報裝置				
		底閥				
配管		閥類				
		過濾裝置				
		排放管				
自動警報逆止閥等		閥本體				
		延遲裝置				
		壓力開關	設定壓力 kgf/cm^2 動作壓力 kgf/cm^2			
		音響警報裝置	蜂鳴器			

一齊開放閥（含電磁閥）				
耐震措施				
綜合檢查				
幫浦方式	啟動性能	加壓送水裝置			
		表示、警報等			
		運轉電流			
		運轉狀況			
	一齊開放閥				
	放水量				
重力水箱等	表示、警報等				
	一齊開放閥				
	放水量				
備註					
檢查器材	機器名稱	型式	校正年月日	製造廠商	機器名稱	型式	校正年月日	製造廠商

檢查日期	自民國　　年　　月　　日 至民國　　年　　月　　日				
檢修人員	姓名		消防設備師（士）	證書字號		簽章	（簽章）
	姓名		消防設備師（士）	證書字號		簽章	
	姓名		消防設備師（士）	證書字號		簽章	
	姓名		消防設備師（士）	證書字號		簽章	

1. 應於「種別、容量等情形」欄內填入適當之項目。
2. 檢查合格者於判定欄內打「○」；有不良情形時於判定欄內打「×」，並將不良情形填載於「不良狀況」欄。
3. 對不良狀況所採取之處置情形應填載於「處置措施」欄。
4. 欄內有選擇項目時應以「○」圈選之。

2.14　射水設備檢修及申報作業基準

一、外觀檢查

(一)水源

1.檢查方法

(1) 水箱、蓄水池

由外部以目視確認有無變形、漏水、腐蝕等。

(2) 水量

由水位計確認或打開人孔蓋用檢尺測量。

(3) 水位計及壓力表

以目視確認有無變形、損傷，指示值是否正確。

(4) 閥類

以目視確認排水管、補給水管、給氣管等之閥類，有無洩漏、變形、損傷等，及其開關位置是否正常。

2.判定方法

(1) 水箱、蓄水池

應無變形、損傷、漏水、漏氣及顯著腐蝕等痕跡。

(2) 水量

應確保在規定量以上。

(3) 水位計及壓力表

應無變形、損傷，且指示值應正常。

(4) 閥類

A.應無洩漏、變形、損傷等。

B.「常時開」或「常時關」之標示及開、關位置應保持正常。

(二)電動機之控制裝置

1.檢查方法

(1)控制盤

A.周圍狀況

確認周圍有無檢查及使用上之障礙。

B.外形

以目視確認有無變形、腐蝕等。

(2)電壓表

A.以目視確認有無變形、腐蝕。

B.確認電源、電壓是否正常。

(3)各開關

以目視確認有無變形、損傷及開關位置是否正常。

(4)標示

確認是否正確標示。

(5)預備品等

確認是否備有保險絲、燈泡、回路圖及說明書等。

2.判定方法

(1)控制盤

A.周圍狀況

應設置於火災不易波及之位置，且周圍應無檢查及使用上之障礙。

B.外形

應無變形、損傷、顯著腐蝕等。

(2)電壓表

A.應無變形、損傷等。

B.電壓表之指示值應在所定之範圍內。

C.無電壓表者，電源表示燈應亮著。

(3)各開關

應無變形、損傷、脫落等，且開、關位置應正常。

(4)標示

A.各開關之名稱標示應無汙損及不明顯部分。

B.標示銘板應無剝落。

(5) 預備品等

A.應備有保險絲、燈泡等預備品。

B.應備有回路圖及操作說明書等。

(三)啓動裝置

1.啓動操作部

(1)檢查方法

A.周圍狀況

以目視確認周圍有無檢查及使用上之障礙及標示是否適當。

B.外形

以目視確認直接操作部及遠隔操作部,有無變形、損傷等。

(2)判定方法

A.周圍狀況

(A) 應無檢查及使用上之障礙。

(B) 標示應無汙損及不明顯部分。

B.外形

閥類各開關應無損傷、變形等。

2.啓動用水壓開關裝置

(1)檢查方法

A.壓力開關

以目視確認有無變形、損傷等。

B.啓動用壓力槽

以目視確認有無變形、漏水、腐蝕等,及壓力表之指示值是否適當
正常。

(2)判定方法

A.壓力開關

應無變形、損傷等。

B.啓動用壓力水槽

應無變形、腐蝕、漏水、漏氣、顯著腐蝕等,且壓力表之指示值應

正常。

(四)加壓送水裝置

1.檢查方法

以目視確認幫浦及電動機等有無變形、腐蝕等。

2.判定方法

應無變形、損傷、顯著腐蝕及銘板剝落等。

(五)呼水裝置

1.檢查方法

(1)呼水槽

以目視確認呼水槽,有無變形、漏水、腐蝕等,及水量是否在規定量以上。

(2)閥類

以目視確認給水管之閥類有無洩漏、變形等,及其開、關位置是否正常。

2.判定方法

(1)呼水槽

應無變形、損傷、漏水、顯著腐蝕等,及水量應在規定量以上。

(2)閥類

A.應無洩漏、變形、損傷等。

B.「常時開」或「常時關」之標示及開關位置應正常。

(六)配管

1.檢查方法

(1)立管及接頭

以目視確認有無洩漏、變形等及被利用做為其他東西之支撐、吊架等。

(2)立管固定用之支撐及吊架

以目視及手觸摸確認有無脫落、彎曲、鬆動等。

(3) 閥類

以目視確認有無洩漏、變形等，及開、關位置是否正常。

(4) 過濾裝置

以目視確認過濾裝置有無洩漏、變形等。

2.判定方法

(1) 立管及接頭

A.應無洩漏、變形、損傷等。

B.應無被利用做為其他東西之支撐及吊架等。

(2) 立管固定用之支撐及吊架

應無脫落、彎曲、鬆動等。

(3) 閥類

A.應無洩漏、變形、損傷等。

B.「常時開」或「常時關」之標示及開關位置應正常。

(4) 過濾裝置

應無洩漏、變形、損傷等。

(七)水帶箱等

1.水帶箱

(1) 檢查方法

A.周圍狀況

以目視確認周圍有無檢查及使用上之障礙，及「水帶箱」之標示字樣是否適當正常。

B.外形

以目視及開、關操作，確認有無變形、損傷等，及箱門是否能確實開、關。

(2) 判定方法

A.周圍狀況

(A) 應無檢查及使用上之障礙。

(B) 標示字樣應無汙損及不明顯部分。

B.外形

(A) 應無變形、損傷等。

(B) 箱門之開、關狀況應良好。

2. 水帶及瞄子

(1) 檢查方法

以目視確認置於箱內之瞄子、水帶有無變形、損傷及數量是否足夠。

(2) 判定方法

A. 應無變形、損傷。

B. 設置室外消防栓者應配置口徑六十三公厘及長二十公尺水帶二條、瞄子一具及開關把手一把。

3. 室外消防栓

(1) 檢查方法

A. 周圍的狀況

以目視確認周圍有無檢查及使用上之障礙，及消防栓之標示是否正常。

B. 外形

以目視及開、關操作，確認有無變形、損傷等，及地下式箱蓋是否能確實開、關。

(2) 判定方法

A. 周圍狀況

(A) 應無檢查及使用上之障礙。

(B) 標示字樣應無汙損及不明顯部分。

B. 外形

(A) 應無變形、洩漏、損傷等。

(B) 地下式之箱蓋應能確實開關。

(八)射水槍

1. 檢查方法

(1) 周圍的狀況

以目視確認周圍有無檢查及使用上之障礙。

(2) 外形

以目視及開、關操作，確認有無變形、損傷等。

2. 判定方法

(1) 周圍狀況

應無檢查及使用上之障礙。

(2) 外形

應無變形、洩漏、損傷等。

二、性能檢查

(一)水源

1. 檢查方法

(1) 水質

打開人孔蓋以目視及水桶採水，確認有無腐敗、浮游物、沉澱物等。

(2) 給水裝置

A. 確認有無變形、腐蝕等，及操作排水閥確認給水功能是否正常。

B. 如不使用操作排水閥檢查給水功能時，可使用下列方法：

(A) 使用水位電極控制給水者，拆除其電極回路之配線，形成減水狀態，確認其是否能自動給水；其後再將拆掉之電極回路線接上復原，形成滿水狀態，確認其給水能否自動停止。

(B) 使用浮球水栓控制給水者，以手動操作將浮球沒入水中，形成減水狀態，使其自動給水；其後使浮球復原，形成滿水狀態，使給水自動停止。

(3) 水位計及壓力表

A. 水位計之量測係打開人孔蓋，用檢尺測量水位，並確認水位計之指示值。

B. 壓力表之量測係關閉壓力表開關及閥類，並放出壓力表之水，使指針歸零後，再打開壓力表開關及閥類，並確認指針之指示值。

(4) 閥類

用手操作確認開、關動作是否能容易進行。

2.判定方法

(1)水質

應無腐臭、浮游物、沉澱物之堆積等。

(2)給水裝置

A.應無變形、損傷、顯著腐蝕。

B.於減水狀態能自動給水，於滿水狀態能自動停止供水。

(3)水位計及壓力表

A.水位計之指示值應正常。

B.在壓力表歸零的位置、指針的動作狀況及指示值應正常。

(4)閥類

開、關操作應能容易地進行。

(二)電動機之控制裝置

1.檢查方法

(1)各開關

以螺絲起子及開、關操作，確認端子有無鬆動及開關性能是否正常。

(2)保險絲

確認有無損傷、熔斷及是否為所規定之種類及容量。

(3)繼電器

確認有無脫落、端子鬆動、接點燒損、灰塵附著，並操作各開關使繼電器動作，確認機能。

(4)表示燈

操作各開關確認有無亮燈。

(5)結線接續

以目視及螺絲起子確認有無斷線、端子鬆動等。

(6)接地

以目視或回路計確認有無腐蝕、斷線等。

2.判定方法

(1)各開關

A.端子應無鬆動、發熱。

B.開、關性能應正常。

(2) 保險絲

A.應無損傷、熔斷。

B.應依回路圖所規定種類及容量設置。

(3) 繼電器

A.應無脫落、端子鬆動、接點燒損、灰塵附著等。

B.動作應正常。

(4) 表示燈

應無顯著劣化，且能正常點燈。

(5) 結線接續

應無斷線、端子鬆動、脫落、損傷等。

(6) 接地

應無顯著腐蝕、斷線等。

(三)啓動裝置

1. 檢查方法

(1) 啓動操作部

操作直接操作部及遠隔操作部之開關，確認加壓送水裝置能否啓動。

(2) 啓動用水壓開關裝置

A.以目視及螺絲起子，確認壓力開關之端子有無鬆動。

B.確認設定壓力值是否恰當，且由操作排水閥使加壓送水裝置啓動，確認動作壓力值是否適當。

2. 判定方法

(1) 啓動操作部

加壓送水裝置應能確實啓動。

(2) 啓動用水壓開關裝置

A.壓力開關之端子應無鬆動。

B.設定壓力值適當，且加壓送水裝置依設定壓力正常啓動。

(四)加壓送水裝置（限幫浦方式）

1.電動機

(1)檢查方法

A.回轉軸

用手轉動，確認是否能圓滑地回轉。

B.軸承部

確認潤滑油有無汙損、變質及是否達必要量。

C.軸接頭

以扳手確認有無鬆動、性能是否正常。

D.本體

操作啟動裝置使其啟動，確認性能是否正常。

(2)判定方法

A.回轉軸

應能圓滑的回轉。

B.軸承部

潤滑油應無汙損、變質且達必要量。

C.軸接頭

應無脫落、鬆動，且接合狀態牢固。

D.本體

應無顯著發熱、異常振動、不規則或不連續之雜音，且回轉方向正確。

(3)注意事項

除需操作啟動檢查性能外，其餘均需先切斷電源。

2.幫浦

(1)檢查方法

A.回轉軸

用手轉動確認是否能圓滑地回轉。

B.軸承部

確認潤滑油有無汙損、變質及是否達必要量。

C.底座

確認有無顯著漏水。

D.連成表及壓力表

關掉表計之控制水閥將水排出，確認指針是否指在0之位置，再打開表計之控制水閥，操作啓動裝置確認指針是否正常動作。

E.性能

先將幫浦吐出側之制水閥關閉之後，使幫浦啓動，然後緩緩的打開性能測試用配管之制水閥，由流量計及壓力表確認額定負荷運轉及全開點時之性能。

(2) 判定方法

A.回轉軸

應能圓滑地轉動。

B.軸承部

潤滑油應無汙損、變質，且達必要量。

C.底座

應無顯著漏水。

D.連成表及壓力表

位置及指針動作應正常。

E.性能

應無異常振動、不規則或不連續之雜音，且於額定負荷運轉及全開點時之吐出壓力及吐出水量均達規定值以上。

(3) 注意事項

除需操作啓動檢查性能外，其餘均需先行切斷電源。

3.減壓措施

(1) 檢查方法

以目視確認減壓閥等有無變形、洩漏等。

(2) 判定方法

A.應無洩漏、變形、損傷等。

B.射水設備之放水壓力應在3.5kgf/cm^{2}以上。

(五)呼水裝置

1. 檢查方法

(1) 閥類

用手操作確認開關動作是否容易進行。

(2) 自動給水裝置

A. 確認有無變形、腐蝕等。

B. 打開排水閥，檢查自動給水功能是否正常。

(3) 減水警報裝置

A. 確認有無變形、腐蝕等。

B. 關閉補給水閥，再打開排水閥，確認減水警報功能是否正常。

(4) 底閥

A. 拉上吸水管或檢查用鍊條，確認有無異物附著或阻塞。

B. 打開幫浦本體上呼水漏斗之制水閥，確認有無從漏斗連續溢水出來。

C. 打開幫浦本體上呼水漏斗之制水閥，然後關閉呼水管之制水閥，確認底閥之逆止效果是否正常。

2. 判定方法

(1) 閥類

開、關動作應能容易地進行。

(2) 自動給水裝置

A. 應無變形、損傷、顯著腐蝕等。

B. 當呼水槽之水量減少時，應能自動給水。

(3) 減水警報裝置

A. 應無變形、損傷、顯著腐蝕等。

B. 當水量減少到二分之一時應發出警報。

(4) 底閥

A. 應無異物附著、阻塞等吸水障礙。

B. 呼水漏斗應能連續溢水出來。

C. 呼水漏斗的水應無減少。

(六)配管

1.檢查方法

(1)閥類

用手操作確認開、關動作是否容易進行。

(2)過濾裝置

分解打開確認過濾網有無變形、異物堆積。

(3)排放管（防止水溫上升裝置）

使加壓送水裝置啓動呈關閉運轉狀態，確認排放管排水是否正常。

2.判定方法

(1)閥類

開、關操作應能容易進行。

(2)過濾裝置

過濾網應無變形、損傷、異物堆積等。

(3)排放管

排放水量應在下列公式求得量以上。

$$q = \frac{Ls \times C}{60 \times \triangle t}$$

q：排放水量（L/min）

Ls：幫浦關閉運轉時之出力。（kw）

C：860 kcal（1kw-hr時水之發熱量）

$\triangle t$：30℃（幫浦內部之水溫上升限度）

(七)室外消防栓箱等

1.檢查方法

(1)水帶及瞄子

以目視確認有無損傷、腐蝕，及用手操作確認是否容易拆接。

(2)室外消防栓

用手操作確認開、關操作是否容易。

2. 判定方法

  (1) 水帶及瞄子

    A. 應無損傷、腐蝕。

    B. 應能容易拆、接。

  (2) 室外消防栓

    開、關操作應能容易進行。

(八) 射水槍

1. 檢查方法

用手操作確認開、關操作是否容易。

2. 判定方法

開、關操作應能容易進行。

(九) 耐震措施

1. 檢查方法

  (1) 牆壁或地板上貫通部分有無變形、損傷等，並確認防震軟管接頭有無變形、損傷、顯著腐蝕等。

  (2) 以目視及扳手確認加壓送水裝置等之裝配固定是否有異常。

2. 判定方法

  (1) 防震軟管應無變形、損傷、顯著腐蝕等，且牆壁或地板上貫通部分的間隙、充填部分均保持原來施工時之狀態。

  (2) 加壓送水裝置的安裝部分所使用之基礎螺絲、螺絲帽，應無變形、損傷、鬆動、顯著腐蝕等，且安裝固定部分應無損傷。

三、綜合檢查

(一) 檢查方法

切換成緊急電源供電狀態，操作直接操作部及遠隔操作部啟動裝置，確認各項性能。其放水壓力及放水量之檢查方法如下：

1. 以全部射水設備（超過二具時，選擇最遠最高處之二具）做放水試驗。
2. 測量室外消防栓瞄子直線放水之壓力或射水槍時，將壓力表之進水口，放置於瞄子前端瞄子口徑的二分之一距離處或射水槍前端口徑的二分之一距離處，讀取壓力表的指示值。
3. 放水量依下列計算式計算

$$Q = 0.653D^2\sqrt{P}$$

Q：放水量（L/min）
D：放水口徑（mm）
P：放水壓力（kgf/cm^2）

(二)判定方法

1. 啟動性能

(1) 加壓送水裝置應確實啟動。

(2) 表示、警報等應正常。

(3) 電動機之運轉電流值應在容許範圍內。

(4) 運轉中應無不規則、不連續之雜音或異常之振動、發熱等。

2. 放水壓力

應在3.5kgf/cm^{2}以上。

3. 放水量

每具應在450 L/min以上。

射水設備檢查表

檢修設備名稱		幫浦	製造商： 型　號：			電動機	製造商： 型　號：
檢修項目			檢修結果				處置措施
			種別、容量等內容	判定	不良狀況		
外觀檢查							
水源		蓄水池	類別				
		水量	m³				
		水位計、壓力計					
		閥類					
電動機	控制盤	周圍狀況					
		外形					
		電壓表	V				
		各開關					
		標示					
		預備品等					
啟動裝置	直接操作部	周圍狀況					
		外形					
	水壓開關裝置	周圍狀況					
		壓力槽	L　　kgf/cm²				
	加壓送水裝置						
呼水裝置		呼水槽	L				
		閥類					
配管							
水帶箱等	水帶箱	周圍狀況					
		外形					
		水帶					
		瞄子					
	室外消防栓	周圍狀況					
		外形					
	射水槍	周圍狀況	L				
		外形					

性能檢查					
水源	水質				
	給水裝置				
	閥類				
	水位計、壓力表				
電動機控制裝置	各開關				
	保險絲	A			
	繼電器				
	表示燈				
	結線接續				
	接地				
啟動裝置	啟動操作部	□專用　□兼用			
	水壓開關裝置	設定壓力　kgf/cm^2 動作壓力　kgf/cm^2			
加壓送水裝置	幫浦方式	電動機	回轉軸		
			軸承部		
			軸接頭		
			本體		
		幫浦	回轉軸		
			軸承部		
			底部		
			連成表壓力表		
			性能	kgf/cm^2　　L/min	
	重力水箱方式	kgf/cm^2			
	壓力水箱方式	kgf/cm^2			
	減壓裝置				
呼水裝置	閥類				
	自動給水裝置				
	減水警報裝置				
	底閥				
配管	閥類				
	過濾裝置				
	排放管				

室外消防栓箱等	水帶、瞄子				
	室外消防栓				
射水槍					
耐震措施					
綜合檢查					
幫浦方式	啟動性能	加壓送水裝置			
		表示、警報等			
		運轉電流	A		
		運轉狀況			
	放大壓力		kgf/cm^2		
	放水量		L/min		
重力水箱等	放大壓力		kgf/cm^2		
	放水量		L/min		
備註					

檢查器材	機器名稱	型式	校正年月日	製造廠商	機器名稱	型式	校正年月日	製造廠商

檢查日期	自民國　　年　　月　　日　至民國　　年　　月　　日

檢修人員	姓名		消防設備師（士）	證書字號		簽章	（簽章）
	姓名		消防設備師（士）	證書字號		簽章	
	姓名		消防設備師（士）	證書字號		簽章	
	姓名		消防設備師（士）	證書字號		簽章	

1. 應於「種別、容量等情形」欄內填入適當之項目。

2. 檢查合格者於判定欄內打「○」；有不良情形時於判定欄內打「×」，並將不良情形填載於「不良狀況」欄。

3. 對不良狀況所採取之處置情形應填載於「處置措施」欄。

4. 欄內有選擇項目時應以「○」圈選之。

2.15　簡易自動滅火設備檢修及申報作業基準

一、外觀檢查

(一)蓄壓式滅火藥劑儲存容器等

1.滅火藥劑儲存容器

(1)檢查方法

A.外形

(A) 以目視確認儲存容器、固定架（容器箱）有無變形、腐蝕等情形。

(B) 以目視確認容器本體是否確實固定於固定架上（容器箱內）。

(C) 核對設計圖面，確認設置之容器數量與規格。

B.設置狀況

(A) 確認設置場所採光照明是否充足，並確認檢查及操作之空間是否足夠。

(B) 確認周圍溫度是否在49℃以下。

C.標示

以目視確認標示有無損傷、變形等。

(2)判定方法

A.外形

(A) 應無變形、損傷、明顯腐蝕、生鏽或塗裝剝離等情形。

(B) 以推押容器之方式，確認容器本體確實固定在固定架上；容器若放置於容器箱內者，則推押容器箱判斷箱體是否固定牢靠。

(C) 容器數量與規格須依規定設置。

B.設置狀況

(A) 具適當採光，且應無檢查及使用上之障礙。

(B) 周圍溫度在49℃以下。

C.標示

應無損傷、脫落、汙損等情形。

2. 容器閥等

(1) 檢查方法

以目視確認容器閥有無變形、腐蝕等情形。

(2) 判定方法

應無變形、損傷、明顯腐蝕等情形。

3. 壓力表

(1) 檢查方法

以目視確認有無變形、損傷等情形，且壓力指示值適當正常。

(2) 判定方法

A. 應無變形、損傷等情形。

B. 指針應在綠色指示範圍內。

(二)加壓式滅火藥劑儲存容器等

1. 滅火藥劑儲存容器

(1) 檢查方法

A. 外形

(A) 以目視確認儲存容器、固定架（容器箱）有無變形、腐蝕等情形。

(B) 以目視確認容器本體是否確實固定於固定架（容器箱）上。

(C) 核對設計圖面，確認設置之容器數量與規格。

B. 設置狀況

(A) 確認設置場所採光照明是否充足，並確認檢查及操作之空間是否足夠。

(B) 周圍溫度在49℃以下。

C. 標示

以目視確認標示有無損傷、變形等。

D. 安全裝置（洩壓閥）

以目視確認放出口有無阻塞之情形。

(2) 判定方法

A. 外形

(A) 應無變形、損傷、明顯腐蝕、生鏽或塗裝剝離等情形。

(B) 以推押容器之方式，確認容器本體確實固定在固定架上；容器若放置於容器箱內者，則推押容器箱判斷箱體是否固定牢靠。

(C) 容器數量與規格應依規定設置。

B. 設置狀況

(A) 具適當採光，且應無檢查及使用上之障礙。

(B) 周圍溫度在49℃以下。

C. 標示

應無損傷、脫落、汙損等情形。

D. 安全裝置（洩壓閥）

放出口應無阻塞之情形。

2. 容器閥等

(1) 檢查方法

以目視確認容器閥有無變形、腐蝕等情形。

(2) 判定方法

應無變形、損傷、明顯腐蝕等情形。

3. 加壓用氣體容器等

(1) 加壓用氣體容器

A. 檢查方法

(A) 外形

a. 以目視確認儲存容器、固定架（座）等有無變形或腐蝕等情形。

b. 以推押容器之方式，確認容器本體應確實固定在固定架（座）上。

(B) 設置狀況

a. 確認設置場所採光照明是否充足，並確認檢查及操作之空間是否足夠。

b. 確認周圍溫度是否在49℃以下。

　　　　(C) 標示

　　　　　應無損傷、脫落、汙損等情形。

　　B. 判定方法

　　　(A) 外形

　　　　a.應無變形、損傷、明顯腐蝕、生鏽或塗裝剝離等情形。

　　　　b.以推押容器之方式，確認容器本體應確實固定在固定架上。

　　　(B) 設置狀況

　　　　a.設置場所採光照明充足，並確認檢查及操作之空間足夠。

　　　　b.周圍溫度在49℃以下。

　　　(C) 標示

　　　　　應無損傷、脫落、汙損等情形。

(2) 容器閥

　　A. 檢查方法

　　　以目視確認容器閥有無變形、腐蝕等情形。

　　B. 判定方法

　　　應無變形、損傷、明顯腐蝕等情形。

(3) 容器閥開放裝置

　　A. 檢查方法

　　　以目視確認容器閥開放裝置有無變形、脫落等情形。

　　B. 判定方法

　　　(A) 容器閥開放裝置應確實裝接於容器閥本體上，如為電氣式者，
　　　　　導線應無劣化或斷裂；如為氣壓式者，操作管及其連接部分應
　　　　　無鬆動或脫落之情形；如為利用鋼索牽引之彈簧撞針式者，鋼
　　　　　索與操作管及其連接部分應無鬆動或脫落之情形。

　　　(B) 具有手動啟動裝置之開放裝置，其操作部應無明顯之鏽蝕情
　　　　　形。

　　　(C) 應裝設有安全栓或安全插梢。

　　C. 注意事項

　　　檢查時，為防止產生誤放事故，請勿予強烈之衝擊。

(4) 壓力調整器

A. 檢查方法

以目視確認壓力調整器有無變形、損傷等情形，及有無確實固定於容器閥開放裝置上。

B. 判定方法

應無變形、損傷等情形，且應確實固定。

4. 連結管及集合管

(1) 檢查方法

以目視確認有無變形、損傷、明顯腐蝕等情形，及是否有確實連接。

(2) 判定方法

應無變形、損傷、明顯腐蝕等情形，並應確實連接。

(三) 啟動裝置

1. 手動啟動裝置

(1) 檢查方法

A. 周圍狀況

(A) 確認手動啟動裝置周圍有無檢查及使用上之障礙，及其設置位置是否適當。

(B) 確認啟動裝置附近有無標示所屬防護區域名稱或防護對象名稱與標示操作方法、及其保安上之注意事項是否適當。

(C) 確認啟動裝置附近有無「手動啟動裝置」之標示。

B. 外形

以目視確認啟動裝置有無變形、脫落等現象。

C. 電源表示燈

確認有無亮燈及其標示是否正常。

(2) 判定方法

A. 周圍狀況

(A) 周圍應無檢查及使用上之障礙，並裝設在逃生出口路線上，火災時易於接近及操作處。

(B) 標示應無損傷、脫落、汙損等現象。

B.外形

手動啓動裝置應無變形、損傷、脫落等現象。

C.電源表示燈

保持亮燈，且該標示有所屬防護區域名稱或防護對象物名稱。

2. 自動啓動裝置

(1) 檢查方法

A.探電氣式偵熱或火焰式探測器者，以目視確認外形有無變形、嚴重油垢、明顯腐蝕等現象。

B.探機械式熱熔片（熱敏玻璃）探測器之鋼索者，以目視確認連接有無損傷、汙損等現象及是否牢固。

(2) 判定方法

A.探測器外形無變形、嚴重油垢、明顯腐蝕等現象。

B.鋼索無損傷、汙損等現象並牢固設置。

(四) 控制裝置

1. 檢查方法

(1) 控制盤（或機械式噴放控制器）

A.周圍狀況

確認周圍有無檢查及使用上之障礙。

B.外形

(A) 以目視確認有無變形、腐蝕等現象。

(B) 其組件與容器閥連接部位是否牢固。

(C) 具有手動啓動按鈕（拉柄）之控制裝置，其操作部是否正常堪用並裝設有封條或防護罩。

(2) 系統狀態指示器或電源燈

A.以目視確認有無變形、損傷等情形。

B.確認系統狀態指示或電源標示燈是否正常。

(3) 開關類

以目視確認有無變形、損傷等情形，及開關位置是否正常。

(4) 標示

確認標示是否正常。

(5) 備用品等

確認是否備有保險絲、燈泡等備用品、回路圖及操作說明書等。

2. 判定方法

(1) 控制盤（或機械式噴放控制器）

A. 周圍狀況

應設於不易受火災波及之位置，且周圍應無檢查及使用上之障礙。

B. 外形

(A) 應無變形、損傷、明顯腐蝕等現象。

(B) 其組件及與鋼瓶閥連接部位應牢固。

(C) 具有手動啟動按鈕（拉柄）之控制裝置，其操作部應正常堪用並裝設有封條或防護罩。

(2) 系統狀態指示器或電源燈

A. 應無變形、損傷等情形。

B. 系統狀態指示應正常或其電源標示燈應亮燈。

(3) 開關類

應無變形、損傷、脫落等情形，且開關位置正常。

(4) 標示

A. 開關等之名稱應無汙損、模糊不清等情形。

B. 面板不得剝落。

(5) 備用品等

應備有保險絲、燈泡等備用品、回路圖及操作說明書等。

(五) 配管

1. 檢查方法

(1) 管及接頭

以目視確認有無損傷、腐蝕等情形，及有無供作其他物品之支撐或懸掛吊具。

(2)金屬支撐吊架

以目視及手觸摸等方式，確認有無脫落、彎曲、鬆動等情形。

2.判定方法

(1)管及接頭

A.應無損傷、明顯腐蝕等情形。

B.應無供作其他物品之支撐或懸掛吊具。

(2)金屬支撐吊架

應無脫落、彎曲、鬆動等情形。

(六)噴頭

1.外形

(1)檢查方法

A.以目視確認有無變形、腐蝕等現象。

B.噴頭噴孔應設有保護蓋或膜片保護。

(2)判定方法

A.應無變形、損傷、明顯腐蝕、阻塞等情形。

B.噴頭噴孔保護蓋或膜片需完好。

2.放射障礙

(1)檢查方法

以目視確認周圍有無造成放射障礙之物品，及裝設角度是否正常。

(2)判定方法

A.周圍應無造成放射障礙之物品。

B.噴頭之裝設角度應對準爐具中心或依原核准設計圖面。

(七)瓦斯遮斷閥

1.外形

(1)檢查方法

以目視確認本體及管路接續處有無變形、腐蝕等現象。

(2)判定方法

應無變形、損傷、明顯腐蝕等情形。

2. 標示

(1) 檢查方法

遮斷閥附近有無「瓦斯遮斷閥」標示。

(2) 判定方法

標示應無損傷、脫落、汙損等現象。

(八)防護對象

1. 檢查方法

滅火設備設置後，有無因增建、改建、變更等情形，造成滅火設備及防護對象物之種類、數量、位置及尺寸規格產生異動之情形，應核對設計圖面確認之。

2. 判定方法

滅火設備及防護對象物之種類、數量、位置及尺寸規格不應與設計圖面存有差異。

(九)緊急電源（限內藏型者）

1. 外形

(1) 檢查方法

以目視確認蓄電池本體周圍之狀況，有無變形、損傷、洩漏、腐蝕等現象。

(2) 判定方法

A. 無變形、損傷、洩漏、腐蝕、龜裂等現象。

B. 電解液沒有洩漏，且導線連接部應無腐蝕之情形。

2. 標示

(1) 檢查方法

確認是否正常設置。

(2) 判定方法

應標示額定電壓值及容量。

二、性能檢查

（進行檢查前，須安裝上安全插鞘或取下加壓用或啟動用氣體容器）

(一)蓄壓式滅火藥劑儲存容器等

1.滅火藥劑量

(1)檢查方法

使用台秤測定計之方法。

A.將裝設在容器閥之容器閥開放裝置、連接管、操作管及容器固定器具取下。

B.將儲存容器置於台秤上，測定其重量計算至小數點第一位。

C.藥劑量則為測定值扣除容器閥及容器重量後所得之值；藥劑量應與標示差異不超過3%。

(2)判定方法

將藥劑量之測定結果與重量表、圖面明細表或原廠技術手冊規範核對，其差值應在充填值3%以下。

(3)注意事項

A.測量後，應將容器號碼、充填量記載於重量表、檢查表上。

B.當滅火藥劑量或容器內壓減少時，應迅即進行調查，並採取必要之措施。

(二)加壓式滅火藥劑儲存容器

1.滅火藥劑量

(1)檢查方法

依下列方法確認之。

A.使用台秤測定計之方法。

(A) 將裝設在容器閥之容器閥開放裝置、連接管、操作管及容器固定器具取下。

(B) 將儲存容器置於台秤上，測定其重量計算至小數點第一位。

(C) 藥劑量則為測定值扣除容器閥及容器重量後所得之值。

B.使用量尺測定之方法。

(A) 將裝設在儲存容器之容器閥、連接管、操作管及容器固定器具取下。

(B) 自充填口以量尺測量滅火藥劑之液面高度。

(2) 判定方法

　A.藥劑量之重量應與標示差異不超過3%。

　B.滅火藥劑之液面高度，應與標示高度差異在誤差範圍內。

2. 加壓用氣體容器等

(1) 氣體量

　A.檢查方法

　　(A) 以手旋轉加壓用氣體容器，將容器取下。

　　(B) 將容器置於計量器上，測定其總重量。

　　(C) 總重量應比標示重量不少於14.2公克。

　B.判定方法

　　氣體量應在規定量以上。

(2) 容器閥開放裝置

　A.電氣式容器閥之開放裝置

　　(A) 檢查方法

　　　a.以手旋轉加壓用氣體容器，將容器取下。檢視閥開放裝置，確認撞針有無彎曲、斷裂或短缺等情形。

　　　b.拔下安全栓或安全插梢，以手操作電氣式手動啓動裝置，確認撞針動作是否正常。

　　　c.使用復歸扳手將撞針縮回原位。

　　(B) 判定方法

　　　a.撞針應無彎曲、斷裂或短缺等情形。

　　　b.以規定之電壓可正常動作，並可確實以手動操作。

　　(C) 注意事項

　　　加壓用氣體容器旋回閥開放裝置前，應先使用復歸扳手將撞針縮回原位後再進行。

　B.鋼索牽引之彈簧式容器閥之開放裝置

　　(A) 檢查方法

　　　a.以手旋轉加壓用氣體容器，將容器取下。檢視閥開放裝置，

確認撞針有無彎曲、斷裂或短缺等情形。

b.拔下容器閥開放裝置與手動啟動裝置的安全栓或安全插梢，以手操作箱外的機械式手動啟動裝置，確認撞針動作是否正常。

c.使用復歸扳手將撞針縮回原位。將鋼索縮回手動啟動裝置並裝回安全栓或安全插梢。

(3) 壓力調整器

　A.檢查方法

　　關閉設在壓力調整器二次側之檢查用開關或替代閥，以手動操作或以氣壓、電氣方式之容器閥開放裝置使加壓用氣體容器之容器閥動作開放，確認一、二次側壓力表之指度及指針之動作。

　B.判定方法

　　(A) 各部位應無氣體洩漏情形。

　　(B) 一次側壓力表之指針應在規定壓力值。

　　(C) 一次側壓力表之指針應在設定壓力值，且功能正常。

(三)啟動用氣體容器等

1.氣體量

(1)檢查方法

　依下列方法確認之。

　A.自容器閥開放裝置將啟動用氣體容器取下。

　B.使用彈簧秤或秤重計，測量容器之重量。

　C.其重量不得小於記載在容器上之最小重量。

(2)判定方法

　測得重量應高於標示之最小重量。

2.容器閥開放裝置

檢查方法

A. 電氣式者，準依前(二)之2之(2)的A規定確認之。

B. 鋼索牽引之彈簧式者，準依前(二)之2之(2)的B規定確認之。

(四) 操作管

1. 檢查方法
以扳手確認連接部分有無鬆弛等現象。

2. 判定方法
連接部分應無鬆動等現象。

(五) 啓動裝置

1. 手動啓動裝置

(1) 檢查方法
A. 確認已取下加壓用或啓動用氣動容器後始得進行。

B. 取下手動啓動裝置之封條。

C. 以手操作手動啓動裝置，確認容器閥開放裝置之撞針動作是否正常。

(2) 判定方法
確認容器閥開放裝置之撞針動作正常。

2. 自動啓動裝置

(1) 檢查方法
A. 確認已取下加壓用或啓動用氣動容器後始得進行。

B. 有關電氣式偵熱探測器其檢查，準用火警自動警報設備之檢查要領確認之。

C. 有關金屬熔片式偵熱探測器其檢查，以瓦斯噴燈對機械式熔斷片探測器直接加熱。

(2) 判定方法
確認容器閥開放裝置之撞針動作正常。

(六) 控制裝置（或機械式噴放控制器）

1. 開關類

(1) 檢查方法
以螺絲起子及開關操作確認端子有無鬆動，及開關功能是否正常。

(2) 判定方法

A. 端子應無鬆動，且無發熱之情形。

B. 應可正常開、關。

(3) 注意事項

使裝置動作時，應先將容器閥開放裝置取下後再進行。

2. 保險絲類

(1) 檢查方法

確認有無損傷、熔斷之情形，及是否為規定之種類及容量。

(2) 判定方法

A. 應無損傷熔斷之情形。

B. 應依回路圖上所示之種類及容量設置。

3. 繼電器

(1) 檢查方法

確認無脫落、端子鬆動、接點燒損、灰塵附著等情形，並由開關操作，使繼電器動作，以確認其功能。

(2) 判定方法

A. 應無脫落、端子鬆動、接點燒損、灰塵附著等情形。

B. 應正常動作。

4. 標示燈

(1) 檢查方法

由開關操作，以確認有無亮燈。

(2) 判定方法

應無明顯之劣化情形，且應正常亮燈。

5. 結線接續

(1) 檢查方法

以目視及螺絲起子，確認有無斷線、端子鬆動等情形。

(2) 判定方法

應無斷線、端子鬆動、脫落、損傷等情形。

6. 接地

(1) 檢查方法

以目視或三用電表,確認有無腐蝕、斷線等情形。

(2) 判定方法

應無顯著腐蝕、斷線等之損傷現象。

(七) 緊急電源（限內藏型者）

1. 端子電壓

(1) 檢查方法

A. 以電壓計測定確認充電狀態通往蓄電池充電回路之端子電壓。

B. 操作電池試驗用開關,由電壓計確認其容量是否正常。

(2) 判定方法

A. 應於充電裝置之指示範圍內。

B. 操作電池試驗用開關約三秒,該電壓計安定時之容量,應在電壓計之規定電壓值範圍內。

(3) 注意事項

進行容量試驗時,約三秒後,俟電壓計之指示值穩定,再讀取數值。

2. 電源切換裝置

(1) 檢查方法

切斷常用電源,以電壓計或由電源監視用表示燈確認電源之切換狀況。

(2) 判定方法

A. 緊急電源之切換可自動執行。

B. 復舊狀況正常。

3. 充電裝置

(1) 檢查方法

以三用電表確認變壓器、整流器等之功能。

(2) 判定方法

A. 變壓器、整流器等應無異常聲音、異臭、異常發熱、明顯灰塵或損傷等情形。

B.電流計或電壓計應指示在規定值以上。

C.有充電電源監視燈者，應正常亮燈。

4.結線接續

(1)檢查方法

應以目視及螺絲起子確認有無斷線、端子鬆動等情形。

(2)判定方法

應無斷線、端子鬆動、脫落、損傷等情形。

(八)噴頭

1.檢查方法

確認噴頭之連接部有無鬆動之情形，噴頭有無因油垢而造成阻塞現象。

2.判定方法

噴頭應無堵塞、顯著腐蝕等情形，且應無損傷、脫落之現象。

三、綜合檢查

將電源切換為緊急電源狀態，依下列各點進行檢查。

(一)檢查方法

1.蓄壓式者，應依下列規定。

(1)應進行放射試驗，其放射試驗所需試驗用氣體量，為該放射區域應設之蓄壓用氣體量之10%以上（小數點以下有尾數時進一）。

(2)檢查應依下列事項進行準備。

A.檢查後，應準備與啟動用氣體容器同一產品之同樣瓶數，以替換供啟動用氣體再充填期間，替代設置之啟動用氣體容器。

B.應準備必要數量供塞住集合管部及操作管部之帽蓋或塞子。

(3)檢查前，應依下列事項事先準備好啟動用氣體容器。

A.暫時切斷控制盤等電源設備。

B.取下連接至放出閥之操作管，並加帽蓋。

C.確認除儲存容器等及啟動裝置外，其餘部分是否處於正常設置狀態。

　　　　D.控制盤等之設備電源，應處於「開」之位置。

　　(4) 檢查時，啟動操作應就下列方式擇一進行。

　　　　A.手動式者，應操作手動啟動裝置使其啟動。

　　　　B.自動式者，應以探測器動作、或使受信機、控制盤探測器回路之端子短路，使其啟動。

　　(5) 依前1.(4)之規定操作後，確認警報裝置之動作，以手動操作打開啟動用氣體容器之容器閥，氣體向放射區域放射，確認移報受信總機功能之動作是否正常。

2. 加壓式者應依下列規定

　　(1) 應進行放射試驗，其放射試驗所需試驗用氣體量為該放射區域應設加壓用氣體之10%以上（小數點以下有尾數時，則進一）。

　　(2) 檢查時應注意下列事項：

　　　　檢查後，供加壓用氣體再充填期間，替代設置之加壓用氣體容器，應準備與放射加壓用氣體同一產品之同樣瓶數。

　　(3) 檢查前，應依下列事項事先準備好加壓氣體容器：

　　　　A.暫時切斷控制盤等電源設備。（機械式噴放控制器免之）

　　　　B.將放射加壓用氣體容器旋入容器閥開放裝置及完成操作管連接。

　　　　C.除放射用加壓氣體容器外，應取下連接管後，用帽蓋蓋住集合管部。

　　　　D.應塞住放射用以外之操作管。

　　　　E.確認除儲存容器等及加壓用氣體容器外，其餘部分是否處於正常設置狀態。

　　　　F.控制盤等之設備電源，應處於「開」之位置。

　　(4) 檢查時之啟動操作準用前1.(4)進行。

　　(5) 依前項規定操作後，確認警報裝置之動作，以手動操作打開啟動用氣體容器之容器閥，氣體向放射區域放射，確認移報受信總機功能之動作是否正常。

(二)判定方法

1. 加壓用或啟動用氣體容器確實擊發。

2. 如設有警報裝置，應確實鳴響。

3. 移報火警受信總機功能應確實動作。

4.瓦斯遮斷閥應動作關閉瓦斯。

(三)注意事項

1. 檢查結束後，應將檢查時使用之試驗用氣體容器，換裝回復為原設置之儲存容器。
2. 完成檢查後，應將所有裝置回復定位。

簡易自動滅火設備

檢修項目			檢修結果			處置措施
			種別、容量等內容	判定	不良狀況	
外觀檢查						
蓄壓式滅火藥劑儲存容器等	滅火藥劑儲存容器	外形	kg× 　支			
		設置狀況				
		標示				
	容器閥等					
	壓力表					
加壓式滅火藥劑儲存容器等	滅火藥劑儲存容器	外形				
		設置狀況				
		標示				
		安全裝置				
	容器閥					
	加壓用氣體容器等	加壓氣體容器 外形				
		設置狀況				
		標示				
		容器閥等				
		容器閥開放裝置				
		壓力調整器				
	連結管、集合管					

啓動裝置	手動啓動裝置	周圍狀況				
		外形				
		電源表示燈				
	自動啓動裝置	火災探測裝置	種類			
		自動手動切換裝置				
控制裝置	控制盤	周圍狀況				
		外形	□壁掛型□直立型 □埋入型□專用 □兼用			
	系統狀態指示器或電源燈					
	開關類					
	標示					
	備用品等					
配管						
噴頭	外形		個			
	放射障礙					
瓦斯遮斷閥	外形		個			
	標示					
防護對象						
緊急電源	外形					
	標示					
性能檢查						
蓄壓式滅火藥劑儲存容器	滅火藥劑量		L×　　支			
加壓式滅火藥劑儲存容器等	滅火藥劑量		L×　　支			
	加壓用氣體容器	氣體量				
		容器閥裝置	電氣式			
			鋼索牽引之彈簧式			
		壓力調整器				
	連結管、集合管					

啓動用氣體容器等		氣體量	L× 支			
		容器閥開放裝置				
操作管						
啓動裝置	手動啓動裝置	操作箱				
		警報用開關	個			
		按鈕等				
		標示燈				
		斷線偵測				
	自動啓動裝置	火災探測裝置	□專用 □兼用			
		切換裝置				
		切換表示燈				
		斷線偵測				
控制裝置		開關類				
		保險絲類	A			
		繼電器	A			
		標示燈				
		結線接續				
		接地				
緊急電源		端子電壓	DC V			
		切換裝置				
		充電裝置				
		結線接續				
噴頭		噴嘴				
		噴嘴蓋				
綜合檢查						
局部放射方式		警報裝置				
		啓動裝置				
		試驗用氣體有無洩漏				
		瓦斯遮斷閥有無動作				

備註								

檢查器材	機器名稱	型式	校正年月日	製造廠商	機器名稱	型式	校正年月日	製造廠商

檢查日期	自民國　　　年　　　月　　　日　至民國　　　年　　　月　　　日

檢修人員	姓名		消防設備師（士）	證書字號		簽章	（簽章）
	姓名		消防設備師（士）	證書字號		簽章	
	姓名		消防設備師（士）	證書字號		簽章	
	姓名		消防設備師（士）	證書字號		簽章	

1. 應於「種別、容量等情形」欄內填入適當之項目。
2. 檢查合格者於判定欄內打「○」；有不良情形時於判定欄內打「×」，並將不良情形填載於「不良狀況」欄。
3. 對不良狀況所採取之處置情形應填載於「處置措施」欄。
4. 欄內有選擇項目時應以「○」圈選之。

簡易自動滅火設備

號碼	容器號碼	總重量（kg）	鋼瓶重（kg）	氣體重量（kg）	檢查年月日					
		（含容器閥）			檢查時氣體之重量					
	儲存容器									耐壓試驗年月

號碼	容器號碼	總重量（kg）	鋼瓶重（kg）	氣體重量（kg）	檢查年月日				
		（含容器閥）			檢查時氣體之重量				
	啓動用氣體容器								

第 **3** 章

認可基準

3.1 滅火器認可基準修正規定

97年7月25日內授消字第0970823080號令發布

壹、技術規範及試驗方法

一、適用範圍

水滅火器、機械泡沫滅火器、二氧化碳滅火器及乾粉滅火器等滅火器,其構造、材質、性能等技術規範及試驗方法應符合本基準之規定。

二、用語定義

(一) 滅火器:指使用水或其他滅火劑(以下稱為滅火劑)驅動噴射壓力,進行滅火用之器具,且由人力操作者。但以固定狀態使用及噴霧式簡易滅火器,不適用之。

(二) A類火災:指木材、紙張、纖維、棉毛、塑膠、橡膠等之可燃性固體引起之火災。

(三) B類火災:指石油類、有機溶劑、油漆類、油脂類等可燃性液體及可燃性固體引起之火災。

(四) C類火災:指電氣配線、馬達、引擎、變壓器、配電盤等通電中之電氣機械器具及電氣設備引起之火災。

(五) D類火災:指鈉、鉀、鎂、鋰與鋯等可燃性金屬物質及禁水性物質引起之火災。

三、適用性

(一) 各種滅火器適用之火災類別如表3-1。

(二) 各種滅火器用滅火藥劑應符合「滅火器用滅火藥劑認可基準」之規定。

表3-1 滅火器適用之火災類別

火災分類 ＼ 適用滅火器	水	機械泡沫	二氧化碳	乾粉		
				ABC類	BC類	D類
A類火災	○	○	×	○	×	×
B類火災	×	○	○	○	○	×
C類火災	×	×	○	○	○	×
D類火災	×	×	×	×	×	○

備註：1.「○」表示適用，「×」表示不適用。
　　　2.水滅火器以霧狀放射者，亦可適用B類火災。
　　　3.泡沫滅火器：係由水成膜及表面活性劑等滅火劑產生泡沫者。
　　　4.乾粉：
　　　　(1)適用B、C類火災者：包括普通、紫焰鉀鹽等乾粉。
　　　　(2)適用A、B、C類火災者：多效乾粉（或稱A、B、C乾粉）。
　　　　(3)適用D類火災者：指金屬火災乾粉，不適用本認可基準。
　　　5.適用C類火災者，係指電氣絕緣性之滅火劑，本基準未規範滅火效能值之檢測，免予測試。
　　　6.適用B、C類火災之乾粉與適用A、B、C類火災之乾粉不可錯誤或混合使用。

四、滅火效能值

　　滅火器依照下列規定之測試方法，其滅火效能之數值，應在1以上。但大型滅火器之滅火效能值適用於A類火災者，應在10以上；適用於B類火災者，應在20以上。

(一)第一種滅火試驗

1. 對象：適用測試A類火災滅火器之滅火效能值。
2. 方法：
　　(1)使用圖3-1(a)之第1模型或圖3-1(b)之第2模型施行試驗。但第2模型只能使用1個。
　　(2)模型之配列方法如圖3-2(a)及圖3-2(b)所示
　　　　a.採用S個（係指任意數值，以下同）之第1模型時，如圖3-2(a)。
　　　　b.採用S個之第1模型及1個第2模型時，如圖3-2(b)。
　　(3)於第1模型之燃燒盤內盛入3.0L汽油，於第2模型之燃燒盤內則盛入1.5L汽油，依序點火，但如圖3-2(b)情形時應由第1模型開始點火。
　　(4)滅火動作，應於第1個模型點火3分鐘後開始，並按照模型順序點火。施行滅火之模型，尚有餘焰時不得對下一個模型進行滅火。

單位：mm

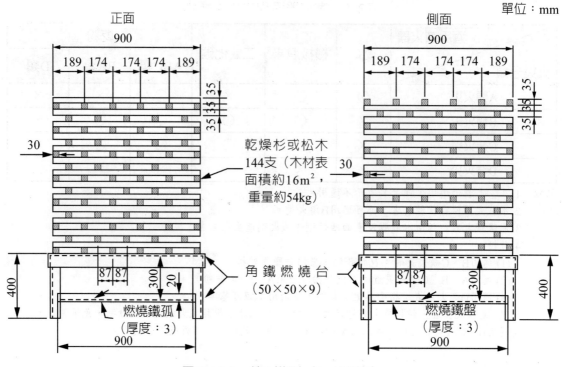

圖3-1(a) 第1模型（A-2單位）

單位：mm

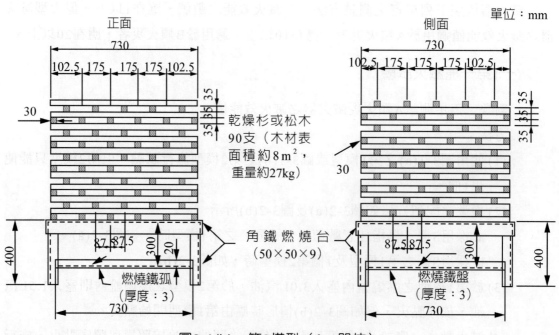

圖3-1(b) 第2模型（A-1單位）

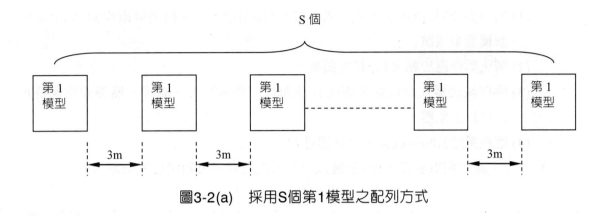

圖3-2(a) 採用S個第1模型之配列方式

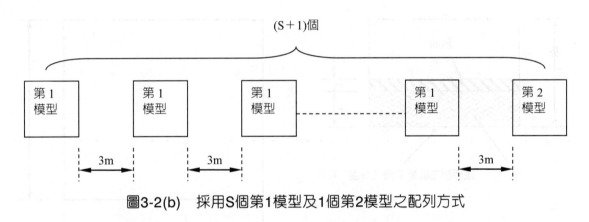

圖3-2(b) 採用S個第1模型及1個第2模型之配列方式

(5) 操作滅火器人員得穿著防火衣及面具,實施滅火實驗時,應與滅火模型保持1公尺以上距離。

(6) 應在風速3.0m/sec以下之狀態進行。

(7) 室內試驗場所之設施,參考陸、附件之規定。

3. 判定:滅火劑噴射完畢時,並無餘焰,且噴射完畢後2分鐘以內不再復燃者,可判定已完全熄滅。

4. 實施第1種滅火試驗時,滅火器之對A類火災之滅火效能值,如完全滅火S個第1模型時,為S×2之值。如完全滅火S個之第1模型及1個第2模型時,為2S+1之值。

(二)第二種滅火試驗

1. 對象:適用測試B類火災滅火器之滅火效能值。

2. 方式:

(1) 模型應如圖3-3所示，並於表3-2所列模型中，採用模型號碼數值1以上之1
個模型來測試。

(2) 滅火動作應於點火1分鐘後開始。

(3) 操作滅火器人員得穿著防火衣及面具。實施滅火試驗時，應與油盤保持1
公尺以上距離。

(4) 應在風速3.0m/sec以下之狀態進行。

3. 判定：滅火劑噴射完畢後1分鐘以內不再復燃者，可判定已完全熄滅。

單位：cm

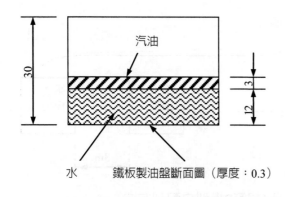

備註：油盤置於地面上實施滅火試驗

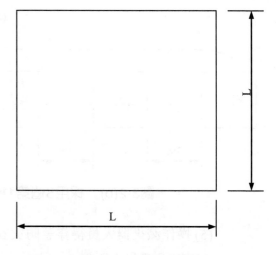

備註：L為模型平面之一邊內測尺寸

圖3-3　第二種滅火試驗之測試模型

(三)合格判定

1. A、B類滅火試驗第1次不合格者得再測試一次，並以第二次測試結果，作為判
定依據。

2. 如係A、B類滅火器者，應先撲滅A類火災模型合格後，始可進行B類火災之滅
火試驗，A類火災滅火試驗不合格時，不得再進行B類火災滅火試驗。

(四) 得免作滅火試驗之情形

大型滅火器之滅火效能值，如可認定其具有經型式認可之滅火效能值同等以上之值時，則可免作滅火試驗。

表3-2 適用B類火災滅火效能值之試驗模型

模型號碼	燃燒表面積（m²）	模型一邊之長度 L（cm）	汽油量（公升）	滅火效能值
1	0.2	44.7	6	B-1
2	0.4	63.3	12	B-2
3	0.6	77.5	18	B-3
4	0.8	89.4	24	B-4
5	1.0	100	30	B-5
6	1.2	109.5	36	B-6
8	1.6	126.5	48	B-8
10	2.0	141.3	60	B-10
12	2.4	155.0	72	B-12
14	2.8	167.4	84	B-14
16	3.2	178.9	96	B-16
18	3.6	189.7	108	B-18
20	4.0	200.0	120	B-20
24	4.8	219.1	144	B-24
26	5.2	228.0	156	B-26
28	5.6	237.0	168	B-28
30	6.0	244.9	180	B-30
32	6.4	252.4	192	B-32
40	8.0	282.8	240	B-40

五、操作機構

(一) 滅火器除由其固定架取下之動作，背負動作以及取下其安全插梢之動作外，應以一動作能容易且確實開始噴射為原則。但小氣瓶放置於容器外面之加壓

式滅火器及背負式滅火器得在二動作以內，輪架式滅火器得在三動作以內開始噴射。

(二) 滅火器應依表3-3所列之滅火器分類及放射機構與操作方法，即可作動開始噴射。但背負式及輪架式滅火器者，不適用之。

(三) 滅火器之安全插梢、手輪（回轉把手）、壓把、按鈕等操作部位，應以容易辨認之處置及簡明不易磨滅方式標示操作方法。

表3-3　滅火器放射機構與操作方法

滅火器之分類		水滅水器	機械泡沫滅火器	二氧化碳滅火器	乾粉滅火器	備註
放射機構	蓄壓式	○	○	○	○	(1) 蓄壓式係常時將本體、容器內之滅火劑利用氮氣、空氣等予以蓄壓，應安裝指示壓力錶者。 (2) 二氧化碳係為液化氣體以充填於容器內之滅火劑本身之蒸氣壓來加壓者。構造雖為蓄壓式，但得不安裝指示壓力錶。 (3) 加壓式係於使用時，將本體容器內之滅火劑，予以加壓者。一般之加壓氣體使用CO_2或氮氣並儲存於鋼瓶。 (4) 型號40以上加壓式機械泡沫滅火器及型號100以上加壓式乾粉滅火器，應使用以氮氣為加壓氣體之容器。
	加壓式	○	○	－	○	
操作方法	握緊壓把	○	○	○	○	

六、耐蝕及防鏽加工

(一) 滅火器各部應使用優良質材料製造，與所充填滅火劑有接觸部分，應以不得被該滅火劑所腐蝕之材料製造（以下稱為耐蝕材料），或將該部分施予耐蝕加工，且與大氣有接觸部分，應使用不易生鏽之材料製造或將該部分施予防鏽加工。

(二) 各種滅火器之耐蝕，防鏽加工及塗裝，規定如表3-4。但不鏽鋼，耐蝕鋁合金製滅火器，不適用之。

表3-4　滅火器之耐蝕、防鏽加工及塗裝

種類	筒體內部	筒體外部
水滅火器 機械泡沫滅火器	磷酸鹽皮膜加工後，塗裝環氧族樹脂或施予PVC皮膜加工，但滅火劑無腐蝕性者除外。	磷酸鹽皮膜加工後，以紅色施以烤漆或使用靜電塗裝、粉體塗裝等任何一種噴漆均可。
二氧化碳滅火器	噴砂處理或磷酸鹽皮膜加工。	以紅色施以噴漆。
乾粉滅火器	磷酸鹽皮膜加工。	磷酸鹽皮膜加工後，以紅色施以烤漆或靜電塗裝、粉體塗裝等任何一種噴漆均可。

(三) 容器內外經過磷酸鹽皮膜加工之滅火器，應剖開檢查，不得有塗膜破裂，剝落，鼓脹，生鏽等現象。

(四) 不鏽鋼材質滅火器，得於容器表面積25%以上，使用紅色銘牌標示之。

(五) 耐腐蝕試驗：水滅火器及機械泡沫滅火器之內部與充灌滅火劑接觸部分，於充灌前應使用3%之氯化鈉（NaCl）水溶液連續浸泡7天，或依表3-5規定，以滅火劑充灌滅火器內，保持38±2℃放置90天後，不得發生生鏽或異常現象。但充灌無腐蝕粉末者，不適用之。

表3-5　滅火器耐腐蝕試驗

充填滅火劑種類	腐蝕試驗
鹼性藥劑	浸入3%之氫氧化鈉溶液中7天。
耐久性不燃燒藥劑	浸入3%之硫酸溶液7天。

七、車用滅火器

裝設在車上使用之滅火器，應為機械泡沫滅火器、二氧化碳滅火器或乾粉滅火器。

八、大型滅火器之滅火劑

大型滅火器所充填之滅火劑量規定如下：

(一) 機械泡沫滅火器：20 l以上。

(二) 二氧化碳滅火器：45kg以上。

(三) 乾粉滅火器：18kg以上。

九、噴射性能試驗

滅火器以正常操作方法噴射時，應符合下列規定：

(一) 操作噴射時，能使滅火劑迅速有效噴射。

(二) 噴射時間，於溫度20℃時，有10秒鐘以上。

(三) 具有有效滅火之噴射距離。

(四) 能噴射所充填滅火劑容量或重量90%以上之量。

十、使用溫度範圍

在下列規定之滅火器溫度範圍使用時，能有效發揮滅火及噴射機能。

(一) 化學泡沫滅火器：5℃以上，40℃以下。

(二) 其他滅火器：0℃以上，40℃以下。

十一、本體容器厚度

滅火器本體容器之金屬板厚度如表3-6：

表3-6　滅火器本體容器厚度

區分			板厚（mm）
加壓式滅火器或蓄壓式滅火器之本體容器	以符合CNS 4622（熱軋軟鋼板、鋼片及鋼帶）材質或具同等以上之耐蝕性材質製造	內徑120mm以上	1.2以上
		內徑未滿120mm	1.0以上
	以符合CNS 11073（銅及銅合金板、捲片）、CNS 10443（銅及銅合金線）或CNS 8497（熱軋不鏽鋼鋼板、鋼片及鋼帶）之材質或具同等以上耐蝕性材質製造	內徑100mm以上	1.0以上
		內徑未滿100mm	0.8以上

(一) 滅火器本體容器之材質為可熔接加工者，應符合下列規定：

1. 材質中碳之最大含量為0.25%，硫之最大含量為0.05%，磷之最大含量為0.05%。

2. 本體容器之最小厚度依下列公式計算，但應在0.70mm以上。

$$S = \frac{D}{300} + K \geq 0.7mm$$

S：本體容器之最小厚度。

D：容器之外徑，非圓柱形之容器，取滅火器容器之最大外對角線計算之。

K值：當D≦80時，取0.45。

當80 < D≦100，取0.50。

當D > 100時，取0.70。

(二) 本體容器之材質使用不鏽鋼鋼料製造者，應符合下列規定：

1. 材料之含碳量為未滿0.03%之沃斯田鐵不鏽鋼。

2. 容器上部之端板及底座與胴身熔接接合處，應以完全退火處理。

3. 本體容器之最小厚度依下列公式計算，但應在0.64mm以上。

$$S = \frac{D}{600} + K \geq 0.64mm$$

S、D之說明與十一、(一)、1相同。

K值取0.3

(三) 本體容器之材質如使用鋁材者，應符合下列規定：

1. 容器之構造應為無縫之結構。

2. 本體容器之最小厚度依下列公式計算，但應在0.71mm以上。

$$S = \frac{D}{80} + K \geq 0.71mm$$

S、D之說明與十一、(一)、1相同。

K值：當D≦100時，取0.3mm。

當D > 100時，取0.4mm。

十二、本體容器之耐壓試驗

　　滅火器本體容器之耐壓,應依表3-7規定進行,以水壓施行5分鐘之試驗,不得發生洩漏、破損變形,亦不得產生圓周長0.5%以上之永久變形。

表3-7　滅火器本體容器之耐壓

滅火器種類	非耐蝕材料		備註
	蓄壓式	加壓式	
水滅火器	蓄壓壓力之2.5倍	—	使用耐蝕性材質者所列壓力之80%
機械泡沫滅火器	蓄壓壓力之2.5倍	$36kgf/cm^2$	
二氧化碳滅火器	$250kgf/cm^2$	—	依據CNS 12242(無縫鋼製高壓氣體容器)之有關規定。 試驗後之永久膨脹率應為10%以下。
乾粉滅火器	蓄壓壓力之2.5倍	$36kgf/cm^2$	在40℃之閉鎖壓力或調整壓力之最大值為$12\sim18kgf/cm^2$

十三、護蓋、栓塞、灌裝口及墊圈

(一) 護蓋、栓塞及灌裝口之間,應以不易脫落之方法,嵌裝墊圈。

(二) 護蓋或栓塞依十二規定作耐壓試驗時,不得有洩漏及顯著之變形。

(三) 護蓋或栓塞之嵌合部位,於嵌裝墊圈時,其嵌合狀態應確實且按本體容器區分,分別作耐壓試驗時,能充分耐壓,且與灌裝口堅固嵌合。

(四) 為灌裝滅火劑,需取下護蓋或栓塞時,應設置能將本體容器內壓力完全減壓之有效減壓孔或減壓溝。護蓋或栓塞,於開始減壓之前,應能耐本體容器內之壓力。

(五) 墊圈應不會被所灌裝滅火劑侵蝕,且滅火器於使用溫度範圍內使用時,不得對該滅火器之機能產生不良影響。

十四、閥體

(一) 滅火器之閥體應符合下列規定：

    1.除依下列(二)規定之閥以外，依十二作耐壓試驗時，不得有洩漏及顯著變形。

    2.手轉式（回轉把手式）之閥，應有旋轉1¼轉以下，能全開之構造。

    3.閥開啓時，該閥不得有分解或脫落現象。

(二) 應適用CNS 12242（無縫鋼製高壓氣體容器）之蓄壓式滅火器及滅火器之加壓用氣體容器（設有作動封板者除外），應依照CNS 11176（二氧化碳、鹵化烷及乾粉等滅火設備用容器閥安全裝置及破壞板）等標準，設置容器閥，且該容器閥亦應符合下列規定：

    1.閥本體應採用CNS 4008（黃銅棒）、CNS 11073（銅及銅合金板、捲片）、CNS 10442（銅及銅合金棒）等標準之材質或同等以上強度及耐蝕性材質製造。

    2.裝於二氧化碳滅火器或灌裝二氧化碳作為加壓氣體之容器，其閥本體應以$250kgf/cm^2$壓力；裝於其他者，應以裝設該容器閥之容器耐壓試驗壓力，施行5分鐘之水壓試驗，不得發生洩漏及明顯變形。

    3.與裝設該閥之容器之內部氣體溫度為40℃時之內部壓力相等之壓力，以此氣體壓力加壓5分鐘試驗時，閥不得有漏氣或顯著之變形。

    4.應設有安全閥。

十五、軟管

(一) 滅火器應裝置軟管。但二氧化碳滅火器所裝滅火劑量未滿4kg者，乾粉滅火器所裝滅火劑量在2kg以下及機械泡沫滅火器之滅火藥劑在3公升以下等，均不適用。

(二) 滅火器用軟管應符合下列規定：

    1.依壹、十二規定施行耐壓試驗時，軟管不得發生洩漏或顯著之變形。

    2.應有足夠長度及內徑，能有效噴射滅火劑，且應符合壹、三十五之規定。

    3.於使用溫度範圍內，應具有耐久性且能順利操作。

備註：二氧化碳滅火器之軟管，應符合三十一、(二)規定。

十六、噴嘴

(一) 滅火器之噴嘴，不得安裝開閉式及切換式之裝置（但輪架式滅火器除外）。背負式滅火器或加壓式乾粉滅火器則可裝備開閉式噴嘴。

(二) 滅火器之噴嘴，應符合下列規定：

　　1. 內面應加工平滑。

　　2. 開閉式或切換式噴嘴之開閉或切換操作，應圓滑且噴射滅火劑時不得發生洩漏或其他障礙。

　　3. 開閉式噴嘴，以$3kgf/cm^2$壓力加予水壓5分鐘試驗時，不得發生洩漏。

　　4. 開放式噴嘴有裝栓塞者，於使用溫度範圍內，不得發生洩漏且作動時應能確實噴射滅火劑。

十七、過濾網

化學泡沫滅火器其連接至噴嘴或軟管之藥劑導出管（如無藥劑導管之滅火器則為噴嘴），在本體容器內之開口部，應依下列規定裝設過濾網：

(一) 過濾網網目之最大徑，應為噴嘴最小徑之3/4以下。

(二) 過濾網網目部分之合計面積，應為噴嘴開口部最小剖面積之30倍以上。

十八、液位標示

滅火器本體容器內面，應有充填滅火劑液位之簡明標示。但蓄壓式滅火器或乾粉滅火器不適用之。

十九、耐衝擊強度

滅火器對搬運或作動操作引起之意外摔落、衝擊等，應有充分之耐衝擊強度，且應使用具有耐久性之良質堅固之材料製造。

二十、防止滅火劑之洩漏

滅火器應設有防止洩漏裝置，以免因溫度上升、振動等使所充填之滅火劑洩漏。但無發生洩漏之虞之構造者，不適用之。

二十一、安全插梢

滅火器裝有安全插梢者，應符合下列規定：

(一) 設有安全插梢者應有防止意外之裝置。

(二) 安全插梢以一個動作即可容易拉拔，且有不影響拉拔動作之封條。

(三) 手提式滅火器並應符合下列規定：

　　1. 材料應符合CNS 3476〔不鏽鋼線〕之SUS 304不鏽鋼線規定或有同等以上之耐蝕性及耐候性材料。

　　2. 除拉拔動作以外之動作，不得容易脫落。

二十二、攜帶或搬運之裝置

(一) 滅火器重量（不含固定掛鉤、背負帶或輪架之重量）在28kg以下者應為手提式或背負式，超過28kg而在35kg以下者應為輪架式或背負式，超過35kg以上者應為輪架方式。

(二) 滅火器之把手、車把、背負帶或輪架應堅固，且適合滅火器攜帶、搬運及操作。

二十三、安全閥

(一) 滅火器之安全閥應符合下列規定：

　　1. 能將本體容器內之壓力有效減壓。

　　2. 有不能擅自分解或調整之構造。

　　3. 安全閥之安裝螺紋應符合CNS 10848〔高壓鋼瓶閥〕規定，且嵌入墊圈時確實與裝接部嵌合。

4.封板式者，應在噴出口處加封。

5.標示「安全閥」字樣。

(二) 滅火器本體容器（限無縫鋼製高壓氣體容器）或容器閥以外之閥，所裝備之安全閥，應符合表3-8規定。

表3-8　安全閥作動壓力範圍

設有安全閥滅火器之區分		安全閥作動壓力（kgf/cm^2）之範圍		
		作動壓力的上限值	作動壓力的下限值	
			封板式	彈簧式
加壓式滅火器	具有開閉式噴嘴者	P×1.3	P×1.1	P×1.0
	具有開閉式噴嘴以外之噴嘴者	P×0.9	R×1.1	R×1.0
蓄壓式滅火器		Q×1.3	Q×1.1	Q×1.0

備註：1.P：(A)具有加壓用高壓氣體容器及壓力調整器之滅火器之本體容器者調整壓力之最大值。
　　　　　(B)上述(A)以外之本體容器，其內部溫度為40℃時之閉塞壓力值之最大值。
　　　　Q：蓄壓式滅火器之本體容器，以其內部溫度設為40℃時，壓力錶表示蓄壓之上限值。
　　　　R：本體容器內部溫度設為40℃時，噴射中本體容器之內部壓力之最大值。
　　2.滅火器之使用溫度範圍超過40℃者，以其最高溫度進行檢測。

(三) 裝設在二氧化碳滅火器及充填二氧化碳或氮氣之加壓用高壓氣體容器之容器閥上之安全閥，應符合CNS 11176〔二氧化碳、鹵化烷及乾粉等滅火設備用容器閥、安全裝置及破壞板〕之相關規定。

二十四、加壓用氣體容器

(一) 內容積超過100cm^{3}之加壓用氣體容器，應符合下列規定：

1.充填氣體後，將容器置40℃溫水中，施以2小時浸水試驗時，不得發生洩漏現象。

2.裝置於本體容器內部之加壓用高壓氣體容器之外面，不得被充填於本體容器之滅火劑所腐蝕，而且標示塗料等不得剝落。

3.裝於本體容器外部之加壓用高壓氣體容器，對來自外部之衝擊有保護措施。

4.使用二氧化碳之加壓用氣體容器所灌裝之二氧化碳，每1g有1.5cm^{3}以上之

內容積。

5. 作動封板，於180kgf/cm²以上鋼瓶設計破壞壓力之3/4以下之壓力，施以水壓試驗時，應能破裂。

(二) 內容積100cm³以下之加壓用高壓氣體容器，應符合十四、(一)、1至4及下列規定：

1. 灌裝二氧化碳者以250kgf/cm²之壓力，如灌裝氮氣者以最高灌裝壓力之5/3倍壓力，實施水壓試驗2分鐘時，不得發生洩漏或異常膨脹。

2. 作動封板，依十四、(一)、1規定之壓力，實施水壓試驗時，不得被破壞。

3. 加壓用高壓容器封板被破壞時，不得對周圍產生危險。

二十五、壓力調整器

(一) 應符合CNS 12896〔氣體熔接截割（切斷）用壓力調整器〕規定，但放出能力部分除外。

(二) 應為不能任意分開或作調整之構造。

(三) 壓力錶表示調整壓力之範圍，應以綠色標示之。

二十六、氣體導入管

加壓式滅火器本體容器內之氣體導入管，以36kgf/cm²之壓力；加壓用氣體容器與滅火器本體容器之間裝有壓力調整器，或未裝壓力調整器，僅裝開閉閥者，其加壓用氣體容器至壓力調整器或開關閥之間之氣體導入管，則以200kgf/cm²之壓力，各施以水壓試驗5分鐘，不得發生洩漏或顯著變形。

二十七、指示壓力錶

蓄壓式滅火器（二氧化碳滅火器除外）應裝設符合下列規定之指示壓力錶：

(一) 指示壓力錶之指示壓力容許差，施以下列試驗時，應在使用壓力範圍壓力值之±10%以內。

1. 使用壓力上限值之二倍壓力，施以繼續30分鐘之靜壓試驗。

2. 從0kgf/cm² 加壓至使用壓力上限值後，再減壓至0kgf/cm²，如此操作以每分鐘15次之速度，反覆作1000次。

3. 將壓力錶收納於重量1kg之木箱內，由高度50cm處向硬木地板面自然落下。

4. 將環境溫度自0℃至40℃之溫度範圍，作變化之試驗。

(二) 刻度標示應容易辨認。

(三) 指針及刻度盤應使用耐蝕性金屬製成。

(四) 壓力檢出部位及其連接部應具耐久性。

(五) 將外殼在溫度40℃溫水中浸水20分鐘試驗時，不得有洩漏，且壓力被閉塞在外殼內時，應具有效減壓之構造。

(六) 指示壓力錶之安裝螺紋，應符合CNS 494〔平行管螺紋〕規定，且當壓力錶裝配時應能與裝接部確實吻合相配。

(七) 表示使用壓力之範圍，應使用綠色標示之。

二十八、驅動氣體

作為滅火器噴射壓力之壓力源，於滅火器所充填之驅動氣體對滅火劑之性能或性狀不得產生不良影響。蓄壓式乾粉滅火器之驅動氣體應使用氮氣，加壓式乾粉滅火器所裝備之加壓用氣體容器，50型以下者使用二氧化碳，100型以上者應使用氮氣。僅水系滅火器才可使用空氣或氮氣。

二十九、振動試驗（車用型）

車用滅火器應依照圖3-4之安裝方法，施以全振幅2mm，振動數每分鐘2000次頻率之上下振動試驗。依圖A及B方式者應測試2小時，如係圖C方式者應測試4小時後，不得發生洩漏、龜裂、破斷或顯著之變形。如滅火器附有固定架者，以固定架代替安裝裝置施行試驗，固定架亦不得發生顯著之損傷及其他障礙。

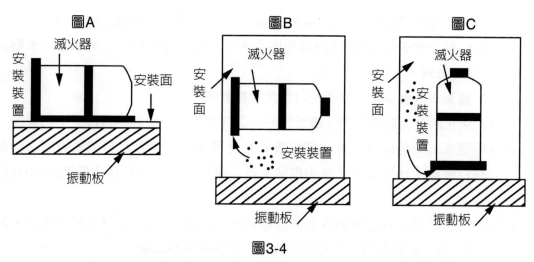

圖3-4

備註：安裝面須與振動板成為水平或垂直方向。

三十、作動軸及氣體導入管

將噴射壓力之壓力源氣體導入滅火器之本體容器內之作動軸或氣體導入管，應符合下列規定：

(一) 作動軸能將加壓用氣體容器之蓋，容易且確實開啓之構造及強度。

(二) 氣體導入管能將噴射壓力之壓力源氣體，有效導入滅火器本體容器內之構造及強度。

三十一、充塡比

(一) 二氧化碳滅火器本體容器充塡滅火劑之容積符合表3-9規定：

表3-9　二氧化碳滅火器之充塡比

滅火劑種類	滅火劑重量每1kg之容器容積
二氧化碳	1500cm³以上

(二) 二氧化碳滅火器軟管不受十五、軟管規定之限制，施以下列試驗時不得發生洩漏、龜裂、明顯變形及其他障礙之情形：

1. 將軟管拉直狀態下，以160kgf/cm²之壓力，施予水加壓試驗5分鐘。
2. 將軟管彎成與軟管外徑5倍相同之內徑之環狀時，施予120kgf/cm²水壓試驗5分鐘。
3. 輪架式滅火器於噴管手把處應設置控制閥。

(三) 二氧化碳滅火器噴射管（鐵管部分）之周圍，應使用隔熱材料之手把包覆。

(四) 手提式二氧化碳滅火器之喇叭噴管應使用非吸濕性，且與電氣絕緣之強韌材料製造。10型以上二氧化碳滅火器之喇叭噴管長度包括手把應為35cm以上。

(五) 二氧化碳滅火器之噴射管及其連結零件，依十一、(二)、1之規定壓力，試予5分鐘水壓試驗時，不得發生脫離、洩漏或其他障礙。

三十二、高壓氣體容器

應符合CNS 12242〔無縫鋼製高壓氣體容器〕之滅火器容器及加壓用氣體容器之規定。

三十三、保持裝置

(一) 手提式滅火器（車用滅火器除外）應有能使該滅火器保持穩定狀態之掛鉤。但能垂直放置者不適用之。

(二) 保持用掛鉤應能容易取下滅火器之構造者。

三十四、標示

(一) 滅火器本體容器（包括進口產品），應用中文以不易磨滅之方法標示下列事項：
1. 設備名稱及型號。
2. 廠牌名稱或商標。
3. 型式、型式認可號碼。
4. 製造年月。

5. 使用溫度範圍。

6. 不可使用於B類火災、C類火災者，應標明。

7. 對A類火災及B類火災之滅火效能值。

8. 噴射時間。

9. 噴射距離。

10. 製造號碼。

11. 使用方法及圖示。

12. 製造廠商（名稱、電話、地址及商品原產地。屬進口產品者，並應標示進口商名稱、電話、地址及產地名稱）。

13. 施以水壓試驗之壓力值。

14. 應設安全閥者應標示安全閥之作動壓力。

15. 灌裝滅火劑之容量或重量。

16. 總重量（所灌裝滅火劑以容量表示者除外）。

17. 使用操作上應注意事項（至少應包括汰換判定方法、自行檢查頻率及安全放置位置等）。

備註：本基準所規定之標示應爲不易磨滅之方式予以標示，其測試之方法爲以目視檢查並且以手持一片浸水之棉片擦拭15秒，再以一片浸石油精（petroleum spirit）之棉片摩擦15秒後，標示之內容仍應容易識別，而標籤之標示亦不得有捲曲現象。測試中之石油精應採用芳香族成分不得超過總體積0.1%之脂溶劑，其丁烷值爲29，沸點爲65℃，蒸發點爲69℃，密度爲0.66kg/L。

(二) 如係車用滅火器，應以紅色字標示「車用」，字體大小爲每字1.8×1.8cm以上。

(三) 滅火器本體容器，應依下列規定，設置圓形標示：

1. 所充填滅火劑容量在2 L或重量在3kg以下者，半徑應1cm以上；超過2 L或3kg者，半徑爲1.5cm以上。

2. 滅火器適用於A類火災者，以黑色字標示「普通火災用」字樣；適用於B類火災者，以黑色字標示「油類火災用」字樣；適用C類火災者，則以白色字標示「電氣火災用」。

3. 切換噴嘴，所適用火災分類有不同之滅火器，如適用B類火災之噴嘴者，以黑色字明確標示「△△噴嘴時適用於油類火災」字樣；適用電氣火災

（C類火災）之噴嘴者，以白色字明確標示「○○噴嘴時適用於電氣火災」字樣。

4.上述2.、3.規定字樣以外部分，普通火災用者以白色，油類火災用者以黃色，電氣火災用者以藍色作底完成。

三十五、滅火器規格

各種滅火器其規格包括型號，滅火劑充填量，滅火效能值，噴射距離，噴射時間，蓄壓壓力，加壓用氣體量，軟管規格，無縫鋼瓶等，應符合下列規定，進口品符合國外第三公證機構認證者，依其型式所列規格試驗。

表3-10　水滅火器規格

型號	充填量L（以上）	滅火效能值	噴射距離（m）	噴射時間（秒）	蓄壓壓力 kgf/cm^2	軟管·內徑（mm）及長度（m）
3	3	A-2	6以上	30以上	7±0.7	能有效噴射
6	6	A-2	6以上	40以上	7±0.7	能有效噴射
8	8	A-2	6以上	50以上	7±0.7	能有效噴射

表3-11　機械泡沫滅火器規格

滅火劑	型號	充填量L（以上）	滅火效能值	噴射距離 m（20℃）	噴射時間 秒（20℃）	蓄壓壓力 kgf/cm^2	加壓式 N$_2$或空氣容量（以上）	軟管·內徑（mm）及最小長度（m）
水成膜泡沫	3	3	A-1，B-5或 A-1，B-6	3～7	30～50	7±0.7	—	—
	6	6	A-1，B-10或 A-2，B-12	3～7	48～67	7±0.7	—	能有效噴射
	8	8	A-2，B-14或 A-3，B-16	3～7	62～101	7±0.7	—	能有效噴射
	20	20	A-4，B-20或 A-8，B-20	4～10	70～87	10.5±0.7	—	13φ×0.7
	40	40	A-8，B-20	7以上	70以上	13.7±0.7	1,500L	19φ×10
	60	60	A-10，B-20	7以上	80以上	13.7±0.7	2,500L	19φ×15
	80	80	A-10，B-20	7以上	80以上	13.7±0.7	3,000L	19φ×15

滅火劑	型號	充填量L（以上）	滅火效能值	噴射距離 m（20℃）	噴射時間 秒（20℃）	蓄壓壓力 kgf/cm²	加壓式 N₂或空氣容量（以上）	軟管·內徑（mm）及最小長度（m）
表面活性劑泡沫	2	2	A-1，B-3	3～6	36	7±0.7	－	能有效噴射
	3	3	A-2，B-5	3～7	36～55	7±0.7	－	能有效噴射
	6	6	A-3，B-8	3以上	45以上	7±0.7	－	能有效噴射
	8	8	A-4，B-12	4以上	45以上	7±0.7	－	能有效噴射
	20	20	A-10，B-20	5以上	60以上	10.5±0.7	－	13φ×0.7
	40	40	A-10，B-20	5以上	60以上	13.7±0.7	1,500L	能有效噴射 ×10
	60	60	A-10，B-20	7以上	80以上	13.7±0.7	2,500L	19φ×15
	80	80	A-10，B-20	7以上	80以上	13.7±0.7	3,000L	19φ×15

表3-12　二氧化碳滅火器規格

型號	充填量 kg	滅火效能值	噴射距離 m	噴射時間 秒	軟管·內徑（mm）及最小長度（m）	無縫鋼瓶 重量kg	無縫鋼瓶 容積L
5	2.3	B-1，C	1.7以上	10以上	能有效噴射	6.0以下	3.45以上
10	4.5	B-4，C	2.3以上	10以上	能有效噴射 ×0.70	10.0以下	6.75以上
15	6.8	B-6，C	2.3以上	14以上	能有效噴射 ×0.70	14.5以下	10.2以上
20	9.0	B-6，C	2.3以上	15以上	能有效噴射 ×0.70	16.0以下	13.5以上
50	22.5	B-8，C	4.3以上	25以上	能有效噴射 ×4.5	50.0以下	34.5以上
100	45.0	B-20，C	4.3以上	35以上	能有效噴射 ×7.5	85.0以下	67.5以上

表3-13　乾粉滅火器規格

型號	乾粉充填量		滅火效能值	噴射距離（m）	噴射時間（秒）	蓄壓壓力（kgf/cm²）	加壓式		軟管內徑（mm）及最小長度（m）
	種類	kg（以上）					CO₂(g)	N₂(ℓ)（以上）	
3	ABC	1.0	A-1，B-2，C	2以上	10以上	10.5±0.7	18	－	
5	ABC	1.8	A-1，B-4，C	3以上	10以上	10.5±0.7	30	－	
10	ABC	3.5	A-3，B-10，C	5以上	10以上	13.7±0.7	60	－	能有效噴射
	BC	4.0	B-8，C						
	KBC	3.5	B-12，C						
	XBC	3.0	B-16，C						
20	ABC	6.5	A-5，B-16，C	5以上	12以上	13.7±0.7	155	－	
	BC	8.0	B-14，C						
	KBC	6.5	B-18，C						
	XBC	5.5	B-24，C						
30	ABC	10.0	A-5，B-24，C	5以上	14以上	13.7±0.7	235	－	
	BC	12.0	B-16，C						
	KBC	10.0	B-26，C						
	XBC	8.5	B-30，C						
50	ABC	18.0	A-8，B-30，C	6以上	30以上	16.5±0.7	450	－	13φ×0.7
	BC	20.0	B-20，C						
	KBC	18.0	B-32，C						
	XBC	15.0	B-40，C						
100	ABC	36.0	A-10，B-30，C	7以上	40以上	16.5±0.7	－	1500	19φ×10
	BC	30.0	B-20，C						
	KBC	36.0	B-32，C						
	XBC	30.0	B-40，C						
150	ABC	54.0	A-10，B-30，C	7以上	50以上	16.5±0.7	－	2500	19φ×15
	BC	60.0	B-20，C						
	KBC	54.0	B-32，C						
	XBC	45.0	B-40，C						

| 型號 | 乾粉充填量 | | 滅火效能值 | 噴射距離（m） | 噴射時間（秒） | 蓄壓壓力（kgf/cm²） | 加壓式 | | 軟管內徑（mm）及最小長度（m） |
	種類	kg（以上）					CO₂(g)	N₂(ℓ)（以上）	
200	ABC	72.0	A-10，B-30，C	7以上	60以上	16.5±0.7	－	3000	19φ×15
	BC	80.0	B-20，C						
	KBC	72.0	B-32，C						
	XBC	60.0	B-40，C						

三十六、容許公差

滅火器充填之藥劑重量（或總重量），加壓用容器所充填之二氧化碳重量、氮氣壓力以及軟管內徑之容許公差，應符合下列表3-14至表3-17之規定。

表3-14　滅火劑重量或總重量之容許公差

藥劑表示重量	總重量容許公差
1kg未滿	+80g～–40g
1kg以上～2kg未滿	+100g～–80g
2kg以上～5kg未滿	+200g～–100g
5kg以上～8kg未滿	+300g～–200g
8kg以上～10kg未滿	+400g～–300g
10kg以上～20kg未滿	+600g～–400g
20kg以上～40kg未滿	+1,000g～–600g
40kg以上～100kg未滿	+1,600g～–800g
100kg以上	+2,400g～–1,000g

表3-15　二氧化碳重量之容許公差

充填量	容許公差
5g以上～10g未滿	+0.6g～–1.0g
10g以上～20g未滿	±3g

充填量	容許公差
20g以上～50g未滿	±5g
50g以上～200g未滿	±10g
200g以上～500g未滿	±20g
500g以上	±30g

表3-16　氮氣及空氣壓力之容許公差

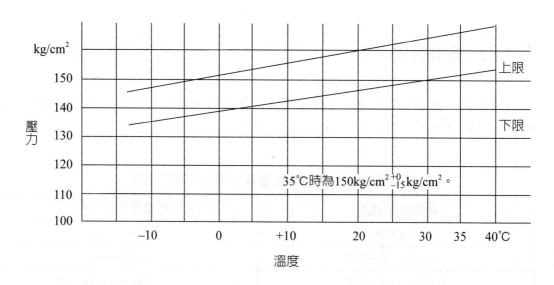

表3-17　軟管內徑之容許公差

標稱內徑	容許公差
10mm以下	±0.5mm
超過10mm	±1.0mm

貳、型式認可作業

型式試驗之試驗項目及樣品數、試驗流程如下

(一) 試驗項目及樣品數：

試驗區分	試驗項目	樣品數
一般試驗	1.適用性	6具
	2.標示	
分項試驗	1.安全插梢	5具
	2.保持裝置	
	3.過濾網（化學泡沫滅火器）	
	4.液位標示（化學泡沫滅火器）	
	5.攜帶或搬運之裝置	
	6.壓力調整器（輪架式）	
	7.蓄壓壓力	
	8.耐衝擊強度	
	9.振動試驗（車用型）	
	10.噴射距離、噴射時間	
	11.操作機構	
	12.滅火效能值	
	13.滅火劑充填量	
	14.噴射性能試驗	
	15.使用溫度範圍	
	16.軟管規格	
	17.無縫鋼瓶規格	
	18.耐蝕及防鏽加工	
	19.本體容器厚度	
	20.本體容器之耐壓試驗	
	21.護蓋、栓塞、灌裝口及墊圈	
	22.閥體	
	23.軟管	
	24.噴嘴	
	25.防止滅火劑之洩漏	
	26.安全閥	
	27.加壓用氣體量	
	28.加壓用氣體容器	
	29.氣體導入管	
	30.指示壓力錶	
	31.作動軸及氣體導入管	

試驗區分	試驗項目	樣品數
	32.充填比	
	33.高壓氣體容器之特例	
	34.滅火器用滅火藥劑	1具

(二) 型式認可試驗流程：

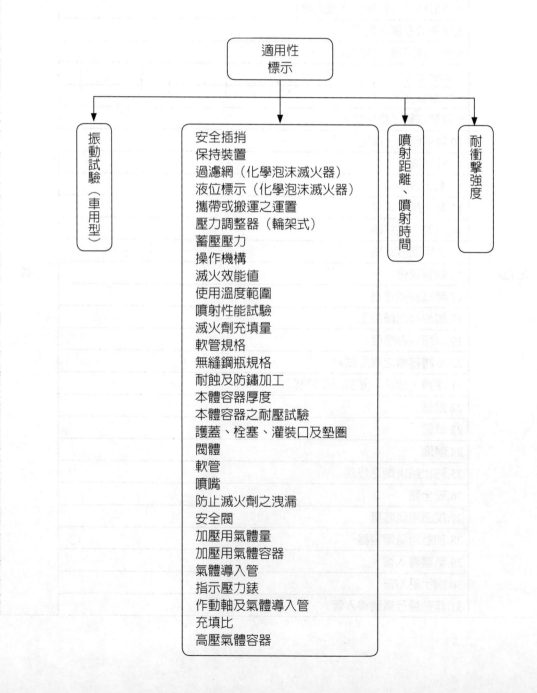

3.2 滅火器用滅火藥劑認可基準

96年11月2日內授消字第0960825629號令發布
98年2月13日內授消字第0980820836號令修正發布

壹、技術規範及試驗方法

一、適用範圍

供滅火器使用之滅火藥劑（以下簡稱為滅火劑），其成分、性能等技術規範及試驗方法，應符合本基準之規定。

二、滅火劑之共通性質

(一) 滅火劑不得有顯著毒性或腐蝕性，且不得發生明顯之毒性或腐蝕性氣體。

(二) 水溶液滅火劑及液狀滅火劑，不得發生結晶析出，溶液之分離，浮游物質或沉澱物以及其他異常。

(三) 粉末滅火劑，不得發生結塊、變質或其他異常。

三、水滅火劑

水滅火器所充填之水，不得有腐蝕性或毒性，且不得發生腐蝕性或有毒性氣體。

四、二氧化碳滅火劑

二氧化碳滅火器所充之滅火劑，應符合中華民國國家標準（以下簡稱CNS）195〔液體二氧化碳〕之規定。

五、化學泡沫滅火劑

(一) 分類：本品分為甲種藥劑、乙種藥劑等2種。

　　1. 甲種藥劑：甲種藥劑經配製成甲種溶液，注入於滅火器之外殼容器。

　　2. 乙種藥劑：乙種藥劑經配製成乙種溶液，注入於滅火器之內殼容器。

(二) 滅火劑

　　1. 甲種藥劑：除應符合CNS 441〔化學泡沫滅火器〕規定外，並應符合下列規定：

　　　(1) 主成分：甲種藥劑所含碳酸氫鈉（$NaHCO_3$）應在90%以上。

　　　(2) 性狀：本品應為易溶於水之乾燥粉狀。

　　　(3) 起泡劑：本品應加入適量之起泡劑、穩泡劑、增黏劑及防腐劑等，其數量以操作時能達到各該種滅火器標準規定之滅火效能為準。

　　　(4) 檢驗：依CNS 1216〔工業級碳酸氫鈉檢驗法〕之規定。

　　2. 乙種藥劑：除應符合CNS 441〔化學泡沫滅火器〕規定外，並應符合下列規定：

　　　(1) 主成分：乙種藥劑以硫酸鋁（$Al_2(SO_4)_3 \cdot nH_2O$）為主成分，其氧化鋁含量應在16%以上。

　　　(2) 性狀：本品應為易溶於水之乾燥粉狀。

　　　(3) 檢驗：依CNS 2073〔硫酸鋁（工業級）檢驗法〕國家標準之規定。

(三) 性能：甲種、乙種藥劑之性能應符合下列之規定：

　　1. 本品依指定之方法溶解後，分別注入該項滅火劑適用，並已經檢驗合格之滅火器（原有滅火劑已取出並洗滌清潔）內，依照規定方法予以操作時，其射程、泡沫量、及滅火效能應符合該項藥劑所指定適用相關之泡沫滅火器國家標準之規定。

　　2. 水中不溶物：甲、乙兩種藥劑所含水不溶物（沉澱）均應在1.0%以下。且其測試之方法為稱取樣品20公克，溶於500毫升蒸餾水中，攪拌使之完全溶解後過濾，以蒸餾水洗滌之，將濾紙及不溶物置於坩堝內，以攝氏100度至105度烘箱中乾燥至重量不變，其重量減去坩堝及濾紙之重量，即為水不溶物之重量。水不溶物以下列計算式表示：

$$水不溶物百分比 = \frac{水中不溶物重量（公克）}{樣品重（公克）} \times 100\%$$

3.為易於識別，甲、乙兩種藥劑之包裝必須先用塑膠袋分別密封。手提型用之藥劑每套用不易破裂之盒（或袋）合併裝於一盒（或一袋），輪架型用藥劑每套應合併裝於不易被壓破裂之厚紙箱或馬口鐵桶。在塑膠袋上分別以不易磨滅之方法標明「甲」、「乙」字樣。(1)在盛裝甲、乙兩種藥劑之塑膠袋上，分別標明藥劑名稱、重量、適用滅火器之種類、型式及容量、調配及裝置方法。(2)在盒或袋之外面，除註明上列各項外，並標明製造者名稱、商標及地址、製造年月。

六、機械泡沫滅火劑

(一) 分類：係由表面活性劑或水成膜為主成分所產生泡沫之滅火劑。

(二) 性狀

　　1.泡沫滅火劑應施予防腐處理，但無腐敗及變質之虞者，不在此限。

　　2.自滅火器所噴射之泡沫，應能保持耐火性能。

　　3.滅火劑應為水溶液，液狀或粉末狀，如為液狀或粉末狀者，應能容易溶解於水，且於該滅火劑容器上標示「應使用飲用水溶解」等字樣（如在容器無法標示者則標示於包裝）。

(三) 檢驗

　　灌裝此滅火劑之滅火器，於20℃使其作動時，泡沫膨脹比在5倍以上且25%還原時間在1分鐘以上。

七、乾粉滅火劑

(一) 乾粉滅火劑係指施予防濕加工之鈉或鉀之重碳酸鹽或其他鹽類，以及磷酸鹽類，硫酸鹽類及其他具有防熔性能之鹽類（以下稱為磷酸鹽類），並符合下列各項規定：

　　1.粉末細度，應能通過CNS 386〔試驗篩〕之80篩網目（mesh）90%以上者。

　　2.於溫度30±1℃，相對濕度60%之恆溫恆濕槽中，靜置48小時以上，使試樣達到恆量後，將試樣於30±1℃，相對濕度80%之恆溫恆濕槽中，靜置48小時之試驗時，重量增加率應在2%以下。

3. 沉澱試驗，取試樣5公克均勻散布於直徑9cm並盛有水300mL燒杯，於1小時內不發生沉澱。

(二) 各種乾粉之主成分，簡稱、著色等規定如下表：

乾粉滅火劑 種類	簡稱	主成分	著色
1. 多效磷鹽乾粉	ABC乾粉	磷酸二氫銨（$NH_4H_2PO_4$）70%以上	以白色或紫色以外顏色著色，且不得滲入白土（CLAY）2%以上。
2. 普通乾粉	BC乾粉	碳酸氫鈉（$NaHCO_3$）90%以上	白色
3. 紫焰乾粉	KBC乾粉	碳酸氫鉀（$KHCO_3$）85%以上	淺紫色
4. 鉀鹽乾粉	XBC乾粉	—	—
5. 硫酸鉀乾粉	XBC-SO	硫酸鉀（K_2SO_4）70%以上	白色
6. 氯化鉀乾粉	XBC-CL	氯化鉀（KCl）70%以上	白色
7. 碳酸氫鉀與尿素化學反應物	XBC-Monnex	（$KHCO_3 + H_2NCONH_2$） 鉀為27～29%，氮為14～17%	灰白色

備註：第1～6項各乾粉滅火劑之試驗下限值得有本表所列主成分數值乘以5%之誤差。

(三) 檢驗

1. 視密度：秤取樣品100公克（±0.1公克）於清淨乾燥燒杯內，用玻璃棒攪鬆後，經短頸漏斗緩慢地傾入250mL量筒中，然後用玻璃棒撥平樣品表面，靜置60秒，讀取樣品容積，依下式計算視密度（g/mL）。

$$視密度 = \frac{100（g）}{讀取樣品容積（mL）}$$

2. 防濕性：秤取樣品10公克放置於直徑為6公分之秤量瓶內，於溫度30±1℃，相對濕度60%之恆溫恆濕槽中，使用濃度為38.1%之硫酸乾燥器，靜置48小時以上，使試樣達到恆量後，再將試樣於溫度30±1℃，相對濕度80%恆溫恆濕槽中，使用過飽和氯化銨乾燥器，靜置48小時之試驗後，其結果應符合七、(一)、2、之規定。

$$防濕性 = \frac{相對濕度\ 80\%時之重量 - 相對濕度\ 60\%時之重量}{相對濕度\ 60\%時之試樣重量} \times 100（\%）$$

3. 細度：秤取樣品100±0.1公克，以符合CNS 386之試驗篩秤其殘留篩上之樣品重量，依下式計算細度。

$$細度百分比 = \frac{[100 - 殘留篩之樣品重（公克）] \times 100}{100}（\%）$$

4. 滅火劑之主成分依照下列方法檢驗

(1) 前處理方法：秤取樣品約1g加10mL 95%以上之乙醇，於50℃水浴30分鐘以破壞防濕性能後加水溶解，經過濾雜質後試驗。

(2) 碳酸氫鈉（或碳酸氫鉀）：秤取樣品0.7至0.8公克於錐形瓶中，加數滴中性無水酒精濕潤後加0.1N NaOH標準液100mL，10%BaCl$_2$溶液50ml及酚酞指示劑3至4滴，充分振盪，以0.1N H$_2$SO$_4$標準液送滴定至紅色消失，依下列計算NaHCO$_3$含量。

(3) NaHCO$_3$依壹、七、(三)、5(2)之滴定法試驗。

(4) KHCO$_3$由HCO$_3^-$換算時依本基準七、(三)、5、(2)之滴定法試驗，由K$^+$換算時，依CNS 8451〔肥料檢驗法－鉀之測定〕第3節四苯硼鈉容量法及第4節火燄光測定法或原子吸光譜測定法之規定辦理。

(5) NH$_4$H$_2$PO$_4$依CNS 8450〔肥料檢驗法－磷之測定〕第4節鉬釩磷酸鹽比色法及第3.1節喹啉容量法，對於磷之測定如以喹啉容量法試驗時，應以乙醇做為磷酸鹽滅火劑之去防濕溶劑，置於70℃恆溫水浴中10分鐘後取出，做為磷酸鹽滅火劑之前處理方法。

(6) K$_2$SO$_4$由K$^+$換算時與KHCO$_3$相同，SO$_4^{-2}$換算時，依CNS 5239〔硫酸鉀檢驗法〕第2.1.1節以硫酸根含量測定硫酸鉀之含量。

(7) KCl以K$^+$換算時與KHCO$_3$相同，由Cl$^-$換算時依CNS 283〔工業鹽取樣法及化學分析法〕第6節之規定辦理。

(8) KHCO$_3$加尿素中之鉀與KHCO$_3$相同，氮可依CNS8449〔肥料檢驗法-氮之測定〕第2.1節硫酸法試驗之規定辦理。

八、濕潤劑等

(一) 滅火劑（含水者）除上述規定外，為提高滅火劑性能或改良其性狀，得混合或添加濕潤劑，防凍劑或其他藥劑等（以下稱為濕潤劑）。

(二) 濕潤劑不得使滅火劑之性狀或性能受到不良影響。

九、包裝

　　滅火劑應妥予儲存於適當容器，以免產生稀釋、濃縮、結塊、吸濕、變質及其他異常現象。

十、標示

　　滅火劑容器上（如在容器上不適於標示者則標示在包裝上）應標示下列項目：
(一) 品名
(二) 適用滅火器之種類
(三) 使用方法
(四) 使用上應注意事項
(五) 製造年月
(六) 滅火藥劑之容量或重量
(七) 製造廠商名稱或其商標

貳、型式認可作業

一、型式試驗之試驗項目及樣品數

　　試驗區分為一般試驗及分項試驗，項目及樣品數如下：

試驗區分	試驗項目	樣品數
一般試驗	1. 粉末滅火劑，不得結塊、變質或其他異常。	① 乾粉滅火劑（2kg） ② 泡沫滅火劑（7套）
	2. 粉末滅火劑著色檢查。	
	3. 標示。	

試驗區分	試驗項目	樣品數
分項試驗	1. 化學泡沫滅火劑。	
	① 甲種藥劑主成分。	1包
	② 性狀。	
	③ 水中不溶物。	
	④ 乙種藥劑主成分。	1包
	⑤ 性狀。	
	⑥ 水中不溶物。	
	⑦ 泡沫量。	1套
	⑧ 射程。	1套
	⑨ 滅火效能。	4套
	2. 機械泡沫滅火劑	
	① 性狀。	1包
	② 膨脹比及還原時間。	依規定量
	3. 乾粉滅火劑。	
	① 沉澱試驗。	依規定量
	② 主成分。	依規定量
	③ 防濕性。	依規定量
	④ 細度。	依規定量

備註：甲、乙種藥劑分別用塑膠袋包裝密封後將合併裝於一盒稱之為一套。

二、型式區分

藥劑種類	型式區分
1. 水	水
2. 二氧化碳滅火劑	二氧化碳滅火劑
3. 化學泡沫滅火劑	甲種藥劑
	乙種藥劑
4. 機械泡沫滅火劑	表面活性劑泡沫滅火劑
	水成膜泡沫滅火劑

藥劑種類	型式區分
5. 乾粉滅火劑	多效磷鹽乾粉（ABC乾粉）
	普通乾粉（BC乾粉）
	紫焰乾粉（KBC乾粉）
	鉀鹽乾粉（XBC乾粉） 硫酸鉀乾粉（XBC-SO） 氯化鉀乾粉（XBC-CL） 碳酸氫鉀與尿素化學反應物（XBC-Monnex）

3.3　密閉式撒水頭認可基準

中華民國96年9月07日內授消字第0960825022號令修正

中華民國90年3月30日內政部台（90）內消字第9086333號函訂定

壹、技術規範及試驗方法

　　自動撒水設備使用之密閉式撒水頭，其構造、材質、性能等技術規範及試驗方法，應符合下列之規定：

一、用語定義

(一) 標準型撒水頭：將加壓水均勻撒出，形成以撒水頭軸心為中心之圓形分布者。

(二) 小區劃型撒水頭：與標準型撒水頭有別，係將加壓水分撒於地面及壁面，以符合「壹、十四、(二)、1及2」試驗規定。

(三) 側壁型撒水頭：將加壓水均勻撒出，形成以撒水頭軸心為中心之半圓形分布者。

(四) 迴水板：在噴頭之頂端，使加壓水流細化並分撒成規定撒水形狀之元件。

(五) 設計載重：裝配撒水頭預先設定之重量。

(六) 標示溫度：撒水頭預先設定之動作溫度，並標示於撒水頭本體。

(七) 最高周圍溫度：依下列公式計算之溫度；但標示溫度未滿75℃者，視其最高周圍溫度一律為39℃。

$$Ta = 0.9\ Tm - 27.3$$

　　Ta：最高周圍溫度（℃）

　　Tm：撒水頭之標示溫度（℃）

(八) 放水壓力：以放水量試驗裝置（整流筒）測試撒水頭之放水狀況所呈現之靜水壓力。

(九) 框架：撒水頭之支撐臂及其連接部分。

(十) 感熱元件：加熱至某一定溫度時，會破壞或變形引發撒水頭動作之元件，包括：

　　1. 易熔元件：易熔性金屬或易熔性物質構成之感熱元件。

　　2. 玻璃球：將工作液密封於玻璃球體內之感熱元件。

(十一)釋放機構：撒水頭中由感熱及密封等零件所組成之機構；即撒水頭啟動時，能自動脫離撒水頭本體之部分。

(十二)沉積：撒水頭受熱動作後，釋放機構中之感熱元件或零件之碎片滯留於撒水頭框架或迴水板等部位，明顯影響撒水頭之設計形狀撒水達1分鐘以上之現象，即稱之。

二、構造

(一) 基本構造：撒水頭組裝所用之螺紋應為固定，其固定力應在下列規定數值以上，且該力矩應在無載重狀態下測定。

　　1. 因裝接於配管作業而受影響之部分為200kgf-cm。

　　2. 組裝後受外力影響之部分為15kgf-cm。

　　3. 前述兩項以外之部分為2kgf-cm。

(二) 裝接部螺紋：撒水頭依標稱口徑之區分，其裝接部螺紋應符合CNS 4108液壓或氣壓管路用接頭螺紋之規定（如表3-18所示），且螺紋標稱應與撒水頭之標示相符。

表3-18

標稱口徑	螺紋標稱
10A、15 A	PT 1/2
20 A	PT 1/2或PT 3/4

（PT為管用推拔螺紋）

(三) 外觀：以目視就下列各部分檢查有無製造上之缺陷。

    1. 易熔元件、框架、調整螺釘等承受負載之部分，不得有龜裂、破壞、加工不良等損傷，或嚴重斷面變形。

    2. 迴水板應確實固定，不得有龜裂、砂孔、鰭片壓損、變形，或流水衝擊所致之表面損傷。

    3. 調整螺釘之螺母部分及尖端之形狀，不得對撒水產生不良影響。

    4. 調整螺釘應確實固定。

    5. 裝接部分之螺紋形狀應符合標準，不得有破損、變形之現象。

    6. 噴嘴部分不得有損傷、砂孔、變形等不良現象。

    7. 墊片部分不得有位置偏差或變形現象，且不得重複使用。

    8. 玻璃球內之氣泡大小應穩定，且玻璃容器上不得出現有害之傷痕及泡孔。

    9. 撒水頭表面不得有危及處理作業之鐵鏽或損傷。

(四) 核對設計圖面：撒水頭之構造、材質、各部分尺度、加工方法等，應符合所設計圖面記載內容。

    1. 與性能或機能有直接關係之圖說，應註明許可差。

    2. 各組件之圖說應註明製造方法（例如鑄造方法、裝配方向等）。

三、材質：撒水頭所用材質應符合下列規定。

(一) 撒水頭之裝置部位及框架之材質，應符合CNS 4125〔青銅鑄件〕、CNS 4336〔黃銅鑄件〕、CNS 10442〔銅及銅合金棒〕，或具同等以上強度、耐蝕性、耐熱性。

(二) 迴水板之材質應符合CNS 4125〔青銅鑄件〕、CNS 4383〔黃銅板及捲片〕，或具同等以上強度、耐蝕性、耐熱性者。

(三) 撒水頭使用本基準規定以外之材質時，應提出其強度、耐蝕性、耐熱性之證

明文件。

(四) 墊片等如使用非金屬材料，應依下列規定進行測試：

　　1. 將撒水頭放置於140±2℃恆溫槽中（標示溫度在75℃以上，採最高周圍溫度+100℃），經過四十五天後，置於常溫二十四小時，復依「四、(一)」進行耐洩漏試驗。

　　2. 依「四、(二)」規定之環境溫度試驗後，進行「十一、(三)」功能動作試驗，檢視是否正常。

四、強度試驗

(一) 耐洩漏試驗

1. 將撒水頭施予25kgf/cm² 之靜水壓力，保持5分鐘不得有漏水現象。

2. 以目視檢查有困難者，則將撒水頭之墊片部分用三氯乙烯洗滌乾淨、放置乾燥後，裝接於空氣加壓裝置之配管上，然後將撒水頭浸入水中，施予25kgf/cm² 之空氣壓力5分鐘，檢查有無氣泡產生，據以判斷有無洩漏現象。

(二) 環境溫度試驗

1. 就表3-19所列標示溫度區分對應之試驗溫度，或較標示溫度低15℃之溫度，由兩者中擇其較低溫度作為試驗溫度，將撒水頭投入在試驗溫度±2℃以內之恆溫槽內30天。

表3-19

標示溫度區分	試驗溫度
未滿75℃	52℃
75℃以上未滿121℃	80℃
121℃以上未滿162℃	121℃
162℃以上未滿200℃	150℃
200℃以上	190℃

2. 本試驗完畢後，應依「四、(一)」進行耐洩漏試驗。

(三) 衝擊試驗

1. 由任意方向施予撒水頭最大加速度100g（g為重力加速度）之衝擊5次後，應無損壞和零件移位、鬆動等現象。

2. 本試驗完畢後，應依「四、(一)」進行耐洩漏試驗。

(四) 裝配載重試驗

1. 將撒水頭固定裝置於拉抗力試驗機上，用最小刻度0.01mm之針盤指示量規（標準變形量在0.020mm以下時，用最小刻度0.0001mm之針盤指示量規讀取至0.0001mm），裝置在框架之前端或迴水板上，以測量感熱元件動作時框架之變形量。

2. 確認針盤指示量規指示為零，穩定後，以火焰、熱風或其他適當方法使感熱元件動作後2分鐘，俟針盤指針穩定後，讀取針盤指示之變形量至0.001mm（標準變形量在0.020mm以下時，用最小刻度0.0001mm之針盤指示量規讀取至0.0001mm），作為框架變形量之實測值△X（mm）。

3. 再將框架緩慢增加負載至其變形量（△X）恢復為零，載重值讀取至1kgf，以此作為框架之裝配載重（Fx），其值取至個位數，小數點以下不計。

4. 依下列公式計算框架裝配載重（Fx）對設計載重（F）之偏差，其值取至個位數。

$$偏差（\%） = \frac{Fx - F}{F} \times 100$$

(五) 框架永久變形量試驗

1. 進行前項裝配載重試驗之「1及2」後，對框架緩慢增加負載，以撒水頭軸心方向，自外部施予設計載重拉力，讀取針盤指示之框架變形量至0.001mm（標準變形量在0.020mm以下時，用最小刻度0.0001mm之針盤指示量規讀取至0.0001mm），此即框架變形量△Y（mm）。

2. 依前述「1」，對框架施以2倍設計載重拉力，然後立即除去載重至零，並測量此時框架之殘留延伸量至0.001mm（標準變形量在0.020mm以下時，用最小刻度0.0001mm之針盤指示量規讀取至0.0001mm），此即框架永久變形量△Z（mm）。

3. 依下列公式計算變形比，其值用無條件捨去法取至個位。

$$變形比（\%）= \frac{\Delta Z}{\Delta Y} \times 100$$

五、易熔元件之強度試驗

將易熔元件由撒水頭拆下，依正常裝配狀態安裝在試驗夾具中（其受力狀態應與正常裝配時完全相同），然後放入規定溫度之試驗箱中，施予規定載重連續10天，該易熔元件不得發生變形或破損現象。

(一) 規定溫度為20℃。但撒水頭標示溫度在75℃以上者，採用該撒水頭之最高周圍溫度減去20℃之溫度。且試驗箱之溫度應在規定溫度±2℃以內。（t_a = $0.9t_m$ － 27.3；t_a為最高周圍溫度，t_m標示溫度）。

(二) 規定載重係由框架設計載重F（kg）與槓桿比所求出對易熔元件之載重，乘以13倍為其規定載重，此值取至個位數，小數點以下不計。

六、玻璃球之強度試驗

(一) 玻璃球之加熱冷卻試驗：將撒水頭置入溫度分布均勻之液槽內，標示溫度未滿79℃者採用水浴（蒸餾水），79℃以上者採用油浴（閃火點超過試驗溫度之適當油類）。由低於標示溫度20℃之溫度開始以不超過0.5℃/min之加熱速度升溫直至玻璃球內之氣泡消失或達標示溫度之93%為止。立即將撒水頭從液浴中取出置於大氣中自然冷卻，直至玻璃球內之氣泡重新出現。冷卻時應保持玻璃球之密封尖朝下。如此重複試驗6次後，玻璃球不得出現龜裂或破損現象。

(二) 玻璃球之冷熱衝擊試驗：將撒水頭置入溫度分布均勻之液槽內（應採用之液體種類如「六、(一)」）。由低於標示溫度20℃之溫度開始以不超過0.5℃/min之加熱速度升溫直至低於標示溫度10℃之溫度，保持5min後，將撒水頭取出，使玻璃球之密封尖朝下，立即浸入10℃之水中，玻璃球不得出現龜裂或破損現象。

(三) 玻璃球之加載試驗：以撒水頭軸心方向對其施加4倍之設計載重，不得出現龜裂或破損現象。

　　1.加載負荷時應注意勿使其遭受其他外力撞擊，加載速度應為

1000±100kgf/min。

2.本試驗後,應依「(一)」進行玻璃球之加熱冷卻試驗3次,且在每次加熱後,將玻璃球置於大氣中約15min,藉溫度變化以篩檢用目視檢查無法察覺之異常現象。

七、釋放機構之強度試驗

以撒水頭軸心方向由外部施予撒水頭之釋放機構設計載重之2倍載重,用目視檢查,釋放機構不得發生變形、龜裂或破損現象。如感熱元件爲玻璃球,應依「六、(一)」進行玻璃球之加熱冷卻試驗3次,且在每次加熱後,將玻璃球置於大氣中約15min,藉溫度變化以篩檢用目視檢查無法察覺之異常現象。

八、振動試驗

施予撒水頭全振幅5mm,振動頻率每分鐘1500次之振動3小時後,撒水頭各組件應無鬆動、變形或損壞現象。本試驗後,應依「四、(一)」進行耐洩漏試驗。

九、水鎚試驗

將撒水頭依正常工作位置安裝在水鎚試驗機(活塞式幫浦)上,以3.5kgf/cm²到35kgf/cm²之交變水壓,每秒交變1次,對撒水頭進行連續4000次之水鎚試驗。本試驗後,應依「四、(一)」進行耐洩漏試驗。

十、腐蝕試驗

(一) 應力腐蝕試驗:撒水頭得依下列「1或2」兩種方式進行應力腐蝕試驗。

1.硝酸亞汞應力腐蝕試驗

(1)將撒水頭浸入重量百分比濃度爲50%之硝酸溶液中30秒,取出後以清水沖洗,然後將其浸入重量百分比1%之硝酸亞汞($Hg_2(NO_3)_2$·$3H_2O$)溶液中,此溶液之用量爲每試一個撒水頭需200mL以上,並

按每100mL溶液中加入重量百分比濃度為50%之硝酸溶液1mL。將撒水頭在20±3℃之液溫下浸泡30min，取出撒水頭，沖洗、乾燥後，仔細檢查，其任何部位不得出現會影響性能之龜裂、脫層或破損現象。

(2) 本試驗後，應依「四、(一)」進行耐洩漏試驗，並應依「十一、(三)」進行0.5kgf/cm²壓力下之功能試驗。

2. 氨水應力腐蝕試驗

(1) 本試驗在玻璃試驗箱中進行，試驗箱內放一個平底大口之玻璃容器。按照每1cm³之試驗容積加氨水0.01mL之比例，將比重為0.94之氨水加入玻璃容器中。讓其自然揮發，以便在試驗箱內形成潮濕之氨和空氣之混合氣體。其成分約為：氨35%；水蒸氣5%；空氣60%。

(2) 將撒水頭去掉油脂，懸掛在試驗箱之中間部位。試驗箱內之溫度應保持在34±2℃，歷時10天。試驗後，將撒水頭沖洗、乾燥，再仔細檢查，其任何部位不得出現會影響性能之龜裂、脫層或破損現象。

(3) 本試驗後，應依「四、(一)」進行耐洩漏試驗，並應依「十一、(三)」進行0.5kgf/cm²壓力下之功能試驗。

(二) 二氧化硫腐蝕試驗

1. 本試驗在玻璃試驗箱中進行。箱底盛入濃度為40g/L之硫代硫酸鈉（$Na_2S_2O_3$）水溶液500mL。另準備溶有硫酸156mL之水溶液1000mL，每隔12小時將此水溶液10mL加入試驗箱中，使其產生亞硫酸氣（H_2SO_3）。

2. 將撒水頭懸掛於試驗箱之中間部位。試驗箱內之溫度應保持在45±2℃，濕度應在90%以上，歷時4天，試驗後，撒水頭各部位不得出現明顯之腐蝕或損壞現象。

3. 本試驗後，應依「十一、(三)」進行0.5kgf/cm²壓力下之功能試驗。

(三) 鹽霧腐蝕試驗

1. 本試驗在鹽霧腐蝕試驗箱中進行。用重量百分比濃度20%之鹽水溶液噴射而形成鹽霧。鹽水溶液之密度為1.126至1.157g/cm³，pH值為6.5至7.2。

2. 將撒水頭按正常之安裝形式，用支撐架懸掛在試驗箱之中間部位。試驗箱之溫度應為35±2℃。應收集從撒水頭上滴下之溶液，不使其回流到儲液器中作

循環使用。在試驗箱內至少應從兩處收集鹽霧，以便調節試驗時所用之霧化速率和鹽水溶液之濃度。對於每80cm²之收集面積，連續收集16小時，每小時應收集到1.0至2.0mL之鹽水溶液，其重量百分比濃度應為19%至21%。

3. 本試驗歷時10天。試驗結束後，取出撒水頭，在溫度20±5℃、相對濕度不超過70%之環境中乾燥7天後，撒水頭各部位不得出現明顯之腐蝕或損壞現象。

4. 本試驗後，應依「十一、(三)」進行0.5kgf/cm²壓力下之功能試驗。

十一、動作試驗

(一)動作溫度試驗

1. 將撒水頭置入溫度分布均勻之液槽內，標示溫度未滿79℃者採用水浴（蒸餾水），79℃以上者採用油浴（閃火點超過試驗溫度之適當油類）。由低於標示溫度10℃之溫度開始以不超過0.5℃/min之加熱速度升溫直至撒水頭動作（釋放機構應能完全分解，如屬玻璃球型，其玻璃球應破損）為止，實測其動作溫度。實測值α_0（℃）用無條件捨去法取至小數第一位。此動作溫度實測值就易熔元件型應在其標示溫度之97%至103%之間；就玻璃球型應在其標示溫度之95%至115%之間。

2. 依下列公式計算動作溫度實測值（α_0）與標示溫度（α）之偏差，其值用無條件捨去法取至小數第一位。

$$偏差（\%）= \frac{\alpha_0 - \alpha}{\alpha} \times 100$$

(二)玻璃球氣泡消失溫度試驗

1. 將撒水頭置入溫度分布均勻之液槽內，標示溫度未滿79℃者採用水浴（蒸餾水），79℃以上者採用油浴（閃火點超過試驗溫度之適當油類）。由低於標示溫度20℃之溫度開始以不超過0.5℃/min之加熱速度升溫至玻璃球內氣泡消失之溫度或達標示溫度之93%，反覆試驗6次，求其氣泡消失溫度實測平均值β_0（℃），此值用無條件捨去法取至小數第一位。玻璃球之氣泡消失溫度實測平均值，應在氣泡消失溫度申請值之97%至103%之間。

2. 依下列公式計算氣泡消失溫度實測平均值β_0對申請值β之偏差，此值取至小數點第一位。

$$偏差\% = \frac{\beta_0 - \beta}{\beta} \times 100$$

3. 本試驗與「六、(一)」玻璃球之加熱冷卻試驗同時進行。

(三) 功能試驗

1. 功能試驗裝置參考附圖1所示，將撒水頭依正常使用之安裝形式進行安裝測試。

2. 對於撒水頭之每個正常安裝位置，在0.5、3.5、10kgf/cm²之水壓下，分別進行功能試驗。撒水頭啓動後，在5秒內達到規定壓力；撒水時間應不少於90秒。

3. 撒水頭應啓動靈活、動作完全，在啓動後達到規定壓力，應仔細觀察，如出現沉積現象，不得超過1分鐘。

十二、感度─熱氣流感應試驗

按撒水頭標示溫度區分及感度種類，依表3-20設定水平氣流試驗條件，其實際動作時間，應在下列公式所計算之動作時間（t值）內。

表3-20

標示溫度區分	感度種類	試驗條件	
		氣流溫度（℃）	氣流速度（m/s）
未滿75℃	第一種	135	1.8
	第二種	197	2.5
75℃以上 未滿121℃	第一種	197	1.8
	第二種	291	2.5
121℃以上 未滿162℃	第一種	291	1.8
	第二種	407	2.5
162℃以上	第一種	407	1.8
	第二種	407	2.5
（備註：第一種感度種類係指快速反應型撒水頭；第二種感度種類係指一般反應型撒水頭）			

$$t = \tau \times \log_e\left(1 + \frac{\theta - \theta_r}{\delta}\right)$$

式中，t：動作時間（s），用四捨五入法取至個位。

τ：時間常數（s），第一種為50秒，第二種為250秒，有效撒水半徑為2.8m者，僅適用第一種感度種類，時間常數為40秒。

θ：撒水頭之標示溫度（℃）

θ_r：撒水頭投入前之溫度（℃）

δ：氣流溫度與標示溫度之差（℃）

檢測方法：

1. 撒水頭先以聚四氟乙烯膠帶密封於試驗配管上，再施以1.0kgf/cm²之空氣壓力。

2. 黃銅製裝置座之溫度，在試驗中應保持在20±1℃。

3. 氣流溫度應在規定值±2℃以內。

4. 氣流速度應在規定值±0.1m/s以內。

5. 安裝方向對水平氣流無方向性之撒水頭，可以任意方向裝置進行試驗；而具有方向性之撒水頭，則以水平氣流對感熱元件影響最直接之角度為起點，第一種撒水頭迴轉25度，第二種撒水頭迴轉15度，以進行試驗。

6. 撒水頭應先置入20±2℃之恒溫槽內30min以上，再迅速定位進行試驗。

7. 試驗時觀察撒水頭之動作狀況，其釋放機構應完全動作，且動作時間應符合規定。

8. 有效撒水半徑為2.8m者，撒水頭標示溫度須未滿121℃，其試驗條件分別為：標示溫度75℃未滿時，測試氣流溫度135℃，氣流速度1.8m/s；標示溫度75℃以上121℃未滿時，測試氣流溫度197℃，氣流速度1.8m/s。

十三、放水量試驗

在放水壓力1 kgf／cm²之狀態下測定撒水頭之放水量，並依下列公式算出流量特性係數（K值），其值應在表3-21所列之許可範圍內。

$$Q = K\sqrt{P}$$

式中，Q：放水量（L/min）

P：放水壓力（kgf/cm^2）

表3-21

標稱口徑	10A	15A	20A
K值之許可範圍	$50(1\pm5/100)$	$80(1\pm5/100)$	$114(1\pm5/100)$

(一) 將配管內空氣抽空，然後進行水壓調整，使壓力計與放水之接頭水壓相同。

(二) 水流經過放水量試驗裝置（整流筒）且以放水壓力$1kgf/cm^2$測量100 L之水由撒水頭放出之時間t（s），取至0.1秒。並依下列公式計算放水量Q（L/min）及流量特性係數K值，各數值用無條件捨去法取至小數第二位。流量特性係數K值應符合表3-21之規定。

十四、撒水分布試驗

(一) 標準型撒水頭（小區劃型撒水頭除外）得依下列「1或第2」進行撒水分布試驗：

$$Q=\frac{100}{t}\times60 \qquad\qquad K=\frac{Q}{\sqrt{P}}$$

1. 使用如圖3-5所示之撒水分布試驗裝置，測量各水盤之採水量，以撒水頭軸心為中心，在每一同心圓上各水盤採水量之平均值分布曲線應如圖3-9〔對有效撒水半徑（r）為2.3m者而言〕，或圖3-10（對r為2.6m者而言），或圖3-12（對r為2.8m者而言）所示之撒水分布曲線。全放水量之60%以上應撒在撒水頭軸心為中心之半徑300cm（對r為2.3m者而言）或半徑330cm（對r為2.6m者而言）或半徑360cm（對r為2.8m者而言）之範圍內。在一個同心圓上之各水盤所採水量不得有顯著差異，且採水量之最小值應在規定曲線所示值之70%以上。

(1) 有效撒水半徑r為2.3 m之撒水頭

    a. 將一個撒水頭裝在撒水分布試驗裝置上，分別以1.0、4.0及7.0kgf/cm^2之放水壓力各做2次試驗，測量各水盤每分鐘之平均採水量（mL/min），各數值用四捨五入法取至個位。

b. 計算以撒水頭為軸心之同心圓上各水盤（即圖3-8中具相同編號者）之全採水量q_n（mL/min），n = 1～9，並計算該同心圓上每個水盤之平均採水量$q_{n \cdot m}$（mL/min），各數值用四捨五入法取至個位。

c. 撒水頭為軸心，半徑300cm範圍內之全撒水量Q'（mL/min），由前述q_n乘以係數，依下列公式計算之。

$$Q' = 1.41q_1 + 1.57q_2 + 2.35q_3 + 3.14q_4 + 3.92q_5 + 4.71q_6 + 5.49q_7 + 6.28q_8 + 7.06q_9$$

d. 測定放水壓力1.0、4.0、7.0kgf/cm²時每分鐘之放水量Q（L/min），用四捨五入法取至小數第一位。並依下列公式計算出各種放水壓力下之全撒水量Q'對放水量Q之比值，此數值用四捨五入法取至個位。

$$比值（\%）= \frac{Q'}{Q} \times 100$$

e. 同心圓上各水盤之採水量不應有顯著差異，且採水量應在規定曲線所示值之70%以上。如某一水盤之採水量未達70%時，得將該水盤之排列旋轉22.5度以內，重做試驗，所量得之採水量與原採水量之平均值可視為該水盤之採水量；亦得以該水盤周圍1m ×1m範圍內水盤採水量之平均值，視為其採水量。

(2) 有效撒水半徑r為2.6m之撒水頭

a. 將一個撒水頭裝在撒水分布試驗裝置上，分別以1.0、4.0及7.0kgf/cm²之放水壓力各做2次試驗，測量各水盤每分鐘之平均採水量（mL/min），各數值用四捨五入法取至個位數。

b. 計算以撒水頭為軸心之同心圓上各水盤（即圖3-8中具相同編號者）之全採水量q_n（mL/min），n = 1～10，並計算該同心圓上每個水盤之平均採水量$q_{n \cdot m}$（mL/min），各數值用四捨五入法取至個位。

c. 撒水頭為軸心，半徑300cm範圍內之全撒水量Q'（ml/min），由前述q_n乘以係數，依下列公式計算之。

$$Q' = 1.41q_1 + 1.57q_2 + 2.35q_3 + 3.14q_4 + 3.92q_5 + 4.71q_6 + 5.49q_7 + 6.28q_8 + 7.06q_9 + 7.84q_{10}$$

d. 測定放水壓力1.0、4.0、7.0kgf/cm²時每分鐘之放水量Q（L/min），用四捨五入法取至小數第一位。並依下列公式計算出各種放水壓力下之全撒水量Q'對放水量Q之比值，此數值用四捨五入法取至個位。

$$比值（\%）= \frac{Q'}{Q} \times 100$$

e. 同心圓上各水盤之採水量不應有顯著差異，且採水量應在規定曲線所示值之70%以上。如某一水盤之採水量未達70%時，得將該水盤之排列旋轉22.5度以內，重做試驗，所量得之採水量與原採水量之平均值可視爲該水盤之採水量；亦得以該水盤周圍1m×1m範圍內水盤採水量之平均值，視爲其採水量。

(3) 有效撒水半徑r爲2.8m之撒水頭

a. 將一個撒水頭裝在撒水分布試驗裝置上，分別以1.0、4.0及7.0kgf/cm²之放水壓力各做2次試驗，測量各水盤每分鐘之平均採水量（mL/min），各數值用四捨五入法取至個位數。

b. 計算以撒水頭爲軸心之同心圓上各水盤（即圖3-8中具相同編號者）之全採水量q_n（mL/min），n = 1～10，並計算該同心圓上每個水盤之平均採水量$q_{n \cdot m}$（mL/min），各數值四捨五入法取至個位。

c. 撒水頭爲軸心，半徑300cm範圍內之全撒水量Q'（mL/min），由前述q_n乘以係數，依下列公式計算之。

$Q' = 1.41q_1 + 1.57q_2 + 2.35q_3 + 3.14q_4 + 3.92q_5 + 4.71q_6 + 5.49q_7 + 6.28q_8 + 7.06q_9 + 7.84q_{10}$

d. 測定放水壓力1.0、4.0、7.0kgf/cm²時每分鐘之放水量Q（L/min），用四捨五入法取至小數第一位。並依下列公式計算出各種放水壓力下之全撒水量Q'對放水量Q之比值，此數值用四捨五入法取至個位。

$$比值（\%）= \frac{Q'}{Q} \times 100$$

e. 同心圓上各水盤之採水量不應有顯著差異，且採水量應在規定曲線所示值之70%以上。如某一水盤之採水量未達70%時，得將該水盤

之排列旋轉22.5度以內，重做試驗，所量得之採水量與原採水量之平均值可視爲該水盤之採水量；亦得以該水盤周圍1m×1m範圍內水盤採水量之平均值，視爲其採水量。

2. 使用如圖3-12及圖3-13所示分別做十只水盤及十六只水盤撒水分布試驗，檢測撒水集中及水量分布狀況。

(1) 十只水盤撒水分布試驗

　　a. 將一個撒水頭依其型式（向上型或向下型）裝於3.7m×3.7m天花板下方17.8cm之2.54cm支管上，撒水頭下方並列30.5cm×30.5cm水盤十只。

　　b. 量測用水盤固定於馬達帶動之旋轉桌面，第一只水盤中心對準撒水頭，速度每分鐘一轉。

　　c. 撒水頭孔徑6.4mm、7.9mm、9.5mm、11.1mm及12.7mm放水量爲0.95L/s，孔徑12.8mm放水量爲1.32L/s。

　　d. 當一個水盤充滿水及放水十分鐘後，距離撒水頭最遠端之水盤撒水分布量需少於每平方公尺0.007L/s。

(2) 十六只水盤撒水分布試驗

　　a. 將四個撒水頭依其型式（向上型或向下型）裝於3.7m×3.7m天花板下方17.8cm之2.54cm支管上。

　　b. 四個撒水頭裝在3m×3m正方形之四頂角，撒水頭下方2.3m排列30.5cm×30.5cm水盤十六只。

　　c. 放水十分鐘後量測水盤之分布水量，需符合下列規定：

　　　(a) 不得小於表3-22所列最小平均分布量。

　　　(b) 各只水盤亦不得小於所得平均量之百分之七十五。

表3-22

撒水頭孔徑（mm）	每一個撒水頭流量（L/s）	最小平均分布量（每平方公尺L/S）
6.4	0.24	0.02
7.9	0.33	0.04
9.5	0.47	0.05
11.1	0.71	0.08
12.7	0.95	0.11
13.5	1.32	0.14

(二)小區劃型撒水頭之撒水分布試驗

1. 地面撒水分布試驗：使用如圖3-8所示之撒水分布試驗裝置，測量各水盤之採水量，以該撒水頭軸心為中心之半徑260cm範圍內，所有水盤之平均採水量應在0.2 L/min以上，且各水盤之採水量應在0.02 L/min以上。

    (1) 將一個小區劃型撒水頭裝在試驗裝置上，分別以1.0、4.0及7.0kgf/cm²之放水壓力測量其放水量Q（L/min），各數值用四捨五入法取至個位。

    (2) 將一個小區劃型撒水頭裝在試驗裝置上，分別以1.0、4.0及7.0kgf/cm²之放水壓力各做2次試驗，測量編號1至8號各水盤每分鐘之平均採水量（mL/min），各數值用四捨五入法取至個位。

    (3) 合計各水盤每分鐘之平均採水量（mL/min），除以水盤數，計算其平均值，此數值用四捨五入法取至個位。

2. 壁面撒水分布試驗：使用如圖3-14所示之壁面撒水分布試驗裝置測量，各壁面之採水量應在2.5 L/min以上；且撒下之水應能將地面至天花板下方0.5m之壁面有效濡濕。

    (1) 將一個小區劃型撒水頭裝在試驗裝置上，分別以1.0、4.0及7.0kgf/cm²之放水壓力放水，測量各壁面每分鐘之採水量（mL/min），各數值用四捨五入法取至個位。

    (2) 各壁面濡濕之狀況，藉目視檢查之。壁面濡濕之高度，以壁面和壁面交會之處作為起點，至另一方壁面，每間隔45cm，由天花板下方至地面以1cm為單位測量其濡濕高度，各數值用四捨五入法取至個位。

(三)側壁型撒水頭之撒水分布試驗

使用圖3-15所示之撒水分布試驗裝置，測量各水盤之採水量，在撒水頭之前方（與壁面平行者）及兩側（與壁面垂直者）之採水量平均值分布曲線應如圖3-16所示之撒水分布曲線。各水盤所採水量不得有顯著差異，且採水量之最小值應在規定曲線所示值之70%以上。又靠近撒水頭之壁面應有被水濡濕之現象。

1. 將一個撒水頭裝在撒水分布試驗裝置上，分別以1.0、4.0及7.0kgf/cm²之放水壓力各做2次試驗，測量各水盤每分鐘之平均採水量（mL/min），各數值用四捨五入法取至個位。

2. 計算與壁面平行之各列水盤之全採水量q_s（mL/min），及該列每個水盤之平均採水量$q_{s \cdot m}$（mL/min），各數值用四捨五入法取至個位。

3. 計算與壁面垂直之各行水盤距壁面190 cm內之全採水量q_s（mL/min），及該行每個水盤之平均採水量$q_{s \cdot m}$（mL/min），各數值用四捨五入法取至個位。

4. 各水盤之採水量不應有顯著差異，且採水量應在規定曲線所示值之70%以上。如某一水盤之採水量未達70%時，得以該水盤周圍1m×1m範圍內水盤採水量之平均值，視為其採水量。

5. 以目視檢查，壁面應有濕濡現象。

十五、標示

撒水頭應在其容易辨認之處以不易磨滅之方法標示下列各項內容。

(一) 製造廠商名稱或商標。

(二) 出廠年份。

(三) 安裝之方向：應使用下列文字或符號標示之。

1. 標準型撒水頭：

(1)向上裝接者：向上（UPRIGHT或SSU）

(2)向下裝接者：向下（PENDENT或SSP）

(3)上下兩用者：上下兩用（CONV或C U/P）

2. 側壁型撒水頭：

(1)向上裝接者：向上（UPRIGHT或SWU）

(2)向下裝接者：向下（PENDENT或SWP）

(3)上下兩用者：上下兩用（SIDEWALL或W U/P）

(四) 標示溫度及顏色標示（色標）：如表3-23所示，依標示溫度之區分，玻璃球型撒水頭應在其玻璃球工作液中作出相應之色標，易熔元件型撒水頭則應在其支撐臂上作出相應之色標。又撒水頭上不得塗有易與色標混淆之顏色。

表3-23

玻璃球型撒水頭		易熔元件型撒水頭	
標示溫度區分	工作液色標	標示溫度區分	支撐臂色標
57℃	橙	未滿60℃	黑
68℃	紅	60℃以上 未滿75℃	無
79℃	黃		

玻璃球型撒水頭		易熔元件型撒水頭	
標示溫度區分	工作液色標	標示溫度區分	支撐臂色標
93℃	綠	75℃以上 未滿121℃	白
100℃	綠		
121℃	藍	121℃以上 未滿162℃	藍
141℃	藍		
163℃	紫	162℃以上 未滿200℃	紅
182℃	紫		
204℃	黑	200℃以上 未滿260℃	綠
227℃	黑		
260℃	黑	260℃以上	黃
343℃	黑		

(五) 感度種類：第一種撒水頭，應標示「①」或「QR」，撒水半徑2.8m者應標示「QR」。

(六) 標準型撒水頭之有效撒水半徑：有效撒水半徑為2.6m者，應標示「r2.6」，有效撒水半徑為2.8m者，應標示「r2.8」。

(七) 小區劃型撒水頭：應標示「小」或「S」，並標示流量特性係數「K50」。

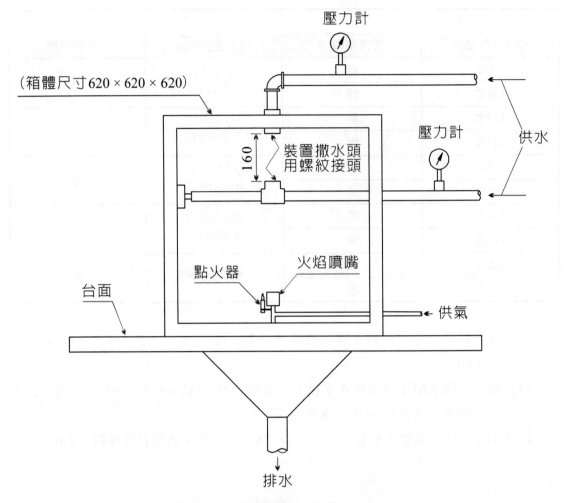

圖3-5　功能試驗箱（單位：mm）

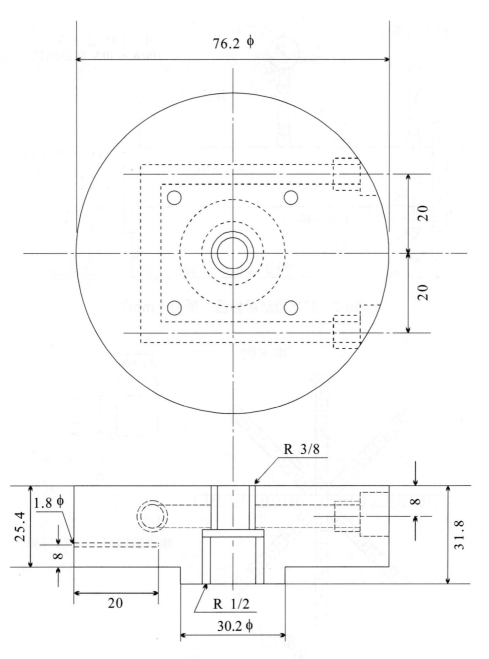

圖3-6 裝置座之圖示（單位：mm）

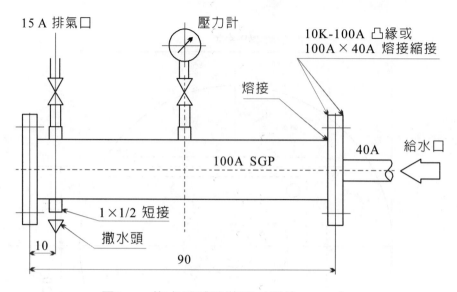

圖3-7　放水量試驗裝置（單位：mm）

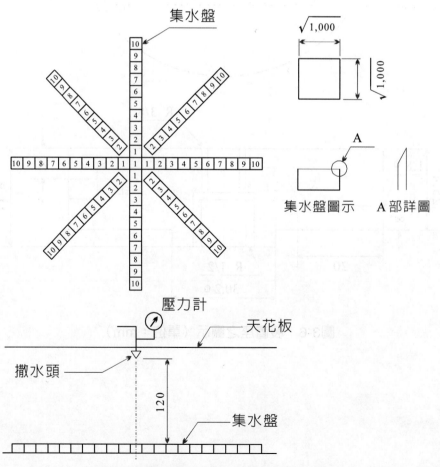

圖3-8　標準型撒水頭及小區劃型撒水頭之撒水分布試驗裝置（單位：mm）

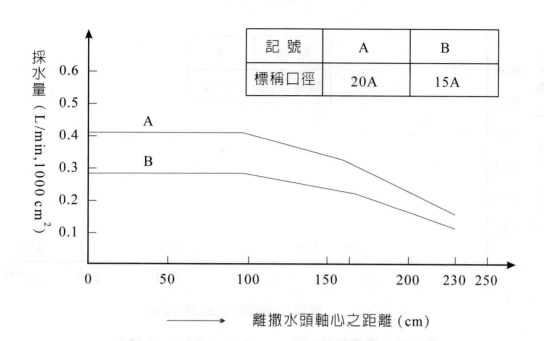

圖3-9　標準型撒水頭（r = 2.3m）撒水分布曲線

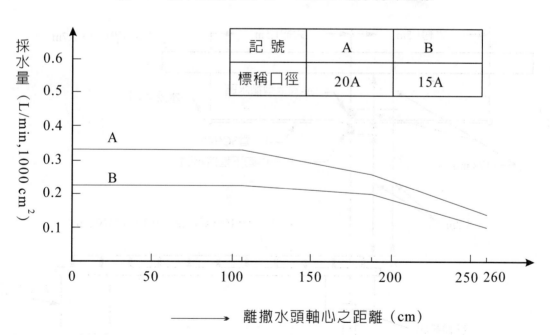

圖3-10　標準型撒水頭（r = 2.6m）撒水分布曲線

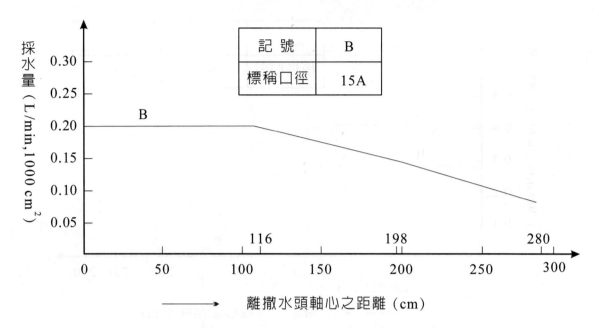

圖3-11 標準型撒水頭（r = 2.8m）撒水分布曲線

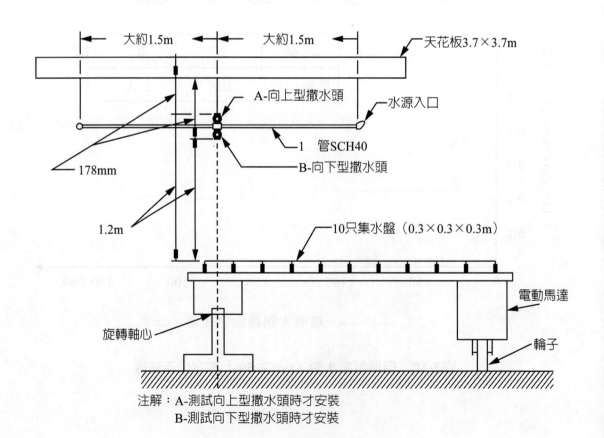

圖3-12 十只水盤撒水分布試驗

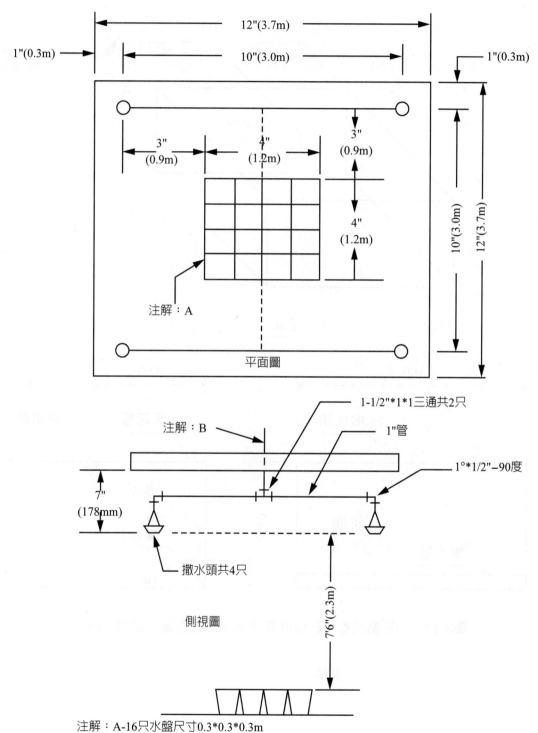

圖3-13　十六只水盤撒水分布試驗

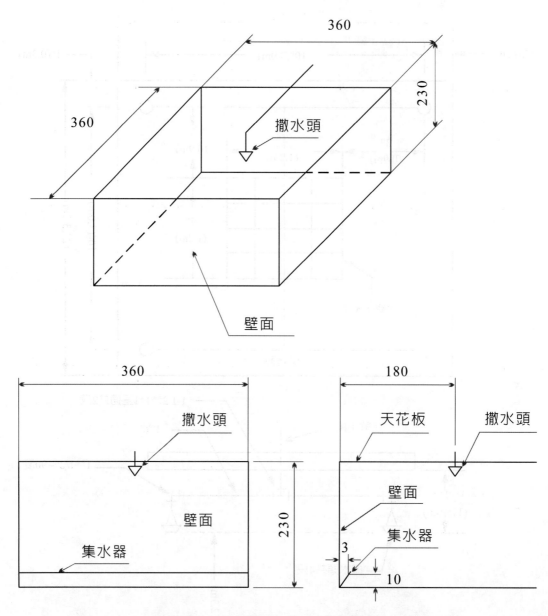

圖3-14　小區劃型撒水頭壁面撒水分布試驗裝置（單位：cm）

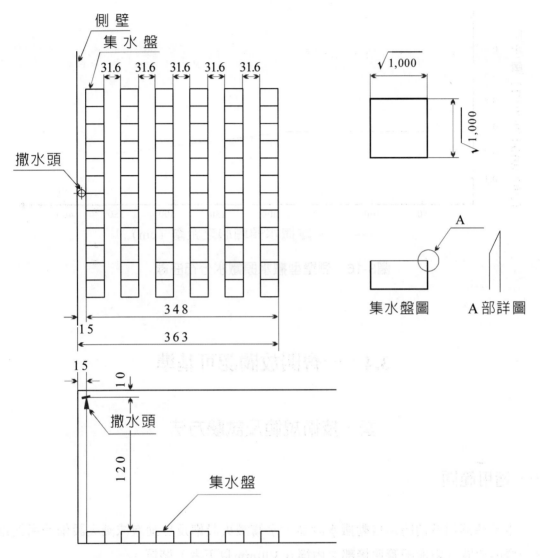

圖3-15　側壁型撒水頭撒水分布試驗裝置（單位：cm）

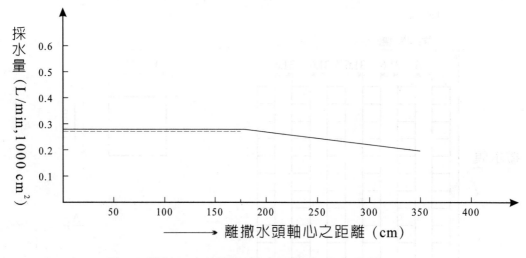

圖3-16　側壁型撒水頭撒水分布曲線

3.4　一齊開放閥認可基準

壹、技術規範及試驗方法

一、適用範圍

　　本基準適用於消防用自動撒水設備、水霧滅火設備及自動泡沫滅火設備等所使用之一齊開放閥（限與配管連接部之內徑在300mm以下者）裝置。

二、構造及性能

　　(一)基本構造

1. 依據一齊開放閥控制部之構造可以分為加壓型、減壓型、電動型、電磁型等四種。
2. 閥體平時呈關閉狀態，由控制部啟動始能開啟。
3. 閥體開啟後如遇供水中斷時，可再供水流通過。

4. 閥體內各部之截面積必須大於閥體接孔內徑及閥座內徑。

5. 本體及其他零件應能容易檢查換修。

6. 本基準所稱一齊開放閥各部構造及名稱如圖例（以減壓型為例，如圖3-17）。

7. 一齊開放閥之內徑係指與配管連接部分之尺度，其規格大小如表3-23所示：

表3-23

內徑（mm）		40	50	65	80	100	125	150	200	250	300
標稱內徑	A（公制-mm）	40	50	65	80	100	125	150	200	250	300
	B（英制-in）	1½	2	2½	3	4	5	6	8	10	12

註：配管部分應符合CNS 6445或CNS 4626之要求。

8. 與配管連接部分使用凸緣或螺紋以外之工法，應便於安裝且不致產生使用上之障礙。

9. 與配管連接使用的凸緣部或螺紋部之外徑尺寸，應符合表3-24所列規定值。

表3-24

單位：mm

標稱內徑	標稱壓力	凸緣部								螺紋部		
		外徑	螺栓孔			厚度				螺紋規格 PT	有效螺紋長度	二面寬—青銅
			中心圓直徑	螺栓孔數	螺栓孔直徑	青銅		鑄鐵	鑄鋼			
40	10K	140	105	4	19	16		20	16	1½	19	60
	16K	140	105	4	19			20	16			
	20K	140	105	4	19				22			
50	10K	155	120	4	19	16		20	16	2	21	74
	16K	155	120	8	19			20	16			
	20K	155	120	8	19				22			

標稱內徑	標稱壓力	凸緣部							螺紋部		
		外徑	螺栓孔			厚度			螺紋規格 PT	有效螺紋長度	二面寬—青銅
			中心圓直徑	螺栓孔數	螺栓孔直徑	青銅	鑄鐵	鑄鋼			
65	10K	175	140	4	19	18	22	18	2½	24	90
	16K	175	140	8	19		22	18			
	20K	175	140	8	19			24			
80	10K	185	150	8	19	18	22	18	3	26	105
	16K	200	160	8	23		24	20			
	20K	200	160	8	23			26			
100	10K	210	175	8	19		24	20			
	16K	225	185	8	23		26	22			
	20K	225	185	8	23			28			
125	10K	250	210	8	23		24	20			
	16K	270	225	8	25		26	22			
	20K	270	225	8	25			30			
150	10K	280	240	8	23		26	22			
	16K	305	260	12	25		28	24			
	20K	305	260	12	25			32			
200	10K	330	290	12	23		26	22			
	16K	350	305	12	25		30	26			
	20K	350	305	12	25			34			
250	10K	400	355	12	25		30	24			
	16K	430	380	12	27		34	28			
	20K	430	380	12	27			38			
300	10K	445	400	16	25		32	24			
	16K	480	430	16	27		36	30			
	20K	480	430	16	27			40			

註：「二面寬—青銅」係指40、50、65、80之青銅質螺紋口型一齊開放閥，其螺紋部分之外圍六角面之對邊寬度。

(二)外觀

1. 鑄造品內外面均不得存有砂孔、毛邊、砂燒結、咬砂、裂痕、鏽蝕等情形。

2. 切削加工斷面,不得有損傷或加工不良等現象,必要時應予加工使其平滑。

3. 液體流通部分須平滑及清潔,不得殘留有切削粉末等情形。

4. 襯墊應適切安裝定位。

(三)尺度

1. 應確認直接影響性能部分,是否在圖面所記載之容許誤差範圍內。

2. 依下列(1)至(4)測量配管連接部分(凸緣或螺牙)之尺度、閥體兩面寬、閥體之厚度及凸緣之平行度。

   (1) 凸緣或螺牙尺度之容許誤差,應依CNS 7120〔管凸緣尺度公差〕之規定。

   (2) 凸緣兩端面間尺度之容許誤差,應在±2.0 mm以內。

   (3) 閥體鑄品厚度,應在表3-25所列數值以上。

表3-25

單位:mm

標稱壓力	內徑 材質	40	50	65	80	100	125	150	200	250	300
10K	青銅	4	4.5	5.5	6	7					
	鑄鐵	7	7	8	8	10	11	13	15	17	20
	鑄鋼	7	8	8	8	9	9	9	10	12	14
16K	青銅	4.5	5	6	6.5	7.5					
	鑄鐵	7	9	10	10	11	13	14	16	18	21
	鑄鋼	7	8	8	8	9	9	10	12	14	17
20K	鑄鋼	8	8	9	9	10	11	12	15	15	21

   (4) 凸緣平行度以兩面寬之最大誤差值,應在表3-26所列數值以下。

表3-26

單位：mm

標稱壓力 ＼ 標稱口徑	40	50	65	80	100	125	150	200	250	300
10K	1.2	1.4	1.5	1.6	1.8	1.5	1.6	1.9	2.3	1.9
16K	1.2	1.4	1.5	1.7	2.0	1.6	1.8	2.0	2.5	2.1
20K	1.2	1.4	1.5	1.7	2.0	1.6	1.8	2.0	2.5	2.1

(四)核對設計圖面

一齊開放閥之各部構造、尺度及加工方法等，應與申請所提設計圖面記載內容相符。

1. 與性能有直接關係之圖說，應註明許可公差。

2. 各零組件之圖說應註明製造方法（例如鑄造方法、裝配方向等）。

三、材質

(一) 一齊開放閥各部分之材質，應符合表3-27規定或具有同等性能以上者。

表3-27

構造		國家標準總號	國家標準名稱	適用材料
本體	閥體 閥蓋	CNS 2472	灰口鑄鐵件	FC200以上
		CNS 7147	高溫高壓用鑄鋼件	SCPH21以上
		CNS 4125	青銅鑄件	BC6以上
閥座		CNS 4125	青銅鑄件	BC6以上
		CNS 3270	不鏽鋼棒	304級以上
彈簧		CNS 8397	彈簧用不鏽鋼線	304級以上
襯墊		CNS 3550	工業用橡膠墊料	BⅡ714級以上

(二) 可能產生鏽蝕部位應施予防鏽處理。

(三) 橡膠、合成樹脂等應使用不易變形之材質。

(四) 襯墊、隔膜片所使用之橡膠、合成樹脂等應檢附下列文件。

1. 規格明細表

應詳載成分明細及拉力強度、伸展度及硬度等資料。

2. 試驗報告書

在65℃的環境下，將上述物體投入下列各水溶液，經浸泡7日後進行試驗。記錄其浸泡前後的拉力強度、伸展度、硬度、體積變化率及吸水率。並戴明下列(1)至(4)所使用之藥劑種類及型號。

(1) 蛋白質泡沫水溶液

(2) 合成界面活性泡沫水溶液

(3) 水成膜泡沫水溶液

(4) 3%氯化鈉水溶液

但供該一齊開放閥流通之加壓液體，如非上述(1)至(4)所列之任何一種時，則不需進行此項試驗。

四、最高使用壓力範圍

一齊開放閥一次側（流入本體之流入側，以下相同）之最高使用壓力範圍係指使用壓力範圍（不致使一齊開放閥產生功能障礙之壓力範圍）之最大值，以下亦同，應符合表3-28所列之規定值。

表3-28

標稱壓力	壓力範圍（kgf/cm^2）
10K	10以上　14以下
16K	16以上　22以下
20K	20以上　28以下

一齊開放閥之最低使用壓力為其申請值，最高使用壓力應符合上表之規定。

五、耐壓試驗

(一)閥體及主要構件之耐壓試驗

1. 以側蓋或水壓試驗用壓板封閉閥體兩端,在閥的一次側與二次側部分依表3-29所列之壓力值試驗2分鐘後,不得有漏水、變形、損傷及破壞等不良情形。

表3-29

標稱壓力(kgf/cm^2)	水壓試驗壓力(kgf/cm^2)
10	20
16	32
20	40

2. 控制部的閥蓋、螺栓等之襯套或螺紋部產生0.2mL/min以下之洩漏時,需加強鎖緊固定,但每個螺栓僅限一回(控制部閥蓋使用複數螺栓固定時,需將所有螺栓加強鎖緊一回)。

3. 一齊開放閥之開關軸使用襯墊構造並有加強鎖緊之裝置時,應加強鎖緊。

(二)控制部耐壓試驗

利用壓力進行開啓之控制部,施以表3-29所列壓力值試驗2分鐘後,不得有漏水、變形、損傷是破壞之情形產生。如對一次側以不同壓力加壓於控制部者,則以該控制部最高使用壓力之1.5倍壓力進行水壓試驗。

控制部不適用水壓進行試驗時,可用空氣壓力進行試驗。此時,以目測、觀察壓力計指針變化或進行功能試驗加以確認。

(三)閥座耐壓試驗

閥座於關閉狀態下進行試驗,試驗時閥體以側蓋或水壓試驗用壓板封閉兩端,在閥的二次側設開口部,在閥的一次側施以表3-29所列壓力值試驗2分鐘後,閥座(包含閥本身)不得產生變形、損傷或破壞情形。

(四)閥座洩漏試驗

1. 以側蓋或水壓試驗用壓板封閉閥體兩端,在二次側裝上刻度吸量管,在一次側施以表3-30所列的壓力值進行試驗2分鐘。

表3-30

標稱壓力(kgf/cm^2)	水壓試驗壓力(kgf/cm^2)
10K	15
16K	24
20K	30

2. 加壓2分鐘後,每30秒以刻度吸量管測量洩漏量,並以下列計算公式計算洩漏比(以四捨五入取至小數第三位)。

$$洩漏比(\alpha) = 洩漏量(mL) \times \frac{25}{閥座口徑(mm)}$$

3. 刻度吸量管之最小刻度,內徑80A以下者為0.01mL,內徑超過80A者為0.02mL。

六、性能試驗

一齊開放閥應於控制部動作後15秒內開啓出水;但內徑超過200mm者,則需於60秒內開啓出水;且以流速4.5m/sec之加壓水流通30分鐘試驗後,不得產生性能障礙;但內徑80mm以下者,以流速6m/sec進行試驗。

(一)動作試驗

1. 動作試驗以附圖(如圖3-18)之試驗裝置進行試驗。
2. 以最高使用壓力及最低使用壓力分別進行試驗。
3. 加壓型及減壓型控制部應使用內徑15A,長10m之配管。但因特殊設計而無法使用內徑15A之配管時,得使用申請圖上所載之配管。
4. 電動型及電磁型應使用申請者設計之電源規格。

5. 試驗流程：

(1) 減壓型

　① 關閉V_7，打開V_1、V_2、V_3、V_4、V_5及V_6。

　② 操作V_0，調整P_1及P_4之壓力達到規定壓力，關閉V_5。

　③ 調整完以後，確認開放閥二次側配管內排水狀況，關閉V_6，在打開V_5同時開始計時，測量一齊開放閥全開所需時間。

(2) 加壓型

　① 關閉V_5，打開V_1、V_2、V_3、V_4、V_6及V_7。

　② 操作V_0，調整P_1及P_5之壓力達到所定壓力，關閉V_7。

　③ 調整完以後，確認開放閥二次側配管內排水狀況，關閉V_6，在打開V_7同時開始計時，測量一齊開放閥全開所需時間。

(3) 電動型或電磁型

　① 關閉V_3及V_7，打開V_1、V_2、V_4以及V_6。

　② 操作V_0，調整P_1之壓力達到所定壓力。

　③ 確認開放閥二次側配管內排水狀況，關閉V_6，施以控制動力並開始計時，測量一齊開放閥全開所需時間。

6. 動作時間係指自控制部動作至一齊開放閥全開之時間。試驗二次求其平均值為動作時間，此時小數點以下第二位四捨五入至小數第一位。

(二) 最大流量放水試驗

1. 使用附圖（如圖3-18）之試驗裝置，依表3-31最大流量放水30分鐘，再依上揭進行動作試驗。

表3-31

內徑（mm）	40	50	65	80	100	125	150	200	250	300
最大流量（l/min）	450	700	1200	1800	2100	3300	4800	8500	13000	19000
流速（m/sec）	6.0					4.5				

2. 前項試驗中發現異常時，得視需要進行拆解檢查。

七、標示

(一) 一齊開放閥應於本體上之明顯易見處，以不易磨滅之方法，標示下列事項（進口產品亦需以中文標示）：

1. 產品種類名稱及型號
2. 型式認可號碼
3. 製造廠名稱或商標
4. 製造年份
5. 製造批號
6. 內徑、標稱壓力及一次側之使用壓力範圍
7. 相當於直管長度之壓力損失值
8. 標示流水方向之箭頭（應於閥體上以鑄造方式標示，惟特殊構造者，可以管壁熔接方式標示）
9. 安裝方向（水平或垂直）
10. 一齊開放閥控制部開啓之壓力使用範圍（僅限於控制部使用之壓力與一次側之壓力不相同者）
11. 控制動力所使用的流體種類（僅限於控制動力使用加壓水以外之流體壓力者）
12. 控制動力的種類（僅限於控制動力不以壓力爲控制方式者）

(二) 上揭標示事項中有關「製造批號」、「一次側之使用壓力範圍」及「相當於直管長度之壓力損失值」，於標示時應將標示事項名稱一併標示。

八、相當於直管長度（等價管長）之壓力損失值計算

(一) 依附圖之試驗裝置進行試驗，以對應內徑之最大流量放水時，壓力損失以最小刻度0.02 kgf/cm^{2}之壓力計測量。

(二) 測量二次取其平均值爲壓力損失值，此值以四捨五入取至小數第三位。

(三) 等價管長以下列計算式計算。

$$L = 0.0115 \times \frac{D^{4.87}}{Q^{1.85}} \times \Delta P$$

L：等價管長（m）

ΔP：壓力損失值（kgf/cm²）

D：直管內徑〔與一齊開放閥之閥體內徑相同大小之配管用碳鋼管（CNS
6445、4626之內徑）〕單位（mm）。

Q：流量（L/min）

(四) 與一齊開放閥之閥體內徑相同大小之配管非使用碳鋼管材質者，亦應提供等
價管長之計算方式。

(五) 等價管長計算以四捨五入取至小數第二位。

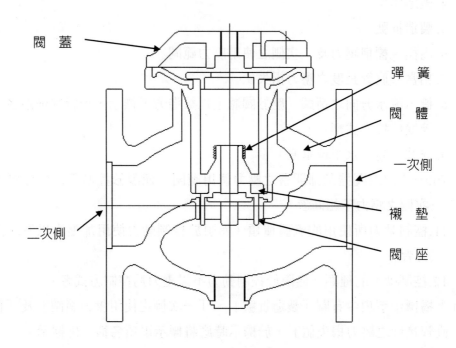

圖3-17　一齊開放閥圖例

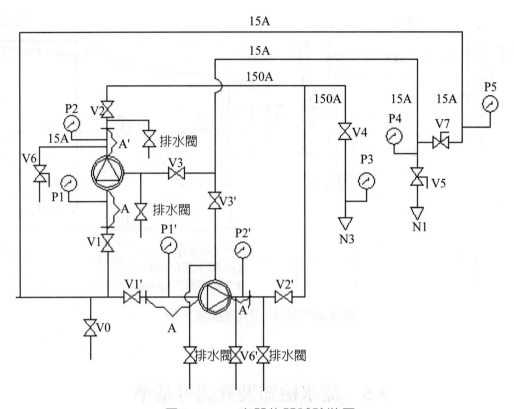

圖3-18　一齊開放閥試驗裝置

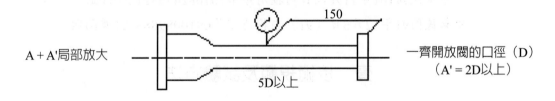

動作放水口N₁局部放大圖

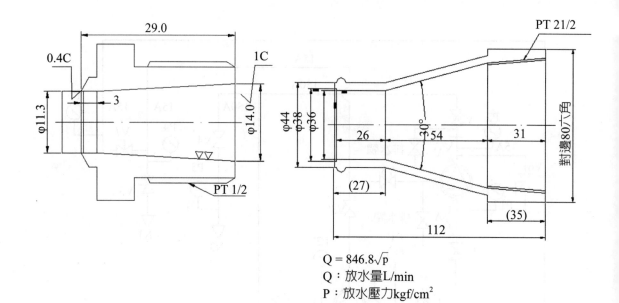

$$Q = 846.8\sqrt{p}$$

Q：放水量L/min

P：放水壓力kgf/cm^2

流量測定放水口N$_3$局部放大圖

3.5 流水檢知裝置認可基準

中華民國101年11月14日內授消字第10108247532號令修正

中華民國91年12月6日（91）內授消字第0910089888之1號函頒

壹、技術規範及試驗方法

一、適用範圍

　　本基準適用於消防用自動撒水設備、水霧滅火設備及泡沫滅火設備等水系統滅火設備上所使用之流水檢知裝置。

二、用語定義

　　流水檢知裝置依其構造、動作方式等，計分為濕式流水檢知裝置、乾式流水檢知

裝置及預動式流水檢知裝置，即當該裝置本體內有水流現象時，能自動探測並發出信號或警報之裝置，本基準相關之用語定義如下：

(一)濕式流水檢知裝置

在一次側（流入本體之流入側，以下相同）和二次側（流出本體之流出側，以下相同）充滿加壓水或加壓泡沫水溶液（以下簡稱加壓水）之狀態下，當密閉式撒水頭、一齊開放閥或其他閥件（以下簡稱密閉式撒水頭等）開啓時，因二次側壓力下降而開啓閥門，加壓水由二次側流出，並發出信號或警報之裝置，其種類如下：

1. 自動警報逆止閥型
以逆止閥一次側與二次側之壓力差及加壓水於該裝置本體內流通之動作，發出信號或警報，並啓動加壓送水裝置。

2. 動作閥型
以逆止閥一次側與二次側之壓力差，檢測出閥門動作，發出信號。

3. 槳片型
以配管內加壓水流經槳片之動作，檢測出加壓水流通之現象，發出信號。

(二)乾式流水檢知裝置

平時一次側儲滿加壓水，二次側配管內儲滿加壓空氣，當密閉式撒水頭等動作使壓力下降時，產生壓力差，閥門即開啓，一次側之加壓水即由二次側流出。

(三)預動式流水檢知裝置

一次側儲滿加壓水，二次側配管內儲滿空氣，當火警自動警報設備之探測器及感知撒水頭（以下簡稱感知裝置）均動作時，閥門即開啓，一次側之加壓水即由二次側流出。依動作方式分為：

1. 開放型
依感知裝置之動作，而使閥門開啓。

2. 開閉型
依感知裝置之動作或停止，而使閥門開啓或關閉。

(四) 使用壓力範圍

不致使流水檢知裝置產生性能障礙之一次側壓力範圍。

(五) 壓力設定值

對須設定二次側壓力值之流水檢知裝置，在使用壓力範圍內，對應一次側壓力之二次側壓力設定值。

三、構造及性能

(一) 基本構造

1. 流水檢知裝置之內徑係指與配管連接部分之尺度，如表3-32所示：

表3-32

	內徑（mm）	25	32	40	50	65	80	100	125	150	200
標稱內徑	A（公制-mm）	25	32	40	50	65	80	100	125	150	200
	B（英制-in）	1	1¼	1½	2	2½	3	4	5	6	8

註：配管部分應符合CNS 6445或CNS 4626之規定。

2. 感度調整裝置不得外露（如以蓋子遮住外露部分，蓋子應不易鬆脫），壓力開關、微動開關、輔助逆止閥等需以瓷漆或膠帶固定，保持在設定狀態，微動開關本體與微動開關箱間及微動開關箱與閥體間之承座部分，須以瓷漆等固定防止鬆脫。

3. 信號停止閥全開或全閉之狀態應明確；但正常狀態應保持在常時開（全開狀態），且應有保持常時開之相關措施（拆除把手、或於把手上穿孔以利繩索固定）。

4. 對性能有影響之試驗閥或其他零組件，應有保持在正常狀態之措施。

5. 與配管連接使用之凸緣部或螺紋部之外徑尺度，應依表3-33所列數值。

表3-33

單位：mm

標稱內徑	標稱壓力	凸緣部							螺紋部		
		外徑	螺栓孔			厚度			螺紋規格PT	有效螺紋長度	二面寬─青銅
			中心圓直徑	螺栓孔數	螺栓孔直徑	青銅	鑄鐵	鑄鋼			
25	10K	125	90	4	19	14	18	14	1	16	44
	16K	125	90	4	19			14			
32	10K	135	100	4	19	16	20	16	1¼	18	54
	16K	135	100	4	19			16			
40	10K	140	105	4	19	16	20	16	1½	19	60
	16K	140	105	4	19			16			
50	10K	155	120	4	19	16	20	16	2	21	74
	16K	155	120	8	19		20	16			
65	10K	175	140	4	19	18	22	18	2½	24	90
	16K	175	140	8	19		22	18			
80	10K	185	150	8	19	18	22	18	3	26	105
	16K	200	160	8	23		24	20			
100	10K	210	175	8	19		24	18			
	16K	225	185	8	23		26	22			
125	10K	250	210	8	23		24	20			
	16K	270	225	8	25		26	22			
150	10K	280	240	8	23		26	22			
	16K	305	260	12	25		28	24			
200	10K	330	290	12	23		26	22			
	16K	350	305	12	25		30	26			

註：「二面寬─青銅」係指50、65、80之青銅質螺紋口型流水檢知裝置，其螺紋部分之外圍六角面之對
　　邊寬度。

6. 與配管連接部分使用凸緣或螺紋以外之工法，應能便於安裝且不致產生使用
　　上之障礙。

7. 濕式流水檢知裝置之構造，除應符合1.至6.規定外，尚應符合下列規定：

(1) 用於啓動加壓送水裝置者，應裝配逆止閥。

(2) 不得有堆積物致妨礙其性能之構造。

(3) 本體及其他零件應能容易檢查換修。

(4) 開關等電氣組件應採有效防水措施。

8. 乾式流水檢知裝置之構造，除應符合1.至6.及7.(2)至(4)之規定外，尚需符合下列各項之規定：

(1) 當閥門開啓後，除動作壓力比值（閥門開啓前之一次側壓力與二次側壓力比值）在1.5以下者外，應設有防止因水鎚或逆流而產生閥門再關閉之裝置。

(2) 在二次側有設定壓力必要者，應有補充加壓空氣之裝置。

(3) 閥門未開啓時，應裝設有可檢測信號或警報性能之裝置。

(4) 一次側與二次側間設有中間室隔開者，應有能自動排放中間室內積水之裝置。

(5) 在二次側需置有預備水型式者，應有自動補充預備水至設定水位之裝置。

(6) 在二次側無需預備水型式者，應有自動排放二次側積水之裝置。

9. 預動式流水檢知裝置之構造除應符合1.至6.與7.(2)至(4)及8.(1)、(3)至(6)之規定，如需於二次側設定壓力者，則應有可補充加壓空氣之裝置。

(二)外觀

1. 鑄造品內外表面均不得存有砂孔、毛邊、砂燒結、咬砂、裂痕、鏽蝕等情形。

2. 切削加工斷面，不得有損傷或加工不良等現象，必要時應予加工使其平滑。

3. 液體流通部分須平滑及清潔，不得殘留有切削粉末等情形。

4. 襯墊類構件應適切安裝定位。

(三)尺度

1. 應確認直接影響性能部分，是否在圖面所記載之容許誤差範圍內。

2. 依下列(1)至(4)量測配管連接部分（凸緣或螺牙）之尺度、閥體之厚度及凸緣之平行度。

(1) 凸緣或螺牙尺度之容許誤差，應比照CNS 7120之規定。

(2) 凸緣兩端面間尺度之容許誤差，應在±2.0mm以內。

(3) 閥體鑄品厚度，應在表3-34所列數值以上。

表3-34

單位：mm

標稱壓力	內徑材質	25	32	40	50	65	80	100	125	150	200
10K	青銅	3	3.5	4	4.5	5.5	6	7			
	鑄鐵			7	7	8	8	10	11	13	15
	鑄鋼			7	8	8	8	9	9	9	10
16K	鑄鐵			7	9	10	10	11	13	14	16
	鑄鋼			7	8	8	8	9	9	10	12

(4) 凸緣平行度以兩面寬之最大誤差值，應在表3-35所列數值以下。

表3-35

單位：mm

標稱壓力＼標稱內徑	25	32	40	50	65	80	100	125	150	200
10K	1.1	1.2	1.2	1.4	1.5	1.6	1.8	1.5	1.6	1.9
16K	1.1	1.2	1.4	1.4	1.5	1.7	2.0	1.6	1.8	2.0

(四)核對設計圖面

流水檢知裝置之各部構造、尺度及加工方法等，應與申請所提設計圖面記載內容相符。

1. 直接與性能有關之圖說，應註明容許誤差。

2. 各零組件之圖說應註明製造方法（例如鑄造方法、裝配方向等）。

四、材質

(一) 流水檢知裝置各部分之材質，應符合表3-36規定或具有同等性能以上者。

表3-36

構造		國家標準總號	國家標準名稱	適用材料
本體	閥體側蓋	CNS 2472	灰口鑄鐵件	FC200以上
		CNS 7147	高溫高壓用鑄鋼件	SCPH21以上
		CNS 4125	青銅鑄件	BC6以上
閥門閥座		CNS 4125	青銅鑄件	BC6以上
		CNS 3270	不鏽鋼棒	304級以上
彈簧		CNS 8397	彈簧用不鏽鋼線	304級以上
襯墊		CNS 3550	工業用橡膠墊料	BⅡ714級以上

(二) 可能產生鏽蝕部位應施予防鏽處理。

(三) 橡膠、合成樹脂等應使用不易變形之材質。

(四) 供襯墊、隔膜片所使用之橡膠、合成樹脂等應檢附下列文件。

1. 規格明細表

應詳載成分明細及拉力強度、伸展度及硬度等資料。

2. 試驗報告書

在65℃之環境下，將上述物體投入下列各水溶液，經浸泡7日後進行試驗。記錄其浸泡前後之拉力強度、伸展度、硬度、體積變化率及吸水率。並載明下列(1)至(4)所使用之藥劑種類及型號。

(1) 蛋白質泡沫水溶液

(2) 合成界面活性泡沫水溶液

(3) 水成膜泡沫水溶液

(4) 3%氯化鈉水溶液

但供該流水檢知裝置流通之加壓水，如非上述(1)至(4)所列之任何一種時，則不需進行此項試驗。

五、最高使用壓力範圍

　　流水檢知裝置一次側之最高使用壓力範圍，應符合表3-37所列之規定值。

表3-37

標稱壓力	壓力範圍（MPa）
10 K	1.0以上　1.4以下
16 K	1.6以上　2.2以下

六、耐壓試驗

(一)閥體及構件之耐壓試驗

1. 濕式流水檢知裝置：
   依表3-38所列之壓力值試驗2分鐘後，不得有漏水、變形、損傷及破壞等不良情形。

表3-38

標稱壓力	水壓試驗壓力（MPa）
10 K	2.0
16 K	3.2

2. 乾式流水檢知裝置及預動式流水檢知裝置：
   (1) 施予閥體最高使用壓力所對應設定壓力值之3倍，或依表3-38所列試驗壓力值，擇其壓力值較大者進行測試。施予水壓試驗保持2分鐘，不得有漏水、變形、損傷及破壞等不良情形發生。
   (2) 分別在二次側以一次側使用壓力所對應之設定壓力值，及在一次側以該使用壓力之1.1倍各進行2分鐘試驗後，閥座不得發生漏水現象。
3. 構件及連接零件之試驗壓力依照所申請之回路圖進行組裝。施予測量閥體在最高使用壓力時之動作水壓值，以該壓力之1.5倍為試驗壓力值，試驗保持2分

鐘，不得有漏水、變形、損傷及破壞等不良情形發生。

4. 進行上揭閥體及構件之耐壓試驗時，以側蓋或水壓試驗用壓板封閉閥體兩端。

5. 側蓋、塞頭或螺紋部產生0.2mL/min以下之洩漏時，得加強鎖緊固定，但每個螺栓僅限一回。

6. 試驗時以目測或壓力計指針之變化，確認是否有變形或洩漏現象。

(二)閥座洩漏試驗

1. 濕式流水檢知裝置：
   濕式流水檢知裝置底下放一紙張，以1.5m高之水柱靜水壓力試驗，保持16小時，該紙不得有漏濕現象，此試驗依水平及垂直方式各測試其閥座之止洩功能。

2. 乾式流水檢知裝置及預動式流水檢知裝置：

   (1) 以側蓋或水壓試驗用壓板封閉閥體兩端，有中間室者於中間室，無中間室者於警報器處裝上刻度吸量管，以一次側使用壓力所對應之設定壓力值於二次側進行試驗，並以該使用壓力之1.1倍水壓值對一次側進行試驗2分鐘。

   (2) 加壓2分鐘後，每30秒以刻度吸量管量測洩漏，並以下列公式計算漏水比（以四捨五入取至小數第三位）。

$$洩漏比（\alpha）＝洩漏量（mL）\times \frac{25}{閥座口徑（mm）}$$

   (3) 刻度吸量管之最小刻度，內徑未滿80A者為0.01mL，內徑80A以上者為0.02mL。

七、性能試驗

(一)性能要求

1. 濕式流水檢知裝置之性能依七、(二)之試驗後，應符合下列各項規定：

   (1) 依使用壓力範圍及檢知流量係數（以流水現象進行試驗，以流量控制信號

或警報之動作。以下相同），並按下列計算式計算所得之流量進行試驗，閥門開啓後一分鐘內能發出信號或警報，且停止時信號或警報亦應停止。但使用壓力在0.5MPa以下者，流量應以80L/min計算。

A. 檢知流量係數爲80及50時，以下列計算式計算流量。但壓力在0.5MPa以下，檢知流量係數80時，流量爲80 L/min；檢知流量係數50時，流量爲50 L/min。

$$Q = 0.75 \times K\sqrt{p}$$

Q：流量L/min

P：壓力MPa

K：流量檢知係數

B. 檢知流量係數60時，在使用壓力範圍內之流量爲60 L/min。

(2) 以流速4.5m/sec之加壓水流通時，應發出連續信號或警報，且停止水流時信號或警報亦應停止。

(3) 在最低使用壓力時，不動作流量（閥體內不得發出信號或警報之最大流量）開始通過時亦不得發出信號或警報。

(4) 一次側有瞬間壓力變動產生時，亦不得發出連續信號或警報。

2. 乾式流水檢知裝置之性能依七、(三)之試驗後，應符合下列各項規定：

(1) 從標稱內徑15mm之密閉式撒水頭排放加壓空氣時，依表3-39內徑對應之二次側配管容積，應於30秒內開啓閥門，並在一分鐘內發出連續信號或警報。

(2) 以流速4.5 m/sec之加壓水流通時，應發出連續信號或警報，且停止水流時信號或警報亦應停止。

(3) 在一次側有瞬間壓力變動產生時，亦不得發出連續信號或警報。

3. 預動式流水檢知裝置之性能依七、(四)之試驗後，應符合下列各項之規定：

(1) 當感知裝置動作時，依表3-39內徑對應之二次側配管容積對照表，應於30秒內開啓閥門，並在一分鐘內發出連續信號或警報。

(2) 開閉型於感知裝置動作停止時，應停止發出信號或警報。

(3) 以流速4.5 m/sec之加壓水流通時，應發出連續信號或警報，且水流停止時信號或警報亦應停止。

(4) 在一次側有瞬間壓力變動產生時，亦不得發出連續信號或警報。

(二)濕式流水檢知裝置

1.動作試驗

以圖3-19之試驗裝置進行測試，依表3-39各動作點量測放水開始到發出連續信號或警報之時間（以下稱「動作時間」），再量測停止放水到信號或警報停止之時間（以下稱「停止時間」）。

表3-39

動作點	一次側壓力值（MPa）	流量（L/min）		
		檢知流量係數80	檢知流量係數50	檢知流量係數60
第1	最低使用壓力	80	50	60
第2	0.5	80	50	60
第3	0.8	170	106	60
第4	最高使用壓力	最高使用壓力之流量	最高使用壓力之流量	60

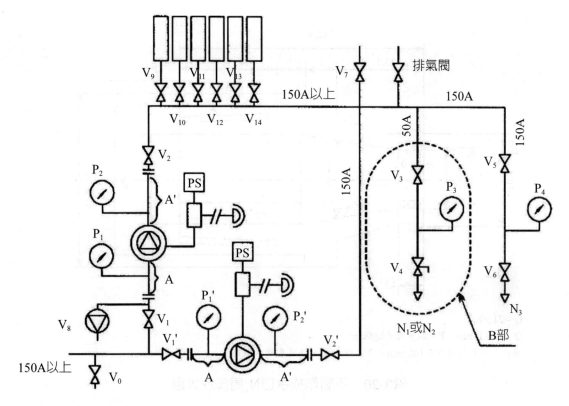

註：1. P_1、P_2為垂直式，P_1'、P_2'為水平式之裝置。

 2. V_3為球型閥。

 3. V_8為快速開放閥。

	檢知流量係數50	檢知流量係數60	檢知流量係數80
內徑（d）	9.0mm	9.8mm	11.3mm

備註：取得個別認可之相同流量係數之撒水頭得適用之。

圖3-19 流水檢知裝置試驗裝置

（單位mm）

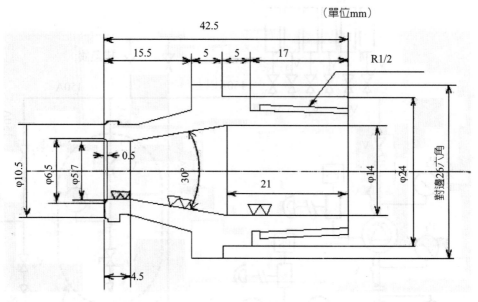

$Q = 21.99\sqrt{p}$

Q：流量L/min　P：放水壓力kgf/cm²

備註：不動作流量在10L/min以下之情形者，得變更放水口內徑

圖3-20　不動作放水口N₂局部放大圖

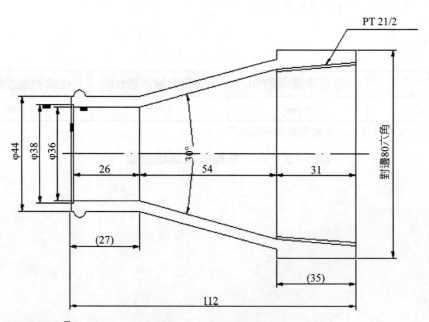

$Q = 846.8\sqrt{p}$

Q：流量L/min　P：放水壓力kgf/cm²

備註：流水檢知裝置內徑在40mm以下

圖3-21　流量測定放水口N₃局部放大圖

3.6　泡沫噴頭認可基準

九十年十一月三十日台（九十）內消字第9063320號函頒

壹、技術規範及試驗方法

　　泡沫滅火設備所使用之泡沫噴頭，其構造、材質、性能等技術規範及試驗方法，應符合下列規定：

一、構造

(一) 組成：由本體、錐形螺帽、空氣吸入口、濾網或迴水板等之全部或部分所構成。

(二) 外觀：

　1.泡沫噴頭裝置於配管上時，不得有損害機能之變形或破損等情形。

　2.內外表面不得有破損或造成使用上障礙之砂孔、毛邊、砂燒結、咬砂、刮痕、龜裂等現象。

　3.流體經過部分，應適當加工並清理乾淨。

　4.沖壓加工品無龜裂或顯著沖壓皺褶。

　5.濾網使用金屬網者，紋路表面不得有造成使用上障礙之刮痕、龜裂、剝落、變形，或編織點錯誤、紋路交錯點鬆落等現象。

(三) 核對設計圖面：噴頭之形狀及尺度應與申請所提設計圖面內容相符。

二、材質

(一) 不得因日久變質而致影響性能。

(二) 應為金屬材質，符合國家標準（如表3-40所示）或具同等以上強度，具耐蝕性及耐熱性者。

表3-40

組成	國家標準總號	標準名稱	適用材料
本體	CNS 10442	銅及銅合金棒	C3604、C3771
	CNS 4125	青銅鑄件	BC6、BC6C
	CNS 3270	不鏽鋼	304級以上
濾網	CNS 3476	不鏽鋼線	304級以上
迴水板	CNS 3270	不鏽鋼棒	304級以上
	CNS 4383	黃銅板及捲片	C2600、C2680、C2720、C2801級以上
壓緊圈、銅環、錐形螺帽、螺釘	CNS 10442	銅及銅合金棒	C3601、C3602、C3603、C3604級以上
	CNS 3270	不鏽鋼棒	304級以上

三、強度試驗

　　使用試驗裝置，將噴頭施以使用壓力上限值之1.5倍水壓放射2分鐘後，不得發生脫落、變形、破損或功能異常等情形。

四、放射量試驗

　　使用整流筒，以清水在使用壓力之上限值及下限值，各放射約1分鐘或測定50l（或100l）通過點之時間，以換算每分鐘之放射量。該放射量應在噴頭標準放射量＋5～0%之範圍內。

五、泡沫分布試驗

　　使用泡沫分布試驗裝置，依所採泡沫藥劑種類及混合濃度之上、下限值，在泡沫噴頭裝置高度之上、下限位置，以使用壓力之上限值及下限值，分別使泡沫噴頭放射1分鐘，以測量各採集盤之泡沫水溶液重量，單一採集盤之泡沫水溶液平均值及最低值，均應在表3-41之規定值以上。泡沫水溶液比重以1計算之。

表3-41

單位：L/min

泡沫藥劑種類	單一採集盤之泡沫水溶液量	
	平均值	最低值
蛋白泡沫滅火藥劑	0.65	0.26
合成界面活性劑泡沫滅火藥劑	0.80	0.32
水成膜泡沫滅火藥劑	0.37	0.15

(一) 裝置高度：從採集盤上緣垂直計算至噴頭下端。裝置高度不得大於其使用範圍之下限值，並不得小於其上限值，裝置間隔距離則為3m以上。

(二) 採集總面積：先分別取得平均長度、寬度（由兩端及中心點測得之三個數值，取其平均值），再依下列公式計算。

平均長度（m）×平均寬度（m）－0.4（m^2）＝採集總面積（m^2）

(三) 放射時間之量測：自閥門開啓至閥門關閉之時間為60秒。但試驗設備係採圖3-22至圖3-25之任一種方式者，依圖示方式計算其放射時間。

(四) 上開試驗實施前，應先記錄下述時間：自閥門開啓至泡沫噴頭開始放射之時間、自閥門開啓至達到使用壓力的上限或下限為止之時間、自閥門關閉至泡沫噴頭停止放射之時間。

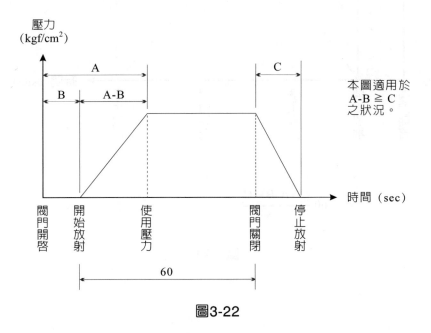

圖3-22

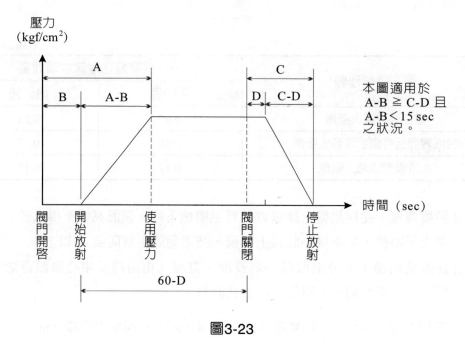

圖3-23

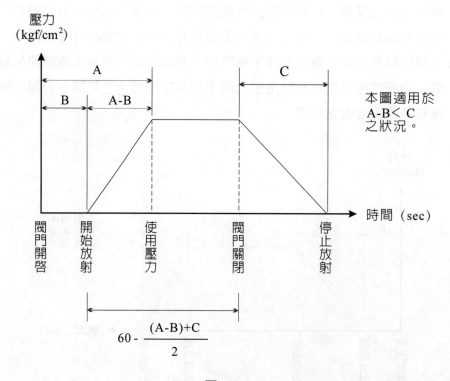

圖3-24

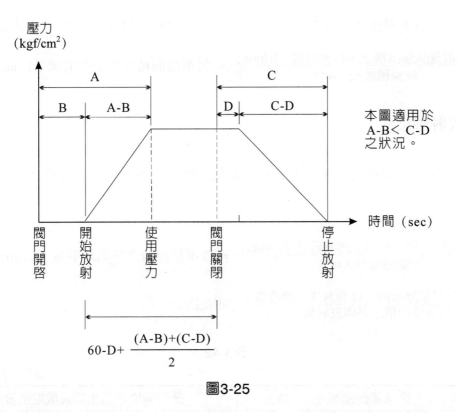

壓力
(kgf/cm^2)

A

C

B

A-B

D

C-D

本圖適用於
A-B< C-D
之狀況。

時間（sec）

閥門開啟

開始放射

使用壓力

閥門關閉

停止放射

$$60-D+\frac{(A-B)+(C-D)}{2}$$

圖3-25

(五) 採集盤之容器，由受檢者分別標示其重量，試驗實施前應抽取其中10個採集盤，測定其重量。標示重量和測定重量相差達20g以上時，全部採集盤均須測重。

(六) 測定時應使用桿秤或其他經校正之量重工具。

(七) 採集盤所採集之泡沫水溶液量接近合格與否之判定值時，須以更準確之測定方法再行量測。如泡沫自採集盤溢流入鄰接之採集盤，測定時得不考慮採集盤間液量之增減

(八) 試驗結果如未達規定值以上，惟仍符合下列各項條件者，得視為合格：

1. 未達表3-41所列規定值之採集盤在5個以下者。

2. 未達規定值之採集盤，與其超過規定值之各鄰接採集盤合計量之平均值，在規定之平均值以上。未達規定值之採集盤相互連接，可視之為群組，計算其與鄰接採集盤合計量之平均值。供計算平均值之採集盤，不得計算2次以上。

3.分布量比所求得之上限值及下限值均不得超過1.20，其計算方式如下：

$$\frac{4\text{個放射量試驗試樣之平均放射量（L/min）}}{\text{採集總面積（m}^2\text{）}} = \text{每單位面積之平均放射量（L/min/m}^2\text{）}$$

六、放射密度

與泡沫分布試驗同時進行，其單位面積之泡水溶液放射密度應符合表3-42之規定。

$$\frac{\text{每單位時間採集之泡沫水溶液合計（L/min）}}{\text{採集總面積（m}^2\text{）}} = \text{每單位面積之平均放射量（L/min/m}^2\text{）}$$

$$\frac{\text{每單位時間單位面積之實測泡沫水溶液量}}{\text{每單位面積之平均放射量}} = \text{分布量比}$$

表3-42

單位：L/min・m²

泡沫藥劑種類	單位面積之泡水溶液放射密度
蛋白泡沫滅火藥劑	6.5
合成界面活性劑泡沫滅火藥劑	8.0
水成膜泡沫滅火藥劑	3.7

七、發泡倍率試驗

依試驗裝置，配置四個噴頭，在所使用藥劑之濃度上限值及下限值，以使用壓力之上限值及下限值進行放射，測量其發泡倍率。該發泡倍率須在五倍以上。兩個量筒中，其中如有一個未達規定值者，分別依放射壓力上限值及下限值所得之平均值來判定。

八、25%還原時間試驗

與發泡倍率試驗同時進行。發泡後，其25%還原時間應在表3-43所列之規定值以

上。兩個量筒中，如其中一個未達規定值者，分別依放射壓力上限值及下限值所得之平均值來判定。

表3-43

單位：sec

泡沫藥劑種類	25%還原時間
蛋白泡沫滅火藥劑	60
合成界面活性劑泡沫滅火藥劑	30
水成膜泡沫滅火藥劑	60

九、滅火試驗

配置四個泡沫噴頭，下方置一鐵製燃燒盤（長200cm×寬100cm×高20cm），燃燒盤內注入水60L、汽車用無鉛汽油（符合CNS 12614者）60L。泡沫噴頭之裝置位置應在其裝置高度下限值處（高度之量測係指自下方燃燒盤上緣起至噴頭下端間之距離），依各該滅火藥劑種類及其濃度下限值之泡沫水溶液，於點火1分鐘後，以泡沫噴頭使用壓力下限值放射1分鐘。須能於1分鐘內有效滅火，且放射停止後，1分鐘內不得復燃。

滅火時，有關泡沫水溶液放射時間之量測，依五、(三)之規定為之。

十、標示

在泡沫噴頭表面顯而易見處，以鑄造或刻印等不易磨滅之方法，詳實標示下列規定事項，並對照申請圖說，檢查是否符合。

(一) 製造廠名稱或商標

(二) 製造年份

(三) 型號

十一、試驗之一般條件

施行各項試驗之試驗場所之標準狀態及各項試驗結果之數值計算法應符合下列規定：

(一) 試驗場所之標準狀態：試驗場所之溫度及濕度，原則上以標準溫度狀態（20±15℃）、標準濕度狀態（65±20%）、微風狀態（風速在3.4m/sec以下）為準。但泡沫分布試驗及滅火試驗，則應控制在無風狀態（風速在0.5m/sec以下）進行試驗。溫度及濕度在試驗開始時及完成時均應記錄。

(二) 試驗結果之數值計算法：各項試驗結果所得數據，依數值修整法（參考CNS11296〔量、單位及符號之總則〕之附錄B）加以修整，其修整間隔應依表3-44之規定。

表3-44

項目（量）	修整間隔
放射壓力	使用壓力計刻度之1/2
放射量	0.1kg
泡沫分布量	5g或5mL
時間	0.1sec
發泡倍率	1/10倍
試驗裝置尺寸	10mm或1cm

型式試驗前，應確認泡沫原液比重、pH值及黏度，並加以記錄。

貳、型式認可作業

一、型式試驗之樣品

型式試驗須提供樣品20個（型式變更時亦同）。

二、型式試驗之方法

(一)試驗項目及樣品數

型式試驗之試驗項目及其所需試樣數如表3-45所示。

表3-45

試驗項目	型式認可（型式變更）樣品數
外觀、標示試驗	20
組成、形狀及尺度試驗	20
放射量試驗	20
強度試驗	4
泡沫分布試驗	4
發泡倍率試驗	4
25%還原時間試驗	4
滅火試驗	4

(二)試驗流程

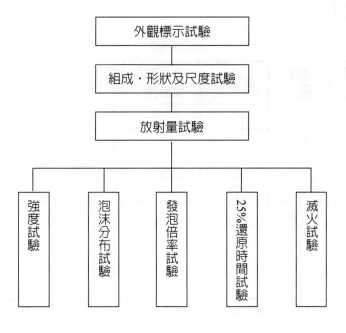

(三) 試驗方法

試驗方法依本認可基準壹、技術規範及試驗方法之規定。

1. 有關尺度之測定項目，依表3-46之規定量測。

表3-46

測定項目	型式試驗
最大直徑	○
全高	○
濾網網目	※○
噴嘴口徑	○
裝接部螺紋	○
空氣吸入口	○
錐形螺帽	○
迴水板	○
其他重要部分	○

備註：1. ○係指需測定項目；※係表示確認網目變形之加工品，應與申請時所載之網目材料相符。
　　　2. 裝接部螺紋之量測須使用界限計等專用之測定儀器。

2. 有關泡沫分布、發泡倍率、25%還元時間及滅火性能試驗等項目之實施，依表3-47之規定。

表3-47

混合濃度	裝置高度	使用壓力	申請時	型式試驗型式變更	個別認可	試驗項目	
上限	上限	上限	◎	─	─	分布　發泡　還原	─
		下限	◎	─	─		
	下限	上限	◎	─	─		
		下限	◎	─	─		
下限	上限	上限	◎	─	─		滅火
		下限	◎	─	─		
	下限	上限	◎	○	○		─
		下限	◎	○	○		滅火

備註：1. ◎係指申請時需提出廠內試驗成績記錄表。
　　　2. ○係指實際實施之條件項目。

3.7　消防幫浦認可基準

中華民國九十一年十二月十日內政部內授消字第0910089889-1號函

壹、技術規範及試驗方法

一、適用範圍

供各類場所消防安全設備設置標準規定設置之室內消防栓、室外消防栓、自動撒水、水霧滅火、泡沫滅火及連結送水管等設備加壓使用之消防幫浦及其附屬裝置，其構造、材質、性能等技術上之規範及試驗方法，應符合本基準之規定。

二、用語定義

(一)消防幫浦

係指由幫浦、電動機，及控制盤、呼水裝置、防止水溫上升用排放裝置、幫浦性能試驗裝置、啓動用水壓開關裝置與底閥等全部或部分附屬裝置所構成。

(二)附屬裝置

係指控制盤、呼水裝置、防止水溫上升用排放裝置、幫浦性能試驗裝置、啓動用水壓開關裝置及底閥等裝置。

(三)控制盤

係指對消防幫浦及其附屬裝置之監視或操作之裝置。

(四)呼水裝置

係指水源之水位低於幫浦位置時，協助充水於幫浦及配管之裝置。

(五) 防止水溫上升用排放裝置

係指幫浦全閉運轉時，防止幫浦水溫上升之裝置。

(六) 幫浦性能試驗裝置

係指確認幫浦之全揚程及出水量之試驗裝置。

(七) 啟動用水壓開關裝置

係指因配管內水壓降低而自動啟動幫浦之裝置。

(八) 底閥

係指水源之水位低於幫浦之位置時，設於吸水管前端之逆止閥，具有過濾裝置，且使幫浦具有再吸水之能力者。

(九) 轉速

1. 試驗轉速，係指電動機於正常之電源狀態（頻率、電壓），依本基準之試驗方法，試驗所達出水量時之幫浦運轉轉速（每分鐘之回轉數）。試驗轉速與幫浦本體標示之轉速不同者，不必予以換算。
2. 幫浦本體標示之轉速，係指電動機於正常之電源狀態（頻率、電壓），幫浦在額定出水量（如額定出水量具有範圍時，在其最大額定出水量）下運轉時之轉速。

(十) 測定點

幫浦各種性能之測定點規定如下：
1. 全閉運轉點。
2. 額定出水量點（額定出水量以範圍表示者，測定其最小額定出水量點與最大額定出水量點）。
3. 額定出水量之150%出水量點。（額定出水量以範圍表示者，以其最大額定出水量之150%為測定點）。

(十一) 組成區分

消防幫浦依其組成方式可分為下列三型：

1. 基本型：由(一)消防幫浦及(八)底閥所構成。

2. 組合I型：在基本型當中加入(四)呼水裝置至(七)啓動用水壓開關裝置。

3. 組合Ⅱ型：在組合I型當中加入(三)控制盤。

三、幫浦與電動機

(一)形狀與構造

幫浦與電動機之形狀、構造，應對照申請圖說，確認符合下列規定。且電動機與幫浦本體之連接方式應為同軸式或聯軸式（但電動機額定輸出在11kW以上者，限用聯軸式），並屬單段或多段離心幫浦。

1. 幫浦之形狀、構造部分：

　(1) 幫浦之翻砂構件內外面均需光滑，不得有砂孔、龜裂或厚度不均現象。

　(2) 動葉輪之均衡性需良好，且流體之通路要順暢。

　(3) 在軸封部位不得有吸入空氣或嚴重漏水現象。

　(4) 對軸承部添加潤滑油之方式，應可從外部檢視潤滑油油面高度，且必須設有補給用之加油嘴或加油孔。但不須添加潤滑油者，不在此限。

　(5) 傳動部分因外側易被接觸，應裝設安全保護蓋。

　(6) 有發生鏽蝕之虞的部分，應施予有效之防蝕處理。

　(7) 放置於水中之幫浦，吸入口之材質應使用不鏽鋼或具同等以上強度且具耐蝕性之材質，並應裝設過濾裝置。

　(8) 與幫浦相連接之配管系中所使用之凸緣，應符合CNS 790、791或792之鐵金屬製管凸緣基準尺度。

　(9) 凡裝設有電氣配線、電氣端子、電氣開閉器之電氣用品，應避免放置於潮濕或因水氣而使機器功能產生異常情況之場所。

　(10)固定腳架所使用之螺栓及基礎螺栓，對地震應有充份之耐震強度。

　(11)不得有影響使用安全之龜裂、變形、損傷、彎曲及其他缺陷。

　(12)不得裝設對幫浦功能產生有害影響之附屬裝置。

(13)應便於操作維修及更換零件。但在特殊構造及不可使用零件重整替換之部分，不在此限。

2. 電動機之形狀、構造部分：

(1) 電動機須使用單向誘導電動機、低壓三相誘導鼠籠式電動機或3kV以上之三相誘導鼠籠式電動機。

(2) 三相卷線形誘導電動機、三相誘導電動機、水中電動機之規格應依(1)所示之規格。

(3) 直流電動機之規格，應符合CNS11894〔直流電機〕之規定。

(4) 電動機應能確實動作，對機械強度、電氣性能應具充分耐久性，且便於操作維修及更換零件。

(5) 電動機各部零件應確實固定，不得有鬆動之現象。

(6) 置於水中之電動機是密封式的，其結線用端子處應附有與幫浦運轉同方向之標示。

(7) 除依(1)～(6)之規定外，並應符合CNS11445-1〔旋轉電機之定額及性能總則〕之規定。

(二)材質

幫浦與電動機之材質，應對照申請圖說，確認所附材質試驗成績報告書符合表3-48之規定或具同等以上強度且具耐蝕性者。

表3-48

零件名稱	材質規格
幫浦本體	CNS 2472（灰口鑄鐵件）
動葉輪	CNS 2472（灰口鑄鐵件）、CNS 4125（青銅鑄件）
主軸	CNS 4000（不鏽鋼）、CNS 3828（附有套筒主軸者使用之中碳鋼）

(三)性能試驗

1. 幫浦性能應依規定之裝置進行試驗，並確認符合下列規定。

(1) 全揚程及出水量

a. 全揚程及出水量之試驗，依CNS 659〔水泵檢驗法（總則）〕及CNS

660〔水泵工作位差檢驗法〕及CNS 661〔水泵出水量檢驗法〕之規定，在第二、(十)點所規定之各測定點測定幫浦之全揚程及出水量。此時，防止水溫上升用排放配管應為開放狀態（進行下述(2)、(3)、(4)及(五)之試驗時亦同）。

b. 全揚程及出水量在附圖1所示性能曲線上，應符合下列(a)～(c)之規定，並應符合(d)～(f)所列許可差之規定（防止水溫上升用排放之水量，不包括在額定出水量內）。

(a)幫浦在額定出水量時，在其性能曲線上之全揚程應為額定全揚程之100%以上、110%以下。

(b)幫浦之出水量在額定出水量之150%時，其全揚程應為額定出水量在性能曲線上全揚程之65%以上。

(c)全閉揚程應為額定出水量在性能曲線上全揚程之140%以下。

(d)額定出水量時之全揚程應在設計值之＋10%、–0%內。

(e)額定出水量之150%時之全揚程應在設計值之–8%內。

(f)全閉揚程應在設計值之±10%內。

(2) 軸動力

a. 軸動力應依正確之試驗，在額定出水量點及額定出水量之150%出水量點，以動力計測定已知性能電動機之輸出功率，單位取kW。

b. 軸動力應符合下列規定。

(a)在額定出水量時，其軸動力不得超過電動機之額定輸出。

(b)在額定出水量150%時，其軸動力不得超過電動機額定輸出之110%。

(3) 幫浦效率

a. 幫浦效率以試驗轉速在額定出水量之測定點，依下列公式計算。

$$\eta = \frac{0.0163\gamma QH}{L}$$

式中，η：幫浦效率（%）

γ：揚液每單位體積之質量（kg/L）

Q：出水量（L/min）

H：全揚程（m）

L：幫浦軸動力（kW）（實測值）

　　　　b. 幫浦之效率應依額定出水量，達到效率值以上。額定出水量時之效率應在設計值之–3%以內。

　　　　c. 幫浦應順暢運轉，且應避免軸承部之過熱、異常聲音、異常震動之情形發生。

　　(4) 吸入性能

　　　　a. 在額定出水量點，依表3-49所列額定出水量之區分在所對應之吸入全揚程（係指吸入連成計讀數依幫浦基準面換算之值）運轉，測試當時之狀態。但額定出水量超過8,500L/min者，依申請之吸入條件值運轉，測試當時之狀態。

表3-49

額定出水量（L/min）	吸入全揚程（m）
未滿900	6.0
900以上，2,700以下	5.5
超過2,700，5,000以下	4.5
超過5,000，8,500以下	4.0
超過8,500	依使用目的設計之吸入全揚程

　　　　b. 設置於水中之幫浦，即使該幫浦在最低運轉水位的情形下運轉，亦應無異常情況發生。

2. 電動機之性能應符合下列規定：

　　(1) 幫浦在額定負載狀態下，應能順利啓動。

　　(2) 電動機在額定輸出連續運轉8小時後，不得發生異狀，且在超過額定輸出之10%下運轉1小時，仍不致發生故障，引起過熱現象。

(四) 運轉狀態試驗

1. 振動、噪音等運轉狀態：幫浦與電動機之振動、噪音等運轉狀態試驗，應符合下列規定，並特別注意軸承部之振動。

　　(1) 依三、(三)、1、(1)之規定進行試驗。在二、(十)所規定之測定點，以最大負載點進行1小時之連續運轉。

　　(2) 在試驗中，應運轉順暢，葉片之平衡狀態良好，各部分不得有異常振動或

發出異常聲音，且運轉中之壓力及出水量應無明顯變動。

(3) 幫浦在運轉及停止狀態，不應由軸封部吸入空氣或有過大之漏水現象，且不得有自軸承部漏油之現象。

2. 軸承溫度：幫浦之軸承溫度試驗，應在進行(四)、1試驗前以熱電偶式溫度計裝設在軸承表面，以測試當時軸承表面之溫度。試驗中，軸承表面之最高溫度和周圍空氣溫度之溫差不得超過+40℃。

(五)耐壓試驗

幫浦本體之耐壓試驗應以最高出水壓力之1.5倍加壓3分鐘。各部分不得有漏水等異常現象，但未影響軸封部機能者除外。

(六)絕緣電阻試驗

電動機之絕緣電阻試驗應在完成(三)及(四)之試驗後，測定電動機出口線外框間之絕緣電阻（低壓場合用500V絕緣電阻計，高壓場合用1,000V絕緣電阻計）。試驗中之絕緣電阻與電壓無關，應在5MΩ以上。

(七)啓動方式

1. 使用交流電動機時，應依表3-50之輸出功率別，選擇啓動方式。但高壓電動機不在此限。

表3-50

電動機輸出功率	啓動方式
未滿11kW	直接啓動 星角啓動 閉路式星角啓動 電抗器啓動 補償器啓動 二次電阻啓動 其他特殊啓動方式
11kW以上	星角啓動 閉路式星角啓動 電抗器啓動 補償器啓動 二次電阻啓動 其他特殊啓動方式

2. 使用直流電動機時，應使用具有與前款同等以上，能降低啓動電流者。

3. 幫浦在運轉狀態中，如遇停電，當電力再度恢復時，應不必操作啓動用開關，而能自行再度啓動運轉。

4. 使用電磁式星角啓動方式，在幫浦停止狀態時，應有不使電壓加於電動機線圈之措施。

(八)標示

幫浦與電動機之本體應在明顯易見位置，以不易磨滅之方法，標示下列事項，並應對照相關申請圖說記載事項檢查之。

1. 幫浦本體標示事項：

(1) 製造者名稱或商標。

(2) 品名及型式記號。

(3) 製造年及製造編號。

(4) 額定出水量、額定全揚程。

(5) 出水口徑及進水口徑（如進出口徑相同，只須標示一個數據）。

(6) 段數（限多段式者）。

(7) 轉速或同步轉速。

(8) 表示回轉方向之箭頭或文字。

2. 電動機本體標示事項（但幫浦與電動機構成一體者，得劃一標示之）：

(1) 製造者名稱或商標。

(2) 品名及型式記號。

(3) 製造年及製造編號。

(4) 額定輸出或額定容量。

(5) 額定電壓。

(6) 額定電流（額定輸出時之近似電流值）。

(7) 額定轉速。

(8) 額定種類（如屬連續型則可省略）。

(9) 相數及頻率數。

四、控制盤

(一)形狀與構造

控制盤之外觀、形狀、構造及尺寸，應符合CNS 8919〔固定式消防用加壓離心泵之附屬裝置〕2節之規定，並應對照申請圖說，確認符合下列規定。

1. 不得有造成使用障礙顧慮之龜裂、變形、損傷、彎曲及其他缺陷。

2. 形狀、構造及尺寸應與申請圖說記載之形狀、構造及尺寸相同。

3. 控制盤不得設置漏電遮斷裝置。

4. 外箱之材質應使用鋼板或同等以上強度之材質，有腐蝕之虞者應施予有效之防蝕處理。

5. 控制組件（開關、斷路器、繼電器等）及電線類應符合負載之特性。且主要組件之標示應符合CNS 5525〔順序控制接線展開圖〕、CNS 5526（旋轉電機順序控制符號）、CNS 5527〔變壓器及整流器順序控制符號〕、CNS 5528〔斷路器及開關順序控制符號〕、CNS 5529〔電阻器順序控制符號〕、CNS 5530〔電驛順序控制符號〕、CNS 5531〔計器順序控制符號〕、CNS 5532〔一般使用順序控制符號〕、CNS 5533〔功能順序控制符號〕之規定。

6. 設於控制盤內之開關、斷路器應符合下列規定。

    (1) 在低壓控制盤內分歧電路時，電動機之每一電路應設符合CNS 2931〔無熔線斷路器〕之規定，並應將其要旨標示在該斷路器上。

    (2) 設於高壓控制盤內之電路斷路器或限流保險絲應為符合CNS 7121〔室內6.6kV高壓用分段開關〕、CNS 7122〔室內6.6kV高壓用分段開關檢驗法〕或具有同等以上效能者。

    (3) 設於控制盤內之操作回路斷路器或保險絲應使用該回路必要之遮斷容量。

7. 電磁開關及電磁接觸器應符合CNS 2930〔交流電磁開關〕、CNS 8796〔交流電磁開關檢驗法〕之規定。

8. 控制盤應符合CNS 8919〔固定式消防用加壓離心泵之附屬裝置〕第2.3.1～2.3.5節之規定，並依下列規定設置。

    (1) 操作開關應能直接操作電動機，並具下列標示，且符合CNS 7623〔控制用鈕型開關〕、CNS 7624〔控制用鈕型開關檢驗法〕之規定。

        a. 啓動用開關

b. 停止用開關

(2) 表示燈應依下列規定，易於識別者。且表示燈具有由正面容易更換之構造，其燈罩之形式為圓形或角形不易變色之合成樹脂或玻璃製者。但表示燈使用發光二極體者，照光部大小應在5mm以上，且應容易識別。

a. 電源表示燈（白色或粉紅色）

　（該控制盤設有電壓計時，不在此限。）

b. 運轉表示燈（紅色）

c. 呼水槽減水表示燈（橙色或黃色）

　（限設有呼水裝置者）

d. 電動機過電流表示燈（橙色或黃色）

e. 控制回路之電源表示燈（白色或淡紅色）

(3) 指示計器：電流計、電壓計（在該控制盤以外處能確認電壓時，不在此限。）應符合CNS 10907〔指示電計器〕、CNS 10908〔指示電計器試驗法〕、CNS 10909〔直流用倍率器〕之2.5級以上者。但按該計器之方法能確認時，不在此限。

9. 控制盤內配線使用之電線應符合下列規定。

(1) 低壓回路應使用符合CNS 679〔600V聚氯乙烯絕緣電線〕、CNS 879〔第一種橡膠絕緣橡膠被覆輕便電纜〕、CNS 6070〔電機器具用聚氯乙烯絕緣電線〕或同等以上之電線。

(2) 高壓回路應使用符合CNS 6075〔箱式配電設備用6.6 kV絕緣電線〕、CNS 6076〔箱式配電設備用6.6 kV絕緣電線檢驗法〕或同等以上之電線。

(3) 電線之粗細，應不影響其電流容量及電壓下降。

(4) 印刷電路基板配線應具有CNS 10558〔印刷電路用銅積層板（玻璃纖維布基材環氧樹脂）〕以上之絕緣性，且應不影響其構造、機器裝置方法、電流容量及電壓下降。

10. 由控制盤到電動機之配線應使用符合CNS 11174〔耐燃電線〕或同等以上之配線。

11. 由控制盤到啟動用壓力開關及呼水槽減水警報用之配線，應使用符合CNS 11175之耐熱配線或符合CNS 11174之耐燃電線。

12. 同一盤內有2種以上之滅火設備配線時，相互間應保持適當之間隔距離。但具有效之間隔者，不在此限。

13.同一盤內附有組裝消防幫浦啓動裝置空間時，應確認其明確標示在回路圖上。

(二)動作試驗

1. 動作試驗按照回路圖及配線圖，確認控制盤內之機器類接續是否有誤後，使用該控制盤最大容量之幫浦（在幫浦之額定輸出下）進行試驗，應符合下列之規定。且警報信號用輸出端子及幫浦運轉信號用輸出端子爲無電壓端子時，爲試驗其輸出信號，應另行準備試驗用燈泡。但無電壓端子之使用電壓明確時，得視爲有電壓端子。

   (1) 以電動機最大額定輸出功率使其運轉1小時，不得產生機能障礙。

   (2) 操作控制盤之啓動用開關，幫浦應即啓動；操作控制盤之停止用開關，幫浦應即停止。

   (3) 幫浦由外部啓動信號（附設消防幫浦啓動裝置時，指其啓動信號，以下相同）自動啓動，在其運轉狀態（附設消防幫浦啓動裝置時，係指輸出信號表示燈閃爍，以下相同），當外部啓動信號解除時，仍應持續運轉，然後操作控制盤之停止用開關，幫浦應即停止。如外部啓動信號不解除，運轉中即使操作控制盤之停止開關，幫浦不得停止。

   (4) 在(3)之運轉狀態中，當外部啓動信號解除後，其運轉應持續，而當停電狀態中，如電力再度恢復時，應不必操作啓動用開關，而能自行再度啓動運轉。

   (5) 依(2)、(3)及(4)操作後，應確認電源表示燈、控制回路電源表示燈及運轉表示燈之亮燈與色別。

   (6) 幫浦運轉中之電流計及電壓計之指示數值，與標準測定器之刻度作比對，應在±10%以內。

   電流計應爲具有控制盤之額定電流110%以上，200%以下額定刻度或超過該刻度範圍者。

   (7) 打開呼水槽之排水閥，當呼水槽之有效水量減到1/2時，呼水槽減水表示燈應亮燈，警報裝置應發出音響。此時，在運轉中之幫浦，其運轉不得自動停止。但與電動機過電流警報裝置連動，使緊急動力裝置啓動者不在此限。而表示燈之熄燈與警報之停止應只能直接由手動操作。

   (8) 依(1)、(2)、(3)、(4)、(6)及(7)操作後，連接幫浦運轉信號用輸出端子及

警報信號用輸出端子之試驗用燈泡應亮燈。

(9) 在操作回路上設有開關者,由該開關操作,其操作回路之電源表示燈應亮燈。

2. 以該控制盤之最大使用電流值,依1進行試驗,應符合下列規定。

(1) 在1.(1)之連續運轉中,對控制盤施加額定電壓‧額定電流值。當設備無法得到額定電壓‧額定電流時,應以可得到低電壓額定電流之設備實施。將額定電流值以和額定電壓不同之電壓進行連續運轉時,應確認在運轉後,額定電壓對其機能不會發生障礙,並確認接續在端子上之輸出信號。

(2) 依1.(2)啓動確認,應可由盤內電磁開關之動作燈進行。

(3) 依1.(3)、(4)、(7)、(8)及(9)試驗,應以可測試該等機能之設備實施。

(4) 依1.(5)試驗,應於上揭(1)、(2)及(3)之試驗時確認之。

(5) 依1試驗,應於上揭 (1)之試驗時確認之。

(三)絕緣電阻及耐電壓試驗

1.絕緣電阻試驗

低壓盤之主回路及控制回路用500V絕緣電阻計,高壓盤之主回路用1,000V絕緣電阻計,控制回路用500V絕緣電阻計,以測定下列所示各點。其試驗絕緣電阻值應在表3-51之規定值以上。但半導體應用製品對測定有障礙之回路除外。

表3-51

低壓盤之回路(主回路及控制回路)	5MΩ
高壓盤之主回路	30MΩ
高壓盤之控制回路	5MΩ

(1) 主回路

　　a. 各相間。

　　b. 各帶電部分與接地之金屬部分及與接地後之控制回路間。

　　c. 在打開接觸端子狀態,電源側各端子與負載側各端子間。

(2) 控制回路

　　a. 帶電部分與接地之金屬部分間。

　　b. 計器用變壓器及操作用變壓器之帶電部與核心間及與一次、二次之線圈間。

2. 耐電壓試驗

　測定絕緣電阻後，施加表3-52之試驗電壓進行試驗，不得出現施加電壓之異常變動、放電及線路之異常現象，但半導體應用製品及對測定有障礙之回路不在此限。另除電源回路外，如提具製造者施行之試驗表（限於絕緣電阻試驗無異常者），得免施試驗。

(1) 施加部分

　　a. 主回路：主回路導電部分與接地之金屬部分之間。

　　b. 控制回路：控制回路外部接續端子與接地之金屬部分之間。

(2) 施加方法及施加時間

　　最初施加所定試驗電壓之1/2以下電壓，其後加到所定之試驗電壓，其每時點之電壓在標示之範圍，應盡早使電壓上升到試驗電壓後1分鐘施加。1分鐘施加後，應儘速使電壓下降。但試驗電壓在2,500V以下時，其施加時間，得以試驗電壓之120%電壓施加1秒鐘為之。

表3-52

區分			試驗電壓V（交流實效值）
回路	回路之額定絕緣電壓V		
	交流	直流	
低壓	60以下	60以下	500
	60超過	60超過	2E＋1,000，最低1,500[註(1)]
高壓	3,300		10,000
	6,600		16,000

註(1)：E表示額定電壓（實效值）或試驗回路定常狀態下發生之電壓。

(四) 標示

控制盤應在明顯易見位置，以不易磨滅之方法，標示下列事項，並應對照相關申

請圖說記載事項檢查之。

1. 製造者名稱或商標。
2. 品名及型式記號。
3. 製造年及製造編號。
4. 額定電壓。
5. 電動機輸出功率。
6. 頻率。
7. 額定電流（具有使用電流範圍者）。
8. 電動機啓動方式。

五、呼水裝置

(一)形狀與構造

在呼水槽滿水之狀態，以目視或實測，對照申請圖說，確認符合下列規定。

1. 呼水裝置應具備下列組件
   (1) 呼水槽。
   (2) 溢水用排水管。
   (3) 補給水管（含止水閥）。
   (4) 呼水管（含逆止閥及止水閥）。
   (5) 減水警報裝置。
   (6) 自動給水裝置。
2. 呼水槽之材質
   應使用鋼板、合成樹脂或同等以上之強度、耐蝕性及耐熱性者，如有腐蝕之虞，應施予有效之防蝕處理。
3. 呼水槽之容量
   應具100L以上之有效儲存量。但底閥之標稱口徑在150mm以下時，得使用有效貯水量50L以上之呼水槽。
4. 呼水裝置之配管口徑
   補給水管之標稱口徑應在15mm以上，溢水用排水管之標稱口徑應在50mm以上，呼水管之標稱口徑應在40mm以上。

5. 減水警報裝置之發信部

應採用浮筒開關或電極方式,在呼水槽水位降至其有效水量之二分之一前,應能發出音響警報。

6. 呼水槽自動給水裝置

應使用自來水管或重力水箱,經由球塞自動給水。

7. 不得有造成使用障礙顧慮之龜裂、變形、損傷、彎曲、洩漏、明顯腐蝕及其他缺陷。

8. 有腐蝕之虞部分應施予有效之防蝕處理。

9. 形狀、尺寸及標示事項應與申請圖說記載之形狀、尺寸及標示事項相同。

(二)性能試驗

打開排水閥,使呼水槽之貯水量減少,並自動補給水量;關閉排水閥,於規定容量停止補給。

六、防止水溫上升用排放裝置

(一)形狀與構造

以目視或實測,對照申請圖說,確認符合下列規定。

1. 應從幫浦出水側逆止閥之一次側、呼水管逆止閥之一次側連接,使幫浦在運轉中能常時排水至呼水槽等處。

2. 應裝設限流孔及止水閥。

3. 應使用標稱口徑15 mm以上者。

4. 限流孔應符合下列規定。

　　(1) 限流孔之材質應符合CNS 4008〔黃銅棒〕、CNS 4383〔黃銅板及捲片〕、CNS 4384〔加鉛易削黃銅板、捲片〕、CNS 10442〔銅及銅合金棒〕、CNS 11073〔銅及銅合金板、捲片〕、CNS 3270〔不鏽鋼棒〕、CNS 8497〔熱軋不鏽鋼鋼片及鋼板〕、CNS 8499〔冷軋不鏽鋼鋼片及鋼板〕或具同等以上強度及耐蝕性者。

　　(2) 限流孔之口徑應為3.0mm以上。但在限流孔之一次側,設有Y型過濾器,具限流孔最小通路之1/2以下之網目或圓孔之最小徑,其網目或圓孔之面積

　　　　合計，在管截面積之4倍以上，能長時間連續使用，且易於清潔者，不在
　　　　此限。

　　(3) 限流孔之一次側應設止水閥。

　　(4) 應具能檢查維護之構造。

5. 不得有造成使用障礙顧慮之龜裂、變形、損傷、彎曲、洩漏、明顯腐蝕及其
　　他缺陷。

6. 形狀、構造及尺寸，應與申請圖說記載之形狀及尺寸相同。

(二)性能試驗

應符合下列規定。

1. 在全閉運轉狀態，對防止水溫用排放裝置中之流水量，用計器測定其容量或
　　重量。

2. 排放之水於幫浦運轉中應常時排放至呼水槽或儲水槽。

3. 所測定之排放水量，在下列公式計算所得值以上，且在申請設計值之範圍
　　內。

$$q = \frac{Ls \cdot C}{60\Delta t}$$

　　式中，q：排放水量（L/min）

　　　　　Δt：幫浦內部水溫上升30℃時，每1公升水之吸收熱量（125,600J/L）

　　　　　Ls：幫浦全閉運轉時之輸出功率（kW）

　　　　　C：幫浦全閉運轉輸出功率每小時千瓦之發熱量（3.6 MJ/kW・h）

七、幫浦性能試驗裝置

(一)形狀與構造

以目視或實測，對照申請圖說，確認符合下列規定。

1. 性能試驗裝置之配管應從幫浦出水側逆止閥之一次側分歧接出，並裝設流量
　　調整閥及流量計。

2. 配管及流量計應符合下列規定。

　　(1) 配管之口徑應採適合額定出水量者。

(2) 流量計之一次側設維護檢查用之閥（以下簡稱檢查閥），二次側設流量調整閥。但以檢查閥調整流量，且不影響流量計之性能、機能者，得不設流量調整閥。

(3) 未於流量計二次側設流量調整閥時，其一次側之檢查閥與流量計間之直管長度應在該管管徑之10倍以上。

(4) 流量計與設在二次側之流量調整閥間應為直管，其長度應為該管管徑之6倍以上。

(5) 流量計指示器之最大刻度應為幫浦額定出水量之120%以上，300%以下。對於幫浦之額定出水量具有範圍者，得採額定出水量下限值之300%以下。

(6) 流量計指示器之一格刻度，應為其最大刻度之5%以下。

3. 不得有造成使用障礙顧慮之龜裂、變形、損傷、彎曲、洩漏、明顯腐蝕及其他缺陷。

4. 形狀、構造及尺寸應與申請圖說記載之形狀及尺寸相同。

(二)流量試驗

1. 在幫浦設有性能試驗裝置之狀態，於額定出水量點，依幫浦出水量測定方法施測，讀取當時之流量計標示值。

2. 依附錄「幫浦出水量之測定方法」規定求得之值與幫浦性能試驗裝置之流量標示值之差，應在該流量計使用範圍之最大刻度之±3%以內。但作為測定裝置之堰堤等，於附錄規定之測定誤差得不包含在該流量試驗裝置誤差範圍內。

八、啓動用水壓開關裝置

(一)形狀與構造

以目視或實測，對照申請圖說，確認符合下列規定。

1. 啓動用壓力槽之構造應符合CNS 9788〔壓力容器（通則）〕之規定。

2. 啓動用壓力槽容量應在100L以上。但出水側主配管所設止水閥之標稱口徑如為150mm以下，得使用50L以上者。

3. 啓動用壓力槽應使用口徑25mm以上配管，與幫浦出水側逆止閥之二次側配管連接，同時在中途應裝置止水閥。

4. 在啓動用壓力槽上或其近旁應裝設壓力錶、啓動用水壓開關及試驗幫浦啓動用之排水閥。

5. 不得有造成使用障礙顧慮之龜裂、變形、損傷、彎曲、洩漏、明顯腐蝕及其他缺陷。

6. 形狀、構造及尺寸應與申請圖說記載之形狀及尺寸相同。

(二)性能試驗

1. 在幫浦設有啓動用水壓開關裝置之狀態，打開啓動用壓力槽之排水閥，使啓動用水壓開關裝置動作而啓動幫浦。此時設定壓力開關之任意2點壓力值試驗之。

2. 啓動用水壓開關裝置應於壓力開關設定壓力值之±0.5kgf/cm²範圍動作，且幫浦應能有效啓動。

(三)標示

啓動用水壓開關裝置應在明顯易見位置，以不易磨滅之方法，標示下列事項，並應對照相關申請圖說記載事項檢查之。

1. 啓動用壓力槽應標示下列事項。
   (1) 製造者之名稱或商標
   (2) 製造年月
   (3) 最高使用壓力（kgf/cm²）
   (4) 水壓試驗壓力（kgf/cm²）
   (5) 內容積（L或m³）

2. 壓力開關之設定壓力值或設定壓力之可能範圍。

3. 其他於申請圖說上明載之事項。

九、閥類

閥類之形狀與構造以目視或實測，對照申請圖說，確認符合下列規定。

(一) 應能承受幫浦最高出水壓力1.5倍以上壓力之強度，並具耐蝕性及耐熱性

者。

(二) 在出口側主配管上設置內螺紋式閥者，應具有表示開關位置之標示。

(三) 開關閥及止水閥應標示其開關方向，逆止閥應標示水流方向，且應適切標示其口徑。

(四) 設在主配管（出水側）之止水閥、設在防止水溫上升用排放裝置之止水閥及設在水壓開關裝置之止水閥，或在前述各閥附近，應以不易磨滅之方式標示「常開」或「常關」之文字要旨。

(五) 上揭(四)之標示應為金屬板或樹脂板，「開」與「關」應以顏色區分，並能容易判讀。

(六) 不得有造成使用障礙顧慮之龜裂、變形、損傷、彎曲、洩漏、明顯腐蝕及其他缺陷。

(七) 形狀、構造及尺寸應與申請圖說記載之形狀及尺寸相同。

十、底閥

(一)形狀與構造

以目視或實測，對照申請圖說，確認符合下列之規定。

1. 蓄水池低於幫浦吸水口時，應裝設底閥。

2. 應設有過濾裝置，且繫以鍊條、鋼索等用人工可以操作之構造。

3. 主要零件如閥箱、過濾裝置、閥蓋、閥座等應使用符合CNS 2472〔灰口鑄鐵件〕、CNS 8499〔冷軋不鏽鋼鋼板、鋼片及鋼帶〕或CNS 4125〔青銅鑄件〕之規定或同等以上強度且具耐蝕性之材質。

4. 不得有造成使用障礙之龜裂、變形、損傷、彎曲、洩漏、明顯腐蝕及其他缺陷等現象。

5. 形狀、構造及尺寸應與申請圖說記載之形狀及尺寸相同。

(二)漏水及耐壓試驗

1. 將底閥單體或將吸水管（與該底閥之口徑相同，長1m以下）垂直裝置在底閥上，以滿水狀態放置5小時以上。然後，於該狀態下施加6kgf/cm^{2}水壓3分鐘以上。

2. 試驗中，如有水位下降，應在10 mm以內。如有漏水時，其漏水量應在下列公式求得值以內。

$$漏水量 \frac{mL}{min} = 0.2\frac{mL}{min} \times \frac{吸水管管徑（mm）}{25mm}$$

十一、壓力錶及連成錶

壓力錶及連成錶之形狀與構造以目視或實測，對照申請圖說，確認符合下列規定。

(一) 精度等級應為1.5級以上者。

(二) 幫浦運轉時，指針動作應順暢。

(三) 不得有造成使用障礙之龜裂、變形、損傷、彎曲、洩漏、明顯腐蝕及其他缺陷等現象。

(四) 形狀、構造及尺寸應與申請圖說記載之形狀及尺寸相同。

十二、試驗之一般條件

(一)試驗場所之標準狀態

試驗場所之溫度及濕度，原則上以CNS 2395〔試驗場所之標準大氣狀況〕所規定之標準溫度狀態15級（20±15℃）及標準濕度狀態20級（65±20%）之組合當作常溫、常濕。溫度及濕度應在試驗開始及終了時記錄之。

(二)試驗揚液之狀態

試驗揚液為溫度在0～40℃範圍之清水。

(三)試驗結果之數值計算法

各項試驗結果所得數據，依數值修整法（參考CNS 11296〔量、單位及符號之總則〕之附錄B）加以修整，其修整間隔之單位應依表3-53之規定。

表3-53

項目		單位
外觀尺寸及其他尺寸		按1mm指定許可差
水量	出水量	1 L/min
	排放水量	0.1 L/min
	漏水量	1 mL/min
揚程		0.1 m
轉速		1 min^{-1}
輸出功率		0.1 kW
效率		0.1%
時間		1 s
溫度		1℃
絕緣電阻		1 MΩ
電壓		1 V
電流		0.1 A
壓力		0.1 kgf/cm^2

貳、型式認可作業

一、型式試驗之樣品數

型式試驗須提供樣品1個（型式變更時亦同）。

二、型式試驗之方法

(一)試驗項目

1.電動機與幫浦之試驗項目

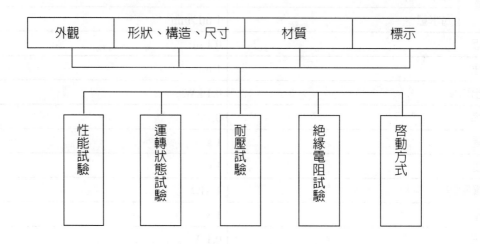

2.附屬裝置之試驗項目

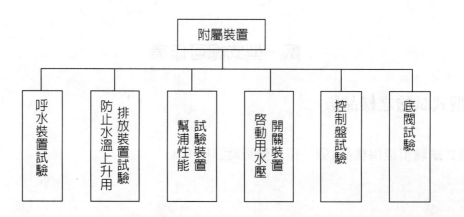

參、附圖、附表

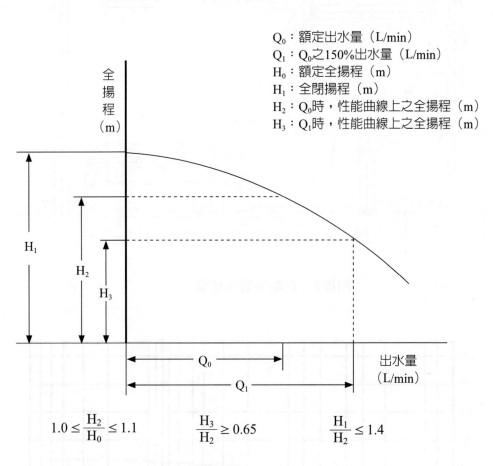

Q_0：額定出水量（L/min）
Q_1：Q_0之150%出水量（L/min）
H_0：額定全揚程（m）
H_1：全閉揚程（m）
H_2：Q_0時，性能曲線上之全揚程（m）
H_3：Q_1時，性能曲線上之全揚程（m）

$$1.0 \leq \frac{H_2}{H_0} \leq 1.1 \qquad \frac{H_3}{H_2} \geq 0.65 \qquad \frac{H_1}{H_2} \leq 1.4$$

附圖1 揚程曲線圖

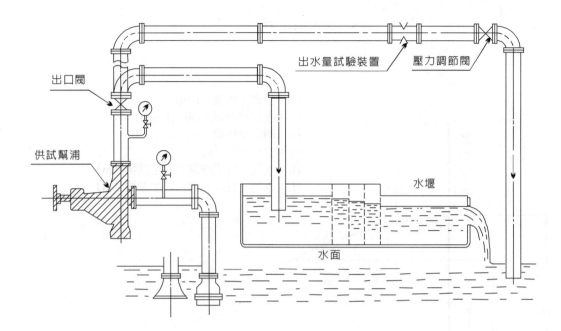

附圖2　試驗裝置示意圖

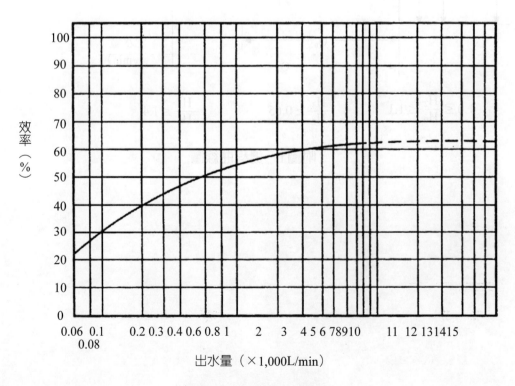

附圖3　幫浦效率曲線

附表1　型式區分、型式變更及輕微變更的範圍

	型式區分	型式變更	輕微變更
幫浦	1. 額定出水量在8,500L/min以下者依下列規定。 (1) 幫浦種類分為單向吸入式離心幫浦、雙向吸入式離心幫浦、水中幫浦、斜流幫浦、軸流幫浦。 (2) 幫浦吸入口徑分別有標稱32、40、50、65、80、100、125、150、200、250、300、超過300者自行定製。 2. 額定出水量在超過8,500L/min者。	1. 幫浦機能變更（段數變更、額定出水量・額定全揚程的變更、縱軸型・橫軸型的變更）。 2. 幫浦本體變更（影響性能之幫浦本體材質的變更）。 3. 變更動葉輪形狀（變更設計點、變更出口寬度、變更材質）。 4. 動葉輪扇葉的變更。	1. 變更吸入口位置。 2. 變更不影響幫浦本體的性能、形狀及內部機器。 3. 變更凸緣的標稱壓力。 4. 變更軸封部的構造、材質。 5. 變更動葉輪扇葉的構造材質。 6. 變更主軸（變更材質、形狀、尺寸、追加兩軸型的距離）。 7. 變更軸承的構造、材質。 8. 變更軸接頭的種類、位置。 9. 規定點範圍擴大（不改變幫浦性能），變更幫浦本體、導動輪材質。
電動機		1. 變更輸出功率。 2. 將低壓變成高壓。	1. 變更種類。 2. 變更構造者。 3. 將220V級變更為380V級。 4. 不改變幫浦輸出之變更（只限於一段加大時），在同輸出時之電壓變更。（只限於基本型及組合Ⅰ型）
控制盤	單獨控制盤依下列規定。 (1) 分為高壓盤、低壓盤。 (2) 分為降電壓啟動方式、直接啟動方式。 (3) 分為第一種、第二種以及其他。	1. 在基本型或是組合I型追加控制盤。 2. 變更組合Ⅱ型的低壓盤。	1. 變更降電壓啟動種類。 2. 變更額定電壓（標稱）。 3. 變更額定要領。 4. 變更外部啟動信號電壓。
防止水溫上升用排放裝置		1. 變更影響幫浦性能之限流孔的形狀、尺寸。 2. 在基本型中追加防止水溫上升用排放裝置。	1. 在不影響幫浦性能下，變更限流孔的形狀與尺寸。 2. 在不影響幫浦性能下，變更排放裝置配管位置或尺寸。

	型式區分	型式變更	輕微變更
幫浦性能試驗裝置		在基本型中追加幫浦性能試驗裝置。	1. 追加同一機構的流量計。 2. 變更配管管徑、長度、連接方式以及位置。 3. 追加與機構不同的流量管徑。
呼水裝置		在基本型中追加呼水裝置。	1. 變更呼水槽材質及有效水量。 2. 變更補給方式。
啟動用水壓開閉裝置		在基本型中追加啟動用水壓開閉裝置。	1. 變更啟動用壓力槽。 2. 變更壓力開關。
閥類			1. 追加主閥。 2. 變更材質。 3. 變更連結方式。 4. 變更閥體兩面之間的尺寸。
底閥			1. 變更材質。 2. 變更連結方式。 3. 變更構造。 4. 變更內徑。
連成錶壓力錶			布爾登管壓力錶以外之追加。

附表2　主要試驗設備

名稱	規格	數量	備註
抽樣表	本基準中有關抽樣法之規定	一份	
亂數表	CNS 9042或本基準中有關之規定	一份	
游標卡尺	測定範圍0至150mm，精密度1/50mm，1級品		
螺紋量規	推拔螺紋用PT1/2、3/4		○
分厘卡	測定範圍0至25mm最小刻度0.1mm精密度±0.005mm		○
直尺	測定範圍1～30mm，最小刻度1mm		○
卷尺或布尺	測定範圍1～5m，最小刻度1mm		○
碼錶	1分計，附積算功能，精密度1/10～1/100s	一個	○
回轉計		一個	○

名稱	規格	數量	備註
溫、濕度計	棒狀、表面溫度計	各一個	○
流量測定裝置	可進行該幫浦性能試驗者	一式	○
電壓、電流測定器	1.5級以上		○
絕緣電阻計	高壓回路1,000V、低壓回路500V	一個	○
周波數計	可以測量50Hz或60Hz	一個	
耐電壓試驗裝置	高壓回路16,000V或10,000V、低壓回路2,000V	一式	
外部啓動模型	能夠將外部啓動訊號傳送至控制盤，進行性能試驗	一式	
警報裝置模型	可以進行警報試驗	一式	
耐壓試驗裝置	能夠施予耐壓力試驗壓力1.5倍以上	一式	
壓力錶	最高刻度為試驗壓力之1.5倍		
磅秤	量測範圍：被檢物重量之1.5倍，最小刻度1g	一台	

註1 表中所揭載之設備當中，含有依幫浦加壓送水方式之型式區分而得以省略之部分。

2 備考欄中附有○之試驗設備者，在進行定期調查的情形當中也必須確認管理狀況。

附表3 缺點判定表

檢查項目		致命缺點	嚴重缺點	一般缺點	輕微缺點
外觀、形狀、構造、尺寸、材質	幫浦、電動機、附屬裝置等		1. 申請之構造、材質與實際不符。 2. 零組件脫落。	1. 標示事項脫落。 2. 出現有影響性能之龜裂、變形或加工不良等情形。	1. 標示事項有誤、缺漏或判讀困難。 2. 尺度容許誤差不符。 3. 銘版剝離。 4. 對施工者產生不便之不良情形者。 5. 未達破壞強度之縐摺、變形。 6. 基座與幫浦安裝固定之螺栓鬆脫。

檢查項目		致命缺點	嚴重缺點	一般缺點	輕微缺點
性能	幫浦、電動機	1. 無法運轉（啓動、停止）。 2. 幫浦本體、軸承等部分材質不符或破損。 3. 額定出水量之全揚程未達申請值之額定全揚程。 4. 離合器無法連結或切離。	1. 額定全揚程、150%出水量時之全揚程超過基準。 2. 額定出水量以及額定出水量之150%時軸動力超過基準。 3. 絕緣電阻未達基準。 4. 運轉中產生異常震動、異常聲音、異常高溫者。 5. 幫浦效率未達基準者。 6. 離合器連結或切離不完全。	1. 額定出水量之全揚程超過申請值之額定全揚程110%。 2. 關閉之全揚程不符合基準。	
	控制盤	動作試驗中未動作者。	絕緣電阻未達基準規定者。	開關裝置不良。	1. 燈號不亮（可更換一次）。 2. 保險絲燒斷。
	防止水溫上升用排放裝置	無法排水。		排水量未達申請值。	

第**4**章

消防安全設備測試報告書測試方法及判定要領

4.1　滅火器測試報告書測試方法及判定要領

測試項目	測試方法	判定要領
適應性	確認所設置滅火器之種類。	應為適合設置場所之結構、用途、設備、儲存物品等對象物之區分的滅火器。
設置數量、滅火效能值	依應設置滅火器之主用途或從屬用途部分、步行距離應在20m以下等方面，加以確認所設置滅火器之滅火效能值及設置數量。	a 設置數量及滅火效能值，應為適合各主用途或從屬用途部分之數值。 b 步行距離應配置在20m以下。
	a 儲存或使用少量危險物或指定可燃物者。 b 電影片映演場所放映室及變壓器、配電盤等之電氣設備使用處所。 c 使用大量火源之場所。 確認以上各情形時，所設置滅火器之滅火效能值及設置數量。	a 滅火器設置之增加（或減少）之數值應適當正常。 b 所需滅火效能值及設置數量應適當正常。
設置場所等	對各樓層，以目視來確認設置場所等之狀況。	a 自樓面居室任一點至滅火器之步行距離不得超過20m。 b 應不妨礙通行或避難，且於使用時能夠輕易地取出。 c 滅火器上端應設置在距離樓地板面1m（18kg以下者）或1.5m（18kg以上者）高度以下之處所。 d 周圍溫度應在滅火器之使用溫度範圍內。 e 需要防止傾倒者，應施以容易取出之防止傾倒措施。 f 設置於有蒸氣、氣體等發生之虞的場所者，應採取適當之防護措施。 g 設置於室外者，應採取收納在收納箱等之防護措施。
標識	以目視確認標識之設置狀況。	應設有長邊24cm、短邊8cm以上，以紅底白字標明「滅火器」字樣之標識。
機器	以目視確認滅火器之狀況。	a 應附有商品檢驗標識。 b 各部分應無變形、損傷等。

4.2 室內消防栓設備測試報告書測試方法及判定要領

甲、性能視驗

室內消防栓設備

測試項目				測試方法	判定要領
性能試驗	加壓送水裝置試驗	重力水箱	動作試驗 給水裝置動作狀況	打開排水閥,將水箱內的水排出。	給水裝置應開始動作、給水。
			靜水壓測定	從重力水箱測定在最低位及最高位之室內消防栓開關閥位置的靜水壓。	應在設計之壓力值範圍內
		壓力水箱	動作試驗 給水裝置動作狀況	打開排水閥,將水箱內的水排出。	給水裝置應開始動作、給水。
			自動加壓裝置動作狀況	打開排氣閥,降低壓力水箱內的壓力。	自動加壓裝置應開始動作。
			靜水壓測定	從壓力水箱測定在最低位及最高位之室內消防栓開關閥位置的靜水壓。	應在設計之壓力值範圍內
		消防幫浦	呼水裝置動作試驗 減水警報裝置動作狀況	關閉自動給水裝置之閥,打開呼水槽之排水閥排水。	應在呼水槽之水量減至1/2前確實地動作。
			自動給水裝置動作狀況	打開呼水槽之排水閥排水。	自動給水裝置應開始動作。
			由呼水槽補給水狀況	打開幫浦之漏斗、排氣閥。	應可從呼水槽給水。
			控制裝置試驗 啟動·停止操作時狀況	啟動幫浦之後再停止。	a 啟動、停止之按鈕開關等應確實地動作。 b 表示啟動之表示燈應亮燈或閃爍。 c 開閉器之開關應可由電源表示燈等之標示來確認。 d 幫浦之關閉、額定負荷運轉時之電壓或電流值應適當正常。

			測試項目		測試方法	判定要領
性能試驗	加壓送水裝置試驗	消防幫浦	啓動裝置試驗、幫浦啓動表示試驗	電源切換時運轉狀況	啓動幫浦之後切斷常用電源,之後再恢復常用電源。	應在常用電源切斷後及恢復後,不需啓動操作,幫浦即可繼續運轉。
				幫浦啓動狀況	從控制盤直接啓動或從消防栓箱遠隔操作。	幫浦啓動、停止及啓動表示燈之亮燈或閃爍應確實。
				啓動表示亮燈狀況		
				啓動用水壓開關裝置動作壓力	打開啓動用壓力槽之排水閥,測定啓動用水壓開關裝置之設定動作壓力。(重複進行本試驗三次)	動作壓力應在設定動作壓力值的 $\pm 0.5 kgf/cm^2$ 以內。

室內消防栓設備

			測試項目		測試方法	判定要領
性能試驗	加壓送水裝置試驗	消防幫浦	幫浦試驗	運轉狀況	啓動幫浦。	a 電動機及幫浦的運轉應順利。 b 電動機應無明顯發熱及異常聲音。 c 電動機的啓動性能應確實。 d 幫浦底部應無明顯之漏水。 e 壓力表及連成計之指示壓力值應適當正常。 f 配管應無漏水、龜裂等,底閥應適當正常地動作。
				全閉運轉時狀況 — 全閉揚程	關閉幫浦出水側之止水閥,測定全閉揚程、電壓及電流。註:作為中繼幫浦使用者,製作揚程−出水量之合成特性並確認其特性。	全閉揚程應在額定負荷運轉時之測得揚程(如為中繼幫浦,則係合成特性值)的140%以下。
				電壓電流	—	電壓值及電流值應適當正常。

				測試項目	測試方法	判定要領
性能試驗	加壓送水裝置試驗		額定負荷運轉時狀況	額定揚程	幫浦調整成額定負荷運轉，測定揚程、電壓及電流。註：作為中繼幫浦使用者，製作揚程－出水量之合成特性並確認其特性。	測得揚程應在該幫浦所標示揚程（如為中繼幫浦，則係合成特性值）的100%以上110%以下。
				電壓電流	—	電壓值及電流值應適當正常。
		*防止水溫上升排放裝置試驗			將幫浦做全閉運轉，測定排放管之排放水量。	排放水量應在下列公式求出量以上。$q = \dfrac{Lsc}{60\Delta t}$ q：排放水量（L/min） Ls：幫浦全閉運轉時之輸出功率（kW） C：860kcal（每1kW之水發熱量） Δt：30℃（幫浦內部之水溫上升限度）
		*幫浦性能試驗裝置試驗			啓動幫浦，依消防幫浦加壓送水裝置等及配管摩擦損失計算基準規定之方法測定在額定出水點之出水量，同時讀取當時流量計之標示值。	依消防幫浦加壓送水裝置等及配管摩擦損失計算基準規定之方法求出出水量之值和流量計表示值的差，應在該流量計使用範圍之最大刻度的±3%以內。
		配管耐壓試驗			對配管施以加壓送水裝置之關閉壓力1.5倍以上的水壓	配管、配管接頭、閥類應無龜裂、變形、漏水等。

乙、綜合試驗

室內消防栓設備

測試項目		測試方法	判定要領
綜合試驗	放水試驗	分別測定在放水壓力最低處同時使用規定個數室內消防栓時，及在放水壓力最高處所使用一個消防栓時，瞄子前端之放水壓力及放水量。	a 瞄子前端放水壓力，如為第一種消防栓，應在1.7kgf/cm²以上7kgf/cm²以下；如為第二種消防栓，應在2.5kgf/cm²以上7kgf/cm²以下。至於放水量，如為第一種消防栓，應在130 L/min以上；如為第二種消防栓，應在60 L/min以上。 b 瞄子放水量依下列公式算出： $Q = KD^2\sqrt{P}$ Q：放水量（L/min） D：瞄子口徑（mm） K：第一種消防栓　　K = 0.653 　第二種消防栓　　應使用依型式指定之係數 P：放水壓力（kgf/cm²） c 以直線放水狀態測定，放水壓力及放水量應適當正常。
	操作性試驗（限第二種消防栓）	進行消防水帶之延長及收納之操作	a 應一人即可輕易操作。 b 消防水帶應可輕易地延長及收藏，並加以收納。
	緊急電源切換試驗 — 發電機設備	在常用電源放水試驗的最終階段，於電源切換裝置一次側切斷常用電源。	a 至電壓確立為止所需之時間應適當正常。 b 運轉中幫浦等應無異常。 c 放水壓力及放水量應適當正常。
	緊急電源切換試驗 — 蓄電池設備		a 電壓應適當正常地確立。 b 運轉中幫浦等應無異常。 c 放水壓力及放水量應適當正常。

註：消防幫浦如係經內政部審核認可通過之認可品者，得免除「＊」部分之試驗。

4.3　室外消防栓設備測試報告書測試方法及判定要領

甲、性能試驗

測試項目				測試方法	判定要領
性能試驗	加壓送水裝置試驗	重力水箱	動作試驗	給水裝置動作狀況	打開排水閥，將水箱內的水排出。	給水裝置應開始動作、給水。
			靜水壓測定		從重力水箱測定在最低位及最高位之室外消防栓開關閥位置的靜水壓。	應在設計之壓力值以上。
		壓力水箱	動作試驗	給水裝置動作狀況	打開排水閥，將水箱內的水排出。	給水裝置應開始動作、給水。
				自動加壓裝置動作狀況	打開排水閥，降低壓力水箱內的壓力。	自動加壓裝置應開始動作。
			靜水壓測定		從壓力水箱測定在最低位及最高位之室外消防栓開關閥位置的靜水壓。	應在設計壓力值之範圍內。

室外消防栓設備

測試項目				測試方法	判定要領
性能試驗	加壓送水裝置試驗	消防幫浦	呼水裝置動作試驗	減水警報裝置動作狀況	關閉自動給水裝置之閥，打開呼水槽之排水閥排水。	應在呼水槽之水量減至1/2前確實地動作。
				自動給水裝置動作狀況	打開呼水槽之排水閥排水。	自動給水裝置應開始動作。
				由呼水槽補給水狀況	打開幫浦之漏斗、排氣閥等。	應從呼水槽流出補給水。

測試項目				測試方法	判定要領
性能試驗	加壓送水裝置試驗	消防幫浦	控制裝置試驗 — 啓動、停止操作時狀況	啓動幫浦之後再停止。	a 啓動、停止之按鈕開關等應確實地動作。 b 表示啓動之表示燈應亮燈或閃爍。 c 開閉器之開關應可由電源表示燈等之標示確認。 d 幫浦之關閉、額定負荷運轉時之電壓或電流值應適當正常。
			電源切換時運轉狀況	啓動幫浦後切斷常用電源，之後再恢復常用電源。	應在常用電源切斷後及恢復後，不需啓動操作，幫浦即可繼續運轉。
			啓動裝置試驗 — 幫浦啓動狀況	從控制盤直接啓動或從消防栓遠隔操作啓動。	幫浦啓動及停止應確實。
			啓動表示亮燈狀況		啓動表示燈之亮燈或閃爍應確實。
			幫浦啓動表示試驗 — 啓動用水壓開關裝置動作壓力	打開啓動用壓力槽之排水閥，測定啓動用水壓開關裝置之設定動作壓力。（重複進行本試驗三次）	動作壓力應在設定動作壓力值的 ± 0.5 kgf/cm² 以內。
			幫浦試驗 — 運轉狀況	啓動幫浦。	a 電動機及幫浦的運轉應順利。 b 電動機應無明顯發熱及異常聲音。 c 電動機的啓動性能應確實。 d 幫浦底部應無明顯之漏水。 e 壓力表及連成計之指示壓力值應適當正常。 f 配管應無漏水、龜裂等，底閥應適當正常地動作。

室外消防栓設備

測試項目					測試方法	判定要領
性能試驗	加壓送水裝置試驗	消防幫浦	幫浦試驗	全閉運轉時狀況	全閉揚程	關上幫浦出水側之止水閥，測定全閉揚程、電壓及電流。	全閉揚程應在額定負荷運轉時之測得揚程的140%以下。
					電壓電流	—	電壓值及電流值應適當正常。
				額定負荷運轉時狀況	額定揚程	幫浦調整成額定負荷運轉，測定測得揚程、電壓及電流。	測得揚程應在該幫浦所標示揚程的100%以上110%以下。
					電壓	—	電壓值及電流值應適當正常。
					電流		
			*防止水溫上升排放裝置試驗			將幫浦做全閉運轉，測定排放管之排放水量。	排放水量應在下列公式求出量以上。 $q = \dfrac{LsC}{60\Delta t}$ q：排放水量（L/min） Ls：幫浦全閉運轉時之輸出功率（kW） C：860kcal （每1kW之水發熱量） Δt：30℃（幫浦內部之水溫上升限度）
			*幫浦性能試驗裝置試驗			啓動幫浦，依消防幫浦加壓送水裝置等及配管摩擦損失計算基準規定之方法測定在額定出水點之出水量，同時讀取當時流量計之標示刻度。	依消防幫浦加壓送水裝置等及配管摩擦損失計算基準規定之方法求出出水量之值和流量計表示值的差，應在該流量計使用範圍之最大刻度的±3%以內。
			配管耐壓試驗			對配管施以加壓送水裝置之關閉壓力1.5倍以上的水壓。	配管、配管接頭、閥類應無龜裂、變形、漏水等

乙、綜合試驗

	測試項目		測試方法	判定要領
綜合試驗	放水試驗		分別測定在預設放水壓力最低處,同時使用規定個數之室外消防栓時,以及在預設放水壓力最高處,使用一個室外消防栓時,瞄子之放水壓力及放水量。	a 瞄子前端放水壓力分別應在2.5kgf/cm²以上6kgf/cm²以下,且放水量應在350L/min以上。 b 瞄子放水量依下列公式算出: $Q = 0.653D^2\sqrt{P}$ Q:放水量(L/min) D:瞄子口徑(mm) P:放水壓力(kgf/cm²) c 以直線放水狀態測定,放水壓力及放水量應適當正常。
綜合試驗	緊急電源切換試驗	發電機設備	在常用電源放水試驗的最終階段,於電源切換裝置一次側切斷常用電源。	a 至電壓確立為止所需之時間應適當正常。 b 運轉中幫浦等應無異常。 c 放水壓力及放水量應適當正常。
		蓄電池設備		a 電壓應適當正常地確立。 b 運轉中幫浦等應無異常。 c 放水壓力及放水量應適當正常。

註:消防幫浦如係經內政部審核認可通過之認可品者,得免除「＊」部分之試驗。

4.4　自動撒水設備測試報告書測試方法及判定要領

甲、性能試驗

自動撒水設備

			測試項目		測試方法	判定要領
性能試驗	加壓送水裝置	重力水箱	動作試驗	給水裝置動作狀況	打開排水閥,將水箱內的水排出。	給水裝置應開始動作、給水。
			靜水壓測定		從重力水箱測定在最高位及最低位之末端查驗閥、一齊開放閥或手動式開放閥二次側配管止水閥位置的靜水壓。	應在設計之壓力值範圍以上。

			測試項目		測試方法	判定要領
性能試驗	加壓送水裝置	壓力水箱	動作試驗	給水裝置動作狀況	打開排水閥，將水箱內的水排出。	給水裝置應開始動作、給水。
				自動加壓裝置動作狀況	打開排氣閥，降低壓力水箱內的壓力。	自動加壓裝置應開始動作。
			靜水壓測定		從壓力水箱測定在最高位及最低位之末端查驗閥、一齊開放閥或手動式開放閥二次側配管止水閥位置的靜水壓。	應在設計之壓力值範圍以上。
		消防幫浦	呼水裝置動作試驗	減水警報裝置動作狀況	關閉自動給水裝置之閥，打開呼水槽之排水閥排水。	應在呼水槽之水量減至1/2前確實地動作。
				自動給水裝置動作狀況	打開呼水槽之排水閥排水。	自動給水裝置應開始動作。
				由呼水槽補給水狀況	打開幫浦之漏斗、排氣閥。	應可從呼水槽給水。
			控制裝置試驗	啓動·停止操作時狀況	啓動幫浦之後再停止。	a 啓動、停止之按鈕開關等應確實地動作。 b 表示啓動之表示燈應亮燈或閃爍。 c 開閉器之開關應可由電源表示燈等之標示來確認。 d 幫浦之關閉、額定負荷運轉時之電壓或電流值應適當正常。
				電源切換時運轉狀況	啓動幫浦後切斷常用電源，之後再恢復常用電源。	應在常用電源切斷後及恢復後，不需啓動操作，幫浦即可繼續運轉。

自動撒水設備

測試項目						測試方法	判定要領
性能試驗	加壓送水裝置	消防幫浦	啓動裝置試驗、幫浦啓動表示試驗	幫浦啓動狀況		從控制盤直接啓動或遠隔操作、行控制盤之直接操作或遠隔操作、末端查驗閥之開放、補助撒水栓之瞄子開放、火警探測器之動作等使幫浦啓動。	幫浦啓動、停止及啓動表示燈之亮燈或閃爍應確實。
				啓動表示亮燈狀況			
				啓動用水壓開關裝置動作壓力		打開啓動用壓力槽之排水閥,測定啓動用水壓開關裝置之設定動作壓力(重複進行本試驗三次)。	動作壓力應在設定動作壓力值的 $\pm 0.5 kgf/cm^2$ 以內。
			幫浦試驗	運轉狀況		啓動幫浦	a 電動機及幫浦的運轉應順利。 b 電動機應無明顯發熱及異常聲音。 c 電動機的啓動性能應確實。 d 幫浦底部應無明顯之漏水。 e 壓力表及連成計之指示壓力值應適當正常。 f 配管應無漏水、龜裂等,底閥應適當正常地動作。
				全閉運轉時狀況	全閉揚程	關上幫浦出水側之止水閥,測定全閉揚程、電壓及電流。 註:作為中繼幫浦使用者,製作揚程－出水量之合成特性並確認其特性。	全閉揚程應在額定負荷運轉時之測得揚程(如為中繼幫浦,則係合成特性值)的140%以下。
					電壓電流	－	電壓值及電流值應適當正常。
				額定負荷運轉時狀況	額定揚程	幫浦調整成額定負荷運轉,測定揚程、電壓及電流。 註:作為中繼幫浦使用者,製作揚程－出水量之合成特性並確認其特性。	測得揚程應在該幫浦所標示揚程(如為中繼幫浦,則係合成特性值)的100%以上110%以下。
					電壓電流	－	電壓值及電流值應適當正常。

測試項目				測試方法	判定要領
性能試驗	加壓送水裝置	消防幫浦	*防止水溫上升排放裝置試驗	關閉幫浦做全閉運轉，測定排放管之排放水量。	排放水量應在下列公式求出量以上。 $q = \dfrac{LsC}{60\Delta t}$ q：排放水量（L/min） Ls：幫浦全閉運轉時之輸出功率（kW） C：860kcal（每1kW水之發熱量） Δt：30℃（幫浦內部之水溫上升限度）

自動撒水設備

測試項目			測試方法	判定要領
性能試驗	消防幫浦	*幫浦性能試驗裝置試驗	啟動幫浦，依消防幫浦加壓送水裝置等及配管摩擦損失計算基準規定之方法測定在額定出水點之出水量，同時讀取當時流量計之標示值。	依消防幫浦加壓送水裝置等及配管摩擦損失計算基準規定之方法求出出水量之值和流量計表示值的差，應在該流量計使用範圍之最大刻度的±3%以內。
	配管耐壓試驗		對配管施以加壓送水裝置之關閉壓力1.5倍以上的水壓，但如為開放式時，應在安裝撒水頭之前進行。	配管、配管接頭、閥類應無龜裂、變形、漏水等。
	手動啟動裝置試驗		操作設置在各放水區域之手動啟動裝置，確認其性能。	動作及性能應適當正常。
	流水檢知裝置（自動警報逆止閥）、表示等		操作試驗閥，以確認流水檢知裝置或壓力檢知裝置、音響警報裝置及火警表示裝置的動作狀況，並確認放射。	a 在火警表示裝置上應適當表示動作之樓層及放水區域。 b 流水檢知裝置或壓力檢知裝置之動作應適當正常。 c 音響警報裝置之動作及警報之報知應適當正常。

乙、綜合試驗

	測試項目			測試方法	判定要領
綜合試驗	放水試驗	使用開放式撒水頭者	放水區域別	關閉一齊開放閥或設於手動式開放閥二次側之止水閥，打開設於試驗排水管之止水閥。	—
			啓動性能等　由自動火災感知裝置啓動	依所規定之方法使其動作。	a 一齊開放閥應可正常地動作，或手動式開放閥可正常地操作。 b 加壓送水裝置應確實地動作。 c 試驗用排水管應正常地排水。 d 壓力檢知裝置或流水檢知裝置應正常地動作。 e 應能適當發出警報，並在防災中心等經常有人駐守之場所，標示放水樓層及放水區域。
			啓動性能等　由手動啓動裝置啓動	操作開放手動式開關閥。	
			樓層別	如為預動式者，依火警自動警報設備探測器之規定方法，使其動作。	—

自動撒水設備

	測試項目			測試方法	判定要領
綜合試驗	放水試驗	使用密閉式撒水頭者	啓動性能	開放末端查驗閥。	a 如使用重力水箱及壓力水箱者，應由流水檢知裝置或壓力檢知裝置之動作，適當發出所規定之警報。 b 如使用消防幫浦者，應由流水檢知裝置或啓動用水壓開關裝置之動作，啓動加壓送水裝置。 c 應適當發出所規定之警報。 d 如為乾式或預動式者，應在一分鐘以內放水。 e 應能在防災中心等經常有人駐守之場所，標示放水樓層及放水區域。
			放水壓力（kgf/cm²）	在末端查驗閥測定放水壓力及放水量	a 放水壓力應在1kgf/cm²以上10kgf/cm²以下，放水量應在80 L/min以上。 b 放水量依下列公式而算出： $Q = K\sqrt{P}$ Q：放水量（L/min） P：放水壓力（kgf/cm²） K：係數
			放水量（L/min）		

綜合試驗	放水試驗	補助撒水栓	放水壓力	使用放水壓力預設為最低處所之補助撒水栓時，測定瞄子前端之放水壓力及放水量。	a 瞄子前端放水壓力應在2.5kgf/cm²以上10kgf/cm²以下，放水量應在60 L/min以上。 b 放水量依下列公式算出： $Q = KD^2\sqrt{P}$ Q：放水量（L/min） D：瞄子口徑（mm） K：依型式指定之係數 P：放水壓力（kgf/cm²） c 以直線放水狀態測定，放水壓力及放水量應適當正常。
			放水量		

自動撒水設備

	測試項目		測試方法	判定要領
綜合試驗	補助撒水栓操作性試驗		進行消防水帶延長及收納之操作。	a 應以一人即可輕易操作。 b 消防水帶應可輕易地延長及收藏並加以收納。
	緊急電源切換試驗	發電機設備	在常用電源放水試驗的最終階段，於電源切換裝置一次側切斷常用電源。	a 至電壓確立為止所需之時間應適當正常。 b 運轉中幫浦等應無異常。 c 放水壓力及放水量應適當正常。
		蓄電池設備		a 電壓應適當正常地確立。 b 運轉中幫浦等應無異常。 c 放水壓力及放水量應適當正常。

註：消防幫浦如係經內政部審核認可通過之認可品者，得免除「＊」部分之試驗。

4.5　水霧滅火設備測試報告書測試方法及判定要領

甲、性能試驗

			測試項目		測試方法	判定要領
性能試驗	加壓送水裝置	重力水箱	動作試驗	給水裝置動作狀況	打開排水閥，將水箱內的水排出。	給水裝置應開始動作、給水。
			靜水壓測定		從重力水箱測定在最高位及最低位之一齊開放閥或手動式開放閥二次側配管止水閥位置的靜水壓。	應在設計之壓力值範圍以上。
		壓力水箱	動作試驗	給水裝置動作狀況	打開排水閥，將水箱內的水排出。	給水裝置應開始動作、給水。

水霧滅火設備

測試項目				測試方法	判定要領
性能試驗	加壓送水裝置	壓力水箱	動作試驗 自動加壓裝置動作狀況	打開排水閥，降低壓力水箱內的壓力。	自動加壓裝置應開始動作。
			靜水壓測定	從壓力水箱測定在最高位及最低位之一齊開放閥或手動式開放閥二次側配管止水閥位置的靜水壓。	應在設計之壓力值範圍以上。
		消防幫浦	呼水裝置動作試驗 減水警報裝置動作狀況	關閉自動給水裝置之閥，打開呼水槽之排水閥排水。	應在呼水槽之水量減至1/2前確實地動作。
			自動給水裝置動作狀況	打開呼水槽之排水閥排水。	自動給水裝置應開始動作。
			由呼水槽補給水狀況	打開幫浦之漏斗、排氣閥。	應可從呼水槽給水。
			控制裝置試驗 啟動‧停止操作時狀況	啟動幫浦之後再停止。	a 啟動、停止之按鈕開關等應確實地動作。 b 表示啟動之表示燈應亮燈或閃爍。 c 開閉器之開關應可由電源表示燈等之標示來確認。 d 幫浦之關閉、額定負荷運轉時之電壓或電流值應適當正常。
			電源切換時運轉狀況	啟動幫浦之後切斷常用電源，之後再恢復常用電源。	應在常用電源切斷後及恢復後，不需啟動操作，幫浦即可繼續運轉。
			啟動裝置試驗 幫浦啟動狀況	從控制盤直接啟動或遠隔操作、火警探測器之動作等使幫浦啟動。	幫浦啟動、停止及啟動表示燈之亮燈或閃爍應確實。
			啟動表示亮燈狀況		
			啟動用水壓開關裝置動作壓力	打開啟動用壓力槽之排水閥，測定啟動用水壓開關裝置之設定動作壓力。（重複進行本試驗三次）	動作壓力應在設定動作壓力值的 $\pm 0.5\text{kgf/cm}^2$ 以內。

測試項目			測試方法	判定要領
性能試驗	加壓送水裝置	消防幫浦	幫浦試驗　運轉狀況	啓動幫浦。	a 電動機及幫浦的運轉應順利。 b 電動機應無明顯發熱及異常聲音。 c 電動機的啓動性能應確實。 d 幫浦底部應無明顯之漏水。 e 壓力表及連成計之指示壓力值應適當正常。 f 配管應無漏水、龜裂等，底閥應適當正常地動作。

水霧滅火設備

測試項目					測試方法	判定要領
性能試驗	加壓送水裝置	消防幫浦	幫浦試驗	全閉運轉時狀況 全閉揚程	關閉幫浦出水側之止水閥，測定全閉揚程、電壓及電流。 註：作為中繼幫浦使用者，製作揚程－出水量之合成特性並確認其特性。	全閉揚程應在額定負荷運轉時之測得揚程（如為中繼幫浦，則係合成特性值）的140%以下。
				電壓電流	—	電壓值及電流值應適當正常。
				額定負荷運轉時狀況 額定揚程	幫浦調整成額定負荷運轉，測定測得揚程、電壓及電流。 註：作為中繼幫浦使用者，製作揚程－出水量之合成特性並確認其特性。	測得揚程應在該幫浦所標示揚程（如為中繼幫浦，則係合成特性值）的100%以上110%以下。
				電壓電流	—	電壓值及電流值應適當正常。
			＊防止水溫上升排放裝置試驗		將幫浦做全閉運轉，測定排放管之排放水量。	排放水量應在下列公式求出量以上： $q = \dfrac{LsC}{60\Delta t}$ q：排放水量（L/min） Ls：幫浦全閉運轉時之輸出功率（kw） C：860kcal（每1kw水之發熱量） Δt：30℃（幫浦內部之水溫上升限度）

	測試項目		測試方法	判定要領
性能試驗	加壓送水裝置 消防幫浦	*幫浦性能試驗裝置試驗	啓動幫浦,依消防幫浦加壓送水裝置等及配管摩擦損失計算基準規定之方法測定在額定出水點之出水量,同時讀取當時流量計之標示值。	依消防幫浦加壓送水裝置等及配管摩擦損失計算基準規定之方法求出出水量之值和流量計表示值的差,應在該流量計使用範圍之最大刻度的±3%以內。
	配管耐壓試驗		對配管施以加壓送水裝置之關閉壓力1.5倍以上的水壓。	配管、配管接頭、閥類應無龜裂、變形、漏水等。
	手動啓動裝置試驗		操作設置在各放水區域之手動啓動裝置,確認其性能。	動作及性能應適當正常。
	自動警報逆止閥、標示等		操作試驗閥,以確認流水檢知裝置或壓力檢知裝置、音響警報裝置及火警表示裝置的動作狀況,並確認放水。	a 在火警表示裝置上應適當表示動作之樓層及放水區域。 b 流水檢知裝置或壓力檢知裝置之動作應適當正常。 c 音響警報裝置之動作及警報之報知應適當正常。

水霧滅火設備

乙、綜合試驗

	測試項目		測試方法	判定要領
綜合試驗	放射試驗	放射區域	在全部之放射區域進行。另外,在任何放射區域,於預設放射壓力最低之噴頭及放射壓力最高之噴頭的一次側,均應安裝壓力表。	─

測試項目			測試方法	判定要領
綜合試驗	放射試驗	啓動性能等（由自動火災感知裝置啓動）	應依所規定之方法使其動作。	a 一齊開放閥應可正常地動作，或手動式開放閥可正常地操作。 b 加壓送水裝置應確實地動作。 c 壓力檢知裝置或流水檢知裝置應正常地動作。 d 應能適當發出警報，並在防災中心等經常有人駐守之場所，標示放水樓層及區域。
		由手動啓動裝置啓動	打開啓動操作部（係指手動式開放閥，如為設於遠隔啓動操作部分者，包括該操作部）。	
		水霧噴頭放射狀況	以目視確認。	a 應從噴頭正常地放射。 b 防護對象物應在噴頭之有效防護空間內。
		放射壓力（kgf/cm²）　最高	測定放射壓力及放射量。	放射壓力及放射量應在所設置噴頭之使用範圍內。另放射量依下列公式算出： $Q = K\sqrt{P}$ Q：放射量（L/min） P：放射壓力（kgf/cm²） K：係數
		放射壓力（kgf/cm²）　最低		
		放射量（L/min）		
		排水設備　地區境界堤狀態	以目視確認。	所放射之水，應不致從地區境界堤溢出。
		滅火坑水位	以目視確認。	應在設計值之範圍內。
		排水狀況	以目視確認。	應能無礙地進行。
	緊急電源切換試驗	發電機設備	在常用電源放水試驗的最終階段，於電源切換裝置一次側切斷常用電源。	a 至電壓確立為止所需之時間應適當正常。 b 運轉中幫浦等應無異常。 c 放水壓力及放水量應適當正常。
		蓄電池設備		a 電壓應確認適當正常。 b 運轉中幫浦等應無異常。 c 放水壓力及放水量應適當正常。

註：消防幫浦如係經內政部審核認可通過之認可品者，得免除「＊」部分之試驗。

4.6　泡沫滅火設備測試報告書測試方法及判定要領

甲、性能試驗

泡沫滅火設備

測試項目				測試方法	判定要領
性能試驗	加壓送水裝置	重力水箱	動作試驗	給水裝置動作狀況	打開排水閥，將水箱內的水排出。	給水裝置應開始動作、給水。
			靜水壓測定		從重力水箱測定在最高位及最低位之一齊開放閥或手動式開放閥二次側配管止水閥位置的靜水壓。	應在設計之壓力值以上。
		壓力水箱	動作試驗	給水裝置動作狀況	打開排水閥，將水箱內的水排出。	給水裝置應開始動作、給水。
				自動加壓裝置動作狀況	打開排水閥，降低壓力水箱內的壓力。	自動加壓裝置應開始動作。
			靜水壓測定		從壓力水箱測定在最高位及最低位之一齊開放閥或手動式開放閥二次側配管止水閥位置的靜水壓。	應在設計之壓力值以上。
		消防幫浦	呼水裝置動作試驗	減水警報裝置動作狀況	關閉自動給水裝置之閥，打開呼水槽之排水閥排水。	應在呼水槽之水量減至1/2前確實地動作。
				自動給水裝置動作狀況	打開呼水槽之排水閥排水。	自動給水裝置應開始動作。
				由呼水槽補給水狀況	打開幫浦之漏斗、排氣閥。	應可從呼水槽給水。

測試項目				測試方法	判定要領
性能試驗	加壓送水裝置	消防幫浦	控制裝置試驗 — 啓動、停止操作時狀況	啓動幫浦之後再停止。	a 啓動、停止之按鈕開關等應確實地動作。 b 表示啓動之表示燈應亮燈或閃爍。 c 開閉器之開關應可由電源表示燈等之標示來確認。 d 幫浦之關閉、額定負荷運轉時之電壓或電流值應適當、正常。
			電源切換時運轉狀況	啓動幫浦之後切斷常用電源，之後再恢復常用電源。	應在常用電源切斷後及恢復後，不需啓動操作，幫浦即可繼續運轉。
			啓動裝置試驗 — 幫浦啓動狀況	從控制盤直接啓動或遠隔操作、火警探測器之動作等使幫浦啓動。	幫浦啓動及停止應確實。
			啓動表示亮燈狀況	啓動幫浦時，確認啓動表示燈的亮燈狀況。	啓動表示燈應亮燈或閃爍。
			啓動用水壓開關裝置動作壓力	打開啓動用壓力槽之排水閥，測定啓動用水壓開關裝置之設定動作壓力。（重複進行本試驗三次）	動作壓力應在設定動作壓力值的 $\pm 0.5 \text{kgf/cm}^2$ 以內。

泡沫滅火設備

測試項目					測試方法	判定要領
性能試驗	加壓送水裝置	消防幫浦	幫浦試驗	運轉狀況	啓動幫浦。	a 電動機及幫浦的運轉應順利。 b 電動機應無明顯發熱及異常聲音。 c 電動機的啓動性能應確實。 d 幫浦底部應無明顯之漏水。 e 壓力表及連成計之指示壓力值應適當正常。 f 配管應無漏水、龜裂等，底閥應適當正常地動作。

測試項目					測試方法	判定要領
性能試驗	加壓送水裝置	消防幫浦	幫浦試驗	全閉運轉時狀況	全閉揚程	關閉幫浦出水側之止水閥，測定全閉揚程、電壓及電流。註：作為中繼幫浦使用者，製作揚程－出水量之合成特性並確認其特性。	全閉揚程應在額定負荷運轉時之測得揚程（如為中繼幫浦，則係合成特性值）的140%以下。
					電壓電流	—	電壓值及電流值應適當正常。
				額定負荷運轉時狀況	額定揚程	幫浦調整成額定負荷運轉，測定測得揚程、電壓及電流。註：作為中繼幫浦使用者，製作揚程－出水量之合成特性並確認其特性。	測得揚程應在該幫浦所標示揚程（如為中繼幫浦，則係合成特性值）的100%以上110%以下。
					電壓電流	—	電壓值及電流值應適當正常。
			＊防止水溫上升排放裝置試驗			關閉幫浦，測定排放管之排放水量。	排放水量應在下列公式求出量以上：$$q = \frac{LsC}{60\Delta t}$$ q：排放水量（L/min）Ls：幫浦全閉運轉時之輸出功率（kw）C：860kcal（每1kw水之發熱量）Δt：30℃（幫浦內部之水溫上升限度）
			＊幫浦性能試驗裝置試驗			啟動幫浦，依消防幫浦加壓送水裝置等及配管摩擦損失計算基準規定之方法測定在額定出水點之出水量，同時讀取當時流量計之標示值。	依消防幫浦加壓送水裝置等及配管摩擦損失計算基準規定之方法求出出水量之值和流量計表示值的差，應在該流量計使用範圍最大刻度的±3%以內。
		配管耐壓試驗				對配管施以加壓送水裝置之關閉壓力1.5倍以上的水壓。	配管、配管接頭、閥類應無龜裂、變形、漏水等。

泡沫滅火設備

	測試項目	測試方法	判定基準
性能試驗	手動啓動裝置試驗	操作設置在各放水區域之手動啓動裝置，確認其性能。	動作及性能應適當正常。
	自動警報逆止閥、表示等	操作試驗閥，確認自動警報逆止閥或壓力檢知裝置、音響警報裝置及火警標示裝置的動作狀況，並確認放射。	a 在火警表示裝置上應適當標示設置樓層或放射區域。 b 自動警報逆止閥或壓力檢知裝置之動作應適當正常。 c 音響警報裝置之動作及警報之報知應適當正常。

乙、綜合試驗

			測試項目	測試方法	判定要領
綜合試驗	泡沫放射試驗（使用低發泡者）	固定式	放射區域	就預設放射壓力最低處的泡沫消防栓實施。最多應在同一樓層二處泡沫消防栓實施。	―
			由自動火災感知裝置啓動	應依所規定之方法使其動作。	a 一齊開放閥應可正常地動作，或手動式開放閥可正常地操作。 b 加壓送水裝置應確實地動作。 c 壓力檢知裝置或自動警報逆止閥應正常地動作。 d 應能適當發出警報，並在防災中心等經常有人駐守之場所，標示放射樓層或放射區域。
			由手動啓動裝置啓動	打開啓動操作部（係指手動式開放閥，如為設於遠隔啓動操作部分者，包括該操作部）。	a 一齊開放閥應可正常地動作，或手動式開放閥可正常地操作。 b 加壓送水裝置應確實地動作。 c 壓力檢知裝置或自動警報逆止閥應正常地動作。

測試項目				測試方法	判定要領		
綜合試驗	泡沫放射試驗（使用低發泡者）	固定式			d 應能適當發出警報，並在防災中心等經常有人駐守之場所，標示放射樓層或放射區域。		
			泡沫噴頭放射狀況	以目視確認。	a 應從噴頭正常地放射。 b 防護對象物應在噴頭之有效防護空間內。		
			放射壓力（kgf/cm²）最高 最低	測定放射壓力。	放射壓力應在所設置泡沫放射口之使用範圍內。		
			稀釋容量濃度（%）	測定在一定時間內放射之水量及泡沫滅火藥劑量。	泡沫滅火藥劑之稀釋濃度，如為3%型者，應在3～4%之範圍內；如為6%型者，應在6～8%之範圍內。		
			發泡倍率（倍）	依使用泡沫滅火藥劑種類，參照泡沫噴頭認可基準規定之方法進行試驗。	發泡倍率應在5倍以上。		
			25%還原時間（sec）		如為蛋白泡沫滅火藥劑及水成膜泡沫滅火藥劑，應為60秒以上；如為合成界面活性劑泡沫滅火藥劑，則應為30秒以上。		
		移動式	放射區域	就預設放射壓力最低處的泡沫消防栓實施。最多應就同一樓層二處泡沫消防栓實施。	—		
			放射狀況	以目視確認。	a 應從泡沫瞄子正常地放射。 b 防護對象物應在泡沫瞄子之有效防護空間內。		
			放射量測定 放射壓力	拉開各所規定長度之水帶，確認維持其可達長度。	從各個泡沫瞄子之泡沫水溶液放射量	設置在供汽車修理、停車空間等部分。	應為100L/min以上
			放射量測定 放射量	打開開關閥，藉附壓力表之管路接頭測定壓力。 從該泡沫瞄子之壓力－出水量的關係圖等，測定泡沫水溶液之放射量。		設置在其他防護對象物部分	應為200L/min以上
			稀釋容量濃度	測定在一定時間內放射之水量及泡沫滅火藥劑量。	泡沫滅火藥劑之稀釋濃度，如為3%型者，應在3～4%之範圍內；如為6%型者，應在6～8%之範圍內。		

		測試項目	測試方法	判定要領
綜合試驗	泡沫放射試驗（使用低發泡者）	發泡倍率	依使用泡沫滅火藥劑種類所規定之方法進行試驗。	發泡倍率應在5倍以上。
		25%還原時間		如為蛋白泡沫滅火藥劑及水成膜泡沫滅火藥劑，應為60秒以上；如為合成界面活性劑泡沫滅火藥劑，則應為30秒以上。
		放射區域	不論使用何種加壓送水裝置，均就各個放射區域進行。另外，設置在預設放射壓力最低之放射區域及放射壓力最高之區域的高發泡放出口一次側，應安裝壓力表。	—
		啓動性能等　由自動火災感知裝置啓動	應依所規定之方法使其動作。	a 一齊開放閥應可正常地動作，或手動式開放閥可正常地操作。 b 加壓送水裝置應確實地動作。 c 壓力檢知裝置或自動警報逆止閥應正常地動作。 d 應能適當發出警報，並在防災中心等經常有人駐守之場所，標示放射樓層或放射區域。
		啓動性能等　由手動動裝置啓動	打開啓動操作部（係指手動式開放閥，如為設於遠隔啓動操作部分者，包括該操作部）。	
		自動關閉裝置動作狀況	以目視確認。	應確實地啓動且關閉自動關閉裝置。

泡沫滅火設備

		測試項目	測試方法	判定要領
綜合試驗	泡沫放射試驗（使用高發泡者）	放射狀況	以目視確認。	a 應從高發泡放出口正常地放射。 b 防護對象物應包含在高發泡放出口之有效防護空間內。
		由放出停止裝置之停止狀況	在確認加壓送水裝置之啓動及自動關閉裝置之動作後，操作該裝置使動作停止。	應確實地停止。
		放射壓力測定（kgf/cm²）	測定放射壓力。	放射壓力應在所設置之高發泡放出口的使用範圍內。

測試項目			測試方法	判定要領
綜合試驗	緊急電源切換試驗	發電機設備	在常用電源放射試驗的最終階段，於電源切換裝置一次側切斷常用電源。	a 電壓確定為止所需時間應適當、正常。 b 運轉中幫浦等應無異常。 c 放射壓力應適當、正常。
		蓄電池設備		a 電壓應適當正常。 b 運轉中幫浦等應無異常。 c 放射壓力應適當正常。

註：消防幫浦如係經內政部審核認可通過之認可品者，得免除「＊」部分之試驗。

4.7　惰性氣體滅火設備測試報告書測試方法及判定要領

甲、性能試驗

惰性氣體滅火設備

測試項目			測試方法	判定要領
性能試驗	動作試驗	選擇閥動作試驗	解開各系統在儲存容器周圍之導管，如為電力啓動者，應操作啓動裝置；如為氣壓啓動者，則應使用試驗用氣體，以確認各個動作狀況。	自動及手動之動作應確實。
		閉止閥動作試驗（限二氧化碳滅火設備）	手動操作閉止閥使其閉，確認其動作狀況。遠隔操作閉止閥者，以遠隔操作使其閉，確認其動作狀況。	控制盤及手動啓動裝置（操作箱）之閉止表示燈應亮燈或閃爍。亮燈者，音響警報裝置亦應動作。
		容器閥開放裝置動作試驗	將容器閥開放裝置從啓動用氣體容器取下，操作手動啓動裝置或控制盤；如為自動啓動裝置，則使探測器動作。確認各該裝置之動作狀況、測定、記錄遲延時間，並做自動及手動切換試驗。	撞針應無變形、損傷等，且確實地動作。
		控制裝置試驗　遲延時間		遲延裝置應依設定時間動作。
		緊急停止裝置動作狀況		在遲延裝置之設定時間內操作緊急用停止開關時，放出機關應停止。
		音響警報先行動作狀況		放出用開關、拉栓等應在音響警報裝置動作、操作後，才能操作。
		自動、手動切換動作狀況		切換開關應為專用，且切換應能確實執行。

測試項目					測試方法	判定要領
性能試驗	動作試驗	控制裝置試驗	異常信號試驗	短路試驗	解開各系統在儲存容器周邊之導管，並在控制盤或操作箱輸出入端子，以試驗用電源進行下列測試： ①使放射啓動信號線與電源線短路，確認動作狀況。 ②使放射啓動信號線與表示燈用信號線短路，確認動作狀況。	a 放射啓動回路不得動作。 b 應有回路短路或回路異常之顯示，且音響警報不得動作。

惰性氣體滅火設備

				測試方法	判定要領
性能試驗	動作試驗	控制裝置試驗	異常信號試驗	接地試驗	解開各系統在儲存容器周邊之導管，使控制盤或操作箱之音響警報啓動信號線、放射停止信號線、電源線及容器閥開放裝置啓動用信號線等（已接地之電源線除外）分別接地，確認動作狀況。	應有回路接地或回路異常之顯示，且音響警報不得動作。
			音響警報裝置試驗	啓動裝置動作狀況	如為手動啓動裝置，應操作該裝置，確認其動作狀況。 如為自動啓動裝置，應以符合火警自動警報設備探測器動作試驗之測試方法，確認其動作狀況。	應由手動或自動啓動裝置之操作或動作即自動發出警報。
				警報鳴動狀況		只要未操作手動啓動裝置或控制盤之緊急停止裝置或復舊開關，警報即應在一定時間內繼續鳴動。
				音量		音量應在防護區域內任一點均能加以確認。
				音聲警報裝置動作狀況		應可在警鈴或蜂鳴器鳴動後，以人語發音發出警報。
				自動警報動作狀況		即使已操作手動啓動裝置之緊急停止開關或控制盤之復舊開關，如火警自動警報設備之探測器動作時，仍應自動發出警報。

		動作狀況	如為電力啓動者，應操作啓動裝置；如為氣壓啓動者，應以試驗用氣體，確認換氣裝置之停止、防火捲門之自動關閉機關的動作狀況。	應在設定時間內確實地動作。
性能試驗	動作試驗	附屬裝置連動試驗		
		復歸操作狀況		應可從防護區域外容易地進行復舊操作。
		滅火藥劑排出試驗	啓動排放裝置。	排放裝置應正常地動作。
		放射表示燈試驗	使壓力開關動作，以確認該區域之表示燈的亮燈狀況。	設置在防護區域出入口等之放射表示燈應確實地亮燈或閃爍。
		自動冷凍機試驗	啓動狀況	操作自動冷凍機之電動機，依安裝在儲存容器之溫度計、壓力表等，確認自動冷凍機之啓動及停止時的動作狀況，並測定電流值及溫度、壓力。	啓動、運轉應順利。
			電流		電動機在運轉時之電流值應在規定值以內。
			溫度、壓力		電動機在啓動及停止時之溫度或壓力應在規定值以內。

乙、綜合試驗

惰性氣體滅火設備

測試項目			測試方法	判定要領
綜合試驗	綜合動作試驗	選擇閥動作狀況、放出管路	在各防護區域操作啓動裝置，放射試驗用氣體，確認通氣及各構件之狀況。試驗用氣體應使用氮氣或空氣，施加與該設備之使用壓力相同的壓力。所需試驗用氣體量，依放射區域應設滅火藥劑量之10%核算。	控制該防護區域之選擇閥應確實動作，從噴頭放射試驗用氣體的放出管路應無誤。
		通氣狀況		因試驗用氣體的放射，通氣應確實。
		氣密狀況		集合管、導管等各配管部分及閥類應無外漏之情形。
		警報裝置動作狀況		音響警報裝置之鳴動及警示燈之警示效果應確實。
		放射表示燈亮燈狀況		在該區域之放射表示燈應亮燈或閃爍。
		附屬裝置動作狀況		附屬裝置、自動關閉裝置之動作、換氣裝置之停止等應確實。

4.8　鹵化烴滅火設備測試報告書測試方法及判定要領

甲、性能試驗

鹵化烴滅火設備

<table>
<tr><th colspan="4">測試項目</th><th>測試方法</th><th>判定要領</th></tr>
<tr>
<td rowspan="11">性能試驗</td>
<td rowspan="11">動作試驗</td>
<td colspan="2">選擇閥動作試驗</td>
<td>解開各系統在儲存容器周圍之導管，如為電力啟動者，應操作啟動裝置；如為氣壓啟動者，則應使用試驗用氣體，以確認各個動作狀況。</td>
<td>自動及手動之動作應確實。</td>
</tr>
<tr>
<td colspan="2">容器閥開放裝置動作試驗</td>
<td rowspan="5">將容器閥開放裝置從啟動用氣體容器取下，操作手動啟動裝置或控制盤；如為自動啟動裝置，則使探測器動作。確認各該裝置之動作狀況，測定、記錄遲延時間，並做自動及手動切換試驗。</td>
<td>撞針應無變形、損傷等，且確實地動作。</td>
</tr>
<tr>
<td colspan="2">遲延時間</td>
<td>遲延裝置應依設定時間動作。</td>
</tr>
<tr>
<td colspan="2">緊急停止裝置動作狀況</td>
<td>在遲延裝置之設定時間內操作緊急用停止開關時，放出機關應停止。</td>
</tr>
<tr>
<td colspan="2">音響警報先行動作狀況</td>
<td>放出用開關、拉栓等應在音響警報裝置動作、操作後，才能操作。</td>
</tr>
<tr>
<td colspan="2">自動、手動切換動作狀況</td>
<td>切換開關應為專用，且切換應能確實執行。</td>
</tr>
<tr>
<td rowspan="6">控制裝置試驗</td>
<td rowspan="6">異常信號試驗</td>
<td>短路試驗</td>
<td>解開各系統在儲存容器周邊之導管，並在控制盤或操作箱輸出入端子，以試驗用電源進行下列測試：
①使放射啟動信號線與電源線短路，確認動作狀況。
②使放射啟動信號線與表示燈用信號線短路，確認動作狀況。</td>
<td>a 放射啟動回路不得動作。
b 應有回路短路或回路異常之顯示，且音響警報不得動作。</td>
</tr>
<tr>
<td>接地試驗</td>
<td>解開各系統在儲存容器周邊之導管，使控制盤或操作箱之音響警報啟動信號線、放射停止信號線、電源線及容器閥開放裝置啟動用信號線等（已接地之電源線除外）分別接地，確認動作狀況。</td>
<td>應有回路接地或回路異常之顯示，且音響警報不得動作。</td>
</tr>
</table>

		測試項目		測試方法	判定要領
性能試驗	動作試驗	音響警報裝置試驗	啓動裝置動作狀況	如為手動啓動裝置，應操作該裝置，確認其動作狀況。如為自動啓動裝置，應以符合火警自動警報設備探測器動作試驗之測試方法，確認其動作狀況。	應由手動或自動啓動裝置之操作或動作即自動發出警報。
			警報鳴動狀況		只要未操作手動啓動裝置或控制盤之緊急停止裝置或復舊開關，警報即應在一定時間內繼續鳴動。
			音量		音量應在防護區域內任一點均能加以確認。
			音聲警報裝置動作狀況		應可在警鈴或蜂鳴器鳴動後，以人語發音發出警報。
			自動警報動作狀況		即使已操作手動啓動裝置之緊急停止開關或控制盤之復舊開關，如火警自動警報設備之探測器動作時，仍應自動發出警報。
		附屬裝置連動試驗	動作狀況	如為電力啓動者，應操作啓動裝置；如為氣壓啓動者，應以試驗用氣體，確認換氣裝置之停止、防火捲門之自動關閉機關的動作狀況。	應在設定時間內確實地動作。
			復歸操作狀況		應可從防護區域外容易地進行復舊操作。
		滅火藥劑排出試驗		啓動排放裝置。	排放裝置應正常地動作。
		放射表示燈試驗		使壓力開關動作，以確認該區域之表示燈的亮燈狀況。	設置在防護區域出入口等之放射表示燈應確實地亮燈或閃爍。

乙、綜合試驗

		測試項目	測試方法	判定要領
綜合試驗	綜合動作試驗	選擇閥動作狀況‧放出管路	在各防護區域操作啓動裝置，放射試驗用氣體，確認通氣及各構件之狀況。試驗用氣體應使用氮氣或空氣，施加與該設備之使用壓	控制該防護區域之選擇閥應確實動作，從噴頭放射試驗用氣體的放出管路應無誤。
		通氣狀況		因試驗用氣體的放射，通氣應確實。
		氣密狀況		集合管、導管等各配管部分及閥類應無外漏之情形。
		警報裝置動作狀況		音響警報裝置之鳴動及警示燈之警示效果應確實。

	測試項目	測試方法	判定要領
綜合試驗	放射表示燈亮燈狀況	力相同的壓力。所需試驗用氣體量，依放射區域應設滅火藥劑量之10%核算。	在該區域之放射表示燈應亮燈或閃爍。
	附屬裝置動作狀況		附屬裝置、自動關閉裝置之動作、換氣裝置之停止等應確實。

4.9　乾粉滅火設備測試報告書測試方法及判定要領

甲、性能試驗

乾粉滅火設備

測試項目				測試方法	判定要領
性能試驗	動作試驗	防護區域		—	—
		選擇閥動作試驗		解開各系統在儲存容器周圍之導管，如為電力啟動者，應操作啟動裝置；如為氣壓啟動者，則應使用試驗用氣體，以確認各個動作狀況。	自動及手動之動作應確實。
		容器閥開放裝置動作試驗		將容器閥開放裝置從啟動用氣體容器取下，操作手動啟動裝置或控制盤。如為自動啟動裝置，則使探測器動作，以確認該等裝置的動作狀況；並應做自動及手動之切換試驗。	撞針應無變形、損傷等，且確實地動作。
		控制裝置試驗	遲延時間		遲延裝置應依設定時間動作。
			緊急停止裝置動作狀況		在遲延裝置之設定時間內操作緊急用停止開關時，放出機關應停止。
			音響警報先行動作狀況		啟動裝置開關、拉桿等應在音響警報裝置動作後，始能操作。
			自動・手動切換動作狀況		切換開關應為專用，且切換應能確實執行。

乾粉滅火設備

測試項目			測試方法	判定要領
性能試驗	動作試驗	音響警報裝置試驗	由啓動裝置動作狀況	如為依手動啓動裝置者，應操作手動啓動裝置，確認動作狀況。	應由手動或自動啓動裝置之操作或動作即自動發出警報。
			警報鳴動狀況	如為依自動啓動裝置者，應以符合火警自動警報設備探測器動作試驗之測試方法，確認動作狀況。	只要未操作手動啓動裝置或控制盤之緊急停止裝置或復舊開關，警報應在一定時間內繼續鳴動。
			音量		音量應在防護區域內任一點均能加以確認。
			音聲警報裝置動作狀況		應可在警鈴或蜂鳴器鳴動後，能以人語發音發出警報者。
			自動警報動作狀況		即使已操作手動啓動裝置之緊急停止開關或控制盤之復舊開關，如火警自動警報設備之探測器動作時，仍應自動發出警報。
		附屬裝置連動試驗	動作狀況	如為電力啓動者，應操作啓動裝置；如為氣壓啓動者，應以試驗用氣體，確認換氣裝置之停止、防火鐵捲門之自動關閉機關的動作狀況。	應在設定時間內確實地動作。
			復歸操作狀況		應可從防護區域外容易進行復舊操作。
		定壓動作裝置試驗	動作壓力（kgf/cm^2）	將壓力表接在儲存槽後，以試驗用氣體加壓儲存槽，至定壓動作裝置動作，同時記錄壓力值及至動作為止所需時間。	定壓動作裝置之動作壓力應適當正常。
			動作時間（sec）		至定壓動作裝置開始動作為止所需之時間應適當正常。

乾粉滅火設備

測試項目		測試方法	判定要領
性能試驗	動作試驗	放射表示燈試驗	使壓力開關動作等，以確認該區域表示燈的亮燈狀況。	設置在防護區域出入口等之放射表示燈應確實地亮燈或閃爍。
		壓力調整裝置試驗	關閉壓力調整器之二次側後，使加壓氣體容器之容器閥動作開啓，確認動作狀況。	壓力調整性能及壓力調整值應適當正常。
		清洗裝置試驗	操作清潔裝置，放出試驗用氣體。	氣體斷線應確實。

乙、綜合試驗

測試項目			測試方法	判定要領
綜合試驗	綜合動作試驗	選擇閥動作狀況、放出管路	在各防護區域操作啓動裝置，放射試驗用氣體，確認通氣及各構件之狀況。 試驗用氣體應使用氮氣或空氣，施加與該設備之使用壓力相同的壓力，放射至該設備之儲存容器或儲存槽。	控制該防護區域之選擇閥應確實地動作，從噴頭放射試驗用氣體的放出管路應無誤。
		通氣狀況		因試驗用氣體的放射，通氣應確實。
		氣密狀況		集合管、導管等各配管部分及閥類應無外漏之情形。
		區劃別儲存容器開放數		如為選擇儲存容器之個數而放出滅火藥劑者，應開放規定數量之儲存容器。
		音響警報裝置動作狀況		音響警報裝置之鳴動應確實。
		放射表示燈亮燈狀況		在該區域之放射表示燈應亮燈或閃爍。
		附屬裝置動作狀況		附屬裝置、自動關閉裝置之動作、換氣裝置之停止等應確實。

4.10　連結送水管設備測試報告書測試方法及判定要領

甲、性能試驗

連結送水管設備

測試項目				測試方法	判定要領
性能試驗	加壓送水裝置試驗	呼水裝置動作試驗	減水警報裝置動作狀況	關閉自動給水裝置之閥，打開呼水槽之排水閥排水。	應在呼水槽之水量減至1/2前確實地動作。
			自動給水裝置動作狀況	打開呼水槽之排水閥排水。	自動給水裝置應開始動作。
			由呼水槽補給水狀況	打開幫浦之漏斗、排氣閥等。	應可從呼水槽給水。

			測試項目		測試方法	判定要領
性能試驗	加壓送水裝置試驗	控制裝置試驗	啓動・停止操作時狀況		啓動幫浦之後再停止。	a 啓動、停止之按鈕開關等應確實地動作。 b 表示啓動之表示燈應亮燈或閃爍。 c 開閉器之開關應可由電源表示燈等之標示來確認。 d 幫浦之關閉、額定負荷運轉時之電壓或電流值應適當正常。
			電源切換時之運轉狀況		啓動幫浦之後切斷常用電源，之後再恢復常用電源。	應在常用電源切斷後及恢復後，不需啓動操作，幫浦即可繼續運轉。
		啓動裝置試驗、啓動表示試驗	幫浦啓動狀況		從控制盤直接啓動或遠隔操作使幫浦啓動。	幫浦啓動及停止應確實。
			啓動表示亮燈狀況			啓動表示燈之亮燈或閃爍應確實。
			運轉狀況		啓動幫浦。	a 電動機及幫浦的運轉應順利。 b 電動機應無明顯發熱及異常聲音。 c 電動機的啓動性能應確實。 d 幫浦底部應無明顯之漏水。 e 壓力表及連成計之指示壓力值應適當正常。 f 配管應無漏水、龜裂等。
		幫浦試驗	全閉運轉時狀況	全閉揚程	關上幫浦出水側之止水閥，測定全閉揚程、電壓及電流。 註：作為中繼幫浦使用者，製作揚程－出水量之合成特性並確認其特性。	a 全閉揚程應在額定負荷運轉時之測得揚程的140%以下。 b 電壓值及電流值應適當正常。
				電壓		
				電流		

連結送水管設備

測試項目				測試方法	判定要領
性能試驗	加壓送水裝置	幫浦試驗	額定負荷運轉時狀況 額定揚程	幫浦調整成額定負荷運轉，測定測得揚程、電壓及電流。註：作為中繼幫浦使用者，製作揚程－出水量之合成特性並確認其特性。	a 測得揚程應在該幫浦所標示揚程的100%以上110%以下。b 電壓值及電流值應適當正常。
			電壓		
			電流		
		＊防止水溫上升排放裝置試驗		將幫浦做全閉運轉，測定排放配管之排放水量。	排放水量應在下列公式求出量以上。$q = \dfrac{LsC}{60\Delta t}$q ：排放水量（L/min）Ls：幫浦全閉運轉時之輸出功率（kw）C：860kcal（每1kw水之發熱量）Δt：30℃（幫浦內部之水溫上升限度）
		＊幫浦性能試驗裝置試驗		啟動幫浦，依消防幫浦加壓送水裝置等及配管摩擦損失計算基準規定之方法測定在額定出水點之出水量，同時讀取當時流量計之標示刻度。	依消防幫浦加壓送水裝置等及配管摩擦損失計算基準規定之方法求出出水量之值和流量計表示值的差，應在該流量計使用範圍之最大刻度的±3%以內。
	配管耐壓試驗	未用加壓送水裝置之配管部分		①送水口從接近送水口之放水口，依水壓試驗器加壓。②以設計送水壓力1.5倍以上之壓力加壓。③在任意二個放水口安裝壓力表和盲蓋，在開放狀態下測定壓力。註：如設置加壓送水裝置者，應關閉加壓送水裝置一次側之止水閥，而測定壓力。	配管、配管接頭、閥類應無龜裂、變形、漏水等。

連結送水管設備

	測試項目		測試方法	判定要領
性能試驗	配管耐壓試驗	使用加壓送水裝置之配管部分	①從加壓送水裝置之出水側附近最低位置的放水口,依水壓試驗器加壓。②加壓送水裝置之關閉壓力與押入壓力合計之1.5倍以上之加壓壓力。③關閉加壓送水裝置二次側之止水閥,在任意二個放水口安裝壓力表和盲蓋,在開放狀態下測定壓力。	配管、配管接頭、閥類應無龜裂、變形、漏水等。

乙、綜合試驗

	測試項目		測試方法	判定要領
綜合試驗	放水試驗	送水壓力	在預設放水壓力變為最低之處所,測定瞄子前端之放水壓力及放水量。	a 各瞄子前端之放水壓力應在6kgf/cm²以上。另放水量依下列公式算出:$Q = 0.653D^2\sqrt{P}$ Q：放水量（L/min） D：瞄子口徑（mm） P：放水壓力（kgf/cm²） b 應以直線放水狀態測定,放水壓力及放水量應適當正常。
		放水壓力		
		放水量		
	緊急電源切換試驗	發電機設備	在電源切換裝置一次側切斷常用電源。	a 至電壓確立為止所需之時間應適當正常。b 運轉中幫浦等應無異常。c 放水壓力及放水量應適當正常。
		蓄電池設備		a 電壓應適當正常地確立。b 運轉中幫浦等應無異常。c 放水壓力及放水量應適當正常。

註：消防幫浦如係經內政部審核認可通過之認可品者,得免除「＊」部分之試驗。

4.11　消防專用蓄水池測試報告書測試方法及判定要領

測試報告書測試方法及判定要領

外觀試驗

測試項目			測試方法	判定要領
水源	設置場所等	距建築物之水平距離	以目視確認設置場所等之狀況。	a 任一消防專用蓄水池至建築物各部分之水平距離應在100m以下的位置。 b 應設置在消防車能接近至其2m範圍內，易於抽取之處。
		消防車之接近		
	種類、有效水量	種類	以目視確認設置狀況。	a 應依種類等適當正常地確保用水。 b 每一消防專用蓄水池有效水量應在20 m^3 以上。 c 有效水量應在距離基地地面下4.5m範圍內之水量部分（地下水池者），但採機械方式引水者，不在此限。 d 應採取能吸取全部所需水量的措施。
		有效水量（m^3）		
	種類、有效水量	數量		
		有效水量的合計（m^3）		
	進水管投入孔	投入孔尺寸	以目視確認設置狀況。	a 孔蓋應容易開關。 b 應有無礙進水管投入之大小。 c 進水管投入孔應標明「消防專用蓄水池」字樣，採水口應標明「採水口」或「消防專用蓄水池採水口」字樣。 d 如為和其他設備共用之水池、槽，應採取確保有效水量之措施。
		投入孔字樣標示		

第 **5** 章

消防設備其他應考法規

5.1　滅火器藥劑更換及充塡作業規定

（民國100年10月21日發布／函頒）　（附表均省略）

一、為強化內政部公告應實施認可之滅火器滅火功能，建立滅火器藥劑更換及充塡作業機制，特訂定本規定。

二、本規定所稱滅火器，指滅火器認可基準規範之水滅火器、機械泡沫滅火器、二氧化碳滅火器及乾粉滅火器等。

三、經營滅火器藥劑更換及充塡作業廠商（以下簡稱廠商），其人員、設備器具及場地，應符合下列規定：

(一) 有專任符合消防法規定之消防專技人員（如消防設備師、消防設備士或暫行從事消防安全設備裝置檢修人員）至少一人，且不得同時任職於其他工廠或公司（行號）。

(二) 有必要之設備及器具，其名稱及數量如附表一。

(三) 有固定之作業場所，滅火器不得露天堆置。

四、從事第三點作業之廠商應檢具下列文件，向作業場所所在地之直轄市、縣（市）政府提出申請，經派員實地審查合格後，發給證書，並公告之。未依本規定取得證書辦理相關作業之廠商，直轄市、縣（市）政府應予輔導，輔導期限至中華民國一百零一年六月三十日止。輔導期限屆滿日起，尚未依本規定取得證書進行作業之廠商，應依消費者保護法相關規定加強查核：

(一) 申請書（格式如附表二）。

(二) 工廠或公司（行號）登記證明文件。

(三) 建築物使用執照影本。

(四) 負責人身分證明文件。

(五) 員工名冊（格式如附表三）。

(六) 所屬消防專技人員資格證明、勞工保險及全民健康保險資料。

(七) 滅火器藥劑更換及充塡作業流程。

(八) 滅火器藥劑更換及充塡之設備清冊、照片及校正紀錄（格式如附表四）。

(九) 責任保險證明文件（保險期限應包括本文所定證書之有效期限）：

1. 承保藥劑更換及充填後之滅火器對第三人發生體傷、死亡或財物損害之產品責任險文件，其最低保險金額如下：

    (1) 每一個人身體傷亡：新臺幣一百萬元。

    (2) 每一事故身體傷亡：新臺幣五百萬元。

    (3) 每一事故財產損失：新臺幣一百萬元。

    (4) 保險期間總保險金額：新臺幣一千五百萬元。

2. 雇主意外責任保險文件，應保障所屬員工執行業務發生意外事故或死亡，其最低保險金額如下：

    (1) 每一個人身體傷亡：新臺幣一百萬元。

    (2) 每一事故身體傷亡：新臺幣五百萬元。

    (3) 保險期間總保險金額：新臺幣一千五百萬元。

五、第四點所定證書（格式如附表五）應記載事項如下：

(一) 廠商名稱。

(二) 工廠或公司（行號）登記字號。

(三) 營利事業統一編號。

(四) 執行業務範圍。

(五) 負責人。

(六) 作業場所地址。

(七) 電話。

(八) 證書號碼。

(九) 核發日期。

(十) 有效期限。

前項證書所載事項有變更者，應於變更事由發生之次日起三十日內向直轄市、縣（市）政府申請變更。

第四款所定執行業務範圍，係指依廠商具有之設備及器具種類，區別從事水滅火器、機械泡沫滅火器、二氧化碳滅火器或乾粉滅火器等不同種類滅火器之藥劑更換及充填作業。

六、廠商聘用、資遣、解聘消防專技人員，應於事實發生之次日起三十日內，報請直轄市、縣（市）政府備查，並應符合第三點第一款規定。

七、廠商應備置滅火器藥劑更換及充填作業登記簿（格式如附表六），並至少保存三年。

八、證書之有效期限為三年，期限屆滿三個月前，得檢附第四點所定文件及滅火藥劑進出貨證明文件向作業場所所在地之直轄市、縣（市）政府申請延展。

前項申請受理後除書面審查外，並應派員實地審查，每次延展期限為三年，實地審查不合格者，不予延展。

九、直轄市、縣（市）政府派員查核廠商執行本作業規定情形時，應出示執行職務之證明文件或顯示足資辨別之標誌，廠商不得規避、妨礙或拒絕，並應依檢查人員之請求提供相關資料或說明，違反者得依消費者保護法第五十七條規定裁處之。

十、直轄市、縣（市）政府應於網站公布合格廠商之資料，並即時更新，且與內政部消防署網站連結。

十一、廠商更換滅火藥劑時應將原藥劑清除乾淨後，依據各類場所消防安全設備檢修及申報作業基準規定，發現有缺點之滅火器，應即進行檢修或更新，並依下列規定辦理：

　　(一)檢查：

　　　　1.製造日期超過十年或無法辨識製造日期之水滅火器、機械泡沫滅火器或乾粉滅火器，應予報廢，非經水壓測試合格，不得再行更換及充填藥劑。

　　　　2.容器（鋼瓶）內、外部不得有鏽蝕、變形、膨脹、破裂、龜裂等損害現象。

　　　　3.各部零件不得有嚴重鏽蝕、變形、膨脹、破裂（損）、龜裂、阻塞、缺損等影響性能現象。

　　　　4.充填滅火藥劑之容器及鋼瓶，應符合滅火器認可基準之氣密試驗。

　　(二)充填：

　　　　1.泡沫滅火藥劑因經較長時間後會產生變化，應依滅火器銘板上所標示之時間或依製造商之使用規範，定期加以更換。其餘類型滅火器之滅火藥劑若無固化結塊、異物、沉澱物、變色、汙濁或異臭者等情形，滅火藥劑可繼續使用。

　　　　2.新增充填之滅火藥劑應為經內政部認可之產品，汰換之滅火藥劑未經回收處理重新辦理認可，取得個別認可標示，不得重複使用；二氧化碳滅火器所充之滅火劑，應符合中華民國國家標準（以下簡稱CNS）195〔液體二氧化碳〕之規定，並有證明文件。

　　　　3.滅火藥劑充填量及灌充壓力應符合滅火器認可基準規定。

4.高壓氣體灌充作業需符合高壓氣體相關法令規定。

5.重新充填滅火藥劑後之滅火器，於充填完成時其噴射性能須能噴射所充填滅火劑容量或重量90%以上之量，其使用期限內噴射性能須能噴射所充填滅火劑容量或重量80%以上之量；其藥劑主成分應符合滅火器用滅火藥劑認可基準規定。

6.換藥作業應於經審查合格（廠）場內進行，不得於工作車輛上為之。

(三)檢修環及標示：

1.性能檢查完成或重新更換藥劑及充填後之滅火器，應於滅火器瓶頸加裝檢修環，檢修環材質以一體成型之硬質無縫塑膠、壓克力或鐵環製作，且內徑不得大於滅火器瓶口1mm。並能以顏色區別前一次更換藥劑及充填裝設之檢修環，檢修環顏色以黃色、藍色交替更換。

2.以不易磨滅之標籤標示滅火器藥劑更換及充填之廠商名稱、證書號碼、電話、地址、消防專技人員姓名、品名、規格、流水編號、檢修環顏色、性能檢查日期、換藥日期、下次性能檢查日期、委託服務廠商等，格式如附表七。

3.滅火器換藥標示不得覆蓋、換貼或變更原新品出廠時之標示。

十二、有下列情事之一者，直轄市、縣（市）政府應撤銷或廢止其證書，且自撤銷或廢止之日起一年內不得重新提出申請：

(一)未置專任之消防專技人員。

(二)充填未經認可之滅火藥劑或以其他不實方法施作。

(三)滅火器瓶頸以不合之顏色、型式檢修環裝置或未裝置者。

(四)滅火器藥劑更換、充填作業未於經審核合格場所內進行者。

(五)未設置滅火器藥劑更換及充填作業登記簿、滅火藥劑進出貨證明文件等相關資料可供稽核或偽造紀錄者。

(六)無正當理由規避、拒絕或妨礙消防機關之查核者。

(七)工廠或公司（行號）登記證明文件失效者。

十三、更換之滅火藥劑應依下列規定處理，不得隨地棄置，並應有相關委託資料備查：

(一)委託廢棄物清理公司依環境保護法規規定辦理。

(二)委託原製造商或其他具處理能力業者重新回收再處理，處理後之滅火藥劑應重新辦理認可，取得個別認可標示。

十四、本規定第四點、第八點第二項之實地審查作業,直轄市、縣(市)政府得請消
防相關公(協)會、基金會團體協助辦理。

5.2 連結送水管系統(中繼幫浦非設於中間層)操作使用及竣工查驗測試重點事項

(附件均省略)

一、系統主要構件

如附件1示意圖

二、系統操作及復歸步驟

(一)高、低層中繼幫浦串聯供水

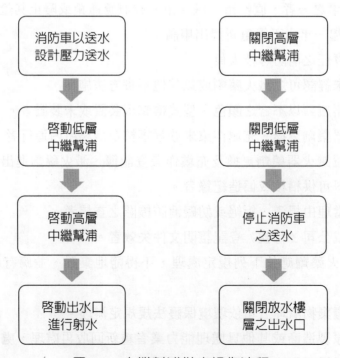

圖5-1 中繼幫浦供水操作流程

(二)移動式幫浦（中繼幫浦失效時）加壓供水

於正常情況下，消防車幫浦接水帶於一樓送水口將水送至中繼幫浦串聯救災，惟當高層中繼幫浦故障，且須搶救高層部時，可使用中繼送水口，串接移動式幫浦接續送水。

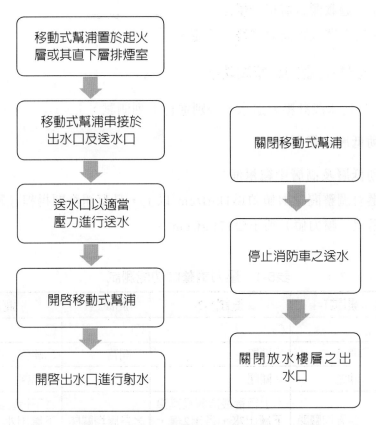

圖5-2　移動式幫浦加壓供水操作流程

(三)送水口標示原則

應標明系統升位簡圖，送水壓力標示可供救災人員依序判別出水樓層、送水壓力值，並標明使用步驟及故障操作之注意事項。範例如附件2。

三、竣工查驗測試項目

(一) 幫浦性能

1. 三點性能測試須符合設計值及測試報告數據。
2. 缺水警報、過載測試需符合規定。
3. 壓力桶之安全閥洩壓裝置需符合規定。

(二) 幫浦一次側之壓力調整閥功能

消防車以送水設計壓力送水，分別進行下列測試：

1. 啓動低層中繼幫浦

2. 啓動低層及高層中繼幫浦

其壓力調整閥壓力值須爲$1kgf/cm^2$以上，且幫浦全閉揚程（壓力值）+押入揚程（壓力值）須小於$17kgf/cm^2$。

表5-1　壓力調整閥功能測試

項目	測試1-1	測試1-2	測試2-1	測試2-2
消防車送水	○	○	○	○
低層中繼幫浦	○開啓	○開啓	○開啓	○開啓
高層中繼幫浦	×關閉	×關閉	○開啓	○開啓
出水口	×各層均關閉	△上行管最頂層及其直下層出水，各出2線，共4線	×各層均關閉	△下行管最頂層及其直下層出水，各出2線，共4線
移動式幫浦	×	×	×	×

(三) 低層中繼幫浦送至高層中繼幫浦處，應有押入揚程10m以上：

消防車以送水設計壓力送水，啓動低層及高層中繼幫浦，測試高層中繼幫浦一次側之壓力調整閥壓力是否達$1kgf/cm^2$以上。

表5-2　押入揚程測試

項目	測試3-1	測試3-2	測試3-3
消防車送水	○	○	○
低層中繼幫浦	○開啓	○開啓	○開啓
高層中繼幫浦	○開啓	○開啓	○開啓
出水口	×各層均關閉	△上行管最頂層及其直下層出水，各出2線，共4線	△下行管最頂層及其直下層出水，各出2線，共4線
移動式幫浦	×	×	×

(四)放水測試

1. 消防車以送水設計壓力送水，啓動高層中繼幫浦，測試上行管最頂層及其直下層（各出2線，共4線）出水口之放水量是否達600LPM、放水壓力是否達6kgf/cm^2。

2. 消防車以送水設計壓力送水，啓動低層及高層幫浦，測試下行管最頂層及其直下層（各出2線，共4線）之放水量是否達600LPM、放水壓力是否達6kgf/cm^2。

3. 消防車以送水設計壓力送水，啓動低層中繼幫浦，測試上行管最頂層及其直下層（各出2線，共4線）出水口之放水量是否達600LPM、放水壓力是否達6kgf/cm^2。

表5-3　放水測試

項目	測試4-1	測試4-2	測試4-3
消防車送水	○	○	○
低層中繼幫浦	×關閉	○開啓	○開啓
高層中繼幫浦	○開啓	○開啓	○開啓
出水口	△上行管最頂層及其直下層出水，各出2線，共4線	△上行管最頂層及其直下層出水，各出2線，共4線	△下行管最頂層及其直下層出水，各出2線，共4線
移動式幫浦	×	×	×

(五) 管系最大壓力測試

消防車以送水設計壓力送水，啓動低層及高層中繼幫浦，各層出水口全閉，低層中繼幫浦一次側之壓力調整閥關閉，測試低層中繼幫浦二次側壓力，不得超過系統設計最大壓力值，各閥體、管另件不得有漏水或故障現象。

表5-4　管系最大壓力測試

項目	測試5
消防車送水	○
低層中繼幫浦	○開啓
低層中繼幫浦一次側之壓力調整閥	×關閉
高層中繼幫浦	○開啓
出水口	△下行管最頂層及其直下層出水，各出2線，共4線
移動式幫浦	×

(六) 消防搶救驗證

消防車以送水設計壓力送水，啓動低層中繼幫浦，移動式幫浦裝置於建築物最頂層之直下層，最頂層出水1線，測試放水壓力是否達$6kgf/cm^2$。

表5-5　消防搶救難

項目	測試6
消防車送水	○
低層幫浦	△視個案由本書指定
高層中繼幫浦	×關閉
出水口	於最頂層出水1線
移動式幫浦	○裝置於最頂層

三、本事項如有未盡事宜，得隨時修正或補充之。

5.3　泡沫滅火藥劑測定方法

一、適用範圍

本測定方法適用於使用蛋白泡沫滅火藥劑或合成界面活性劑中之低發泡者。

二、必備器具

(一)發泡倍率測定器具

1. 1400mL容量之泡沫試料容器—2個（如圖5-3）。
2. 泡沫試料採集器—1個（如圖5-4）。
3. 量秤—1個。

(二)25%還原時間測定器具

1. 碼錶—2個。
2. 泡沫試料容器台—1個（如圖5-5）。
3. 100mL容量之透明容器—4個。

三、泡沫試料之採集方法

在發泡面積內之指定位置，將2個內容積1400mL之泡沫試料容器置於泡沫試料採集器之位置，在該容器未盛滿泡沫前持續置於採集器上。泡沫盛滿後即按下碼錶讀秒，同時將採集自泡沫頭撒下泡沫試料移至外部，以直棒將容器表面推平，清除過多之泡沫及附著在容器外側與底部之泡沫，對該試料進行分析。

四、測定方法

(一) 發泡倍率

發泡倍率係測量在未混入空氣前之泡沫水溶液與最終發泡量之比率。故應預先測出泡沫試料容器重量，次將泡沫試料測量至公克單位，再利用下列公式計算之。

$$1400\text{mL} \div \text{扣除容器重量後之淨重（g）} = \text{發泡倍率。}$$

(二) 25%還原時間

泡沫之25%還原時間，係指自所採集之泡沫消泡為泡沫水溶液量，還原至全部泡沫水溶液量之25%止所需之時間。因其特別著重水之保持能力及泡沫之流動性，故以下列方法測定。

測定還原時間係以測量發泡倍率時所用之試料進行，如將泡沫試料之淨重分為四等分，即可得所含泡水溶液量之25%（單位mL），為測得還原至此量所需時間，應先將試料容器置於容器台上，在一定時間內以100mL透明容器承接還原於容器底部之水溶液。

茲舉一例如下：

假設泡沫試料之淨重為180g，25%容量值為180÷4 = 45（mL），故測定至還原45mL所需時間，以判定其性能。

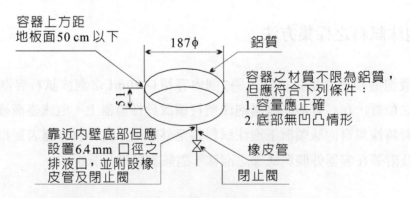

圖5-3　泡沫試料容器（單位：mm）

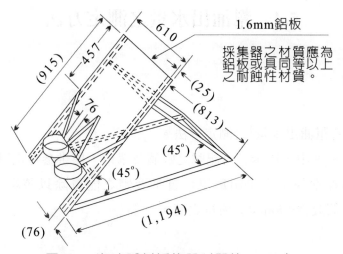

圖5-4 泡沫試料採集器（單位：mm）

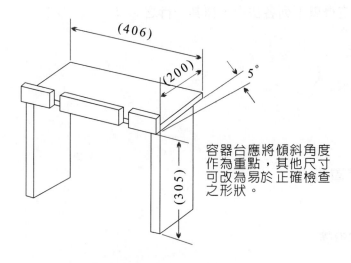

註：尺寸之（ ）係為參考尺寸。

圖5-5 泡沫試料容器台（單位：mm）

5.4　幫浦出水量之測定方法

一、適用範圍

本標準係規定幫浦出水量[1]之測定方法。

備考：1. 本標準中，標示{　}記號之數值及單位，僅供參考之用。

2. 本標準使用之水頭為單位質量液體之能量除以該場所之重力加速度（假設為$9.8 \mathrm{m/s^2}$）所得之值。

二、種類

出水量之測定得就下列各法中，擇其一行之。

(一)水堰法

1. 直角三角堰
2. 四角堰
3. 全幅堰

(二)節流裝置法

1. 孔口
2. ISA 1932噴嘴
3. 橢圓噴嘴

(三)流量計法

(四)容器法

備考：1. 水堰、節流裝置及流量計測定法，原則上適用於清水或海水（以下總稱水）。

2. 容器法，適用於水或非水液體流量之測定。

---

[1]　出水量為幫浦於單位時間內可汲出之液體體積。

三、水堰法

(一)水堰之構造

1. 通則：水堰係由堰板、支撐板及水路三個構件所構成。

2. 堰板及支撐板之構造應符合下列規定。

(1) 堰板內平面和上端面相交處應加工成直角銳緣。上端面之寬度約為2mm，上端面之外側呈傾斜面，其與上端面之夾角約為45°（如圖5-6）。

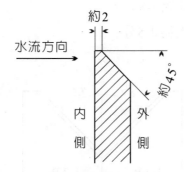

圖5-6　堰板之截面圖（單位：mm）

(2) 堰板之內面應為光滑平整之平面，特別是堰板上端面起算100mm內之範圍（如圖5-7）。其他部分如不致擾亂水流，則不需做特別之光滑處理。其施工方式亦請參照圖5-7(a)、(b)。

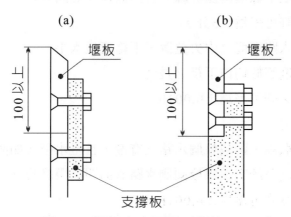

圖5-7　堰板之內面圖（單位：mm）

(3) 堰板之材料應使用不生鏽、耐腐蝕之材質。

(4) 支撐板應採用能承受堰板內部水壓，不致產生變形之軟鋼板或水泥來施作，堰內部之水位，四角堰由堰下緣，全幅堰由堰緣起算，分別為30mm以上（三角堰則由切口底點起算70mm以上），並應採用適當之構造及尺寸，使水位上漲時，注入之水不會產生飛濺及紊流。

(5) 堰板及支撐板內面應與水路之長軸方向呈直交。

(6) 直角三角堰之切口：

　　a. 直角三角堰之切口應呈90度角，切口之平分線應為鉛直線，且在水路寬度之中央位置（如圖5-8）。

　　b. 切口角度之許可差為±5分。

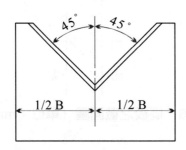

圖5-8　直角三角堰之切口

(7) 四角堰之切口如下所示。

　　a. 四角堰之堰下緣與兩側板緣，分呈直角（如圖5-9）。

　　b. 切口角度許可差為±5分。

　　c. 切口應在水路寬度之中央位置，下緣應呈水平。

　　d. 切口之寬度等於切口下緣之長度。

　　e. 切口寬度之許可差為±0.001b。

(8) 全幅堰之寬度：

　　a. 全幅堰之堰緣，跨越整個水路之寬度，且呈水平（如圖5-10）。

　　b. 堰板之寬度等於夾在堰板兩側水路壁面間之堰緣長度。

　　c. 堰板之寬度許可差為±0.001B。

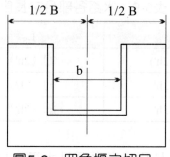

圖5-9 四角堰之切口

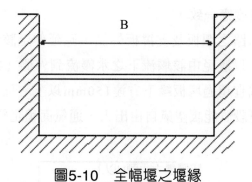

圖5-10 全幅堰之堰緣

3. 水路：由導入部分、整流裝置部分，及整流部分所構成（如圖5-11）。

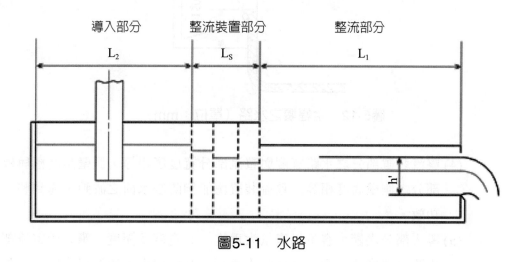

圖5-11 水路

(1) 水路各部分之長度應符合表5-6之規定。如沒有整流裝置部分，則整流部分之長度（L_1）應為水路寬度10倍以上。

表5-6　水路各部分之長度

	L_1	L_S	L_2
直角三角堰	> (B + 2h')	約（2h'）	> (B+h')
四角堰	> (B + 3h')	約（2h'）	> (B+2h')
全幅堰	> (B + 5h')	約（2h'）	> (B+3h')

(2) 整流部分之水路及其底面須呈水平，側面應呈鉛直線，其結構應堅固，不得因水槽注滿水而變形。且整流部分之水路軸線應呈直線，其水路之寬度應一致。

(3) 全幅堰水路之堰板及支撐板外側，應延伸至該堰最大水頭h'以上之兩側壁面，以避免由該堰流下之水漫流到外側（如圖5-12）。此片延長壁之下端宜超過堰板緣下方達150mm以上。且在漫過堰板流下之水舌下方，應設置能讓空氣自由出入，通氣面積足夠之空氣孔。

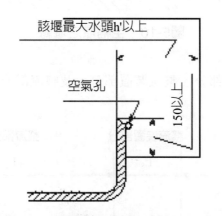

圖5-12　全幅堰之水路（單位：mm）

(4) 整流裝置部分之水路寬度與整流部分寬度應相等，側壁高度應與導入部分之側壁高度相等。整流裝置應能夠防制水面之波動，達到整流之功效。

(5) 導入部分之儲水容量以盡量大為宜。其寬度及深度，應大於整流部分水路之寬度及深度。且為防止水面上升而溢出，側壁高度應高於整流部分之水路壁面高度。水之導入管末端並應沒入水中。

(二)堰水頭[2]之測定裝置

應符合下列規定

1. 堰水頭之測定，係於水路之整流部分側壁設置一細孔，經由此細孔使水路連通至一小水槽，藉該小水槽內水位而測定之（如圖5-13）。

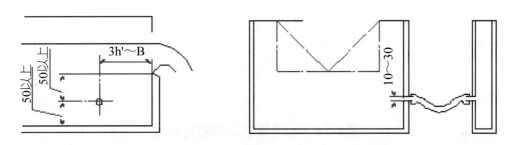

圖5-13 堰水頭之測定裝置（單位：mm）

2. 上述細孔之位置應設於堰板之上游側，距堰板內面最小為3h'（h'為堰最大水頭）——最大為B（水路之寬度）之處，且應低於切口底點、切口下緣或堰緣50mm以上處，並高於水路底面50mm以上處。

3. 上述細孔之內徑為10～30mm，應與水路之內壁面成直角，其周圍應平坦，孔緣不得捲曲。

(三)測定方法

應符合下列規定

1. 越過堰板流下之水，不得附著於堰板外側及支撐板。

2. 堰水頭零點之測定：應符合下列規定，且其量測精度應為±0.2mm以內。

   (1) 四角堰、全幅堰：將補助用之鉤形計設在堰內側中央部位，使用水平儀測量出切口下緣或堰緣之高度後，小心地將水注入直達該高度，然後測定小水槽內鉤形計之讀數，將它當成零點。如果是玻璃管，刻度上之零點應與水面在同一平面上。

---

2 堰水頭為堰板上游之水位，與切口底點（直角三角堰）、切口下緣（四角堰）或堰緣（全幅堰）中央之垂直距離。

(2) 三角堰：將補助用之鉤形計設在堰內側，沿著切口邊緣將正圓柱棒（直徑為D）以與水路之長軸呈平行之方式水平置入。以上述(1)之方法計算出圓柱棒下方之高度差，計算出之數值（如圖5-14）即為零點。

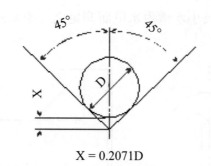

X = 0.2071D

圖5-14　三角堰水頭零點之測定

3. 水位之量測精度，使用直角三角堰時應為水頭之 $\frac{1}{250}$，使用四角堰或全幅堰時應為水頭之 $\frac{1}{150}$。

4. 水位之測定應使用符合規定精度之鉤形計、浮標計或其他水面計。

5. 堰水頭之測定應待小水槽內之水位穩定後始為之。

(四) 計算

流量之計算應符合下列規定。

1. 直角三角堰（如圖5-15）

$$Q = Kh^{5/2}$$

式中，Q：流量（m³/min）

h：堰之水頭（m）

K：流量係數

$$K = 81.2 + \frac{0.24}{h} + \left(8.4 + \frac{12}{\sqrt{D}}\right)\left(\frac{h}{B} - 0.09\right)^2$$

式中，B：水路寬度（m）

D：水路底面至切口底點間之高度（m）

此算式之適用範圍如下。

B = 0.5～1.2m　　　　　　D = 0.1～0.75m

h = 0.07～0.26m　　　　　$h = \dfrac{B}{3}$ 以下

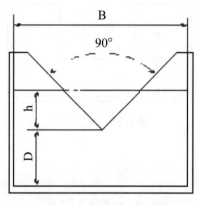

圖5-15　直角三角堰

2. 四角堰（如圖5-16）

$$Q = K \ b \ h^{3/2}$$

式中，Q：流量（m³/min）

　　　b：切口寬度（m）

　　　h：堰之水頭（m）

　　　K：流量係數

$$K = 107.1 + \frac{0.177}{h} + 14.2 \frac{h}{D} - 25.7 \sqrt{\frac{(B - b)h}{DB}} + 2.04 \sqrt{\frac{B}{D}}$$

式中，B：水路寬度（m）

　　　D：水路底面至切口下緣間之高度（m）

此算式之適用範圍如下。

B = 0.5～6.3m　　　　　　b = 0.15～5m

D = 0.15～3.5m　　　　　$\dfrac{bD}{B^2} \geq 0.06$

h = 0.03～$0.45\sqrt{b}$ m

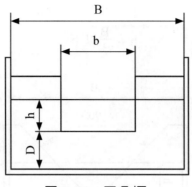

圖5-16　四角堰

3. 全幅堰（如圖5-17）

$$Q = K \, b \, h^{3/2}$$

式中，Q：流量（m³/min）

　　　B：水路寬度（m）

　　　h：堰之水頭（m）

　　　K：流量係數

$$K = 107.1 + \left(\frac{0.177}{h} + 14.2 \frac{h}{D} \right)(1 + \varepsilon)$$

式中，D：水路底面至堰緣間之高度（m）

　　　ε：修正項（如D為1m以下，ε = 0；如D為1 m以上，ε = 0.55(D − 1)）

此算式之適用範圍如下。

B ≧ 0.5m　　　　　D = 0.3～2.5m

h = 0.03～Dm（但h應為0.8m以下且為 $\frac{B}{4}$ 以下）。

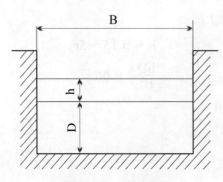

圖5-17　全幅堰

四、節流裝置測定法

(一)裝置

1.通則

除依下列規定外，應依CNS 11872之規定。

2.孔口板

(1) 構造：孔口板之構造，應依CNS 11872之規定。

壓力取出口原則上採用隔間取壓口（如圖5-18），其構造及位置應依CNS 11872之規定。且D取壓口、0.5D取壓口及凸緣取壓口亦應依CNS 11872之規定。

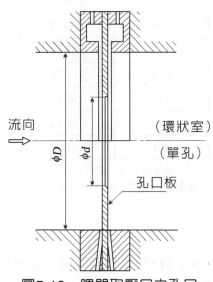

圖5-18　隔間取壓口之孔口

(2) 流出係數[3]隔間取壓口之流出係數C列於表5-7。表5-7之適用範圍如下所示。

d：縮減孔徑（mm）　　　　d≧12.5

D：管徑（mm）　　　　　　50≦D≦1000

---

[3] 流出係數是指流量係數與接近速度係數之比。

β：直徑縮減比　　　　　　　$0.30 \leqq \beta \leqq 0.80$

Re：雷諾數　　　　　　　　$10^5 \leqq Re \leqq 10^7$

如使用在上述範圍外之場合，請參照CNS 11872之規定。

表5-7　隔間取壓口流出係數

β	C	β	C	β	C
0.30	0.598 8	0.54	0.604 9	0.71	0.602 8
0.32	0.599 3	0.56	0.605 4	0.72	0.602 0
0.34	0.599 7	0.58	0.605 7	0.73	0.601 0
0.36	0.600 2	0.60	0.605 8	0.74	0.599 9
0.38	0.600 7	0.62	0.605 9	0.75	0.598 7
0.40	0.601 2	0.64	0.605 7	0.76	0.597 2
0.42	0.601 7	0.65	0.605 5	0.77	0.595 6
0.44	0.602 3	0.66	0.605 3	0.78	0.593 8
0.46	0.602 9	0.67	0.605 0	0.79	0.591 7
0.48	0.603 4	0.68	0.604 6	0.80	0.589 4
0.50	0.604 0	0.69	0.604 1		
0.52	0.604 5	0.70	0.603 5		

備考：1. 必要時，得依比例以內插法求取β值及對應之C值。
　　　2. D取壓口、0.5D取壓口及凸緣取壓口應依CNS 11872之規定。

3. ISA 1932噴嘴

(1) 構造：應依CNS 11872之相關規定（如圖5-19）。且壓力取出口原則上採用隔間取壓口之裝置，其構造及位置亦應依CNS 11872之規定。

(2) 流出係數：ISA 1932噴嘴之流出係數C列於表5-8。表5-8之適用範圍則如下所示。

D：管徑（mm）　　　　　　$50 \leqq D \leqq 500$

β：直徑縮減比　　　　　　$0.30 \leqq \beta \leqq 0.80$

Re：雷諾數　　　　　　　　$10^5 \leqq Re \leqq 10^7$

如使用在上述範圍外之場合，請參照CNS 11872之規定。

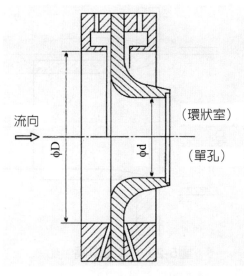

圖5-19　ISA 1932噴嘴

表5-8　ISA 1932噴嘴之流出係數

β	C	β	C	β	C	β	C
0.30	0.987 6	0.44	0.980 5	0.58	0.964 0	0.72	0.930 8
0.32	0.986 9	0.46	0.978 9	0.60	0.960 4	0.74	0.924 1
0.34	0.986 2	0.48	0.977 1	0.62	0.956 5	0.76	0.916 9
0.36	0.985 4	0.50	0.975 0	0.64	0.952 3	0.78	0.909 2
0.38	0.984 4	0.52	0.972 6	0.66	0.947 6	0.80	0.900 8
0.40	0.983 3	0.54	0.970 0	0.68	0.942 4		
0.42	0.982 0	0.56	0.967 2	0.70	0.936 8		

備考：必要時，得依比例以內插法求取β值及對應之C值。

4. **橢圓噴嘴**

(1) 構造：應符合CNS 11872之高直徑縮減比橢圓噴嘴之相關規定（如圖 5-20）。

且壓力取出口原則上採用隔間取壓口之裝置，其構造及位置應依CNS 11872之規定。

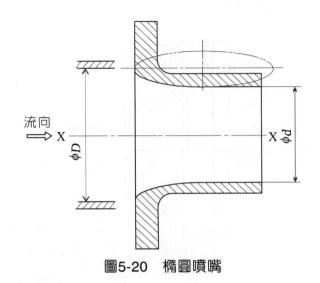

圖5-20 橢圓噴嘴

(2) 流出係數：橢圓噴嘴之流出係數C列於表5-9。但表5-9之適用範圍則如下所示。

D：管徑（mm）　　　　　　$50 \leqq D \leqq 630$

B：直徑縮減比　　　　　　$0.30 \leqq \beta \leqq 0.80$

Re：雷諾數　　　　　　　$10^5 \leqq Re \leqq 10^7$

如使用在上述範圍外之場合，請參照CNS 11872之規定。

表5-9 橢圓噴嘴之流出係數

β	C	β	C	β	C	β	C
0.30	0.990 3	0.44	0.989 0	0.58	0.987 9	0.72	0.986 9
0.32	0.991 8	0.46	0.988 8	0.60	0.987 7	0.74	0.986 7
0.34	0.989 9	0.48	0.988 7	0.62	0.987 6	0.76	0.986 6
0.36	0.989 7	0.50	0.988 5	0.64	0.987 4	0.78	0.986 5
0.38	0.989 5	0.52	0.988 3	0.66	0.987 3	0.80	0.986 4
0.40	0.989 3	0.54	0.988 2	0.68	0.987 2		
0.42	0.989 2	0.56	0.988 0	0.70	0.987 0		

備考：必要時，得依比例以內插法求取β值及對應之C值。

5.節流件

使用於之管路應符合下列規定。

(1) 如節流件上游側及下游側設有管接頭類[4]，節流件與管接頭間應有足夠長度之直管。必要之最小直管長度（L_1），與直徑縮減比β（＝ d/D）之關係值（以D之倍數表示之），如表5-10所示。其中，d係指節流件之孔徑。

(2) 串聯安裝兩個以上管接頭於節流件上游側時（如圖5-21），其直管長度如下所示。但如全由90°彎頭組合而成，則應符合表5-10之規定。

最接近節流件之管接頭1與節流件間之直管長度L_1，取表5-10所能求得之最小直管長度；管接頭1與其上游側之管接頭2間之直管長度L_2，則依管接頭2之種類，在表5-10求出β ＝ 0.7（即使β之實際值不為0.7時亦然）時之最小直管長度，然後取其1/2值。

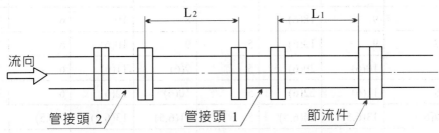

圖5-21　節流件上游側管接頭及直管長長

(3) 管路中應裝設排氣栓等裝置，使測定用管路中完全充滿水。

(4) 為了不使節流件下游側因縮流而產生空氣呈漩渦狀迴流之低壓帶，應於下游側裝設壓力調節閥。

(5) 上游側如設有表5-10所示之各種閥，應於閥全開狀態使用。至於流量之調節，宜在下游側安裝之閥施行之。萬一為求高壓，須在上游側設置閥來節流時，為了避免測定產生誤差，應採用比表5-10所示長度更長之管路。

(6) 節流件上游直管內面之相對粗糙度，應依CNS 11872之規定施作。

---

[4] 包括彎管、T型管、收縮管及各種閥類。但不包括和直管內徑相同之凸緣或螺牙接頭。

表5-10　節流件上游側及下游側各種管接頭與節流件間必要之直管最小長度（D之倍數）

直徑縮減比β	上游側 連接90度彎頭或T型接頭1個（水流分歧只有1個之情況）	連接同一平面上90度彎頭2個以上	連接不在同一平面上之90度彎頭2個以上	收縮管 1.5D~3D	擴大管	球閥全開	閘閥全開	下游側 左方所示所有管接方式
≦0.30	6	8	17(6)	5	8	9	6	2.5
≦0.35	6		18(6)	5	8	9	6	2.5
≦0.40		9	18(6)	5	8	10	6	3
≦0.45	7	9	19(6)	5	9	10(6)	6	3
≦0.50	7	10(6)	20(6)	5	9(6)	11(6)	6	3
≦0.55	8	11(6)	22(6)	5	10(6)	12(6)	6	3
≦0.60	9(6.5)	13(6.5)	24(6.5)	5	11(6.5)	13(6.5)	7(6.5)	3.5
≦0.65	11(6.5)	16(7)	27(7)	6	13(7)	14(7)	8(7)	3.5
≦0.70	14(7)	18(7.5)	31(7.5)	7	15(7.5)	16(7.5)	10(7.5)	3.5
≦0.75	18(8)	21(8)	35(8)	11(8)	19(8)	18(8)	12(8)	4
≦0.80	23(9)	25(9)	40(9)	15(9)	27(9)	22(9)	15(9)	4

其他	上游側必要之最小直管長度
直徑比0.5以上之急收縮管	15
直徑0.03D以下之溫度計套管	3
直徑0.03D~0.13D之溫度計套管	10

備考：1.表所列直管長度，在上游側之直管長度L_1係從節流件之上游面起算之長度，在下游側直管長度L_3係從節流件出口起算之長度。

2.表中（）內之數值若用在整流裝置時，係指該整流裝置之下游側至節流件之上游側間之直管長度。整流裝置應設於距離管接頭下游側2D以上處。

(二)水頭之測定

節流件上游側及下游側之壓力取出口之水頭h，應使用U字形水銀液柱計[5]或相當之計器測定之，量測精度應為$\frac{1}{100}$。如使用U字形水銀液柱計，讀取其指示之h'值後，應依下列公式換算。

$$h = (\rho_{Hg} - \rho)h'/\rho \qquad \{h = (\gamma_{Hg} - \gamma)h'/\gamma\}$$

式中，h：節流件上游側及下游側壓力取出口之水頭（m）

　　　h'：水銀柱之讀數（m）

　　　ρ：水之密度（kg/m^3）

　　　ρ_{Hg}：水銀之密度 = 13.55×10^3（kg/m^3）

　　　$\{\gamma$：相當於單位體積水之重量（kgf/L）$\}$

　　　$\{\gamma_{Hg}$：相當於單位體積水銀之重量 = 13.55（kgf/L）$\}$

備註：壓力導管內如有氣泡產生，測定之精度將明顯低下。故實際測定時，應將導管內之空氣完全排除之後，再讀取計器所示值。為達到測量結果準確之目的，可利用三通旋塞等裝置，將導管內空氣完全排除。

(三)計算

節流件管路中之流量，應依下式計算之。

$$Q = 60CEa\sqrt{2gh}$$

式中，Q：流量（m^3/min）

　　　C：流出係數

　　　E：接近速度係數 = $(1 - \beta^4)^{-\frac{1}{2}}$

　　　a：開口截面積$\frac{\pi}{4}d^2$（m^2）（d = 節流件之孔徑）

　　　g：測定場所之重力加速度 = 9.80（m/s^2）

　　　h：水頭（m）（參照第(二)項）

流出係數及適用之雷諾數範圍，係依節流件之種類別而定（參照第(一)項）。雷諾數Re應依下列公式計算之。

---

[5]　U字形水銀液柱計之玻璃管內徑應為6～12mm，且左右形狀對稱。但測量水柱在100mm以下之水頭時，該管之內徑應在10mm以上。

$$Re = \frac{vD}{\nu}$$

式中，v：管路內水之平均流速（m/s）

D：管路之內徑（m）

ν：水之動黏度（m^2/s）

五、流量計測定法

得依CNS 13979〔渦流流量計〕、ISO 9104〔封閉管路之流量測定—液用電磁流量計之性能評估方法〕、ISO 10790〔封閉管路之流量測定—科氏式流量計（質量、密度及體積流量測定用）之選擇、安裝及使用指導〕、ISO/TR 12765〔封閉管路之流量測定—時間差式超音波流量計測定法〕或同等以上標準之規定。

六、容器測定法

(一)裝置

1. 質量法：質量法所使用之容器應有足夠之容積，在測定中不致使液體溢出。
2. 容積法：容積法使用之容器應符合下列規定。
   (1) 具有足夠之容積，在測定中不致使液體溢出。
   (2) 容器內之液位高低差應可達到500mm以上之高度。
   (3) 容器不得因裝滿液體而變形。
   (4) 容器之水平斷面積，應盡可能上下一致。

(二)測定

測定法應符合下列規定。

1. 從液體開始注入容器至結束注入之操作，應迅速且正確。
2. 容器注水之時間，應為注水切換時間之200倍以上，且應使用能正確判讀至$\frac{1}{10}$秒之計器測定之。測定值應取數次測定值之平均值。
3. 應標記測定時之液體溫度。
4. 採用容積法測定時，應等氣泡完全消失之後再進行測定，且液位之高低差應

在500mm以上。

(三)計算

1. 質量法：質量法之計算應符合下列規定。

$$Q = 60\frac{M}{\rho t} \qquad \{Q = 0.06\frac{W}{\gamma t}\}$$

式中，Q：流量（m³/min）

M：t秒間注入容器內液體之質量（kg）

ρ：測定之溫度下，液體之密度（kg/m³）

t：注入M{W}液體所需之時間（s）

{W：t秒間注入容器內液體之重量（kgf）}

{γ：測定之溫度下，液體每單位體積之重量（kgf/L）}

2. 容積法：容積法之計算應符合下列規定。

$$Q = 60\frac{V}{t}$$

式中，Q：流量（m³/min）

　　　V：t秒間注入容器內液體之體積（m³）

　　　t：注入V液體所需之時間（s）

3. 校正：容器之刻度，應使用檢定合格容器或量秤校正之，其刻度應能判讀至 $\frac{1}{100}$。

5.5　消防幫浦加壓送水裝置等及配管摩擦損失計算基準

民國八十七年二月四日內政部台（87）內消字第87E0112號函修正發布全文23點

1　通則

第 1 點　本基準依各類場所消防安全設備設置標準（以下簡稱本標準）第一百九十三條規定訂定之。

第 2 點　本章技術用語定義如下：

(一) 加壓送水裝置等：由幫浦、電動機之加壓送水裝置及控制盤、呼水裝置、防止水溫上升用排放裝置、幫浦性能試驗裝置、啓動用水壓開關裝置、底閥等附屬裝置或附屬機器（以下稱附屬裝置等）所構成。

(二) 幫浦：設置於地面上且電動機與幫浦軸心直結（以聯結器連接），且屬單段或多段渦輪型幫浦者。

(三) 控制盤：對加壓送水裝置等之監視或操作者。

(四) 呼水裝置：水源之水位低於幫浦位置時，常時充水於幫浦及配管之裝置。

(五) 防止水溫上升用排放裝置：加壓送水裝置關閉運轉，爲防止幫浦水溫上升之裝置。

(六) 幫浦性能試驗裝置：確認加壓送水裝置之全揚程及出水量之試驗裝置。

(七) 啓動用水壓開關裝置：消防栓開關開啓，配管內水壓降低，或撒水頭動作，自動啓動加壓送水裝置之裝置。

(八) 底閥：水源之水位低於幫浦之位置時，設於吸水管前端之逆止閥有過濾裝置者。

2　幫浦

第 3 點　幫浦之構造應符合下列規定：

(一) 幫浦之翻砂鑄件內外面均需光滑，不得有砂孔、龜裂或厚度不均現象。

(二) 動葉輪之均衡性需良好，且流體之通路要順暢。

(三) 在軸封部位不得有吸入空氣或嚴重漏水現象。

(四) 對軸承部添加潤滑油之方式，應可從外部檢視潤滑油油面高度，且必須設有補給用之加油嘴或加油孔。

(五) 傳動部分由外側易被接觸位置應裝設安全保護蓋。

(六) 在易生鏽部位應做防鏽處理，裝設在地面上之幫浦及其固定底架應粉刷油漆。

(七) 固定腳架所使用之螺栓及基礎螺栓，對地應有充份之耐震強度。

(八) 與幫浦相連接之配管系中所使用之凸緣須使用國家標準七九○、七九一及七九二等鐵金屬製管凸緣基準尺度。

第 4 點　幫浦各部分所使用之材料應符合下表之規格或使用具同等以上強度，且有耐蝕性者。

零件名稱	材料規格	國家標準總號
幫浦本體	灰口鑄鐵件	CNS 2472
動葉輪	灰口鑄鐵件或青銅鑄件	CNS 2472或CNS 4125
主軸	不鏽鋼或附有套筒主軸者使用中碳鋼	CNS 4000或CNS 3828

第 5 點　幫浦之性能應符合下列規定：

(一) 幫浦之出水量及全揚程在性能曲線上，應符合下列規定：

1.幫浦所標示之出水量（以下稱為額定出水量），在其性能曲線上之全揚程必須達到所標示揚程（以下稱為額定揚程）之100%至110%之間。

2.幫浦之出水量在額定出水量之150%時，其全揚程應達到額定出水量；性能曲線上全揚程之65%以上。

3.全閉揚程應為性能曲線上全揚程之140%以下。

(二) 幫浦之吸水性能應依下表所列之區分在額定出水量下具有最大吸水全揚程以上，且不得有異常現象。

額定出水量 L/min	900 未滿	900以上 2700以下	超過2700 5000以下	超過5000 8500以下
最大吸水全揚程（m）	6.0	5.5	4.5	4.0

(三) 幫浦所消耗之動力應符合下列規定：

1.在額定出水量，其軸動力不得超過馬達之額定輸出馬力。

2.在額定出水量150%時，其軸動力不得超過馬達額定輸出馬力之110%。

(四) 幫浦之效率應依額定出水量，在曲線求其規定值以上者。

(五) 幫浦在啟動時其軸承不得發生過熱，噪音或異常振動現象。

第　6　點　幫浦本體必須能耐最高水壓之1.5倍以上，且加壓3分鐘後，各部位仍無洩漏現象才算合格（最高揚水壓力係指在全閉揚程換算為水頭壓力，再加上最高之押入壓力之總和）。

第　7　點　幫浦本體應以不易磨滅方式標示下列各項：

(一) 製造廠商名稱或廠牌標誌。

(二) 品名及型式號碼。

(三) 製造出廠年。

(四) 出廠貨品編號。

(五) 額定出水量、額定全揚程。

(六) 出水口徑及進水口徑（如果進出口徑相同時，只須表示一個數據）。

(七) 段數（限多段式時）。

(八) 表示回轉方向之箭頭或文字。

3　電動機

第　8　點（電動機）

電動機須使用單向誘導馬達或低壓三相誘導鼠籠式電動機或3KV以上之三相誘導鼠籠式電動機。

第　9　點　　電動機之構造應符合下列規定：

(一) 電動機應能確實動作，對機械強度、電氣性能應具充分耐久性，且操作維修、更換零件、修理須簡便。

(二) 電動機各部分之零件應確實固定，不得有任意鬆動之現象。

第　10　點　　電動機之機能應符合下列規定：

(一) 幫浦在額定負荷狀態下，應能順利啟動。

(二) 電動機在額定輸出連續運轉八小時後，不得發生異狀，且在超過額定輸出之10%輸出力運轉一小時，仍不致發生障礙，引起過熱現象。

第　11　點　　電動機之絕緣電阻應符合屋內線路裝置規則之規定。

第　12　點　　電動機所需馬力依下式計算：

$$L = \frac{0.163 \times Q \times H \times 1}{E \times K}$$

L：額定馬力（kw）

Q：額定出水量（m³/min）

H：額定全揚程（m）

E：效率（%）

K：傳動係數（＝1.1）

第　13　點　　電動機之啟動方式應符合下列規定：

(一) 使用交流電動機時，應依下表輸出功率別選擇啟動方式。但高壓電動機，不在此限。

輸出功率	啓動方式	
11kW未滿	1. 直接啓動 2. 星角啓動 3. 閉路式星角啓動 4. 電抗器啓動	5. 補償器啓動 6. 二次電阻啓動 7. 其他特殊啓動方式
11kW以上	1. 星角啓動 2. 閉路式星角啓動 3. 電抗器啓動	4. 補償器啓動 5. 二次電阻啓動 6. 其他特殊啓動方式

(二) 直流電動機之啓動方式,應使用具有與前款同等以上,能降低啓動電流者。

(三) 當電源切換爲緊急電源時,其啓動裝置應具有不必再操作,能繼續運轉之構造。

(四) 使用電磁式星角啓動方式,加壓送水裝置在停止狀態時,應有不使電壓加於電動機線圈之措施。

第 14 點　電動機上面應以不易磨滅方式標示下列之規定。但幫浦與電動機構成一體者得劃一標示之。

(一) 製造廠商或商標。

(二) 品名及型式號碼。

(三) 出廠年、月。

(四) 額定輸出或額定容量。

(五) 出廠編號。

(六) 額定電壓。

(七) 額定電流(額定輸出時,近似電流值)。

(八) 額定轉速。

(九) 額定種類(如係連續型者可省略)。

(十) 相數及頻率數。

(十一) 規格符號。

4　附屬裝置等

第 15 點（附屬裝置等）

附屬裝置等之控制盤應符合下列規定：

(一) 材料應符合下列規定：

1. 應使用鋼板或其他非可燃性材料製造。

2. 易腐蝕之材料應施予有效防鏽蝕處理。

3. 不得裝設在可能遭受火災危害之場所，並須以耐火、耐熱之材料製造。

(二) 控制盤應有下列組件，且以不易磨滅之方式標示之，對於維護檢查，應安全簡便。

1. 操作開關應能直接操作馬達，應有啓動用開關及停止用開關。

2. 表示燈應易於辨認，並區分為電源表示燈（白色）、啓動表示燈（紅色），呼水槽減水表示燈（橘黃色），電動機電流超過負載表示燈（橘黃色），操作回路中使用電磁開關者之電源表示燈（白色）。

3. 儀表應包括電流表、電壓表。但在該控制盤以外地方可以辨認電壓者，得免裝設。

4. 警報裝置應以警鈴、蜂鳴器等或其他發出警告音響裝置，其停鳴、復原需由人直接操作，其種類如下。但不得有因警報鳴動而連帶使馬達自動停止之構造。

(1) 馬達電流超過額定時之警報裝置。

(2) 呼水槽減水警報裝置。

5. 控制盤應裝設下列端子：

(1) 啓動用信號輸入端子。

(2) 呼水槽減水用輸入端子。

(3) 警報信號用輸出端子。

(4) 幫浦運轉信號輸出端子。

(5) 接地用端子。

(6) 其他必須用端子。

6.控制盤內之低壓配線，應使用600V耐熱絕緣電線或同等耐熱效果以上之電線。

7.控制盤應配備下列之預備品：

(1) 備用保險絲。

(2) 線路圖。

(3) 操作說明書。

(三) 控制盤應以不易磨滅方式標示下列各項：

1.製造廠商或廠牌標誌。

2.品名及型式號碼。

3.製造出廠年月。

4.出廠貨品編號。

5.額定電壓。

6.馬達容量。

第 16 點　　呼水裝置應符合下列規定：

(一) 呼水裝置須具備下列機件：

1.呼水槽。

2.溢水用排水管。

3.補給水管（含止水閥）。

4.呼水管（含逆止閥及止水閥）。

5.減水警報裝置。

6.自動給水裝置。

(二) 呼水槽應使用鋼板，並予有效防鏽處理，或使用具有防火能力之塑膠槽。

(三) 應有100公升以上之有效儲存量。

(四) 呼水裝置之各種配管及管徑標準應符合下表規定。

配管	溢水用排水管	補給水管	呼水管	註：呼水槽底與呼水槽逆止閥中心線間距離在1m以下時，呼水管管徑須為10A以上。
管徑	6.0	5.5	4.5	

(五) 減水警報之發訊裝置應採用浮筒開關或電極方式，當呼水槽水位

降至其容量二分之一前，應能發出警報音響至平時有人駐在處。

(六) 呼水槽自動給水裝置應使用自來水管或屋頂水箱，經由球塞自動給水。

第 17 點　防止水溫上升用排放裝置應符合下列規定：

(一) 設呼水槽時，防止水溫上升用排放管應從呼水管逆止閥之靠幫浦側連結，中途應設限流孔，使幫浦在運轉中能排水至呼水槽。

(二) 未設呼水槽時，其防止水溫上升之排放管應從幫浦出水側逆止閥之一次側連接，中途應設限流孔，使幫浦在運轉中能排水至水槽內。

(三) 防止水溫上升用之排放管之配管中途須裝設控制閥。

(四) 防止水溫上升用之排放管應使用口徑15mm以上者。

(五) 防止水溫上升用之排水管內之流水量，當幫浦在全閉狀態下連續運轉時，不使幫浦內部水溫。值升高攝氏三十度以上，其計算方式如下：

$$q = \frac{Ls \times C}{60 \times \Delta t}$$

q：排放水量（公升／分）

Ls：幫浦關閉運轉時之出力（kw）

C：幫浦運轉時每小時千瓦八百六十千卡（kcal/hr·kw）

Δt：幫浦的水溫上升限度為攝氏三十度時每一公升水的吸收熱量（每一公升三十千卡）。

第 18 點　幫浦之性能試驗裝置應符合下列各項之規定：

(一) 試驗裝置之配管應從幫浦出口側逆止閥之一次側分歧接出，中途應裝設流量調整閥及流量計，且為整流在流量計前後留設之直管部分應有適合該流量計性能之直管長度。

(二) 性能試驗裝置裝流量計時，應使用差壓式，並能直接測定至額定出水量。但流量計貼附有流量換算表時，得免使用直接讀示者。

(三) 性能試驗裝置所用配管，應能適應額定出水量之管徑。

第 19 點　啟動用水壓開關裝置應符合下列規定：

(一) 啟動用壓力槽容量應有100公升以上。

(二) 啟動用壓力槽之構造應符合危險性機械及設備安全檢查規則之規

定。

(三) 啓動用壓力儲槽應使用口徑25mm以上配管，與幫浦出水側逆止閥之二次側配管連接，同時在中途應裝置止水閥。

(四) 在啓動用壓力槽上或其近傍應裝設壓力表、啓動用水壓開關及試驗幫浦啓動用之排水閥。

(五) 啓動用水壓開關裝置，其設定壓力不得有顯著之變動。

第 20 點　閥類應符合下列規定。

(一) 加壓送水裝置之閥類應能承受幫浦最高揚水壓力1.5倍以上壓力，且應具有耐熱及耐腐蝕性或具有同等以上之性能者。

(二) 在出口側主配管上如裝用內牙式閥者，應附有表示開關位置之標識。

(三) 閥類及止水閥應標示其開、關方向，逆止閥應標示水流方向，且應不易被磨滅。

第 21 點　底閥應符合下列規定。

(一) 蓄水池低於幫浦吸水口時，須裝設底閥。

(二) 底閥應設有過濾裝置且繫以鍊條、鋼索等用人工可以操作之構造。

(三) 底閥之主要零件，如閥箱、過濾裝置、閥蓋、閥座等應使用國家標準總號2472、8499、及4125之規定者，或同等以上強度且耐蝕性之材料。

第 22 點　加壓送水裝置所用壓力表及連成表應使用精度在1.5級以上品質者，或具有同等以上強度及性能者。（配管摩擦損失計算）

5　配管摩擦損失計算

第 23 點　配管之摩擦損失，應依下列方式計算：

$$H = \sum_{n=1}^{N} Hn - 5$$

（不使用自動警報逆止閥或流水檢知裝置時，$H = \sum_{n=1}^{N} Hn$）

H：配管摩擦損失水頭（m）

N：Hn數

Hn：依下列各公式計算各配管管徑之摩擦損失水頭

$$Hn = 1.2 \frac{Qk^{1.85}}{Dk^{4.87}} \left(\frac{I'k + I''k}{100} \right)$$

Q：標稱管徑K配管之流量（L/min）

D：標稱管徑K管之內徑絕對值（cm）

I'k：標稱管徑K直管長之合計（m）

I''k：標稱管徑K接頭、閥等之等價管長之合計（m）。

5.6 潔淨區消防安全設備設置指導綱領

（94/12/23公發布）

一、目的

　　為預防潔淨區火災發生、確保人民生命安全、降低財產損害，爰就潔淨區之場所應具備之基本共通性消防安全設備，特訂定本指導綱領。

二、適用範圍

　　本綱領適用於設有潔淨區作為晶圓生產、製造、研發、封裝測試或液晶顯示器生產之場所。

三、用語定義

(一) 潔淨區：空氣中粒子濃度控制在國際標準組織（International Organization for Standardization）第14644號規定Class1至 Class 9之區域。

(二) 可燃性氣體：係指丙烯捷、丙烯醛、乙炔、乙醛、氨、一氧化碳、乙烷、乙胺、乙苯、乙烯、氯乙烷、氯甲烷、氯乙烯、環氧乙烷、環氧丙烷、氰化

氫、環丙烷、二甲胺、氫、三甲胺、二硫化碳、丁二烯、丁烷、丁烯、丙烷、丙烯、溴甲烷、苯、甲烷、甲胺、二甲醚、硫化氫及其他爆炸下限在百分之十以下或爆炸上限與下限之差在百分之二十以上之氣體。

(三) 自燃性氣體：在空氣中或溫度低於 54.4℃時會自行點燃之氣體。

(四) 不燃材料：混凝土、磚或空心磚、瓦、石料、鋼鐵、鋁、玻璃、玻璃纖維、礦棉、陶瓷品、砂漿、石灰及其他經中央主管建築機關認定符合耐燃一級之不因火熱引起燃燒、熔化、破裂變形及產生有害氣體之材料。

四、建議設置之基本共通性消防安全設備

(一) 滅火器

應設置二氧化碳滅火器。

(二) 自動撒水設備

1. 潔淨區

(1) 撒水頭應為快速反應型。

(2) 撒水密度每平方公尺每分鐘8公升以上，水源容量應在最遠之30個撒水頭繼續放射60分鐘之水量以上。

(3) 撒水頭動作溫度在57℃至77℃，但若該區可能有溫度較高之作業環境，得酌予提高。

(4) 動作時應發出警報。

(5) 天花板至上層樓板間之空間內（plenum spaces and attics space），如使用不燃材料者，該空間得免設自動撒水設備。

2. 可燃性或自燃性氣體之氣瓶櫃

(1) 撒水頭應為快速反應型。

(2) 撒水密度每平方公尺每分鐘8公升以上，水源容量應在實設撒水頭繼續放射60分鐘之水量以上。

(3) 撒水頭動作溫度在57℃至77℃。

(4) 動作時應發出警報。

3. 排放可燃性氣體之可燃材質排氣導管內部

(1) 排氣導管直徑或對角線最大部分等於或大於25.4公分時，應裝設自動撒水設備。

(2) 撒水密度每平方公尺每分鐘1.9公升以上，水源容量應在最遠之5個撒水頭繼續放射60分鐘之水量以上。

(3) 撒水頭水平間隔距離在6.1公尺以下，垂直間隔距離在3.7公尺以下。

(4) 應設置獨立分區之流水檢知裝置或具同等性能之指示控制閥。

(5) 管內如有腐蝕性化學物質者，配管應使用耐腐蝕性材料。

(三) 滅火設備

液態化學品槽台 （wet bench） 為可燃材質且係使用可燃性化學物質並設有加熱器者，應設置細水霧、二氧化碳或潔淨滅火藥劑滅火設備。

(四) 火警自動警報設備

矽烷供應區（包括矽烷供應系統、氣體鋼瓶櫃等）：設置火焰式探測器。

(五) 除上揭設備及排煙設備外，其他消防安全設備應符合各類場所消防安全設備設置標準之規定。

第 **6** 章

歷屆考題

6.1　消防設備士歷屆考題

105年水與化學系統消防安全設備概要

類　　科：消防設備士

考試時間：1小時30分

※注意：禁止使用電子計算器。

甲、申論題部分：（50分）

不必抄題，作答時請將試題題號及答案依照順序寫在申論試卷上，於本試題上作答者，不予計分。請以黑色鋼筆或原子筆在申論試卷上作答。

一、請依「各類場所消防安全設備設置標準」之規定，比較一般場所與危險物品場所之室外消防栓設備主要性能規定之相同點與相異點。（25分）

解：

　　二者相同點：配管、試壓、室外消防栓箱及有效水量之設置；二者放水壓力超過每平方公分七公斤時，應採取有效之減壓措施。

　　二者相異點如次：

	一般場所	危險物品場所
設置數量	口徑在六十三毫米以上，與建築物一樓外牆各部分之水平距離在四十公尺以下	口徑在六十三毫米以上，與防護對象外圍或外牆各部分之水平距離在四十公尺以下，且設置二支以上
瞄子出水壓力	瞄子出水壓力在每平方公分二點五公斤以上或0.25 MPa以上，出水量在每分鐘三百五十公升以上	全部室外消防栓同時使用時，各瞄子出水壓力在每平方公分三點五公斤以上或0.35 MPa以上；放水量在每分鐘四百五十公升以上。但全部室外消防栓數量超過四支時，以四支計算之。
水源容量	室外消防栓設備之水源容量，應在二具室外消防栓同時放水三十分鐘之水量以上。	水源容量在全部室外消防栓繼續放水三十分鐘之水量以上。但設置個數超過四支時，以四支計算之

	一般場所	危險物品場所
緊急電源	緊急電源供電容量應供其有效動作三十分鐘以上。	緊急電源除準用第三十八條規定外，其供電容量應供其有效動作四十五分鐘以上。

二、針對CO_2全區放射方式，若防護乙炔之CO_2設計濃度為66%，請計算防護區域每立方公尺所需CO_2之重量為何？（25分）

解：

1莫耳CO_2有44g重，22.4L（標準狀況），依題意$1m^3$（1000L）設計濃度為66%

$$66\% \times \frac{1000}{22.4} \times 44 = 1.296kg$$

乙、測驗題部分：（50分）

1) 本測驗試題為單一選擇題，請選出一個正確或最適當的答案，複選作答者，該題不予計分。

2) 共40題，每題1.25分，須用2B鉛筆在試卡上依題號清楚劃記，於本試題或申論試卷上作答者，不予計分。

(D)　1. 供長期照顧機構（長期照護型、養護型、失智照顧型）、身心障礙福利機構（限照顧植物人、失智症、重癱、長期臥床或身心功能退化者）等場所，依規定樓地板面積在多少以上時，應設置自動撒水設備？
　　　　(A) 一百平方公尺　　　　　　(B) 二百平方公尺
　　　　(C) 二百五十平方公尺　　　　(D) 三百平方公尺

(D)　2. 在自動撒水頭放水量之設置中，若採用放水型撒水頭，其放水量，應達防護區域每平方公尺每分鐘A公升以上。但儲存可燃物場所，應達每平方公尺每分鐘B公升以上。下列A，B何者正確？
　　　　(A) A=4，B=8　(B) A=8，B=4　(C) A=5，B=5　(D) A=5，B=10

(C)　3. 水霧滅火設備之水源容量，應保持G立方公尺以上。但放射區域在二區域以上者，應保持H立方公尺以上。下列G，H何者正確？
　　　　(A) G=15，H=30　(B) G=20，H=30　(C) G=20，H=40　(D) G=25，H=40

(A)　4. 可燃性高壓氣體場所、加氣站、天然氣儲槽及可燃性高壓氣體儲槽之滅火

器，其設置規定，下列敘述何者錯誤？

(A) 製造、儲存或處理場所設置四具以上 　(B) 儲槽設置三具以上

(C) 加氣站儲氣槽區四具以上 　(D) 加氣機每臺一具以上

(B) 5. 供爆竹煙火製造場所有火藥區之作業區或庫儲區之建築物，其使用之樓地板面積合計在一百五十平方公尺以上者，應設置何種滅火設備？

(A) 室內消防栓設備 　(B) 室外消防栓設備

(C) 自動撒水設備 　(D) 二氧化碳或乾粉滅火設備

(C) 6. 有一電信機械室其大小為20 m（長）×10 m（寬）×3 m（高），若設置全區放射CO_2滅火設備，其開口部皆可在CO_2放射前自動關閉，所需滅火藥劑量為多少？ 　(A) 540 kg 　(B) 600 kg 　(C) 720 kg 　(D) 780 kg

(D) 7. 使用於室內停車空間之滅火藥劑，其主成分以何種乾粉為限？

(A) 碳酸氫鉀 　(B) 碳酸氫鉀與尿素 　(C) 碳酸氫鈉 　(D) 磷酸二氫銨

(C) 8. 存放易燃性物質處所，撒水頭位置之裝置時，撒水頭迴水板下方X公分及水平方向Y公分以內，應保持淨空間，不得有障礙物。下列X，Y何者正確？

(A) X=45，Y=30 　(B) X=45，Y=45 　(C) X=90，Y=30 　(D) X=90，Y=45

(D) 9. 有關潔淨藥劑滅火系統竣工測試，下列何者敘述錯誤？

(A) 在確定防護區保持滅火劑濃度的時間，採用「氣密試驗法」進行試驗

(B) 氣密試驗並不等同正確的釋放試驗

(C) 防護區不宜開口，如必須開口應設自動關閉裝置

(D) 通過氣密試驗，臨時封閉空隙即可不必填塞

(C) 10. 高壓電器設備其電壓在7000伏特以下時，水霧噴頭及配管與高壓電器設備應保持多少公分之標準離開距離？ 　(A) 50 　(B) 150 　(C) 250 　(D) 300

(B) 11. 設置移動式泡沫滅火設備之規定，下列敘述何者正確？

(A) 同一樓層各泡沫瞄子放射量，應在每分鐘一百三十公升以上。但全部泡沫消防栓箱數量超過二個時，以同時使用二支泡沫瞄子計算之

(B) 泡沫瞄子放射壓力應在每平方公分三點五公斤以上或0.35 MPa以上

(C) 移動式泡沫滅火設備之泡沫原液，應使用高發泡

(D) 在水帶接頭三公尺範圍內，設置泡沫消防栓箱，箱內配置長十五公尺以上水帶兩條及泡沫瞄子乙具

(C) 12. 某工廠設置水霧滅火設備，其放水區域為三個，若加壓送水裝置使用消防幫浦，所需之最低出水量為何？

(A) 1200 L/min　(B) 1800 L/min　(C) 2000 L/min　(D) 2400 L/min

(C) 13. 開放式自動撒水設備之手動啓動裝置，在設置時，應於每一放水區域設置一個手動啓動開關，其高度距樓地板面在E公尺以上F公尺以下，並標明手動啓動開關字樣。下列E，F何者正確？

(A) E=0.3，F=1.0　(B) E=0.5，F=1.0　(C) E=0.8，F=1.5　(D) E=1.0，F=1.5

(D) 14. 各類場所消防安全設備設置標準第52條，第2款泡沫滅火設備之高發泡放出口配置規定，下列敘述何者正確？

(A) 冠泡體積是指防護區域自樓地板面至高出防護對象最高點0.8 m所圍體積

(B) 防護對象位置距離樓地板面高度超過3 m，且使用高發泡放出口時應爲全區放射方式

(C) 全區放射時高發泡放出口在防護區域內，樓地板面積每300 m²至少設置一個

(D) 局部放射時高發泡放出口之泡沫水溶液放射量應爲防護面積每平方公尺每分鐘二公升以上

(B) 15. 有關於室內消防栓之設置，下列敘述何者正確？

(A) 消防栓開關距離樓地板之高度，在零點五公尺以上一點五公尺以下

(B) 設在走廊或防火構造樓梯間附近便於取用處

(C) 供集會或娛樂處所，設於舞臺後二側、觀衆席前二側、包廂後側之位置

(D) 在屋頂上適當位置至少設置一個測試用出水口，並標明測試出水口字樣。但斜屋頂設置測試用出水口有困難時，得設置延長管線至適當位置，不得免設

(B) 16. 乾粉滅火設備採用移動式放射方式，藥劑種類爲第三種乾粉，每一具噴射瞄子所需之藥劑放射量爲多少？

(A) 18 kg/min　(B) 27 kg/min　(C) 45 kg/min　(D) 60 kg/min

(C) 17. 檢修高壓全區域放射二氧化碳滅火設備時，下列步驟敘述何者正確？

(A) 拆除選擇閥上之氣動式開放裝置是第一步驟

(B) 應先拆除氣體容器（小鋼瓶）容器閥之電磁閥開放裝置，再拆除容器閥放出口與操作管接續處

(C) 先拆除藥劑氣體容器（大鋼瓶）容器閥放出口與連結管（高壓軟管）接續處後，才能拆除氣動式開放裝置

(D) 應先拆除藥劑氣體容器（大鋼瓶）裝置再拆除氣體容器（小鋼瓶）裝置

(B) 18. 現在許多高層建築物，因考量撒水頭強度、管路耐壓及水錘效應等因素，多

　　　採取有效減壓措施，但不包括下列何項方式？

（A) 設置減壓閥　　　　　　　　(B) 採機械接頭連接立管

（C) 高低層分設幫浦　　　　　　(D) 設中繼幫浦

（ B ）19. 開放式撒水頭進行放水試驗，撒水頭口徑11.3 mm放水壓力為1kgf/cm²時，放水量為50 l/min，若放水壓力增為2 kgf/cm²時，其放水量約為多少L/min？

(A) 50　(B) 70　(C) 90　(D) 120

（ C ）20. 海龍替代品潔淨滅火藥劑之鹵化烴滅火藥劑HFC-227ea，該商品名稱為何？

(A) FE-13　(B) R-32　(C) FM-200　(D) INERGEN

（ B ）21. 竣工查驗一進口汽車修理廠，所採用移動式泡沫滅火設備作為滅火設備，預計設置三個泡沫消防栓箱，選用之泡沫原液為百分之六的水成膜泡沫，則現場泡沫原液儲槽內至少應存放多少公升的泡沫原液儲存量，方可符合規定：

(A) 120公升　(B) 180公升　(C) 225公升　(D) 300公升

（ B ）22. 置換開放式自動撒水設備自動啟動裝置之感知撒水頭時，依規定應採用標示溫度在多少以下？　　　(A) 72℃　(B) 79℃　(C) 96℃　(D) 139℃

（ C ）23. 檢修室內消防栓時，關掉表計之控制水閥將水排出，確認指針是否指在0 之位置，再打開表計之控制水閥，操作啟動裝置確認指針是否正常動作，主要是針對下列何項裝置？

(A) 電動機之控制裝置　(B) 啟動裝置　(C) 加壓送水裝置　(D) 呼水裝置

（ D ）24. 水霧滅火設備係利用水霧接觸高溫時，快速形成大量水蒸氣，使體積急速膨脹，使氧氣濃度降低，可遮斷火源所需氧氣之滅火方式稱為？

(A) 冷卻作用　(B) 乳化作用　(C) 稀釋作用　(D) 窒息作用

（ D ）25. 下列何者非室內外消防栓呼水裝置底閥性能檢查方法？

(A) 拉上吸水管或檢查用鍊條，確認有無異物附著或阻塞

(B) 打開幫浦本體上呼水漏斗之制水閥，確認有無從漏斗連續溢水出來

(C) 打開幫浦本體上呼水漏斗之制水閥，然後關閉呼水管之制水閥，確認底閥之逆止效果是否正常

(D) 以壓力表測試呼水裝置最近及最遠的消防栓開關閥之靜水壓力

（ D ）26. 下列有關自動撒水設備末端查驗閥，何者敘述錯誤？

(A) 開放式自動撒水可不設置

(B) 限流孔之放水性能應與標準撒水頭相同

(C) 管徑不得小於二十五公厘

(D) 放水壓力降至每平方公分一公斤以下前幫浦能正常啟動

(A) 27. 在裝置開放式自動撒水設備一齊開放閥時，常見利用感知撒水頭動作或操作手動啟動裝置來開啟閥門，是下列何種型式？

(A) 減壓型　(B) 加壓型　(C) 電磁型　(D) 電動型

(C) 28. 對於泡沫滅火設備構造與機能，下列何者敘述錯誤？

(A) 泡沫滅火設備之放射由常關之一齊開放閥控制

(B) 天花板高度超過五公尺應使用探測器打開電磁閥將液壓管之水壓洩放而啟動一齊開放閥

(C) 一齊開放閥之未設制水閥及試驗配管，應以末端查驗管進行動作試驗

(D) 複層式停車空間為有效放射泡沫達到快速滅火功能，泡沫噴頭應延伸配管對各層車輛放射泡沫

(D) 29. 檢修停車場低發泡固定式泡沫滅火設備時，下列何項屬綜合檢查之正確進行方法？

(A) 選擇任一放射區域進行25%泡沫還原時間

(B) 操作直接操作部及手動啟動開關，確認加壓送水裝置應能確實啟動

(C) 測定還原時間，應利用比色計法測泡沫混合比率

(D) 選擇全部放射區域數之20%以上進行放水試驗

(D) 30. 室內消防栓之水源採壓力水箱設置，下列何種裝置不屬於該構造應有之裝置？

(A) 減壓警報　(B) 減水警報　(C) 壓力表　(D) 限流孔

(B) 31. 對有18支高壓鋼瓶全區放射之二氧化碳滅火系統進行綜合檢查，放射試驗所需之藥劑量，應為多少支鋼瓶？

(A) 1支　(B) 2支　(C) 3支　(D) 4支

(A) 32. 實施泡沫滅火設備綜合檢查時，有關合成介面活性劑泡沫滅火藥劑25%還原時間標準值為：　　(A) 30秒　(B) 60秒　(C) 90秒　(D) 120秒

(B) 33. 依圖竣工查驗裝置水霧滅火設備之室內停車空間，發現其排水設備下列情況，何者不符規定？

(A) 車輛停駐場所地面有百分之三之坡度

(B) 車輛停駐場所，除面臨車道部分外，有設五公分之地區境界堤

(C) 滅火坑具備油水分離功能

(D) 在車道中央設置排水溝

(B) 34. 下列有關室內消防栓加壓送水裝置之啟動用壓力水槽之敘述，何者錯誤？

(A) 啓動用壓力水槽應與幫浦出水側逆止閥之二次側配管連接，同時在中途應裝置止水閥

(B) 啓動用壓力水槽容量應有50公升以上

(C) 啓動用壓力水槽應使用25 mm以上配管

(D) 壓力開關以耐熱配線將信號傳至控制盤

(D) 35. 設備竣工查驗，測定合成介面活性滅火藥劑發泡倍率，依規定所需測定器具之量筒內容積爲：　　(A) 600 mL　(B) 1000 mL　(C) 1200 mL　(D) 1400 mL

(B) 36. 例行檢修室內消防栓設備，至頂樓實施放水試驗時，壓力表之進水口與瞄子前端的距離爲：

(A) 瞄子口徑　(B) 瞄子口徑的一半　(C) 50 mm　(D) 100 mm

(D) 37. 爲執行檢修申報，針對水霧滅火系統綜合檢查放射試驗之啓動性能，下列何者非其判定該性能之方法？

(A) 一齊開放閥應可正常地動作　　　(B) 加壓送水裝置應確實地動作

(C) 壓力檢知裝置可正常地動作　　　(D) 電池閥端子動作後無鬆動

(C) 38. 使用蛋白質泡沫原液之泡沫噴頭，其樓地板面積每平方公尺之放射量爲：

(A) 三點七公升／分鐘以上　　　　(B) 五公升／分鐘以上

(C) 六點五公升／分鐘以上　　　　(D) 八公升／分鐘以上

(C) 39. 實施二氧化碳滅火設備檢修，下列何者非執行電氣式選擇閥開放裝置性能檢查方法？

(A) 取下盒蓋以螺絲起子，確認端子盤或結線接續無鬆動或連接正常

(B) 以電氣操作或手動操作，確認開放裝置動作

(C) 以試驗用二氧化碳容器，自操作管連接部加壓，確認動作是否正常

(D) 啓動裝置復歸後，於控制盤切斷電源，以拉桿復歸方式，使開放裝置復歸

(B) 40. 竣工查驗時，於屋頂使用口徑13 mm瞄子實施第一種室內消防栓綜合檢查，測得放水壓力爲3 kgf/cm²，所計算之每分鐘放水量約爲：

(A) 110公升　(B) 190公升　(C) 230公升　(D) 320公升

104年水與化學系統消防安全設備概要

類　　科：消防設備士

考試時間：1小時30分

※注意：禁止使用電子計算器。

甲、申論題部分：（50分）

不必抄題，作答時請將試題題號及答案依照順序寫在申論試卷上，於本試題上作答者，不予計分。請以黑色鋼筆或原子筆在申論試卷上作答。

一、當某一場所設置鹵化烴滅火設備時，請依「各類場所消防安全設備檢修及申報作業基準」，說明全區放射方式綜合檢查時之判定方法與注意事項。（25分）

解：

(一) 判定方法

1. 警報裝置應確實鳴響。

2. 遲延裝置應確實動作。

3. 開口部等之自動關閉裝置應能正常動作，換氣裝置須確實停止。

4. 指定防護區劃之啟動裝置及選擇閥能確實動作，可放射試驗用氣體。

5. 配管內之試驗用氣體應無洩漏情形。

6. 放射表示燈應確實亮燈。

(二) 注意事項

1. 檢查結束後，應將檢查時使用之試驗用氣體容器，換裝回復為原設置之儲存容器。

2. 在未完成完全換氣前，不得進入放射區域。遇不得已之情形非進入時，應著空氣呼吸器。

3. 完成檢查後，應確實將所有裝置回復定位。

二、設置密閉式自動撒水設備時，應計算其水源容量，請依「各類場所消防安全設備設置標準」之水源容量相關規定，繪製下表並填入相關撒水頭規定個數及水源容

量（假設各場所實設撒水頭數目均在30個以上）。（25分）

各類場所		撒水頭個數		水源容量（m³）	
		快速反應型	一般反應型	快速反應型	一般反應型
十一樓以上建築物、地下建築物		12	15	80×20×12=19.2	80×20×15=24
十樓以下建築物	供甲類第四目使用及複合用途建築物中供甲類第四目使用者	12	15	80×20×12=19.2	80×20×15=24
	地下層	12	15	80×20×12=19.2	80×20×15=24
	其他	8	10	80×20×8=12.8	80×20×10=16
高架儲存倉庫	儲存棉花、塑膠、木製品、紡織品等易燃物品	24	30	114×20×24=54.72	114×20×30=68.4
	儲存其他物品	16	20	114×20×16=36.48	114×20×12=45.6

乙、測驗題部分：（50分）

1) 本測驗試題為單一選擇題，請選出一個正確或最適當的答案，複選作答者，該題不予計分。

2) 共40題，每題1.25分，須用2B鉛筆在試卡上依題號清楚劃記，於本試題或申論試卷上作答者，不予計分。

（ A ）　1. 公共危險物品等場所之滅火設備分類，下列何者正確？

　　　　(A) 第一種滅火設備：指室內或室外消防栓設備

　　　　(B) 第二種滅火設備：指大型滅火器

　　　　(C) 第三種滅火設備：指自動撒水設備

　　　　(D) 第四種滅火設備：指水霧、泡沫、二氧化碳或乾粉滅火設備

（ D ）　2. 有關滅火器設置規定，下列何者正確？

　　　　(A) 供鍋爐房等大量使用火源之處所，樓地板面積每50平方公尺有一滅火效能值

　　　　(B) 供保齡球館使用之場所，樓地板面積每200平方公尺有一滅火效能值

　　　　(C) 供電信機器室使用之場所，樓地板面積每300平方公尺有一滅火效能值

　　　　(D) 供學校教室使用之場所，樓地板面積每200平方公尺有一滅火效能值

（ A ）　3. 依滅火器用滅火藥劑認可基準規定，紫焰乾粉（簡稱KBC乾粉）主成分與著色之規定為何？

　　　　(A) 碳酸氫鉀，淺紫色　　　　　(B) 硫酸鉀，白色

　　　　(C) 碳酸氫鈉，灰白色　　　　　(D) 磷酸二氫銨，粉紅色

（ B ）　4. 依滅火器藥劑更換及充填作業規定，經營滅火器藥劑更換及充填作業廠商聘用消防專技人員，應於事實發生之次日起多久時間內，報請直轄市、縣（市）政府備查？　　(A) 14 日　(B) 30 日　(C) 45 日　(D) 7 日

（ D ）　5. 消防專用蓄水池依規定設置之投入孔尺寸，應為邊長A公分以上之正方形或直徑B公分以上之圓孔。下列A，B何者正確？

　　　　(A) A=50，B=60　(B) A=60，B=50　(C) A=50，B=50　(D) A=60，B=60

（ C ）　6. 某空間採用全區放射方式之第一種乾粉滅火設備（主成分為碳酸氫鈉）進行防護，則每立方公尺防護區域所需滅火藥劑量為何？

　　　　(A) 0.24 kg/m^3　(B) 0.36 kg/m^3　(C) 0.60 kg/m^3　(D) 0.82 kg/m^3

（ B ）　7. 設置固定式低發泡泡沫滅火設備之場所，於進行綜合檢查時，設置泡沫頭者，每次選擇全部放射區域數多少比例以上之放射區域進行逐區放水試驗？

　　　　(A) 10%　(B) 20%　(C) 25%　(D) 30%

（ B ）　8. 自動撒水設備採密閉濕式撒水頭者進行綜合測試時，最低放水壓力應在A kgf/cm^2 以上，放水量應在B L/min以上。下列A，B何者正確？

　　　　(A) A=1.7，B=60　(B) A=1.0，B=80　(C) A=2.5，B=60　(D) A=1.7，B=80

（ C ）　9. 進行惰性氣體滅火藥劑儲存容器性能檢查時，對於遲延裝置動作時限應在多少時間以上？　　(A) 60秒　(B) 30秒　(C) 20秒　(D) 15秒

（ D ）　10. 公共危險物品室外儲槽場所之冷卻撒水設備如以幫浦方式進行加壓時，實際測得之放射量除以該冷卻撒水噴頭（噴孔）所防護儲槽側壁面積應在多少以上？　　(A) 1.0 L/min m^2　(B) 1.2 L/min m^2　(C) 1.75 L/min m^2　(D) 2.0 L/min m^2

（ D ）　11. 下列不同玻璃球型撒水頭工作液色標，何者代表的標示溫度最高？

　　　　(A) 橙色　(B) 紅色　(C) 黃色　(D) 綠色

（ A ）　12. 泡沫滅火設備進行綜合檢查時，有關水成膜泡沫滅火藥劑之25%還原時間標準值為何？　　(A) 60秒　(B) 75秒　(C) 90秒　(D) 120秒

（ D ）　13. 依消防幫浦加壓送水裝置等及配管摩擦損失計算基準規定，消防幫浦本體須能耐最高水壓之A倍以上，且加壓B分鐘後，各部位仍無洩漏現象才算合格。

下列A，B何者正確？

(A) A=1.2，B=5　(B) A=1.4，B=3　(C) A=1.4，B=5　(D) A=1.5，B=3

（ C ）14. 進行補助撒水栓竣工查驗之綜合放水試驗，放水壓力應在A kgf/cm^{2}以上、B kgf/cm^{2}以下。下列A，B何者正確？

(A) A=1.0，B=7　(B) A=1.7，B=7　(C) A=2.5，B=10　(D) A=3.7，B=10

（ D ）15. 採用全區放射方式之二氧化碳滅火設備，於印刷機房須多久時間內全部放射完畢？　(A) 210秒　(B) 30秒　(C) 45秒　(D) 60秒

（ C ）16. 公共危險物品等場所達顯著滅火困難者設置之第一種滅火設備之室內消防栓設備，其放水量應在多少以上？

(A) 130 L/min　(B) 190 L/min　(C) 260 L/min　(D) 350 L/min

（ A ）17. 檢測水成膜泡沫液發泡倍率使用之測定器具，除了採集器、計量器外，尚須何種設備？

(A) 1,000 mL具刻度之量筒二只　　　(B) 1,000 mL具刻度之量筒一只

(C) 1,400 mL具刻度之量筒二只　　　(D) 1,400 mL具刻度之量筒一只

（ A ）18. 依各類場所消防安全設備檢修及申報作業基準，在設有滅火器之可燃性高壓氣體儲存場所，任一點至滅火器之步行距離應在多少公尺以下，且不得妨礙出入作業？　(A) 15公尺　(B) 20公尺　(C) 25公尺　(D) 30公尺

（ B ）19. 裝置自動撒水設備之建築物，其送水口之規定，下列何者錯誤？

(A) 應於地面層室外臨建築線，消防車容易接近處，設置口徑63毫米之送水口

(B) 設在無送水障礙處，且其高度距基地地面在1.5公尺以下0.8公尺以上

(C) 裝置自動撒水設備之樓層，樓地板面積在3,000平方公尺以下，至少應設置雙口形送水口一個，並裝接陰式快速接頭，每超過3,000平方公尺，增設一個。但應設數量超過三個時，以三個計

(D) 送水口附近明顯易見處，標明自動撒水送水口字樣及送水壓力範圍

（ D ）20. 依各類場所消防安全設備設置標準，室外消防栓應配置何種規格之水帶與瞄子？

(A) 口徑50毫米及長15公尺水帶二條、口徑13毫米以上直線噴霧兩用型瞄子一具及消防栓閥型開關一把

(B) 口徑63毫米及長15公尺水帶二條、口徑19毫米以上直線噴霧兩用型瞄子一具及消防栓閥型開關一把

(C) 口徑50 毫米及長20公尺水帶一條、口徑13毫米以上直線噴霧兩用型瞄子一具及消防栓閥型開關一把

(D) 口徑63毫米及長20公尺水帶二條、口徑19毫米以上直線噴霧兩用型瞄子一具及消防栓閥型開關一把

(B)　21. 依各類場所消防安全設備檢修及申報作業基準，海龍滅火設備氣壓式選擇閥開放裝置之檢查方法乃使用試驗用二氧化碳或氮氣容器（內容積X公升以上，二氧化碳藥劑量Y kg以上），自操作管連接部加壓，確認其動作是否正常。此處X，Y各為多少？

(A) X=0.5，Y=0.27　　(B) X=1，Y=0.6　　(C) X=2，Y=1.2　　(D) X=3，Y=1.8

(D)　22. 可燃性高壓氣體場所、加氣站、天然氣儲槽及可燃性高壓氣體儲槽之射水設備，下列規定何者錯誤？

(A) 室外消防栓應設置於屋外，且具備消防水帶箱

(B) 全部射水設備同時使用時，各射水設備放水壓力在每平方公分3.5 公斤以上或0.35 MPa 以上

(C) 放水量在每分鐘450 公升以上。但全部射水設備數量超過二支時，以同時使用二支計算之

(D) 射水設備之水源容量，在二具射水設備同時放水20分鐘之水量以上

(B)　23. 加氣站之滅火器，有關數量之設置規定，下列何者正確？

(A) 儲氣槽區四具以上

(B) 加氣機每臺四具以上

(C) 用火設備處所四具以上

(D) 建築物每層樓地板面積在100平方公尺以下設置四具，超過100平方公尺時，每增加（含未滿）100平方公尺增設一具

(B)　24. 公共危險物品等場所設置室內消防栓設備，下列規定何者正確？

(A) 依使用場所需要可選擇設置第一種或第二種室內消防栓

(B) 建築物各層任一點至消防栓接頭之水平距離在25公尺以下，且各層之出入口附近設置一支以上之室內消防栓

(C) 任一樓層內，全部室內消防栓同時使用時，各消防栓瞄子放水壓力在每平方公分2.5公斤以上或0.25 MPa以上

(D) 水源容量在裝置室內消防栓最多樓層之全部消防栓繼續放水30分鐘之水量以上。但該樓層內，全部消防栓數量超過四支時，以四支計算之

（A）25. 公共危險物品等場所符合下列何者規定，即可稱為顯著滅火困難場所？
(A) 公共危險物品製造場所總樓地板面積在1,000 平方公尺以上
(B) 室內儲存場所高度在5 公尺以上之一層建築物
(C) 室外儲存場所儲存塊狀硫磺，其面積在50 平方公尺以上
(D) 室內加油站一面開放且其上方樓層未供其他用途使用

（B）26. 下列屬於高度危險工作場所之敘述，何者錯誤？
(A) 儲存一般可燃性固體物質倉庫之高度超過5.5公尺者
(B) 儲存易燃性液體物質之閃火點未超過60℃與37.8℃時，其蒸氣壓超過每平方公分2.8公斤或0.28 MPa者
(C) 可燃性高壓氣體製造、儲存、處理場所
(D) 石化作業場所，木材加工業作業場所及油漆作業場所

（A）27. 下列哪一項滅火設備不屬於各類場所消防安全設備設置標準第8條所規定之滅火設備種類？
(A) 海龍（鹵化烷）滅火設備　　(B) 簡易自動滅火設備
(C) 消防砂　　　　　　　　　　(D) 滅火器

（D）28. 依各類場所消防安全設備設置標準第18條規定，下列場所何者不適合設置二氧化碳滅火設備？
(A) 升降機械式停車場可容納十輛以上者
(B) 發電機室及其他類似之電器設備場所，樓地板面積在200平方公尺以上者
(C) 廚房等大量使用火源之場所，樓地板面積在200平方公尺以上者
(D) 屋頂直升機停機場（坪）

（A）29. 有關室內消防栓設備之配管、配件及屋頂水箱，下列規定何者正確？
(A) 配管可採經中央主管機關認可具氣密性、強度、耐腐蝕性、耐候性及耐熱性等性能之合成樹脂管
(B) 立管連接屋頂水箱、重力水箱或壓力水箱，亦可使配管平時充滿空氣
(C) 屋頂水箱之水量，第一種消防栓有0.3立方公尺以上
(D) 止水閥以明顯之方式標示水流之方向，逆止閥標示開關之狀態，並符合CNS規定

（B）30. 某應裝置室內消防栓之場所，在裝置室內消防栓最多樓層，全部消防栓數量為五支，其水源最低容量應為多少立方公尺？
(A) 2.6 立方公尺　　(B) 5.2 立方公尺　　(C) 7.8 立方公尺　　(D) 13.0 立方公尺

（ C ）31. 室外消防栓設備之配管其水平主幹管外露部分，應於每多少公尺內，以明顯方式標示水流方向及配管名稱？

(A) 5 公尺　(B) 10 公尺　(C) 20 公尺　(D) 30 公尺

（ D ）32. 有關自動撒水設備之配管、配件及屋頂水箱，下列敘述何者正確？

(A) 一齊開放閥一次側配管，應施予鍍鋅等防腐蝕處理

(B) 密閉乾式或預動式之流水檢知裝置一次側配管，施予鍍鋅等防腐蝕處理

(C) 密閉乾式或預動式之流水檢知裝置二次側配管，為有效排水，支管每10公尺傾斜2公分，主管每10公尺傾斜4公分

(D) 立管連接屋頂水箱時，屋頂水箱之容量在1立方公尺以上

（ A ）33. 有關撒水頭設置場所與配置距離規定，下列敘述何者錯誤？

(A) 儲存易燃物品之倉庫，任一點至撒水頭之水平距離，應在2.1公尺以下

(B) 餐廳（非設於防火構造建築物）設置快速反應型撒水頭，各層任一點至撒水頭之水平距離在2.3公尺以下

(C) 觀光旅館之住宿居室得採用小區劃型撒水頭（以第一種感度為限），任一點至撒水頭之水平距離在2.6公尺以下，且任一撒水頭之防護面積在13平方公尺以下

(D) 中央主管機關認定儲存大量可燃物之場所天花板高度超過6公尺，應採用放水型撒水頭

（ D ）34. 二氧化碳滅火設備有關全區及局部放射方式之噴頭，下列敘述何者錯誤？

(A) 二氧化碳噴頭之放射壓力，其滅火藥劑以常溫儲存者之高壓式為每平方公分14公斤以上或1.4 MPa以上

(B) 二氧化碳噴頭之放射壓力，其滅火藥劑儲存於–18℃以下者之低壓式為每平方公分9公斤以上或0.9 MPa以上

(C) 總機室採全區放射方式應於3.5分鐘內全部藥劑量放射完畢

(D) 採局部放射方式應於1分鐘內全部藥劑量放射完畢

（ B ）35. 簡易自動滅火設備，排油煙管內風速超過每秒X公尺，應在警戒長度外側設置放出藥劑之啟動裝置及連動閉鎖閘門。上述之警戒長度，係指煙罩與排油煙管接合處往內Y公尺。下列X，Y何者正確？

(A) X=5，Y=10　(B) X=5，Y=5　(C) X=10，Y=5　(D) X=10，Y=10

（ A ）36. 濕式流水檢知裝置之性能試驗為以多少流速之加壓水流通，測試是否發出連續信號或警報等動作？

(A) 4.5 m/sec　(B) 6 m/sec　(C) 8 m/sec　(D) 10 m/sec

（A）37. 二氧化碳滅火設備使用之音響警報裝置標示須設於室內明顯之處所，顏色規格為何？　　(A) 黃底黑字　(B) 紅底白字　(C) 白底紅字　(D) 綠底白字

（D）38. 簡易自動滅火設備蓄壓式滅火藥劑儲存容器進行外觀檢查時，須確認周圍溫度是否須在多少以下？　　(A) 37.8℃　(B) 40℃　(C) 56℃　(D) 49℃

（C）39. 高發泡放出口在全區放射防護區域內，樓地板面積每多少平方公尺至少設置一個，且能有效放射至該區域，並附設泡沫放出停止裝置？

(A) 100 平方公尺 　　　　　　　　　(B) 300 平方公尺

(C) 500 平方公尺 　　　　　　　　　(D) 1,000 平方公尺

（B）40. 室內消防栓箱箱身之最小厚度與最小箱面表面積之規定為何？

(A) 1.3毫米；0.7平方公尺 　　　　　(B) 1.6毫米；0.7平方公尺

(C) 1.3毫米；0.8平方公尺 　　　　　(D) 1.6毫米；0.8平方公尺

103年水與化學系統消防安全設備概要

類　科：消防設備士

考試時間：1小時30分

※注意：禁止使用電子計算器。

甲、申論題部分：（50分）

不必抄題，作答時請將試題題號及答案依照順序寫在申論試卷上，於本試題上作答者，不予計分。請以黑色鋼筆或原子筆在申論試卷上作答。

一、自動撒水設備是目前廣泛使用的固定式滅火設備，對於抑制初期火災特別有效，請依「各類場所消防安全設備設置標準」，詳述撒水頭之裝置位置應符合哪些有關之規定。（25分）

解：

第47條　撒水頭之位置，依下列規定裝置：

一、撒水頭軸心與裝置面成垂直裝置。

二、撒水頭迴水板下方四十五公分內及水平方向三十公分內，應保持淨空間，不得有障礙物。

三、密閉式撒水頭之迴水板裝設於裝置面（指樓板或天花板）下方，其間距在三十公分以下。

四、密閉式撒水頭裝置於樑下時，迴水板與樑底之間距在十公分以下，且與樓板或天花板之間距在五十公分以下。

五、密閉式撒水頭裝置面，四周以淨高四十公分以上之樑或類似構造體區劃包圍時，按各區劃裝置。但該樑或類似構造體之間距在一百八十公分以下者，不在此限。

六、使用密閉式撒水頭，且風管等障礙物之寬度超過一百二十公分時，該風管等障礙物下方，亦應設置。

七、側壁型撒水頭應符合下列規定：

(一) 撒水頭與裝置面（牆壁）之間距，在十五公分以下。

(二) 撒水頭迴水板與天花板或樓板之間距，在十五公分以下。

(三) 撒水頭迴水板下方及水平方向四十五公分內，保持淨空間，不得有障礙物。

八、密閉式撒水頭側面有樑時，依下表裝置。

撒水頭與樑側面淨距離（公分）	74以下	75以上99以下	100以上149以下	150以上
迴水板高出樑底面尺寸（公分）	0	9以下	14以下	29

前項第八款之撒水頭，其迴水板與天花板或樓板之距離超過三十公分時，依下列規定設置集熱板。

一、集熱板應使用金屬材料，且直徑在三十公分以上。

二、集熱板與迴水板之距離，在三十公分以下。

二、水霧滅火設備係利用水霧噴頭，使水呈微粒霧狀噴出，以達到滅火效果，請依「各類場所消防安全設備檢修及申報作業基準」，詳述有關水霧滅火設備綜合檢查之檢查方法與判定方法。（25分）

解：

(一) 檢查方法

切換成緊急電源供電狀態，依下列步驟確認系統性能是否正常。

1. 選擇任一區作放水試驗。

2. 由操作手動啟動裝置或自動啟動裝置，啟動加壓送水裝置。

3. 在一齊開放閥最遠處之水霧噴頭附近裝上測試用壓力表。

4. 放射量依下式計算

$$Q = K\sqrt{P}$$

Q = 放射量（L/min）

K = 常數

P = 放射壓力（kgf/cm^2）

(二) 判定方法

1. 幫浦方式

(1) 啓動性能

A. 加壓送水裝置應能確實啓動。

B. 表示、警報等應正常。

C. 電動機之運轉電流值應在容許範圍內。

D. 運轉中應無不規則、不連續之雜音或異常之發熱、振動。

(2) 一齊開放閥

一齊開放閥應正常動作。

(3) 放射壓力等

A. 放射壓力

應可得到在設計上之壓力。

B. 放射量

水霧噴頭之放射量應符合放射壓力之放射曲線上之值。

C. 放射狀態

放射狀態應正常。

2. 重力水箱及壓力水箱方式

(1) 表示、警報等

表示、警報等應正常。

(2) 一齊開放閥

一齊開放閥應正常動作。

(3) 放射量等

A. 放射壓力

應可得到設計上之壓力。

B. 放射量

水霧噴頭之放射量應符合放射壓力之放射曲線上之值。

C. 放射狀態

放射狀態應正常。

3. 注意事項

於檢查類似醫院之場所時，因切換成緊急電源可能會造成困擾時，得使用常用電源檢查。

乙、測驗題部分：（50分）

1) 本測驗試題為單一選擇題，請選出一個正確或最適當的答案，複選作答者，該題不予計分。

2) 共40題，每題1.25分，須用2B鉛筆在試卡上依題號清楚劃記，於本試題或申論試卷上作答者，不予計分。

（B）　1. 室內消防栓設備之配管設置部分，下列敘述何者正確？
  - (A) 應為共用。但與室外消防栓、自動撒水設備及連結送水管等滅火系統共用，無礙其功能者，不在此限
  - (B) 管徑，依水力計算配置。但立管與連結送水管共用時，其管徑在100毫米以上
  - (C) 立管管徑，第一種消防栓在63毫米以上；第二種消防栓在100毫米以上
  - (D) 立管裝置於易受外來損傷及火災易殃及之位置

（D）　2. 設於高架儲存倉庫之撒水頭放水量，每分鐘應在多少公升以上？
  (A) 30公升　　(B) 50公升　　(C) 80公升　　(D) 114公升

（C）　3. 有關惰性氣體滅火設備之防護區劃的自動關閉裝置（以氣壓動作者），在檢查時若使用氮氣或空氣時，應加壓至大約多少 kgf/cm^2？
  (A) $10kgf/cm^2$　　(B) $20kgf/cm^2$　　(C) $30kgf/cm^2$　　(D) $50kgf/cm^2$

（D）　4. 在固定式泡沫滅火設備（低發泡）進行綜合檢查時，對於設置泡沫頭者，每次選擇全部放射區域數之百分之多少以上之放射區域，進行逐區放水試驗，測其放射分布及放射壓力？　　(A) 5%　　(B) 10%　　(C) 15%　　(D) 20%

（D）　5. 在竣工查驗自動撒水設備之屋頂水箱時，若有立管連接屋頂水箱，屋頂水箱之容量應在多少立方公尺以上？
  (A) 4立方公尺　　(B) 3立方公尺　　(C) 2立方公尺　　(D) 1立方公尺

（D）　6. 泡沫滅火設備所使用之泡沫噴頭，下列構造外觀相關規定何者敘述錯誤？
  - (A) 泡沫噴頭裝置於配管上時，不得有損害機能之變形或破損等情形
  - (B) 內外表面不得有破損或造成使用上障礙之砂孔、毛邊、砂燒結、咬砂、刮痕、龜裂等現象
  - (C) 濾網使用金屬網者，紋路表面不得有造成使用上障礙之刮痕、龜裂、剝落、變形，或編織點錯誤、紋路交錯點鬆落等現象
  - (D) 沖壓加工品有龜裂或顯著沖壓皺褶

（C）　7. 密閉乾式或預動式自動撒水設備之要求，下列敘述何者錯誤？

(A) 密閉乾式或預動式流水檢知裝置二次側之加壓空氣，其空氣壓縮機為專用，並能在30分鐘內，加壓達流水檢知裝置二次側配管之設定壓力值

(B) 流水檢知裝置二次側之減壓警報設於平時有人處

(C) 撒水頭動作後，流水檢知裝置應在2分鐘內，使撒水頭放水

(D) 撒水頭使用向上型

(B)　8. 消防幫浦所標示之出水量，在其性能曲線上之全揚程必須達到所標示揚程之多少？

(A) 90%～100%之間　　　　　(B) 100%～110%之間

(C) 110%～120%之間　　　　　(D) 120%～130%之間

(A)　9. 使用消防幫浦之加壓送水裝置，至少應以具有幾小時以上防火時效之牆壁、樓地板及防火門窗等防火設備區劃分隔？

(A) 1小時　(B) 2小時　(C) 3小時　(D) 4小時

(D)　10. 電動機之使用應符合相關規定，下列敘述何者錯誤？

(A) 電動機在額定輸出連續運轉8小時後，不得發生異狀

(B) 電動機之絕緣電阻應符合屋內線路裝置規則之規定

(C) 幫浦在額定負荷狀態下，應能順利啟動

(D) 超過額定輸出之15%輸出力運轉1小時，仍不致發生障礙，引起過熱現象

(A)　11. 依據防止水溫上升用排放裝置之規定，防止水溫上升用之排放管應使用口徑多少mm以上者？　　(A) 15　(B) 20　(C) 25　(D) 30

(C)　12. 移動式泡沫滅火設備其水帶接頭至防護對象任一點之水平距離應在多少公尺以下？　　(A) 5公尺　(B) 10公尺　(C) 15公尺　(D) 20公尺

(B)　13. 室內消防栓設備之消防立管管系竣工時，應做加壓試驗，試驗壓力不得小於加壓送水裝置全閉揚程X倍以上之水壓。試驗壓力以繼續維持Y小時無漏水現象為合格。下列X，Y何者正確？

(A) X=2，Y=1.5　(B) X=1.5，Y=2　(C) X=1，Y=2　(D) X=2，Y=1

(A)　14. 存放易燃性物質處所，其自動撒水設備之撒水頭迴水板下方X公分及水平方向Y公分以內，應保持淨空間，不得有障礙物，下列X，Y何者正確？

(A) X=90，Y=30　(B) X=30，Y=90　(C) X=90，Y=90　(D) X=30，Y=30

(B)　15. 下列哪一項不是裝置水霧滅火設備之室內停車空間應符合之規定？

(A) 車輛停駐場所地面作2%以上之坡度

(B) 車輛停駐場所，除面臨車道部分外，應設高5公分以上之地區境界堤，或

深5公分寬5公分以上之地區境界溝，並與排水溝連通

(C) 滅火坑具備油水分離裝置，並設於火災不易殃及之處所

(D) 排水溝及集水管之大小及坡度，應具備能將加壓送水裝置之最大能力水量有效排出

(D) 16. 有關泡沫頭放射量，下列何者正確？

(A) 使用蛋白質泡沫液之泡沫噴頭放射量應在每平方公尺樓地板面積每分鐘6公升以上

(B) 使用合成界面活性泡沫液之泡沫噴頭放射量應在每平方公尺樓地板面積每分鐘7公升以上

(C) 使用水成膜泡沫液之泡沫噴頭放射量應在每平方公尺樓地板面積每分鐘3公升以上

(D) 使用泡水噴頭放射量在每分鐘75公升以上

(C) 17. 有關泡沫滅火設備之泡沫原液儲槽，下列哪一項規定錯誤？

(A) 設有便於確認藥劑量之液面計或計量棒

(B) 平時在加壓狀態者，應附設壓力表

(C) 設置於溫度攝氏50度以下，且無日光曝曬之處

(D) 採取有效防震措施

(B) 18. 室內消防栓設備之屋頂水箱之水量，第一種消防栓有X立方公尺以上；第二種消防栓有Y立方公尺以上。但與其他滅火設備並用時，水量應取其最大值，下列X，Y何者正確？

(A) X=0.3，Y=0.5　　　　　(B) X=0.5，Y=0.3

(C) X=0.1，Y=0.3　　　　　(D) X=0.3，Y=0.1

(C) 19. 有關開放式自動撒水設備之自動及手動啟動裝置，竣工時下列哪一項規定錯誤？

(A) 自動啟動裝置，感知撒水頭或探測器動作後，能啟動一齊開放閥及加壓送水裝置

(B) 自動啟動裝置，感知撒水頭使用標示溫度在79度以下者，且每20平方公尺設置1個；探測器使用定溫式1種或2種，並依各類場所消防安全設備設置標準第120條規定設置，每一放水區域至少1個

(C) 自動啟動裝置，感知撒水頭設在裝置面距樓地板面高度15公尺以下，且能有效探測火災處

(D) 手動啟動裝置，手動啟動開關動作後，能啟動一齊開放閥及加壓送水裝置

（ B ）20. 有關泡沫滅火設備竣工時之流水檢知裝置，下列哪一項規定錯誤？

　　(A) 各樓層之樓地板面積在3千平方公尺以下者，裝設1套，超過3千平方公尺者，裝設2套

　　(B) 各樓層之樓地板面積在3千平方公尺以下者，裝設1套，超過3千平方公尺者，裝設2套；無隔間之樓層內，前述3千平方公尺得增為6千平方公尺

　　(C) 撒水頭或一齊開放閥開啟放水時，即發出警報

　　(D) 附設制水閥，其高度距離樓地板面在1.5公尺以下0.8公尺以上，並於制水閥附近明顯易見處，設置標明制水閥字樣之標識

（ B ）21. 在測量室內消防栓設備之瞄子直線放水壓力時，應將含有皮托管及壓力計之壓力表進水口，放置於瞄子前端瞄子口徑的多少距離處進行測量？

　　(A) 瞄子前端瞄子口徑的1倍處　　　(B) 瞄子前端瞄子口徑的二分之一處

　　(C) 瞄子前端瞄子口徑的三分之一處　(D) 瞄子前端瞄子口徑的四分之一處

（ C ）22. 在泡沫滅火設備進行性能檢查時，對於泡沫原液槽的檢查方法，下列哪一項錯誤？

　　(A) 泡沫原液：打開原液槽之排液口制水閥，用燒杯或量筒採取泡沫原液（最好能由上、中、下3個位置採液）

　　(B) 泡沫原液：以目視確認所採取泡沫原液有無變質、汙損

　　(C) 壓力表：關掉表計之控制水閥將水排出，確認指針是否在1之位置；再打開表針控制水閥，操作啟動裝置確認指針是否正常動作

　　(D) 閥類：用手操作確認開、關動作是否容易進行

（ B ）23. 第三種乾粉滅火藥劑量，全區放射方式所需滅火藥劑量，每立方公尺防護區域所需滅火藥劑量（kg/m^3）與每平方公尺開口部所需追加滅火藥劑量（kg/m^2）各為多少？

　　(A) 0.26、2.7　(B) 0.36、2.7　(C) 0.26、3.7　(D) 0.36、3.7

（ C ）24. 乾粉滅火設備配管之設置規定，最低配管與最高配管間，落差在多少公尺以下？　　(A) 35　(B) 40　(C) 50　(D) 55

（ B ）25. 加壓送水裝置之閥類應能承受幫浦最高揚水壓力多少倍以上壓力？且應具有耐熱及耐腐蝕性或具有同等以上之性能者：

　　(A) 1.0　(B) 1.5　(C) 2.0　(D) 2.5

（ B ） 26. 依據滅火器認可基準之內容，化學泡沫滅火器之使用溫度範圍為何？
(A) 0℃以上，40℃以下
(B) 5℃以上，40℃以下
(C) –5℃以上，50℃以下
(D) 0℃以上，60℃以下

（ A ） 27. 懸掛於牆上或放置滅火器箱中之滅火器，其上端與樓地板面之距離為：
(A) 未滿18公斤者在1.5公尺以下；18公斤以上者在1公尺以下
(B) 未滿18公斤者在1公尺以下；18公斤以上者在1.5公尺以下
(C) 未滿18公斤者在1公尺以下；18公斤以上者在0.5公尺以下
(D) 未滿18公斤者在0.5公尺以下；18公斤以上者在1公尺以下

（ A ） 28. 二氧化碳滅火設備使用氣體啟動者，下列規定設置敘述何者錯誤？
(A) 啟動用氣體容器能耐每平方公分250公斤或35MPa之壓力
(B) 啟動用氣體容器之內容積應有1公升以上，其所儲存之二氧化碳重量在0.6公斤以上，且其充填比在1.5以上
(C) 啟動用氣體容器之安全裝置及容器閥符合CNS 11176規定
(D) 啟動用氣體容器不得兼供防護區域之自動關閉裝置使用

（ C ） 29. 依據滅火器藥劑更換及充填作業規定，廠商應備置之滅火器藥劑更換及充填作業登記簿，並至少保存幾年？　　(A) 1　(B) 2　(C) 3　(D) 10

（ A ） 30. 在進行自動撒水設備啟動裝置檢修時，下列哪一項檢查判定方法錯誤？
(A) 對於手動啟動裝置而使用開放式撒水頭者：直接打開測試用排水閥然後操作手動啟動開關，確認加壓送水裝置是否啟動
(B) 對於手動啟動裝置而使用密閉式撒水頭者：直接操作控制盤上啟動按鈕，確認加壓送水裝置是否啟動
(C) 對於手動啟動裝置之判定方法：閥的操作應容易進行，且加壓送水裝置應能確實啟動
(D) 對於自動啟動裝置之啟動用水壓開關裝置：以目視及螺絲起子，確認壓力開關之端子有無鬆動

（ C ） 31. 海龍替代藥劑自動滅火設備竣工勘驗前，為維持放射藥劑濃度之有效性，需進行哪一項測試程序？
(A) 水壓試驗　(B) 釋壓試驗　(C) 氣密測試　(D) 沖管試驗

（ C ） 32. 依據各類場所消防安全設備檢修及申報作業基準，加壓式海龍滅火藥劑儲存容器設置狀況之檢查方法，下列敘述何者錯誤？
(A) 確認周圍濕度有無過高，及周圍溫度是否在40℃以下

(B) 確認設置場所是否設照明設備、明亮窗口，及周圍有無障礙物。並確認是否確保供操作及檢查之空間

(C) 確認設在專用鋼瓶室之鋼瓶，應有適當之固定措施；設於防護區域內之鋼瓶，應置於可燃性或易燃性材料製成之防護箱內

(D) 確認有無遭日光曝曬、雨水淋濕之虞

(A) 33. 下列哪一項敘述與二氧化碳滅火設備規定是不符合的？

(A) 全區或局部放射方式防護區域內之通風換氣裝置，應在滅火藥劑放射前持續運轉

(B) 全區放射方式防護區域之開口部，不得設於面對安全梯間、特別安全梯間、緊急升降機間或其他類似場所

(C) 全區放射方式防護區域之開口部位於距樓地板面高度三分之二以下部分，應在滅火藥劑放射前自動關閉

(D) 全區放射方式防護區域之開口部，不設自動關閉裝置之開口部總面積，供電信機械室使用時，應在圍壁面積1%以下，其他處所則應在防護區域體積值或圍壁面積值二者中之較小數值10%以下

(A) 34. 二氧化碳滅火設備之滅火藥劑儲存容器，其充填比在高壓式為X以上Y以下，下列X，Y何者正確？

(A) X=1.5，Y=1.9   (B) X=1.9，Y=1.5

(C) X=1.1，Y=1.4   (D) X=1.4，Y=1.1

(D) 35. 有關二氧化碳滅火設備配管的設置規定，下列哪一項敘述錯誤？

(A) 使用符合CNS 4626規定之無縫鋼管，其中高壓式為管號Sch80以上，低壓式為管號Sch40以上厚度或具有同等以上強度，且施予鍍鋅等防蝕處理

(B) 採用銅管配管時，應使用符合CNS 5127規定之銅及銅合金無縫管或具有同等以上強度者，其中高壓式能耐壓每平方公分165公斤以上或16.5MPa以上，低壓式能耐壓每平方公分37.5公斤以上或3.75MPa以上

(C) 配管接頭及閥類之耐壓，高壓式為每平方公分165公斤以上或16.5MPa以上，低壓式為每平方公分37.5公斤以上或3.75MPa以上，並予適當之防蝕處理

(D) 最低配管與最高配管間，落差在100公尺以下

(A) 36. 在檢查乾粉滅火設備之滅火藥劑量時，若溫度超過40℃以上，濕度超過多少以上時，應暫停檢查？   (A) 60%   (B) 50% (C) 40% (D) 30%

（D）37. 有關蓄壓式乾粉滅火藥劑種類，下列哪一項敘述錯誤？

(A) 白色或淡藍色為第一種乾粉　　(B) 紫色系為第二種乾粉

(C) 粉紅色為第三種乾粉　　　　　(D) 黃色為第四種乾粉

（B）38. 有關蓄壓式鹵化烴滅火藥劑量之測定，下列哪一項敘述錯誤？

(A) 使用台秤測定計之方法：將容器置於台秤上，測定其重量至小數點第1位

(B) 使用水平液面計之方法：其鈷60有效使用年限約為10年，如已過時，應即時連絡專業單位處理或更換

(C) 使用鋼瓶液面計之方法：需考慮溫度變化造成之影響

(D) 將藥劑量之測定結果與重量表、圖面明細表或原廠技術手冊規範核對，其差值應在充填值10%以下

（B）39. 有關鹵化烴滅火設備之氣壓式選擇閥開放裝置，確認其動作是否正常時，若使用試驗用二氧化碳容器其藥劑量應在多少以上？

(A) 0.3kg　(B) 0.6kg　(C) 0.9kg　(D) 1.2kg

（D）40. 在進行二氧化碳滅火設備檢查測試時，針對以高壓式設計者，進行放射試驗其放射試驗所需之藥劑量，為該放射區域所設儲存容器瓶數之多少比例以上（小數點以下有尾數時進1）？　　　(A) 1%　(B) 5%　(C) 6%　(D) 10%

102年水與化學系統消防安全設備概要

類　　科：消防設備士

考試時間：1小時30分

※注意：禁止使用電子計算器。

甲、申論題部分：（50分）

不必抄題，作答時請將試題題號及答案依照順序寫在申論試卷上，於本試題上作答者，不予計分。請以藍、黑色鋼筆或原子筆在申論試卷上作答。

一、消防幫浦係指由幫浦、電動機及控制盤、呼水裝置、防止水溫上升用排放裝置、幫浦性能試驗裝置、啟動用水壓開關裝置與底閥等全部或部分附屬裝置所構成，請繪出具呼水槽防止水溫排放裝置示意圖並說明性能要求（15分）；另以消防幫浦之性能曲線，說明消防安全檢查幫浦性能正常的判斷方式。（10分）

解：

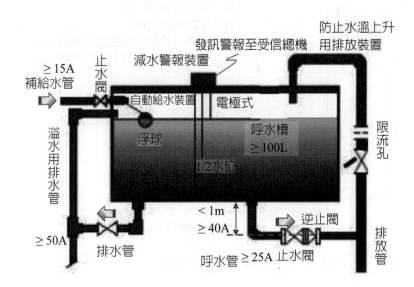

防止水溫上升用排放裝置應符合下列規定：

(一) 設呼水槽時，防止水溫上升用排放管應從呼水管逆止閥之靠幫浦側連結，中途應設限流孔，使幫浦在運轉中能排水至呼水槽。

(二) 未設呼水槽時，其防止水溫上升之排放管應從幫浦出水側逆止閥之一次側連接，中途應設限流孔，使幫浦在運轉中能排水至水槽內。

(三) 防止水溫上升用之排放管之配管中途須裝設控制閥。

(四) 防止水溫上升用之排放管應使用口徑15mm以上者。

(五) 防止水溫上升用之排水管內之流水量，當幫浦在全閉狀態下連續運轉時，不使幫浦內部水溫。值升高攝氏三十度以上，其計算方式如下：

$$q = \frac{Ls \times C}{60 \times \triangle t}$$

q：排放水量（公升／分）

Ls：幫浦關閉運轉時之出力（kw）

C：幫浦運轉時每小時千瓦八百六十千卡（kcal/hr‧kw）

$\triangle t$：幫浦的水溫上升限度為攝氏三十度時每一公升水的吸收熱量（每一公升三十千卡）。

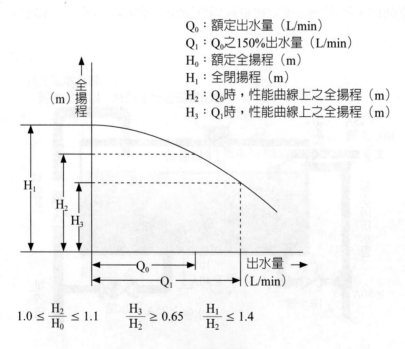

Q_0：額定出水量（L/min）
Q_1：Q_0之150%出水量（L/min）
H_0：額定全揚程（m）
H_1：全閉揚程（m）
H_2：Q_0時，性能曲線上之全揚程（m）
H_3：Q_1時，性能曲線上之全揚程（m）

$1.0 \leq \dfrac{H_2}{H_0} \leq 1.1 \qquad \dfrac{H_3}{H_2} \geq 0.65 \qquad \dfrac{H_1}{H_2} \leq 1.4$

揚程曲線圖

全揚程及出水量在上圖所示性能曲線上，應符合下列(a)～(c)之規定，並應

符合(d)～(f)所列許可差之規定（防止水溫上升用排放之水量，不包括在額定出水量內）。

(a) 幫浦在額定出水量時，在其性能曲線上之全揚程應爲額定全揚程之100%以上、110%以下。

(b) 幫浦之出水量在額定出水量之150%時，其全揚程應爲額定出水量在性能曲線上全揚程之65%以上。

(c) 全閉揚程應爲額定出水量在性能曲線上全揚程之140%以下。

(d) 額定出水量時之全揚程應在設計值之+10%、–0%內。

(e) 額定出水量之150%時之全揚程應在設計值之–8%內。

(f) 全閉揚程應在設計值之±10%內。

二、近年來，國內工程消防滅火系統使用潔淨藥劑案件越來越多，因滅火藥劑價格昂貴，且考慮釋放後對環境的影響，故於驗收或消防檢查時，一般皆不採實際放射測試，而進行空間氣密測試（Enclosure Integrity Testing），確保火災發生時，系統能達到真正滅火之功效；請說明氣密測試的意義並解釋「柱壓（Column Pressure）」、「沉降介面（Descending Interface）」、「最高防護高度（Maximum Protected Height）」、以及「最小防護高度（Minimum Protected Height）」的定義爲何？（15分）另請說明在藥劑設計濃度下，判定氣密測試合格之條件爲何？（10分）

解：

(一) 實務上FM-200氣密測試：

1. 柱壓：因海龍替代藥劑之分子量比空氣重，故防護區內藥劑釋放後之混合氣體平均分子量大於空氣，假如此時有外在之洩漏因素時，將使混合氣體因重力之關係而下降，此種混合氣體形成之重力因素稱之爲柱壓（Column Pressure）。

2. 沉降介面：預測該藥劑混合氣空氣成分，因藥劑與空氣比重不同，由介面下之洩漏處外洩氣密，而往下移動沉降的形成沉降介面。測試時觀察其能在規定時間內保持大於對象物最高防護高度。

3. 最高防護高度：防護區高度4 m以下

4. 最小防護高度：指定防護高度（防護對象最高高度或75%高度）2.5 m

(二) 合格之條件：

NFPA計算FM-200氣密標準10分鐘，10分鐘時之介面高度大於指定防護高度表示合格；而小於指定防護高度則不合格。

1.防護區之總洩露面積必須小於NFPA標準氣密時間時之最大允許洩漏面積。

2.氣密時間必須大於NFPA計算之氣密標準時間10分鐘。

3.10分鐘時之藥劑混合沉降介面高度必須大於指定防護高度（防護對象最高高度或75%高度）。

乙、測驗題部分：（50分）

1) 本測驗試題為單一選擇題，請選出一個正確或最適當的答案，複選作答者，該題不予計分。

2) 共40題，每題1.25分，須用2B鉛筆在試卡上依題號清楚劃記，於本試題或申論試卷上作答者，不予計分。

(D)　1.有關撒水頭位置裝置之規定，下列敘述何者正確？

(A) 撒水頭迴水板下方三十公分內及水平方向四十五公分內，應保持淨空間，不得有障礙物

(B) 撒水頭軸心與裝置面成85度角裝置

(C) 密閉式撒水頭裝置於樑下時，迴水板與樑底之間距在十公分以下，且與樓板或天花板之間距在六十公分以下

(D) 密閉式撒水頭之迴水板裝設於裝置面下方，其間距在三十公分以下

(C)　2.使用密閉式撒水頭且風管等障礙物之寬度超過多少公分時，該風管等障礙物下方，亦應設置？　　(A) 八十　(B) 一百　(C) 一百二十　(D) 一百五十

(A)　3.密閉乾式或預動式之流水檢知裝置二次側配管，為有效排水，支管每十公尺傾斜X公分，主管每十公尺傾斜Y公分。下列X，Y何者正確？

(A) X=4，Y=2　(B) X=4，Y=3　(C) X=5，Y=2　(D) X=2，Y=4

(B)　4.下列有關自動撒水設備應裝置適當之流水檢知裝置之敘述，何者有誤？

(A) 各樓層之樓地板面積在三千平方公尺以下者，裝設一套，超過三千平方公尺者，裝設二套

(B) 上下二層，各層撒水頭數量在十個以下者，得二層共用

(C) 附設制水閥，其高度距離樓地板面在一點五公尺以下零點八公尺以上

(D) 撒水頭或一齊開放閥開啟放水時，即發出警報

（C） 5. 某一25m（長）×12m（寬）×4m（高）之電氣室，設置全區放射之高壓二氧化碳滅火設備防護，火災後排放裝置如採機械排放時，其排風機之換氣風量應為每分鐘多少立方公尺以上？

　　(A) 六十　(B) 八十　(C) 一百　(D) 一百二十

（A） 6. 依各類場所消防安全設備設置標準之規定，設置泡沫原液儲槽時，下列敘述何者有誤？

　　(A) 設置於溫度攝氏四十度以下，可有日光曝曬之處

　　(B) 平時在加壓狀態者，應附設壓力表

　　(C) 設有便於確認藥劑量之液面計或計量棒

　　(D) 採取有效防震措施

（B） 7. 依各類場所消防安全設備設置標準裝置水霧滅火設備之室內停車空間，其排水設備應符合下列何者規定？

　　(A) 車輛停駐場所地面作百分之五以上之坡度

　　(B) 在車道之中央或二側應設置排水溝，排水溝設置集水管，並與滅火坑相連接

　　(C) 車輛停駐場所，都應設高十公分以上之地區境界堤，或深十公分寬十公分以上之地區境界溝，並與排水溝連通

　　(D) 滅火坑可不設油水分離裝置，但需設於火災不易殃及之處所

（C） 8. 中央消防主管機關認定儲存大量可燃物之場所天花板高度超過六公尺或其他場所天花板高度超過十公尺者，應採用下列何種撒水頭？

　　(A) 小區劃型撒水頭　　　　(B) 標準型撒水頭

　　(C) 放水型撒水頭　　　　　(D) 側壁型撒水頭

（B） 9. 有關泡沫原液與水混合使用濃度，下列敘述何者正確？

　　(A) 蛋白質泡沫液百分之四或百分之六

　　(B) 合成界面活性泡沫液百分之一或百分之三

　　(C) 水成膜泡沫液百分之三或百分之五

　　(D) 所有種類之泡沫液皆為百分之三或百分之六

（D） 10. 依二氧化碳滅火設備配管設置規定，下列敘述何者正確？

　　(A) 音響警報裝置，在手動裝置動作後，應發出警報，並依實際需要可隨時手動中斷

　　(B) 設於全區放射方式之音響警報裝置，不論平時有無人員駐守者，皆須採

用人語發音

(C) 全區放射方式之安全裝置，應於監控室內設置放射表示燈

(D) 全區放射方式之啓動裝置開關或拉桿開始動作至儲存容器之容器閥開啓，設有二十秒以上之遲延裝置

(D) 11. 潔淨藥劑氣體滅火設備滅火藥劑HFC-23主要成分爲下列何者？

(A) 三氟氯化乙烷　(B) 七氟化丙烷　(C) 四氯化碳　(D) 三氟化甲烷

(C) 12. 製造公共危險物品等場所中所設置之室外消防栓設備，其緊急電源之供電容量應供其有效動作多久以上？

(A) 20分鐘　(B) 30分鐘　(C) 45分鐘　(D) 60分鐘

(A) 13. 移動式泡沫滅火設備，其水帶接頭至防護對象任一點之水平距離，依各類場所消防安全設備設置標準，應在多少公尺以下？

(A) 十五　(B) 二十　(C) 三十　(D) 四十

(B) 14. 某一室內停車空間使用移動式乾粉滅火設備，依各類場所消防安全設備設置標準，每一具噴射瞄子之每分鐘藥劑放射量應爲多少公斤（kg/min）？

(A) 十八　(B) 二十七　(C) 三十六　(D) 四十八

(B) 15. 任一消防專用蓄水池至建築物各部分之水平距離，應在多少公尺以下？

(A) 五十　(B) 一百　(C) 一百五十　(D) 二百

(C) 16. 依各類場所消防安全設備設置標準，應設置滅火器之場所，下列敘述何者錯誤？

(A) 地下建築物、幼兒園

(B) 總樓地板面積在一百五十平方公尺以上之乙、丙、丁類場所

(C) 設於地下層或無開口樓層，且樓地板面積在十五平方公尺以上之各類場所

(D) 設有鍋爐房、廚房等大量使用火源之各類場所

(A) 17. 依乾粉滅火設備設置規定，下列敘述何者正確？

(A) 加壓式乾粉滅火設備應設壓力調整裝置，可調整壓力至每平方公分二十五公斤以下

(B) 加壓式乾粉滅火設備，其定壓動作裝置設於控制中心

(C) 加壓式乾粉滅火設備，啓動裝置動作後，儲存容器壓力達設定壓力百分之八十時，應使放出閥開啓

(D) 蓄壓式乾粉滅火設備應設置以藍色表示使用壓力範圍之指示壓力表

(D) 18. 消防搶救上之必要設備中，連結送水管之送水口設置，下列敘述何者錯誤？
(A) 送水口為雙口形，接裝口徑六十三公厘陰式快速接頭
(B) 距基地地面之高度在一公尺以下零點五公尺以上
(C) 標明連結送水管送水口字樣
(D) 送水口在其附近便於檢查確認處，裝設測試用出水口

(A) 19. 有關室內消防栓之規定，下列何者正確？
(A) 室內消防栓箱身應具有足夠裝設消防栓、水帶及瞄子等裝備之深度，其箱面表面積在0.7平方公尺以上
(B) 設置第一種室內消防栓時，各層任一點至消防栓接頭之水平距離不得超過15公尺
(C) 供集會或娛樂處所，應設於舞臺二側、觀眾席前二側、包廂後側之位置
(D) 立管管徑，第一種消防栓不得小於50公厘；第二種消防栓不得小於63公厘

(B) 20. 依各類場所消防安全設備設置標準之規定，移動放射方式之二氧化碳滅火設備，皮管接頭至防護對象任一部分之水平距離應在多少公尺以下？
(A) 10 (B) 15 (C) 20 (D) 25

(A) 21. 福爾摩沙肥料公司，因製程需使用大量硫酸，故設置有硫酸製造原料硫磺之室外儲槽，由於其為顯著滅火困難場所，依各類場所消防安全設備設置標準，應設置何種滅火設備？
(A) 第三種滅火設備之水霧滅火設備
(B) 第一種滅火設備之室外消防栓設備
(C) 第二種滅火設備
(D) 第三種滅火設備之固定式泡沫滅火設備

(C) 22. 某十層以下建築物，供百貨商場使用之場所，樓地板面積二千五百平方公尺，設置自動撒水設備使用密閉式一般反應型撒水頭時，其水源容量不得小於幾個撒水頭繼續放水二十分鐘之水量？
(A) 十個 (B) 十二個 (C) 十五個 (D) 三十個

(B) 23. 某新建大樓之室內消防栓設備加壓送水裝置全閉揚程如為70 m，消防立管管系竣工時，應做加壓試驗，試驗壓力不得小於多少之水壓？
(A) 7 kgf/cm^2 (B) 10.5 kgf/cm^2 (C) 14 kgf/cm^2 (D) 30 kgf/cm^2

(C) 24. 國光加氣站有一儲氣槽、四臺加氣機及一棟每層樓地板面積為九十六平方公

尺之三層樓建築物，依各類場所消防安全設備設置標準，該加氣站至少應設
置多少個滅火器？　　(A) 十　(B) 十二　(C) 十四　(D) 十六

(D)　25. 室外消防栓口徑不得小於六十三公厘，與建築物一樓外牆各部分之水平距離
不得超過幾公尺？　　(A) 15公尺　(B) 25公尺　(C) 30公尺　(D) 40公尺

(C)　26. 某一密閉立體機械停車空間長8公尺、寬6公尺及高10公尺，設置有二氧化碳
滅火設備為採全區放射方式時，開口可自動關閉，依各類場所消防安全設備
設置標準，所需滅火藥劑量至少為何？

(A) 280 kg　(B) 360 kg　(C) 384 kg　(D) 480 kg

(A)　27. 停車空間設置乾粉滅火設備時，有關選擇閥之規定，下列敘述何者錯誤？

(A) 得設於防護區域內

(B) 得以氣體或電氣開啟

(C) 每一防護區域或防護對象均應設置

(D) 需設防護區域之標示及選擇閥字樣

(C)　28. IG-541惰性氣體滅火設備全區放射方式設計，藥劑放射應在多少時間內完
成？　　(A) 10秒　(B) 30秒　(C) 1分鐘　(D) 3.5分鐘

(A)　29. 液化石油氣儲存場所設有滅火器，自場所內任一點至滅火器之步行距離不得
超過多少公尺？　　(A) 15公尺　(B) 20公尺　(C) 25公尺　(D) 50公尺

(D)　30. 下列有關第二種室內消防栓設備之敘述，何者正確？

(A) 各層任一點至消防栓接頭之水平距離不得超過25公尺

(B) 其瞄子放水壓力不得小於每平方公分2.7公斤

(C) 其消防幫浦出水量每支不得小於每分鐘60公升

(D) 配置口徑25公厘、長20公尺皮管與一具直線水霧兩用瞄子

(D)　31. 平時有特定或不特定人員使用之中央管理室、防災中心等類似處所，不得設
置下列何種滅火設備？　　(A) 水霧　(B) 泡沫　(C) 乾粉　(D) 二氧化碳

(C)　32. 某觀光飯店餐廳的廚房面積600平方公尺，其使用火源處所設置滅火器核算之
最低滅火效能值應為多少？　　(A) 3　(B) 6　(C) 24　(D) 30

(B)　33. 依乾粉滅火設備設置規定，有關加壓或蓄壓用氣體容器之設置，下列敘述何
者錯誤？

(A) 壓或蓄壓用氣體應使用氮氣或二氧化碳

(B) 加壓用氣體使用氮氣時，在一大氣壓、溫度攝氏二十五度狀態下，每一
公斤乾粉藥劑需氮氣四十公升以上

(C) 採取有效之防震措施

(D) 清洗配管用氣體，另以容器儲存

(C) 34. 某一公共危險物品製造、處理場所設置有大型ABC乾粉滅火器，其屬何種滅火設備？　　(A) 第一種　(B) 第三種　(C) 第四種　(D) 第五種

(A) 35. 室內消防栓竣工查驗測定瞄子放水壓力時，應將皮托管壓力計進水口對準瞄子出水口中心點且距離瞄子口前端多少處？

(A) 0.5倍瞄子口徑大小　　　　　　(B) 瞄子口徑大小

(C) 1.5倍瞄子口徑大小　　　　　　(D) 2倍瞄子口徑大小

(C) 36. 某汽車修理廠位於建築物地面層，樓地板面積500平方公尺，欲選擇設置水霧、泡沫、乾粉等任一滅火設備，若修理廠之外牆開口最小面積（常時開放部分）達到多少時，上列之滅火設備即得採用移動式滅火設備設置？

(A) 25 m^2　(B) 50 m^2　(C) 75 m^2　(D) 100 m^2

(A) 37. 使用主成分為碳酸氫鉀與尿素化合物乾粉之移動放射方式乾粉滅火設備，每一具噴射瞄子之每分鐘藥劑放射量應為下列何者？

(A) 18 kg/min　(B) 27 kg/min　(C) 36 kg/min　(D) 45 kg/min

(B) 38. 某一汽車引擎試驗室場所，樓地板面積三百平方公尺，設置水霧滅火設備時，其每平方公尺放水量不得小於每分鐘多少公升？

(A) 5　(B) 10　(C) 20　(D) 30

(A) 39. 某發電機室設置水霧滅火設備，採單一放水區域且水霧噴頭數為20個時，其加壓送水裝置使用消防幫浦，所需之最低出水量為何？

(A) 1200 L/min　(B) 1800 L/min　(C) 2000 L/min　(D) 2400 L/min

(D) 40. 若消防幫浦之額定出水量為1200 L/min，額定全揚程為50m，幫浦效率為0.56，傳動係數為1.1，試問其電動機所需之馬力（kw）約為多少？

(A) 7.5 kw　(B) 12.4 kw　(C) 15.6 kw　(D) 19.3 kw

101年水與化學系統消防安全設備概要

類　　科：消防設備士

考試時間：1小時30分

※注意：禁止使用電子計算器。

甲、申論題部分：（50分）

不必抄題，作答時請將試題題號及答案依照順序寫在申論試卷上，於本試題上作答者，不予計分。請以藍、黑色鋼筆或原子筆在申論試卷上作答。

一、儲存公共危險物品之室外儲槽場所，在符合那些條件下即屬於顯著滅火困難場所？（9分）其例外情形如何？（4分）若該室外儲槽為儲存閃火點在40℃以下之第四類公共危險物品之顯著滅火困難場所，且設於碼頭並連接輸送設備，除須設置固定式泡沫滅火設備外，並應依那些規定設置泡沫射水槍滅火設備？（12分）

解：

第194條

　　　五、室外儲槽場所符合下列規定之一。

　　　　　(一) 儲槽儲存液體表面積在四十平方公尺以上。

　　　　　(二) 儲槽高度在六公尺以上。

　　　　　(三) 儲存固體公共危險物品，其儲存數量達管制量一百倍以上。

　　但儲存高閃火點物品或第六類公共危險物品，其操作溫度未滿攝氏一百度者，不在此限。

第215條　以室外儲槽儲存閃火點在攝氏四十度以下之第四類公共危險物品之顯著滅火困難場所者，且設於岸壁、碼頭或其他類似之地區，並連接輸送設備者，除設置固定式泡沫滅火設備外，並依下列規定設置泡沫射水槍滅火設備：

　　　　一、室外儲槽之幫浦設備等設於岸壁、碼頭或其他類似之地區時，泡沫射水槍應能防護該場所位於海面上前端之水平距離十五公尺以內之海面，而距離注入口及其附屬之公共危險物品處理設備各部分之水平距

離在三十公尺以內，其設置個數在二具以上。

二、泡沫射水槍為固定式，並設於無礙滅火活動及可啓動、操作之位置。

三、泡沫射水槍同時放射時，射水槍泡沫放射量為每分鐘一千九百公升以上，且其有效水平放射距離在三十公尺以上。

二、一般工廠之電氣室通常設置低壓式、全區放射二氧化碳滅火設備防護，設置低壓式二氧化碳滅火設備之優點何在？（10分）低壓式二氧化碳滅火設備之「警報及安全裝置等」，應如何進行性能檢查？又其判定方法及注意事項為何？（15分）試說明之。

解：

一、

(一) 無毒：穩定性大自然氣體，受熱不會產生毒性氣體。

(二) 無腐蝕性：防護對象物及儲存容器無腐蝕性。

(三) 降溫：液化變氣化會大量吸熱效果。

(四) 儲存方便：可液化大量儲存。

(五) ODP臭氧層破壞與GWP溫室效應影響為零。

(六) 使用方便：相容性高，配管方便。

(七) 善後：不產生物品汙染損害。

(八) 經濟性。

二、**警報裝置及安全裝置等**

A. 檢查方法

暫時將開關閥關閉，取下附接點之壓力表、壓力開關及安全閥等，使用試驗用氮氣確認其動作有無異常。

B. 判定方法

警報裝置等應在下列動作壓力範圍內動作，且功能正常。

37 kgf/cm^2
> 破壞板動作壓力
30 kgf/cm^2

25 kgf/cm^2　安全閥起噴壓力

23 kgf/cm^2　壓力上升警報

22 kgf/cm^2　冷凍機啓動
> 常用壓力範圍
21 kgf/cm^2　冷凍機停止

19 kgf/cm^2　　壓力下降警報

C. 注意事項

(A) 關閉安全閥、壓力表之開關時,最好會同高壓氣體作業人員共同進行。

(B) 檢查後,務必將安全閥、壓力表之開關置於「開」之位置。

乙、測驗題部分:(50分)

1) 本測驗試題為單一選擇題,請選出一個正確或最適當的答案,複選作答者,該題不予計分。

2) 共40題,每題1.25分,須用2B鉛筆在試卡上依題號清楚劃記,於本試題或申論試卷上作答者,不予計分。

(C)　1. 依據「消防幫浦認可基準」規定,下列何者為消防幫浦之性能試驗要求內容?

　　(A) 幫浦在額定出水量時,在其性能曲線上之全揚程應為額定全揚程之100%以上、125%以下

　　(B) 幫浦之出水量在額定出水量之150%時,其全揚程應為額定出水量在性能曲線上全揚程之75%以上

　　(C) 全閉揚程應為額定出水量在性能曲線上全揚程之140%以下

　　(D) 額定出水量時之全揚程應在設計值之+15%、-15%內

(B)　2. 有關消防幫浦之呼水裝置進行外觀檢查時,各項目之規定何者為正確?

　　(A) 補給水管口徑應為25A

　　(B) 溢水用排水管口徑應為50A

　　(C) 呼水管一般口徑應為50A以上

　　(D) 從逆止閥中心線至呼水槽底面垂直距離在1.0 m以下時,呼水管口徑應為50A以上

(D)　3. 高度超過六十公尺之建築物者,連結送水管採用之中繼幫浦出水量最低限制為每分鐘多少公升?

　　(A) 1,600公升　(B) 1,800公升　(C) 2,000公升　(D) 2,400公升

(D)　4. 一齊開放閥依規定應於控制部動作後,必須在X秒內開啟出水;內徑超過200 mm者,則須於Y秒內開啟出水,其中X與Y值分別為何?

　　(A) 60秒、30秒　(B) 30秒、30秒　(B) 30秒、60秒　(D) 15秒、60秒

(C)　5. 依據「密閉式撒水頭認可基準」之規定,進行玻璃球之強度試驗時,標示溫

度在多少以上者將採用油浴方式進行測試？

(A) 57℃　(B) 68℃　(C) 79℃　(D) 121℃

(B)　6. 裝置於舞臺之開放式自動撒水設備，依規定每一舞臺之放水區域最多個數為何？　(A) 3個　(B) 4個　(C) 5個　(D) 6個

(D)　7. 對於使用密閉式撒水頭之自動撒水設備，配管末端查驗閥配置之管徑需在X毫米以上，距離地板面之高度在Y公尺以下，並附有排水管裝置。其中X與Y分別為多少？

(A) X=15，Y=1.5　(B) X=25，Y=1.5　(C) X=15，Y=2.1　(D) X=25，Y=2.1

(A)　8. 密閉乾式或預動式自動撒水設備，流水檢知裝置應在撒水頭動作後多久時間內使撒水頭放水？　(A) 一分鐘　(B) 二分鐘　(C) 三分鐘　(D) 四分鐘

(B)　9. 放射區域在二區域以上之水霧滅火設備，水源容量應至少保持多少立方公尺之容量？　(A) 二十　(B) 四十　(C) 五十　(D) 六十

(D)　10. 水霧噴頭及其配管設置於69 KV高壓電器設備附近時，應最少保持多少距離？

(A) 30公分　(B) 60公分　(C) 70公分　(D) 80公分

(A)　11. 採用水成膜泡沫液之泡沫噴頭依規定每平方公尺、每分鐘最低放射量為何？

(A) 3.7公升　(B) 6.5公升　(C) 7.2公升　(D) 8.0公升

(D)　12. 二氧化碳滅火設備使用氣體啟動者，依規定氣體容器最低耐壓值為何？

(A) 每平方公分一百公斤　　　　　(B) 每平方公分一百五十公斤

(C) 每平方公分二百公斤　　　　　(D) 每平方公分二百五十公斤

(A)　13. 乾粉滅火設備如採用全區放射方式，所核算之滅火藥劑量須於多久時間內放射完畢？　(A) 三十秒　(B) 四十五秒　(C) 一分鐘　(D) 三點五分鐘

(C)　14. 依據「滅火器藥劑更換及充填作業規定」，廠商備置之滅火器藥劑更換及充填作業登記簿最短保存期限為何？　(A) 一年　(B) 二年　(C) 三年　(D) 五年

(B)　15. 依據「滅火器認可基準」，大型乾粉滅火器充填之滅火藥劑應在多少公斤以上？　(A) 15 kg　(B) 18 kg　(C) 20 kg　(D) 45 kg

(D)　16. 依據「泡沫噴頭認可基準」之規定，採用水成膜泡沫滅火藥劑、蛋白泡沫滅火藥劑之泡沫系統，進行25%還原時間之試驗時，還原時間各應在多久以上？　(A) 30秒、30秒　(B) 30秒、60秒　(C) 60秒、30秒　(D) 60秒、60秒

(B)　17. 有關應設室外消防栓設備之場所，下列敘述何者正確？

(A) 低度危險工作場所，其建築物及儲存面積在8000平方公尺以上者

(B) 中度危險工作場所，其建築物及儲存面積在5000平方公尺以上者

(C) 高度危險工作場所，其建築物及儲存面積在2000平方公尺以上者

(D) 不同危險程度之工作場所，以「各類場所消防安全設備設置標準」第16條第1項第1至3款所列各款場所之實際面積爲分母，各款規定之面積爲分子，分別計算，其比例之總合大於1者

(A) 18. 依據「各類場所消防安全設備檢修及申報作業基準」進行HFC-227ea滅火設備（藥劑）之綜合檢查時，如以空氣或氮氣進行放射試驗，每公斤核算空氣量或氮氣量爲何？　　(A) 14公升　(B) 20公升　(C) 28公升　(D) 34公升

(B) 19. 廚房排油煙管及煙罩設置之簡易自動滅火設備，當排油煙管內風速超過多少時，應在警戒長度外側設置放出藥劑之啓動裝置及連動閉鎖閘門？

(A) 每分鐘四公尺　(B) 每分鐘五公尺　(C) 每分鐘六公尺　(D) 每分鐘七公尺

(D) 20. 有關可燃性高壓氣體場所、加氣站、天然氣儲槽及可燃性高壓氣體儲槽設置滅火器之規定，何者正確：

(A) 製造或儲存場所至少應設置三具

(B) 儲存或處理場所在樓地板面積三百平方公尺以上者，每六十平方公尺（含未滿）應增設一具

(C) 儲槽設置二具以上

(D) 加氣站加氣機每臺應設置一具以上

(C) 21. 公共危險物品儲槽設置補助泡沫消防栓之規定，下述何者正確：

(A) 設在儲槽防液堤外圍，距離槽壁十公尺以上，便於消防救災處

(B) 泡沫瞄子放射量在每分鐘二百六十公升以上

(C) 放射壓力在每平方公分三點五公斤以上

(D) 全部泡沫消防栓數量超過二支時，以同時使用二支計算之

(C) 22. 室內消防栓設備之加壓送水裝置，若採用壓力水箱方式，則其水箱內空氣不得小於水箱容積的幾分之幾？　　(A) 1/5　(B) 1/4　(C) 1/3　(D) 1/2

(C) 23. 某建築物外面設有三具室外消防栓，則其水源容量至少應爲多少？

(A) 3.6 m³　(B) 7.8 m³　(C) 21 m³　(D) 31.5 m³

(B) 24. 室外消防栓幾公尺內應保持空曠，不得堆放物品或種植花木？

(A) 1公尺　(B) 3公尺　(C) 5公尺　(D) 7公尺

(B) 25. 某百貨商場（10 F以下）內設有一般反應型撒水頭15個，問其消防幫浦最低出水量爲何？

(A) 1080 L/min　(B) 1350 L/min　(C) 750 L/min　(D) 900 L/min

（ B ） 26. 自動撒水設備依規定，其撒水頭迴水板下方I公分及水平方向J公分內，應保持淨空間，不得有障礙物？

(A) I=30公分，J=45公分 　　　(B) I=45公分，J=30公分

(C) I=35公分，J=40公分 　　　(D) I=40公分，J=35公分

（ D ） 27. 對於裝置水霧滅火設備之規定，下列敘述何者正確？

(A) 每一水霧噴頭之有效半徑不得小於2.1公尺

(B) 每一放射區域以100平方公尺為原則

(C) 供汽車修理廠使用，其每平方公尺之放水量應為10 L/min以上

(D) 室內停車空間之車輛停駐場所地面應作不得小於2/100以上之坡度

（ D ） 28. 水霧滅火設備之加壓送水裝置使用消防幫浦時，用於防護電氣設備者，每一個水霧噴頭壓力依規定均應達到多少以上？

(A) 1.7 kgf/cm^2 　(B) 2.5 kgf/cm^2 　(C) 2.7 kgf/cm^2 　(D) 3.5 kgf/cm^2

（ A ） 29. 對高發泡放出口之配置規定，當為全區放射防護對象為汽車修護廠時，下列敘述何者正確？

(A) 膨脹比種類在80～250時，每分鐘每立方公尺冠泡體積之泡沫水溶液放射量為1.11公升

(B) 膨脹比種類在250～500時，每分鐘每立方公尺冠泡體積之泡沫水溶液放射量為0.5公升

(C) 膨脹比種類在250～500時，每分鐘每立方公尺冠泡體積之泡沫水溶液放射量為0.38公升

(D) 膨脹比種類在500～1000時，每分鐘每立方公尺冠泡體積之泡沫水溶液放射量為0.29公升

（ B ） 30. 某醫院樓地板面積為75 m×32 m，若選擇滅火效能值A-2，B-5，C之滅火器至少需設置多少具？　　(A) 6具　(B) 12具　(C) 18具　(D) 24具

（ D ） 31. 設有滅火器之樓層，自樓面居室任一點至滅火器之步行距離最遠為多少公尺？　　(A) 35公尺　(B) 30公尺　(C) 25公尺　(D) 20公尺

（ D ） 32. 有關二氧化碳滅火設備在電信機械室或總機室做全區放射時所需藥劑量之規定，每一立方公尺防護區域所需滅火藥劑量X公斤，每一平方公尺開口部所需追加滅火藥劑量Y公斤，試問X、Y各為何？

(A) X=0.8公斤，Y=5公斤 　　　(B) X=1.0公斤，Y=5公斤

(C) X=1.0公斤，Y=10公斤 　　　(D) X=1.2公斤，Y=10公斤

(D) 33. 二氧化碳滅火設備，其放射藥劑之排放，若採機械排放時，排風機應具每小時幾次之換氣量？　　(A) 1次　(B) 2次　(C) 4次　(D) 5次

(D) 34. 局部放射方式之二氧化碳滅火設備，其滅火藥劑量應於多少時間內全部放射完畢？　　(A) 3.5分鐘　(B) 2.5分鐘　(C) 1.5分鐘　(D) 0.5分鐘

(A) 35. 二氧化碳滅火設備於使用手動啟動裝置時，其操作部高度應距樓地板面多少公尺範圍內？

(A) 0.8～1.5公尺　(B) 0.7～1.3公尺　(C) 0.6～1.2公尺　(D) 0.5～1.0公尺

(C) 36. 對於乾粉滅火設備滅火藥劑儲存容器之設置規定，下列敘述何者錯誤？

(A) 為排除儲存容器之殘留氣體，應設置排出裝置

(B) 置於溫度40℃以下，溫度變化較少處

(C) 置於防護區域內

(D) 不得置於有日光曝曬或雨水淋濕之處

(D) 37. 乾粉滅火設備之滅火藥劑儲存容器其充填比規定，下列敘述何者錯誤？

(A) 第四種乾粉為1.5～2.5　　　　　(B) 第三種乾粉為1.05～1.75

(C) 第二種乾粉為1.05～1.75　　　　(D) 第一種乾粉為1.5～2.5

(D) 38. 有關海龍（鹵化烷）滅火藥劑之特性，下列敘述何者正確？

(A) 化學性質不安定，長期儲存會變質　(B) 絕緣性低，不適合電氣火災

(C) 受熱後易分解出氫氣　　　　　　(D) 會破壞臭氧層

(C) 39. 有關室內消防栓設備之第一種消防栓設置規定，下列敘述何者不正確？

(A) 各層任一點至消防栓接頭之水平距離不得超過25公尺

(B) 瞄子放水壓力不得少於1.7 kgf/cm²

(C) 瞄子放水量不得少於60 L/min

(D) 應配置口徑38毫米或50毫米之消防栓

(C) 40. 使用於室內停車空間之滅火藥劑，以何種乾粉為限？

(A) 第一種乾粉　(B) 第二種乾粉　(C) 第三種乾粉　(D) 第四種乾粉

100年水與化學系統消防安全設備概要

類　　科：消防設備士

考試時間：1小時30分

※注意：禁止使用電子計算器。

甲、申論題部分：（50分）

不必抄題，作答時請將試題題號及答案依照順序寫在申論試卷上，於本試題上作答者，不予計分。

請以藍、黑色鋼筆或原子筆在申論試卷上作答。

一、依據「各類場所消防安全設備設置標準」，試說明開放式自動撒水設備應設置之場所、放水區域，與自動及手動啟動裝置之設置規定為何？（25分）

解：

第43條　自動撒水設備，得依實際情況需要就下列各款擇一設置。但供第十二條第一款第一目所列場所及第二目之集會堂使用之舞臺，應設開放式。

第52條　開放式自動撒水設備之自動及手動啟動裝置，依下列規定設置。但受信總機設在平時有人處，且火災時，能立即操作啟動裝置者，得免設自動啟動裝置：

　　　　一、自動啟動裝置，應符合下列規定：

　　　　　　(一) 感知撒水頭或探測器動作後，能啟動一齊開放閥及加壓送水裝置。

　　　　　　(二) 感知撒水頭使用標示溫度在七十九度以下者，且每二十平方公尺設置一個；探測器使用定溫式一種或二種，並依第一百二十條規定設置，每一放水區域至少一個。

　　　　　　(三) 感知撒水頭設在裝置面距樓地板面高度五公尺以下，且能有效探測火災處。

　　　　二、手動啟動裝置，應符合下列規定：

　　　　　　(一) 每一放水區域設置一個手動啟動開關，其高度距樓地板面在零點八公尺以上一點五公尺以下，並標明手動啟動開關字樣。

　　　　　(二) 手動啓動開關動作後，能啓動一齊開放閥及加壓送水裝置。

第54條　開放式自動撒水設備之放水區域，依下列規定：

　　一、每一舞臺之放水區域在四個以下。

　　二、放水區域在二個以上時，每一放水區域樓地板面積在一百平方公尺以上，且鄰接之放水區域相互重疊，使有效滅火。

二、依據「各類場所消防安全設備檢修及申報作業基準」，試說明採用全區放射方式之高壓式二氧化碳滅火設備進行綜合檢查時，檢查方法與判定方法為何？另請說明注意事項為何？（25分）

解：

(一) 全區放射方式

　1.檢查方法

　　(1) 高壓式者依下列規定

　　　A.應進行放射試驗其放射試驗所需之藥劑量，為該放射區域所設儲存容器瓶數之10%以上（小數點以下有尾數時進一）。

　　　B.檢查時應注意下列事項。

　　　　(A)檢查後，對藥劑再充填期間所使用之儲存容器，應準備與放射儲存容器同一產品之同樣瓶數。

　　　　(B)使用啓動用氣體容器之設備者，應準備與a相同之數量。

　　　　(C)應準備必要數量供塞住集合管部分或容器閥部及操作管部之帽蓋或塞子。

　　　C.檢查前，應就儲存容器部分事先備好下列事項。

　　　　(A)暫時切斷控制盤等電源設備。

　　　　(B)供放射用之儲存容器，應與容器閥開放裝置及操作管連接。

　　　　(C)除放射用儲存容器外，應取下連接管，用帽蓋等塞住集合管。

　　　　(D)應塞住放射用以外之操作管。

　　　　(E)確認除儲存容器部外，其他部分是否處於平常設置狀態。

　　　　(F)控制盤等之設備電源，應在「開」之位置。

　　　D.檢查時，啓動操作應就下列方式擇一進行。

　　　　(A)手動式，應操作手動啓動裝置使其啓動。

(B)自動式，應將自動、手動切換裝置切換至「自動」位置，以探測器動作、或使受信機、控制盤探測器回路端子短路使其啟動。

2.判定方法

(1) 警報裝置應確實鳴響。

(2) 遲延裝置應確實動作。

(3) 開口部等之自動關閉裝置應能正常動作，換氣裝置應確實停止。

(4) 指定防護區劃之啟動裝置及選擇閥能確實動作，可放射試驗用氣體。

(5) 配管內之試驗用氣體應無洩漏情形。

(6) 放射表示燈應確實亮燈。

3.注意事項

(1) 完成檢查後，如為高壓式者，應將檢查時使用之儲存容器等換為替代容器，進行再充填。

(2) 在未完成完全換氣前，不得進入放射區域。遇不得已之情形非進入時，應著空氣呼吸器。

(3) 檢查結束後，應將所有回復定位。

乙、測驗題部分：（50分）

1) 本測驗試題為單一選擇題，請選出一個正確或最適當的答案，複選作答者，該題不予計分。

2) 共40題，每題1.25分，須用2B鉛筆在試卡上依題號清楚劃記，於本試題或申論試卷上作答者，不予計分。

(C)　1. 實施泡沫噴頭外觀檢查，應進行之項目內容不包括以下哪一項？

(A) 確認有無因隔間變更而未加設泡沫頭，造成未警戒之部分

(B) 以目視確認泡沫頭周圍有無妨礙泡沫分布之障礙

(C) 確認泡沫噴頭網孔大小及其發泡性能

(D) 以目視確認外形有無變形、腐蝕、阻塞等

(D)　2. 下列關於自動撒水設備竣工時所做之加壓試驗，何者錯誤？

(A) 試驗壓力不得小於加壓送水裝置全閉揚程一點五倍以上之水壓

(B) 水壓試驗壓力以繼續維持二小時無漏水現象

(C) 密閉乾式管系應併行空氣壓試驗，應使空氣壓力達到每平方公分二點八公斤之標準

(D) 密閉乾式管系所併行空氣壓試驗，漏氣減壓量應在每平方公分零點五公斤以下

(A) 3. 檢修滅火器本體容器時，如有對滅火器性能造成障礙之情形時應即予以汰換，下列敘述何者錯誤？

(A) 發現護蓋有顯著之鬆動情形時　　(B) 發現熔接部位有受損情形時

(C) 發現鐵鏽似有剝離現象者　　　　(D) 洩漏、顯著之變形、損傷等情形

(B) 4. 進行滅火器之檢查時，一般注意事項，下列何者錯誤？

(A) 塑膠製容器或構件，不得以辛那（二甲苯）或汽油等有機溶劑加以清理

(B) 護蓋之開關緊閉時，應使用適當之拆卸扳手或鐵鎚執行

(C) 乾粉滅火器本體容器內壁及構件之清理及保養時，應充分注意防潮

(D) 開啟護蓋或栓塞時，應注意容器內殘壓之排除

(D) 5. 依竣工查驗作業規定，進行泡沫滅火設備綜合試驗，水成膜泡沫低發泡之放射試驗，下列何者正確？

(A) 放射區域就預設放射壓力最高處實施　　(B) 發泡倍率應在10倍以上

(C) 25%還原時間應在30秒以上　　(D) 泡沫稀釋濃度3%型者應在3～4%範圍內

(A) 6. 現場進行海龍（替代氣體）滅火設備外觀檢查容器閥開放裝置時，相關檢查方法或判定程序，下列敘述何者錯誤？

(A) 以目視確認容器閥開放裝置有無變形、脫落等情形，必要時得以手觸碰搖動

(B) 如為電氣式者，其導線應無劣化或斷裂

(C) 如為氣壓式者，操作管及其連接部分應無鬆弛或脫落之情形

(D) 具有手動啟動裝置之開放裝置，其操作部及安全插銷應無明顯之鏽蝕情形

(C) 7. 竣工測試時應依據消防安全設備審查作業通過之圖說進行，下列圖例中，何者為密閉式撒水頭？　　(A) Ⓢ　(B) ⊗　(C) ◯　(D) Ⓕ

(C) 8. 竣工測試時應依據消防安全設備審查作業通過之圖說進行，下列何者為綜合消防栓箱的圖例？

(C) 9. 進行自動撒水設備檢查作業中自動警報逆止閥（流水檢知裝置）性能檢查，下列何者不是檢查項目之一？

(A) 閥本體、閥類及壓力計　　　　(B) 音響警報裝置（蜂鳴器或水鐘）

(C) 手動啓動裝置　　　　　　　　(D) 延遲裝置（延遲箱）

(D) 10. 某棟十二層辦公用途建築物屋頂水箱出水口至壓力桶壓力開關間落差58m，最頂層消防栓出水口至壓力開關落差為47 m，其室內消防栓加壓送水裝置幫浦之啓動壓力值應設定為多少？

(A) 4.7 kgf/cm^2 (B) 5.8 kgf/cm^2 (C) 6.3 kgf/cm^2 (D) 6.7 kgf/cm^2

(B) 11. 某停車空間泡沫滅火設備進行綜合檢查泡沫放射試驗時，如採水成膜泡沫液，其發泡倍率應達多少倍以上？

(A) 3倍以上　 (B) 5倍以上　 (C) 10倍以上　 (D) 20倍以上

(A) 12. 現場進行二氧化碳滅火設備竣工綜合動作試驗時，相關測試方法或程序，下列敘述何者錯誤？

(A) 以試驗用替代氣體（小量二氧化碳或氮氣）進行放射

(B) 操作各防護區域啓動裝置

(C) 施加與該設備設計使用壓力相同的壓力

(D) 控制該防護區域選擇閥動作確實

(B) 13. 某12層樓飯店建築物內走廊通道，設有自動撒水設備並裝置側壁型撒水頭，就該撒水頭計算其各有效防護面積最大為多少平方公尺？

(A) 13.52 m^2 (B) 12.96 m^2 (C) 11.43 m^2 (D) 10.56 m^2

(C) 14. 某百貨商場建築物內設置5支第一種室內消防栓設備時，其水源容量應不得少於多少立方公尺？

(A) 2.4 立方公尺　 (B) 4.8 立方公尺　 (C) 5.2 立方公尺　 (D) 20.8 立方公尺

(A) 15. 可燃性高壓氣體製造場所、加氣站及天然氣儲槽之滅火器，設置規定之敘述，下列何者正確？

(A) 加氣機每臺一具以上

(B) 儲氣槽區設置二具以上

(C) 用火設備處所二具以上

(D) 儲存場所任一點至滅火器之步行距離在25公尺以下

(A) 16. 惰性氣體滅火設備綜合檢查以空氣或氮氣進行放射試驗，每次試驗最多放出幾支？　　 (A) 5支　 (B) 6支　 (C) 7支　 (D) 10支

(B) 17. 加壓式乾粉滅火設備如加壓用氮氣鋼瓶壓力達200kgf/cm^2，依規定應設壓力調整裝置，可調整壓力至多少以下？

(A) 20 kgf/cm^2 (B) 25 kgf/cm^2 (C) 30 kgf/cm^2 (D) 35 kgf/cm^2

（ D ）18. 移動放射方式之乾粉滅火設備如使用主成分爲碳酸氫鈉乾粉，其每一具噴射瞄子所需滅火藥劑量（kg）爲？

(A) 20公斤　(B) 30公斤　(C) 40公斤　(D) 50公斤

（ A ）19. 可燃性高壓氣體場所設置滅火器對油類火災至少需具有幾個滅火效能值？

(A) 10個　(B) 8個　(C) 6個　(D) 4個

（ C ）20. 進行乾粉滅火設備性能檢查時，對於滅火藥劑檢查注意事項，溫度及濕度超過多少以上時，應暫停檢查？

(A) 溫度超過30℃以上，濕度超過50%以上

(B) 溫度超過30℃以上，濕度超過60%以上

(C) 溫度超過40℃以上，濕度超過60%以上

(D) 溫度超過40℃以上，濕度超過50%以上

（ A ）21. 全區放射方式之二氧化碳滅火設備於電信機械室時，每立方公尺防護區域所需滅火藥劑量（kg/m^3）計算值爲多少？

(A) 1.2　(B) 1　(C) 0.9　(D) 0.8

（ B ）22. 室外消防栓設備竣工查驗作業綜合放水試驗規定瞄子放水壓力與放水量，下列何者錯誤？

(A) 測定預設放水壓力最低處同時使用規定個數消防栓

(B) 測定預設最遠處規定個數消防栓

(C) 測定預設放水壓力最高處使用一個消防栓

(D) 測定直線放水狀態

（ A ）23. 有關二氧化碳滅火設備設置之敘述，下列何者正確？

(A) 手動啓動裝置其操作部設在距樓地板面高度 1公尺

(B) 選擇閥設於防護區域內

(C) 啓動裝置開關或拉桿開始動作至儲存容器之容器閥開啓，設有15秒以上之遲延裝置

(D) 防護區域對放射之滅火藥劑，需於1.5小時內將藥劑排出

（ D ）24. 移動放射方式之二氧化碳滅火設備，其每一具噴射瞄子所需滅火藥劑量在多少公斤以上？

(A) 25公斤以上　(B) 50公斤以上　(C) 75公斤以上　(D) 90公斤以上

（ C ）25. 公共危險物品儲存場所之建築物總樓地板面積每600平方公尺，其外牆爲防火構造者，設置第五種滅火設備時，至少應有多少滅火效能值？

(A) 10個　(B) 5個　(C) 4個　(D) 6個

(A) 26. 進行滅火器外觀檢查，於設置狀況檢查時，50型ABC乾粉滅火器（總重量十八公斤以上）本體上端與樓地板面之距離，下列何者正確？
(A) 不得超過1公尺　　　　　　　(B) 不得低於1公尺
(C) 不得超過1.5公尺　　　　　　(D) 不得低於1.5公尺

(D) 27. 進行二氧化碳滅火設備綜合檢查時，低壓式應進行放射試驗，其放射試驗所需之藥劑量，可使用幾公升氮氣五瓶以上作爲替代藥劑放射？
(A) 1公升　(B) 10公升　(C) 20公升　(D) 40公升

(B) 28. 鹵化烴滅火設備綜合檢查以空氣或氮氣進行放射試驗，所需空氣量或氮氣量，應就放射區域應設滅火藥劑量之多少核算？
(A) 5%　(B) 10%　(C) 15%　(D) 20%

(C) 29. 有關二氧化碳滅火設備配管設置之敘述，下列何者錯誤？
(A) 應爲專用
(B) 配管接頭及閥類之耐壓，低壓式爲每平方公分37.5公斤以上
(C) 最低配管與最高配管間，落差在60公尺以下
(D) 配管接頭及閥類之耐壓，高壓式爲每平方公分165公斤以上

(B) 30. 依「滅火器認可基準」之規定，下列滅火器何者不能裝設在車上使用？
(A) 機械泡沫滅火器　(B) 水滅火器　(C) 二氧化碳滅火器　(D) 乾粉滅火器

(C) 31. 消防幫浦運轉後停機時，水管內水突然倒流所產生的反向壓力，此爲水錘作用（Water hammer），極易造成水管破裂，爲減輕其作用，可在消防幫浦附近選擇增設之相關附屬裝置，下列何者錯誤？
(A) 防震軟管　　　　　　　　　(B) 旁通閥或安全閥
(C) 逆止閥　　　　　　　　　　(D) 空氣室（air chamber）

(D) 32. HFC-23滅火設備進行綜合檢查以空氣或氮氣進行放射試驗時，每公斤核算所需之空氣量或氮氣量爲何？
(A) 7 L/kg　(B) 14 L/kg　(C) 21 L/kg　(D) 34 L/kg

(A) 33. 進行二氧化碳滅火設備性能檢查時，皮管連接部應無鬆動，皮管損傷、老化等情形，且皮管長度應在幾公尺以上？
(A) 20公尺　(B) 15公尺　(C) 10公尺　(D) 5公尺

(D) 34. 惰性氣體海龍替代藥劑經快速釋放滅火劑時，如室內壓力有升高狀況，爲空間設施耐壓安全考量應設置下列何種裝置？

(A) 自動關閉閘門　(B) 浸潤裝置　(C) 排放裝置　(D) 釋壓口裝置

(A) 35. 進行乾粉滅火設備性能檢查時，滅火藥劑不得有雜質、變質、固化等情形，且以手輕握搓揉，並自地面上多少高度公分處使其落下，應呈粉狀？

(A) 50公分　(B) 25公分　(C) 20公分　(D) 10公分

(D) 36. 全區放射方式之二氧化碳滅火設備於電信機械室需多久時間內放射完畢？

(A) 5分鐘　(B) 4.5分鐘　(C) 4分鐘　(D) 3.5分鐘

(D) 37. 總樓地板面積300平方公尺之可燃性高壓氣體處理場所應設幾具滅火器？

(A) 2具　(B) 4具　(C) 6具　(D) 8具

(D) 38. 現場進行乾粉滅火設備竣工性能音響警報裝置動作試驗時，相關測試方法或程序，下列敘述何者錯誤？

(A) 操作手動啓動裝置確認動作狀況

(B) 自動啓動裝置比照火警探測器動作試驗方式測試動作狀況

(C) 按下緊急停止開關時，如火警探測器動作時仍應自動發出警報

(D) 警鈴或蜂鳴器動作同時人語音亦應動作播放

(A) 39. 水系統自動滅火設備構件有通用設計部分，如一齊開放閥之設置，下列有關一齊開放閥動作機制或型式之敘述，何者錯誤？

(A) 水馬達式　(B) 水減壓式　(C) 電動閥式　(D) 氣體動力式

(C) 40. 進行補助撒水栓竣工查驗之綜合放水試驗，以下敘述何者正確？

(A) 以放水壓力預設爲最高處所瞄子放水

(B) 以瞄子直線與水霧兩種狀態測定

(C) 瞄子放水壓力應在2.5 kgf/cm^{2}以上，10 kgf/cm^{2}以下

(D) 瞄子放水量應在80 L/min以上

099年水與化學系統消防安全設備概要

類　　科：消防設備士

考試時間：1小時30分

※注意：禁止使用電子計算器。

甲、申論題部分：（50分）

不必抄題，作答時請將試題題號及答案依照順序寫在申論試卷上，於本試題作答者，不予計分。請以藍、黑色鋼筆或原子筆在申論試卷上作答。

一、依據「各類場所消防安全設備設置標準」，試說明可燃性高壓氣體場所、加氣站、天然氣儲槽及可燃性高壓氣體儲槽之冷卻撒水設備，應依哪些規定設置？（25分）

解：

第229條　可燃性高壓氣體場所、加氣站、天然氣儲槽及可燃性高壓氣體儲槽之冷卻撒水設備，依下列規定設置：

一、撒水管使用撒水噴頭或配管穿孔方式，對防護對象均勻撒水。

二、使用配管穿孔方式者，符合CNS一二八五四之規定，孔徑在四毫米以上。

三、撒水量為防護面積每平方公尺每分鐘五公升以上。但以厚度二十五毫米以上之岩棉或同等以上防火性能之隔熱材被覆，外側以厚度零點三五毫米以上符合CNS一二四四規定之鋅鐵板或具有同等以上強度及防火性能之材料被覆者，得將其撒水量減半。

四、水源容量在加壓送水裝置連續撒水三十分鐘之水量以上。

五、構造及手動啟動裝置準用第二百十六條之規定。

二、依據「各類場所消防安全設備設置標準」，試說明移動式泡沫滅火設備，應依照哪些規定設置？（25分）

解：

第80條　移動式泡沫滅火設備，依下列規定設置：

一、同一樓層各泡沫瞄子放射量，應在每分鐘一百公升以上。但全部泡沫消防栓箱數量超過二個時，以同時使用二支泡沫瞄子計算之。

二、泡沫瞄子放射壓力應在每平方公分三點五公斤以上或0.35MPa、以上。

三、移動式泡沫滅火設備之泡沫原液，應使用低發泡。

四、在水帶接頭三公尺範圍內，設置泡沫消防栓箱，箱內配置長二十公尺以上水帶及泡沫瞄子乙具，其箱面表面積應在零點八平方公尺以上，且標明移動式泡沫滅火設備字樣，並在泡沫消防栓箱上方設置紅色幫浦啓動表示燈。

乙、測驗題部分：（50分）

1) 本試題為單一選擇題，請選出一個正確或最適當的答案，複選作答者，該題不予計分。

2) 共40題，每題1.25分，須用2B鉛筆在試卡上依題號清楚劃記，於本試題或申論試卷上作答者，不予計分。

(C)　1. 某電信機械室使用空間，該空間長寬高各為10公尺，若設置二氧化碳滅火設備採全區放射方式，不設自動關閉裝置之開口部總面積應在多少平方公尺以下？　(A) 4　(B) 5　(C) 6　(D) 10

(C)　2. 有關補助撒水栓之設置規定，下列敘述何者錯誤？

(A) 各層任一點至水帶接頭之水平距離在15 m以下

(B) 放水量在60 L/min以上

(C) 配管從各層流水檢知裝置一次側配置

(D) 開關閥設在距地板面1.5 m以下

(B)　3. 11樓以上建築物，若裝置快速反應型撒水頭之自動撒水設備時，其水源容量應符合幾個撒水頭繼續放水20分鐘之水量？

(A) 8　(B) 12　(C) 15　(D) 24

(C)　4. 有一電信機械室其大小為20 m（長）×10 m（寬）×3 m（高），若設置全區放射CO_2滅火設備，其開口部皆可在CO_2放射前自動關閉，所需滅火藥劑量為多少？　(A) 540 kg　(B) 600 kg　(C) 720 kg　(D) 780 kg

(B)　5. 室內、室外儲槽儲存閃火點在70℃以下之第四類公共危險物品之顯著滅火困難場所，依規定設置冷卻撒水設備，其撒水量按槽壁總防護面積每平方公尺

每分鐘為多少公升（L/min·m^2）以上計算之？

(A) 1　(B) 2　(C) 3　(D) 4

(B)　6. 加壓式乾粉滅火設備應設壓力調整裝置，可調整壓力至每平方公分多少公斤以下？　(A) 10　(B) 25　(C) 30　(D) 50

(C)　7. 設置自動撒水設備末端之查驗閥，下列規定何者正確？

(A) 應於開放式撒水設備使用

(B) 管徑在25公厘以下

(C) 查驗閥之一次側設壓力表，二次側設有與撒水頭同等放水性能之限流孔

(D) 距離地板面之高度在2.3公尺以下，並附有排水管裝置，並標明末端查驗閥字樣

(A)　8. 消防幫浦加壓送水裝置之電動機，在額定輸出連續運轉多少小時後，不得發生異狀？　(A) 8　(B) 12　(C) 16　(D) 24

(B)　9. 乾粉滅火設備採用移動式放射方式，藥劑種類為第三種乾粉，每一具噴射瞄子所需之藥劑放射量為多少？

(A) 18 kg/min　(B) 27 kg/min　(C) 45 kg/min　(D) 60 kg/min

(C)　10. 測定泡沫滅火設備之合成界面活性劑中之低發泡的發泡倍率，其測定的必要器具，包括泡沫試料採集器1個、量秤1個與多少容量之泡沫試料容器2個？

(A) 100 mL　(B) 1000 mL　(C) 1400 mL　(D) 2000 mL

(D)　11. 依「滅火器認可基準」規定，大型CO$_2$滅火器所充填之滅火劑量應有多少以上？　(A) 10 kg　(B) 18 kg　(C) 20 kg　(D) 45 kg

(B)　12. 某建築物樓高7層，設置連結送水管設備，若配管摩擦損失水頭為9 m，落差為21 m，其送水設計壓力不得小於多少？

(A) 9.0 kgf/cm^2　(B) 9.4 kgf/cm^2　(C) 10.4 kgf/cm^2　(D) 11.4 kgf/cm^2

(D)　13. 公共危險物品製造、儲存或處理場所之室外消防栓設備，應符合下列何項規定？

(A) 口徑在50 mm以上

(B) 全部室外消防栓同時使用時，各瞄子出水壓力在2.5 kgf/cm^{2}以上

(C) 放水量在350 L/min以上

(D) 水源容量在設置個數超過4支時，以4支計算之

(C)　14. 下列敘述有關CO$_2$滅火設備之啟動用氣體容器規定，何者正確？

(A) 能耐25 kgf/cm^{2}之壓力

(B) 內容積應有2L以上

(C) 所儲存之CO_2重量在0.6 kg以上

(D) 得兼供防護區域之自動關閉裝置使用

(D) 15. 泡沫滅火設備之高發泡放出口配置規定，下列敘述何者正確？

    (A) 冠泡體積是指防護區域自樓地板面至高出防護對象最高點0.8 m所圍體積

    (B) 防護對象位置距離樓地板面高度超過3 m，且使用高發泡放出口時應為全區放射方式

    (C) 全區放射時高發泡放出口在防護區域內，樓地板面積每300 m^2至少設置一個

    (D) 局部放射時高發泡放出口之泡沫水溶液放射量應為防護面積每平方公尺每分鐘二公升以上

(C) 16. 樓地板面積在多少平方公尺以上之餐廳，其廚房排油煙管及煙罩應設簡易自動滅火裝置？   (A) 100   (B) 200   (C) 300   (D) 500

(A) 17. 滅火器滅火效能值之第二種滅火試驗，滅火劑噴射完畢後多少分鐘以內不再復燃，可判定已完全熄滅？   (A) 1   (B) 2   (C) 3   (D) 4

(A) 18. 於集會堂表演場所之舞台設置撒水頭，任一點至撒水頭之水平距離，應在多少公尺以下？   (A) 1.7   (B) 2.3   (C) 2.5   (D) 2.6

(B) 19. 自動撒水設備之立管連接屋頂水箱時，屋頂水箱之容量應在多少立方公尺以上？   (A) 0.5   (B) 1.0   (C) 1.5   (D) 2.0

(D) 20. 下列何種滅火劑成分可被用以作為海龍滅火劑之替代品？

    (A) CF_2BrCl (B) CCl_4 (C) CF_3Br (D) C_4F_{10}

(C) 21. 海龍替代品潔淨滅火藥劑之鹵化烴滅火藥劑HFC-227ea，其商品名為何？

    (A) FE-13   (B) Novec 1230   (C) FM-200   (D) INERGEN

(D) 22. 室內消防栓設備之消防立管管系竣工時，應做加壓試驗，試驗壓力不得小於加壓送水裝置全閉揚程X倍以上之水壓。試驗壓力以繼續維持Y小時無漏水現象為合格。其中X與Y分別為多少？

    (A) X=2，Y=24   (B) X=1.5，Y=24   (C) X=3，Y=2   (D) X=1.5，Y=2

(C) 23. 乾粉滅火設備配管設置，最低配管與最高配管間，落差在多少公尺以下？

    (A) 30   (B) 40   (C) 50   (D) 60

(C) 24. 公共危險物品場所與一般場所之室外消防栓設備主要性能相比較，下列何者之性能相同？

(A) 瞄子出水壓力　(B) 瞄子放水量　(C) 消防栓箱　(D) 緊急電源供電時間

（A）25. 室內消防栓設備之緊急電源，應使用發電機設備或蓄電池設備，其供電容量應供其有效動作多少分鐘以上？

(A) 30　(B) 40　(C) 45　(D) 50

（B）26. 乾粉滅火設備自儲存容器起，其配管任一部分與彎曲部分之距離應為管徑幾倍以上？但能採取乾粉藥劑與加壓或蓄壓用氣體不會分離措施者，不在此限。　(A) 10　(B) 20　(C) 30　(D) 40

（C）27. 公共危險物品場所之室內消防栓設備，其水源容量在裝置室內消防栓最多樓層之全部消防栓繼續放水X分鐘之水量以上。但該樓層內，全部消防栓數量超過Y支時，以Y支計算之。其中X與Y分別為多少？

(A) X=20，Y=3　(B) X=20，Y=2　(C) X=30，Y=5　(D) X=30，Y=2

（B）28. 二氧化碳滅火設備檢修作業綜合檢查中，低壓式者進行放射試驗時，其放射試驗所需之藥劑量，為該放射區域所設滅火藥劑量之10%以上，或使用四十公升氮氣幾瓶以上作為替代藥劑放射？

(A) 3　(B) 5　(C) 7　(D) 9

（D）29. 可燃性高壓氣體製造場所、加氣站、天然氣儲槽及可燃性高壓氣體儲槽之防護設備分類中，下列哪一項設備不屬於射水設備？

(A) 移動式射水槍　(B) 固定式射水槍　(C) 室外消防栓　(D) 室內消防栓

（A）30. 高壓電器設備其電壓在7000伏特以下時，水霧噴頭及配管與高壓電器設備應保持多少公分之標準離開距離？　(A) 25　(B) 50　(C) 100　(D) 250

（B）31. 某一密閉空間體積為100 m^3，原有氧氣濃度為21%，今欲將氧氣濃度降至14%，其所需之CO_2放出量為多少？

(A) 25 m^3　(B) 50 m^3　(C) 75 m^3　(D) 100 m^3

（D）32. 供室內停車空間使用之滅火藥劑，以何種乾粉為限？

(A) 碳酸氫鈉　(B) 碳酸氫鉀　(C) 碳酸氫鈉與尿素之反應物　(D) 磷酸二氫銨

（B）33. 各樓層之樓地板面積為9000平方公尺，各層撒水頭數量在10個以上，且有隔間，其自動撒水設備應裝設之流水檢知裝置最少需幾套？

(A) 1　(B) 2　(C) 3　(D) 4

（D）34. 若室內消防栓之消防幫浦全閉運轉之功率為30 kw，則該防止水溫上升用排放裝置之排放水量為何？

(A) 7.5 L/min　(B) 9.6 L/min　(C) 12.5 L/min　(D) 14.3 L/min

（B）35. 有一15層樓高之建築物樓高共60 m，總樓地板面積為50000 m²，其消防專用
蓄水池之有效水量為何？

(A) 60 m³　(B) 80 m³　(C) 100 m³　(D) 120 m³

（A）36. 某10層以下辦公室之建築物，設有自動撒水設備小區劃型撒水頭時，其水源
容量至少應為多少？　　(A) 8 m³　(B) 12 m³　(C) 16 m³　(D) 24 m³

（C）37. 消防幫浦加壓送水裝置之啓動用水壓開關裝置，下列規定何者錯誤？

(A) 啓動用壓力槽容量應有100 L以上

(B) 啓動用壓力槽之構造應符合危險性機械及設備安全檢查規則之規定

(C) 啓動用壓力儲槽應使用口徑25 mm以上配管，與幫浦出水側逆止閥之一次
側配管連接

(D) 在啓動用壓力槽上或其近傍應裝設壓力表、啓動用水壓開關及試驗幫浦
啓動用之排水閥

（A）38. 公共危險物品等場所設置CO_2滅火設備，若防護區域之開口部未設置自動關閉
裝置時，除依規定計算藥劑量外，另應加算該開口部面積每平方公尺多少公
斤之藥劑量？　　(A) 5　(B) 10　(C) 15　(D) 20

（B）39. 依「密閉式撒水頭認可基準」規定，其中之耐洩漏試驗，係將撒水頭施予多
少之靜水壓力，保持5分鐘不得有漏水現象？

(A) 20 kgf/cm²　(B) 25 kgf/cm²　(C) 30 kgf/cm²　(D) 35 kgf/cm²

（A）40. 下列海龍替代品中之何項指標數值為愈低愈好？

(A) ODP　(B) LC50　(C) NOAEL　(D) LOAEL

98-1年水與化學系統消防安全設備概要

類　　科：消防設備士

考試時間：1小時30分

※注意：禁止使用電子計算器。

甲、申論題部分：（50分）

不必抄題，作答時請將試題題號及答案依照順序寫在申論試卷上，於本試題上作答者，不予計分。請以藍、黑色鋼筆或原子筆在申論試卷上作答。

一、試寫出第一、二、三種乾粉滅火藥劑受熱之化學反應式，並依據全區放射方式時每立方公尺防護區所需滅火藥劑量（kg/m^3），比較此三種乾粉之滅火性能。（25分）

解：

第99條　乾粉滅火藥劑量，依下列規定設置：

一、全區放射方式所需滅火藥劑量，依下表計算：

滅火藥劑種類	第一種乾粉（主成分碳酸氫鈉）	第二種乾粉（主成分碳酸氫鉀）	第三種乾粉（主成分磷酸二氫銨）	第四種乾粉（主成分碳酸氫鉀及尿素化合物）
每立方公尺防護區域所需藥劑量（kg/m^2）	0.6	0.36	0.36	0.24
每平方公尺開口部所需追加藥劑量（kg/m^2）	4.5	2.7	2.7	1.8

1. 第一種乾粉：碳酸氫鈉（$NaHCO_3$）

   適用於B、C類火災，為白色粉末，碳酸氫鈉即小蘇打粉，為增加其流動性與防濕性，會加入一些添加劑。碳酸氫鈉易受熱分解為碳酸鈉、二氧化碳和水。

$$2NaHCO_3 \rightarrow Na_2CO_3 + H_2O + CO_2$$

2. 第二種乾粉：碳酸氫鉀（$KHCO_3$）

適用B、C類火災，效果會比第一種乾粉佳，為偏紫色粉末，受熱分解為碳酸鉀、二氧化碳與水。本身吸濕性較第一種乾粉為高，儲藏時應注意防濕。

$$2KHCO_3 \rightarrow K_2CO_3 + H_2O + CO_2$$

3. 第三種乾粉：磷酸二氫銨（$NH_4H_2PO_4$）

適用A、B、C類火災，為淺粉紅粉末，又稱多效能乾粉。磷酸二氫銨受熱後初步形成磷酸與NH_3，之後形成焦磷酸與水，再繼續變成偏磷酸，最後變成五氧化二磷。此種乾粉能與燃燒面產生玻璃狀之薄膜，覆蓋於表面上形成隔絕效果，所以也能適用於A類火災，但乾粉之冷卻能力不及泡沫或二氧化碳等，於火勢暫熄後，應注意火勢復燃之可能。

$$NH_4H_2PO_4 \rightarrow NH_3 + H_3PO_4$$

$$2H_3PO_4 \rightarrow H_4P_2O_7 + H_2O$$

$$H_4P_2O_7 \rightarrow 2HPO_3 + H_2O$$

$$2HPO_3 \rightarrow P_2O_5 + H_2O$$

4. 第四種乾粉：碳酸氫鉀及尿素（$KHCO_3 + H_2NCONH_2$）

適用於BC類火災，為偏灰色粉末，為美國ICI產品，又稱錳鈉克斯（Monnex）乾粉。在滅火上，除抑制連鎖化學作用外，在熱固體燃料表面上熔化，形成隔絕空氣層，達到物理窒息作用。

二、依據「各類場所消防安全設備檢修及申報作業基準」之規定，試說明自動撒水設備實施外觀檢查時，其撒水頭之檢查方法、判定方法為何？（25分）

解：

撒水頭

1. 檢查方法

(1) 外形

A. 以目視確認有無洩漏、變形等。

B. 以目視確認有無被利用為支撐、吊架使用等。

(2) 感熱及撒水分布障礙

以目視確認周圍有無感熱及撒水分布之障礙。

(3) 未警戒部分

確認有無因隔間變更應無設置撒水頭，而造成未警戒之部分。

2. 判定方法

(1) 外形

A. 應無洩漏、變形等。

B. 應無被利用為支撐、吊架使用。

(2) 感熱及撒水分布障礙

A. 撒水頭周圍應無感熱、撒水分布之障礙。

B. 撒水頭應無被油漆、異物附著等。

C. 於設有撒水頭防護蓋之場所，其防護蓋應無損傷、脫落等。

(3) 未警戒部分

應無因隔間、垂壁、風管管道等之變更、增設、新設等，而造成未警戒部分。

乙、測驗題部分：（50分）

1) 本試題為單一選擇題，請選出一個正確或最適當的答案，複選作答者，該題不予計分。

2) 共40題，每題1.25分，須用2B鉛筆在試卡上依題號清楚劃記，於本試題或申論試卷上作答者，不予計分。

(D) 1. 水霧滅火設備之水霧噴頭及配管與具有200 kV之高壓電器設備，最低應保持多少公厘之離開間距，以避免導電造成意外？

(A) 800公厘　(B) 1000公厘　(C) 1500公厘　(D) 2100公厘

(D) 2. 泡沫滅火藥劑之敘述，下列何者為錯誤？

(A) 化學泡沫滅火劑甲種藥劑含碳酸氫鈉（$NaHCO_3$）

(B) 化學泡沫滅火劑乙種藥劑以硫酸鋁（$Al_2(SO_4)_3 \cdot nH_2O$）為主成分

(C) 機械泡沫滅火劑以表面活性劑或水成膜為主成分

(D) 機械泡沫滅火劑應加入適量之起泡劑、穩泡劑、增黏劑及防腐劑等

(D) 3. 海龍替代滅火設備經快速釋放滅火劑時，如室內壓力有升高狀況，為空間設施耐壓安全考量應設置下列何種裝置？

(A) 分解裝置　(B) 浸潤裝置　(C) 自動關閉閘門　(D) 釋壓口裝置

（ B ）　4. 有關潔淨式氣體滅火設備之設計放射時間，下列何者為錯誤？
　　　　　(A) HFC-227 ea者應在10 sec以內　　(B) HFC-23者應在30 sec以內
　　　　　(C) IG-541者應在60 sec以內　　　　(D) IG-100者應在60 sec以內

（ D ）　5. 一30 m×20 m×4 m（高）之電氣室，設置全區放射之高壓二氧化碳滅火設備防護，採機械排放時，其排風機之風量應為多少m^3/min 以上？
　　　　　(A) 50 m^3/min　(B) 120 m^3/min　(C) 180 m^3/min　(D) 200 m^3/min

（ D ）　6. 有關各種滅火器適用之火災類別，下列何者錯誤？
　　　　　(A) 多效乾粉滅火器適用A、B、C類火災
　　　　　(B) 水滅火器以霧狀放射者，亦可適用B 類火災
　　　　　(C) 水成膜及表面活性劑泡沫等泡沫滅火器者可適用A、B類火災
　　　　　(D) 二氧化碳滅火器者可適用A、B、C類火災

（ D ）　7. 實施泡沫噴頭外觀檢查，應進行之項目內容不包括以下哪一項目？
　　　　　(A) 以目視確認外形有無變形、腐蝕、阻塞等
　　　　　(B) 以目視確認泡沫頭周圍有無妨礙泡沫分布之障礙
　　　　　(C) 確認有無因隔間變更而未加設泡沫頭，造成未警戒之部分
　　　　　(D) 確認泡沫噴頭網孔大小及其發泡性能

（ B ）　8. 公共危險物品等場所之簡易滅火設備，在計算其滅火效能值時，下列規定何者正確？
　　　　　(A) 八公升之消防專用水桶，每五個為一滅火效能值
　　　　　(B) 水槽每八十公升為一點五滅火效能值
　　　　　(C) 膨脹蛭石或膨脹珍珠岩每一百公升為一滅火效能值
　　　　　(D) 乾燥砂每一百公升為一滅火效能值

（ B ）　9. 平時管內貯滿低壓空氣，以感知裝置啟動一齊開放閥，且撒水頭動作時即撒水，係指何種型式之自動撒水設備？
　　　　　(A) 密閉濕式　(B) 預動式　(C) 密閉乾式　(D) 開放式

（ C ）　10. 消防配管使用碳鋼管材，下列對於鋼管材料之敘述，何者錯誤？
　　　　　(A) 相同材料其容許強度愈大，可承受較高壓力　(B) 40號為標準鋼管
　　　　　(C) 相同外徑時，管號愈大，內徑愈大　　　　　　(D) 一般鋼管長度6公尺

（ C ）　11. 兩相同性能幫浦串聯操作時，下列敘述何者正確？
　　　　　(A) 總全揚程加倍，出水量也加倍　(B) 總全揚程不變，出水量也不變
　　　　　(C) 總全揚程加倍，出水量不變　　(D) 總全揚程不變，出水量加倍

（B） 12. 水系統滅火設備採離心式消防幫浦，其出水口二次側應裝何種閥以保護幫浦本體？ 　　(A) 安全閥　(B) 逆止閥　(C) 閘閥　(D) 球閥

（A） 13. 依據潔淨區消防安全設備設置指導綱領之規定，無塵室建議設置之基本共通性消防安全設備中，對於排放可燃性氣體之可燃材質排氣導管內部，採用自動撒水滅火設備撒水密度每平方公尺每分鐘應多少以上？
　　(A) 1.9公升以上　(B) 2.5公升以上　(C) 5公升以上　(D) 10公升以上

（D） 14. 空間受限之場合，採用位於消防幫浦上方電動機驅動的立式離心幫浦方式，以下敘述何者錯誤？
　　(A) 葉輪沒入水中，吸水條件佳，不發生孔蝕現象
　　(B) 啟動簡單，不需另設真空幫浦、呼水裝置
　　(C) 可使用大口徑吸入管
　　(D) 電動機可使用標準型，或引擎驅動

（D） 15. 若消防幫浦之額定出水量為600 L/min，額定揚程為50m，幫浦效率為0.56，傳動係數為1.1，試問其電動機所需之馬力約為多少kw？
　　(A) 6.3 kw　(B) 7.5 kw　(C) 8.4 kw　(D) 9.6 kw

（C） 16. 下列有關室內消防栓設備之規定，何者正確？
　　(A) 低度危險工作場所應設置第二種消防栓
　　(B) 第一種消防栓箱內應配置口徑二十五公厘消防栓
　　(C) 老人服務機構可選擇設置第二種消防栓
　　(D) 第二種消防栓箱內應配置口徑三十八公厘或五十公厘之消防栓一個

（D） 17. 公共危險物品等場所中所設置之室外消防栓設備，其緊急電源之供電容量應供其有效動作多久以上？
　　(A) 15分鐘　(B) 25分鐘　(C) 35分鐘　(D) 45分鐘

（B） 18. 依據各類場所消防安全設備設置標準之規定，密閉式撒水頭之自動撒水設備配管末端之查驗閥的管徑不得小於多少公厘？
　　(A) 15公厘　(B) 25公厘　(C) 32公厘　(D) 40公厘

（A） 19. 自動撒水設備應設水源容量考量核算之撒水頭數為10個時，其消防幫浦最低之出水量，下列何者正確？
　　(A) 900 L/min　(B) 1800 L/min　(C) 2700 L/min　(D) 3600 L/min

（B） 20. 下列關於水霧滅火設備防護電氣設備之規定，何者正確？
　　(A) 每一水霧噴頭之有效半徑不得大於2.3公尺

(B) 放射區域在二區域以上者應保持40立方公尺以上之水源容量

(C) 每一放射區域以100平方公尺為原則

(D) 管系最末端一個放射區域全部水霧噴頭放水壓力均能達每平方公分2.7公斤以上

（ A ）21. 依據各類場所消防安全設備設置標準之規定，下列有關泡沫滅火設備之敘述，何者正確？

(A) 固定式泡沫滅火設備，配置強制風機式高發泡放出口膨脹比可達1000以下

(B) 固定式泡沫滅火設備之泡沫放出口，如果膨脹比在1000以下，宜採用空氣吸引式高發泡放出口

(C) 使用水成膜泡沫液時，樓地板面積每平方公尺之放射量為每分鐘6.5 公升以上

(D) 泡水噴頭放射量不得小於每分鐘130公升

（ B ）22. 當操作泡沫瞄子時，若送水壓力過低，則藥劑吸入量太少，泡沫產生效果低，恐無法有效滅火，瞄子出水口壓力必須保持在下列何者之間？

(A) 1.7 kgf/cm^2 至 2.5 kgf/cm^2 　　(B) 3.5 kgf/cm^2 至 4.9 kgf/cm^2

(C) 5.0 kgf/cm^2 至 6.3 kgf/cm^2 　　(D) 6.5 kgf/cm^2 至 8.0 kgf/cm^2

（ C ）23. $30 \text{ m} \times 30 \text{ m} \times 6 \text{ m}$（高）之汽車修護廠，防護對象物之尺寸為 $10 \text{ m} \times 10 \text{ m} \times 3$ m（高），若使用3%水成膜泡沫原液，及膨脹比為350，且採全區放射方式，則其冠泡體積為多少？

(A) 2600 m^3 　(B) 2850 m^3 　(C) 3150 m^3 　(D) 3500 m^3

（ D ）24. 停車空間泡沫滅火設備進行放射試驗時，其發泡倍率應達多少倍以上？

(A) 二倍以上　(B) 三倍以上　(C) 四倍以上　(D) 五倍以上

（ B ）25. 依據各類場所消防安全設備設置標準之規定，消防專用蓄水池之設置，下列何者錯誤？

(A) 有進水管投入後，能有效抽取所需水量之構造

(B) 應設於消防車能接近至其5公尺範圍內，易於抽取處

(C) 任一消防專用蓄水池至建築物各部分之水平距離不得超過100公尺

(D) 其有效水量在20立方公尺以上

（ B ）26. 連結送水管之中繼幫浦放水測試時，應從送水口以送水設計壓力送水，並以口徑二十一公厘瞄子在最頂層測試，其放水壓力不得小於每平方公分多少公斤？且放水量不得小於每分鐘多少公升？

(A) 每平方公分八公斤；每分鐘六百公升

(B) 每平方公分六公斤；每分鐘六百公升

(C) 每平方公分八公斤；每分鐘八百公升

(D) 每平方公分六公斤；每分鐘八百公升

(A) 27. 加壓送水裝置中消防幫浦動力來源採用電動機啓動方式，下列敘述何者錯誤？

(A) 電動機輸出功率11 kw以上者可採用直接啓動法

(B) 補償器啓動法指電動機與電源之間接有單繞變壓器

(C) 星角（Y-Δ）啓動法爲電動機定子線圈形成Y結線目的先將減少啓動電流，待加速後再切換爲Δ形結線進入運轉

(D) 電動機與電源之間加入啓動電抗器以產生壓降稱爲電抗器啓動法

(C) 28. 泡沫滅火設備竣工查驗作業規定，進行綜合試驗低發泡放射試驗，下列何者正確？

(A) 泡沫稀釋濃度6%型者應在6～7%範圍內

(B) 發泡倍率10倍以上

(C) 25%還液時間水成膜泡沫應在60秒以上

(D) 放射區域就預設放射壓力最高處實施

(D) 29. 全區放射方式二氧化碳滅火設備，其啓動裝置開關或拉桿開始動作至儲存容器之容器閥開啓，應設有幾秒以上之遲延裝置？

(A) 5秒　(B) 10秒　(C) 15秒　(D) 20秒

(C) 30. 二氧化碳滅火設備在防護空間單位體積所需之藥劑量爲0.9 kg/m³時，其二氧化碳之濃度爲多少？　　(A) 39%　(B) 35%　(C) 33%　(D) 29%

(C) 31. 依據各類場所消防安全設備設置標準規定，二氧化碳滅火設備未要求設置下列何項裝置？

(A) 音響警報裝置　(B) 啓動延遲裝置　(C) 一齊開放閥　(D) 放射表示燈

(C) 32. 固定式自動二氧化碳滅火設備運用在公共危險物品等場所時，其歸類爲下列何種滅火設備？

(A) 第一種滅火設備　　　　　(B) 第二種滅火設備

(C) 第三種滅火設備　　　　　(D) 第四種滅火設備

(D) 33. 供外浮頂儲油槽上部注入泡沫之放出口，放射泡沫於儲槽側板與泡沫隔板間環狀部分，應採用下列何者？

(A) I 型泡沫放出口 　　　　　(B) II 型泡沫放出口

(C) III 型泡沫放出口 　　　　(D) 特殊型泡沫放出口

（B）34. 依據潔淨區消防安全設備設置指導綱領之規定，無塵室建議設置之基本共通性消防安全設備中，應設置之滅火器為下列何者？

(A) 強化液滅火器 　　　　　(B) 二氧化碳滅火器

(C) HFC-236fa滅火器 　　　　(D) NOVEC-1230 滅火器

（C）35. 室內停車空間使用乾粉滅火設備防護，若其樓地板面積為100 m^2，則其外牆常開之開口部至少達多少時，始得採用移動式？

(A) 5 m^2　(B) 10 m^2　(C) 15 m^2　(D) 20 m^2

（B）36. 下列有關乾粉滅火設備之敘述，何者錯誤？

(A) 全區放射方式所設之噴頭應能使放射藥劑迅速均勻地擴散至整個防護區域

(B) 乾粉噴頭之放射壓力不得大於每平方公分一公斤

(C) 依法規所核算之滅火藥劑量須於三十秒內全部放射完畢

(D) 全區及局部放射方式在同一建築物內有二個以上防護區域或防護對象時，所需滅火藥劑量取其最大量者

（C）37. 供公共危險物品顯著滅火困難場所火災防護上，設置室內消防栓其瞄子放水壓力及放水量應達多少以上？

(A) 放水壓力1.7 kgf/cm^2以上放水量130 L/min 以上

(B) 放水壓力2.5 kgf/cm^2以上放水量260 L/min 以上

(C) 放水壓力3.5 kgf/cm^2以上放水量260 L/min 以上

(D) 放水壓力2.5 kgf/cm^2以上放水量350 L/min 以上

（D）38. 供公共危險物品顯著滅火困難場所火災防護上，設置室外消防栓其瞄子放水壓力超過多少時要增設減壓裝置？

(A) 4 kgf/cm^2　(B) 5 kgf/cm^2　(C) 6 kgf/cm^2　(D) 7 kgf/cm^2

（A）39. 海龍替代藥劑自動滅火設備竣工勘驗前，為維持放射藥劑濃度之有效性，應進行下列哪一測試程序？

(A) 氣密測試　(B) 釋壓試驗　(C) 水壓試驗　(D) 沖管試驗

（B）40. 有關二氧化碳等氣體滅火設備防護區二區以上時設置選擇閥，下列敘述何者錯誤？

(A) 各防護區域均應設置 　　　(B) 應設於防護區域內

(C) 得以氣體或電氣方式開啟 　(D) 需設防護區域之標示

98-2年水與化學系統消防安全設備概要

類　　　科：消防設備士

考試時間：1小時30分

※注意：禁止使用電子計算器。

甲、申論題部分：（50分）

不必抄題，作答時請將試題題號及答案依照順序寫在申論試卷上，於本試題上作答者，不予計分。請以藍、黑色鋼筆或原子筆在申論試卷上作答。

一、依據「各類場所消防安全設備檢修及申報作業基準」規定，進行HFC-23或HFC-227ea等鹵化烴滅火設備之性能檢查時，請分別說明檢查「啟動用氣體容器之氣體量」與「防護區劃內以氣壓動作之自動關閉裝置」二項目之檢查方法與判定方法，另請說明注意事項為何？（25分）

解：

（一）

1. 氣體量

(1) 檢查方法

依下列規定確認之。

A. 將裝在容器閥之容器閥開放裝置、操作管卸下，自容器收存箱中取出。

B. 使用可測定達20kg之彈簧秤或秤重計，測量容器之重量。

C. 應與裝在容器上之面板或重量表所記載之重量相核對。

(2) 判定方法

二氧化碳或氮氣之重量，其記載重量與測得重量之差值，應在充填量10%以下。

2. 容器閥開放裝置

(1) 檢查方法

A. 電氣式者：

(A) 檢查方法

a. 將裝設在容器閥之容器閥開放裝置取下，確認撞針、切割片或電

路板有無彎曲、斷裂或短缺等情形。

b. 操作手動啓動裝置，確認電氣動作是否正常。

c. 拔下安全栓或安全插銷，以手動操作，確認動作是否正常。

d. 動作後之復歸，應確認於切斷通電或復舊操作時，是否可正常復歸定位。

e. 取下端子部之護蓋，以螺絲起子確認端子有無鬆弛現象。

f. 將容器閥開放裝置回路從主機板離線，確認其斷線偵測功能是否正常。

(B) 判定方法

a. 撞針、切割片或電路板應無彎曲、斷裂或短缺等情形。

b. 以規定之電壓可正常動作，並可確實以手動操作。

c. 動作後應可正常復歸。

d. 應無端子鬆動、導線損傷、斷線等情形。

e. 將回路線離線時主機應發出斷線故障訊號。

(C) 注意事項

操作手動啓動裝置時，應將所有電氣式容器閥開放裝置取下。

B. 手動式者，應將容器閥開放裝置取下，以確認活塞桿或撞針有無彎曲、斷裂或短缺等情形，及手動操作部之安全栓或封條是否能迅速脫離。

(2) 判定方法

A. 活塞桿、撞針應無彎曲、斷裂或短缺等情形。

B. 應可確實動作。

(二) 以氣壓動作者（閘板等）

1. 檢查方法

A. 使用試驗用氣體（試驗用啓動用氣體、氮氣或空氣），連接通往自動關閉裝置之操作管。

B. 釋放試驗用氣體，確認自動關閉裝置之關閉狀態有無異常。

C. 確認有無氣體自操作管、自動關閉裝置洩漏，自動關閉裝置於洩放加壓壓力後有無自動復歸，及其復歸狀態是否異常。

2. 判定方法

A. 所有自動關閉裝置均應能確實動作。

B. 屬復歸型者，應能確實復歸。

3.注意事項

　　使用氮氣或空氣時，應加壓至大約30 kgf/cm²。

二、依據「各類場所消防安全設備設置標準」規定，請說明二氧化碳滅火設備手動及
　　自動啟動裝置之設置，及二者間切換之規定各為何？（25分）

解：

第91條　啟動裝置，依下列規定，設置手動及自動啟動裝置：

　　　　一、手動啟動裝置應符合下列規定：

　　　　　　(一) 設於能看清區域內部且操作後能容易退避之防護區域外。

　　　　　　(二) 每一防護區域或防護對象裝設一套。

　　　　　　(三) 其操作部設在距樓地板面高度零點八公尺以上一點五公尺以下。

　　　　　　(四) 其外殼漆紅色。

　　　　　　(五) 以電力啟動者，裝置電源表示燈。

　　　　　　(六) 操作開關或拉桿，操作時同時發出警報音響，且設有透明塑膠製之
　　　　　　　　　有效保護裝置。

　　　　　　(七) 在其近旁標示所防護區域名稱、操作方法及安全上應注意事項。

　　　　二、自動啟動裝置與火警探測器感應連動啟動。

　　　　前項啟動裝置，依下列規定設置自動及手動切換裝置：

　　　　一、設於易於操作之處所。

　　　　二、設自動及手動之表示燈。

　　　　三、自動、手動切換必須以鑰匙或拉桿操作，始能切換。

　　　　四、切換裝置近旁標明操作方法。

乙、測驗題部分：（50分）

1) 本試題為單一選擇題，請選出一個正確或最適當的答案，複選作答者，該題不予計
　　分。

2) 共40題，每題1.25分，須用2B鉛筆在試卡上依題號清楚劃記，於本試題或申論試卷
　　上作答者，不予計分。

(B)　　1.電信機械室如採局部放射之乾粉滅火設備設計時，依體積法所核算出之滅火
　　　　　　藥劑量，應再乘以多少比例？　　　(A) 0.5　(B) 0.7　(C) 1.1　(D) 1.2

（ B ）　2. 下列何種滅火器不適用於C類火災？

（A) 海龍滅火器　(B) 泡沫滅火器　(C) 乾粉滅火器　(D) 二氧化碳滅火器

（ A ）　3. 進行滅火器之設置狀況檢查時，20型ABC乾粉滅火器（總重約10公斤）其上端與樓地板面之距離，下列何者正確？

（A) 不得超過1.5公尺　　　　　　　(B) 不得超過1公尺

（C) 不得低於1公尺　　　　　　　　(D) 不得低於1.5公尺

（ A ）　4. 公共危險物品製造場所之建築物樓地板面積為500平方公尺，其外牆為防火構造，設置第五種滅火設備時至少應有多少滅火效能值？

（A) 5　(B) 10　(C) 4　(D) 7

（ B ）　5. 對二氧化碳滅火器及海龍滅火器進行重量檢查時，如失重比例超過多少即應予以更新？　　(A) 5%　(B) 10%　(C) 15%　(D) 20%

（ A ）　6. 二氧化碳滅火系統之全區放射防護區域對放射之滅火藥劑採自然排放時，設有面向外氣且為防護區域自樓地板面起高度2/3以下，能開啓之開口部大小，應為多少？

（A) 占防護區域樓地板面積10%以上　(B) 占防護區域圍壁面積10%以上

（C) 占防護區域樓地板面積20%以上　(D) 占防護區域圍壁面積20%以上

（ B ）　7. 依據「各類場所消防安全設備設置標準」之規定，二氧化碳滅火設備之藥劑放射規定，下列何者正確？

(A) 電信機械室採全區放射時，藥劑需於7分鐘內放射完畢

(B) 存放一般物品之無人倉庫採全區放射時，藥劑需於1分鐘內放射完畢

(C) 局部放射方式藥劑需於3.5分鐘內放射完畢

(D) 移動式放射方式每一具瞄子每分鐘之藥劑放射量應在90公斤以上

（ D ）　8. 二氧化碳滅火設備使用氣體啓動者，下列敘述何者正確？

(A) 內容積應有0.6公升以上

(B) 所儲存之二氧化碳重量在1公斤以上，充填比在1.5以上

(C) 不得兼供防護之區選擇閥使用

(D) 啓動用氣體容器要能耐25 MPa之壓力

（ B ）　9. 二氧化碳滅火系統全區放射設計中，藥劑以常溫儲存之高壓式噴頭，其放射壓力為多少kgf/cm^2？　　(A) 9　(B) 14　(C) 19　(D) 23

（ D ）　10. 移動式放射方式之二氧化碳滅火系統，其皮管接頭至防護對象任一部分之水平距離應在多少距離以下？

(A) 30公尺 　(B) 25公尺 　(C) 20公尺 　(D) 15公尺

(C) 11. 二氧化碳氣體減火設備防護區域為二區以上時，如要共用一組藥劑鋼瓶，應設置下列何種裝置？

(A) 定壓動作裝置 　(B) 自動關閉裝置 　(C) 選擇閥 　(D) 自動啟動裝置

(C) 12. 乾粉減火設備加壓用氣體使用二氧化碳時，除加算清洗配管所需要量外，每公斤乾粉需二氧化碳之量為何？

(A) 10公克 　(B) 15公克 　(C) 20公克 　(D) 40公克

(D) 13. 移動放射方式之乾粉減火設備如使用主成分為磷酸二氫銨乾粉，每一具噴射瞄子所需藥劑量應為下列何者？

(A) 18公斤 　(B) 20公斤 　(C) 27公斤 　(D) 30公斤

(B) 14. 依據「各類場所消防安全設備設置標準」之規定，乾粉減火設備如採全區放射方式，啟動裝置開關或拉桿開始動作至儲存容器閥開啟，應設有多少時間以上之延遲裝置？ 　(A) 10秒 　(B) 20秒 　(C) 30秒 　(D) 不需設延遲裝置

(A) 15. 下列何者不是海龍替代藥劑IG541的成分？

(A) 氦氣 　(B) 氬氣 　(C) 氮氣 　(D) 二氧化碳

(D) 16. 高壓式二氧化碳減火設備採局部放射時，如採體積法設計，則減火藥劑量追加倍數為何？ 　(A) 1.1 　(B) 1.2 　(C) 1.3 　(D) 1.4

(B) 17. 選用海龍替代品的考量因素中，下列何者錯誤？

(A) 大氣滯留時間愈短愈好 　　(B) 溫室效應值愈高愈好

(C) 臭氧破壞指數愈低愈好 　　(D) 半致死濃度愈高愈好

(D) 18. 乾粉減火設備全區及局部放射之緊急電源，應為自用發電設備或蓄電池設備，其容量應能使設備有效動作之時間多久以上？

(A) 30分鐘 　(B) 60分鐘 　(C) 90分鐘 　(D) 20分鐘

(C) 19. 某一超級市場設於商業大樓地下層，面積超過4,800m^2，採密閉式一般反應型撒水頭及濕式流水檢知裝置之自動撒水設備，依規定最少須有多少水源容量供該系統使用？ 　(A) 12 m^3 　(B) 16 m^3 　(C) 24 m^3 　(D) 32 m^3

(C) 20. 使用蛋白質泡沫原液之泡沫噴頭，其樓地板面積每平方公尺之放射量為？

(A) 三點七公升／分鐘以上 　　(B) 五公升／分鐘以上

(C) 六點五公升／分鐘以上 　　(D) 八公升／分鐘以上

(B) 21. 測定水成膜泡沫減火藥劑發泡倍率，依規定所需測定器具之量筒內容積為：

(A) 600 mL 　(B) 1000 mL 　(C) 1200 mL 　(D) 1400 mL

（A）22. 使用密閉式撒水頭之自動撒水設備，依規定應於管線末端配置查驗閥，下列有關查驗閥之配置規定，何者錯誤？

(A) 管徑不得大於二十五公厘

(B) 一次側應設壓力表

(C) 二次側應設與撒水頭同等放水性能之限流孔

(D) 距離地板面之高度不得大於二點一公尺

（B）23. 裝置水霧滅火設備之室內停車空間，其排水設備之規定，何者錯誤？

(A) 車輛停駐場所地面應作不得小於百分之二以上之坡度

(B) 車輛停駐場所，除面 車道部分外，應設高五公分以上之地區境界堤

(C) 滅火坑應具備油水分離裝置，並設於火災不易殃及之處所

(D) 車道之中央或兩側應設置排水溝

（B）24. 下列有關開放式撒水設備之規定，何者正確？

(A) 每一舞臺之放水區域應在五個以下

(B) 舞臺之放水區域若在二個以上時，每一放水區域樓地板面積在100 m^2以上，且鄰接之放水區域相互重疊，使有效滅火

(C) 供各類場所消防安全設備設置標準第十二條第一款第一目使用場所之舞臺，在十一層以上建築物之樓層，應在最大放水區域全部撒水頭，繼續放水三十分鐘之水量以上

(D) 一齊開放閥一次側配管裝設試驗用裝置，在該放水區域不放水情形下，能測試一齊開放閥之動作

（A）25. 有一汽車修護廠之長、寬、高分別為40公尺、25公尺、5.5公尺，防護對象物之尺寸長、寬、高分別為10公尺、5公尺、1.5公尺，若使用合成界面活性泡沫液，及膨脹比為350，且採全區放射方式，依「各類場所消防安全設備設置標準」規定，其冠泡體積為多少立方公尺？

(A) 2000立方公尺　　　　　(B) 3000立方公尺

(C) 4000立方公尺　　　　　(D) 5000立方公尺

（B）26. 泡沫滅火設備綜合檢查中，有關蛋白質泡沫滅火藥劑25%還原時間標準值為？　　(A) 30秒　(B) 60秒　(C) 90秒　(D) 120秒

（B）27. 某建築物之一樓為汽車修理廠，擬採用移動式泡沫滅火設備作為滅火設備，預計設置五個泡沫消防栓箱，選用之泡沫溶液為百分之五的蛋白質泡沫，則泡沫原液儲槽內至少應存放多少公升的泡沫原液儲存量即可符合規定？

(A) 90公升　(B) 150公升　(C) 225公升　(D) 300公升

(D) 28. 實施室內消防栓設備放水試驗時，壓力表之進水口與瞄子前端的距離為多少？　(A) 30 mm　(B) 50 mm　(C) 瞄子口徑　(D) 瞄子口徑的一半

(C) 29. 依「各類場所消防安全設備設置標準」之規定，裝設自動撒水設備之樓層，樓地板面積為一萬平方公尺者，最少應設置幾個雙口形送水口？

(A) 一個　(B) 二個　(C) 三個　(D) 四個

(C) 30. 設置開放式自動撒水設備之場所，其自動啟動裝置若係採用標示溫度在七十九℃以下之感知撒水頭時，其最大的感知範圍在每多少平方公尺以下？

(A) 十平方公尺　(B) 十五平方公尺　(C) 二十平方公尺　(D) 三十平方公尺

(A) 31. 下列何者不符合泡沫滅火設備之泡沫原液與水混合使用之濃度規定？

(A) 6%合成界面活性泡沫液　　　(B) 3%水成膜泡沫液

(C) 6%蛋白質泡沫液　　　(D) 6%水成膜泡沫液

(B) 32. 依「各類場所消防安全設備設置標準」第80條規定，移動式泡沫滅火設備在水帶接頭幾公尺範圍內需設置泡沫消防栓箱？

(A) 2公尺　(B) 3公尺　(C) 4公尺　(D) 5公尺

(D) 33. 依「各類場所消防安全設備設置標準」第42條規定，室外消防栓瞄子放水壓力超過每平方公分多少公斤時，應採取有效之減壓措施？

(A) 2.5　(B) 3.5　(C) 5　(D) 6

(D) 34. 依「各類場所消防安全設備設置標準」第46條規定，病房得採用小區劃型撒水頭（以第一種感度為限），任一點至撒水頭之水平距離在I公尺以下，且任一撒水頭之防護面積在J平方公尺以下，其中I、J＝？

(A) I=1.7、J=50　(B) I=2.1、J=20　(C) I=2.3、J=30　(D) I=2.6、J=13

(A) 35. 下列各式密閉式撒水頭之標示溫度，何者適用於最高周圍溫度在未滿39℃之場所？　(A) 70℃　(B) 80℃　(C) 90℃　(D) 100℃

(C) 36. 室內消防栓之水源可就重力水箱或壓力水箱選擇設置，下列何種裝置不屬於重力水箱應有之裝置？

(A) 水位計　(B) 補給水管　(C) 壓力表　(D) 排水管

(C) 37. 下列有關室內消防栓之規定，何者正確？

(A) 第二種消防栓其放水量不得小於每分鐘130公升

(B) 設置第一種室內消防栓時，各層任一點至消防栓接頭之水平距離不得超過15公尺

(C) 供集會或娛樂處所，應設於舞臺二側、觀衆席後二側、包廂後側之位置

(D) 立管管徑，第一種消防栓不得小於50公厘；第二種消防栓不得小於63公厘

(C) 38. 依消防幫浦性能要求，如設計水量爲750公升／分，其設計揚程爲60公尺；當揚水量在1,125公升／分時，其揚程需在下列何標準值以上，方能判定合格？

(A) 30公尺　　(B) 36公尺　　(C) 39公尺　　(D) 42公尺

(#) 39. 依「各類場所消防安全設備設置標準」第44條規定，預動式自動撒水設備之流水檢知裝置二次側配管，爲有效排水，支管每十公尺傾斜I公分，主管每十公尺傾斜J公分，其中I、J＝？

(A) I＝2、J＝1　　(B) I＝3、J＝1　　(C) I＝3、J＝2　　(D) I＝4、J＝1

註：本題沒有答案選項，依規定支管每十公尺傾斜四公分，主管每十公尺傾斜二公分。因此，答案爲I＝4、J＝2。

(B) 40. 使用口徑13 mm瞄子實施第一種室內消防栓綜合檢查，測得放水壓力爲4 kgf/cm^2，所計算之每分鐘放水量約爲？

(A) 130公升　　(B) 220公升　　(C) 330公升　　(D) 420公升

97-1年水與化學系統消防安全設備概要

類　　科：消防設備士

考試時間：1小時30分

※注意：禁止使用電子計算器。

甲、申論題部分：（50分）

不必抄題，作答時請將試題題號及答案依照順序寫在申論試卷上，於本試題上作答者，不予計分。請以藍、黑色鋼筆或原子筆在申論試卷上作答。

一、試繪製密閉濕式自動撒水設備之升位圖並標示其主要構件之名稱？在該升位圖中標繪出所有壓力開關之正確位置並分別說明其動作原理及功能何在？（25分）

解：

1. 位置於自動警報逆止閥與泵幫浦壓力桶上，各有一具壓力開關；其主要功能為壓力開關動作時，傳達訊號給消防幫浦控制盤，作為控制起動電源訊號。

2. 動作原理：

    (1) 加壓式，其平時常開式，當撒水系統動作時變為常用接點，壓力開關送出信號。

    (2) 減壓式，其平時常關式，當水壓下降在設定壓力值時導通接點，壓力開關送出信號，並產生控制幫浦動作電源。

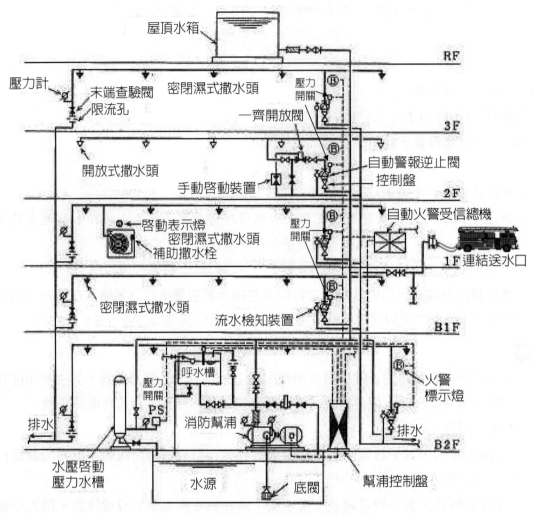

屋頂水箱

RF

壓力計

末端查驗閥 限流孔

密閉濕式撒水頭

壓力開關

齊開放閥

3F

開放式撒水頭

手動啟動裝置

自動警報逆止閥

控制盤

2F

啟動表示燈 密閉濕式撒水頭 補助撒水栓

壓力開關

自動火警受信總機

1F 連結送水口

密閉濕式撒水頭

流水檢知裝置

B1F

呼水槽

火警標示燈

壓力開關

PS

排水

消防幫浦

排水

B2F

水壓啟動 壓力水槽

水源

底閥

幫浦控制盤

圖　密閉式撒水設備升位圖

（參考自日本東京防災設備保守協會，2017）

二、某引擎試驗室設置全區放射方式之加壓式乾粉滅火設備防護，其定壓動作裝置採用壓力開關式設計，試依照「各類場所消防安全設備設置標準」之規定，說明其防護區域之開口部應如何設置？另請繪製壓力開關式定壓動作裝置之構造示意圖並說明其動作原理。（25分）

解：

(一) 全區放射方式防護區域之開口部，依下列規定設置：

1. 不得設於面對安全梯間、特別安全梯間、緊急升降機間或其他類似場所。

2. 開口部位於距樓地板面高度三分之二以下部分，應在滅火藥劑放射前自動關閉。

3. 不設自動關閉裝置之開口部總面積，供電信機械室使用時，應在圍壁面積百分之一以下，其他處所則應在防護區域體積值或圍壁面積值二者中之較小數值百分之十以下。

前項第三款圍壁面積，指防護區域內牆壁、樓地板及天花板等面積之合計。

(二) 加壓式乾粉滅火設備，依下列規定設置定壓動作裝置：

1. 啓動裝置動作後，儲存容器壓力達設定壓力時，應始放出閥開啓。

2. 定壓動作裝置設於各儲存容器。

定壓動作裝置之動作原理：

為使滅火藥劑能充分混合，儲槽內壓力上升達一定值時，定壓動作裝置自動作動，打開放出閥，滅火藥劑經由選擇閥、配管，由噴頭向防火區劃放射。亦即，當加壓用氣體一注入乾粉容器，在其尚未攪拌充分前，不讓其放射，當乾粉滅火劑達到放射之合適程度時，才打開放出閥之裝置。

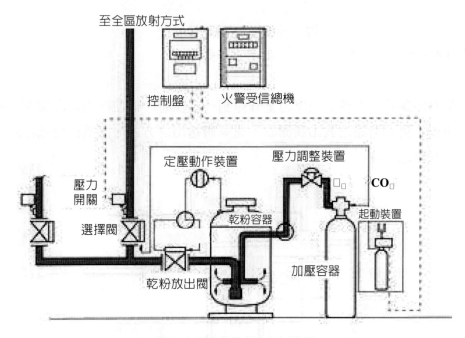

圖 加壓式乾粉滅火設備

（參考自日本Nippon Dry-Chemical株式會社，2017）

定壓動作裝置之種類如下：

(a) 封板式：由儲槽之內壓力將封板破壞之設置，當注入儲存容器的壓力達一定壓力時，藉由壓力將封板破壞，通過氣體以打開放出閥送出之方式。

(b) 彈簧式：儲槽之內壓力上升達到一定值時，而彈簧動作將內藏閥門上壓後開放，通過氣體以打開放出閥送出之方式。

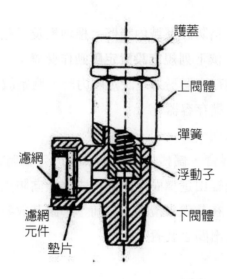

圖　彈簧式定壓動作裝置

（參考自日本危險物設施基準指南，平成7年）

(c) 壓力開關式：儲槽之內壓力上升達到一定值時，而使壓力開關關閉，電磁閥開放，另外通路之放出閥開放，使氣體送出之方式。因爲使用電磁閥，因此需要緊急電源。

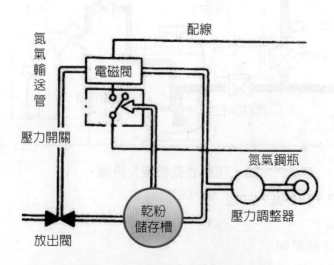

圖　壓力開關式定壓動作裝置

（參考自日本危險物設施基準指南，平成7年）

(d) 機械連動式：儲槽之內壓力上升達到一定值時，藉由壓力使閥門之連動裝置跳脫，打開閥門氣體通路，打開放出閥氣體送出之方式。

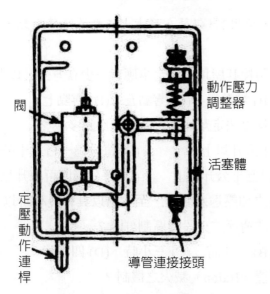

圖　機械連動式定壓動作裝置

（參考自日本危險物設施基準指南，平成7年）

(e) 定時器式：槽之內壓力上升達到一定值且達一定設定時間，計時繼電器接點結合，啟動設備同時於計時繼電器動作，打開電磁閥，打開放出閥氣體送出之方式；此需緊急電源。

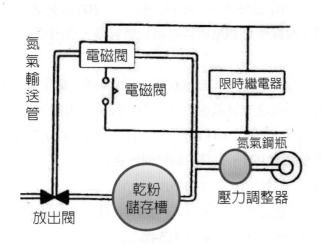

圖　定時器式定壓動作裝置

（參考自日本危險物設施基準指南，平成7年）

乙、測驗題部分：（50分）

1) 本試題為單一選擇題，請選出一個正確或最適當的答案，複選作答者，該題不予計分。

2) 共40題，每題1.25分，須用2B鉛筆在試卡上依題號清楚劃記，於本試題或申論試卷上作答者，不予計分。

（C） 1. 第一種室內消防栓其屋頂水箱至少應有多少立方公尺以上？
  (A) 零點一　(B) 零點三　(C) 零點五　(D) 零點七

（D） 2. 一支室外消防栓之法定幫浦出水量至少應為多少？
  (A) 每分鐘七十公升以上　　　　(B) 每分鐘一百三十公升
  (C) 每分鐘一百五十公升以上　　(D) 每分鐘四百公升以上

（A） 3. 使用消防幫浦之加壓送水裝置，至少應以具有幾小時以上防火時效之牆壁、樓地板及防火門窗等防火設備區劃分隔？
  (A) 一小時　(B) 二小時　(C) 三小時　(D) 四小時

（B） 4. 下列何者非海龍（Halon）滅火之機制？
  (A) 冷卻　(B) 隔離　(C) 窒息　(D) 破壞連鎖反應

（D） 5. 有關海龍（Halon）滅火系統被有效管制使用之原因，下列何者是關鍵？
  (A) 價格太貴　(B) 取得不易　(C) 滅火效果不好　(D) 破壞臭氧層

（B） 6. 一般標準撒水頭之RTI（Response Time Index）值為多少$(ms)^{1/2}$？
  (A) 22-28　(B) 90-105　(C) 180-186　(D) 300-305

（B） 7. 撒水頭噴出之水滴粒徑與壓力之幾次方成反比？
  (A) 二分之一　(B) 三分之一　(C) 四分之一　(D) 五分之一

（C） 8. 有關乾粉滅火設備使用加壓或蓄壓用氣體容器，其所使用之氣體應為下列何者？
  (A) 氮氣或氫氣　(B) 空氣或二氧化碳　(C) 氮或二氧化碳　(D) 氬氣或氧氣

（B） 9. 二氧化碳滅火系統之全區放射方式，對一般防火對象物之噴射時間至少應為多久？　(A) 0.5分鐘　(B) 1分鐘　(C) 3.5分鐘　(D) 7分鐘

（D） 10. 二氧化碳濃度達多少時，人員於短時間內會死亡？
  (A) 2%　(B) 4%　(C) 10%　(D) 20%

（B） 11. 二氧化碳滅火系統之全區放射方式，對於一般火災之滅火設計濃度為多少？
  (A) 24%　(B) 34%　(C) 44%　(D) 54%

（B） 12. 移動式二氧化碳滅火設備，其皮管接頭至防護對象任一部分之最大水平距

離，應在幾公尺以下？ (A) 10m (B) 15m (C) 20m (D) 25m

(C) 13. 二氧化碳滅火設備高壓系統，在攝氏十五度下之儲存壓力應爲多少？

(A) 10 kg/cm^2 (B) 21 kg/cm^2 (C) 53 kg/cm^2 (D) 100 kg/cm^2

(A) 14. 二氧化碳滅火設備低壓系統之放射壓力最小應爲多少？

(A) 9 kg/cm^2 (B) 14 kg/cm^2 (C) 21 kg/cm^2 (D) 53 kg/cm^2

(B) 15. 法定之第三種乾粉滅火藥劑爲下列何者？

(A) 碳酸氫鉀 (B) 磷酸二氫銨 (C) 碳酸氫鈉 (D) 碳酸氫鉀與尿素

(D) 16. 海龍替代滅火藥劑全區放射方式，其確認毒性之最低濃度，即藥劑對身體產生明顯影響之最低濃度稱爲：

(A) LC50 (B) LD50 (C) NOAEL (D) LOAEL

(A) 17. 全區放射式海龍替代藥劑系統，俗稱FM200之最大放射時間應爲多久？

(A) 10秒鐘 (B) 20秒鐘 (C) 30秒鐘 (D) 40秒鐘

(C) 18. 0.25 gpm/ft^{2}相當於：

(A) 2 lpm/m^2 (B) 5 lpm/m^2 (C) 10 lpm/m^2 (D) 20 lpm/m^2

(A) 19. 40英吋水柱相當於多少kgf/cm^{2}之壓力？

(A) 0.1 kgf/cm^2 (B) 0.5 kgf/cm^2 (C) 1 kgf/cm^2 (D) 2 kgf/cm^2

(B) 20. 以下描述何者爲正確？

(A) 一般末端查驗管之壓力表所示之壓力大於其末端出口噴出之壓力

(B) 一般末端查驗管之壓力表所示之壓力小於其末端出口噴出之壓力

(C) 一般末端查驗管之壓力表所示之壓力等於其末端出口噴出之壓力

(D) 一般末端查驗管之壓力表所示之壓力無關於其末端出口噴出之壓力

(C) 21. 室內消防栓設備之緊急電源，應使用發電機設備或蓄電池設備，其電源容量應有效供應其動作多少分鐘以上？

(A) 10分鐘 (B) 20分鐘 (C) 30分鐘 (D) 60分鐘

(A) 22. 密閉乾式管系應併行空氣壓試驗，試驗時，應使空氣壓力達到每平方公分二點八公斤之標準，其壓力持續二十四小時，漏氣減壓量應在多少以下爲合格？

(A) 每平方公分零點一公斤 (B) 每平方公分零點二公斤

(C) 每平方公分零點三公斤 (D) 每平方公分零點五公斤

(C) 23. 以下何者非密閉乾式或預動式自動撒水設備之要求？

(A) 密閉乾式或預動式流水檢知裝置二次側之加壓空氣，其空氣壓縮機爲專

用，並能在三十分鐘內，加壓達流水檢知裝置二次側配管之設定壓力值

(B) 流水檢知裝置二次側之減壓警報設於平時有人處

(C) 撒水頭動作後，流水檢知裝置應在二分鐘內，使撒水頭放水

(D) 撒水頭使用向上型

(A) 24. 中央消防主管機關認定儲存大量可燃物之場所其天花板高度超過多少公尺者，應採用放水型撒水頭？

(A) 6公尺　(B) 7公尺　(C) 8公尺　(D) 10公尺

(A) 25. 開放式自動撒水設備之感知撒水頭之裝置面，應距樓地板面高度多少公尺以下？　(A) 5公尺　(B) 6公尺　(C) 7公尺　(D) 8公尺

(D) 26. 水霧滅火設備用於防護電氣設備者，其壓力應達多少以上？

(A) 每平方公分一點七公斤　　　　(B) 每平方公分二點五公斤

(C) 每平方公分二點七公斤　　　　(D) 每平方公分三點五公斤

(B) 27. 當撒水頭為正方形配置時，若其防護半徑為2.3公尺，則其撒水頭之間距為多少公尺？　(A) 2.3　(B) 3.2　(C) 4　(D) 4.6

(A) 28. 撒水頭迴水板下方四十五公分內及水平方向多少公分內，應保持淨空間，不得有障礙物？　(A) 30 公分　(B) 40 公分　(C) 50 公分　(D) 60 公分

(B) 29. 若一幫浦（PUMP）之功率為24kw，其效率為0.6且連結係數為1.1，若其可達到之揚程為10m，試問其可操作之最大流量為：

(A) 4 m^3/min　(B) 8 m^3/min　(C) 12 m^3/min　(D) 16 m^3/min

(A) 30. 使用水成膜泡沫液之泡沫頭，其樓地板面積每平方公尺之放射量為每分鐘多少公升？　(A) 3.7 lpm　(B) 6.5 lpm　(C) 8.0 lpm　(D) 10.0 lpm

(B) 31. 泡沫滅火設備計算之水溶液量，應加算充滿配管所需之泡沫水溶液量，且應加算總泡沫水溶液量之百分之多少？

(A) 十　(B) 二十　(C) 三十　(D) 四十

(C) 32. 二氧化碳滅火系統之全區放射或局部放射方式防護區域，對放射之滅火藥劑，採機械排放時，其排風機應為專用，且具有每小時多少次之換氣量？

(A) 一次　(B) 三次　(C) 五次　(D) 七次

(C) 33. 二氧化碳滅火系統移動放射方式，每一具噴射瞄子所需滅火藥劑量在多少公斤以上？　(A) 30公斤　(B) 60公斤　(C) 90公斤　(D) 120公斤

(B) 34. 下列何種滅火設備不適用於發電機室？

(A) 水霧　(B) 泡沫　(C) 二氧化碳　(D) 乾粉

（ D ）35. 自動撒水設備之放射壓力必須小於10 kgf/cm²之原因為何？
　　　　(A) 水量撒出太大　　　　　　　(B) 壓力大易造成管裂
　　　　(C) 壓力不易達到　　　　　　　(D) 易造成水霧化現象

（ C ）36. 撒水頭之K 值為11.2 gpm/psi$^{1/2}$ 相當於多少lpm/bar$^{1/2}$？
　　　　(A) 80　　(B) 116　　(C) 163　　(D) 203

（ A ）37. 公共危險物品等場所之滅火設備分類，以下何者為錯？
　　　　(A) 第一種滅火設備：指滅火器
　　　　(B) 第二種滅火設備：指自動撒水設備
　　　　(C) 第三種滅火設備：指水霧、泡沫、二氧化碳或乾粉滅火設備
　　　　(D) 第四種滅火設備：指大型滅火器

（ C ）38. 密閉式撒水頭之迴水板裝設於裝置面（指樓板或天花板）下方，其間距需在
　　　　多少公分以下？
　　　　(A) 10 公分　　(B) 20 公分　　(C) 30 公分　　(D) 40 公分

（ C ）39. 下列何者泡沫放出口非頂部注入式？
　　　　(A) I 型泡沫放出口　　　　　　(B) II 型泡沫放出口
　　　　(C) III 型泡沫放出口　　　　　(D) 特殊型泡沫放出口

（ D ）40. 下列何種乾粉藥劑，其單位面積下設計所需乾粉最少？
　　　　(A) 第一種乾粉藥劑　　　　　　(B) 第二種乾粉藥劑
　　　　(C) 第三種乾粉藥劑　　　　　　(D) 第四種乾粉藥劑

97-2年水與化學系統消防安全設備概要

類　　科：消防設備士

考試時間：1小時30分

※注意：禁止使用電子計算器。

甲、申論題部分：（50分）

不必抄題，作答時請將試題題號及答案依照順序寫在申論試卷上，於本試題上作答者，不予計分。請以藍、黑色鋼筆或原子筆在申論試卷上作答。

一、請說明有那些建築物場所依法規標準之規定，得設置移動式泡沫滅火設備？且其設備系統的構造、泡沫混合方式及機能等如何？（25分）

解：

1. 屋頂直升機停機場（坪）。
2. 飛機修理廠、飛機庫樓地板面積在二百平方公尺以上者。
3. 汽車修理廠、室內停車空間在第一層樓地板面積五百平方公尺以上者；在地下層或第二層以上樓地板面積在二百平方公尺以上者；在屋頂設有停車場樓地板面積在三百平方公尺以上者。
4. 升降機械式停車場可容納十輛以上者。
5. 發電機室、變壓器室及其他類似之電器設備場所，樓地板面積在二百平方公尺以上者。
6. 鍋爐房、廚房等大量使用火源之場所，樓地板面積在二百平方公尺以上者。
7. 電信機械室、電腦室或總機室及其他類似場所，樓地板面積在二百平方公尺以上者。
8. 引擎試驗室、石油試驗室、印刷機房及其他類似危險工作場所，樓地板面積在二百平方公尺以上者。

　　上述場所外牆開口面積（常時開放部分）達該層樓地板面積百分之十五以上者，上列滅火設備得採移動式設置。

　　泡沫混合方式

　　泡沫原液與水混合方式種類如下：

A.加壓比例式（加壓置換方式）

此方式如下圖泡沫原液槽與比例混合器構成，利用加壓送水使水壓入與泡沫原液混合。圖(a)方式為水直接流入藥劑槽內及流經送水管之吸入器。圖(b)方式為水流入原液槽並加壓於槽內之移動式隔膜，隔膜內側存放之原液槽內壓出至送液管。此方式為藥劑與水流入替換之置換方式，水將藥劑壓入之方法，無須特別設加壓送液裝置。

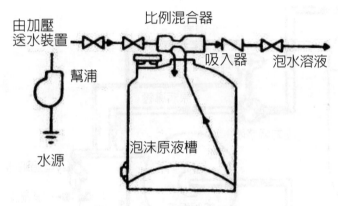

圖(a)　加壓比例泡沫混合方式

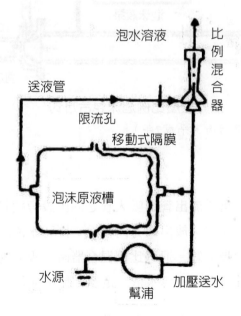

圖(b)　加壓比例泡沫混合方式

（參考自日本危險物設施基準指南，平成7年）

B.差壓比例式（壓入式）

　　此方式如下圖所示，由泡沫原液槽、加壓送液裝置、比例混合器等構成，由加壓送液裝置將水壓入泡沫原液中混合。同時使用加壓送液裝置之泵浦，並設能利用流量變化檢知壓力之壓力調節閥。泡沫原液利用泵浦出水量改變時在容許範圍內，能自動調節混合比之一種裝置。泵浦之種類與特性同水系統滅火設備，但因藥劑具腐蝕性，故材質必須考量其耐蝕性。

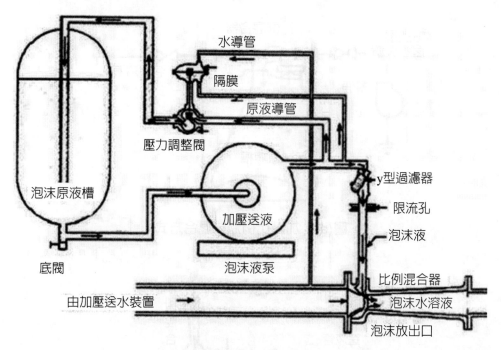

圖　差壓比例泡沫混合方式

（參考自日本危險物設施基準指南，平成7年）

C.幫浦循環比例式

　　此方法如下圖所示，幫浦流出管與吸入管之間應設旁通管，該管中設比例混合器。幫浦運轉時，水向泡沫放出口方向輸送，同時水流經旁通管內、經由比例混合器、在流經幫浦吸入管。通過比例混合器時，吸入泡沫原液槽內泡沫並與水混合，同時幫浦循環吸入管與水依一定混合比例進行。

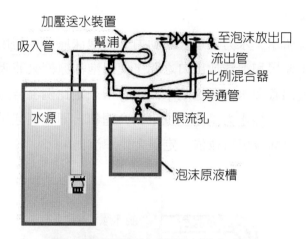

圖 幫浦循環比例泡沫混合方式

（參考自日本危險物設施基準指南，平成7年）

D.幫浦吸入比例式

此方式如下圖所示，幫浦吸入管附設旁通管，旁通管中設比例混合器。幫浦運轉時，將水源之水吸入同時於比例混合器處與負壓吸入之泡沫原液混合。同時規定與水之合流點處依一定比率進行混合。本方式泡沫原液藥劑流入必須為負壓。泡沫原液槽之底部位置必須高於幫浦本體。吸入管須考量不會產生空氣滯留之配管方式。

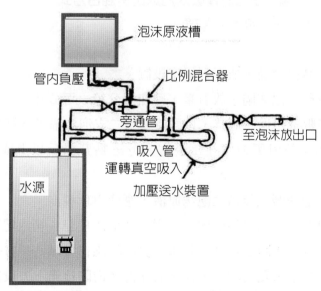

圖 幫浦吸入泡沫比例混合方式

（參考自日本危險物設施基準指南，平成7年）

E. 水力馬達比例式

此方式如下圖所示，水力馬達（水動力）與泡沫原液，利用幫浦結合成一體。設於加壓送水裝置和泡沫放出口之間，使用泡沫原液泵浦吸入管與泡沫原液槽連接，原液流出管與水力馬達之水流出管依一定比例混合連接。當泡水溶液流向泡沫放出口時，經水力馬達產生水動力迴轉，同軸使泡沫原液幫浦運轉，吸入泡沫原液，流向放出口並依一定混合比率流出。

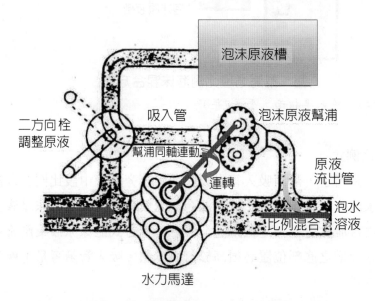

圖　水力馬達吸入泡沫比例混合方式

（參考自日本危險物設施基準指南，平成7年）

第80條　移動式泡沫滅火設備，依下列規定設置：

一、同一樓層各泡沫瞄子放射量，應在每分鐘一百公升以上。但全部泡沫消防栓箱數量超過二個時，以同時使用二支泡沫瞄子計算之。

二、泡沫瞄子放射壓力應在每平方公分三點五公斤以上或 0.35MPa、以上。

三、移動式泡沫滅火設備之泡沫原液，應使用低發泡。

四、在水帶接頭三公尺範圍內，設置泡沫消防栓箱，箱內配置長二十公尺以上水帶及泡沫瞄子乙具，其箱面表面積應在零點八平方公尺以上，且標明移動式泡沫滅火設備字樣，並在泡沫消防栓箱上方設置紅色幫浦啓動表示燈。

二、手提式滅火器種類、型式有哪些區分？在執行外觀檢查時，依檢修作業規定應如何檢查其構件及判定機能正常與否？（25分）

解：

(一)

滅火器之區分	
種　類	加壓方式
水	手動泵浦式
	加壓式
	蓄壓式
化學泡	反應式
機械泡	加壓式
	蓄壓式
鹵化物	
二氧化碳	
乾　粉	加壓式
	蓄壓式

(二)

　1. 本體容器

　　(1) 檢查方法

　　　以目視確認有無變形、腐蝕之情形。

　　(2) 判定方法

　　　應無滅火藥劑洩漏、顯著之變形、損傷及腐蝕等情形。

　　(3) 注意事項

　　　A. 如發現熔接部位受損或容器顯著變形時，因恐對滅火器之性能造成障礙，應即予汰換。

　　　B. 如發現有顯著之腐蝕情形時，應即予汰換。

　　　C. 如發現鐵鏽似有剝離現象者，應即予汰換。

　　　D. 如有A至C之情形時，得不須再施以性能檢查，即可予汰換。

　2. 安全插梢

　　(1) 檢查方法

　　　以目視確認有無變形、損傷之情形。

(2) 判定方法

　　A. 安全裝置應無脫落。

　　B. 應無妨礙操作之變形或損傷。

(3) 注意事項

　　如發現該裝置有產生妨礙操作之變形或損傷時，應加以修復或更新。

3. 壓把（壓板）

(1) 檢查方法

　　以目視確認有無變形、損傷之情形。

(2) 判定方法

　　應無變形、損傷，且確實裝置於容器上。

(3) 注意事項

　　如發現該裝置有產生妨礙操作之變形、損傷時，應加以修理或更新。

4. 護蓋

(1) 檢查方法

　　以目視及用手旋緊之動作，確認有無變形、鬆動之現象。

(2) 判定方法

　　A. 應無強度上障礙之變形、損傷。

　　B. 應與本體容器緊密接合。

(3) 注意事項

　　A. 如發現有強度上障礙之變形、損傷者，應即加以更新。

　　B. 護蓋有鬆動者，應即重新予以旋緊。

5. 皮管

(1) 檢查方法

　　以目視及用手旋緊之動作，確認有無變形或鬆動之現象。

(2) 判定方法

　　A. 應無變形、損傷或老化之現象，且內部應無阻塞。

　　B. 應與本體容器緊密接合。

(3) 注意事項

　　A. 如發現有顯著之變形、損傷或老化者，應即予以更新。

　　B. 如有阻塞者，應即實施性能檢查。

　　C. 皮管裝接部位如有鬆動，應即重新旋緊。

6. 噴嘴、喇叭噴管及噴嘴栓

  (1) 檢查方法

    以目視及用手旋緊之動作，確認有無變形、鬆動之現象。

  (2) 判定方法

    A. 應無變形、損傷或老化之現象，且內部應無阻塞。

    B. 應與噴射皮管緊密接合。

    C. 噴嘴栓應無脫落之現象。

    D. 喇叭噴管握把（僅限二氧化碳滅火器）應無脫落之現象。

  (3) 注意事項

    A. 如發現有顯著之變形、損傷或老化者，應即予以更新。

    B. 螺牙接頭鬆動時，應即予旋緊；噴嘴栓脫落者，應重新加以裝配。

    C. 喇叭噴管握把脫落者，應即予以修復。

7. 壓力指示計

  (1) 檢查方法

    以目視確認有無變形、損傷之現象。

  (2) 判定方法

    A. 應無變形、損傷之現象。

    B. 壓力指示值應在綠色範圍內。

  (3) 注意事項

    如發現有性能上障礙之變形、損傷者，應即加以更新。

8. 壓力調整器（限大型加壓式滅火器）

  (1) 檢查方法

    以目視確認有無變形、損傷之現象。

  (2) 判定方法

    應無變形、損傷之現象。

  (3) 注意事項

    如發現有變形、損傷者，應即加以修復或更新。

9. 安全閥

  (1) 檢查方法

    以目視及用手旋緊之動作，確認有無變形、鬆動之現象。

(2) 判定方法

　　A. 應無變形、損傷之現象。

　　B. 應緊密裝接在滅火器上。

(3) 注意事項

　　如發現有顯著之變形、損傷者，應即予以更新。

10. 保持裝置

(1) 檢查方法

　　A.　以目視確認有無變形、腐蝕之現象。

　　B.　確認是否可輕易取用。

(2) 判定方法

　　A.　應無變形、損傷或顯著腐蝕之現象。

　　B.　可方便取用。

(3) 注意事項

　　如發現有變形、損傷或顯著腐蝕現象者，應即加以修復或更新。

乙、測驗題部分：（50分）

1) 本試題爲單一選擇題，請選出一個正確或最適當的答案，複選作答者，該題不予計分。

2) 共40題，每題1.25分，須用2B鉛筆在試卡上依題號清楚劃記，於本試題或申論試卷上作答者，不予計分。

（C）　1. 某一建築物高度超過31公尺，當總樓地板面積達到多少以上時，應設置消防專用蓄水池：

(A) 15000平方公尺 　　　　　(B) 20000平方公尺

(C) 25000平方公尺 　　　　　(D) 30000平方公尺

（A）　2. 水霧滅火設備每一放射區域的面積以多少平方公尺爲原則？

(A) 50平方公尺　(B) 100平方公尺　(C) 150平方公尺　(D) 200平方公尺

（B）　3. 二氧化碳滅火設備若採用全區放射方式，於防護區域內爲儲存乙醇時，原核算之滅火藥劑量需另乘上多少係數？

(A) 1.1　(B) 1.2　(C) 1.4　(D) 1.5

（D）　4. 集合住宅之住宿居室採用小區劃型撒水頭時，任一點至撒水頭之水平距離應在多少公尺以下？

(A) 1.7公尺　(B) 2.1公尺　(C) 2.3公尺　(D) 2.6公尺

(B)　5. 自動撒水設備之立管連接屋頂水箱時，屋頂水箱之容量至少應為多少立方公尺以上？

(A) 0.5立方公尺　(B) 1立方公尺　(C) 1.5立方公尺　(D) 2.5立方公尺

(C)　6. 二氧化碳滅火設備其最低配管與最高配管間，落差應在多少距離以下？

(A) 10公尺　(B) 30公尺　(C) 50公尺　(D) 100公尺

(B)　7. 當放水壓力在0.1 MPa以上時，小區劃型撒水頭之放水量至少應達多少以上？

(A) 40 lpm　(B) 50 lpm　(C) 60 lpm　(D) 80 lpm

(B)　8. 二氧化碳滅火設備之「緊急電源」應為發電機設備或蓄電池設備，其容量應能使該設備有效動作多久以上？

(A) 0.5小時　(B) 1小時　(C) 1.5小時　(D) 2小時

(C)　9. 密閉式撒水設備末端之查驗閥，其管徑應在多少尺寸以上？

(A) 15公厘　(B) 20公厘　(C) 25公厘　(D) 40公厘

(A)　10. 密閉式撒水頭屬易熔元件型者，其支撐臂色標為「黑色」時，代表撒水頭之標示溫度為：

(A) 未滿60℃　　　　　　　　　(B) 60℃以上未滿75℃

(C) 75℃以上未滿121℃　　　　　(D) 121℃以上未滿162℃

(B)　11. 泡沫滅火設備採用感知撒水頭做為自動啟動裝置時，感知撒水頭的使用標示溫度應在多少溫度以下？

(A) 68度以下　(B) 79度以下　(C) 92度以下　(D) 141度以下

(D)　12. 用於防護電氣設備之水霧噴頭，其出水壓力應達到多少壓力以上？

(A) 0.05 MPa　(B) 0.1 MPa　(C) 0.25 MPa　(D) 0.35 MPa

(A)　13. 依據「各類場所消防安全設備設置標準」第18條之規定，樓地板面積在300平方公尺以上之餐廳，其廚房的何處應裝設簡易自動滅火裝置？

(A) 排油煙管及煙罩　(B) 天花板　(C) 牆面　(D) 燃燒器具內部

(D)　14. 加壓式乾粉滅火設備應設壓力調整裝置，可調整壓力至多少以下？

(A) 0.5 MPa　(B) 1.0 MPa　(C) 2.0 MPa　(D) 2.5 MPa

(B)　15. 密閉乾式自動撒水設備管系竣工時應進行空氣壓試驗，試驗時，應使空氣壓力達到0.28 MPa之標準，其壓力持續多久，且漏氣減壓量應在0.01 MPa以下為合格？　　(A) 12小時　(B) 24小時　(C) 36小時　(D) 48小時

(C)　16. 乾粉滅火設備除非能採取乾粉藥劑與加壓或蓄壓用氣體不會分離措施，自儲

存容器起，其配管任一部分與彎曲部分之距離應爲管徑幾倍以上？

(A) 5倍　(B) 10倍　(C) 20倍　(D) 30倍

（ B ）17. 乾粉滅火器實施第一種滅火試驗時，滅火器之對A類火災之滅火效能值，如完全滅火2 個之第1 模型及1 個第2模型時，核算之滅火效能值爲多少？

(A) 3個　(B) 5個　(C) 7個　(D) 9個

（ B ）18. 二氧化碳滅火設備採用移動放射方式時，皮管接頭至防護對象任一部分之水平距離應在多少距離以下？

(A) 5公尺　(B) 15公尺　(C) 20公尺　(D) 25公尺

（ A ）19. 依據「滅火器認可基準」之內容，乾粉滅火器之使用溫度範圍爲何？

(A) 0℃以上，40℃以下　　　　　　(B) –5℃以上，40℃以下

(C) –5℃以上，50℃以下　　　　　　(D) 0℃以上，60℃以下

（ B ）20. 有關可燃性高壓氣體儲槽區滅火器之設置，每具滅火器對普通火災應具有4個以上之滅火效能值，對油類火災具有多少個以上之滅火效能值？

(A) 5個　(B) 10個　(C) 15個　(D) 20個

（ A ）21. HFC-227ea滅火設備進行綜合檢查以空氣或氮氣進行放射試驗時，核算所需之空氣量或氮氣量爲何？

(A) 14 L/kg　(B) 16 L/kg　(C) 24 L/kg　(D) 34 L/kg

（ C ）22. 二氧化碳滅火設備採用全區放射方式時，對放射之滅火藥劑，採自然排放方式時，設有能開啓之開口部，其面向外氣部分（限防護區域自樓地板面起高度三分之二以下部分）之大小，應占防護區域樓地板面積多少以上？

(A) 5%　(B) 8%　(C) 10%　(D) 15%

（ B ）23. 二氧化碳滅火設備若採用全區放射方式，對「無人倉庫」來說應於多少時間內放射完畢？　　(A) 30秒　(B) 1分鐘　(C) 3.5分鐘　(D) 5分鐘

（ D ）24. 移動式泡沫滅火設備之泡沫瞄子的放射壓力應達到多少以上？

(A) 0.05 MPa　(B) 0.1 MPa　(C) 0.25 MPa　(D) 0.35 MPa

（ A ）25. 乾粉滅火設備的噴頭，其放射壓力應在多少以上？

(A) 0.1 MPa　(B) 0.5 MPa　(C) 0.9 MPa　(D) 1.0 MPa

（ C ）26. 新建建築物進行消防安全設備竣工查驗時，各一點至所設置滅火器之步行距離應在多少距離以下？

(A) 10公尺　(B) 15公尺　(C) 20公尺　(D) 25公尺

（ B ）27. 依據「各類場所消防安全設備設置標準」之規定，公共危險物品等場所設置

室內消防栓設備時，緊急電源之供電容量應供其有效動作多少時間以上？

(A) 30分鐘　(B) 45分鐘　(C) 60分鐘　(D) 90分鐘

(D) 28. 以室外儲槽儲存閃火點在攝氏40度以下之第四類公共危險物品之顯著滅火困難場所者，且設於岸壁、碼頭或其他類似之地區，並連接輸送設備者，其設置的泡沫射水槍放射量應達到多少以上？

(A) 500 lpm　(B) 800 lpm　(C) 1500 lpm　(D) 1900 lpm

(A) 29. 依據「滅火器認可基準」之內容，乾粉滅火器之重量達多少以上時，定義為大型滅火器？

(A) 18 kg以上　(B) 28 kg以上　(C) 38 kg以上　(D) 48 kg以上

(B) 30. 二氧化碳滅火設備採用局部放射方式時，所為「假想防護空間」係指距防護對象任一點多少距離範圍內之空間？

(A) 0.2公尺　(B) 0.6公尺　(C) 1.0公尺　(D) 1.3公尺

(C) 31. 二氧化碳滅火設備採用移動式放射方式，每一具瞄子之藥劑放射量在溫度攝氏20度時，應在每分鐘多少公斤以上？

(A) 30公斤　(B) 50公斤　(C) 60公斤　(D) 90公斤

(B) 32. 消防栓設備測試放水量時，其計算公式 $Q = KD^2\sqrt{P}$，式中 K 值約為多少？Q：瞄子放水量（L/min）；D：瞄子口徑（mm）；P：瞄子壓力（kgf/cm^2）

(A) 0.532　(B) 0.653　(C) 0.719　(D) 0.850

(B) 33. 惰性氣體滅火設備進行滅火藥劑量檢查的水平液面計，其中鈷60的有效使用年限約為多久，如已超過時，應即時連絡專業單位處理或更換？

(A) 2年　(B) 3年　(C) 5年　(D) 8年

(C) 34. 室外消防栓之放水壓力超過多少時，應採有效之減壓措施？

(A) 3kgf/cm^2　(B) 5kgf/cm^2　(C) 6kgf/cm^2　(D) 7kgf/cm^2

(D) 35. 下列何項裝置之功能，主要係作為防止因管內壓力驟升而導致流水檢知裝置發生誤動作？　(A) 制水閥　(B) 末端查驗閥　(C) 壓力表　(D) 遲滯箱

(B) 36. 依據「滅火器認可基準」之規定，滅火器本體容器之耐壓試驗係以水壓施行5分鐘之試驗，不得發生洩漏、破損變形，亦不得產生圓周長多少以上之永久變形？　(A) 0.05%　(B) 0.5%　(C) 5%　(D) 10%

(B) 37. 依據「滅火器用滅火藥劑認可基準」之規定，機械泡沫滅火劑於20℃使其作動時，泡沫膨脹比應在5 倍以上，且25%還原時間應在多久以上？

(A) 0.5分鐘　(B) 1分鐘　(C) 1.5分鐘　(D) 3分鐘

(A) 38. 大型滅火器之滅火效能值適用於A類火災者，應在多少以上？

(A) 10個　(B) 15個　(C) 20個　(D) 25個

(C) 39. 有關可燃性高壓氣體儲槽區滅火器之設置，儲存場所任一點至滅火器之步行距離應在多少以下，並不得妨礙出入作業？

(A) 5公尺　(B) 10公尺　(C) 15公尺　(D) 20公尺

(A) 40. 有關二氧化碳滅火設備「配管」之要求，下列何者為非？

(A) 鋼管應為符合CNS 4626之無縫鋼管，高壓式者，管號SCH40以上

(B) 配管應施予鍍鋅等防蝕處理

(C) 銅管應符合CNS 5127者，且低壓式應有37.5kgf/cm^{2}以上之耐壓性能

(D) 高壓式銅管的接頭應有165kgf/cm^{2}以上之耐壓性能

96-1年水與化學系統消防安全設備概要

類　　科：消防設備士

考試時間：1小時30分

※注意：禁止使用電子計算器。

甲、申論題部分：（50分）

不必抄題，作答時請將試題題號及答案依照順序寫在申論試卷上，於本試題上作答者，不予計分。請以藍、黑色鋼筆或原子筆在申論試卷上作答。

一、依據「一齊開放閥認可基準」之技術規範內容，請說明水系統滅火設備中，哪些需設置一齊開放閥？試依其類別與作動方式分別簡述之。（15分）

解：

　　一齊開放閥用於防護火載量大或火災猛烈度高之一定面積範圍，如舞台布幕等。當該區域發生火災時，感知撒水頭受熱膨脹致破璃管破裂時，管內水流出致管內壓力下降，而啓動了一齊開閥動作；或是由火警探測器感知時，啓動電磁閥打開一齊開放閥使管內放水滅火。

　　一齊開放閥類別及作動方式如下所示。

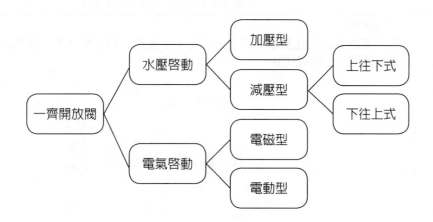

類別		作動方式
水壓啟動	加壓型	關閉狀態 一次側充滿水，閥門因本身重量與水壓之關係，保持關閉狀態 手動啟動、電磁閥或電動閥 （參考自日本消防檢定協會，2017） 開放狀態 當手動啟動置、電磁閥或電動閥是受啟動，活塞室湧入大量加壓水，閥門受壓往上推成開啟狀態 （參考自日本消防檢定協會，2017）
減壓型	上往下式	關閉狀態 在一次側水透過加壓管路充滿活塞室，使活塞受到加壓狀態，以及閥門本身重量，閥門成一關閉狀態。 （參考自日本消防檢定協會，2017）

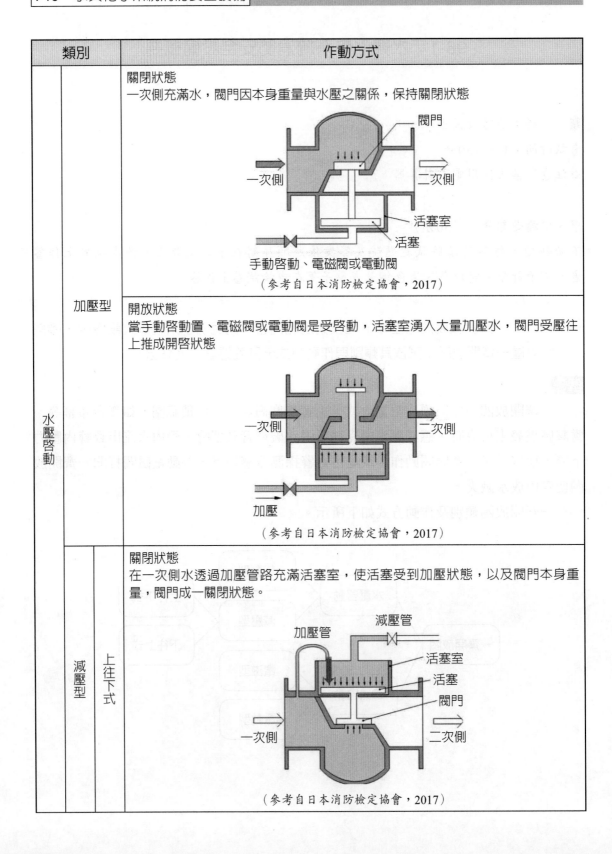

類別			作動方式
水壓啟動	減壓型	上往下式	**開放狀態** 當活塞室的加壓水，由於感知撒水頭等動作開放而流出水時，減壓管路的截面積大於加壓管，因此流入活塞室小於流出水量。結果，活塞室的水壓減小，負壓施加到活塞，終使向上推動閥力量大於施加到活塞向下力，閥門成打開狀態。 （參考自日本消防檢定協會，2017）
		下往上式	**關閉狀態** 在一次側水透過加壓管路充滿活塞室，使活塞受到加壓狀態，以及閥門本身重量，閥門成一關閉狀態。 （參考自日本消防檢定協會，2017） **開放狀態** 當活塞室的加壓水，由於感知撒水頭等動作開放而流出水時，減壓管的截面積大於限流孔，因此流入活塞室小於流出水量。結果，活塞室的水壓減小，負壓施加到活塞，終使向上力量大於活塞閥本身的重量和閥向下力，閥門被上推到打開狀態。 （參考自日本消防檢定協會，2017）

類別		作動方式
電氣啟動	電磁型	**關閉狀態** 由供電線圈產生的電磁力驅動活動鐵芯往下，閥門關閉時活塞室充滿加壓水，隔膜往下頂，一次側水無法流入二次側。 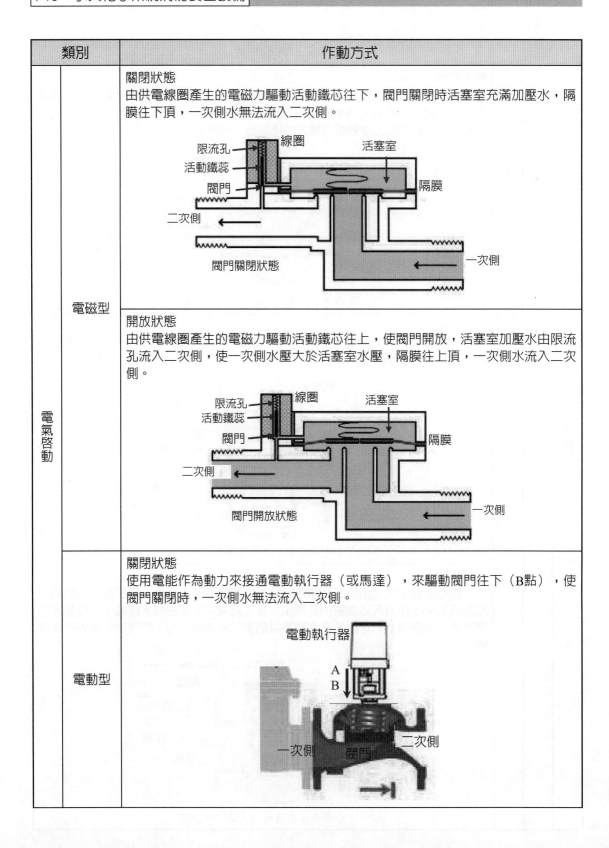 **開放狀態** 由供電線圈產生的電磁力驅動活動鐵芯往上，使閥門開放，活塞室加壓水由限流孔流入二次側，使一次側水壓大於活塞室水壓，隔膜往上頂，一次側水流入二次側。
	電動型	**關閉狀態** 使用電能作為動力來接通電動執行器（或馬達），來驅動閥門往下（B點），使閥門關閉時，一次側水無法流入二次側。

類別		作動方式
電氣啟動	電動型	開放狀態 使用電能作為動力來接通電動執行器（或馬達），來驅動閥門往上（A點），使一次側水流入二次側。 電動執行器 A B 二次側 一次側　閥門

二、依據「各類場所消防安全設備設置標準」規定，二氧化碳全區放射或局部放射動作後，滅火藥劑排放方式可分為「機械排放」與「自然排放」二種，試說明規定為何？（10分）

解：

第94條　全區放射或局部放射方式防護區域，對放射之滅火藥劑，依下列規定將其排放至安全地方：

一、排放方式應就下列方式擇一設置，並於一小時內將藥劑排出：

(一) 採機械排放時，排風機為專用，且具有每小時五次之換氣量。但與其他設備之排氣裝置共用，無排放障礙者，得共用之。

(二) 採自然排放時，設有能開啟之開口部，其面向外氣部分（限防護區域自樓地板面起高度三分之二以下部分）之大小，占防護區域樓地板面積百分之十以上，且容易擴散滅火藥劑。

二、排放裝置之操作開關須設於防護區域外便於操作處，且在其附近設有標示。

三、排放至室外之滅火藥劑不得有局部滯留之現象。

三、依據「各類場所消防安全設備檢修及申報作業基準」規定，乾粉滅火設備性能檢查部分，有關防護區劃自動關閉裝置以氣壓動作者（閘板等），其檢查、判定方法及注意事項各為何？（**10分**）

解：

以氣壓動作者（閘板等）

1. 檢查方法
   (1) 使用試驗用氣體（試驗用啟動用氣體、氮氣或空氣），連接通往自動關閉裝置之操作管。
   (2) 釋放試驗用氣體，確認自動關閉裝置之關閉狀態有無異常。
   (3) 確認有無氣體自操作管、自動關閉裝置洩漏，自動關閉裝置於洩放加壓壓力後有無自動復歸，以確認其復歸狀態是否異常。

2. 判定方法
   (1) 所有自動關閉裝置均應能確實動作。
   (2) 復歸型者，應能確實復歸。

3. 注意事項
   使用氮氣或空氣時，應加壓至大約30 kgf/cm^2。

四、試解釋泡沫滅火設備差壓比例式與加壓比例式混合器之作用方式，並繪出泡沫原液與水混合之流程圖。（**15分**）

解：

泡沫原液與水混合作用方式種類如下：

A. 加壓比例式（加壓置換方式）

此方式如下圖泡沫原液槽與比例混合器構成，利用加壓送水使水壓入與泡沫原液混合。圖(a)方式為水直接流入藥劑槽內及流經送水管之吸入器。圖(b)方式為水流入原液槽並加壓於槽內之移動式隔膜，隔膜內側存放之原液槽內壓出至送液管。此方式為藥劑與水流入替換之置換方式，水將藥劑壓入之方法，無須特別設加壓送液裝置。

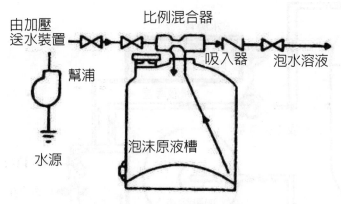

圖(a)　加壓比例泡沫混合方式

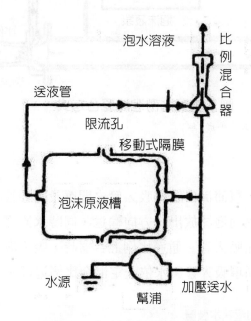

圖(b)　加壓比例泡沫混合方式

（參考自日本危險物設施基準指南，平成7年）

B. 差壓比例式（壓入式）

此方式如下圖所示，由泡沫原液槽、加壓送液裝置、比例混合器等構成，由加壓送液裝置將水壓入泡沫原液中混合。同時使用加壓送液裝置之泵浦，並設能利用流量變化檢知壓力之壓力調節閥。泡沫原液利用泵浦出水量改變時在容許範圍內，能自動調節混合比之一種裝置。泵浦之種類與特性同水系統滅火設備，但因藥劑具腐蝕性，故材質必須考量其耐蝕性。

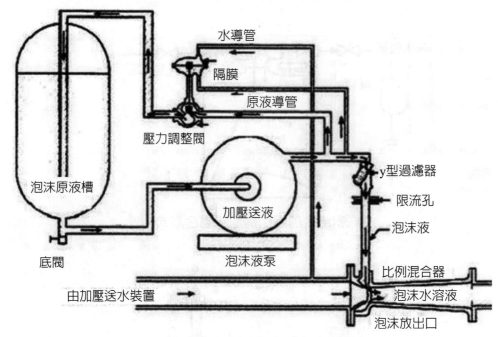

圖　差壓比例泡沫混合方式

（參考自日本危險物設施基準指南，平成7年）

C.幫浦循環比例式

此方法如下圖所示，幫浦流出管與吸入管之間應設旁通管，該管中設比例混合器。幫浦運轉時，水向泡沫放出口方向輸送，同時水流經旁通管內、經由比例混合器、在流經幫浦吸入管。通過比例混合器時，吸入泡沫原液槽內泡沫並與水混合，同時幫浦循環吸入管與水依一定混合比例進行。

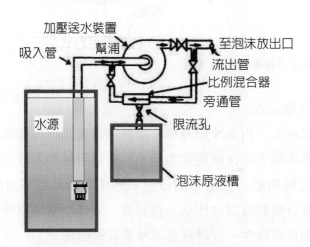

圖　幫浦循環比例泡沫混合方式

（參考自日本危險物設施基準指南，平成7年）

D.泵浦吸入比例式

此方式如下圖所示，幫浦吸入管附設旁通管，旁通管中設比例混合器。幫浦運轉時，將水源之水吸入同時於比例混合器處與負壓吸入之泡沫原液混合。同時規定與水之合流點處依一定比率進行混合。本方式泡沫原液藥劑流入必須為負壓。泡沫原液槽之底部位置必須高於幫浦本體。吸入管須考量不會產生空氣滯留之配管方式。

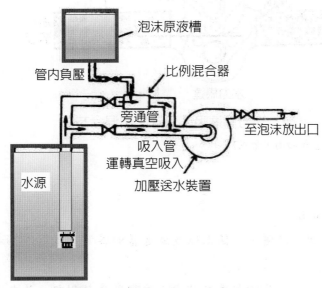

泡沫原液槽

比例混合器

管內負壓

旁通管

至泡沫放出口

吸入管
運轉真空吸入

水源

加壓送水裝置

圖　幫浦吸入泡沫比例混合方式

（參考自日本危險物設施基準指南，平成7年）

E.水力馬達比例式

此方式如下圖所示，水力馬達（水動力）與泡沫原液，利用幫浦結合成一體。設於加壓送水裝置和泡沫放出口之間，使用泡沫原液泵浦吸入管與泡沫原液槽連接，原液流出管與水力馬達之水流出管依一定比例混合連接。當泡水溶液流向泡沫放出口時，經水力馬達產生水動力迴轉，同軸使泡沫原液幫浦運轉，吸入泡沫原液，流向放出口並依一定混合比率流出。

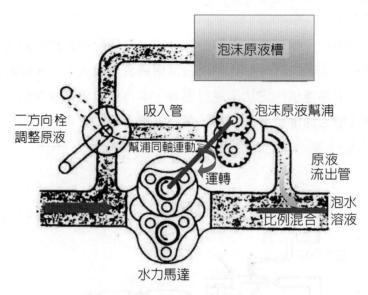

圖　水力馬達吸入泡沫比例混合方式

（參考自日本危險物設施基準指南，平成7年）

乙、測驗題部分：（50分）

1) 本試題為單一選擇題，請選出一個正確或最適當的答案，複選作答者，該題不予計分。

2) 共40題，每題1.25分，須用2B鉛筆在試卡上依題號清楚劃記，於本試題或申論試卷上作答者，不予計分。

(A)　1. 有關室內消防栓之規定，下列何者正確？
(A) 室內消防栓箱身應具有足夠裝設消防栓、水帶及瞄子等裝備之深度，其箱面表面積在0.7平方公尺以上
(B) 設置第一種室內消防栓時，各層任一點至消防栓接頭之水平距離不得超過15公尺
(C) 供集會或娛樂處所，應設於舞臺二側或觀眾席前二側、包廂後側之位置
(D) 立管管徑，第一種消防栓不得小於50公厘；第二種消防栓不得小於63公厘

(A)　2. 室內消防栓設備之配管規定，下列何者錯誤？
(A) 應為專用且不得與其他滅火設備共用
(B) 其管徑應依水力計算配置

(C) 立管應裝置於不受外來損傷及火災不易殃及之位置

(D) 立管應連接屋頂水箱、重力水箱或壓力水箱，使配管平時充滿水

(B) 3. 室內消防栓設備在進行配管外觀檢查時，下列何者除以目視檢查外，並應以手觸摸確認有無鬆脫或洩漏等現象？

(A) 立管及接頭　　(B) 立管支撐及吊架　　(C) 過濾裝置　　(D) 閥類

(A) 4. 建築物內設置四支第二種消防栓設備時，其水源容量應不得少於多少立方公尺？

(A) 2.4立方公尺　　(B) 4.8立方公尺　　(C) 5.2立方公尺　　(D) 20.8立方公尺

(B) 5. 關於室外消防栓設置規定，下列何者正確？

(A) 口徑不得小於五十公厘

(B) 與建築物一樓外牆各部分之水平距離不得超過四十公尺

(C) 瞄子出水壓力不得小於每平方公分一點七公斤

(D) 出水量不得小於每分鐘一百三十公升

(C) 6. 室外消防栓設備之水源容量，不得小於二具室外消防栓同時放水幾分鐘之水量？　　(A) 15　　(B) 20　　(C) 30　　(D) 40

(A) 7. 公共危險物品等場所中所設置之室外消防栓設備，其緊急電源之供電容量應供其有效動作多久以上？　　(A) 45分鐘　　(B) 35分鐘　　(C) 25分鐘　　(D) 15分鐘

(A) 8. 室外消防栓設備之配管，水平主幹管外露部分，應於每多少公尺內以明顯方式標示水流方向及配管名稱？

(A) 20公尺　　(B) 25公尺　　(C) 50公尺　　(D) 100公尺

(D) 9. 中央消防主管機關認定儲存大量可燃物之場所天花板高度超過六公尺，或其他場所天花板高度超過十公尺者，應採用何種撒水頭？

(A) 小區劃型撒水頭　　　　　　(B) 快速反應型撒水頭

(C) 側壁型撒水頭　　　　　　　(D) 放水型撒水頭

(A) 10. 自動撒水設備使用密閉式撒水頭時，於十層以下建築物，供電影院使用之場所，其水源容量不得小於幾個一般反應型撒水頭繼續放水二十分鐘之水量？

(A) 十個　　(B) 十二個　　(C) 十五個　　(D) 各樓層實際撒水頭數

(D) 11. 自動撒水設備之撒水頭配置採正方形時，若其防護半徑為2.6公尺，則其每個撒水頭之防護面積為多少平方公尺？

(A) 8平方公尺　　(B) 9.5平方公尺　　(C) 10.56平方公尺　　(D) 13.5 平方公尺

(A) 12. 下列關於自動撒水設備竣工時所做之加壓試驗，何者正確？

(A) 試驗壓力不得小於加壓送水裝置全閉揚程一點五倍以上之水壓

(B) 試驗壓力以繼續維持一小時無漏水現象

(C) 若為密閉乾式管系應併行空氣壓試驗，試驗時，應使空氣壓力達到每平方公分一點八公斤之標準

(D) 密閉乾式管系所併行空氣壓試驗，漏氣減壓量應在每平方公分零點五公斤以下

(D) 13. 自動撒水設備竣工查驗作業進行綜合試驗規定補助撒水栓放水試驗，下列何者正確？

(A) 以放水壓力預設為最高處所瞄子放水

(B) 以瞄子直線水霧狀態測定

(C) 瞄子放水壓力應在2.5kgf/cm²以上，7kgf/cm²以下

(D) 瞄子放水量應在60L/min以上，120L/min以下

(B) 14. 關於水霧滅火設備之規定，下列何者錯誤？

(A) 每一水霧噴頭之有效半徑不得大於2.1公尺

(B) 每一放射區域以100平方公尺為原則

(C) 放射區域在二區域以上者應保持40立方公尺以上之水源容量

(D) 管系最末端一個放射區域全部水霧噴頭放水壓力均能達每平方公分2.7公斤以上

(B) 15. 水霧滅火設備之放射區域，係指一只一齊開放閥啟動放射之區域，每一區域以多少平方公尺為原則？

(A) 30平方公尺　(B) 50平方公尺　(C) 70平方公尺　(D) 100平方公尺

(C) 16. 水霧滅火設備之水霧噴頭及配管與具有30kV之高壓電器設備，最低應保持多少公厘之距離，以避免導電造成意外？

(A) 200公厘　(B) 300公厘　(C) 400公厘　(D) 700公厘

(B) 17. 依各類場所消防安全設備設置標準之規定，發電機室、變壓器室等電氣設備場所，樓地板面積在二百平方公尺以上者，設置水霧滅火設備時，其每平方公尺放水量不得小於每分鐘多少公升？　　(A) 5　(B) 10　(C) 20　(D) 30

(D) 18. 泡沫噴頭使用之泡沫原液為合成界面泡沫液時，其樓地板面積每平方公尺之放射量至少為何？

(A) 2.7公升／分鐘　　　　　　(B) 3.7公升／分鐘

(C) 6.5公升／分鐘　　　　　　(D) 8.0公升／分鐘

（A）19. 移動式泡沫滅火設備不得採用下列何種泡沫混合型式？

(A) 吸取式　(B) 管路比例混合式　(C) 差壓比例混合式　(D) 加壓混合式

（C）20. 20m×20m×5m（高）之汽車修護廠，防護對象物之尺寸為10m×10m×2m（高），若使用合成界面泡沫原液與水混合濃度3%，且採高發泡全區放射方式，則其冠泡體積應為多少m³？

(A) 250 m³　(B) 500 m³　(C) 1000 m³　(D) 2000 m³

（C）21. 泡沫滅火設備竣工查驗作業進行綜合試驗之低發泡放射試驗規定，下列何者錯誤？

(A) 泡沫藥劑之稀釋濃度3%型者應在3〜4%之範圍內

(B) 發泡倍率應在五倍以上

(C) 25%還液時間水成膜泡沫者應在30秒以上

(D) 放射區域就預設放射壓力最低處泡沫消防栓實施

（D）22. 建築物高度超過六十公尺者，連結送水管應採用濕式，其中繼幫浦出水量不得小於每分鐘多少公升？

(A) 600公升　(B) 1200公升　(C) 1800公升　(D) 2400公升

（C）23. 消防專用蓄水池採機械方式引水，若其配管摩擦損失水頭為5m，落差15m，則其加壓送水裝置之幫浦全揚程為多少？

(A) 25 m　(B) 30 m　(C) 35 m　(D) 50 m

（D）24. 若消防幫浦之額定出水量為300公升／分，額定全揚程為60m，幫浦效率為0.55，傳動係數為1.15，則其電動機所需之馬力約為多少KW？

(A) 4.9 KW　(B) 5.0 KW　(C) 5.6 KW　(D) 6.2 KW

（C）25. 消防幫浦之出水量在額定出水量一五〇%時，其全揚程應達到額定出水量特性曲線上全揚程百分之幾以上，才屬符合規定？

(A) 五〇　(B) 五十五　(C) 六十五　(D) 七十五

（A）26. 現場檢查地下水池式消防專用蓄水池之有效水量，蓄水池深度應量測在基地地面下多少公尺範圍內之水量？

(A) 4.5公尺　(B) 5公尺　(C) 6公尺　(D) 6.5公尺

（A）27. 平時有特定或不特定人員使用之中央管理室、防災中心等類似處所，不得設置下列何種消防安全設備？

(A) 二氧化碳滅火設備　　　　(B) 水霧滅火設備

(C) 泡沫滅火設備　　　　　　(D) 乾粉滅火設備

（ B ）28. 有關二氧化碳滅火設備選擇閥之敘述，下列何者錯誤？
（A) 各防護區域均應設置　　　　　（B) 應設於防護區域內
（C) 得以氣體或電氣開啓　　　　　（D) 需附設防護區域或對象之標示

（ C ）29. 二氧化碳噴頭之放射壓力，其滅火藥劑以常溫儲存者之高壓式爲每平方公分X
公斤以上；其滅火藥劑儲存於溫度攝氏零下十八度以下者之低壓式爲每平方
公分Y公斤以上，X及Y分別爲多少？
（A) X=14公斤；Y=6公斤　　　　（B) X=10公斤；Y=9公斤
（C) X=14公斤；Y=9公斤　　　　（D) X=10公斤；Y=6公斤

（ A ）30. 二氧化碳滅火設備若使用內容積爲3公升之氣體容器啓動，欲維持法規上之最
小充塡比，則啓動容器之氣體重量爲多少公斤？
（A) 2公斤　（B) 3公斤　（C) 4公斤　（D) 5公斤

（ B ）31. 某一20m（長）×15m（寬）×4m（高）之電氣室，設置全區放射之高壓二
氧化碳滅火設備防護，火災後排放裝置如採機械排放時，其排風機之換氣風
量應爲多少以上？
（A) 80 m^3/min　（B) 100 m^3/min　（C) 120 m^3/min　（D) 150 m^3/min

（ B ）32. 有關乾粉滅火設備之敘述，下列何者錯誤？
（A) 全區放射方式所設之噴頭應能使放射藥劑迅速均勻地擴散至整個防護區
域
（B) 乾粉噴頭之放射壓力不得小於每平方公分一點七公斤
（C) 依法規所核算之滅火藥劑量須於三十秒內全部放射完畢
（D) 全區及局部放射方式在同一建築物內有二個以上防護區域或防護對象
時，所需滅火藥劑量取其最大量者

（ B ）33. 使用主成分爲磷酸二氫銨乾粉之移動放射方式之乾粉滅火設備，每一具噴射
瞄子之每分鐘藥劑放射量應爲下列何者？
（A) 18公斤／分鐘　　　　　　　（B) 27公斤／分鐘
（C) 36公斤／分鐘　　　　　　　（D) 45公斤／分鐘

（ C ）34. 乾粉滅火設備採壓力開關式定壓動作裝置性能檢查方式，下列何者正確？
（A) 確認封板有無變形損傷　　　　（B) 調整壓力讓遊動子動作
（C) 調整壓力使接點閉合　　　　　（D) 調整壓力使閥關閉解除

（ B ）35. 樓地板面積在多少以上之餐廳，其廚房排油煙管及煙罩應設置簡易自動滅火
裝置？

(A) 100平方公尺　(B) 300平方公尺　(C) 500平方公尺　(D) 1000平方公尺

(C) 36. 乾粉滅火設備竣工查驗作業進行性能試驗之動作試驗項目，下列何者錯誤？

(A) 選擇閥動作試驗應解開系統在儲存容器周圍之導管

(B) 遲延裝置應依設定時間動作

(C) 啓動裝置開關或拉桿應在音響警報動作同時進行操作

(D) 附屬裝置連動試驗氣壓啓動者應以試驗用氣體進行

(B) 37. 公共危險物品製造、儲存等場所之滅火設備，在計算其滅火效能值時，下列規定何者正確？

(A) 八公升之消防專用水桶，每五個爲一滅火效能值

(B) 水槽每八十公升爲一點五滅火效能值

(C) 乾燥砂每一百公升爲零點五滅火效能值

(D) 膨脹蛭石或膨脹珍珠岩每一百公升爲一滅火效能值

(B) 38. 滅火器應固定放置於取用方便之明顯處所，並應設有長邊X公分以上，短邊Y公分以上，以紅底白字標明「滅火器」字樣之標識，下列X、Y何者爲正確？

(A) X=22公分；Y=6公分　　　(B) X=24公分；Y=8公分

(C) X=24公分；Y=6公分　　　(D) X=22公分；Y=8公分

(C) 39. 滅火器滅火藥劑經檢查有下列哪一現象時得免全部更換？

(A) 固化結塊者　　　　　　　(B) 有異物與沉澱物

(C) 藥劑量減少者　　　　　　(D) 變色與汙濁者

(D) 40. 有關滅火器之性能檢查虹吸管及氣體導入管部分，下列何者錯誤？

(A) 如發現變形損傷應修復或更新　(B) 發現阻塞者應即清除

(C) 裝接螺牙鬆動應即旋緊　　　　(D) 銲接不良者應即修復

96-2年水與化學系統消防安全設備概要

類　　科：消防設備士

考試時間：1小時30分

※注意：禁止使用電子計算器。

甲、申論題部分：（50分）

不必抄題，作答時請將試題題號及答案依照順序寫在申論試卷上，於本試題上作答者，不予計分。請以藍、黑色鋼筆或原子筆在申論試卷上作答。

一、室內消防栓設備之配管規定為何？其立管管系竣工時應做何項試驗？請分別說明之。（17分）

解：

(一) 室內消防栓設備之配管規定

第32條　室內消防栓設備之配管、配件及屋頂水箱，依下列規定設置：

一、配管部分：

(一) 應為專用。但與室外消防栓、自動撒水設備及連結送水管等滅火系統共用，無礙其功能者，不在此限。

(二) 符合下列規定之一：

1. 國家標準（以下簡稱CNS）六四四五配管用碳鋼鋼管、四六二六壓力配管用碳鋼鋼管、六三三一配管用不鏽鋼鋼管或具同等以上強度、耐腐蝕性及耐熱性者。

2. 經中央主管機關認可具氣密性、強度、耐腐蝕性、耐候性及耐熱性等性能之合成樹脂管。

(三) 管徑，依水力計算配置。但立管與連結送水管共用時，其管徑在一百毫米以上。

(四) 立管管徑，第一種消防栓在六十三毫米以上；第二種消防栓在五十毫米以上。

(五) 立管裝置於不受外來損傷及火災不易殃及之位置。

(六) 立管連接屋頂水箱、重力水箱或壓力水箱，使配管平時充滿水。

(七) 採取有效之防震措施。

(二) 立管管系竣工時試驗

第33條　室內消防栓設備之消防立管管系竣工時，應做加壓試驗，試驗壓力不得小於加壓送水裝置全閉揚程一點五倍以上之水壓。試驗壓力以繼續維持二小時無漏水現象為合格。

二、固定式泡沫滅火設備應如何進行泡沫（低發泡）放射分布、發泡倍率、還原時間之檢查與判定？（17分）

解：

固定式泡沫滅火設備（低發泡）

1. 檢查方法

切換成緊急電源供電狀態，藉由手動啟動裝置之操作或自動啟動裝置之動作，確認系統之性能是否正常。另外，放射分布、發泡倍率、放射壓力及混合比率依下列方法確認。

(1) 設置泡沫頭者，每次選擇全部放射區域數之20%以上之放射區域，進行逐區放水試驗，測其放射分布及放射壓力。

(2) 在上述之放射區域中，於距加壓送水裝置最遠之放射區域進行泡沫放射，再依附表之發泡倍率及25%還原時間測定方法，測其發泡倍率及25%還原時間。並在測定發泡倍率時，使用其所採取之泡水溶液，利用糖度計法或比色計法，測其混合比率。

2. 判定方法

(1) 幫浦方式

A. 啟動性能

(A) 加壓送水裝置應能確實啟動。

(B) 表示、警報等性能應正常。

(C) 電動機之運轉電流應在容許範圍內。

(D) 運轉中應無不規則‧不連續之雜音或異常之震動、發熱等。

B. 一齊開放閥

一齊開放閥應正常動作。

C. 放射分布等

(A) 在進行泡沫頭放水試驗時，其放射分布及放射壓力應符合設計圖說。

(B) 在進行泡沫放射檢查時，其發泡倍率應在5倍以上，其混合比率應為設計時之稀釋容量濃度。

(2) 重力水箱及壓力水箱

A. 表示、警報等

表示、警報等應正常。

B. 一齊開放閥

一齊開放閥應正常動作。

C. 分布

(A) 在進行泡沫頭放水試驗時，其放射分布及放射壓力應符合設計圖說。

(B) 在進行泡沫放射檢查時，其發泡倍率應在5倍以上，其混合比率應為設計時之稀釋容量濃度。

3. 注意事項

於檢查類似醫院之場所，因切換緊急電源可能造成因擾時，得使用常用電源檢查。

三、請說明二氧化碳滅火設備的警報裝置外觀檢查方法及判定方法。（**16分**）

解：

警報裝置及安全裝置等（限低壓式者）

1. 檢查方法

(1) 設於低壓式儲存容器之警報用接點壓力表、壓力開關等，以目視確認其不得有變形、損傷等情形。

(2) 應以目視確認安全裝置、破壞板等不得有損傷等情形。

2. 判定方法

(1) 壓力警報裝置沒有變形、損傷或脫落等情形。

(2) 安全裝置等沒有損傷、異物阻塞等情形。

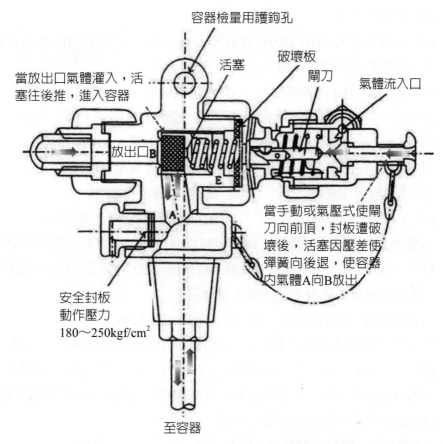

容器檢量用護鉤孔

破壞板

活塞

閘刀

氣體流入口

當放出口氣體灌入，活塞往後推，進入容器

放出口B

當手動或氣壓式使閘刀向前頂，封板遭破壞後，活塞因壓差使彈簧向後退，使容器內氣體A向B放出

安全封板
動作壓力
$180 \sim 250 \text{kgf/cm}^2$

至容器

圖　二氧化碳全區防護之安全裝置與破壞板

（參考自日本危險物設施基準指南，平成7年）

乙、測驗題部分：（50分）

1) 本試題為單一選擇題，請選出一個正確或最適當的答案，複選作答者，該題不予計分。

2) 共40題，每題1.25分，須用2B鉛筆在試卡上依題號清楚劃記，於本試題或申論試卷上作答者，不予計分。

（ B ）　1. 對於補助撒水栓箱之標示燈進行外觀檢查時，須要求容易辨識，判定之距離與角度為何？

(A) 10公尺、10度角　　　　(B) 10公尺、15度角

(C) 15公尺、10度角　　　　(D) 15公尺、15度角

（ C ）　2. 裝置於14樓層高之建築物內小區劃型自動撒水設備，就該設備計算，最少水

源容量應為何？

(A) 8.0立方公尺　　(B) 10.0立方公尺　　(C) 12.0立方公尺　　(D) 24.0立方公尺

(B)　3. 下列場所何者得設置水霧滅火設備？

(A) 飛機庫　　(B) 汽車修理廠　　(C) 電信機械室　　(D) 鍋爐房

(C)　4. 以水滅火時，水自液態汽化成水蒸氣時膨脹倍率為何，因此可產生火場窒息作用？　　(A) 1000倍　　(B) 1225倍　　(C) 1673倍　　(D) 2016倍

(D)　5. 有關泡沫原液與水混合使用之濃度規定，何者與規定不符？

(A) 水成膜泡沫液6%　　　　　　　(B) 蛋白質泡沫液3%

(C) 蛋白質泡沫液6%　　　　　　　(D) 合成界面活性泡沫液6%

(D)　6. 高壓式二氧化碳滅火設備，鋼瓶容積為68公升，則可填充的最少藥劑重量約為多少公斤：　　(A) 62公斤　　(B) 48公斤　　(C) 45公斤　　(D) 36公斤

(A)　7. 海龍1211系統，係指下列何種化學物品？

(A) CF_2ClBr　　(B) CF_2IBr　　(C) CF_3I　　(D) CCl_2FBr

(A)　8. 目前FM-200為鹵化烷系較為常見之海龍替代品（潔淨藥劑），其化學式名稱為？　　(A) 二氟甲烷　　(B) 四氟乙烷　　(C) 六氟丙烷　　(D) 七氟丙烷

(C)　9. 下列有關消防幫浦之呼水裝置進行外觀測試時之項目，何者非為正確規定？

(A) 溢水用排水管口徑應為50A以上

(B) 呼水管一般口徑應為25A以上

(C) 從逆止閥中心線至呼水槽底面垂直距離在1.5m以下時，呼水管口徑應為40A 以上

(D) 減水警報裝置之發信部應為浮筒開關或電極棒

(A)　10. 下列場所何者應設置室內消防栓設備？

(A) 八層樓全棟供飯店使用之建築物，任何一層之樓地板面積在150平方公尺以上者

(B) 學校教室任何一層樓之樓地板面積在400平方公尺以上者

(C) 總樓地板面積在100平方公尺以上之地下建築物

(D) 地下層80平方公尺視聽歌唱場所之樓層

(C)　11. 檢測室內消防栓設備時，當測量瞄子直線放水壓力時，壓力表進水口應放置於瞄子前端相當瞄子口徑多遠之距離？

(A) 四分之一　　(B) 三分之一　　(C) 二分之一　　(D) 二倍

(B)　12. 依據「各類場所消防安全設備設置標準」之規定，室內消防栓箱箱面表面積

規定應該爲何？

(A) 0.5平方公尺以上　　　　　　(B) 0.7平方公尺以上

(C) 0.8平方公尺以上　　　　　　(D) 1.2 平方公尺以上

(C)　13. 地上式消防栓露出地面之高度限制爲何？

(A) 30公分至100公分　　　　　　(B) 30 公分至120公分

(C) 40公分至100公分　　　　　　(D) 40公分至120公分

(C)　14. 可燃性高壓氣體場所、加氣站及天然氣儲槽之室外消防栓，當全部同時使用時，各消防栓瞄子放水量應至少爲何？

(A) 每分鐘250公升　　　　　　　(B) 每分鐘350公升

(C) 每分鐘450公升　　　　　　　(D) 每分鐘550公升

(A)　15. 密閉乾式或預動式撒水系統之流水檢知裝置二次側配管，爲有效排水，其主管裝置規定爲每10公尺傾斜多少公分？

(A) 2公分　　(B) 4公分　　(C) 6公分　　(D) 8公分

(B)　16. 自動撒水系統之標準型撒水頭安裝方向若爲向下裝接者，撒水頭應以下列何者文字標示？　　(A) SSU　　(B) SSP　　(C) SWU　　(D) SWP

(C)　17. 依「各類場所消防安全設備檢修及申報作業基準」之規定，採用低壓式二氧化碳消防防護設備、全區放射者，進行放射試驗所需藥劑量，至少須採用多少瓶之40公升氮氣？　　(A) 3瓶　　(B) 4瓶　　(C) 5瓶　　(D) 6瓶

(B)　18. 依據「消防幫浦加壓送水裝置等及配管摩擦損失計算基準」，消防幫浦設置呼水裝置時，應有多少公升以上之有效儲水存量？

(A) 80公升　　(B) 100公升　　(C) 120公升　　(D) 150公升

(B)　19. 依據「各類場所消防安全設備設置標準」之規定，二氧化碳滅火設備配置時使用之低壓式銅管耐壓值應爲多少以上？

(A) 25 kgf/cm^2　　(B) 37.5 kgf/cm^2　　(C) 165 kgf/cm^2　　(D) 215 kgf/cm^2

(D)　20. 下列何者並非自動撒水設備進行綜合測試之規定？

(A) 放水壓力應在1kgf/cm^{2}以上10kgf/cm^{2}以下，放水量應在80 L/min以上

(B) 密閉式撒水系統之加壓送水裝置如採消防幫浦，應由流水檢知裝置或啓動用水壓開關裝置之動作啓動

(C) 放水量應依公式$Q = K\sqrt{P}$計算出

(D) 如爲乾式或預動式撒水頭者，當開啓開放末端查驗閥後應在3分鐘以內放水

（ B ） 21. 水霧滅火設備之感知撒水頭如採用標示溫度為79℃時，依「各類場所消防安全設備設置標準」，多少平方公尺安裝一個？

(A) 15平方公尺　(B) 20平方公尺　(C) 25平方公尺　(D) 30平方公尺

（ B ） 22. 依據「各類場所消防安全設備設置標準」之規定，連結送水管設備應為專用，但建築物高度在多少以下時，得與室內消防栓共用立管？

(A) 40公尺　(B) 50公尺　(C) 60公尺　(D) 65公尺

（ C ） 23. 依據「各類場所消防安全設備設置標準」之規定，二氧化碳滅火設備如採全區放射方式，啟動裝置開關或拉桿開始動作至儲存容器閥開啟，應設有多少時間以上之延遲裝置？

(A) 10秒　(B) 15秒　(C) 20秒　(D) 30秒

（ B ） 24. 依據「各類場所消防安全設備設置標準」之規定，當使用高發泡放出口時，防護對象位置距離樓地板面高度超過多少公尺，應為全區放射方式？

(A) 4公尺　(B) 5公尺　(C) 6公尺　(D) 7公尺

（ A ） 25. 乾粉滅火設備之手動啟動裝置，標示之顏色應為？

(A) 紅底白字　(B) 黃底白字　(C) 白底紅字　(D) 白底黃字

（ D ） 26. 滅火器之加壓用氣體容器若使用氮氣時，其檢查方法為？

(A) 秤重法　(B) 比重法　(C) 目視法　(D) 檢查其內壓

（ A ） 27. 公共危險物品等場所之滅火設備分類，何者不正確？

(A) 第一種滅火設備：指水桶、水槽、乾燥砂、膨脹蛭石

(B) 第二種滅火設備：指自動撒水設備

(C) 第三種滅火設備：指水霧、泡沫、二氧化碳或乾粉滅火設備

(D) 第四種滅火設備：指大型滅火器

（ C ） 28. 供室內停車空間使用之乾粉滅火藥劑，以何種乾粉為限？

(A) 碳酸氫鈉　(B) 碳酸氫鉀　(C) 磷酸二氫銨　(D) 碳酸氫鉀及尿素化合物

（ B ） 29. 局部放射之乾粉滅火設備，如採體積法設計時，供電信機械室使用所核算之滅火藥劑量，應乘之數值為何？

(A) 0.5　(B) 0.7　(C) 1.1　(D) 1.2

（ B ） 30. 下列何種滅火器不適用於C類火災？

(A) 海龍滅火器　(B) 泡沫滅火器　(C) 乾粉滅火器　(D) 二氧化碳滅火器

（ C ） 31. 下列何項裝置之功能，主要作為防止水系統之自動警報逆止閥發生誤動作之情況？　(A) 制水閥　(B) 末端查驗閥　(C) 遲滯箱　(D) 壓力錶

（ A ） 32. 滅火器之加壓用氣體容器若使用二氧化碳時，其檢查方法為？

(A) 秤重法　(B) 比重法　(C) 目視法　(D) 檢查其內壓

（ C ） 33. 泡沫滅火器超過使用年限者，須經何種試驗合格後，方可繼續使用？

(A) 氣密試驗　(B) 放射試驗　(C) 水壓試驗　(D) 發泡試驗

（ A ） 34. 乾粉滅火設備如採局部放射時，如依據面積法設計，則追加倍數為何？

(A) 1.1倍　(B) 1.2倍　(C) 1.75倍　(D) 2.1倍

（ C ） 35. 有關將撒水頭動作溫度試驗，置入溫度分布均勻之液槽內，標示溫度以多少溫度為分界，分別採用水浴與油浴測試？

(A) 70℃　(B) 74℃　(C) 79℃　(D) 85℃

（ D ） 36. 乾粉滅火設備蓄壓用氣體若使用二氧化碳時，除加算清洗配管所需要量外，每公斤乾粉需二氧化碳之量為何？

(A) 5公克　(B) 10公克　(C) 15公克　(D) 20公克

（ A ） 37. 有關室外消防栓之設置規定，下列何者正確？

(A) 室外消防栓3公尺以內應保持空曠

(B) 應於其3公尺範圍內附設水帶箱

(C) 瞄子出水壓力在每平方公分1.7公斤以上

(D) 水帶箱內配置口徑38公釐以上直線噴霧兩用型瞄子1具

（ B ） 38. 地下式消防栓頂端埋設距離地面之深度為何？

(A) 10公分至20公分　　　　　(B) 20公分至30公分

(C) 30公分至40公分　　　　　(D) 30公分至50公分

（ D ） 39. 加壓式乾粉滅火設備使用氮氣為加壓用氣體時，在一般大氣壓力下，每1 公斤乾粉藥劑至少需多少公升以上之氮氣？

(A) 20公升　(B) 25公升　(C) 30公升　(D) 40公升

（ A ） 40. 固定式泡沫滅火設備之泡沫膨脹比為15者，屬何種發泡溶液？

(A) 低發泡　(B) 高發泡第一種　(C) 高發泡第二種　(D) 高發泡第三種

6.2 消防設備師水系統歷屆考題

105年專門職業及技術人員消防設備人員考試試題

等　　別：高等考試

類　　科：消防設備師

科　　目：水系統消防安全設備

考試時間：2小時

※注意：

1) 禁止使用電子計算器。

2) 不必抄題，作答時請將試題題號及答案依照順序寫在試卷上，於本試題上作答者，不予計分。

3) 請以黑色鋼筆或原子筆在申論試卷上作答。

一、請說明下列有關消防專用蓄水池設置之規定。

　　1. 消防專用蓄水池之有效水量之設置為何？（15分）

　　2. 消防專用蓄水池之標示，依規定應如何設置？（10分）

解：

(一) 消防專用蓄水池之有效水量之設置

第185條　消防專用蓄水池，依下列規定設置：

　　　　一、蓄水池有效水量應符合下列規定設置：

　　　　　　(一) 依第二十七條第一款及第三款設置者，其第一層及第二層樓地板面積合計後，每七千五百平方公尺（包括未滿）設置二十立方公尺以上。

　　　　　　(二) 依第二十七條第二款設置者，其總樓地板面積每一萬二千五百平方公尺（包括未滿）設置二十立方公尺以上。

　　　　二、任一消防專用蓄水池至建築物各部分之水平距離在一百公尺以下，且其有效水量在二十立方公尺以上。

三、設於消防車能接近至其二公尺範圍內，易於抽取處。

四、有進水管投入後，能有效抽取所需水量之構造。

五、依下列規定設置投入孔或採水口。

　　(一) 投入孔為邊長六十公分以上之正方形或直徑六十公分以上之圓孔，並設鐵蓋保護之。水量未滿八十立方公尺者，設一個以上；八十立方公尺以上者，設二個以上。

　　(二) 採水口為口徑七十五毫米，並接裝陰式螺牙。水量二十立方公尺以上，設一個以上；四十立方公尺以上至一百二十立方公尺未滿，設二個以上；一百二十立方公尺以上，設三個以上。採水口配管口徑至少八十毫米以上，距離基地地面之高度在一公尺以下零點五公尺以上。

前項有效水量，指蓄水池深度在基地地面下四點五公尺範圍內之水量。但採機械方式引水時，不在此限。

(二) 消防專用蓄水池之標示規定

第187條　消防專用蓄水池之標示，依下列規定設置：

一、進水管投入孔標明消防專用蓄水池字樣。

二、採水口標明採水口或消防專用蓄水池採水口字樣。

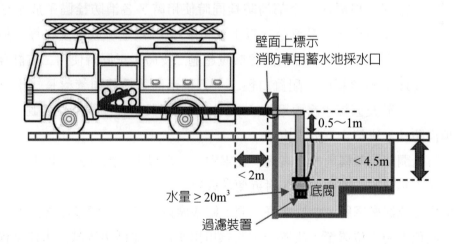

二、依法(A)倉庫、傢俱展示販售場所以及(B)公共危險物品製造、儲存或處理場所若設置室內消防栓時，皆應設置第一種室內消防栓，請針對此二類室內消防栓設置時，針對1.水平防護；2.放水壓力；3.放水量；4.水源容量；5.緊急電源供電容量之差異進行比較？（25分）

解：

(一) 倉庫、傢俱展示販售場所設置第一種室內消防栓第34條除第十二條第二款第十一目或第四款之場所，應設置第一種消防栓外，其他場所應就下列二種消防栓選擇設置之：

1. 第一種消防栓，依下列規定設置：

   (1) 各層任一點至消防栓接頭之水平距離在二十五公尺以下。

   (2) 任一樓層內，全部消防栓同時使用時，各消防栓瞄子放水壓力在每平方公分一點七公斤以上或0.17MPa以上，放水量在每分鐘一百三十公升以上。但全部消防栓數量超過二支時，以同時使用二支計算之。

   (3) 消防栓箱內，配置口徑三十八毫米或五十毫米之消防栓一個，口徑三十八毫米或五十毫米、長十五公尺並附快式接頭之水帶二條，水帶架一組及口徑十三毫米以上之直線水霧兩用瞄子一具。但消防栓接頭至建築物任一點之水平距離在十五公尺以下時，水帶部分得設十公尺水帶二條。

2. 第二種消防栓，依下列規定設置：

   (1) 各層任一點至消防栓接頭之水平距離在十五公尺以下。

   (2) 任一樓層內，全部消防栓同時使用時，各消防栓瞄子放水壓力在每平方公分二點五公斤以上或 0.25MPa以上，放水量在每分鐘六十公升以上。但全部消防栓數量超過二支時，以同時使用二支計算之。

   (3) 消防栓箱內，配置口徑二十五毫米消防栓連同管盤長二十公尺之皮管及直線水霧兩用瞄子一具，且瞄子設有容易開關之裝置。

前項消防栓，應符合下列規定：

1. 消防栓開關距離樓地板之高度，在零點三公尺以上一點五公尺以下。

2. 設在走廊或防火構造樓梯間附近便於取用處。

3. 供集會或娛樂處所，設於舞臺二側、觀眾席後二側、包廂後側之位置。

4. 在屋頂上適當位置至少設置一個測試用出水口，並標明測試出水口字樣。但斜屋頂設置測試用出水口有困難時，得免設。

第36條 室內消防栓設備之水源容量，應在裝置室內消防栓最多樓層之全部消防栓繼續放水二十分鐘之水量以上。但該樓層內，全部消防栓數量超過二支時，以二支計算之。

消防用水與普通用水合併使用者，應採取必要措施，確保前項水源容量在有效水量範圍內。

第一項水源得與本章所列其他滅火設備水源併設。但其總容量應在各滅火設備應設水量之合計以上。

第38條 室內消防栓設備之緊急電源，應使用發電機設備或蓄電池設備，其供電容量應供其有效動作三十分鐘以上。

前項緊急電源在供第十二條第四款使用之場所，得使用具有相同效果之引擎動力系統。

(二) 公共危險物品製造、儲存或處理場所設置第一種室內消防栓

第209條 室內消防栓設備，應符合下列規定：

一、設置第一種消防栓。

二、配管、試壓、室內消防栓箱、有效水量及加壓送水裝置之設置，準用第三十二條、第三十三條、第三十四條第一項第一款第三目、第二項、第三十五條、第三十六條第二項、第三項及第三十七條之規定。

三、所在建築物其各層任一點至消防栓接頭之水平距離在二十五公尺以下，且各層之出入口附近設置一支以上之室內消防栓。

四、任一樓層內，全部室內消防栓同時使用時，各消防栓瞄子放水壓力在每平方公分三點五公斤以上或0.35MPa以上；放水量在每分鐘二百六十公升以上。但全部消防栓數量超過五支時，以同時使用五支計算之。

五、水源容量在裝置室內消防栓最多樓層之全部消防栓繼續放水三十分鐘之水量以上。但該樓層內，全部消防栓數量超過五支時，以五支計算之。

室內消防栓設備之緊急電源除準用第三十八條規定外，其供電容量應供其有效動作四十五分鐘以上。

三、公共危險物品儲槽之滅火設備若採用固定式泡沫滅火設備，其除應依法設置固定式泡沫放出口外，依規定應如何設置補助泡沫消防栓及連結送液口？（25分）

解：

(一) 固定式泡沫滅火設備設置補助泡沫消防栓

第214條 儲槽除依前條設置固定式泡沫放出口外，並依下列規定設置補助泡沫消防栓及連結送液口：

一、補助泡沫消防栓，應符合下列規定：

1. 設在儲槽防液堤外圍，距離槽壁十五公尺以上，便於消防救災處，且至任一泡沫消防栓之步行距離在七十五公尺以下，泡沫瞄子放射量在每分鐘四百公升以上，放射壓力在每平方公分三點五公斤以上或0.35 MPa以上。但全部泡沫消防栓數量超過三支時，以同時使用三支計算之。

2. 補助泡沫消防栓之附設水帶箱之設置，準用第四十條第四款之規定。

註：第四十條第四款規定：

於其五公尺範圍內附設水帶箱，並符合下列規定：

(一) 水帶箱具有足夠裝置水帶及瞄子之深度，箱底二側設排水孔，其箱面表面積在零點八平方公尺以上。

(二) 箱面有明顯而不易脫落之水帶箱字樣，每字在二十平方公分以上。

(三) 箱內配置口徑六十三毫米及長二十公尺水帶二條、口徑十九毫米以上直線噴霧兩用型瞄子一具及消防栓閥型開關一把。

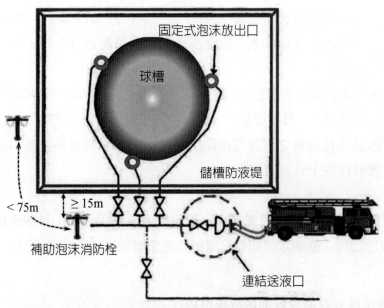

圖　固定式泡沫設置補助泡沫消防栓及連結送液口

（參考自日本危險物設施基準指南，平成7年）

(二) 固定式泡沫滅火設備設置連結送液口

連結送液口所需數量，依下列公式計算：

N = Aq/C

N：連結送液口應設數量

A：儲槽最大水平斷面積。但浮頂儲槽得以環狀面積核算（m^2）。

q：固定式泡沫放出口每平方公尺放射量（$L/min \cdot m^2$）

C：每一個連結送液口之標準送液量（800 L/min）

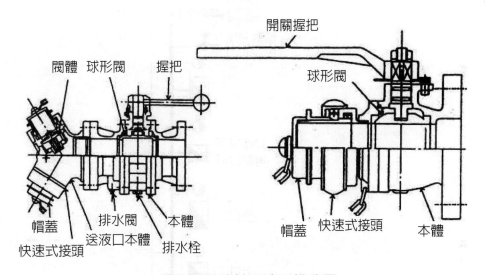

圖　設置連結送液口構造圖

（參考自日本危險物設施基準指南，平成7年）

四、在消防搶救上之必要設備中，連結送水管之出水口及送水口，依規定應如何設置？（**25分**）

解：

第180條　出水口及送水口，依下列規定設置：

　　　　1. 出水口設於地下建築物各層或建築物第三層以上各層樓梯間或緊急升降機間等（含該處五公尺以內之處所）消防人員易於施行救火之位置，且各層任一點至出水口之水平距離在五十公尺以下。

　　　　2. 出水口為雙口形，接裝口徑六十三毫米快速接頭，距樓地板面之高度在零點五公尺以上一點五公尺以下，並設於厚度在一點六毫米以上之鋼板或同等性能以上之不燃材料製箱內，其箱面短邊在四十公分以上，長邊

在五十公分以上，並標明出水口字樣，每字在二十平方公分以上。但設於第十層以下之樓層，得用單口形。

3. 在屋頂上適當位置至少設置一個測試用出水口。

4. 送水口設於消防車易於接近，且無送水障礙處，其數量在立管數以上。

5. 送水口為雙口形，接裝口徑六十三毫米陰式快速接頭，距基地地面之高度在一公尺以下零點五公尺以上，且標明連結送水管送水口字樣。

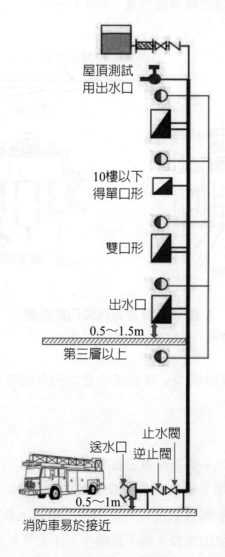

6. 送水口在其附近便於檢查確認處，裝設逆止閥及止水閥。

104年專門職業及技術人員消防設備人員考試試題

等　　別：高等考試

類　　科：消防設備師

科　　目：水系統消防安全設備

考試時間：2小時

※注意：

1) 禁止使用電子計算器。

2) 不必抄題，作答時請將試題題號及答案依照順序寫在試卷上，於本試題上作答者，不予計分。

3) 請以黑色鋼筆或原子筆在申論試卷上作答。

一、某200 m之大樓每層4 m高，若依水力計算其中繼幫浦設置之樓層，並以消防隊送水時能達60 m高度且放水壓力達每平方公分6公斤作為其地面層之送水設計壓力，試問此送水設計壓力應為多少？其中繼幫浦最少應為幾具，分別設於那個高度之樓層？假設其只有單支立管，管徑使用5吋，其配管之摩擦損失以每10公尺損失為2 m計算，且中繼幫浦之全閉揚程為額定揚程之120%。（25分）

解：

(一) 送水設計壓力

第184條　送水設計壓力，依下列規定計算：

　　　　　一、送水設計壓力在下列計算值以上：

　　　　　　　送水設計壓力=配管摩擦損失水頭+消防水帶摩擦損失水頭+落差+放水壓力

　　　　　　　$H = h1 + h2 + h3 + 60 \ m$

　　　　　二、消防水帶摩擦損失水頭為四公尺。

　　　　　三、立管水量，最上層與其直下層間為每分鐘一千二百公升，其他樓層為每分鐘二千四百公升。

　　　　　四、每一線瞄子支管之水量為每分鐘六百公升。

　　　　　　　$H = (2m/10m) \times 60m + 4m + 60 + 60m = 136m = 13.6 \ kgf/cm^2$

(二) 中繼幫浦最少應爲幾具

第183條　建築物高度超過六十公尺者，連結送水管應採用濕式，其中繼幫浦，依下列規定設置：

一、中繼幫浦全揚程在下列計算值以上：

全揚程=消防水帶摩擦損失水頭+配管摩擦損失水頭+落差+放水壓力

$H = h1 + h2 + h3 + 60m$

二、中繼幫浦出水量在每分鐘二千四百公升以上。

三、於送水口附近設手動啓動裝置及紅色啓動表示燈。但設有能由防災中心遙控啓動，且送水口與防災中心間設有通話裝置者，得免設。

四、中繼幫浦一次側設出水口、止水閥及壓力調整閥，並附設旁通管，二次側設逆止閥、止水閥及送水口或出水口。

五、屋頂水箱有零點五立方公尺以上容量，中繼水箱有二點五立方公尺以上。

六、進水側配管及出水側配管間設旁通管，並於旁通管設逆止閥。

七、全閉揚程與押入揚程合計在一百七十公尺以上時，增設幫浦使串聯運轉。

八、設置中繼幫浦之機械室及連結送水管送水口處，設有能與防災中心通話之裝置。

九、中繼幫浦放水測試時，應從送水口以送水設計壓力送水，並以口徑二十一毫米瞄子在最頂層測試，其放水壓力在每平方公分六公斤以上或0.6MPa以上，且放水量在每分鐘六百公升以上，送水設計壓力，依下圖標明於送水口附近明顯易見處。

全揚程=消防水帶摩擦損失水頭+配管摩擦損失水頭+落差+放水壓力

1. 消防水帶摩擦損失水頭最上層與地面60m處：$H = (2m/10m) \times (200 - 60)m = 28\ m$

2. 幫浦全揚程：$H = 4 + 28 + 200 - 60 = 172\ m$

3. 中繼幫浦全閉揚程：$H = 172 \times 120\% = 206\ m$

4. 是否需串聯運轉：

全閉揚程與押入揚程206m + 10m = 216 m > 170 m

故必須串聯運轉：

$1.4(H_水 + H_配 + H_落 + H_放) + 10 \geq 170$

$$1.4(4 + H_配 + H_落 + 60) + 10 \geq 170$$

$$H_配 + H_落 \geq 170|10 - 60 - 4 = 114.28 - 60 - 4 = 50.28$$

$$H_落 (200 - 60) = 140 \text{ m} \geq 50.28 \text{ m}$$

故設置2個以上中繼幫浦串聯運轉

(三) 中繼幫浦分別設於樓層之高度

設中繼幫浦可達50m高度之幫浦全揚程

$$H = 4 + \frac{2m}{10} \times 60 + 50 + 60 = 126 \text{ m}$$

核算是否需串聯運轉

低層中繼幫浦距地面100m – 50m = 50m高約13層

中層中繼幫浦距地面150m – 50m = 100m高約25層

高層中繼幫浦距地面200m – 50m = 150m高約38層

中繼幫浦最少應為3具

二、某危險物品工廠依規定設置室外消防栓設備，其設有六支室外消防栓，若配管之摩擦損失合計為20 m、落差為4 m，水帶每百公尺之損失為9 m，試問若幫浦效率為0.65，則其電動機之出力應為多少？若電動機之額定出力即為幫浦關閉運轉之出力，則其防止水溫上升用排放裝置之排放水量應為多少？（**25分**）

解：

(一) 電動機之出力

1. 幫浦全揚程=消防水帶摩擦損失水頭+配管摩擦損失水頭+落差+35

   $$H = (9m/10m) + 20m + 4m + 35 = 62.6 \text{ m}$$

2. 幫浦出水量，一支消防栓在每分鐘450公升以上。但全部消防栓數量超過4支時，以4支計算之。

   $$Q = 450\frac{L}{min} \times 4 = 1800 \text{ L/min}$$

3. 電動機之出力：

   $$L = \frac{0.163 \times Q \times H}{E} \times K = \frac{0.163 \times 1.8 \times 62.6}{0.65E} \times 1.1 = 31 \text{ kw}$$

(二) 防止水溫上升用排放裝置之排放水量

$$Q = \frac{L_s \times C}{60 \times It} = \frac{L_s \times 860}{60 \times 30} = 0.48 \times L_s = 0.48 \times 31 = 14.8\frac{L}{min}$$

三、冷卻撒水設備有分油槽與氣槽之不同，其冷卻撒水之水源容量相關之規定分別為何？並說明其何以有這些不同？（25分）

解：

(一) 冷卻撒水之水源容量相關規定

第229條　可燃性高壓氣體場所、加氣站、天然氣儲槽及可燃性高壓氣體儲槽之冷卻撒水設備，依下列規定設置：

　　　　1. 撒水管使用撒水噴頭或配管穿孔方式，對防護對象均勻撒水。

　　　　2. 使用配管穿孔方式者，符合CNS一二八五四之規定，孔徑在四毫米以上。

　　　　3. 撒水量為防護面積每平方公尺每分鐘五公升以上。但以厚度二十五毫米以上之岩棉或同等以上防火性能之隔熱材被覆，外側以厚度零點三五毫米以上符合CNS一二四四規定之鋅鐵板或具有同等以上強度及防火性能之材料被覆者，得將其撒水量減半。

　　　　4. 水源容量在加壓送水裝置連續撒水三十分鐘之水量以上。

　　　　5. 構造及手動啟動裝置準用第二百十六條之規定。

　　　冷卻撒水噴頭（噴孔）之放射量應符合放射壓力之放射曲線上之值，公共危險物品室外儲槽場所實際測得之放射量除以該冷卻撒水噴頭（噴孔）所防護儲槽側壁面積應在$2L/min \cdot m^2$以上，水源容量在最大一座儲槽連續放水四小時之水量以上。可燃性高壓氣體場所、加氣站、天然氣儲槽及可燃性高壓氣體儲槽場所實際測得之放射量除以該冷卻撒水噴頭（噴孔）之防護面積應在$5L/min \cdot m^2$以上，水源容量在加壓送水裝置連續撒水三十分鐘之水量以上，但以厚度25mm以上之岩棉或同等以上防火性能之隔熱材被覆，外側以厚度0.35mm以上符合CNS 1244規定之鋅鐵板或具有同等以上強度及防火性能之材料被覆者，應在$2.5L/min \cdot m^2$以上。

(二) 油槽與氣槽防護異同

　　　　1. 油類為速燃性之物質，一旦起火，即沒有起火、發展、猛烈這三個明顯的階段區分，而是具有猛烈的爆轟性，燃燒發展速度非常快。油槽內液體燃燒火焰輻射熱，是造成油槽間火災蔓延之直接或間接原因。以原油燃燒而言一般輻射強度為$90000 \ Joul/cm^2$，而下風方向溫度是上風方向之2～3倍，燃燒時如油槽高度越低，地面受輻射熱越強。依實驗指出，熱傳導、對流與輻射在火災熱回饋機制中所占比例，分別為2%、10%與88%，可見輻射熱量傳遞占絕對因素，

如此主因係熱傳（Heat Transfer）與質傳（Mass Transfer）交叉回饋中之輻射能效應；而隨著油槽直徑增加，輻射能所占比例亦更大。在重油槽體會產生濺溢（Slop-Over）與沸溢（Boil-Over）之大火燃燒現象。因冷卻撒水噴頭（噴孔）所防護儲槽側壁面積應在2 L/min·m²以上，以使其冷卻，而水源容量在最大一座儲槽連續放水四小時之水量以上。

2. 氣槽如外洩液相LPG燃燒時火焰高度比燃燒面積直徑大2～2.5倍。有些液狀化學品槽體受火災勢致壓力增加（與溫度升高成正比），一旦破裂外洩會產生液體蒸氣膨脹爆炸（BLEVE）、火球現象（Fire Ball），致現場救災人員之安全性受到嚴重威脅。槽體之內容物，在微細化的過程中一邊與蒸氣猛烈碰撞，一旦破裂同時向外部噴出。因此時四周圍都存在火焰，所以蒸氣雲（VCE）會立即起火燃燒。此時火球會先在地表產生，隨著沸騰液體蒸發雲膨脹，而逐漸擴大成長爲空中的巨大火球現象。必須瞬間大量水予以快速冷卻，以冷卻撒水噴頭（噴孔）之防護面積應在5 L/min·m²以上，水源容量在加壓送水裝置連續撒水三十分鐘之水量以上；此水源容量沒有油槽燃燒時間那麼久。

四、密閉式撒水設備之壓力檢測是由末端查驗閥來做測試，而末端查驗閥所測量的是靜壓，一般密閉式撒水頭所要求之壓力是爲動壓，試問爲何可以使用測得之靜壓來代替動壓？並求若測得之壓力爲2 kg/cm²，使用一般型撒水頭，則此壓力下之流量爲多少？（25分）

解：

(一) 使用測得之靜壓來代替動壓

流體流動時之總壓力則爲靜壓（static pressure）與動壓（dynamic pressure）之和，其動壓可由速度落差計算出。

某些裝置可以測量流速（或流量）而求流體流動之靜壓，因爲能量方程式中，速度與壓力之關係爲已知。流動流體之靜壓可於流速不受擾動的狀況下測得。

流管之管壁上開一測壓口，當流體平行流動（即不受擾動）時，壓力之變化即爲垂直於流線方向之水壓變化。因此，量測管壁之壓力，可決定此截面上任一點之壓力。測壓管管徑必須很小，方可避免誤差。其中K值，可根據已知速度，壓力而求得。但由於此靜壓管低速時不太靈敏，可能有誤差產生。

量測靜壓時必須注意：

(1) 測壓口之中心軸必須與管壁或物體表面垂直。

(2) 測壓計之管儘量細小，以減小誤差。

　　於放水壓力利用一次側壓力表與二次側同撒水性能限流孔，配合流量計算公式判斷其放水量及放水壓力是否符合標準。因在系統末端測試動壓是限制在一定範圍內，依靜壓仍能準確計算出放水量，以靜壓來代替動壓可行性。

(二) Q = K$\sqrt{P}$

　　Q = 放水量（L/min）

　　K = 常數

　　P = 放水壓力（kgf/cm^2）

　　則壓力為2 kgf/cm^{2}之流量，Q = $80\sqrt{2}$ = 113.1 L/min

103年專門職業及技術人員消防設備人員考試試題

等　　別：高等考試

類　　科：消防設備師

科　　目：水系統消防安全設備

考試時間：2小時

※注意：

1) 禁止使用電子計算器。

2) 不必抄題，作答時請將試題題號及答案依照順序寫在試卷上，於本試題上作答者，不予計分。

3) 請以黑色鋼筆或原子筆在申論試卷上作答。

一、設國內某一重要博物館之地下典藏庫擬採細水霧（Water Mist）設備加以防護其火災安全，則在設計審查上會碰到何種困難？有何解決作法建議？試申述之。（25分）

解：

(一) 在設計審查上會碰到困難

1. 因國內並無細水霧滅火設備之標準設計方法。

2. 重要博物館之地下典藏庫擬採細水霧（Water Mist）設備加以防護其火災安全，是否妥當，因細水霧仍有噴射後濕度水分之水損問題，故應依室內空間之可燃物，實質個案而論定。

3. 細水霧系統基本要求

　A. 水氣霧系統配管和管件採用無縫銅管或不鏽鋼管。

　B. 水源水質要求高，水源不得含其它雜質，避免造成細微噴頭阻塞。

　C. 考慮過度風速流動而影響水氣霧無法集中噴撒至保護物而達滅火之目的。

(二) 解決作法建議

1. 可依NFPA750細水霧設計規範之標準。

2. 上述結合國內本土化相關數據，訂定出國內細水霧法令裝置標準。

3. 審查時電腦模擬或火災實驗。

4. 上述配合相關數據驗證之進行書面審查等之性能化設計。

二、設一挑高8m之賣場空間，依法應設自動撒水設備，請建議可採用之配管型式設計及撒水頭之種類，並圖示說明該系統構件及功能連動程序。（25分）

解：

(一) 配管型式設計及撒水頭之種類

中央主管機關認定儲存大量可燃物之場所天花板高度超過六公尺，或其他場所天花板高度超過十公尺者，應採用放水型撒水頭。

第50條　撒水頭之放水量，每分鐘應在八十公升（設於高架倉庫者，應為一百十四公升）以上，且放水壓力應在每平方公分一公斤以上或0.1MPa以上。但小區劃型撒水頭之放水量，每分鐘應在五十公升以上。

放水型撒水頭之放水量，應達防護區域每平方公尺每分鐘五公升以上。但儲存可燃物場所，應達每平方公尺每分鐘十公升以上。

使用放水型撒水頭時，應在實設撒水頭數繼續放射二十分鐘之水量以上。

前項撒水頭數量之規定，在使用乾式或預動式流水檢知裝置時，應追加百分之五十。

消防幫浦，應符合下列規定：浦出水量，依前條規定核算之撒水頭數量，乘以每分鐘九十公升（設於高架儲存倉庫者，為一百三十公升）。但使用小區劃型撒水頭者，應乘以每分鐘六十公升。另放水型撒水頭依中央消防機關認可者計算之。

本案可採取放水型撒水系統設計。

(二) 放水型撒水系統構件及功能連動程序

放水型撒水系統之動作流程可由探測器自動啟動或人為手動啟動，如圖1所示。

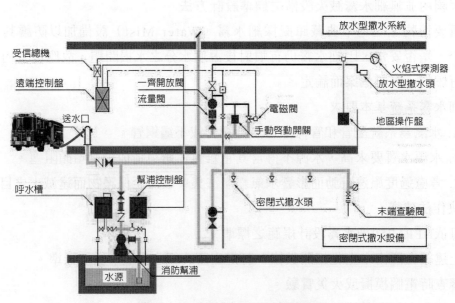

圖1　放水型撒水系統構件圖

（參考自日本MORITAMIYATA株式會社2017）

從系統感應部→受信部→控制部→撒水部，前述各項通盤演算數據(發火初期至警報啟動時間，滅火設備啟動至鎖定目標之時間，均需由製造廠商配合提供。有關放水型撒水系統時序表如圖2所示。

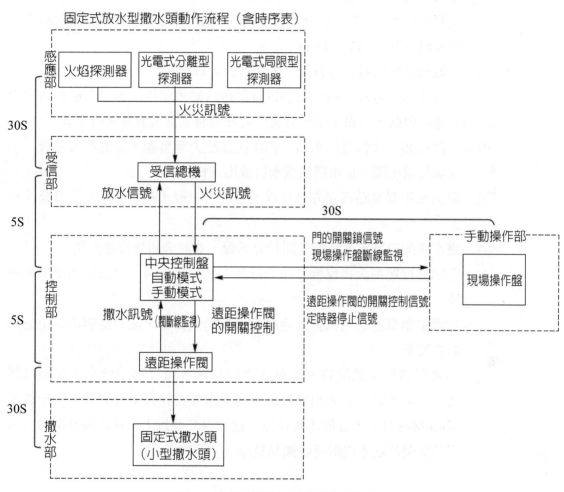

圖2　放水型撒水系統動作時序表

（圖1及圖2引用自：倪中銘，大空間的滅火設備，工業安全，2011年十月號）

三、依各類場所消防安全設備設置標準之規定，水系統滅火設備之中繼水箱與中繼幫浦，是否一定要設在每60m垂直高度處？在審勘查作業及工程技術性能上有何可調和之處，試申論之。（25分）

解：

(一) 中繼水箱與中繼幫浦是否一定要設在每60m垂直高度處

第183條 建築物高度超過六十公尺者,連結送水管應採用濕式,其中繼幫浦,依下列規定設置:

一、中繼幫浦全揚程在下列計算值以上:

全揚程=消防水帶摩擦損失水頭+配管摩擦損失水頭+落差+放水壓力

$H = h1 + h2 + h3 + 60\ m$

二、中繼幫浦出水量在每分鐘二千四百公升以上。

三、於送水口附近設手動啓動裝置及紅色啓動表示燈。但設有能由防災中心遙控啓動,且送水口與防災中心間設有通話裝置者,得免設。

四、中繼幫浦一次側設出水口、止水閥及壓力調整閥,並附設旁通管,二次側設逆止閥、止水閥及送水口或出水口。

五、屋頂水箱有零點五立方公尺以上容量,中繼水箱有二點五立方公尺以上。

六、進水側配管及出水側配管間設旁通管,並於旁通管設逆止閥。

七、全閉揚程與押入揚程合計在一百七十公尺以上時,增設幫浦使串聯運轉。

八、設置中繼幫浦之機械室及連結送水管送水口處,設有能與防災中心通話之裝置。

九、中繼幫浦放水測試時,應從送水口以送水設計壓力送水,並以口徑二十一毫米瞄子在最頂層測試,其放水壓力在每平方公分六公斤以上或0.6MPa以上,且放水量在每分鐘六百公升以上,送水設計壓力,依下圖標明於送水口附近明顯易見處。

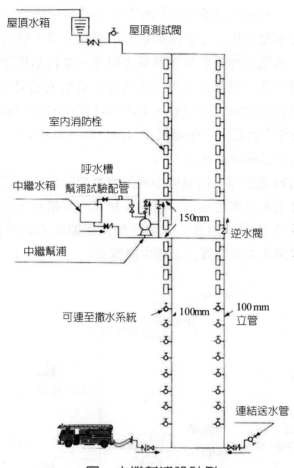

圖　中繼幫浦設計例1

（參考自日本消防用設備等設置指導基準第92號，平成18年）

因此，依建築技術規則規定60m以上需設連結中繼泵，又依設置標準建築物 > 60m以上要設中繼泵浦。而各類場所消防安全設備設置標準第一百八十三條第七款之規定，係指中繼幫浦之全閉揚程與押入揚程合計在一百七十公尺以上時，**應增設幫浦使串聯運轉**，至其他水系統滅火設備（室內消防栓設備及自動撒水設備等），亦得比照辦理。

此外，在地下層適當位置另加設一中繼幫浦，再配合屋頂層之中繼幫浦，亦即法規雖規定只要一個中繼幫浦即可，但因要在屋頂層設置中繼幫浦，為滿足消防隊消防車之車齡須求，因此加設一個中繼幫浦，若消防車不能送至屋頂層之中繼幫浦，地下層之中繼幫浦可以擔負此一工作。假使地下層與屋頂層之中繼幫浦損壞，在60m之中間樓層另行設置出水口與送水口，並在大樓另行購置移動式幫浦，當中繼幫浦損壞時可使用移動式幫浦經由中間樓層之出水口與送水口，加壓送水至發生火災之樓層，便利消防

人員之救災。然而，爲避免水槌作用，增設水槌吸收器，以降低中繼幫浦高揚程下之水槌作用：由於水槌吸收器設有氣室，可有效吸收高揚程下之突增壓力，避免管線相關管件閥類之損壞。在日本規定在有設置自動撒水設備之樓層，其中繼幫浦是可以設置在屋頂層或超過60m之任一樓層，並不一定要在超過60m之該樓層。依水力計算在消防機關消防車有能力搶救60m以下高樓之前題下，中繼幫浦可設於90～100m以下之任一樓層。若要精確值可加以詳細計算而言。

而在消防局審查過程，爲避免中繼幫浦損壞所衍生問題之解決方案，如於60m處設置出水口與送水口、購置移動式消防幫浦、加設水槌吸收器、使用耐高壓之管件與閥類等，亦均是解決相關問題之更佳方式。（資料來源：名師開講陳火炎老師談高樓中繼幫浦）

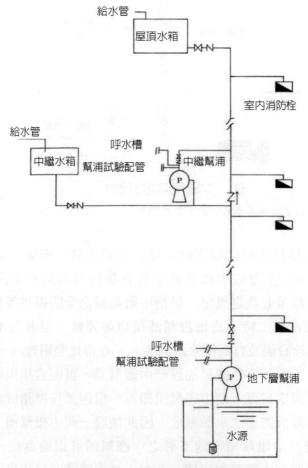

圖　中繼幫浦設計例2

（參考自日本消防用設備等設置指導基準第92號，平成18年）

四、設某室內停車場尺寸為長100m、寬40m、高5m，試問如採泡沫滅火設備防護之，則所需法定泡沫原液量及幫浦出水量應為多少以上？試列述之。（25分）

解：

第72條 泡沫頭之放射量，依下列規定：泡沫噴頭放射量，依下表規定：

泡沫原液種類	樓地板面積每平方公尺之放射量（公升／分鐘）
蛋白質泡沫液	六點五以上
合成界面活性泡沫液	八以上
水成膜泡沫液	三點七以上

第75條 泡沫滅火設備之放射區域，依下列規定：用泡沫噴頭時，每一放射區域在樓地板面積五十平方公尺以上一百平方公尺以下。

第76條 泡沫滅火設備之水源，依下列規定：使用泡沫頭時，依第七十二條核算之最低放射量在最大一個泡沫放射區域，能繼續放射二十分鐘以上。
前項各款計算之水溶液量，應加算充滿配管所需之泡沫水溶液量，且應加算總泡沫水溶液量之百分之二十。

第77條 依前條設置之水源，應連結加壓送水裝置。前條第一項第一款及第二款之加壓送水裝置使用消防幫浦時，其出水量及出水壓力，依下列規定：出水量：泡沫放射區域有二區域以上時，以最大一個泡沫放射區域之最低出水量加倍計算。

第78條 泡沫原液儲存量，依第七十六條規定核算之水量與使用之泡沫原液濃度比核算之。
因此，以水成膜泡沫而言：
水成膜泡沫液 = $[3.7L/(min \times m^2)] \times 100m^2 \times 20min \times (1 + 20\%) = 8880L$
水成膜泡沫幫浦出水量 = $[3.7L/(min \times m^2)] \times 100m^2 \times 2 = 740\ L/min$

102年專門職業及技術人員消防設備人員考試試題

等　　別：高等考試

類　　科：消防設備師

科　　目：水系統消防安全設備

考試時間：2小時

※注意：

1) 禁止使用電子計算器。

2) 不必抄題，作答時請將試題題號及答案依照順序寫在試卷上，於本試題上作答者，不予計分。

3) 請以黑色鋼筆或原子筆在申論試卷上作答。

一、試比對分析歐美日公路長隧道所設水霧系統與我國消防法規規定室內停車空間可選用設置之水霧滅火設備，兩者在設計目標、災害境況與性能基準上之差異，並逐一說明之。（25分）

解：

　　106年通車的蘇花改公路，因沿途有8座累計長達24.5公里隧道群，為能掌握搶救意外時效，蘇花改工程首度在國內公路隧道中採用自動水霧系統。

第61條　水霧噴頭，依下列規定配置：

　　　　1. 防護對象之總面積在各水霧噴頭放水之有效防護範圍內。

　　　　2. 每一水霧噴頭之有效半徑在二點一公尺以下。

　　　　3. 水霧噴頭之配置數量，依其裝設之放水角度、放水量及防護區域面積核算，其每平方公尺放水量，供第十八條附表第三項、第四項所列場所使用，在每分鐘二十公升以上；供同條附表其他場所使用，在每分鐘十公升以上。

第68條　裝置水霧滅火設備之室內停車空間，其排水設備應符合下列規定：

　　　　1. 車輛停駐場所地面作百分之二以上之坡度。

　　　　2. 車輛停駐場所，除面臨車道部分外，應設高十公分以上之地區境界堤，或深十公分寬十公分以上之地區境界溝，並與排水溝連通。

3. 滅火坑具備油水分離裝置，並設於火災不易殃及之處所。

4. 車道之中央或二側設置排水溝，排水溝設置集水管，並與滅火坑相連接。

5. 排水溝及集水管之大小及坡度，應具備能將加壓送水裝置之最大能力水量有效排出。

第63條 放射區域，指一只一齊開放閥啓動放射之區域，每一區域以五十平方公尺爲原則。

前項放射區域有二區域以上者，其主管管徑應在一百毫米以上。

第64條 水霧滅火設備之水源容量，應保持二十立方公尺以上。但放射區域在二區域以上者，應保持四十立方公尺以上。

第65條 依前條設置之水源，應連結加壓送水裝置。

加壓送水裝置使用消防幫浦時，其出水量及出水壓力，依下列規定，並連接緊急電源：

一、出水量：每分鐘一千二百公升以上，其放射區域二個以上時爲每分鐘二千公升以上。

二、出水壓力：核算管系最末端一個放射區域全部水霧噴頭放水壓力均能達每平方公分二點七公斤以上或0.27MPa以上。但用於防護電氣設備者，應達每平方公分三點五公斤以上或0.35MPa以上。

在國外隧道水霧滅火設備設計上，如日本隧道緊急用設施設計要領：AA級隧道、A級隧道（3km且交通量4000輛／日以上）須設置水噴霧設備。日本於公路隧道中裝設水霧系統水霧設備，規定放射區域爲50公尺（與我國一樣），所需要之放射水量至少爲6 lpm/m²，放射壓力3 bar，單顆噴頭流量58.9 lpm，噴頭K值爲34，設置間隔每4～5m，放射粒徑爲800 µm。（資料來源：簡賢文教授研究室）

在日本高速道路株式會社NEXCO提出

1. 建議水噴霧設備採自動放水操作

2. 單向隧道自動放水延遲時間：3分鐘

3. 雙向隧道自動放水延遲時間：10分鐘

而水霧設備設置方式，均爲一排，非我國常見的水霧配置方式。且Ohashi交流道隧道內的水霧設備是在車道正上方，而建造中的品川隧道則是在側牆上，設置方式值得參考比較，我國在交通部頒布「公路隧道消防安全設備設置規範」後，甲級隧道都將設置自動滅火設備，日本從1960年開始設置隧道水霧設備，在日本設置隧道水霧

是有相當經驗。

美國國家防火標準NFPA 502, 2011年版附錄E指出：

1.水系統可設計為手動啓動搭配自動放水延遲時間設計。

2.放水延遲時間不應超過3分鐘。

3.系統內之水源水量和／或泡沫量設計至少要滿足2個事故區劃。

歐盟跨國計畫UPTUN指出

1.水系統為自動放水設計，需採兩套偵測系統雙迴路設計

2.當兩套偵測系統皆偵知火災事故時，水系統才自動放水。

歐盟UPTUN WP2文獻指出撒水系統啓動時機則應由訓練合格之隧道人員手動啓動，而撒水放水持續時間必須為救災人員抵達火災現場所需時間的2倍時間，如隧道長度超出500公尺以上者，撒水系統放射時間至少須達30分鐘以上，因考慮交通堵塞等最嚴重之突發狀況。

自動放水時機	
單向通行	於偵知有火災發生時，計時3分鐘內自動啓動
雙向通行	於偵知有火災時，計時5分鐘內自動啓動。

因此，國內室內停車空間設置水霧滅火設備，與歐美日公路長隧道所設水霧系統是有相當差異性。室內停車空間與隧道本身空間與火載量（火災猛烈度）是有相當差異，以及有風及氣流及水平煙囪效應之顯著影響，或許國內學者研究隧道設計水霧滅火設備與主管政府部門已取得共識，在參考先進國家設計例，修正隧道設計水霧滅火設備之法令規範。

二、試從文化資產保存之重要性，申論古蹟歷史建築之基地內外及建築物本體是否應設消防栓設備？理由何在？有何補強方案或操作上應注意事項？（25分）

解：

(一) 古蹟歷史建築之基地內外及建築物本體設消防栓設備

基本上，一般古蹟歷史建築夜間常只有一位工作人力，一旦半夜發生火災，一般法定第一種室內消防栓設備將難以有效操作，致令火勢延燒擴大，造成重大損失。如果設置第二種室內消防栓防護距離短，設置數量勢必較多，而有美觀及施工之問題。而古建築之樓梯走廊通道也都較窄，恐無法供應適量足夠空間之虞。如果進行實際需

求，來修改目前消防栓水帶架結構，讓一人即可簡易操作類似第二種室內消防栓的修正消防栓能夠被廣泛的使用，並將這種消防栓外型像第一種消防栓，配置保形水帶及直線水霧瞄子，正式納入第一種消防栓。

針對文化財建造物，以避免破壞構造或影響美觀，日本消防法施行令第19條規範文化財建造物設置室外消防栓，而非室內消防栓。為與文化財建造物之背景環境融合避免過於突兀，消防栓箱及配管等所使用之材質、顏色及位置應有所考慮。

除消防栓之形式、顏色因應建築物特色外，其設置位置可利用周圍環境加以隱藏，如消防栓及配管採地底埋入式，使用時再拉出。

此外，在文化古蹟的周圍如日本設置自動放水的「水幕」來作為彼此建物屏障，水幕系統噴出的水為水簾狀，不是直接用來撲滅火災，係達到防火隔斷與局部降溫之功能，可避免受鄰房或四周之雜物、樹木失火延燒波及。

三、醫院重症病房（如開刀房、加護病房等）均為生死交關之特殊醫 作業場所，基於醫 品質與病人安全之理由，試申論該等場所是否應設置自動撒水設備？請說明有哪些可以提供給現場醫護人員（非工務勞安人員）簡易確認該設備有效性之構件設計？（25分）

解：

(一) 醫院重症病房（如開刀房、加護病房等）設置自動撒水設備問題

依各類場所消防安全設備設置標準第49條規定：「手術室、產房、X光（放射線）室、加護病房或麻醉室等其他類似處所得免設置撒水頭。」這些空間沒有訂定其他替代安全方案。基本上，國內開刀房、ICU於防止火煙侵入之常見缺失為(1)未施作防火填塞、(2)空調通風系統破壞防煙防火區劃、(3)防火填塞材質錯誤、(4)防火區劃材質錯誤、(5)常閉式防火門遭受開啟。

各類場所設置標準當中無描述手術室所涵蓋之區域，導致備品室等儲存大量可燃物之附屬空間誤沿用免設撒水頭之條文，且開刀房、ICU等空間不可因部分區域設置自動撒水系統而將防火區劃面積提高至3000平方公尺。（因已有部分區域為免設撒水頭區域。）

為確保開刀房、ICU等空間不受外部火災之影響，建議醫療機構設置標準應對於手術區與加護病房等特殊空間，規定其需設置獨立之防火區劃。而區域內部應至少區分成兩個以上防火區劃，以供區域內部發生火災時就近避難用。小區劃內至少需有兩

個以上之對外出口，以及一個通往鄰近防火區劃之就近避難出口，且兩個對外出口需位於不同防火區劃內，以防止外部火災時無法逃生之困境。

　　火災發生時間往往為人力最少之時段，為強化初期滅火能力，建議於各類場所消防安全設置標準中規定開刀房、ICU等空間應增設第二種消防栓或補助撒水栓，以減少救災之所需人力。（第二種消防栓之特點為可單人操作（以上資料來源：內政部建築研究所，醫院開刀房ICU等特殊空間，計畫主持人：陳建忠，民99年3月）。

(二) 提供給現場醫護人員簡易確認設備有效性之構件設計

　　設置補助撒水栓

　1.檢查方法

　(1) 切換成緊急電源狀況，用任一補助撒水栓確認其操作性能是否正常。

　(2) 放水試驗依下列程序確認

　　A.打開補助撒水栓，確認加壓送水裝置是否能啟動。

　　B.放水壓力用下列方法測試：

　　　(A) 測量瞄子直線放水壓力時，將壓力表之進水口，放置於瞄子前端瞄子口徑的二分之一距離處，讀取壓力表的指示值。

　　　(B) 放水量依下列計算式計算：

$$Q = 0.653D^2\sqrt{P}$$

　　　　Q = 瞄子放水量（L/min）

　　　　D = 瞄子口徑（mm）

　　　　P = 瞄子壓力（kgf/cm^2）

　(3) 操作性

　　確認皮管之延長及收納是否能容易進行。

　2.判定方法

　(1) 幫浦方式

　　A. 啟動性能

　　　(A) 加壓送水裝置應能確實啟動。

　　　(B) 表示、警報等應正常。

　　　(C) 電動機之運轉電流值應在容許的範圍內。

　　　(D) 運轉中應無不連續、不規則之雜音及異常之振動、發熱現象。

　　B. 放水壓力

　　　應在2.5kgf/cm^{2}以上10kgf/cm^{2}以下。

C.放水量

應在60 L/min以上。

(2) 重力水箱方式及壓力水箱方式

A.表示、警報等

表示、警報應正常。

B.放水壓力

應在2.5 kgf/cm²以上10kgf/cm²以下。

C.放水量

應在60 L/min以上。

(3) 操作性

應能容易延長及收納。

四、試評論類似台塑六輕等大型石化工廠廠區，在設置室外消防栓設備時，其火災境況需求與現行消防法規在法定尺寸規格及放射性能上，有何必須進一步相互調和之問題與對策。（25分）

解：

(一) 現行消防法規在大型石化工廠法定尺寸規格及放射性能規定

第210條　室外消防栓設備應符合下列規定：

一、配管、試壓、室外消防栓箱及有效水量之設置，準用第三十九條、第四十條第三款至第五款、第四十一條第二項、第三項之規定。

二、加壓送水裝置，除室外消防栓瞄子放水壓力超過每平方公分七公斤或0.7MPa時，應採取有效之減壓措施外，其設置準用第四十二條之規定。

三、口徑在六十三毫米以上，與防護對象外圍或外牆各部分之水平距離在四十公尺以下，且設置二支以上。

四、採用鑄鐵管配管時，使用符合CNS八三二規定之壓力管路鑄鐵管或具同等以上強度者，其標稱壓力在每平方公分十六公斤以上或1.6 MPa以上。

五、配管埋設於地下時，應採取有效防腐蝕措施。但使用鑄鐵管，不在此限。

六、全部室外消防栓同時使用時，各瞄子出水壓力在每平方公分三點五公斤以上或0.35 MPa以上；放水量在每分鐘四百五十公升以上。但全部室外消防栓數量超過四支時，以四支計算之。

七、水源容量在全部室外消防栓繼續放水三十分鐘之水量以上。但設置個數超過四支時，以四支計算之。

室外消防栓設備之緊急電源除準用第三十八條規定外，其供電容量應供其有效動作四十五分鐘以上。

前項緊急電源除準用第三十八條規定外，其供電容量應在其連續放水時間以上。

(二) 進一步相互調和之問題與對策

消防單位消防車輛、機具與六輕廠區內室外消防栓管徑規格不相容，無法就地取材救災，且六輕塑化消防隊所屬車輛與裝備與消防局均不同，無法提供消防人員救災之用。台塑石化廠區一般都有消防環廠水源大管徑管路、隔離閥及幫浦站加壓系統。

大型石化工廠等工作場所，如依本標準設有室外消防栓，且能符合消防專用蓄水池有效水量及有關設置規定者，得申請視同設有消防專用蓄水池，其係指室外消防栓蓄水池之水源容量亦能符合消防專用蓄水池有效水量時，得兼作消防專用蓄水池使用，惟此時該蓄水池仍應符合上揭標準第一百八十五條至第一百八十七條消防專用蓄水池之相關規定。

此外，第四類公共危險物品石化廠，於設置標準之相關多重防護措施及對策如次：

第215條　以室外儲槽儲存閃火點在攝氏四十度以下之第四類公共危險物品之顯著滅火困難場所者，且設於岸壁、碼頭或其他類似之地區，並連接輸送設備者，除設置固定式泡沫滅火設備外，並依下列規定設置泡沫射水槍滅火設備：

一、室外儲槽之幫浦設備等設於岸壁、碼頭或其他類似之地區時，泡沫射水槍應能防護該場所位於海面上前端之水平距離十五公尺以內之海面，而距離注入口及其附屬之公共危險物品處理設備各部分之水平距離在三十公尺以內，其設置個數在二具以上。

二、泡沫射水槍為固定式，並設於無礙滅火活動及可啟動、操作之位置。

三、泡沫射水槍同時放射時，射水槍泡沫放射量為每分鐘一千九百公升以上，且其有效水平放射距離在三十公尺以上。

第216條　以室內、室外儲槽儲存閃火點在攝氏七十度以下之第四類公共危險物品之顯著滅火困難場所，除設置固定式泡沫滅火設備外，並依下列規定設置冷卻撒水設備：

一、撒水噴孔符合CNS、一二八五四之規定，孔徑在四毫米以上。

二、撒水管設於槽壁頂部，撒水噴頭之配置數量，依其裝設之放水角度及撒水量核算；儲槽設有風樑或補強環等阻礙水路徑者，於風樑或補強環等下方增設撒水管及撒水噴孔。

三、撒水量按槽壁總防護面積每平方公尺每分鐘二公升以上計算之，其管徑依水力計算配置。

四、加壓送水裝置為專用，其幫浦出水量在前款撒水量乘以所防護之面積以上。

五、水源容量在最大一座儲槽連續放水四小時之水量以上。

六、選擇閥（未設選擇閥者為開關閥）設於防液堤外，火災不易殃及且容易接近之處所，其操作位置距離地面之高度在零點八公尺以上一點五公尺以下。

七、加壓送水裝置設置符合下列規定之手動啟動裝置及遠隔啟動裝置。但送水區域距加壓送水裝置在三百公尺以內者，得免設遠隔啟動裝置：

(一) 手動啟動裝置之操作部設於加壓送水裝置設置之場所。

(二) 遠隔啟動裝置由下列方式之一啟動加壓送水裝置：

1. 開啟選擇閥，使啟動用水壓開關裝置或流水檢知裝置連動啟動。

2. 設於監控室等平常有人駐守處所，直接啟動。

八、加壓送水裝置啟動後五分鐘以內，能有效撒水，且加壓送水裝置距撒水區域在五百公尺以下。但設有保壓措施者，不在此限。

九、加壓送水裝置連接緊急電源。

101年專門職業及技術人員消防設備人員考試試題

等　　別：高等考試

類　　科：消防設備師

科　　目：水系統消防安全設備

考試時間：2小時

※注意：

1) 禁止使用電子計算器。

2) 不必抄題，作答時請將試題題號及答案依照順序寫在試卷上，於本試題上作答者，
   不予計分。

3) 請以黑色鋼筆或原子筆在申論試卷上作答。

一、水霧滅火設備用於建築物附設室內停車空間時，其放射性能有何要求？（**10分**）
　　設置時有哪些應特別考量事項？（**15分**）試述之。

解：

(一) 放射性能要求

放射壓力及放射量應在所設置噴頭之使用範圍內。

另放射量依下列公式算出：

$$Q = K\sqrt{P}$$

Q：放射量（L/min）

P：放射壓力（kgf/cm^2）

K：係數

水霧噴頭，依下列規定配置：

一、防護對象之總面積在各水霧噴頭放水之有效防護範圍內。

二、每一水霧噴頭之有效半徑在二點一公尺以下。

三、水霧噴頭之配置數量，依其裝設之放水角度、放水量及防護區域面積核算，
　　其每平方公尺放水量，供第十八條附表第三項、第四項所列場所使用，在每

分鐘二十公升以上。

(二) 設置時特別考量事項

第68條　裝置水霧滅火設備之室內停車空間，其排水設備應符合下列規定：

　　　　一、車輛停駐場所地面作百分之二以上之坡度。

　　　　二、車輛停駐場所，除面臨車道部分外，應設高十公分以上之地區境界堤，或深十公分寬十公分以上之地區境界溝，並與排水溝連通。

　　　　三、滅火坑具備油水分離裝置，並設於火災不易殃及之處所。

　　　　四、車道之中央或二側設置排水溝，排水溝設置集水管，並與滅火坑相連接。

　　　　五、排水溝及集水管之大小及坡度，應具備能將加壓送水裝置之最大能力水量有效排出。

二、建築物附設室內停車空間依法可選設哪些滅火設備？（5分）試比對分析這些滅火設備對該空間火災境況之適用性及合理性。（20分）

解：

(一) 建築物附設室內停車空間依法可選設滅火設備

第18條　下表所列之場所，應就水霧、泡沫、乾粉、二氧化碳滅火設備等選擇設置之。但外牆開口面積（常時開放部分）達該層樓地板面積百分之十五以上者，上列滅火設備得採移動式設置。

項目	應設場所	水霧	泡沫	二氧化碳	乾粉
一	屋頂直升機停機場（坪）。		○		○
二	飛機修理廠、飛機庫樓地板面積在二百平方公尺以上者。		○		○
三	汽車修理廠、室內停車空間在第一層樓地板面積五百平方公尺以上者；在地下層或第二層以上樓地板面積在二百平方公尺以上者；在屋頂設有停車場樓地板面積在三百平方公尺以上者。	○	○	○	○

(二) 分析上述滅火設備對室內空間火災境況之適用性及合理性

　　建築物附設室內停車空間，依法可選設應就水霧、泡沫、乾粉、二氧化碳滅火設備等選擇設置。

1. 泡沫：泡沫主要針對溫度之冷卻作用，當水轉化為水蒸氣時從燃燒中燃料吸收熱量。任何暴露於泡沫的熱物體會連續地使泡沫破裂（Breaking Down），將水轉化為水蒸氣，從而進一步受到冷卻。且能針對可燃物之隔絕作用，因泡沫有保濕又加上流動性，由上緩慢流下，在可燃物體表面形成附著覆蓋，可以持續一段時間，使其與火燄隔離。當累積到一定深度時，會形成一道隔離層（Insulating Barrier），保護受火災曝露的物質或建築物不捲入火勢，從而防止火災蔓延。是目前國內應用最普遍情形，有良好冷卻及覆蓋能力，可防止火勢復燃之可能。

2. 水霧：水霧主要之滅火機制是水顆粒噴向火災區域時，會大量增加吸收空間熱表面積，汽化後體積膨脹為1700倍，使火災區域得到充分的冷卻。其以霧滴粒方式，吸收空氣中煙霧粒和油霧粒，產生大量冷卻效果，而具有大量吸收油類及易燃體類大量輻射熱之降溫效果。

3. 乾粉：乾粉主要滅火機制是針對連鎖反應之化學抑制作用，由乾粉中的無機鹽的揮發性分解物，與燃燒過程中燃料所產生的自由基，發生化學抑制和副催化作用，亦就是其表面能夠捕獲H^+和OH^-使之結合成水，而破壞鏈鎖反應（Chain Reaction），有效抑制自由基的產生或者能夠迅速降低火焰中H^+、OH^-等自由基濃度，導致燃燒中止現象。但乾滅之滅火濃度必須足夠，且其冷卻能力有限，須注意火勢複燃之可能，但在室內停車空間之開口風及氣流或大空間使用，有其效果被打折之虞。

4. 二氧化碳滅火機制主要是窒息滅火，在常壓下液態的二氧化碳會立即汽化，一般1kg的液態二氧化碳可產生約$0.5m^3$氣體量。因而，滅火時二氧化碳能排除火災室空氣，而覆蓋籠罩在燃燒物體的表面或分佈空間中，降低可燃物周圍或防護空間內的氧濃度，產生窒息作用而滅火。雖法規有規定該層樓地板面積百分之十五以上者，上列滅火設備得採移動式設置，但使用二氧化碳，但在室內停車空間之開口風及氣流或大空間使用，有其效果被打折之虞。

三、試圖示並說明有關自動撒水設備其壓力水箱壓力開關動作下限值應如何設定，才能達成撒水頭持續有效放水之性能需求？（**25分**）

解：

自動撒水設備加壓送水裝置啟動壓力值之設定，應符合下列規定：

(一) 使用啓動用水壓開關裝置連動啓動，該啓動用水壓開關裝置壓力開關處之配
管內壓降至左列二者較大壓力值時，加壓送水裝置應即啓動。

　　1. 最高處撒水頭至啓動用水壓開關裝置壓力開關間之落差壓力（H_1）加每
平方公分一點五公斤。

　　2. 屋頂水箱至啓動用水壓開關裝置壓力開關間之落差壓力（H_2）加每平方
公分零點五公斤。

　　3. 設有補助撒水栓時，爲最高處補助撒水栓至啓動用水壓開關裝置壓力開
關間之落差壓力（H_3）加每平公方三公斤及補助撒水栓之開關、水帶、
瞄子等摩擦損失（H_0）。

(二) 使用自動警報逆止閥連動啓動時，屋頂水箱至最高處撒水頭間之落差（H）
加每平方公分一點五公斤（設有補助撒水栓時，不得使用此種啓動方式）。

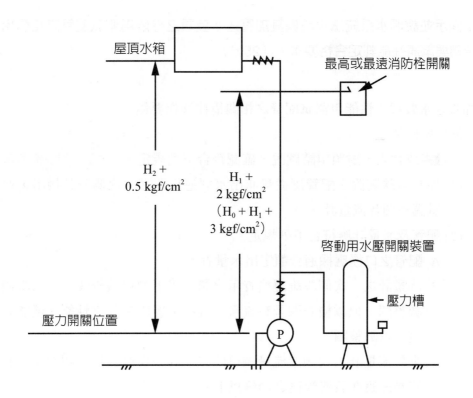

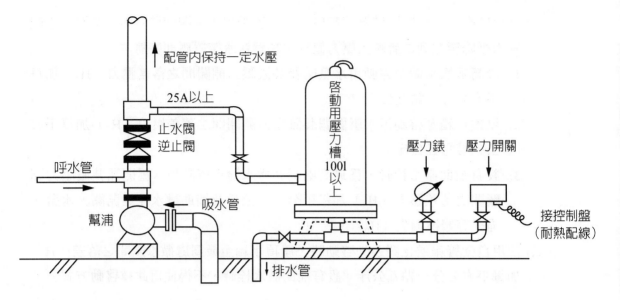

四、試圖示並說明水系統滅火設備其加壓送水裝置之性能用測試配管之相關構件操作要領與幫浦性能判定合格要求。（25分）

解：

(一) 加壓送水裝置之性能用測試配管之相關構件操作要領

　　1.形狀與構造

　　　以目視或實測，對照申請圖說，確認符合下列規定。

　　(1) 性能試驗裝置之配管應從幫浦出水側逆止閥之一次側分歧接出，並裝設流量調整閥及流量計。

　　(2) 配管及流量計應符合下列規定。

　　　A.配管之口徑應採適合額定出水量者。

　　　B.流量計之一次側設維護檢查用之閥（以下簡稱檢查閥），二次側設流量調整閥。但以檢查閥調整流量，且不影響流量計之性能、機能者，得不設流量調整閥。

　　　C.未於流量計二次側設流量調整閥時，其一次側之檢查閥與流量計間之直管長度應在該管管徑之10倍以上。

　　　D.流量計與設在二次側之流量調整閥間應為直管，其長度應為該管管徑之6倍以上。

　　　E.流量計指示器之最大刻度應為幫浦額定出水量之120%以上，300%以下。對於幫浦之額定出水量具有範圍者，得採額定出水量下限值之300

%以下。

　　　F. 流量計指示器之一格刻度，應為其最大刻度之5%以下。

(3) 不得有造成使用障礙顧慮之龜裂、變形、損傷、彎曲、洩漏、明顯腐蝕及其他缺陷。

(4) 形狀、構造及尺寸應與申請圖說記載之形狀及尺寸相同。

2. 流量試驗

(1) 在幫浦設有性能試驗裝置之狀態，於額定出水量點，依幫浦出水量測定方法施測，讀取當時之流量計標示值。

(2) 依「幫浦出水量之測定方法」規定求得之值與幫浦性能試驗裝置之流量標示值之差，應在該流量計使用範圍之最大刻度之±3%以內。但作為測定裝置之堰堤等，於規定之測定誤差得不包含在該流量試驗裝置誤差範圍內。

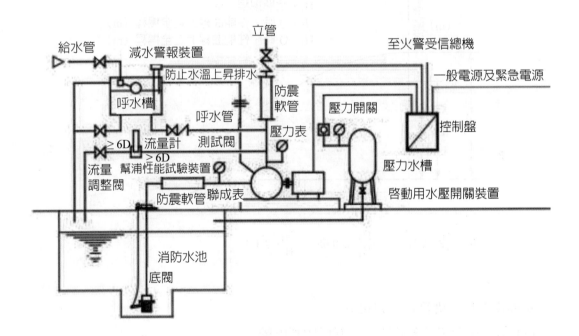

(二) 幫浦性能判定合格要求

　　先將幫浦吐出側之制水閥關閉之後，使幫浦啟動，然後緩緩的打開性能測試用配管之制水閥，由流量計及壓力表確認額定負荷運轉及全開點時之性能。

　　全揚程及出水量在下圖所示性能曲線上，應符合下列(a)～(c)之規定，並應符合(d)～(f)所列許可差之規定（防止水溫上升用排放之水量，不包括在額定出水量內）。

(a) 幫浦在額定出水量時，在其性能曲線上之全揚程應爲額定全揚程之100%以上、110%以下。

(b) 幫浦之出水量在額定出水量之150%時，其全揚程應爲額定出水量在性能曲線上全揚程之65%以上。

(c) 全閉揚程應爲額定出水量在性能曲線上全揚程之140%以下。

(d) 額定出水量時之全揚程應在設計值之＋10%、–0%內。

(e) 額定出水量之150%時之全揚程應在設計值之–8%內。

(f) 全閉揚程應在設計值之±10%內。

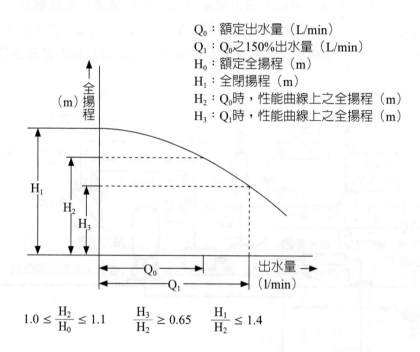

Q_0：額定出水量（L/min）
Q_1：Q_0之150%出水量（L/min）
H_0：額定全揚程（m）
H_1：全閉揚程（m）
H_2：Q_0時，性能曲線上之全揚程（m）
H_3：Q_1時，性能曲線上之全揚程（m）

$$1.0 \le \frac{H_2}{H_0} \le 1.1 \qquad \frac{H_3}{H_2} \ge 0.65 \qquad \frac{H_1}{H_2} \le 1.4$$

電動機之性能應符合下列規定：

(1) 幫浦在額定負載狀態下，應能順利啓動。

(2) 電動機在額定輸出連續運轉8小時後，不得發生異狀，且在超過額定輸出之10%下運轉1小時，仍不致發生故障，引起過熱現象。

100年專門職業及技術人員消防設備人員考試試題

等　　別：高等考試

類　　科：消防設備師

科　　目：水系統消防安全設備

考試時間：2小時

※注意：

1) 禁止使用電子計算器。

2) 不必抄題，作答時請將試題題號及答案依照順序寫在試卷上，於本試題上作答者，不予計分。

3) 請以黑色鋼筆或原子筆在申論試卷上作答。

一、試圖示並說明連結送水管及中繼幫浦之檢查項目及必要性能測試內容。（25分）

解：

(一) 連結送水管及中繼幫浦之檢查項目

1.檢查方法

(1) 有中繼幫浦者，將其切換至緊急電源狀態下，操作遠隔啓動裝置，確認該幫浦有無啓動。

(2) 由該幫浦電動機控制盤之電流表，確認運轉電流是否正常。

(3) 由該幫浦之壓力表，確認全閉壓力是否正常。

(4) 於幫浦及電動機運轉中，確認有無不規則之間斷聲音或異常振動之情形。

2.判定方法

(1) 由遠隔啓動裝置之操作，應能確實啓動加壓送水裝置。

(2) 電動機之運轉電流值應在容許範圍內。

(3) 幫浦之全閉壓力應滿足該幫浦性能曲線之全閉壓力。

(4) 電動機及幫浦運轉中應無不規則之間斷聲音或異常振動之情形。

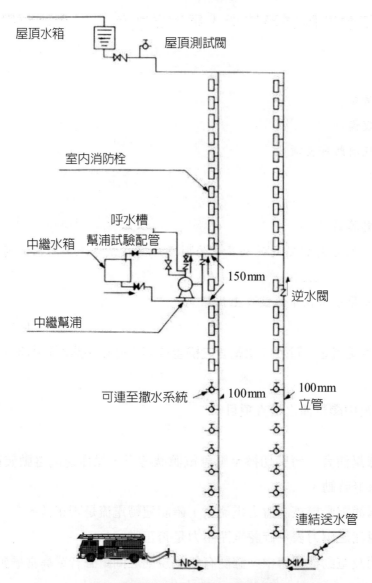

屋頂水箱

屋頂測試閥

室內消防栓

呼水槽

幫浦試驗配管

中繼水箱

中繼幫浦

150mm

逆水閥

可連至撒水系統

100mm

100mm
立管

連結送水管

圖　連結送水管與中繼幫浦設計例

（修改自日本消防用設備等設置指導基準第92號，平成18年）

(二) 連結送水管及中繼幫浦竣工查驗測試項目

　　1.幫浦性能：

　　(1) 三點性能測試須符合設計值及測試報告數據。

　　(2) 缺水警報、過載測試需符合規定。

　　(3) 壓力桶之安全閥洩壓裝置需符合規定。

2.幫浦一次側之壓力調整閥功能：

消防車以送水設計壓力送水，分別進行下列測試：

(1) 啓動低層中繼幫浦

(2) 啓動低層及高層中繼幫浦

其壓力調整閥壓力值須爲1 kgf/cm²以上，且幫浦全閉揚程（壓力值）+押入揚程（壓力值）須小於17 kgf/cm²。

表1　壓力調整閥功能測試

項目	測試1-1	測試1-2	測試2-1	測試2-2
消防車送水	○	○	○	○
低層中繼幫浦	○開啓	○開啓	○開啓	○開啓
高層中繼幫浦	×關閉	×關閉	○開啓	○開啓
出水口	×各層均關閉	△上行管最頂層及其直下層出水，各出2線，共4線	×各層均關閉	△下行管最頂層及其直下層出水，各出2線，共4線
移動式幫浦	×	×	×	×

3.低層中繼幫浦送至高層中繼幫浦處，應有押入揚程10m以上：

消防車以送水設計壓力送水，啓動低層及高層中繼幫浦，測試高層中繼幫浦一次側之壓力調整閥壓力是否達1 kgf/cm²以上。

表2　押入揚程測試

項目	測試3-1	測試3-2	測試3-3
消防車送水	○	○	○
低層中繼幫浦	○開啓	○開啓	○開啓
高層中繼幫浦	○開啓	○開啓	○開啓
出水口	×各層均關閉	△上行管最頂層及其直下層出水，各出2線，共4線	△下行管最頂層及其直下層出水，各出2線，共4線
移動式幫浦	×	×	×

4.放水測試

(1) 消防車以送水設計壓力送水，啓動高層中繼幫浦，測試上行管最頂層及其

直下層（各出2線，共4線）出水口之放水量是否達600lpm、放水壓力是否達6 kgf/cm²。

(2) 消防車以送水設計壓力送水，啓動低層及高層幫浦。

(3) 管最頂層及其直下層（各出2線，共4線）之放水量是否達600lpm、放水壓力是否達6 kgf/cm²。

(4) 消防車以送水設計壓力送水，啓動低層中繼幫浦，測試上行管最頂層及其直下層（各出2線，共4線）出水口之放水量是否達600lpm、放水壓力是否達6 kgf/cm²。

表3　放水測試

項目	測試4-1	測試4-2	測試4-3
消防車送水	○	○	○
低層中繼幫浦	×關閉	○開啓	○開啓
高層中繼幫浦	○開啓	○開啓	×關閉
出水口	△上行管最頂層及其直下層出水，各出2線，共4線	△下行管最頂層及其直下層出水，各出2線，共4線	△上行管最頂層及其直下層出水，各出2線，共4線
移動式幫浦	×	×	×

5.管系最大壓力測試

消防車以送水設計壓力送水，啓動低層及高層中繼幫浦，各層出水口全閉，低層中繼幫浦一次側之壓力調整閥關閉，測試低層中繼幫浦二次側壓力，不得超過系統設計最大壓力值，各閥體、管另件不得有漏水或故障現象。

表4　管系最大壓力

測試項目	測試5
消防車送水	○
低層中繼幫浦	○開啓
低層中繼幫浦一次側之壓力調整閥	×關閉
高層中繼幫浦	○開啓
出水口	×各層均關閉
移動式幫浦	×

6. 消防搶救驗證

消防車以送水設計壓力送水，啟動低層中繼幫浦，移動式幫浦裝置於建築物最頂層之直下層，最頂層出水1線，測試放水壓力是否達6 kgf/cm^2。

表5 消防搶救驗證

項目	測試6
消防車送水	○
低層幫浦	△視個案指定
高層幫浦	×關閉
出水口	於最頂層出水1線
移動式幫浦	○裝置於最頂層

二、小型旅館、古蹟歷史建築、小型安養機構等夜間常只有一位工作人力等使用類別場所，一旦半夜發生火災，一般法定室內消防栓設備將難以有效操作，致令火勢延燒擴大，造成重大損失。試申論為何國內消防工程實務少見一人可簡易操作的消防栓設備安裝實例？應如何推動落實？（25分）

解：

(一) 法定室內消防栓設備

第34條　除第十二條第二款第十一目或第四款之場所，應設置第一種消防栓外，其他場所應就下列二種消防栓選擇設置之：

　　一、第一種消防栓，依下列規定設置：

　　　　(一) 各層任一點至消防栓接頭之水平距離在二十五公尺以下。

　　　　(二) 任一樓層內，全部消防栓同時使用時，各消防栓瞄子放水壓力在每平方公分一點七公斤以上或0.17 MPa以上，放水量在每分鐘一百三十公升以上。但全部消防栓數量超過二支時，以同時使用二支計算之。

　　　　(三) 消防栓箱內，配置口徑三十八毫米或五十毫米之消防栓一個，口徑三十八毫米或五十毫米、長十五公尺並附快式接頭之水帶二條，水帶架一組及口徑十三毫米以上之直線水霧兩用瞄子一具。但消防栓接頭至建築物任一點之水平距離在十五公尺以下時，水帶部分得設十公尺水帶二條。

二、第二種消防栓，依下列規定設置：

(一) 各層任一點至消防栓接頭之水平距離在十五公尺以下。

(二) 任一樓層內，全部消防栓同時使用時，各消防栓瞄子放水壓力在每平方公分二點五公斤以上或0.25 MPa以上，放水量在每分鐘六十公升以上。但全部消防栓數量超過二支時，以同時使用二支計算之。

(三) 消防栓箱內，配置口徑二十五毫米消防栓連同管盤長二十公尺之皮管及直線水霧兩用瞄子一具，且瞄子設有容易開關之裝置。

(二) 國內第二種室內消防栓設備少見之原因

1. 價格昂貴，因第二種消防栓防護半徑較第一種小，所以設置數量較第一種多

2. 占較多空間且樓梯走廊通道無法供應適量空間而不被考慮

3. 安裝較麻煩

4. 第二種消防栓管徑小，出水量少，不利於火勢快速延燒壓住之用，相較於第一種消防栓泵浦揚程夠大水壓就強，流水量也大，滅火快速

(三) 應如何推動落實

畢竟第二種室內消防栓比第一種室內消防栓操作方便，且一人即可操作，於初期火勢往往是一人發現，欲使用第一種室內消防栓，在未受過訓練人員有其困難性。因此，第二種室內消防栓有其使用相當優勢。

設置二種室內消防栓，若加以修改，強制要求建築設計在樓梯間或走廊通道，提供適當安裝空間，並在此類場所修改水帶架結構，讓一人即可簡易操作類似第二種消防栓的消防栓能夠被廣泛的使用，並將這種消防栓外型像第一種消防栓，配置水帶及直線水霧瞄子，正式納入第一種消防栓。

輔導業主使用者宣導安裝第二種室內消防栓，對使用安全及操作性較有保障。

第二種室內消防栓使用時後座力小，且無須拆後再接合之問題，鼓勵業主安裝使用。

三、試引據說明國內消防法規對撒水頭有何安裝高度的限制？並申論大賣場等挑高空間常見的集熱板之實質功效與必要性。（25分）

解：

(一) 撒水頭安裝高度限制

第46條　撒水頭，依下列規定配置：

　　　　五、中央主管機關認定儲存大量可燃物之場所天花板高度超過六公尺，或其
　　　　　　他場所天花板高度超過十公尺者，應採用放水型撒水頭。

　　　　六、地下建築物天花板與樓板間之高度，在五十公分以上時，天花板與樓板
　　　　　　均應配置撒水頭，且任一點至撒水頭之水平距離在二點一公尺以下。但
　　　　　　天花板以不燃性材料裝修者，其樓板得免設撒水頭。

　　　　第十七條第一項第六款之高架儲存倉庫，其撒水頭依下列規定配置：

　　　　一、設在貨架之撒水頭，應符合下列規定：

　　　　　　(一) 任一點至撒水頭之水平距離，在二點五公尺以下，並以交錯方式設
　　　　　　　　置。

　　　　　　(二) 儲存棉花類、塑膠類、木製品、紙製品或紡織製品等易燃物品時，
　　　　　　　　每四公尺高度至少設置一個；儲存其他物品時，每六公尺高度至少
　　　　　　　　設置一個。

　　　　　　(三) 儲存之物品會產生撒水障礙時，該物品下方亦應設置。

　　　　　　(四) 設置符合第四十七條第二項規定之集熱板。但使用經中央主管機關
　　　　　　　　認可之貨架撒水頭者，不在此限。

第47條　撒水頭之位置，依下列規定裝置：

　　　　前項第八款之撒水頭，其迴水板與天花板或樓板之距離超過三十公分時，依
　　　　下列規定設置集熱板。

　　　　一、集熱板應使用金屬材料，且直徑在三十公分以上。

　　　　二、集熱板與迴水板之距離，在三十公分以下。

第49條　下列處所得免裝撒水頭：

　　　　九、第十二條第一款第一目所列場所及第二目之集會堂使用之觀眾席，設有
　　　　　　固定座椅部分，且撒水頭裝置面高度在八公尺以上者。

第52條　開放式自動撒水設備之自動及手動啓動裝置，依下列規定設置。但受信總機
　　　　設在平時有人處，且火災時，能立即操作啓動裝置者，得免設自動啓動裝
　　　　置：

　　　　一、自動啓動裝置，應符合下列規定：

　　　　　　(三) 感知撒水頭設在裝置面距樓地板面高度五公尺以下，且能有效探測
　　　　　　　　火災處。

(二) 撒水頭集熱板之實質功效與必要性

集熱板依照原文為防護板之意，不知為何使用令人誤解之集熱板名詞。依各類場所消防安全設備設置標準規定必須有集熱板規定，一是裝設於貨架的撒水頭，另一個是撒水頭側面有樑的情形。

第46條　撒水頭，依下列規定配置：

(四) 設置符合第四十七條第二項規定之集熱板。但使用經中央主管機關認可之貨架撒水頭者，不在此限。

第47條　撒水頭之位置，依下列規定裝置：

八、密閉式撒水頭側面有樑時，依下表裝置。

撒水頭與樑側面淨距離（公分）	74以下	75以上99公下	100以上149 以下	150以上
迴水板高出樑底面尺寸（公分）	0	9以下	14以下	29

前項第八款之撒水頭，其迴水板與天花板或樓板之距離超過三十公分時，依下列規定設置集熱板。

一、集熱板應使用金屬材料，且直徑在三十公分以上。

二、集熱板與迴水板之距離，在三十公分以下。

於消防署99年執法疑義提案三：各類場所消防安全設備設置標準自動撒水設備撒水頭集熱板之設置，得否在高架儲存倉庫之貨架或撒水頭側面有樑等兩種情況以外設置。

決議：為確保依各類場所消防安全設備設置標準設置之自動撒水設備功能正常，上開標準第46條高架儲存倉庫貨架撒水頭設置集熱板，係為避免感熱元件遭上方撒水頭撒水淋濕，影響作動時間；另第47條撒水頭側面有樑，係考量撒水頭要符合設於裝置面下方30公分內，迴水板又要與樑底保持在一定距離以下，因可能無法兼顧二者之規定，故有得設集熱板之規定；至其他處所應考量能及早動作，避免作動延遲造成無法滅火之疑慮，撒水頭之迴水板應設於裝置面下方，其間距在30公分以下。

於NFPA 13指出集熱板不能當做輔助撒水頭動作的裝置，集熱板形成熱流的停滯點反而會成為撒水頭啟動的障礙。

因此，撒水頭集熱板之實質功效並非輔助撒水頭動作的裝置，必要性考量如同消防署99年執法疑義及裝設於貨架的撒水頭或撒水頭側面有樑的情形，始有其考量。

四、公路隧道火災境況特殊，為克服公設消防力可及性之實質困難，國外多採可冷卻
　　控溫及抑制火勢的水系統滅火設備。試問該隧道水系統滅火設備其設計條件與國
　　內法定水霧滅火設備有何差異？安裝完成後如何驗證其有效性能？（25分）

解：

(一) 隧道水系統滅火設備其設計條件與國內法定水霧滅火設備有何差異

　　106年通車的蘇花改公路，因沿途有8座累計長達24.5公里隧道群，為能掌握搶救
意外時效，蘇花改工程首度在國內公路隧道中採用自動水霧系統。

第61條　水霧噴頭，依下列規定配置：

　　　　4. 防護對象之總面積在各水霧噴頭放水之有效防護範圍內。

　　　　5. 每一水霧噴頭之有效半徑在二點一公尺以下。

　　　　6. 水霧噴頭之配置數量，依其裝設之放水角度、放水量及防護區域面積核
　　　　　算，其每平方公尺放水量，供第十八條附表第三項、第四項所列場所使
　　　　　用，在每分鐘二十公升以上；供同條附表其他場所使用，在每分鐘十公
　　　　　升以上。

第68條　裝置水霧滅火設備之室內停車空間，其排水設備應符合下列規定：

　　　　6. 車輛停駐場所地面作百分之二以上之坡度。

　　　　7. 車輛停駐場所，除面臨車道部分外，應設高十公分以上之地區境界堤，
　　　　　或深十公分寬十公分以上之地區境界溝，並與排水溝連通。

　　　　8. 滅火坑具備油水分離裝置，並設於火災不易殃及之處所。

　　　　9. 車道之中央或二側設置排水溝，排水溝設置集水管，並與滅火坑相連接。

　　　　10.排水溝及集水管之大小及坡度，應具備能將加壓送水裝置之最大能力水
　　　　　量有效排出。

第63條　放射區域，指一只一齊開放閥啟動放射之區域，每一區域以五十平方公尺為
　　　　原則。

　　　　前項放射區域有二區域以上者，其主管管徑應在一百毫米以上。

第64條　水霧滅火設備之水源容量，應保持二十立方公尺以上。但放射區域在二區域
　　　　以上者，應保持四十立方公尺以上。

第65條　依前條設置之水源，應連結加壓送水裝置。

　　　　加壓送水裝置使用消防幫浦時，其出水量及出水壓力，依下列規定，並連接
　　　　緊急電源：

一、出水量:每分鐘一千二百公升以上,其放射區域二個以上時爲每分鐘二千公升以上。

二、出水壓力:核算管系最末端一個放射區域全部水霧噴頭放水壓力均能達每平方公分二點七公斤以上或0.27 MPa以上。但用於防護電氣設備者,應達每平方公分三點五公斤以上或0.35 MPa以上。

在國外隧道水霧滅火設備設計上,如日本隧道緊急用設施設計要領:AA級隧道、A級隧道(3km且交通量4000輛/日以上)須設置水噴霧設備。日本於公路隧道中裝設水霧系統水霧設備,規定放射區域爲50公尺(與我國一樣),所需要之放射水量至少爲6 lpm/m^2,放射壓力3 bar,單顆噴頭流量58.9 lpm,噴頭K值爲34,設置間隔每4~5m,放射粒徑爲800 μm。(資料來源:簡賢文教授研究室)

在日本高速道路株式會社NEXCO提出

1.建議水噴霧設備採自動放水操作

2.單向隧道自動放水延遲時間:3分鐘

3.雙向隧道自動放水延遲時間:10分鐘

而水霧設備設置方式,均爲一排,非我國常見的水霧配置方式。且Ohashi交流道隧道內的水霧設備是在車道正上方,而建造中的品川隧道則是在側牆上,設置方式值得參考比較,我國在交通部頒布「公路隧道消防安全設備設置規範」後,甲級隧道都將設置自動滅火設備,日本從1960年開始設置隧道水霧設備,在日本設置隧道水霧是有相當經驗。

美國國家防火標準NFPA 502, 2011年版附錄E指出:

1.水系統可設計爲手動啓動搭配自動放水延遲時間設計。

2.放水延遲時間不應超過3分鐘。

3.系統內之水源水量和/或泡沫量設計至少要滿足2個事故區劃。

歐盟跨國計畫UPTUN指出

1.水系統爲自動放水設計,需採兩套偵測系統雙迴路設計

2.當兩套偵測系統皆偵知火災事故時,水系統才自動放水。

歐盟UPTUN WP2文獻指出撒水系統啓動時機則應由訓練合格之隧道人員手動啓動,而撒水放水持續時間必須爲救災人員抵達火災現場所需時間的2倍時間,如隧道長度超出500公尺以上者,撒水系統放射時間至少須達30分鐘以上,因考慮交通堵塞等最嚴重之突發狀況。

自動放水時機	
單向通行	於偵知有火災發生時，計時3分鐘內自動啓動。
雙向通行	於偵知有火災時，計時5分鐘內自動啓動。

因此，國內室內停車空間設置水霧滅火設備，與歐美日公路長隧道所設水霧系統是有相當差異性。室內停車空間與隧道本身空間與火載量（火災猛烈度）是有相當差異，以及有風及氣流及水平煙囪效應之顯著影響，或許國內學者研究隧道設計水霧滅火設備與主管政府部門已取得共識，在參考先進國家設計例，修正隧道設計水霧滅火設備之法令規範。

(二) 安裝完成後驗證有效性

水霧滅火設備放射區域二區以上時，依實設水霧噴頭數量、放水量及防護區域面積核算結果，其幫浦出水量超過第六十五條第二項第一目每分鐘二千公升以上時，應以其實際核算值檢討。而其水源容量則以能供放射區域二區同時放水二十分鐘核算，且應為四十立方公尺以上。

可依隧道水霧設備設計之需求原則，進行確認之。

1. 火災確認
   (1) 自動偵測
      A. 隧道機電火警探測器或交控影像式事件自動偵測器偵知有火災發生時，並經操作人員確認後。
      B. 隧道機電火警探測器及交控影像式事件自動偵測器兩者同時偵測到火災時。
   (2) 人工通報
      A. 行控中心接獲用路人通報。
      B. 透過CCTV發現起火點或有煙霧或火焰時。
2. 放水持續時間
   水霧設備放水持續時間需考慮到交通堵塞等最嚴重之突發狀況，以確保消防人員未抵達前，隧道內尚未逃生成功之用路人仍處於可以維生的環境條件。因此消防用水量應必須滿足水霧設備最低的放水持續時間之水量。公路隧道最低放水持續時間如下表所示。

表6 水霧設備最低放水持續時間

隧道	放水持續時間	備註
市區隧道	至少20分鐘	係參考「各類場所消防安全設備設置標準」規定自動撒水設備之水源容量應符合繼續放水20分鐘之水量，鄰近消防分隊可趕赴救災。
山區隧道	至少40分鐘	考量山區隧道地處偏遠，且消防救援可能性低，故以二位市區隧道持續放水時間計算之。
特殊個案	救災人員抵達火災現場所需時間的2倍時間	隧道長度超過3公里以上者，且具交通運輸之重要性或為國家重要交通建設者，以參考歐盟UPTUN跨國計畫建議，放水持續時間應為二倍救災人員抵達火場展開救援之所需時間。

在簡賢文教授研究指出，以書面資料審查及火災實驗審查兩項進行。

(1) 書面審查

水霧設備設計及安裝文件應該明確定義系統設計目標、設計參數等，包括：可行性（feasibility）、有效性（effectiveness）、可靠度（reliability）、性能（performance），以及設置和維護成本（cost），以便確認評估系統性能，且書面文件中應清楚確定工程安全因子能與隧道內所有系統設計進行整合，並針對水霧設備對於整體系統安全概念之影響進行評估，其評估至少包括：

A. 對於排水系統的影響。

B. 與其他系統的整合度，包括：火警偵測及警報系統、通風煙控系統、交通控制及監視系統。

C. 後續的系統維護管理要求。

D. 數值模擬分析：投標廠商需進行隧道火災境況模擬，提出系統設計相關書面資料，為評估水霧設備之適用性，以及是否能建立並營造可接受之救援避難安全性能。

(2) 火災實驗審查，其境況模擬應包括如下：

A. 油盤火災（25MW）或6輛小客車火災（30MW）。

B. 一輛大貨車火災（100MW）。

C. 兩輛大客車火災（60MW）。

因此，得以書面資料審查及火災實驗審查兩項，來驗證其實質有效性。

6.3 消防設備師化學系統歷屆考題

105年專門職業及技術人員消防設備人員考試試題

等　　別：高等考試
類　　科：消防設備師
科　　目：化學系統消防安全設備
考試時間：2小時　　座號：
※注意：
1) 禁止使用電子計算器。
2) 不必抄題，作答時請將試題題號及答案依照順序寫在試卷上，於本試題上作答者，不予計分。
3) 請以黑色鋼筆或原子筆在申論試卷上作答。

一、依據「各類場所消防安全設備設置標準」規定，乾粉滅火設備檢查會勘時，需做放射實驗，試敘述進行全區放射實驗、局部放射實驗及移動放射實驗時，分別應注意事項為何？（25分）

解：

(一) 全區放射方式及局部放射方式

　　將電源切換為緊急電源狀態，依下列各點進行檢查。當放射區域在2區以上，於每次檢查時，避免選擇同一區域內重複檢查，應依序進行檢查。

　　1. 全區放射方式注意事項

　　　A. 檢查結束後，應將檢查時使用之加壓用氣體容器或清洗用氣體容器，換裝為替代容器，進行再充填。

　　　B. 在未完成完全換氣前，不得進入放射區域。遇不得已之情形非進入時，應著空氣呼吸器。

　　　C. 完成檢查後，應將所有回復定位。

2.局部放射方式注意事項

準依前面之規定。

(二) 移動式放射方式注意事項

A.檢查結束後，應將檢查時使用之加壓用氣體容器或清洗用氣體容器，換裝替代容器，進行再充填。

B.完成檢查後，應將所有回復定位。

二、泡沫滅火設備為常用的化學系統消防設備，試述泡沫滅火劑的種類為何？泡沫滅火設備的泡沫滅火原理？泡沫滅火劑的發泡性能如何分類？（25分）

解：

(一) 泡沫滅火劑種類

泡沫主要分為化學泡沫和空氣泡沫二種。

而空氣泡種類如水成膜泡沫（Aqueous Film-Forming Foam Agents, AFFF）、氟蛋白泡沫、水成膜氟蛋白泡沫（FFFP）、蛋白型空氣泡沫、中膨脹和高膨脹泡沫、抑制蒸氣泡沫、低溫泡沫、抗酒精型泡沫、界面活性劑泡沫等。

（請參考盧守謙、陳永隆編著《火災學》）

(二) 泡沫滅火設備的泡沫滅火原理

1.針對溫度之冷卻作用

水轉化為水蒸氣時從燃燒中燃料吸收熱量。任何暴露於泡沫的熱物體會連續地使泡沫破裂（Breaking Down），將水轉化為水蒸氣，從而進一步受到冷卻。

2.針對可燃物之隔絕作用

因泡沫有保濕又加上流動性，由上緩慢流下，在可燃物體表面形成附著覆蓋，可以持續一段時間，使其與火燄隔離。當累積到一定深度時，會形成一道隔離層（Insulating Barrier），保護受火災曝露的物質或建築物不捲入火勢，從而防止火災蔓延。

3.針對可燃物之蒸發作用

泡沫撲滅油類火災時，於油表面形成乳化層，能抑制油的表面，蒸發為可燃氣體之抑制作用。

4.針對氧氣之窒息作用

這是泡沫最主要之滅火機制，因泡沫活性劑，當撲滅油類火災時，能在油表面形成乳化層，並阻隔四周的氧氣供應，產生窒息效果。

5. 針對氧氣之稀釋作用

當強力輸入到火災熱量位置時，泡沫中的水轉化為水蒸氣，此能稀釋空氣而降低氧氣濃度。

6. 針對溫度之滲透作用

由於泡沫的表面張力相對低，沒有轉化為水蒸氣的泡沫溶液，可滲入A類可燃物質。但對深層火勢區域（Deep-Seated Fires）可能需要翻開清理火場（Overhaul）。

(三) 泡沫滅火劑的發泡性能分類

泡沫可按發泡膨脹比率加以定義，分成三類如次：

> A. 低膨脹泡沫—發泡膨脹比低於20：1
> B. 中膨脹泡沫—發泡膨脹比為20～200：1
> C. 高膨脹泡沫—發泡膨脹比為200～1000：1

三、有一20 m×10 m×5 m（高）之鍋爐設置空間，採全區放射之高壓CO_2防護，其無法關閉之開口面積為10 m^2，試評估其開口大小是否符合規定？需多少公斤的CO_2藥劑量？若採機械排放方式時，其CO_2剩餘濃度為多少%？若採自然排放方式時，所需最小開口面積為多少m^2（25分）

解：

(一) 評估其開口大小

開口檢討：不設自動關閉裝置之開口部總面積，供電信機械室使用時，應在圍壁面積百分之一以下，其他處所則應在防護區域體積值或圍壁面積值二者中之較小數值百分之十以下。

圍牆面積 = [(20×10) + (10×5) + (20×5)]×2 = 700m^2

防護體積V = 20×10×5 = 1000 m^3

二者中之較小數值700，其百分之十為70，開口部面積為10 平方公尺 < 70，故可免自動關閉。

(二) 滅火藥劑量

第83條　二氧化碳滅火藥劑量，依下列規定設置：

一、全區放射方式所需滅火藥劑量依下表計算：

設置場所	電信機械室、總機室	其他			
		五十立方公尺未滿	五十立方公尺以上一百五十立方公尺未滿	一百五十立方公尺以上一千五百立方公尺未滿	一千五百立方公尺以上
每立方公尺防護區域所需藥劑量（kg/m²）	1.2	1.0	0.9	0.8	0.75
每平方公尺開口部所需追加藥劑量（kg/m²）	10	5	5	5	5
滅火藥劑之基本需要量（kg）	－	－	50	135	1200

因此，藥劑量計算

$W = G \times V + g \times A$

$W = 0.8 \times 1000 + 5 \times 10 = 850 \text{ kg} > 135\text{kg}$

(三) 機械排放方式時CO_2剩餘濃度

第94條　全區放射或局部放射方式防護區域，對放射之滅火藥劑，依下列規定將其排放至安全地方：

一、排放方式應就下列方式擇一設置，並於一小時內將藥劑排出：

(一) 採機械排放時，排風機為專用，且具有每小時五次之換氣量。但與其他設備之排氣裝置共用，無排放障礙者，得共用之。

(二) 採自然排放時，設有能開啟之開口部，其面向外氣部分（限防護區域自樓地板面起高度三分之二以下部分）之大小，占防護區域樓地板面積百分之十以上，且容易擴散滅火藥劑。

二、排放裝置之操作開關須設於防護區域外便於操作處，且在其附近設有標示。

三、排放至室外之滅火藥劑不得有局部滯留之現象。

$排氣量 = \dfrac{5次}{60\text{min}} \times (20 \times 10 \times 5)\text{m}^3 = 16.7 \text{ m}^3/\text{min}$

CO_2 1kg體積約0.534 m³（15℃），

$0.8 \text{ kg/m}^3 \times 0.534 \text{ m}^3 = 0.43$

CO_2理論濃度$\dfrac{x}{V+x} = \dfrac{0.43}{1+0.43} = 30\%$

滅火濃度 ＝ 理論濃度 ＋ 20%安全係數

$30\% \times 1.2 = 36\%$

減火濃度$E = e^{\frac{-t}{12}}e^c$

當減火濃度36%　t = 0代入

$36\% = e^c$

排放60分鐘後，$E = 0.36 \times e^{\frac{-60}{12}} = 0.24\%$

　　採自然排放時，設有能開啓之開口部，其面向外氣部分之大小，占防護區域樓地板面積百分之十以上。因此，樓地板面積200m^2之 10%爲20m^2之最小開口面積。

四、依據CNS1387規定，試說明6種不同藥劑種類的大型滅火器其滅火藥劑量應設置多少公升以上？又適用於A類及B類的大型滅火器，其滅火效能值應在多少以上？（25分）

解：

(一) 6種不同藥劑種類大型滅火器藥劑量

　　大型滅火器所充塡之滅火劑量規定如下：

　　1.機械泡沫滅火器：20 L以上。

　　2.二氧化碳滅火器：45 kg以上。

　　3.乾粉滅火器：18 kg以上。

　　4.水滅火器或化學泡沫滅火器80公升以上

　　5.強化液滅火器60公升以上

　　6.鹵化烷滅火器30公升以上

(二) A 類及B 類的大型滅火器滅火效能值

　　大型滅火器之滅火效能值適用於A類火災者，應在10以上；適用於B類火災者，應在20以上。

104年專門職業及技術人員消防設備人員考試試題

等　　別：高等考試

類　　科：消防設備師

科　　目：化學系統消防安全設備

考試時間：2小時　　座號：

※注意：

1) 禁止使用電子計算器。

2) 不必抄題，作答時請將試題題號及答案依照順序寫在試卷上，於本試題上作答者，不予計分。

3) 請以黑色鋼筆或原子筆在申論試卷上作答。

一、依據各類場所消防安全設備設置標準，對於二氧化碳滅火設備的全區及局部放射方式之噴頭設置規定為何？（25分）

解：

第84條　全區及局部放射方式之噴頭，依下列規定設置：

一、全區放射方式所設之噴頭能使放射藥劑迅速均勻地擴散至整個防護區域。

二、二氧化碳噴頭之放射壓力，其滅火藥劑以常溫儲存者之高壓式為每平方公分十四公斤以上或1.4MPa以上；其滅火藥劑儲存於溫度攝氏零下十八度以下者之低壓式為每平方公分九公斤以上或0.9MPa以上。

三、全區放射方式依前條第一款所核算之滅火藥劑量，依下表所列場所，於規定時間內全部放射完畢。

設置場所	電信機械室、總機室	其他
時間（分）	3.5	1

四、局部放射方式所設噴頭之有效射程內，應涵蓋防護對象所有表面，且所設位置不得因藥劑之放射使可燃物有飛散之虞。

　　　五、局部放射方式依前條第二款所核算之滅火藥劑量應於三十秒內全部放射
　　　　完畢。

二、目前海龍替代品一般為不導電之液化氣體或可壓縮氣體，屬於潔淨藥劑，試述海
　　龍替代藥劑之主要類型為何？（25分）

解：

　　海龍替代藥劑之主要類型如下

滅火藥劑	Inergen (IG-541)	FM-200	PFC-410 (CEA-410)	NAF S-III	FE-13 (HFC-23)	Halon1301
化學式	N$_2$ 52% Ar 40% CO$_2$ 8%	CF$_3$CHFCF$_3$	C4F10	HCFC	CHF3	CF$_3$Br
製造商	Ansul	Great Lakes	3M	NAF	Dupont	
破壞臭氧指數	0	0	0	0.044	0	16
溫室效應	-	0.3-0.6（中）	（高）	0.1（低）	（高）	0.8
大氣滯留時間	-	短 31-42年	非常長 500年	短 7年	長 208年	107年
蒸氣壓（77℉）	2205psi（高壓系統）	66psi（低壓系統）	42psi（低壓系統）	199psi（低壓系統）	686psi（高壓系統）	241psi
等效替代量	10.5	1.70	1.67	1.09	1.93	1
安全性	安全	安全	安全	安全	安全	不安全
滅火濃度	30%	5.9%	5.9%	7.2%	12%	3.5%
熱分解物	無	HF	HF	HF	HF	HF

三、有一上方開放之燃燒用柴油槽，直徑為3.5 m、高3 m，假設燃燒侷限於一面且可
　　燃物無向外飛散之虞者，若採用蓄壓式乾粉滅火設備及第一種乾粉，試求：
　　(一) 所需最小乾粉藥劑量。（10分）
　　(二) 在25℃、錶壓力0 kg/cm^{2}下，蓄壓氣體為二氧化碳時，需要幾公斤二氧化

碳？（10分）

(三) 寫出第一種乾粉藥劑滅火時之窒息和冷卻滅火作用之化學反應式。（5分）

解：

(一) 所需最小乾粉藥劑量

可燃性固體或易燃性液體存放於上方開放式容器，火災發生時，燃燒限於一面且可燃物無向外飛散之虞者，所需之滅火藥劑量，依下表計算：

滅火藥劑種類	第一種乾粉	第二種乾粉或第三種乾粉	第四種乾粉
防護對象每平方公尺表面積所需滅火藥劑量（kg/m²）	8.8	5.2	3.6
追加倍數	1.1	1.1	1.1
備考	防護對象物之邊長在零點六公尺以下時，以零點六公尺計。		

第230條　前條防護面積計算方式，依下列規定：

儲槽為儲槽本體之外表面積（圓筒形者含端板部分）及附屬於儲槽之液面計及閥類之露出表面積。

因此，所需最小乾粉藥劑量如下

$$W = S \times A \times K = 8.8(kg/m^2) \times \frac{\pi}{4} (3.5)^2(1.1) = 93.1 \text{ kg}$$

(二) 在25℃、錶壓力0 kg/cm²下，蓄壓氣體為二氧化碳時，需要幾公斤二氧化碳

第104條　加壓或蓄壓用氣體容器，依下列規定設置：

蓄壓用氣體使用氮氣時，在溫度攝氏三十五度，大氣壓力（表壓力）每平方公分零公斤或0MPa狀態下，每一公斤乾粉藥劑需氮氣十公升並加算清洗配管所需要量以上；使用二氧化碳時，每一公斤乾粉藥劑需二氧化碳二十公克並加算清洗配管所需要量以上。

$$W = 20 \text{ (g/kg)} \times 93.1kg = 1.86 \text{ kg加算清洗配管所需要量}$$

(三) 第一種乾粉藥劑滅火時之窒息和冷卻滅火作用之化學反應式

第一種乾粉：碳酸氫鈉（$NaHCO_3$）

適用於B、C類火災，為白色粉末，碳酸氫鈉即小蘇打粉，為增加其流動性與防濕性，會加入一些添加劑。碳酸氫鈉易受熱分解為碳酸鈉、二氧化碳和水。

$$2NaHCO_3 \rightarrow Na_2CO_3 + H_2O + CO_2$$
$$Na_2CO_3 \rightarrow Na_2O + CO_2$$
$$Na_2O + H_2O \rightarrow 2NaOH$$
$$NaOH + H^+ \rightarrow Na + H_2O$$
$$NaOH + OH^- \rightarrow NaO + H_2O$$

四、滅火器為一種輕便滅火器材，如按充填滅火藥劑型態進行分類，可分成幾類？如按驅動藥劑壓力型態進行分類，可分成幾類？試述滅火器設計與配置應遵循之程序？（25分）

解：

(一) 充填滅火藥劑型態進行分類可分成如下

　1.水

　2.泡沫

　3.二氧化碳

　4.乾粉

　依驅動方式

　1.加壓式

　2.蓄壓式

(二) 滅火器設計與配置應遵循之程序

　1.應設置滅火器場所

　2.樓地板面積

　3.空間使用用途

　4.計算滅火效能值

　5.各樓層步行距離

　6.置於取用方便之明顯處所

　7.紅底白字標明滅火器字樣之標識

103年專門職業及技術人員消防設備人員考試試題

等　　別：高等考試

類　　科：消防設備師

科　　目：化學系統消防安全設備

考試時間：2小時　　座號：

※注意：

1) 禁止使用電子計算器。

2) 不必抄題，作答時請將試題題號及答案依照順序寫在試卷上，於本試題上作答者，不予計分。

3) 請以黑色鋼筆或原子筆在申論試卷上作答。

一、第三種乾粉的主成分為磷酸二氫銨，寫出其化學式？其適用於哪幾類火災？請由滅火時第三種乾粉發生的化學反應說明第三種乾粉滅火的原理？（25分）

解：

(一) 磷酸二氫銨化學式

第三種乾粉：磷酸二氫銨（$NH_4H_2PO_4$）

(二) 適用於那幾類火災

適用A、B、C類火災，為淺粉紅粉末，又稱多效能乾粉。

(三) 第三種乾粉滅火的原理

第三種乾粉磷酸二氫銨受熱後初步形成磷酸與NH_3，之後形成焦磷酸與水，再繼續變成偏磷酸，最後變成五氧化二磷。此種乾粉能與燃燒面產生玻璃狀之薄膜，覆蓋於表面上形成隔絕效果，所以也能適用於A類火災，但乾粉之冷卻能力不及泡沫或二氧化碳等，於火勢暫熄後，應注意火勢復燃之可能。

$$NH_4H_2PO_4 \rightarrow NH_3 + H_3PO_4$$

$$2H_3PO_4 \rightarrow H_4P_2O_7 + H_2O$$

$$H_4P_2O_7 \rightarrow 2HPO_3 + H_2O$$

$$2HPO_3 \rightarrow P_2O_5 + H_2O$$

1. 針對氧氣之窒息作用

   乾粉在加壓氣體作用下噴出乾粉覆蓋可燃物表面，發生化學反應，並在高溫作用下形成一層玻璃狀覆蓋層，從而稀釋及隔絕氧氣，達到窒息滅火效果。

2. 針對連鎖反應之化學抑制作用

   這是乾粉主要之滅火機制，由乾粉中的無機鹽的揮發性分解物，與燃燒過程中燃料所產生的自由基，發生化學抑制和副催化作用，亦就是其表面能夠捕獲H^+和OH^-使之結合成水，而破壞鏈鎖反應（Chain Reaction），有效抑制自由基的產生或者能夠迅速降低火焰中H^+、OH^-等自由基濃度，導致燃燒中止現象。基本上，有焰燃燒都存在鏈式反應，可燃物在燃燒前會裂解成更簡單的分子；而一般悶燒火災（Smoulding Fire），則是缺乏連鎖反應存在。

3. 針對熱量之冷卻作用

   產生水分之化學反應物，具有降低熱量之冷卻作用，但其冷卻能力有限，滅火後燃燒物質仍具有高溫，注意可能之復燃現象。

二、某一防護對象物長、寬、高為3m（長）×2m（寬）×1.8m（高），若防護對象物周圍無牆壁，採二氧化碳局部放射方式（高壓），所需藥劑量為多少？若長邊距牆0.4m，一樣採二氧化碳局部放射方式（高壓），所需藥劑量為多少？（25分）

解：

(一) 防護對象物周圍無牆壁採二氧化碳局部放射方式（高壓）所需藥劑量

局部放射方式所需滅火藥劑量應符合下列規定：

1. 可燃性固體或易燃性液體存放於上方開放式容器，火災發生時，燃燒限於一面且可燃物無向外飛散之虞者，所需之滅火藥劑量，依該防護對象表面積每一平方公尺以十三公斤比例核算，其表面積之核算，在防護對象邊長小於零點六公尺時，以零點六公尺計。但追加倍數，高壓式為一點四，低壓式為一點一。

2. 前目以外防護對象依下列公式計算假想防護空間（指距防護對象任一點零點六公尺範圍空間）單位體積滅火藥劑量，再乘以假想防護空間體積來計算所需滅火藥劑量：

$$Q = 8 - 6 \times \frac{a}{A}$$

Q：假想防護空間單位體積滅火藥劑量（公斤／立方公尺），所需追加倍數比照前目規定。

a：防護對象周圍實存牆壁面積之合計（平方公尺）。

A：假想防護空間牆壁面積之合計（平方公尺）。

假想防護空間單位體積 = $(3 + 0.6 + 0.6) \times (2 + 0.6 + 0.6) \times (1.8 + 0.6) = 32.3 m^2$

$$Q = 8 - 6 \times \frac{a}{A}$$

$$Q = 8$$

$$W = Q \times V \times K = 8 \times 32.3 \times 1.4 = 361.3 \ kg$$

(二) 長邊距牆0.4m二氧化碳局部放射方式（高壓）所需藥劑量

$A = 2[(0.6 + 3 + 0.6)(1.8 + 0.6) + (2 + 0.6 + 0.6)(1.8 + 0.6)] = 35.5 \ m^2$

$a = (0.6 + 3 + 0.6)(1.8 + 0.6) = 10.1 \ m^2$

$W = Q \times V \times K = (8 - 6\frac{10.1}{35.5}) \times 32.3 \times 1.4 = 284.6 \ kg$

三、「各類場所消防安全設備設置標準」中，對於乾粉滅火設備的加壓氣體容器的設置規定為何？（25分）

解：

第104條　加壓或蓄壓用氣體容器，依下列規定設置：

1. 加壓或蓄壓用氣體應使用氮氣或二氧化碳。

2. 加壓用氣體使用氮氣時，在溫度攝氏三十五度，大氣壓力（表壓力）每平方公分零公斤或0 MPa狀態下，每一公斤乾粉藥劑需氮氣四十公升以上；使用二氧化碳時，每一公斤乾粉藥劑需二氧化碳二十公克並加算清洗配管所需要量以上。

3. 蓄壓用氣體使用氮氣時，在溫度攝氏三十五度，大氣壓力（表壓力）每平方公分零公斤或0 MPa狀態下，每一公斤乾粉藥劑需氮氣十公升並加算清洗配管所需要量以上；使用二氧化碳時，每一公斤乾粉藥劑需二氧化碳二十公克並加算清洗配管所需要量以上。

4. 清洗配管用氣體，另以容器儲存。

　　5. 採取有效之防震措施。

四、大量使用火源場所之獨立單層鍋爐房，若設置滅火設備，應就那幾種滅火設備選
　　擇設置之？該鍋爐房若設置滅火器，其最低滅火效能值如何核算？應如何設置？
　　（25分）

解：

(一) 鍋爐房就下列滅火設備選擇設置之

　　下表所列之場所，應就水霧、泡沫、乾粉、二氧化碳滅火設備等選擇設置之。但
外牆開口面積（常時開放部分）達該層樓地板面積百分之十五以上者，上列滅火設備
得採移動式設置。

項目	應設場所	水霧	泡沫	二氧化碳	乾粉
六	鍋爐房、廚房等大量使用火源之場所，樓地板面積在二百平方公尺以上者。			○	○

(二) 鍋爐房設置滅火器最低滅火效能值核算

第31條　滅火器應依下列規定設置：

　　　　一、視各類場所潛在火災性質設置，並依下列規定核算其最低滅火效能值：
　　　　　　鍋爐房、廚房等大量使用火源之處所，以樓地板面積每二十五平方公尺
　　　　　　（含未滿）有一滅火效能值。

(三) 鍋爐房設置滅火器設置

　　1. 設有滅火器之樓層，自樓面居室任一點至滅火器之步行距離在二十公尺以下。

　　2. 固定放置於取用方便之明顯處所，並設有長邊二十四公分以上，短邊八公分以
　　　 上，以紅底白字標明滅火器字樣之標識。

　　3. 懸掛於牆上或放置滅火器箱中之滅火器，其上端與樓地板面之距離，十八公斤
　　　 以上者在一公尺以下，未滿十八公斤者在一點五公尺以下。

102年專門職業及技術人員消防設備人員考試試題

等　　別：高等考試

類　　科：消防設備師

科　　目：化學系統消防安全設備

考試時間：2小時　　座號：

※注意：

1) 禁止使用電子計算器。

2) 不必抄題，作答時請將試題題號及答案依照順序寫在試卷上，於本試題上作答者，不予計分。

3) 請以黑色鋼筆或原子筆在申論試卷上作答。

一、依據CNS 13400，試比較各種乾粉之主成分、簡稱與著色等規定；若某廠商要回收再利用ABC乾粉滅火器之滅火藥劑時，試說明需要符合哪些規定？（25分）

解：

(一) 各種乾粉之主成分，簡稱、著色等規定如下表：

乾粉滅火劑 種類	簡稱	主成分	著色
1. 多效磷鹽乾粉	ABC乾粉	磷酸二氫銨（$NH_4H_2PO_4$）70%以上	以白色或紫色以外顏色著色，且不得滲入白土（CLAY）2%以上。
2. 普通乾粉	BC乾粉	碳酸氫鈉（$NaHCO_3$）90%以上	白色
3. 紫焰乾粉	KBC乾粉	碳酸氫鉀（$KHCO_3$）85%以上	淺紫色
4. 鉀鹽乾粉	XBC乾粉	—	—
5. 硫酸鉀乾粉	XBC-SO	硫酸鉀（K_2SO_4）70%以上	白色
6. 氯化鉀乾粉	XBC-CL	氯化鉀（KCl）70%以上	白色
7. 碳酸氫鉀與尿素化學反應物	XBC-Monnex	（$KHCO_3+H_2NCONH_2$）鉀為27～29%，氮為14～17%	灰白色

(二) 廠商再利用ABC乾粉滅火器滅火藥劑需符合規定如下

　　乾粉滅火劑係指施予防濕加工之鈉或鉀之重碳酸鹽或其他鹽類，以及磷酸鹽類，硫酸鹽類及其他具有防熔性能之鹽類（以下稱為磷酸鹽類），並符合下列各項規定：

1. 粉末細度，應能通過CNS 386〈試驗篩〉之80篩網目（mesh）90%以上者。

2. 於溫度30±1℃，相對濕度60%之恆溫恆濕槽中，靜置48小時以上，使試樣達到恆量後，將試樣於30±1℃，相對濕度80%之恆溫恆濕槽中，靜置48小時之試驗時，重量增加率應在2%以下。

3. 沉澱試驗，取試樣5公克均勻散布於直徑9cm並盛有水300mL燒杯，於1小時內不發生沉澱。

4. 新增充填之滅火藥劑應為經內政部認可之產品，汰換之滅火藥劑未經回收處理重新辦理認可，取得個別認可標示，不得重複使用。

二、依據我國規定，試列舉二氧化碳滅火設備適用於哪些場所？不適用於哪些場所？何種情況得採用移動式設置？已知某儲存乙醚之場所，其長、寬、高分別為6m、5m、3m，且牆壁有一無法自動關閉之開口，其長、寬分別為1m、0.8m，如欲在此區域設置全區放射之二氧化碳滅火設備時，至少需要多少滅火藥劑？（25分）

解：

(一) 二氧化碳滅火設備適用場所

第18條　下表所列之場所，應就水霧、泡沫、乾粉、二氧化碳滅火設備等選擇設置之。但外牆開口面積（常時開放部分）達該層樓地板面積百分之十五以上者，上列滅火設備得採移動式設置。

項目	應設場所	水霧	泡沫	二氧化碳	乾粉
一	屋頂直升機停機場（坪）。		○		○
二	飛機修理廠、飛機庫樓地板面積在二百平方公尺以上者。		○		○
三	汽車修理廠、室內停車空間在第一層樓地板面積五百平方公尺以上者；在地下層或第二層以上樓地板面積在二百平方公尺以上者；在屋頂設有停車場樓地板面積在三百平方公尺以上者。	○	○	○	○
四	升降機械式停車場可容納十輛以上者。	○	○	○	○

項目	應設場所	水霧	泡沫	二氧化碳	乾粉
五	發電機室、變壓器室及其他類似之電器設備場所，樓地板面積在二百平方公尺以上者。	○		○	○
六	鍋爐房、廚房等大量使用火源之場所，樓地板面積在二百平方公尺以上者。			○	○
七	電信機械室、電腦室或總機室及其他類似場所，樓地板面積在二百平方公尺以上者。			○	○
八	引擎試驗室、石油試驗室、印刷機房及其他類似危險工作場所，樓地板面積在二百平方公尺以上者。		○	○	○

(二) 二氧化碳滅火設備不適用場所

二氧化碳主要靠窒息滅火，除了表內屋頂直升機停機場（坪）、飛機修理廠、飛機庫樓地板面積在二百平方公尺以上者外，也較不適用於大型空間場所或區劃不完整空間，也不適用於A類或D類金屬火災。

適用滅火器 火災分類	水	機械泡沫	二氧化碳	乾粉		
				ABC類	BC類	D類
A類火災	○	○	×	○	×	×
B類火災	×	○	○	○	○	×
C類火災	×	×	○	○	○	×
D類火災	×	×	×	×	×	○

(三) 全區放射之二氧化碳滅火設備時需滅火藥劑如下

開口檢討：

不設自動關閉裝置之開口部總面積，供電信機械室使用時，應在圍壁面積百分之一以下，其他處所則應在防護區域體積值或圍壁面積值二者中之較小數值百分之十以下。

圍牆面積 $= [(6 \times 5) + (3 \times 5) + (6 \times 3)] \times 2 = 126 m^2$

防護體積V $= 6 \times 3 \times 5 = 90 \ m^3$

二者中之較小數值90，其百分之十為9，開口部面積為0.8平方公尺 ＜ 9，故可免自動關閉。

第83條　二氧化碳滅火藥劑量，依下列規定設置：

一、全區放射方式所需滅火藥劑量依下表計算：

設置場所	電信機械室、總機室	其　他			
		五十立方公尺未滿	五十立方公尺以上一百五十立方公尺未滿	一百五十立方公尺以上一千五百立方公尺未滿	一千五百立方公尺以上
每立方公尺防護區域所需藥劑量（kg/m²）	1.2	1.0	0.9	0.8	0.75
每平方公尺開口部所需追加藥劑量（kg/m²）	10	5	5	5	5
滅火藥劑之基本需要量（kg）			50	135	1200

因此，藥劑量計算

$W = G \times V + g \times A$

$W = 0.9 \times 90 + 5 \times 0.8 = 85 \text{ kg} > 50\text{kg}$

三、試述目前國內乾粉滅火設備的應用情況，並解釋其原因。若某防護空間其長、寬、高分別為12m、8m、5m，具有無法自動關閉之開口面積為6m²；如欲設置加壓式第三種乾粉全區放射滅火設備進行防護時，其配管之設置規定為何？該系統至少需要多少乾粉滅火劑量？在35℃，錶壓力0 kg/cm²時，加壓用N_2氣體需幾公升？（25分）

解：

(一) 加壓式第三種乾粉全區放射滅火設備進行防護時配管之設置規定

第105條　乾粉滅火設備配管，依下列規定設置：

1. 應為專用，其管徑依噴頭流量計算配置。

2. 使用符合CNS六四四五規定，並施予鍍鋅等防蝕處理或具同等以上強度及耐蝕性之鋼管。但蓄壓式中，壓力在每平方公分二十五公斤以上或2.5MPa以上，每平方公分四十二公斤以下或4.2MPa以下時，應使用符合CNS四六二六之無縫鋼管管號Sch 40以上厚度並施予防蝕處理，或具

有同等以上強度及耐蝕性之鋼管。

3. 採用銅管配管時，應使用符合CNS五一二七規定或具有同等以上強度及耐蝕性者，並能承受調整壓力或最高使用壓力的一點五倍以上之壓力。

4. 最低配管與最高配管間，落差在五十公尺以下。

5. 配管採均分為原則，使噴頭同時放射時，放射壓力為均等。

6. 採取有效之防震措施。

(二) 加壓式第三種乾粉全區放射滅火設備所需乾粉滅火劑量

不設自動關閉裝置之開口部總面積，供電信機械室使用時，應在圍壁面積百分之一以下，其他處所則應在防護區域體積值或圍壁面積值二者中之較小數值百分之十以下。

圍牆面積 = [(12×8) + (8×5) + (12×5)]×2 = 392m²

防護體積V = 12×8×5 = 480 m³

二者中之較小數值392，其百分之十為39.2，開口部面積為6平方公尺 < 39.2，故可免自動關閉。

全區放射方式所需滅火藥劑量，依下表計算：

滅火藥劑種類	第一種乾粉（主成分碳酸氫鈉）	第二種乾粉（主成分碳酸氫鉀）	第三種乾粉（主成分磷酸二氫銨）	第四種乾粉（主成分碳酸氫鉀及尿素化合物）
每立方公尺防護區域所需藥劑量（kg/m²）	0.6	0.36	0.36	0.24
每平方公尺開口部所需追加藥劑量（kg/m²）	4.5	2.7	2.7	1.8

因此，藥劑量計算如次

W = G×V + g×A

W = 0.36×480 + 2.7×6 = 189 kg

(三) 加壓式第三種乾粉全區放射滅火設備所需乾粉滅火劑量在35℃，錶壓力0 kg/cm² 時，加壓用N₂氣體需幾公升

第104條　加壓或蓄壓用氣體容器，依下列規定設置：

加壓用氣體使用氮氣時，在溫度攝氏三十五度，大氣壓力（表壓力）每平方公分零公斤或0MPa狀態下，每一公斤乾粉藥劑需氮氣四十公升以上；

使用二氧化碳時，每一公斤乾粉藥劑需二氧化碳二十公克並加算清洗配管所需要量以上。

加壓用N_2氣體需$189 \times 40 = 7560$ L

四、試說明可燃性高壓氣體場所、加氣站、天然氣儲槽及可燃性高壓氣體儲槽之滅火器設置規定。（25分）

解：

上述場所滅火器設置規定如下

第228條　可燃性高壓氣體場所、加氣站、天然氣儲槽及可燃性高壓氣體儲槽之滅火器，依下列規定設置：

一、製造、儲存或處理場所設置二具。但樓地板面積二百平方公尺以上者，每五十平方公尺（含未滿）應增設一具。

二、儲槽設置三具以上。

三、加氣站，依下列規定設置：

(一) 儲氣槽區四具以上。

(二) 加氣機每臺一具以上。

(三) 用火設備處所一具以上。

(四) 建築物每層樓地板面積在一百平方公尺以下設置二具，超過一百平方公尺時，每增加（含未滿）一百平方公尺增設一具。

四、儲存場所任一點至滅火器之步行距離在十五公尺以下，並不得妨礙出入作業。

五、設於屋外者，滅火器置於箱內或有不受雨水侵襲之措施。

六、每具滅火器對普通火災具有四個以上之滅火效能值，對油類火災具有十個以上之滅火效能值。

七、滅火器固定放置於取用方便之明顯處所，並設有長邊二十四公分以上，短邊八公分以上，以紅底白字標明滅火器字樣之標識。

101年專門職業及技術人員消防設備人員考試試題

等　　別：高等考試
類　　科：消防設備師
科　　目：化學系統消防安全設備
考試時間：2小時　　座號：

※注意：

1) 禁止使用電子計算器。

2) 不必抄題，作答時請將試題題號及答案依照順序寫在試卷上，於本試題上作答者，不予計分。

3) 請以黑色鋼筆或原子筆在申論試卷上作答。

一、某電信機械室其長、寬、高為40 m（長）× 20 m（寬）× 3 m（高），無法自動關閉之開口面積為15平方公尺，有一防護對象物尺寸為長4 m，寬3 m，高1.5 m，置於室內，若以CO_2滅火設備作為防護，請回答下列問題：

　(一) 若該防護對象物之長邊貼牆，寬邊距牆3 m，採局部放射方式（高壓），則所需藥劑量為多少？（10分）

　(二) 若採全區放射（高壓），則所需藥劑量為多少？（10分）使用68公升，充填比為1.5之鋼瓶幾支？（5分）

解：

(一) 採局部放射方式（高壓）所需藥劑量

　　開口檢討：不設自動關閉裝置之開口部總面積，供電信機械室使用時，應在圍壁面積百分之一以下，其他處所則應在防護區域體積值或圍壁面積值二者中之較小數值百分之十以下。

　　圍牆面積 = $[(13 \times 10) + (10 \times 5) + (5 \times 13)] \times 2 = 490 m^2$

　　防護體積$V = 13 \times 10 \times 5 = 650\ m^3$

　　二者中之較小數值490，其百分之十為49，開口部面積為6平方公尺 < 49，故可免自動關閉。

(二) 採全區放射方式（高壓）所需藥劑量

第83條　二氧化碳滅火藥劑量，依下列規定設置：

全區放射方式所需滅火藥劑量依下表計算：

設置場所	電信機械室、總機室	其他			
		五十立方公尺未滿	五十立方公尺以上一百五十立方公尺未滿	一百五十立方公尺以上一千五百立方公尺未滿	一千五百立方公尺以上
每立方公尺防護區域所需藥劑量（kg/m²）	1.2	1.0	0.9	0.8	0.75
每平方公尺開口部所需追加藥劑量（kg/m²）	10	5	5	5	5
滅火藥劑之基本需要量（kg）	－	－	50	135	1200

　　　因此，藥劑量計算如下

　　　$W = G \times V + g \times A$

　　　$W = 0.8 \times 650 + 5 \times 6 = 550\ kg > 135kg$

(三) 使用68公升，充填比為1.5之鋼瓶幾支

　　使用容積為68公升、充填比為1.5之鋼瓶數量

　　$550 \times 68/1.5 = 12.13$（13支）

第94條　全區放射或局部放射方式防護區域，對放射之滅火藥劑，依下列規定將其排放至安全地方：

　　　一、排放方式應就下列方式擇一設置，並於一小時內將藥劑排出：

　　　　　(一) 採機械排放時，排風機為專用，且具有每小時五次之換氣量。

$$排氣量 = \frac{5次}{60min} \times (13 \times 10 \times 5)m^3 = 54.2\ m^3/min$$

二、FM-200所使用藥劑為一種潔淨氣體，其化學式為何？（5分）其滅火原理為何？（5分）請說明為何藥劑放射後，人員可以短暫停留？（5分）某密閉檔案室其長、寬、高為20 m（長）×10 m（寬）× 3 m（高），使用FM-200作為防護氣體，其滅火設計體積濃度為7%，室溫為25℃，若氣體比容為0.1394 m³/kg，試計

算需要多少藥劑量？（10分）

解：

(一) FM-200化學式

　　FM-200化學式為CF_3CHFCF_3（藥劑HFC-227ea）為七氟丙烷是由大湖化學（Great Lakes Chemical）公司製造，是另一種替代海龍。FM-200是無色、無味、不導電、無二次汙染的氣體，具有清潔、低毒、電絕緣性好，特別是它對臭氧層無破壞（ODP＝0），在大氣中的殘留時間比較短；符合NFPA200規範要求的潔淨氣體滅火藥劑，是一種揮發性的或氣態的滅火劑，在使用過程中不留殘餘物。

(二) FM-200滅火原理

　　基本上，海龍替代品利用燃燒時碳氫化合物之碳與氫之結合被切斷而與氧結合時放出能量，經數次之變化最後變成CO_2及H_2O，碳氫化合物在燃燒中倘加入鹵化物時鹵化物則自C－H結合奪去H而起下列反應：

$$H\alpha + Br \rightarrow HBr + \alpha$$
$$OH + HBr \rightarrow H_2O + Br$$

　　$H\alpha$：含氫之燃料

　　HBr：鹵素酸

　　燃料之火焰中加入鹵化物時起熱分解而產生自由基（Free radical）及鹵素原子。此原子在燃燒過程中自燃料之C－H結合奪去H或去除火焰中之OH，有此反應產生時正常燃燒受阻，並稱為連鎖中斷作用或抑制作用。

　　以滅火為目的所加之鹵化碳氫化合物中鹵素以外之碳氫殘基能以燃料之形態作用，所以其殘基愈不易燃燒者滅火效果愈佳（例C－F結合）。又鹵化物由碳氫化合物脫氫時之發熱量愈小者，滅火效果則大（例：Br及I），H-x型鹵化物與H之結合力過強時則不易與OH基反應而產生水及鹵化物。

　　搶奪鹵化物之強弱由抑制效果而言其順序為：

$$I > Br > Cl > F$$

　　於滅火劑之立場論穩定性時其次序為：

$$F > Cl > Br > I$$

(三) FM-200藥劑放射後人員可以短暫停留

　　FM-200物理特性是其分子氣化階段能迅速冷卻火焰溫度；並且在化學反應過程中釋放遊離基，並阻止燃燒的連鎖反應。在滅火上適用於撲滅A類、B類及C類火災。因爲 FM-200 藥劑放射後，仍然會有因火而產生的副產物，所以必須要盡量避免。但因藥劑本身雖然被認爲是無毒的，所以藥劑放射後，人員可以短暫停留。

(四) 所需藥劑量

　　FM200 濃度 % =（FM 體積）／（全部氣體體積）×100%

$$\frac{x}{V + x} = 0.07$$

x = 0.075 V

V = 20 m×10 m×3 m = 600 m^3

FM－200體積爲600×0.075 = 45 m^3

重量（kg）= 體積（m^3）／比容[1]（m^3/kg）= 45/0.1394 = 322.8 kg（藥劑量）

三、某儲油槽直徑爲12 m、高9 m，若採用加壓式乾粉滅火設備及第一種乾粉，試求：

　　(一) 所需乾粉藥劑量？（10分）

　　(二) 加壓氣體爲氮氣時，其體積爲何？（35°C，錶壓力150 kg/cm^2）（10分）

　　(三) 若加壓氣體爲二氧化碳時，需要幾公斤？（5分）

解：

(一) 所需乾粉藥劑量

　　可燃性固體或易燃性液體存放於上方開放式容器，火災發生時，燃燒限於一面且可燃物無向外飛散之虞者，所需之滅火藥劑量，依下表計算：

---

[1] 比容是體積除以重量，而密度是重量除以體積，所以兩個互爲倒數。

滅火藥劑種類	第一種乾粉	第二種乾粉或 第三種乾粉	第四種乾粉
防護對象每平方公尺表面積所需滅火藥劑量（kg/m²）	8.8	5.2	3.6
追加倍數	1.1	1.1	1.1
備考	防護對象物之邊長在零點六公尺以下時，以零點六公尺計。		

第230條　防護面積計算方式，依下列規定：

儲槽為儲槽本體之外表面積（圓筒形者含端板部分）及附屬於儲槽之液面計及閥類之露出表面積。

因此，所需最小乾粉藥劑量

$$W = S \times A \times K = 8.8(kg/m^2) \times \frac{\pi}{4} \times (12)^2 \times (1.1)$$

$$= 1094.8 \text{ kg}$$

(二) 加壓氣體為氮氣時體積

第104條　加壓或蓄壓用氣體容器，依下列規定設置：

加壓用氣體使用氮氣時，在溫度攝氏三十五度，大氣壓力（表壓力）每平方公分零公斤或0MPa狀態下，每一公斤乾粉藥劑需氮氣四十公升以上；使用二氧化碳時，每一公斤乾粉藥劑需二氧化碳二十公克並加算清洗配管所需要量以上。

$$W = 40 \text{ (L/kg)} \times 1094.8 \text{ KG} = 43791 \text{ L} \quad \text{依波以耳定律} \frac{P_1 \times V_1}{T_1} = \frac{P_2 \times V_2}{T_2}$$

$$\frac{1 \times 43791}{(35+273)} = \frac{151 \times V_2}{(35+273)} \quad V_2 = 290 \text{ L}$$

（錶壓力之零點為1大氣壓力）

(三) 加壓氣體為二氧化碳時

$$W = 20(g/kg) \times 1094.8 \text{ kg} = 21.896 \text{ kg} 加算清洗配管所需要量$$

四、某車站樓地板大小80 m（長）×30 m（寬），試計算其所需之滅火器滅火效能值為何？最少需滅火器數量？設置時，間隔的考量為何？（採用10型ABC乾粉滅火器，滅火效能值為（A-3，B-10，C）／支）（15分）並說明此類乾粉藥劑滅火時發生之化學反應式為何？（10分）

解：

(一) 所需滅火器滅火效能值

第14條　下列場所應設置滅火器：

　　　　1. 甲類場所、地下建築物、幼兒園。

　　　　2. 總樓地板面積在一百五十平方公尺以上之乙、丙、丁類場所。

　　　　3. 設於地下層或無開口樓層，且樓地板面積在五十平方公尺以上之各類場所。

　　　　4. 設有放映室或變壓器、配電盤及其他類似電氣設備之各類場所。

　　　　5. 設有鍋爐房、廚房等大量使用火源之各類場所。

　　　　6. 大眾運輸工具。

廚房樓地板$20 \times 10 = 200 \ m^2$

餐廳樓地板$20 \times 35 - 20 \times 10 = 500 \ m^2$

1. 供第十二條第一款及第五款使用之場所，各層樓地板面積每一百平方公尺（含未滿）有一滅火效能值。

2. 鍋爐房、廚房等大量使用火源之處所，以樓地板面積每二十五平方公尺（含未滿）有一滅火效能值。

廚房$300/25 = 12$個滅火效能值

餐廳$500/100 = 5$個滅火效能值

(二) 最少需滅火器數量

乾粉ABC10型滅火器為A-3,B-10,C

廚房$12/3 = 4$支滅火器

餐廳$5/3 = 2$支滅火器

車站樓地板$80 \times 30 = 2400 \ m^2$

$2400/200 = 12$

乾粉ABC10型滅火器為A-3,B-10,C

$12/3 = 4$支滅火器

(三) 設置時間隔的考量

第31條　滅火器應依下列規定設置：

　　　　1. 設有滅火器之樓層，自樓面居室任一點至滅火器之步行距離在二十公尺以下。

　　　　2. 固定放置於取用方便之明顯處所，並設有長邊二十四公分以上，短邊八公分以上，以紅底白字標明滅火器字樣之標識。

3. 懸掛於牆上或放置滅火器箱中之滅火器，其上端與樓地板面之距離，十八公斤以上者在一公尺以下，未滿十八公斤者在一點五公尺以下。

(四) 此類乾粉藥劑滅火時發生之化學反應式

第三種乾粉：磷酸二氫銨（$NH_4H_2PO_4$）

適用A、B、C類火災，為淺粉紅粉末，又稱多效能乾粉。磷酸二氫銨受熱後初步形成磷酸與NH_3，之後形成焦磷酸與水，再繼續變成偏磷酸，最後變成五氧化二磷。此種乾粉能與燃燒面產生玻璃狀之薄膜，覆蓋於表面上形成隔絕效果，所以也能適用於A類火災，但乾粉之冷卻能力不及泡沫或二氧化碳等，於火勢暫熄後，應注意火勢復燃之可能。

$$NH_4H_2PO_4 \rightarrow NH_3 + H_3PO_4$$
$$2H_3PO_4 \rightarrow H_4P_2O_7 + H_2O$$
$$H_4P_2O_7 \rightarrow 2HPO_3 + H_2O$$
$$2HPO_3 \rightarrow P_2O_5 + H_2O$$

100年專門職業及技術人員消防設備人員考試試題

等　　別：高等考試
類　　科：消防設備師
科　　目：化學系統消防安全設備
考試時間：2小時　　座號：

※注意：

1) 禁止使用電子計算器。

2) 不必抄題，作答時請將試題題號及答案依照順序寫在試卷上，於本試題上作答者，
不予計分。

3) 請以黑色鋼筆或原子筆在申論試卷上作答。

一、試說明那些場所應設置滅火器？（12分）若某學校地下室餐廳長35公尺、寬20
公尺，餐廳內之廚房長20公尺、寬10公尺，請問依規定最少需設置幾具滅火器？
（7分）設置滅火器時需注意哪些規定？（6分）

解：

(一) 應設置滅火器場所

第14條　下列場所應設置滅火器：

一、甲類場所、地下建築物、幼兒園。

二、總樓地板面積在一百五十平方公尺以上之乙、丙、丁類場所。

三、設於地下層或無開口樓層，且樓地板面積在五十平方公尺以上之各類場
所。

四、設有放映室或變壓器、配電盤及其他類似電氣設備之各類場所。

五、設有鍋爐房、廚房等大量使用火源之各類場所。

六、大眾運輸工具。

(二) 依規定最少需設置滅火器數量

廚房樓地板$20 \times 10 = 200$ m^2

廚房樓地板$20 \times 35 - 20 \times 10 = 500$ m^2

甲、供第十二條第一款及第五款使用之場所，各層樓地板面積每一百平方公尺

（含未滿）有一減火效能值。

乙、鍋爐房、廚房等大量使用火源之處所，以樓地板面積每二十五平方公尺（含未滿）有一減火效能值。

廚房300/25 = 12個減火效能值

餐廳500/100 = 5個減火效能值

乾粉ABC10型減火器為A-3,B-10,C

廚房12/3 = 4支減火器

餐廳5/3 = 2支減火器

(三) 設置減火器規定

第31條　減火器應依下列規定設置：

一、視各類場所潛在火災性質設置，並依下列規定核算其最低減火效能值：

(一) 供第十二條第一款及第五款使用之場所，各層樓地板面積每一百平方公尺（含未滿）有一減火效能值。

(二) 供第十二條第二款至第四款使用之場所，各層樓地板面積每二百平方公尺（含未滿）有一減火效能值。

(三) 鍋爐房、廚房等大量使用火源之處所，以樓地板面積每二十五平方公尺（含未滿）有一減火效能值。

二、電影片映演場所放映室及電氣設備使用之處所，每一百平方公尺（含未滿）另設一減火器。

三、設有減火器之樓層，自樓面居室任一點至減火器之步行距離在二十公尺以下。

四、固定放置於取用方便之明顯處所，並設有長邊二十四公分以上，短邊八公分以上，以紅底白字標明減火器字樣之標識。

五、懸掛於牆上或放置減火器箱中之減火器，其上端與樓地板面之距離，十八公斤以上者在一公尺以下，未滿十八公斤者在一點五公尺以下。

六、大眾運輸工具每輛（節）配置一具。

二、某防護區域長13公尺、寬10公尺、高5公尺，其無法自動關閉之開口部面積為6平方公尺，如欲在此區域設置二氧化碳高壓式全區域放射減火設備防護時，請問需要多少減火藥劑？（10分）若使用容積為68公升、充填比為1.5之鋼瓶時，需要多少鋼瓶？（5分）全區域放射後，對放射之減火藥劑，需將其排放至安全地方，若

採機械排放，且排風機為專用時，每小時需具有幾次換氣量？（2分）其防護區域之開口部應如何設置？（8分）

解：

(一) 滅火藥劑量

開口檢討：不設自動關閉裝置之開口部總面積，供電信機械室使用時，應在圍壁面積百分之一以下，其他處所則應在防護區域體積值或圍壁面積值二者中之較小數值百分之十以下。

　　圍牆面積 $= [(13 \times 10) + (10 \times 5) + (5 \times 13)] \times 2 = 490 m^2$

　　防護體積$V = 13 \times 10 \times 5 = 650\ m^3$

　　二者中之較小數值490，其百分之十為49，開口部面積為6 平方公尺 < 49，故可免自動關閉。

第83條　二氧化碳滅火藥劑量，依下列規定設置：

　　全區放射方式所需滅火藥劑量依下表計算：

設置場所	電信機械室、總機室	其他			
		五十立方公尺未滿	五十立方公尺以上一百五十立方公尺未滿	一百五十立方公尺以上一千五百立方公尺未滿	一千五百立方公尺以上
每立方公尺防護區域所需藥劑量（kg/m^2）	1.2	1.0	0.9	0.8	0.75
每平方公尺開口部所需追加藥劑量（kg/m^2）	10	5	5	5	5
滅火藥劑之基本需要量（kg）			50	135	1200

　　藥劑量計算

　　$W = G \times V + g \times A$

　　$W = 0.8 \times 650 + 5 \times 6 = 550\ kg > 135kg$

(二) 使用容積為68公升、充填比為1.5 之鋼瓶

　　鋼瓶數量 $= 550 \times 68/1.5 = 12.13$（13支）

(三) 每小時所需換氣量

第94條　全區放射或局部放射方式防護區域，對放射之滅火藥劑，依下列規定將其排

放至安全地方：

排放方式應就下列方式擇一設置，並於一小時內將藥劑排出：

(一) 採機械排放時，排風機為專用，且具有每小時五次之換氣量。

$$排氣量 = \frac{5次}{60min} \times (13 \times 10 \times 5)m^3 = 54.2 \ m^3/min$$

(四) 防護區域之開口部設置

第86條　全區放射方式防護區域之開口部，依下列規定設置：

1. 不得設於面對安全梯間、特別安全梯間、緊急升降機間或其他類似場所。

2. 開口部位於距樓地板面高度三分之二以下部分，應在滅火藥劑放射前自動關閉。

3. 不設自動關閉裝置之開口部總面積，供電信機械室使用時，應在圍壁面積百分之一以下，其他處所則應在防護區域體積值或圍壁面積值二者中之較小數值百分之十以下。

三、依據「各類場所消防安全設備檢修及申報作業基準」規定，進行鹵化烴滅火設備之性能檢查時，請說明檢查「蓄壓式鹵化烴滅火藥劑儲存容器之滅火藥劑量」之檢查方法、判定方法及注意事項為何？（25分）

解：

(一) 滅火藥劑量檢查方法

依下列方法確認之。

1. 使用台秤測定計之方法

(1) 將裝設在容器閥之容器閥開放裝置、連接管、操作管及容器固定器具取下。

(2) 將容器置於台秤上，測定其重量至小數點第一位。

(3) 藥劑量則為測定值扣除容器閥及容器重量後所得之值。

2. 使用水平液面計之方法

(1) 插入水平液面計電源開關，檢查其電壓值。

(2) 使容器維持平常之狀態，將容器置於液面計探針與放射源之間。

(3) 緩緩使液面計檢出部上下方向移動，當發現儀表指針振動差異較大時，由該位置即可求出自容器底部起之藥劑存量高度。

(4) 液面高度與藥劑量之換算，應使用專用之換算尺爲之。

3. 使用鋼瓶液面計之方法

(1) 打開保護蓋緩慢抽出表尺。

(2) 當表尺被鋼瓶內浮球之磁性吸引而停頓時，讀取表尺刻度。

(3) 對照各廠商所提供之專用換算表讀取藥劑重量。

(4) 需考慮溫度變化造成之影響。

4. 以其他原廠技術手冊規範之方式檢測藥劑量。

(二) 滅火藥劑量判定方法

將藥劑量之測定結果與重量表、圖面明細表或原廠技術手冊規範核對，其差值應在充塡值10%以下。

(三) 滅火藥劑量注意事項

1. 以水平液面計測定時

(1) 不得任意卸取放射線源（鈷60），萬一有異常時，應即時連絡專業處理單位。

(2) 鈷60有效使用年限約爲3年，如已超過時，應即時連絡專業單位處理或更換。

(3) 使用壓力表者，應先確認容器內壓爲規定之壓力值。

2. 共同事項

(1) 因容器重量頗重（約150 kg），傾倒或操作時應加以注意。

(2) 測量後，應將容器號碼、充塡量記載於檢查表上。

(3) 當滅火藥劑量或容器內壓減少時，應迅即進行調查，並採取必要之措施。

(4) 使用具放射源者，應取得行政院原子能源委員會之許可登記。

四、某一室內停車場，其防護區域長35公尺、寬15公尺、高4公尺，無法自動關閉之開口部面積爲10平方公尺，擬設置全區域放射式乾粉滅火設備，依據各類場所消防安全設備設置標準之規定，需使用何種乾粉滅火藥劑？（2分）該滅火藥劑滅火之化學反應方程式爲何？（8分）需要多少乾粉滅火藥劑量？（10分）其噴頭應依哪些規定設置？（5分）

解：

(一) 需使用何種乾粉滅火藥劑

　　第101條　供室內停車空間使用之滅火藥劑，以第三種乾粉為限。

(二) 化學反應方程式

　　第三種乾粉

　　$NH_4H_2PO_4 \rightarrow NH_3 + H_3PO_4$

　　$2H_3PO_4 \rightarrow H_4P_2O_7 + H_2O$

　　$H_4P_2O_7 \rightarrow 2HPO_3 + H_2O$

　　$2HPO_3 \rightarrow P_2O_5 + H_2O$

(三) 所需要乾粉滅火藥劑量

　　不設自動關閉裝置之開口部總面積，供電信機械室使用時，應在圍壁面積百分之一以下，其他處所則應在防護區域體積值或圍壁面積值二者中之較小數值百分之十以下。

　　圍牆面積 $= [(35 \times 15) + (15 \times 4) + (4 \times 35)] \times 2 = 1450m^2$

　　防護體積V $= 35 \times 15 \times 4 = 2100$ m^3

　　二者中之較小數值1450，其百分之十為145，開口部面積為10 平方公尺 $<$ 145，故可免自動關閉。

　　藥劑量計算

　　$W = G \times V + g \times A$

　　$W = 0.36 \times 2100 + 2.7 \times 10 = 783$ kg

(四) 噴頭設置規定

第100條　全區及局部放射方式之噴頭，依下列規定設置：

　　　　1. 全區放射方式所設之噴頭能使放射藥劑迅速均勻地擴散至整個防護區域。

　　　　2. 乾粉噴頭之放射壓力在每平方公分一公斤以上或0.1MPa以上。

　　　　3. 依前條第一款或第二款所核算之滅火藥劑量須於三十秒內全部放射完畢。

國家圖書館出版品預行編目資料

水與化學系統消防安全設備／盧守謙, 陳永隆
著. -- 初版. -- 臺北市：五南, 2017.04
　面；　公分
ISBN 978-957-11-9113-3(平裝)

1.消防設施 2.消防安全

575.875　　　　　　　　106003796

5T28

水與化學系統消防安全設備

作　　者 ─ 盧守謙（481）、陳永隆

發 行 人 ─ 楊榮川

總 編 輯 ─ 王翠華

主　　編 ─ 王正華

責任編輯 ─ 金明芬

封面設計 ─ 陳翰陞

出 版 者 ─ 五南圖書出版股份有限公司

地　　址：106台北市大安區和平東路二段339號4樓

電　　話：(02)2705-5066　　傳　　真：(02)2706-6100

網　　址：http://www.wunan.com.tw

電子郵件：wunan@wunan.com.tw

劃撥帳號：01068953

戶　　名：五南圖書出版股份有限公司

法律顧問　林勝安律師事務所　林勝安律師

出版日期　2017年4月初版一刷

定　　價　新臺幣900元